吕梁年鉴

LVLIANG YEARBOOK

2016

吕梁市地方志办公室　编

方志出版社
Publishing House of Local Records

《吕梁年鉴（2016）》编纂委员会

顾　问：李正印　吕梁市委书记

主　任：王立伟　吕梁市委副书记、市长

副主任：张广勇　吕梁市委副书记、宣传部长

郝月生　吕梁市人大常委会主任

刘云晨　吕梁市政协主席

张　选　吕梁市委常委、军分区政委

李月勤　吕梁市政府分管领导

梁　斌　吕梁市政府秘书长

耿万林　吕梁市财政局局长

赵秀龙　吕梁市地方志办公室主任

《吕梁年鉴（2016）》编辑人员

主　　编：赵秀龙

副 主 编：李保生　苏俊旗

编　　辑：梁宇红　冯欣欣　武红艳　刘翠翠

资料征集：王小华　邱朝晖　李林英　康瑞芳　付　余　郝治文

工作人员：张卫兵　冯学斌　阴月兰　王建玲　刘康宁　吴永建

编辑说明

一、《吕梁年鉴（2016）》全面真实地记载了2015年吕梁市的政治、经济、社会、文化等方面的基本情况、重要事项和巨大变化，系统汇集了2015年的重要文献，专项记载了2016年的个别重要事项，具有一定的权威性、系统性、史料性和参考性，是社会各界人士了解吕梁、研究吕梁、建设吕梁的工具书。

二、《吕梁年鉴（2016）》以马克思列宁主义、毛泽东思想、邓小平理论、“三个代表”重要思想、科学发展观为指导，贯彻落实习近平总书记系列重要讲话精神和治国理政新理念、新思想、新战略，坚持实事求是，秉笔直书，客观记述吕梁市发展的历史轨迹，力求思想性、科学性、资料性和实用性相统一。

三、《吕梁年鉴（2016）》的时间上限自2015年1月1日，大部分内容的时间下限至2015年12月31日，少部分内容的时间下限至2016年12月31日。

四、《吕梁年鉴（2016）》采用条目式分类编排，设栏目、类目、分目、条目四个层次。

五、《吕梁年鉴（2016）》的原始资料由吕梁市直各部门、山西省驻市单位和各县（市、区）提供，有关统计资料，来源于吕梁市统计局。图片由吕梁市国土资源局、吕梁市文物旅游局、吕梁市重点项目发展管理办公室和吕梁日报社等单位提供。

《吕梁年鉴》编辑部

2016年12月

行政区划

基本情况：吕梁市位于山西省中部西侧，吕梁山脉中段，因吕梁山纵贯全境而得名。东依汾河与晋中市一衣带水，北与太原市、忻州市交界，南靠临汾市，西隔黄河与陕西省延安市、榆林市相望。总面积21095平方千米，总人口约381万人，现辖1区2市10县，即离石区、汾阳市、孝义市、交城县、文水县、交口县、石楼县、柳林县、中阳县、方山县、临县、兴县、岚县，市政府驻离石区。

历史沿革：吕梁市，春秋属晋。战国属赵。秦属太原郡。两汉分为西河、太原、平阳三郡。唐归石州、汾州、隰州、岚州、并州。元属冀宁路管辖。明清属太原府。民国属冀宁道。1971年建立吕梁地区，2003年改吕梁地区为吕梁市。

自然环境：吕梁市地势中间高，两边低，吕梁山脉由北而南纵贯全境，主峰关帝山海拔2831米，为吕梁山最高峰。山地两侧多为丘陵，沟壑纵横，水土流失严重。东部交城、文水、孝义一带地势较为平坦，为太原盆地的边缘。

吕梁市主要有黄河、汾河、文峪河、孝河、磁窑河、岚漪河、湫水河、三川河等河流，均属黄河水系。

吕梁市气候属大陆性季风气候，四季分明，春季干旱多风沙，夏季高温多雨，年平均气温8.9℃，一月均温零下8.7℃，七月均温25.5℃，年均降水量450~500毫米，无霜期为150~180天左右。

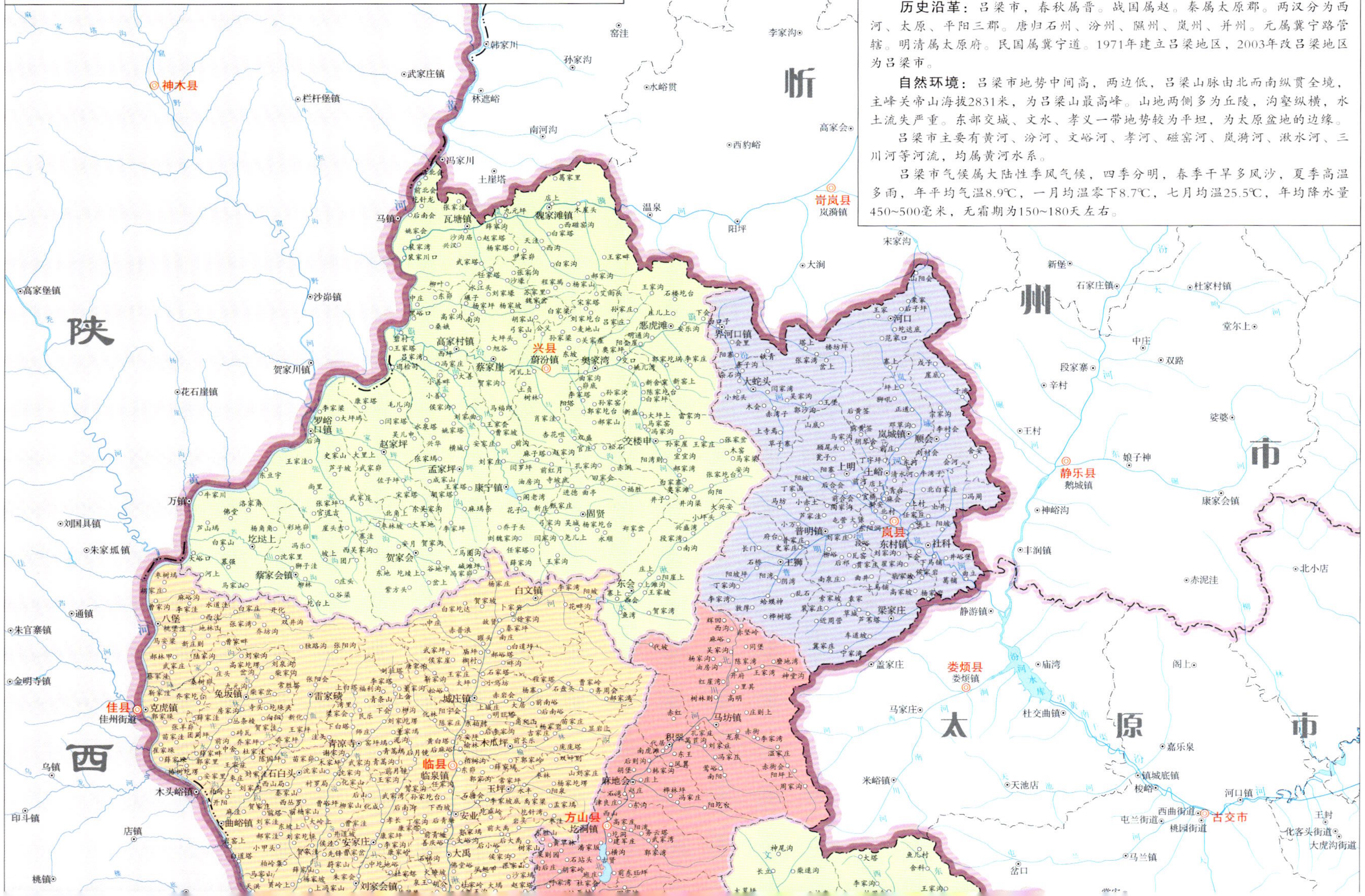

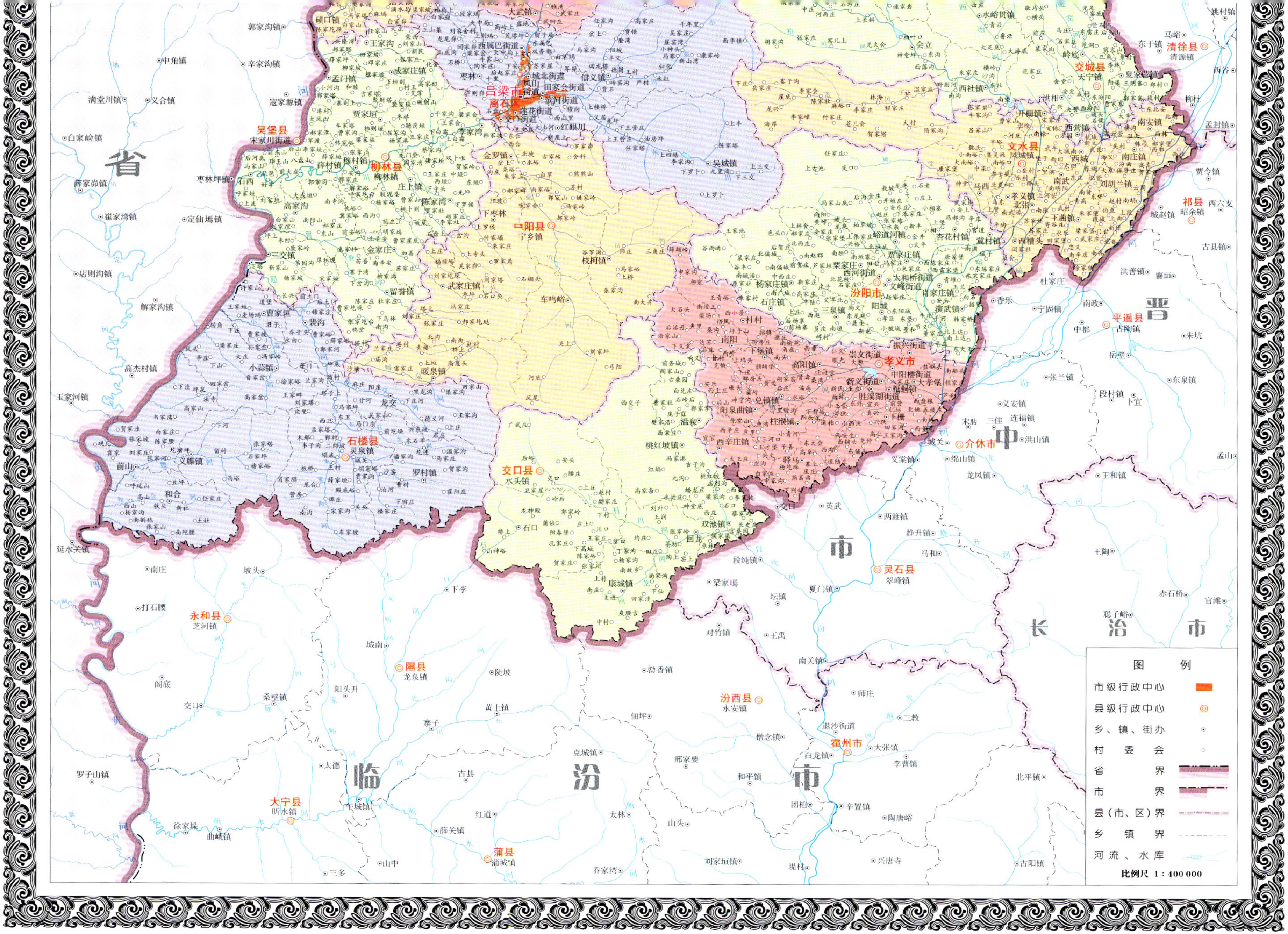
省
晋
中
市
长
治
临
汾
吕梁市
离石区
吴堡县
柳林县
中阳县
石楼县
交口县
孝义市
汾阳市
文水县
交城县
介休市
灵石县
平遥县
祁县
清徐县
永和县
隰县
大宁县
蒲县
汾西县
霍州市
图　例
市级行政中心
县级行政中心
乡、镇、街办
村　委　会
省　　界
市　　界
县（市、区）界
乡　镇　界
河流、水库
比例尺 1：400 000

交通网络

截止“十二五”末，全市公路通车里程17270千米，其中高速公路534千米，国道443千米，省道1130千米，县道2587千米，乡道4604千米，村道7972千米。公路密度达81.7千米/百平方千米。实现了建制村通油（水泥）路和街巷硬化“全覆盖”。全市初步形成“一纵三横一环”的高速路网（西纵未贯通）。国道307与国道209纵横贯穿吕梁东西南北，19条省道和2095条县乡公路组成了遍布全市的公路网络。

“十三五”期间，全市规划建设高速公路4条共377千米，即西纵高速离石—隰县段83千米，祁县城赵—离石高速公路96千米，静乐县丰润—兴县黑峪口高速公路94千米，汾阳—石楼高速公路104千米；规划农村公路改造4200千米。

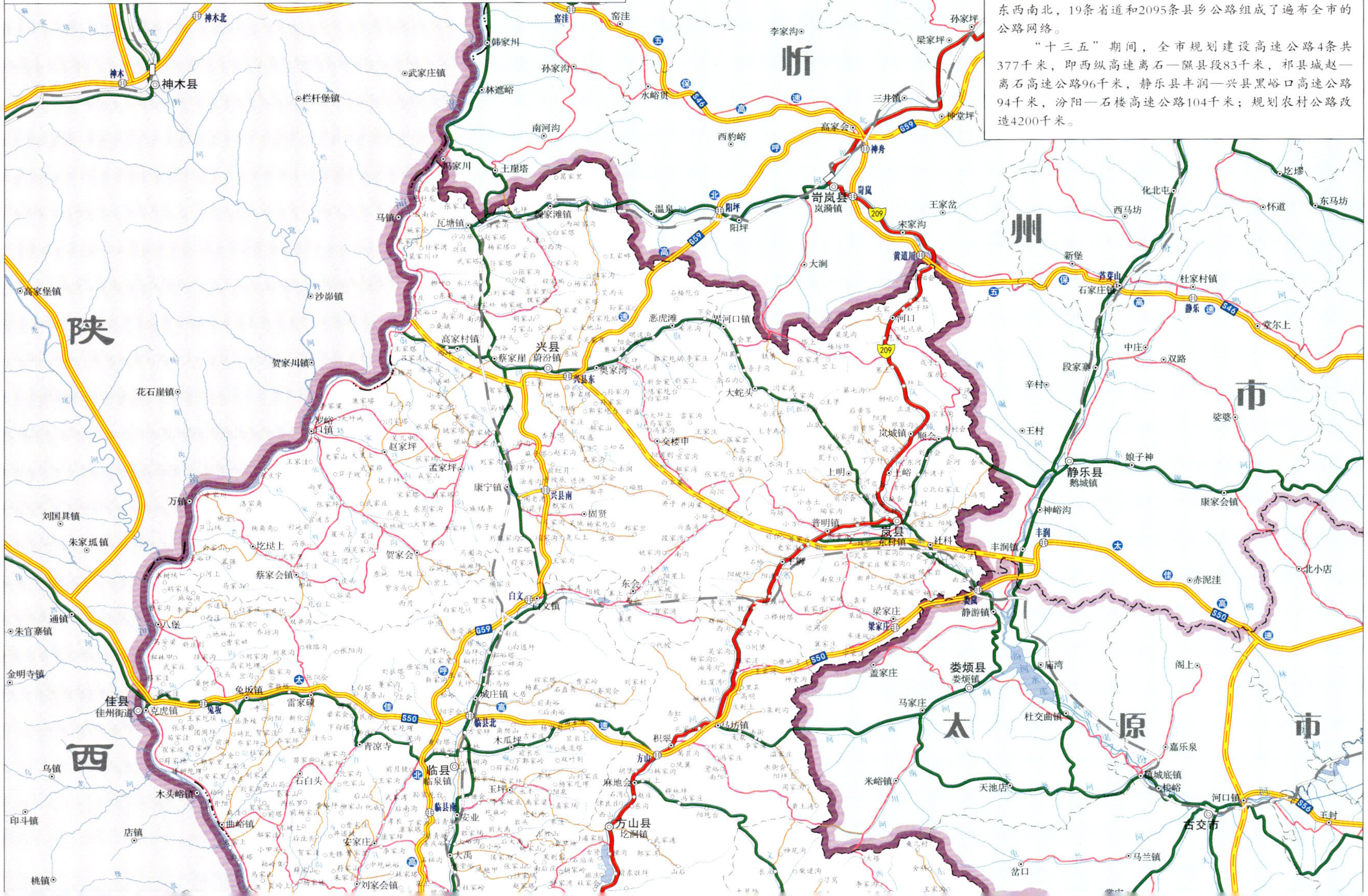

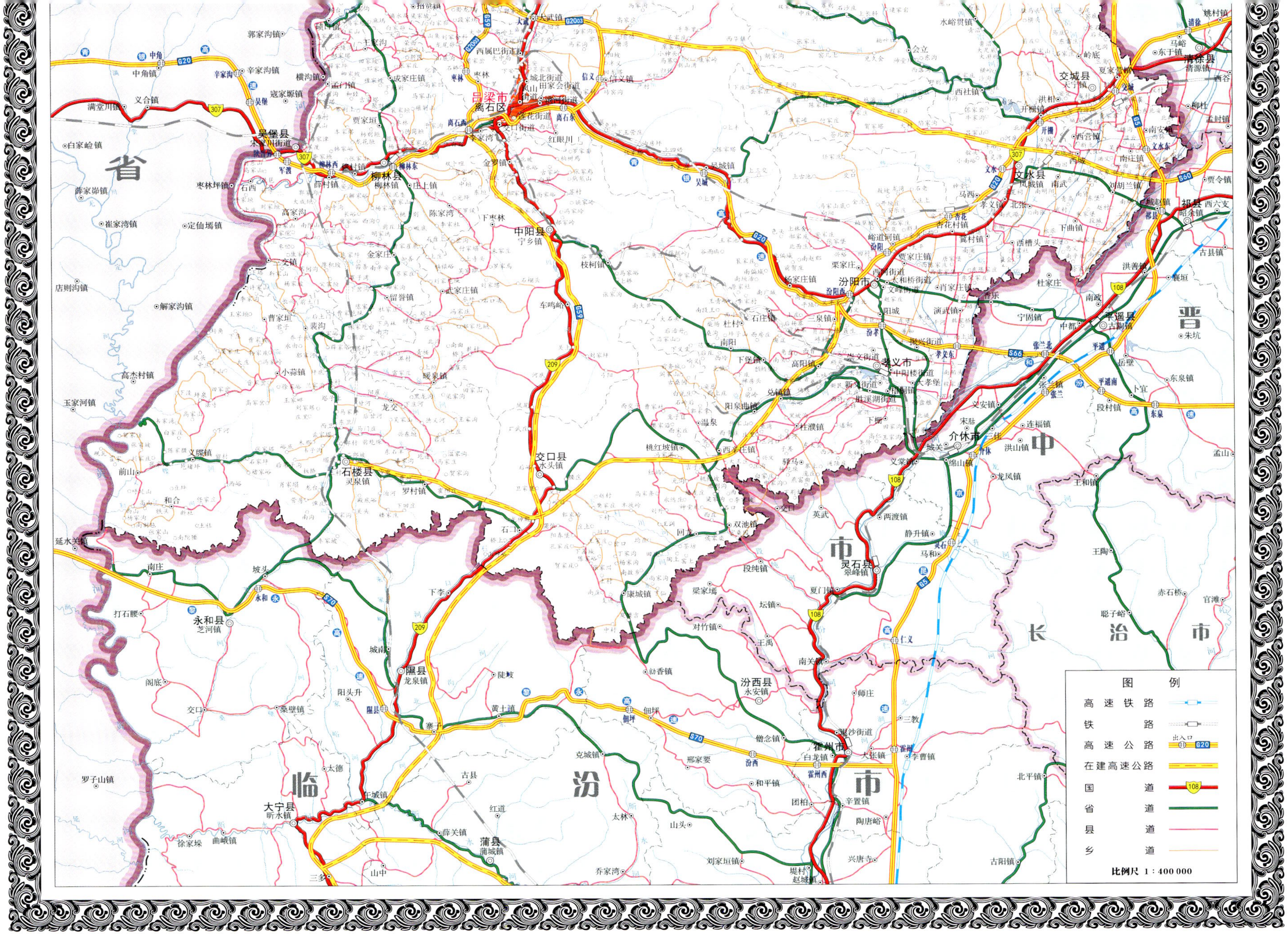
图例
高速铁路
铁路
高速公路
出入口
G20
在建高速公路
国道
108
省道
县道
乡道
比例尺 1：400 000
吕梁市
离石区
交城县
文水县
汾阳市
孝义市
介休市
平遥县
灵石县
中阳县
柳林县
吴堡县
石楼县
交口县
隰县
永和县
大宁县
蒲县
汾西县
霍州市
晋中市
长治市
临汾市
省

吕梁市交通网络图

吕梁市城区图
吕梁新区
东城区
图例
市政府
区政府
乡（镇）政府、街道办事处
企事业机关单位
高速公路
铁路
隧道
汽车站
加油站
学校 医院
酒店 影剧院
银行 邮政
影剧院
博物馆
寺庙
绿地 公园
市委 市政府
区委 区政府

2016 年 6 月 12 日，山西省委常委、宣传部长、原吕梁市委书记王清宪同志（右一）在临县曲峪镇调研黄河水蚀浮雕

2015 年 7 月 13 日，山西省人大常委会副主任、原吕梁市委书记高卫东同志（左三）在汾阳市调研农业旱情

2016 年 11 月 29 日，吕梁市委书记李正印同志（右三）在汾阳市贾家庄村调研基层党建和新农村建设情况

2016 年 1 月 9 日，吕梁市委副书记、市长王立伟同志（左二）在兴县蔡家崖村了解群众生产、生活情况

2016 年 9 月 30 日，山西省文物局局长、原吕梁市委副书记雷建国同志（左二）在离石区欢送吕梁山护工

2015 年 9 月 7 日，吕梁市委副书记、宣传部长（时任吕梁市委常委、常务副市长）张广勇同志（右三）在中阳县调研民生事业发展情况

2016年8月10日，吕梁市人大常委会主任郝月生同志（左二）在岚县调研工业经济发展情况

2016年12月29日，吕梁市政协主席刘云晨同志（左一）在临县碛口镇冯家会村慰问贫困户

2015年4月7日，吕梁市委常委、孝义市委书记马文革同志（前排右三）在孝义市调研重点项目建设情况

2015年4月14日，吕梁市委常委、常务副市长（时任吕梁市委常委、宣传部长）张敬平同志（右三）在柳林县调研文化工作

2016 年 6 月 1 日，吕梁市委常委、离石区委书记常书铭同志（左二）在离石区食品加工企业调研

2016 年 10 月 20 日，吕梁市委常委、纪委书记张稳科同志（左三）在交城县宏特公司调研

2016 年 12 月 20 日，山西省金融办主任、原吕梁市委常委、副市长竟辉同志（左二）参加离柳集团债权人代表会议

2016 年 1 月 29 日，吕梁市委常委、军分区政委张选同志（右二）在石楼县慰问农村困难退伍军人

2016年9月7日，吕梁市委常委、组织部长、统战部长秦书义同志（左二）在中阳县调研“两学一做”学习教育开展情况

2016年8月26日，吕梁市委常委、副市长（时任吕梁市副市长）李建国同志（左二）在岚县调研水质改善工作

2016年11月12日，吕梁市委常委、政法委书记、市委秘书长李小明同志（右二）陪同吕梁市委书记李正印同志在临县调研光伏扶贫产业

2016年12月17日，吕梁市副市长李俊平同志（左二）在岚县调研产业扶贫工作

2016 年 11 月 28 日，吕梁市副市长杨巨才同志（右二）在柳林县调研煤矿安全生产工作

2016 年 12 月 20 日，吕梁市副市长、市公安局局长李安林同志（右一）在离石区高速西口调研道路交通安全工作

2015 年 11 月 19 日，吕梁市政府分管领导（时任吕梁市市长助理）李月勤同志（右三）在离石区调研地震应急救援工作

2016 年 12 月 30 日，吕梁市中级人民法院党组书记、院长杨泽民同志（右二）在临县碛口镇下塔上村调研扶贫工作

中南部铁路配套电力工程吕梁北 500KV 输变电工程

文水晋能清洁能源科技有限公司 500MW 太阳能电池及 600MW 太阳能组件项目厂区

汾阳市杏花村酒业集中发展区

信发集团（交口县）240 万吨改造升级项目全景图

吕梁市北武当山风景名胜区

吕梁市碛口古镇

目录

市情概览

中国共产党吕梁市委员会

吕梁市人民代表大会常务委员会

吕梁市人民政府

中国人民政治协商会议吕梁市委员会

中国共产党吕梁市纪律检查委员会

工商联

群众团体

武装

法治

经济监督和管理

工业经济

农业经济

交通运输

邮政 信息产业

住房和城乡建设 环境保护

商贸

财政 税务

金融

教育 科学

社会科学

文化

卫生

社会生活

县市区概览

2016年吕梁年鉴

LVLIANGNIANJIAN

特载

政府工作报告

——在吕梁市第三届人民代表大会第一次会议上

吕梁市市长 王立伟

（2015 年 12 月 27 日）

本届政府工作回顾

2009 年市二届人大一次会议以来，在省委、省政府和市委的坚强领导下，在市人大、市政协的监督支持下，市政府团结带领全市人民，深入学习贯彻党的十八大、十八届三中、四中、五中全会和习近平总书记系列重要讲话精神，牢牢把握“打基础、利长远、惠民生”总体要求，努力适应经济发展新常态，采取一系列行之有效的政策措施，经济社会发展取得明显成效。初步预算，2015 年完成地区生产总值 960 亿元，年均增长 6.8%；一般公共预算收入 90 亿元，年均增长 7.3%；规模以上工业增加值 520 亿元，年均增长 8.1%；固定资产投资 1170 亿元，累计完成 5494 亿元；社会消费品零售总额 391 亿元，年均增长 13.5%；城镇居民人均可支配收入 22989 元，年均增长 8.8%；农村居民人均可支配收入 7294 元，年均增长 12.5%。六年多来，本届政府主要做了以下工作：

一、强化重点领域投资，推动产业优化升级，保持了经济基本面的稳定

持续加力扩大投资，累计完成投资 5101.59 亿元，规划实施 1862 个省市重点项目。吕梁机场建成通航；太佳、西纵兴离段和环城等高速公路建成通车，新增高速公路通车里程 342 公里；瓦日铁路、太兴铁路、吕临支线通车试运行，开通吕梁到太原城际列车，除交口外，12 个县（市、区）通了铁路；横泉、柏叶口等水库相继建成，龙门供水工程接近收尾；吕梁北 500 千伏输变电工程建成投运。全市年度固定资产投资额首次突破千亿元大关，发挥了稳增长的关键作用，增强了发展后劲。

精准帮扶企业，积极采取财政、金融等政策措施，帮助 586 户企业融资 14.5 亿元，为 300 多户企业（项目）贷款 860 亿元，企业减负达到 30 亿元；大力实施煤电联营、煤焦互保，市内电厂基本使用本地原煤，焦化企业 80% 选用本地原煤，促进了煤炭就地转化，稳定了企业生产。

改造提升传统产业，建成千万吨级规模的煤炭主体企业 1 个、500 万吨级主体企业 8 个、300 万吨级主体企业 14 个，煤炭生产能力达到 2 亿吨；焦化主体企业减少到 20 个，产能达到 4000 万吨；交城国锦等 3 个电厂建成投运，离石晋能大土河等 4 个电厂核准在建，中阳晋能桃园等 2 个电厂获得“路条”，总装机容量 540 万千瓦；引进中铝、山东信发、杭州锦江等一批涉铝大企业集团，交口兴华科技等一批铝基新材料项目落地开工，全市氧化铝产量达到 1000 万吨，占到全省三分之二、全国近五分之一，为我市打造全国重要的铝工业基地奠定了基础。

培育壮大新兴产业，文水建成全省最大的太阳能电池及光伏组件项目，汾阳中节能等光伏发电项目建成投运，岚县、方山等 5 个县总规模 45 万千瓦风电项目核准在建，以锂离子电池材料、太阳能备板膜和高铁动车制动盘等为标志的新材料与装备制造业提档增速；旅游景区标准化建设步伐加快，新增国家 4A 级景区 8 处、3A 级景区 3 处，中西部最大的室内恒温水上乐园、华北第一漂流项目分别在孝义、交城建成投用；电子商务等新业态起步发展，沃尔玛、居然之家等知名企业入驻吕梁，离石天源物流中心等一批商贸流通项目建成投运。

实施创新驱动，与国防科技大学合作共建了吕梁军民融合协同创新研究院，推进离石无人机产业基地、柳林李家湾光电子产业园、岚县江川国威新材料基地“三大基地”建设，重点实施云计算、能源互联网、无人机自主升降系统等一批高新技术项目，“天河二号”超级计算机中心投入运行，吕梁1号微纳卫星成功发射；成功实施煤基、精细化工、种业、食用菌等8项省级重大科技专项，实施50余项市级重点科技研发、成果推广专项；在煤沥青碳纤维连续长丝开发、低浓度矿井瓦斯提纯以及无人机自主升降等方面取得突破，有效发明专利拥有量达到193件，发展的“技术含量”显著提升。

二、毫不放松抓好“三农”工作，扎实开展扶贫攻坚，农民收入稳定增长

全面落实各项强农惠农政策，“三农”投入累计达到137.74亿元。加强耕地建设，新增耕地3931.4公顷，完成耕地综合生产能力建设200万亩，改造中低产田111.7万亩。加强土地流转管理服务，全市流转面积达到72.7万亩。粮食产量年均保持在10亿公斤以上。

大力实施“8+2”农业产业化振兴计划，红枣、核桃等8大产业覆盖70%的贫困区域，带动8万户、25万农民人均增收2300元以上。深入实施“一县一业”“一村一品”工程，扶持建设岚县马铃薯、兴县杂粮、交口食用菌等9个特色产业基地县、1114个专业村；引进新技术86项、新品种451个，推广标准化生产面积120万亩；培育省级以上龙头企业49户，发展农民专业合作社1412家、家庭农场380个，农业产业化经营水平不断提高。

扎实推进扶贫开发，投入专项资金20.2亿元。在临县、离石等8个贫困县（区）实施了片区开发项目，核桃、红枣、脱毒种薯三大主导产业种植面积达到590万亩；发动43户企业投资80亿元，在10个贫困县、1000个贫困村开展产业扶贫；完成易地搬迁8.6万人，培训4.5万名贫困劳动力；贫困人口建档立卡信息采集系统初步建成，实现干部驻村和定点扶贫全覆盖；贫困县农民人均纯收入年均增幅达到16.8%，超过全市农民人均纯收入增幅4个百分点，累计减少贫困人口75.13万。

三、统筹推进城镇化建设，大力加强城镇基础设施建设，城乡发展一体化进程加快

有序推进城镇化建设，城市总体规划、市区控制性详细规划编制完成并获得批复，交城等8个县（市）总体规划、孝义等7个城镇体系规划和城市燃气等12个专项规划编制完成。市区实施92个市政建设项目，完成投资56.3亿元。新城区建设进展顺利，一期12平方公里框架基本形成，吕梁大道、桥梁、主干路网和供水、供热、供气等基础设施以及安置区建设项目稳步推进；主城区提质步伐加快，完成河道综合整治、集中供热扩容、道路建设及人行天桥、园林绿化等一批市政项目。实施城乡人居环境改善工程，深入开展环境集中整治，城乡面貌明显改善。全市城市道路达到980公里，建成区绿化覆盖率达到37.6%，供热普及率达到79.14%，城镇化率达到46.47%。加快完善路水电气设施，改造县乡公路1466公里，通车里程达到1.72万公里，公路密度达到82公里/百平方公里；建成村村通水泥路6244公里，完成街巷硬化2.23万公里，具备条件的建制村实现全覆盖。中部引黄和配套小水网以及重点病险水库除险加固等工程有序推进，完成水土流失治理250万亩，解决3479个自然村、419所农村学校、158.6万人的饮水安全和市区供水困难问题。启动建设“榆横—潍坊特高压输电线路”吕梁段工程，实施4项220千伏、15项110千伏和

7项35千伏输变电工程，农网升级改造圆满完成，全市供电能力实现翻番。陕京三线、榆济线、临保线等天然气输气管道建成投运，全市气化人口达到134.8万人。

四、全面发展社会事业，切实保障改善民生，人民生活水平明显提高

推进教育事业协调发展，新建、改扩建城乡幼儿园770所，实施义务教育“全面改薄”工程，孝义等四个市（县）基本实现均衡发展目标；新建2所特教学校、11所高中学校，山西医科大学汾阳学院实施扩建，太原理工大学现代科技学院、吕梁学院新校区和吕梁职业技术学院建成投用；农村义务教育段学生营养餐改善计划惠及37.3万学生，中职教育免费等助学政策惠及32.69万贫困学生；推进教育综合改革，探索校企合作模式，教育内涵发展成效明显，教育教学质量显著提高。

高度重视医疗卫生事业，县级公立医院改革实现全覆盖，120急救中心启动运行，汾阳医院急诊医技综合楼即将建成，市中心医院、疾控中心和妇幼保健院前期工作基本完成；新农合人均筹资标准达到470元，人均基本公共卫生服务经费财政补助标准达到40元；全面实施新农合大病保险制度，推进市、县、乡定点医院住院费用补偿即时结报，基本公共卫生服务逐步实现均等化。

全面加强社会保障，全市各项社会保险参保人数达到394.45万人次，覆盖率达到96%以上；城乡低保保障标准每月分别提高160元、133元，五保对象集中、分散供养补助标准分别提高到5505元、2869元；建成207个农村老年人日间照料中心，石楼等6个县级综合社会福利中心建成投运，市特仪工程和综合福利院一期工程奠基；新增城镇就业32万人，新转移农村劳动力33.12万人，城镇登记失业率控制在4.2%以内，全市最低工资标准年均增幅13%以上；完成农村困难家庭危房改造6.78万户，红白理事厅等“便民六件实事”圆满收官，城区学校（幼儿园）标准化厕所改造等“十件民生实事”进展顺利，人民群众得到了实实在在的好处。

加快发展文化事业，公共文化服务设施建设取得新进展，县级文化馆、图书馆达标率达到50%以上，全市148个乡镇文化站、3112个农村文化活动室和农家书屋建成投用；广播电视村村通工程顺利竣工，户户通工程加快建设；群众文化活动丰富多彩，非物质文化遗产传承保护成效明显，以本土题材创作的《刘胡兰》《廉吏于成龙》《吕梁英雄传》《烽火吕梁山》等一批新编剧目搬上舞台并广泛传播。

五、狠抓生态建设和环境保护，高度重视安全生产，发展环境明显优化

持续改善生态环境，完成天然林保护等国家和省级造林绿化工程282.6万亩，高标准实施柳林龙门垣、离石玉林山等集中连片综合治理绿化工程，建成孝义胜溪湖、交城卦山等一批湿地公园和森林公园；完成通道绿化3000公里，交通沿线荒山、环城绿化40万亩，村庄绿化1020个；成功举办全省造林绿化吕梁现场会。

狠抓节能降耗，加强重点用能企业节能管理，投资250.8亿元实施节能技改项目426个，实现节能量501.4万吨标煤；大力开展公共机构节能工作，坚决淘汰老旧车辆、黄标车和油耗超限车辆，建筑和交通运输领域节能降耗工作有序推进，万元GDP能耗圆满完成省政府下达任务。

加强环境保护，组织开展环境质量改善攻坚等一系列专项整治活动，区域环境质量持续改善，市区大气环境质量位居全省前列，省下达的6项减排约束性指标任务全面完成；重点企业污染防治设施建成投运，监管实现全覆盖；建成13座县城生活污水处理厂、52座小型生活污水处理厂和9个县级垃圾无害化处理场，收集处理率分别达到75%和80%；建成投运汾阳日处理能力3吨的医疗废物处

置中心；推进76个农村污水管网建设工程，农村生态环境综合整治进展顺利。

高度重视安全生产，党政同责、一岗双责、齐抓共管的安全生产责任体系进一步完善，市县乡村四级安全监管网络基本建立。安全生产标准化建设全面推进，安全保障型乡村和企业创建有力推进，全市47个煤矿建成标准化矿井，403户非煤矿山企业、480户危化生产经营单位通过安全标准化等级认定，冶金等八大行业规模以上企业完成达标任务。深入开展安全生产专项整治，保持打非治违高压态势，全市安全生产形势明显好转，连续7年未发生重大以上生产安全事故。

六、不断深化改革开放，扎实推进政府自身建设，发展动力和活力进一步增强

加快转型综改试验区建设，三年综改行动计划任务基本完成。切实加快政府职能转变，市县两级政府机构改革基本完成，率先开展“六权治本”试点，为全省提供了可复制、可推广的模式。引导金融机构进驻吕梁，多层次银行金融体系初步形成；积极推进煤焦公路销售体制和煤炭管理体制改革，取消统一经销模式，取缔公路营业站（点）32个；初步建成统一、透明、规范的公共资源交易平台，煤炭资源一级市场招拍挂全面推进。持续扩大对外开放步伐，成功举办第七届世界核桃大会，组织参加大型招商引资活动30余次，签约项目655个，到位资金3226亿元，对外交流不断深化。

自觉接受市人大的法律监督、工作监督和市政协的民主监督，人大代表建议、政协委员提案办结率均达到100%。支持各民主党派、工商联、无党派人士参政议政，工会、团委、妇联等人民团体作用有效发挥。深入开展“六五”普法，公民法治意识进一步增强。深入开展党的群众路线教育实践活动、学习讨论落实活动和“三严三实”专题教育，严格执行“八项规定”，坚决反对“四风”。认真落实党风廉政建设责任制，强化行政监察和审计监督，深入开展煤焦、工程建设等重点领域专项整治，严肃查处了一批政府工作人员违纪违规和贪腐行为。严格执行市政府全体会议、常务会议等制度，完善议事决策程序，政府工作规范性进一步提高。

与此同时，粮食供销、外事侨务、文物保护、防震减灾、民族宗教、档案方志、应急管理、对台、气象等工作取得了新成绩。国防动员、人民防空、民兵预备役建设进一步加强。

各位代表，本届政府任期内，在经济形势错综复杂、改革发展稳定任务艰巨繁重的情况下，我们万众一心，迎难而上，积极应对各种风险挑战，经受了严峻考验，迈出了坚实步伐。经济发展在曲折波动中奋力前行，产业结构不断优化，三次产业比例预计达到5∶57∶38；扶贫开发工作成效明显，各项社会事业全面发展，基础设施建设取得突破性进展；全面深化改革扎实推进，一些重大领域和关键环节改革取得进展，为全面建成小康社会奠定了坚实基础。这些成绩的取得，是市委统揽全局、科学决策的结果，是“四大班子”风雨同舟、团结奋斗的结果，是全市人民顽强拼搏、无私奉献的结果。在此，我代表市人民政府，向各位人大代表、政协委员，向各民主党派、人民团体和各界人士，向驻吕解放军指战员、武警官兵和公安政法干警，向全市人民及所有关心支持吕梁发展的朋友，表示衷心的感谢，并致以崇高的敬意！

回顾总结工作成绩的同时，必须清醒认识到，我们工作中还存在许多不足，发展中还有诸多困难和问题。主要是：产业结构“一煤独大”，煤炭经济占到工业经济总量的三分之二以上，既经历了高速增长的“黄金期”，又遭遇了2014年以来持续下行压力，特别是推动转型发展的大项目不多，科技对经济增长的支撑不强，调整产业结构、转变发展方式任务繁重；贫困面貌尚未改变，仍是全省贫

困面最大、贫困人口最多、贫困程度最深、贫困发生率最高的市，脱贫攻坚异常艰巨；民生社会事业欠账较多，教育事业发展不足，医疗卫生条件落后，环境污染问题突出；城镇化水平低，城乡发展差距大，居民收入增长缓慢；政府自身建设和干部作风转变与人民群众期盼还有较大差距，思想封闭保守，创新意识不强，依法行政理念尚未完全确立，一些部门和干部不作为乱作为、懒政怠政、失职渎职依然存在，党风廉政建设和反腐败斗争任重道远。对此，我们要始终保持清醒头脑，增强忧患意识，正视矛盾、直面问题，勇于担当，砥砺奋进，不辱历史使命，不负人民重托！

“十三五”时期目标任务和工作重点

各位代表，站在新的历史起点上审视吕梁未来五年发展，挑战与机遇并存，压力与动力同在。直面和正视全面建成小康社会进程中存在的困难和问题的同时，我们更要看到难得的机遇和有利的条件，“十三五”时期是我们大有作为的战略机遇期。我国经济长期向好的基本面没有改变，国家实施“一带一路”、京津冀协同发展、环渤海地区合作发展等战略，大力支持革命老区、贫困地区加快发展，为我们借势、融合、开放发展提供了历史机遇。我省实施“六大发展”“三大突破”等战略举措，为我们加快发展明确了思路、方向和路径，同时，把吕梁作为全省扶贫攻坚主战场，实施“三个一”扶贫计划，对我市加快整体脱贫给予特殊支持。我市集能源（煤炭）、资源（铝土矿）、电力和氧化铝工业于一体，发展壮大铝工业具有得天独厚的优势和有利条件，借助国家对山西铝工业发展的倾斜支持，建设全国重要的铝工业基地前景广阔。只要我们善于把握机遇，积极应对挑战，奋力攻坚克难；只要我们广大干部群众人心思变、人心思进、人心思干，在市委的坚强领导下，一定能够开创政治、经济和社会各项工作新局面！

根据市委《关于制定国民经济和社会发展第十三个五年规划的建议》，今后五年政府工作的指导思想是：全面贯彻党的十八大和十八届三中、四中、五中全会精神及习近平总书记系列重要讲话精神，遵循中央“四个全面”战略布局和省委“六大发展”战略部署，按照“新布局、新发展、新形象”总体要求，围绕全面建成小康社会目标，将脱贫攻坚作为经济社会发展的主战场，以持续增加贫困人口收入为核心任务，加快产业结构调整和转型，为脱贫攻坚提供产业支撑；加快科技、教育、文化、卫生等社会事业发展，为脱贫攻坚提供民生保障；全面加强党的建设和政府自身建设，为脱贫攻坚提供组织保证，协调推进经济、政治、文化、社会、生态文明建设，努力建设弊革风清、富裕和谐的幸福吕梁。

今后五年，我们要按照中央“五个发展”理念和省委“六大发展”战略，全面落实市委三届七次全会提出的目标任务，将“新布局、新发展、新形象”总体要求，作为各项工作的基本遵循，将脱贫攻坚作为经济社会发展的主战场，重新进行谋篇布局。要进一步明确“十三五”时期经济社会的发展目标、发展重点、发展速度、发展质量和发展蓝图，力争通过五年努力，彻底甩掉贫困落后的帽子，全面建成小康社会。要按照新布局要求和新发展目标，凝心聚力、团结拼搏，敢于担当、勇于作为，在脱贫攻坚的主战场和全面建成小康社会的征程中，充分展示吕梁干部的新形象、吕梁人民的新形象、吕梁改革发展稳定的新形象。

综合考虑未来发展趋势和条件，今后五年我市经济社会发展的主要目标是：

——经济实现平稳较快增长。经济年均增速高于全省平均水平，到2020年国内生产总值和城乡居民人均可支配收入比2010年翻一番。产业结构更加合理，农业现代化迈出新步伐，传统产业竞争力明显增强，新兴产业加快发展，服务业比重稳步提升，市域经济综合实力明显增强。

——人民生活水平明显提高。新型城镇化加速推进，户籍人口城镇化率明显提高。就业、教育、医疗、社保、住房等公共服务体系更加健全，公共事业普惠水平稳步提升。到2020年农村贫困人口实现脱贫、贫困县全部摘帽、区域整体脱困，与全国全省同步迈入全面小康社会。

——改革开放迈出坚实步伐。转型综改试验区建设取得明显成效，行政审批制度改革、土地管理制度改革、城市建设投融资体制改革等取得积极进展，金融振兴、科技创新、民营经济发展取得重大突破。对外开放的广度和深度不断拓展，经济发展的外向度水平明显提升。

——社会文明程度不断提升。社会主义核心价值观深入人心，群众思想道德素质、科学文化素质明显提高。艰苦奋斗、吃苦耐劳的老区精神广泛弘扬，向上向善、诚信互助的社会风尚更加浓厚。文化服务体系更加完善，文化产业增加值不断提高。

——生态治理取得重大进展。生态脆弱区治理取得明显成效，主要污染物减排、能源和水资源消耗完成控制目标，建设用地、碳排放得到有效控制，林草覆盖率进一步提高。绿色低碳生产生活水平明显提升，美丽乡村建设取得积极进展。

——法治政府基本建成。法治意识进一步增强，依法维权、依法办事成为自觉行动。依法议事决策程序基本完善，依法行政全面加强，社会治理能力不断提高，法治吕梁建设取得明显成效。

围绕上述指导思想和主要目标，今后五年，新一届政府将重点抓好以下七方面工作。

一、坚持精准扶贫，如期实现贫困人口脱贫和贫困县摘帽目标

坚持把脱贫攻坚作为全市重大战略任务，作为政府最大的民生工程，大力实施精准扶贫、精准脱贫，提升脱贫内生动力，提高脱贫质量效果，到2020年稳定实现农村贫困人口不愁吃、不愁穿，做到义务教育、基本医疗、住房安全有保障；实现贫困农民人均可支配收入增幅高于全市平均水平，基本公共服务主要领域指标接近全市平均水平。

坚持精准扶贫、精准脱贫。深入实施产业扶持、技能扶持、资本扶持和不断改善基本生产生活条件的“3+1”精准扶贫战略，通过“五个一批”措施，确保扶到点上，扶到根上。通过发展生产脱贫一批，以“8+2”农业产业化为重点，以片区扶贫攻坚、企业产业扶贫为载体，整体提升贫困地区产业开发水平，使有劳动能力的28万贫困人口增收脱贫。通过易地搬迁脱贫一批，统筹资金、项目、用地，采取行政村内就近、建设移民新村、依托县城集镇或工业园区、乡村旅游区、投亲靠友等方式进行安置，探索跨县、跨市域安置方式，切实保障搬迁群众的自主权、调动群众的积极性。结合城市和城镇建设，通过易地搬迁实现一批楼市去库存化。充分考虑移民群众的就业、就学和生活等问题，让贫困群众搬得出、稳得住、能致富，使“一方水土养不起一方人”的8万贫困人口稳定脱贫。通过生态补偿脱贫一批，统筹各级生态补偿资金，加大生态保护修复力度，让有劳动能力的贫困人口就地转化成生态保护人员，使居住在生态脆弱区的8万贫困人口实现脱贫。通过发展教育脱贫一批，针对因贫失学、因学致贫问题，对贫困家庭学生救助实行全覆盖，切实保障农村寄宿制学生的基本生活。加强贫困人口教育培训，开展职业技术教育和千村万人就业培训，有组织地开展劳务输出，增加贫困人口工资性收入，使有外出就业意愿的7万贫困人口实现

脱贫。通过社会保障兜底一批，提高农村低保标准，实现低保线和贫困线“两线合一”。积极探索解决农村贫困空巢老人养老问题，加大对农村贫困人口的医疗救助，确保全市部分或完全丧失劳动能力的13万贫困人口如期脱贫。

重点实施“三个一”扶贫计划。要抓住省委、省政府提出以我市为主实施的吕梁山片区100万亩经济林提质增效、100万千伏光伏发电、10万贫困人口护理培训“三个一”扶贫计划的机遇，借力发展，抓好我市200万亩干果经济林提质增效、70万千伏地面电站、村级和户用分布式光伏电站、6万护理护工和家政培训就业，努力增加贫困人口收入。

构建专项扶贫、行业扶贫、社会扶贫“三位一体”扶贫格局。开展专项扶贫，加大财政投入，发挥政府投入在扶贫中的主体作用，有针对性地选择确定整村推进、电商扶贫、构树扶贫、旅游扶贫等项目，实现精准到户。实施行业扶贫，整合涉农资金捆绑使用，行业发展资金项目要向贫困地区、贫困对象倾斜，加大贫困地区信贷支持力度，实现金融机构空白乡镇的金融服务全覆盖。推进社会扶贫，广泛组织动员社会力量，通过多种方式参与扶贫开发，发挥社团、企业和社会各界组织的作用，形成贫困地区加快发展的强大合力。

全面落实脱贫工作责任制。市县乡村要逐级签订责任书、立下军令状，做到步调一致、协同作战。要统筹整合包村干部、驻村工作队、第一书记三支力量，确保每个贫困村都有包村单位和第一书记，每个贫困户都有帮扶责任人。建立完善脱贫考核机制，按年度目标任务严格评估验收，建账销号，脱贫到人。建立脱贫攻坚报告和督察制度，对不能如期完成脱贫任务的严格问责；对提前脱贫摘帽的，除继续享受扶持政策外，再给予资金、项目奖励。建立扶贫资金违规使用责任追究制度，加大扶贫资金监督检查和审计力度，对扶贫领域虚报冒领、截留私分、贪污挪用、挥霍浪费等问题，坚决从严惩处。

脱贫攻坚的冲锋号已经吹响，我们要把责任扛在肩上，把任务抓在手上，咬定目标，奋力前行，坚决打赢脱贫攻坚战这场硬仗！

二、加快新型产业体系建设，夯实脱贫攻坚的产业支撑

产业优化升级是脱贫攻坚的有力支撑，我们必须围绕三次产业提档升级、协调发展，加快构建新型产业体系，用产业发展打破贫困壁垒，推动贫困人口脱贫奔小康。

全力加快工业转型升级。坚持上规模、降成本、增效益，加快建设中部煤电能源基地，打造全国重要的铝工业基地，构建多元发展的现代产业体系。一是深化煤炭市场化改革。加快现代煤炭市场交易体系建设，推进煤炭企业兼并重组，淘汰一批资源枯竭、高硫高灰矿井，置换建设一批500万吨级以上矿井，到2020年全市煤矿批复总产能控制在2亿吨以内，原煤产量控制在1.5亿吨以内。二是推进煤电一体化发展。建成临县京能等4个核准在建电厂，发展大容量高参数燃煤发电机组，推进吕梁微电网、局域网建设和大用户直供。加快推进岚县等4个2×100万千瓦坑口电厂、方山等3个2×35万千瓦火电项目，力争“十三五”末全市电力总装机容量达到2250万千瓦，就地消化原煤6000万吨，实现煤炭大市向电力大市转变。三是加快新型铝工业发展。抓住山西建设中西部铝工业产业集群的机遇，依托资源、能源、电网优势，突出全产业链招商，实施联合重组，重点建设兴县、孝义、交口、中阳和柳林电解铝及铝材加工园区，着力延伸铝土矿—氧化铝—电解铝—铝材加工产业链，力争“十三五”期间形成1300万吨氧化铝、200万吨电解铝、200万吨铝材产能，带动2000万吨原煤、600万千瓦电力装机实现就地转化，使铝工业成为我市继煤炭之后又一大支柱产业，形成煤、电、铝互为支撑、协

同发展的产业新格局。四是培育壮大新兴接替产业。新能源产业要发挥煤层气资源优势，推进兴县、临县、柳林、石楼等地面煤层气抽采和煤矿瓦斯井下利用全覆盖，力争到2020年全市地面和井下瓦斯抽采量达到100亿立方米。推进市区、中阳、柳林日处理1000吨垃圾发电项目前期工作，大力发展风力发电、光热发电、光伏发电和生物质能发电，规范分布式电源管理，力争形成300万千瓦新能源装机容量，着力打造新能源产业体系。新材料产业要加快推进柳林李家湾光电子、岚县江川国威新材料等工业园区建设，在特种玻璃加工、高性能碳纤维材料等方面实现新突破。装备制造业要围绕“中国制造2025”，鼓励和引导交城国瑞、文水光华、华一等重点企业，做强轨道交通、市政设施、电力装备等产业。白酒产业要以汾酒集团为龙头，依托杏花村酒业集中发展区，扩大市场份额，建设全国最大的清香型白酒产业基地。

努力促进现代服务业增效提速。围绕建设山西中西部物流中心区域重要节点目标，以铁路和高速公路为轴线，按照“一核两翼两带”现代物流总体布局，加快发展现代流通服务。积极推进电子商务进农村进社区，争取2016年建成兴县电子商务进农村综合示范县和孝义阿里巴巴“千县万村”计划试点县，加快推进淘宝特色中国吕梁馆建设。规划建设临县柳林红枣、汾阳中阳核桃、文水农产品产地集配中心等市场。以打造“山河多娇、英雄吕梁”形象为目标，重点挖掘红色文化、沿黄风情、廉政文化等旅游资源，打造一批具有历史记忆、地域特色的名镇名村，开发农家乐、休闲农庄、乡村客栈、民俗展演、农业观光园等乡村旅游项目。实施旅游“畅通工程”，实现景区与重要交通枢纽、景区与景区之间道路互联互通；完善景区标识牌、厕所等配套设施，规划发展餐饮、住宿等配套产业，加快构建“一核两擎一环四带”旅游格局，使文化旅游业成为我市服务业发展的新亮点，成为加快脱贫的重要支撑产业。

构筑产业转型升级平台。坚持非煤产业向园区集中，项目向园区布局，健全园区管理体制，建立园区扶持机制，加快园区基础设施建设。突出园区特色，错位发展，重点建设一批铝工业、酒业、装备制造、煤化工等工业园区，推进一批物流园区和农产品集散中心建设，加快吕梁国家农业科技园区建设，重点打造一批空间集中开发、资源节约利用、产业集聚发展、服务集聚配套的产业园区。

大力推动现代特色农业发展。始终把“三农”工作作为重中之重，以农民增收为核心，大力推进农业生产规模化、集约化、标准化发展。一要全面夯实农业发展基础。持续增加农业投入，全面落实农业补贴政策，加强耕地保护，发展适度规模经营。实施藏粮于地、藏粮于技战略，努力提高农业综合生产能力，力争粮食年产量稳定在10亿公斤以上。二要大力发展特色产业。持续推进“8+2”农业产业化，重点抓好核桃、红枣、杂粮、畜牧、食用菌、设施蔬菜、马铃薯、林下经济八大产业。狠抓“一村一品”“一县一业”发展，着力打造岚县“全国马铃薯主粮化开发第一县”；集中扶持建设交口、方山、兴县、临县食用菌基地县，汾阳、兴县、石楼绿色杂粮基地县，平川四县（市）特色蔬菜基地县；推进文水10万亩梨树产业发展。大力发展农产品加工业，重点培养一批前景好、规模大、辐射带动能力强的龙头企业。积极拓宽农产品销售渠道，建设一批专业批发市场；大力发展农产品电子商务，支持鼓励“互联网+”模式，开展农超对接，增强吕梁农产品市场竞争力和占有率，全市农产品加工销售收入力争突破200亿元。三要扎实推进农业标准化生产。在设施蔬菜、马铃薯、小杂粮、畜牧养殖4大产业上寻求突破，重点支持孝义、方山、文水建设标准化示范县。建立健全农业生产加工标准体系，强化农畜产品安全监管，积极创建吕梁特色农产品品牌，力争到2019年，建成全国农业标准化生产示范市。

当前，我市经济发展正处于产业转型升级的关键时期，我们一定要坚定发展信心，保持发展定力，增加发展韧性，大力拓展新领域、发展新业态、培育新热点，推动吕梁经济迈上一个新台阶！

三、全面深化改革开放，为脱贫攻坚和社会全面发展注入新活力

改革才有活力，开放才有空间。我们要进一步解放思想、大胆探索，以转型综改区建设推动金融振兴、科技创新和民营经济发展“三大突破”，努力激发经济发展的内生动力。

深入推进综合配套改革。结合吕梁实际，坚持问题导向，不断提高改革的针对性和实效性。围绕资源型经济转型发展，加快推进转型综改试验区建设，实施一批重大改革、重大事项、重大项目，建立资源型经济转型的政策体系，力争在事关转型发展的重要领域和关键环节上取得突破。围绕健全市场经济制度，加快完善市、县公共资源交易平台建设，进一步健全煤炭等矿产资源市场配置机制，积极探索煤炭区域联合营销模式，推动煤炭企业走出困境。加快建立产权清晰、规则一致、竞争有序的城乡统一建设用地市场。深化财税体制改革、商事制度改革、国有企业改革等，充分激发市场活力。围绕推进城乡一体化发展，全面完成农村土地承包经营权确权登记颁证工作，开展土地承包经营权、集体经营性建设用地使用权抵押试点，创新农村土地流转和农村规模经营方式，大力培育新型农业经营主体，积极推进林业、水利、供销合作社等综合改革，激发农村发展活力。

推进科技创新。加大财政资金科技投入力度，促进科技创新与经济发展紧密结合。突出企业技术创新主体地位，培育一批省市级企业研发中心，构建一批产业技术创新战略联盟，开展产学研深度协同创新，提升产业的核心竞争力。深化与国防科大的合作，加大“一院三基地”建设力度，推动高性能云计算、应用微纳卫星、无人机系统和能源互联网产业化，将吕梁建成国家军民融合示范市。重点推进云计算在电子政务、电子商务、医疗教育、科技服务等领域广泛应用，2016年底建成适用市、县两级的电子政务网络和政务云计算平台，提供统一高效的信息资源共享交换服务。支持离石数字生态科技城、柳林李家湾光电子产业园、孝义高新技术产业园、文水高新技术创业园等成为省级众创空间。推进与省农科院科技合作，大力推广新品种、新技术，重点在红枣防裂果、核桃抗晚霜冻等方面取得突破。加大创新型企业培育力度，每年培育100户中小微科技型企业、8户高新技术企业，力争专利授权量、有效发明专利拥有量、技术合同交易额年均增长10%以上。大力普及科技知识，加大科技扶贫力度，让全市人民共享科技发展成果。

加快民营经济发展。毫不动摇地鼓励、支持、引导民营经济发展，放开民间投资领域，放宽民营企业准入条件，促进民营企业加快发展。推进民营企业“专精特新”产业集群发展，促进民营经济转型升级。明确民营企业扶持发展的重点，鼓励扶持在外吕梁籍企业家回乡创业，扶持和培育中小微民营企业发展壮大，培植“大众创业、万众创新”土壤。推进民营企业服务体系建设，加快构建市县乡三级民营企业服务平台。引导民营企业加快建立现代企业制度。保护民营企业合法权益，提振民营企业家发展信心。加强中小企业窗口服务平台建设，实施中小微企业创办、“小升规”成长、“小巨人”培育三项工程。力争到“十三五”末，民营经济增加值占地区生产总值的比重达到全省平均水平。

推进金融振兴。深化金融改革，加强财政与金融深度融合，发挥财政资金杠杆作用，扩大市级企

业应急周转保障资金规模。发挥资本市场融资功能，鼓励中小企业在“新三板”挂牌融资，力争每年新增3户企业挂牌交易。积极发展互联网金融，探索股权众筹、债权众筹等新模式，提高企业直接融资能力。改革政府投融资体制，大力推广政府与社会资本投资合作（PPP）建设模式。深化金融开放与合作，加快引进金融机构，建立科学有效的政银企协作机制。培育发展地方金融，扶持亿元以上政府融资性担保公司。加强信用体系建设，优化金融生态环境，防范和打击非法集资活动。加大金融扶贫力度，创新扶贫小额贷款产品，鼓励引导各类金融机构加大对扶贫开发的支持。探索建立农村互助金融组织、“扶贫+保险”新机制，稳妥发展农村资金互助社。加大扶贫贷款贴息力度，降低贫困地区融资成本。全面完成县级农信社改制，发挥地方金融的主力军作用。力争到“十三五”末，我市社会融资规模比2014年增长60%。提升对外开放水平。紧紧抓住国家实施“一带一路”和区域协同发展战略等重大历史机遇，积极拓展产业、产能等合作领域，鼓励支持优势企业走出去，开拓国外市场。主动融入环渤海、对接京津冀，承接一批新能源、新材料、环保、物流等产业项目。面向陕甘宁，积极参与“黄河几字湾”区域合作，在矿产资源、煤化工、电子信息等领域实现互利共赢。加快对外贸易优化升级，扩大我市铸造、化工、医药、农产品等外贸优势，依托岚县江川国威、晋能清洁能源等高新技术企业，增加新材料新产品出口份额，提升外贸竞争力。依托吕梁云计算中心，加快推动“互联网+外贸”模式，积极发展跨境电子商务。最大限度放宽投资准入限制，完善招商引资政策和激励机制，依托资源禀赋和产业优势，瞄准东南沿海、长三角、港澳台等地区，大力开展产业链招商、项目招商、园区招商、扶贫招商和亲情招商。加强与国内外各类企业的合作，推进与央企和发达地区企业的战略合作，着力引进一批重大产业项目，推动产业优化升级。坚持招商引资与招才引智相结合，引进先进理念、先进技术、优秀人才，推动经济增长向创新驱动转变，提升创新发展能力。

四、加快现代新型城市和城镇基础设施建设，协调推进城乡一体化发展

坚持把推进新型城镇化和精准脱贫工作有机结合起来，以扶贫开发促进新型城镇化，以城镇化带动扶贫开发，加快城乡一体化发展，到“十三五”末，全市城镇化率达到56%。加快吕梁中心城区建设。理顺城市管理体制，发挥市、区两级积极性，整合职能，明确职责，增强合力。坚持规划引领，多规合一，做好各类规划的衔接和融合。围绕建设全省西部区域性中心城市，推进新城区、主城区一体化发展。全力推进新区安置区建设，加快水、暖、电、气等基础配套，确保2016年拆迁群众按期回迁入住。抓紧完善新区幼儿园、小学配套建设，启动初中、高中建设，满足群众回迁和发展需求；加快建设市中心医院、市疾控中心、市妇幼保健院（市儿童医院），确保“十三五”期间全面投用。继续完善吕梁大道、火车站站前广场、污水管网等配套设施建设，启动实施209国道改线、盛地大道和北川河生态景观治理等基础设施项目，进一步拉大城市框架。推动主城区提质，实施市区主次干道续建、断头路延伸、快速路建设，推进市区第二污水处理厂、垃圾处理场和集中供热、供气等工程建设，确保“十三五”期间集中供热、供气实现全覆盖，建成区面积达到42平方公里。

加快提升城市环境质量。大力实施“设施提升、城市安居、城中村改造、环境提质”四大工程，加快公共租赁住房、棚户区改造等保障性住房建设；规范城市管理秩序，加强环境卫生整治，切实改善城市面貌和人居环境；持续加大市区绿化、美化力度，确保“十三五”期末，建成区绿化覆盖率达到

43%，力争创建为国家卫生城市、园林城市。推动智慧城市、海绵城市试点申报工作。实施公交改革，推进城市公交优先和绿色交通。开展城市地下空间开发利用试点工作，加强城市地下管线建设管理，建立高效集成的信息共享平台。

积极推进新型城镇化。加快推进离柳中方城镇组群和汾文交孝城镇带一体化步伐。加快建设大县城，加强县城公用设施、公共服务设施、公园绿地、中心街市、居住社区建设，推进县城内涵式发展。重点建设兴县蔡家崖、临县碛口等一批特色旅游集镇，离石信义、汾阳阳城等一批商贸物流集镇，交城夏家营、文水百金堡、孝义梧桐等一批工业园区城镇，提高重点集镇吸纳人口、集聚产业的综合承载能力。全面推进户籍管理制度改革，有序推进农业转移人口市民化。

加快形成立体交通网络。增加国内航线，发展航空港经济。加快太中银铁路和瓦日铁路沿线战略装车点建设，启动阳双、交石铁路建设，实现吕梁—太原城际列车提速。建设离石至隰县、祁县至离石、静乐至兴县和汾阳至石楼高速公路，力争2020年总里程达到900公里，建成“两纵六横一环”高速公路网，实现县县通铁路、高速。新建、改建干线公路600公里，加大县乡公路改造力度，实施村道拓宽改造，力争干线公路全部达到二级以上标准，县道达到三级以上，乡道达到四级以上。加强客运、货运枢纽建设，启动新区下安汽车站客运枢纽建设，实现“客运零距离换乘、货运无缝隙衔接”。

加快水利基础设施建设。围绕“民生、生态、法治、数字”水利发展思路，严格执行水法，实行最严格的水资源管理制度。加快碛口水利枢纽前期工作，争取列入国家“十三五”规划，早日开工建设；推进峪口沟水库等重点工程，建设中部引黄县域供水配套工程；实施一批农田水利、水土保持、流域治理项目，强化柳林泉域地下水保护，巩固提高2205个自然村、106.27万人的饮水安全标准，推进水利信息、项目、人才数据库建设，为全市脱贫攻坚奠定基础。

加快清洁高效电网建设。推进过境特高压和孝义500千伏输变电工程建设，打通吕梁电力外送通道。开工建设离石袁家庄、柳林留誉等一批110千伏输变电工程，彻底解决低电压、超负荷等问题。

加快“气化吕梁”步伐。建设一批煤层气开发利用基地，合理布局煤层气站点，完善输气管线网络，力争到2020年全市气化人口达到168.53万，气化率达到78%。

五、持续改善生态环境，推进绿色低碳和谐发展

良好的生态环境是最普惠的民生福祉，要坚持生态保护与生态扶贫开发并重，大力推进生态文明建设，努力建设美丽家园。

加强资源能源节约利用。严守资源消耗上限，提升水、土地、矿产等资源节约利用水平。加快淘汰落后产能，实现传统产业环保治理提质改造，为发展壮大铝系、电力、白酒等产业腾出环境容量。严格执行节能目标责任制和节能评价考核制度，扎实推进低碳城镇、产业园区循环发展试点，加强对高耗能企业的节能指标运行监测。“十三五”末，建立起覆盖全社会的资源循环利用体系。

加大环境治理力度。严格执行环境保护法，严守环境质量底线和环保责任红线。持续实施大气、水、土壤污染防治三大行动计划，全面推进重点区域、重点路段、环境敏感区环境整治，加强对垃圾处理厂、污水处理厂和养殖场的运行管理。推动建立排污者付费、第三方治理的治污新机制，大力削减主要污染物排放总量。建立生态保护修复和污染防治区域联动机制，加大城乡环境综合整治和对机动车尾气、城市道路扬尘以及城乡生产生活燃煤污染防治，有效预防雾霾和重污染天气。力争“十三五”

期间单位地区生产总值二氧化碳排放量下降45%。筑牢生态安全屏障。加大生态保护修复力度，切实做好水源地保护工作。全力实施吕梁山生态脆弱区造林绿化工程，每年完成造林40万亩，建设标准化红枣及核桃示范园区10万亩。大力开展“身边增绿行动”，力争到2020年全市森林覆盖率达到33%。倡导绿色低碳、文明健康的生活方式和消费模式，提高全社会生态文明意识，使吕梁大地天更蓝、水更清、山更绿、环境更宜人！

六、坚定不移保障改善民生，全面夯实共享发展基础

我们要集中财力优先发展民生事业，多谋民生之利，多解民生之忧，从解决群众最关心最直接最现实的利益问题入手，努力促进公共服务均等化。

提高教育教学质量。大力发展学前教育，全市适龄儿童在公立幼儿园和普惠性幼儿园入院的比例达到80%以上，彻底解决“入园难”“入园贵”问题。加快实施“全面改薄”工程，到2018年各县全部通过国家义务教育均衡发展评估验收。新建一批中小学校，认真落实高中阶段免除学杂费政策，推进普通高中标准化和县级职教中心标准化建设，基本普及高中阶段教育。加快建设吕梁高等师范专科学校、职业科技学院、高级技师学院和护理职业学院，提升全市职业教育的层次和水平。支持民办教育发展，办好特殊教育，推进招生考试制度改革，实施乡村教师提升计划，加强师德师风建设，提升教育信息化水平。

提升居民健康水平。完善县级公立医院改革，稳步推进市人民医院、汾阳医院城市公立医院改革。加强基层医疗卫生服务体系建设，加快建设柳林、中阳、交城、孝义等县级综合医院，恢复市中医院运行。促进优质医疗资源向基层倾斜，鼓励和支持市、县、乡医疗联合体建设，群众县域内就诊率达到90%。鼓励社会办医，形成多元化办医格局。加强疾病防控、妇幼保健和爱国卫生工作。坚持计划生育基本国策，全面落实一对夫妇生育两个孩子政策，促进人口均衡发展。深入推动食品药品安全专项整治，确保群众“舌尖上的安全”。

完善社会保障体系。实施全民参保计划，进一步建立健全城乡居民医疗保险、生育保险一体化制度，逐步完善失业保险、工伤保险和城乡居民养老保险制度，基本实现法定人员全覆盖。完善城乡最低生活保障制度，积极推进“分类施保”，巩固动态管理下的应保尽保。大力推进农村五保供养服务机构、城乡老年人日间照料中心建设，逐步提高补助标准。完善社会福利体系，大力支持残疾人和慈善事业发展，鼓励支持民办养老机构建设，市综合福利院、吕梁特仪工程建成投运，县级综合福利服务中心实现全覆盖。

稳定扩大就业创业。深入实施就业优先战略，鼓励多形式多渠道就业，统筹做好高校毕业生、城镇就业困难人员、农村剩余劳动力和退役军人、残疾人群等各类群体就业工作。引导大学生村官、农村青年科技带头人发展农村电子商务，积极推动民间剪纸、刺绣、面塑等手工艺品产业发展，培养一批致富带头人。做好教育、培训、资金支持等服务，让创业门槛更低、创业天地更宽。

推进文化繁荣发展。加快推进市图书馆、群众艺术馆等“五馆一院”和市广电新闻中心以及县级“三馆一院”、乡镇文化站、村级文化场所等市县乡村四级公共文化体育设施建设、达标工作。广泛开展群众性文化体育活动，倡导全民阅读形成氛围。加大重要文物、非物质文化遗产和红色遗存保护力度，打造于成龙廉政文化园等廉政教育基地，修缮中央后委、晋绥边区和红军东征总指挥部等一批红色文化旧址。发展壮大骨干文化企业，支持特色文化产业发展。推动文化与科技、制造、旅游等深度融合，打造一批体现地方特色的文艺精品和文化产

品，提升吕梁文化软实力，展示吕梁新形象！

加强社会管理。扎实推进“平安吕梁”建设，全力打造立体化防控体系。深入开展打黑除恶专项斗争，扎实推进禁毒和社会治安专项整治行动。加强网格化管理和基层综合服务管理平台建设，建立完善多元化矛盾纠纷调解机制和重大决策社会稳定风险评估机制。进一步畅通群众诉求表达渠道，依法及时解决合理诉求，防止群体性事件发生。加强应急管理和防灾减灾能力建设，做好消防工作，切实保障人民群众生命财产安全。

推动安全发展。把安全生产作为任何人任何时候任何地方都不可逾越的红线。推进“党政同责、一岗双责、齐抓共管”的安全生产责任体系向基层延伸，加快实现“五级五覆盖”和企业层面“五落实五到位”。严格落实“一票否决制”，层层传递压力，推动政府安全监管和企业主体责任落实到位，实现安全责任无缝对接。加快隐患排查信息系统建设，全面提升安全信息化管理水平。深化煤矿、非煤矿山、道路交通、消防和危化品、人员密集场所以及特种设备等重点行业领域专项整治。全面加强安全生产“三基”建设，推进企业安全标准化提档升级。保持打非治违高压态势，依法维护安全生产良好秩序。坚决杜绝重大事故，遏制较大事故，减少一般性事故，促进全市安全生产形势持续稳定好转。

支持国防和军队建设，做好双拥、优抚安置和人防工作。发展妇女儿童、老龄和红十字会等事业。做好民族宗教、外事、侨务、港澳、对台等工作。加强气象、地震、科普、档案、史志等工作。

善政之要，惟在养民。我们一定要把民之所望作为施政所向，着力补短板、兜底线、促公平，以实实在在成效，让人民群众共享改革发展新成果！

七、切实加强政府自身建设，提高科学民主依法行政能力

谋划新布局，实现新发展，树立新形象，对政府工作提出了新的要求，我们将不断加强自身建设，认真履行职能，加快推进治理体系和治理能力现代化，努力打造人民满意的政府。

推进“六权治本”，建设法治政府。坚持把政府工作全面纳入法治轨道，运用法治思维和法治方式履行政府职能。全面推行权力清单和责任清单制度，实施市场准入负面清单，加强对权力运行的监督和制约。严格执行专家咨询、社会公示、风险评估、合法性审查和集体讨论决定的决策程序，提高依法决策水平。各级政府工作人员要牢记法律红线不可逾越、法律底线不可触碰，带头遵守法律，带头依法办事，形成尊法学法守法用法的良好风尚。

创新治理方式，建设效能政府。深化行政审批制度改革，继续简政放权，提高行政服务效能。健全政府目标绩效考核指标体系和考评机制，强化行政问责，切实提高政府执行力和操作力。坚决纠正不作为、乱作为，坚决克服懒政、怠政，坚决惩处失职、渎职。自觉接受人大及其常委会的法律监督和工作监督，接受政协的民主监督，重视社会和舆论监督，形成常态化监督制度。完善新闻发言人制度，办好政府门户网站，畅通民意表达渠道，提高政府工作透明度。

强化廉政意识，建设廉洁政府。从严落实政府系统党风廉政建设责任制和党委（党组）主体责任，把纪律和规矩挺在前面。认真践行“三严三实”，严格执行中央“八项规定”，持之以恒整治“四风”，驰而不息转变作风。切实加强对行政审批、项目招投标、土地出让、政府采购、公共资源交易等重点领域、关键环节的行政监察和审计监督，严肃查处顶风违纪行为，进一步形成并保持惩治腐败的高压态势。加强廉洁从政教育和廉政文化建设，营造廉洁发展环境，重建吕梁政商新生态。提倡厉行节约，反对浪费，严格控制“三公”消费和一般性开支。改进领导干部公务活动安排，切实做到轻车简从、简化接待。

坚持为民务实，建设服务政府。牢固树立执政为民的理念，更加注重服务基层、服务群众、服务企业，推动政府服务管理水平大幅提升。改革公共服务体制，完善公共服务制度，创新公共服务方式，加强公共服务设施建设，形成覆盖城乡和可持续的基本公共服务体系。继承和发扬吕梁革命老区艰苦奋斗的优良传统，始终保持奋发有为的精神状态，埋头苦干，狠抓落实，真正做出经得起实践、人民、历史检验的成绩。

各位代表，打赢脱贫攻坚战的历史使命激励着我们，全面建成小康社会的宏伟蓝图鼓舞着我们，380 万吕梁人民期盼着我们。让我们在市委的坚强领导下，以更加坚定的意志攻坚克难，以更加饱满的热情开拓创新，以更加务实的作风勤勉工作，奋力开创全市经济社会发展新局面，为建设富裕和谐、弊革风清的幸福吕梁而努力奋斗！

吕梁市人民代表大会常务委员会工作报告

——在吕梁市第三届人民代表大会第一次会议上

吕梁市人大常委会主任 刘明勇

（2015 年 12 月 28 日）

过去工作的回顾

市二届人大常委会于 2009 年 7 月开始依法履职以来，在中共吕梁市委的坚强领导下，深入贯彻党的十七大、十八大和习近平总书记系列重要讲话精神，全面落实市委各项决策部署和“打基础、利长远、惠民生”总体要求，紧紧围绕全市改革发展稳定大局，认真履行宪法和法律赋予的各项职责，先后召集代表大会 9 次，召开常委会议 55 次、主任会议 112 次，听取和审议“一府两院”专项工作报告 91 项，组织执法检查 22 次，专题调研、专项视察 87 次，专题询问、专项工作评议 8 次，作出《决议》《决定》49 项，印发《审议意见》《工作建议》134 份，任免国家机关工作人员 346 人（次），制定各类规章制度 59 件。为推进全市经济、政治、文化、社会和生态文明建设，发挥了地方国家权力机关的积极作用。

一、着力促进经济发展。发展是党执政兴国的第一要务，经济发展是社会全面发展的重要基础。努力促进全市经济实现健康持续发展，是市人大常委会依法履职的客观要求。一是听取和审议市政府各年计划、预算执行情况报告和审计工作报告 21 次，提出 136 项工作建议；审查并批准了市本级历年财政决算、财政预算调整，地方政府债券使用、利用银行贷款进行城市基础设施与棚户区改造项目建设等事项 30 项。二是听取和审议了市政府工业园区建设、转型综改试验区建设、铁路战略装车点建设、农业社会化服务体系建设、红枣核桃产业发展、畜牧业发展、农民专业合作社发展、民营经济发展、旅游产业发展、科技工作等 20 个专项工作报告，提出 129 项改进工作的意见。三是对重点项目建设、农业产业化（8+2）项目、经济发展方式转变和经济结构调整、生态环保、煤炭产业发展、文化产业发展、中小微企业发展等 28 个方面的事项进行了专题调研、专项视察，提出 136 项工作建议。四是就市直有关部门推进新兴产业发展、服务重点项目建设情况，组织了专题询问、专项评议。五是为了促进各金融机构服务吕梁经济发展，2009年召开了金融促进经济增长座谈会，2011年听取和审议了各金融机构支持中小微企业发展情况的专项工作报告，2015年召开了贯彻落实全省金融振兴推进大会精神座谈会；为了推动省属驻吕煤炭企业更好地融入吕梁经济发展大局，2011年和2012年，分别围绕驻吕煤炭企业生产建设与资源转化问题进行了专题调研，向有关部门提出了具体工作建议。

二、着力推动民生改善。民生是人民幸福之基，社会和谐之本。体察民情，关注民意，大力支持和促进各级各部门保障和改善民生，是市人大常委会切实坚持人民主体地位的法律使命。一是听取和审议了市政府专项扶贫、新农村建设、农村公路建设与养护、农村饮水安全、城乡居民最低生活保障、保障性住房建设管理、医疗机构管理、公共卫生服务体系建设、新型农村合作医疗、学前教育、职业教育、义务教育均衡发展、城乡环境卫生综合整治、市区“三山”绿化、市区饮用水水源地保护等17个专项工作报告，提出106项改进工作的意见。二是就加快城镇化进程、城乡居民养老保险、城乡幼儿园建设、残疾人教育、社会资助高中贫困生、解决红枣防裂果、马铃薯产业发展、设施蔬菜生产与销售、退耕还林工程管护、大中型水库运行管理、市区城市绿化等21个方面的事项进行了专题调研，提出129项工作建议。三是对医疗卫生服务体制改革、农村寄宿制学校发展、农田水利灌溉工程建设、省政府“十个全覆盖工程”及市政府历年政府工作报告中提出的便民惠民实事进展情况进行了专项视察。四是就市直有关部门促进农民增收、保障食品安全和建立“三项整治”长效机制情况，组织了专题询问、专项评议。另外，作出《关于保护柳林泉的决定》，并连续三年采取组织专题调研、听取专项报告、进行满意度测评等方式，促进泉域内生态环境改善和各项保护措施的贯彻落实。

三、着力强化依法治市。依法治国是党领导人民治理国家的基本方略。保证宪法和法律、法规在本行政区域内的遵守和执行，推进法治吕梁建设，是市人大常委会的重要工作任务。一是听取和审议了市政府环境保护、安全生产、“六权治本”、宗教工作、禁毒工作、社会治安防控体系建设、公安交通管理、市区城市管理、市区物业管理及“就业促进法”“科技进步法”“传染病防治法”贯彻实施情况等16个专项工作报告；听取和审议了市法院刑事审判、民商事案件执行、涉诉信访案件处理、审判监督、规范司法行为等5个专项工作报告；听取和审议了市检察院刑事检察、反渎职侵权、反贪污贿赂、预防职务犯罪、落实省人大常委会《加强对诉讼活动法律监督工作的决定》情况等5个专项工作报告，共提出151项改进工作的意见。二是组织了“产品质量法”“消费者权益保护法”“残疾人保障法”“妇女权益保障法”“未成年人保护法”“人民警察法”“民事诉讼法”“水土保持法”“城乡规划法”“文物保护法”“治安管理处罚法”等22部法律的执法检查，对“药品管理法”“大气污染防治法”两部法律实施情况进行了专题询问，提出162项推进相关法律法规深入贯彻实施的意见。三是对全市开展的“大排查、大接访、大化解”活动、重要生态建设项目、重点排污企业、非煤矿山安全生产、法院落实人民陪审员制度、司法机关公正司法情况及“律师法”“工会法”“老年人权益保障法”《山西省预防职务犯罪工作条例》贯彻实施情况等20个方面的事项进行了专题调研、专项视察，提出103项工作建议。四是组织实施“吕梁环保行”活动两次，配合省人大常委会开展“三晋环保行”活动7次。五是作出《关于推进“法治吕梁”创建工作的决定》和《关于进一步加强法制宣传教育的决议》，制定并修订了《规范性文件备案审查办法》

和《工作规程》。六是狠抓人大信访工作，累计接待和受理人民群众来信来访6443件，督促协调有关部门研究处理了一大批信访问题。

四、着力增强工作实效。主要从六个方面进行了积极的探索实践。一是着力提升常委会全体组成人员的政治与法律素养，确保省委、市委的人事安排意图顺利实现。本届市人大常委会任免市级、副市级干部24人（次），补选省人大代表5名，罢免省、市人大代表15名，都是全票通过；对人大常委会及其机关与政府组成部门和法、检两院工作人员302人（次）的任免事项，基本都是全票、高票通过。二是坚持用制度保障依法行使职权，制定常委会《履职守则》《议事规则》及《听取审议专项报告》《执法检查》《专题调研》《跟踪监督》《满意度测评》等规章制度31项。三是高度重视常委会议题前期准备工作，列入常委会审议的重要事项，会前组织专项学习培训，深入开展专题调研、专项视察，全面了解基层真实情况，充分听取人民群众意见，并对每项审议议题事先确定重点发言人，以增强审议发言的精准性和聚焦力。四是建立健全分组审议会议程序，每项议题按照听取专题调研或跟踪监督情况汇报、常委会组成人员重点发言、参加会议人员审议发言、提出询问与回答询问四个环节规范进行，切实做到人人建言献策、事事严肃认真。五是强化跟踪监督，先后对“一府两院”及有关部门研究处理常委会87项《审议意见》《工作建议》的情况，在听取审议专题报告的同时，进行了168项（次）满意度测评，有效增强了人大监督工作的权威性、实效性。六是自觉接受人大代表和人民群众的监督，先后邀请省人大代表71人（次）、市人大代表322人（次）及部分公民列席参加了常委会会议。

五、着力保障代表履职。市人大代表是吕梁地方国家权力机关组成人员。为市人大代表依法行使代表职权、履行代表义务提供服务和保障，是市人大常委会及其机关的法定职责。一是制定了《代表建议、批评和意见的提出和处理》《代表建议办理工作考核办法》《着力推动代表建议办理工作由“答复型”向“落实型”转变》《向代表通报工作情况、提供信息资料》《代表专项视察》《代表持证视察 》《代表密切联系人民群众》《代表小组活动》等14项代表工作制度。二是狠抓代表建议办理工作，对历次人代会1229件代表建议及其中86件重点建议，每年召开集中交办会议，并由主任会议成员按分工牵头督办、各工委按职责逐项督办；向所提建议的代表发放“办理情况满意度测评卡”，主任会议专题听取重点建议办理情况及各工委督办情况的汇报，常委会听取和审议“一府两院”对代表建议办理情况的专项报告和代表重点建议承办单位的专题报告，并进行满意度测评。三是坚持主任会议成员联系代表小组、常委会委员联系代表制度；确定每月9日由主任会议成员轮流接待代表、听取意见，累计接待代表124人（次）；坚持开展执法检查、专题调研、专项视察等活动，邀请省、市人大代表参加。四是着力提高代表履职能力，每年为代表订阅《人民代表报》《中国人大》《山西人大》履职学习刊物，寄送《常委会公报》《吕梁人大》期刊；组织代表就新修订的“代表法”进行了专题培训，举行了代表依法履行职责专题报告会。五是指导督促各代表小组按年制定活动计划，召开了代表小组活动经验交流会，连续四年组织代表就全市经济社会发展情况开展“民意调查月”活动。六是积极探索代表依法履职激励机制，给各代表小组安排专项活动经费，对无固定工资收入的代表执行代表职务时给予误工补贴，对代表优秀建议及先进代表小组进行表彰，对代表依法履职的先进典型和模范事迹组织专题报道。七是开展了全市“代表法”贯彻实施情况的专题调研，从十个方面纠正了存在问题，改进了工作方法。

六、着力加强自身建设。紧跟时代步伐，适应形势要求，坚持不懈加强人大常委会和人大机关自身建设，是做好人大工作的根本保证。一是牢牢把握正确的政治方向，制定了《关于向市委请示报告工作的办法》，坚持重要工作、重要会议、重要活动、重要事项主动向市委请示报告，自觉将市委领导贯穿于市人大及其常委会依法履职的全过程和各方面。二是狠抓常委会党组和机关党的建设，坚持政治理论学习，深入开展了保持党的纯洁性、党的群众路线教育实践、学习讨论落实等活动和“三严三实”专题教育，建立健全了党组和机关各项党务工作制度。三是狠抓常委会组成人员履职能力建设，每年召开加强常委会自身建设专题座谈会，举办专题讲座，组织常委会委员交流履职体会、介绍工作经验，努力使常委会的各项工作更好地把握规律性、体现时代性、富有创造性。四是狠抓常委会机关工作制度建设，制定了《改进会风》《改进文风》《加强考勤管理》《加强财务管理》《规范外出考察学习管理》等规章制度及《创建廉洁型、学习型、服务型、规范型、高效型、务实型“六型”机关实施方案》；坚持以落实岗位职责、完成目标任务、创新工作方法、增强履职实效为主要内容，每年对机关工作人员进行述职评议考核。

另外，市人大常委会认真履行对县、乡人大的工作联系和业务指导职责。为了确保中央和省委、市委对人大工作的指示精神落实到位，多次组织了专题调研、专项督查。为了提高县、乡人大依法履职水平，召开全市性人大工作专题座谈会和经验交流会12次。为了做好坚持人民代表大会制度的舆论宣传工作，在《吕梁日报》、吕梁电视台开设“人大工作探索与实践”、“人大视点”栏目，在《吕梁人大》期刊、《人大工作动态》和吕梁人大网及时宣传报道县、乡人大依法履职的好做法、好经验。为了协调推进工作、增强履职实效，先后将民营经济发展、经济林建设、设施蔬菜生产、农业社会化服务体系建设、农民增收、食品安全、城乡居民最低生活保障、城乡环境卫生综合整治及金融支持地方经济社会发展等10多项工作列为年度重点监督事项，市、县两级人大常委会上下联动、同频共振，合力促进全市各级各部门切实做好相关工作。

自觉接受省人大常委会的监督和指导，召开了全市贯彻落实《山西省实施〈监督法〉办法》电视电话会议；制定了《服务省人大代表与人民群众联系的办法》和《贯彻落实〈山西省人大常委会关于加强和改进人大监督工作的决定〉的实施意见》。为省人大常委会在吕梁召开的8次全省性专项工作会议，提供了服务和保障。积极配合省人大常委会完成了在吕梁进行的19次执法检查及10多项立法调研和20多项专题调研、专项视察活动。

市二届人大常委会的工作成绩，得益于地区人大工委与市一届人大常委会奠定的工作基础和积累的履职经验，是中共吕梁市委坚强领导的结果，是市政府、市政协、市法院、市检察院及有关部门和县、乡人大密切配合的结果，是全体常委会组成人员、市人大代表和常委会各机构共同努力的结果，是全市广大人民群众和社会各界人士大力支持的结果。在此，我代表市二届人大常委会向所有关心、支持人大工作的同志们，表示崇高的敬意和衷心的感谢！

全面回顾市二届人大常委会的工作，存在很多差距和不足：监督工作的实效性尚需继续增强；行使重大事项决定职权的具体办法和运行机制有待进一步完善；人大代表建议办理质量还有较大提升空间；常委会及人大机关自身建设还不能完全适应形势发展的要求。这些问题都需要在今后工作中认真加以改进。

各位代表：六年多来的履职历程，使我们深切地体会到，做好新时期人大工作，要切实坚持以下原则：一是坚持党的领导。党的领导是中国特色社会主义最本质的特征。人民代表大会制度是在党领导下人民当家作主的政权组织形式。自觉将市人大及其常委会的各项工作始终置于市委领导之下，是确保人大工作不断沿着正确政治方向前进的根本保证。二是坚持人民主体地位。中华人民共和国的一切权力属于人民。各级人大对人民负责，受人民监督。实现好、发展好、维护好最广大人民的根本利益和合法权益，是人大各项工作的出发点和落脚点。三是坚持围绕中心、服务大局。人大工作是党和国家工作的重要组成部分。人大依法履职必须贯彻市委决策部署，必须服从全市经济社会发展需要。四是坚持依法行使职权。人大与“一府两院”职责分工不同，目标完全一致，都是在党委领导下共同推进中国特色社会主义建设。要严格按照法定权限、法定程序开展工作，切实做到不缺位、不越位、不错位。五是坚持保障代表依法履职。人大代表是地方国家权力机关的组成人员。人大工作的主体是代表，人大工作的开展靠代表，人大工作的水平看代表，人大工作的活力在代表。着力服务、支持和保障代表依法履职，是人大常委会及其机关的一项经常性、基础性工作。六是坚持民主集中制。民主集中制是国家政权组织形式和活动方式的基本原则。要严格遵守集体讨论问题、集体作出决策、集体行使职权、少数服从多数的人大工作组织原则，一切按程序办事，一切由会议决策。七是坚持不断加强自身建设。人大常委会的履职水平、尽责成效，既取决于每位组成人员的履职能力、尽责态度，又取决于人大机关每位工作人员的业务素质、服务水平。必须在提高人大干部队伍的政治觉悟、法律素质、履职实效方面狠下功夫。八是坚持与时俱进。与时俱进是马克思主义的理论品格，也是做好人大工作的不竭动力。要把握时代脉搏，顺应时代潮流，不断推进人大工作理论与实践创新。

今后工作的建议

党的十八大、十八届三中、四中、五中全会和习近平总书记系列重要讲话，为做好新时期人大工作提供了基本遵循，提出了新的要求。根据法律规定，按照省委、市委总体工作部署，结合市二届人大及其常委会的履职实践，着重从五个方面提出建议。

一、立法工作方面。随着三届市人大法制委员会的设立，我市人大及其常委会即将开始履行立法职权。始终坚持市委对立法工作的领导，充分发挥人大在立法工作中的主导作用，切实加强立法队伍建设，认真组织立法业务学习，建立健全立法规章制度，深入开展立法调查研究，抓紧编制五年立法规划，着力推进科学立法、民主立法。

二、监督工作方面。加强对法律法规实施情况的监督检查，增强执法检查的针对性、权威性和实效性，保证宪法、法律、行政法规在全市的遵守和执行。加强对重点工作、重要事项的监督，注重“六权治本”“六大发展”，突出民生改善、民生保障，促进“十三五”经济社会发展规划的顺利实现。加强对预算决算的监督，认真贯彻落实“预算法”，推动建立健全财政支出绩效评价机制，注重发挥审计职能作用。加强对司法机关公正司法的监督，明确监督原则、监督内容，规范监督程序、监督方式，努力让人民群众在每一个司法案件中感受到公平正义。加强规范性文件备案审查，配备专业人员，完善运行机制，保证国家法律法规的统一性，保障公民、法人及其他组织的合法权益。

三、讨论决定重大事项方面。正确处理市委决策权与人大决定权的关系，抓住事关全市经济社会发展的全局性、长远性、根本性问题，深入开展调查研究，广泛听取人民群众意见，通过法定程序形成决议、决定，推动市委重大决策部署的贯彻落实，促进全市重要工作任务的圆满完成。

四、代表工作方面。加强代表学习培训，增强代表依法行使职权、依法履行义务的责任感和自觉性，做好代表在人代会闭会期间开展活动的组织与服务工作，健全常委会组成人员联系代表制度，完善“主任接待代表日”活动办法，提高代表小组活动实效，规范代表执行职务的各项保障工作，推动代表建议办理工作由“答复型”向“落实型”转变。

五、自身建设方面。始终坚持党的领导、人民当家作主、依法治国的有机统一，确保中共吕梁市委的正确领导贯穿于市人大及其常委会依法履职的各方面、全过程。进一步加强常委会机关党组织建设、党风廉政建设、干部队伍建设和规章制度建设，着力构建学习型、服务型、廉洁型、务实型、规范型、高效型机关。切实加强对县、乡人大的业务指导与工作联系，认真贯彻落实中共中央“中发〔2015〕18号”文件精神，着力推动全市人大工作开创新的局面。

各位代表：吕梁当前正处于奋发向上、攻坚克难的关键时期，我们一定要倍加珍惜来之不易的重大发展机遇，在中共吕梁市委的坚强领导下，深入贯彻党中央“四个全面”战略布局和习近平总书记系列重要讲话精神，认真落实省委“五句话”总体思路和十届七次全会精神，按照市委三届七次全会精神和“新布局、新发展、新形象”的总体部署，凝心聚力，锐意进取，为全面打赢脱贫攻坚战役、全面建成小康社会而努力奋斗。

中国人民政治协商会议第二届吕梁市委员会常务委员会工作报告

——在政协第三届吕梁市委员会第一次会议上

吕梁市政协主席 朱锦平

（2015年12月26日）

二届市政协工作回顾

政协第二届吕梁市委员会，在中共吕梁市委的坚强领导下，在市人大、市政府的大力支持下，始终坚持以党的十七大、十八大精神为指导，深入学习贯彻习近平总书记系列重要讲话精神，牢牢把握团结和民主两大主题，按照“打基础、利长远、惠民生”总体要求，认真履行政治协商、民主监督、参政议政职能，广泛凝聚智慧服务科学发展，充分发挥优势助推民生改善，积极协调关系促进社会和谐，为服务我市经济社会发展作出了积极贡献。

一、坚持思想建设，不断巩固团结合作的政治基础

常委会坚持把增进共识作为思想政治建设的根本，引导广大委员进一步坚定中国特色社会主义道路自信、理论自信、制度自信。

注重在深入学习中凝聚共识。积极组织和引导广大委员认真学习中共十八大及十八届三中、四中、

五中全会精神，学习胡锦涛、习近平在庆祝人民政协成立60周年和65周年大会上的重要讲话精神，先后举办政协委员、政协各参加单位、乡镇政协联络组长等各类专题培训10余期，编发《政协委员必读》《实践与探索》等学习资料，帮助广大委员进一步提高理论水平和思想素质。深入开展学习实践科学发展观活动、党的群众路线教育实践活动、“三严三实”专题教育和学习讨论落实活动，努力用马克思主义中国化最新成果武装头脑、统一思想、指导实践。

注重在组织重大活动中巩固共识。以人民政协成立60周年、65周年、辛亥革命100周年和抗日战争胜利70周年为契机，通过举办座谈会、书画展、开展征文活动、出版专题文集等形式，进一步增强全市各党派团体和各族各界人士对中国特色社会主义的政治认同和思想认同，更加自觉地投身推动科学发展、促进富民强市的生动实践。

注重在谋划部署工作中深化共识。认真贯彻落实《中共吕梁市委关于加强人民政协工作的实施意见》，协助市委召开市委政协工作会议，召开县市区政协主席座谈会和民主党派人士座谈会，为做好新时期政协工作注入了动力，增添了活力。

二、坚持服务大局，为经济社会发展建言献策围绕中心、服务大局，是政协履行职能必须遵循的重要原则。常委会充分发挥政协委员的主体作用，就全市经济社会发展中的重大问题开展协商议政、民主监督，取得了积极成效。

政治协商扎实有效。我们聚焦全面深化改革和市委、市政府重大事项，通过政协全体会议、常委会议开展政治协商。二届政协以来，共召开7次全体会议，34次常委会议，委员们通过分组讨论、大会发言、专题座谈、提案信息等形式，就事关全局的重大事项、经济社会发展的突出问题、人民群众关注的热点难点问题进行协商讨论，积极建言议政。

专题议政成果明显。积极探索专题调研机制，形成“四个二”专题议政方法，每年精选两个专题、开展两次调研活动、召开两次专题协商议政会、向党委、政府报送两份高质量建议案。二届市政协以来，我们先后围绕经济转型、三农工作、城市建设、文化产业、医疗卫生、社会管理等课题，组织委员开展调查研究，召开常委会进行专题协商，形成了《关于推动资源型经济转型发展的建议》《关于进一步推进“8＋2”农业产业化的建议》《关于加快吕梁中心城区提质建设进程的建议》《关于进一步推进城乡统筹一体化的建议》《关于进一步加快中小微企业发展的建议》《关于支持中小企业发展新兴产业的建议》《关于增加地方可用财力，加快吕梁科学发展的建议》《关于发挥民间资金作用，规范民间借贷监管的建议》《关于进一步推进农业产业化的建议》《关于加快离柳中方城镇组群一体化发展的建议》《关于进一步推进我市农村水利设施建设的建议》《关于推动我市文化产业大发展的建议》《关于进一步推进我市乡村医疗卫生服务体系建设的建议》《关于加强和创新社会管理的建议》《关于进一步推进“三大工程”建设的建议》《关于大力发展现代职业教育，加快培养实用型技能人才的建议》和《关于进一步推进养老事业发展的建议》17篇建议案，报送市委、市政府，为党委、政府科学民主决策提供重要参考。

专题视察广泛开展。我们采取专题视察、召开座谈会等形式，广泛开展对口协商和界别协商，组织政协委员开展重点专题视察30多次，形成各类调研报告100多篇。积极拓宽民主监督渠道，创新民主监督形式，坚持民主监督与专题视察、民主评议相结合，组织政协常委对执法执纪、社会事业、窗口服务等20余家单位进行视察评议，积极推动相关社会问题和民生问题的解决落实。

三、坚持求真务实，大力推进各项经常性工作

做好各项经常性工作，对于有效履行政协职能、充分发挥政协作用至关重要。常委会立足政协实际，推进提案、社情民意工作创新发展，不断加强文史资料、政协理论研究和新闻宣传工作。

提案工作水平不断提高。我们制定了《加强和改进提案工作的意见》《提案办理规程》《重点提案的确定、办理和督办暂行办法》，有效提升提案工作规范化水平。建立了党委、政府领办，政协督办，委员参与，部门落实的提案办理联动机制，开通提案网上管理系统，组织常委会评议提案办理落实情况，推动提案办理工作由答复型向落实型转变。二届政协累计收到提案3550件，立案办复3077件，组织报送省政协提案206件，推动提案质量稳步提升。市政协提案工作多次受到省政协表彰，在省政协工作经验交流会上做了介绍，并在《人民政协报》进行了报道。

社情民意信息工作扎实推进。我们制定了《关于进一步加强社情民意信息工作的意见》《社情民意信息工作责任制》《社情民意信息研究员规则》，选聘信息研究员，举办专题培训班。二届政协共向全国政协、省政协和市委、市政府报送社情民意信息5800多条，编发《社情民意》专刊200余期，与吕梁日报联办《社情民意专栏》，刊发信息650多条，充分发挥了社情民意“直通车”作用。

文史资料工作成果丰硕。我们认真贯彻“存史、资政、团结、育人”方针，坚持“亲历、亲见、亲闻”原则，先后编纂出版了《老一辈无产阶级革命家在吕梁》（上下）、《吕梁抗日烽火》（上下）、《吕梁英雄谱》（1—5）、《吕梁解放》（上下）、《吕梁回忆》（1—7）、《晋绥风云》（1—4）和《吕梁文化丛书第二辑》（1—5）等系列文史丛书27册820余万字，启动了《南下西进》文史资料的征集工作。全面记录了革命战争时期吕梁发生的重大历史事件，基本完成了建国前文史资料的征集任务，为宣传吕梁革命历史、弘扬红色文化做出了积极贡献。

政协理论研究和新闻宣传工作稳步开展。积极组织学习座谈研讨，深化对人民政协理论和协商民主理论的认识和理解。参加省政协理论研讨会，组织征文活动，总结履职经验，开展理论探索，先后在《人民政协报》《山西政协报》《文史月刊》等报刊发表了《在服务转型跨越中推进政协协商民主建设》《完善民主监督机制，提高民主监督实效》《加强基层政协工作的实践与思考》等20余篇理论研讨文稿。努力办好《吕梁政协》内刊和政协网站，编印《吕梁政协年鉴》，制作《前进之歌》专题资料片，充分利用各种新闻媒体，宣传人民政协制度和工作，展示委员履职成果和风采，努力形成有利于政协事业发展的良好氛围。

四、坚持履职为民，为构建社会主义和谐社会尽职尽责

坚持人民政协为人民，把人民意愿作为履职依据，把群众关切作为履职重点，着力促进民生改善、社会和谐。

围绕改善民生建言献策。几年来，我们围绕扩大就业、社会保障、学前教育、医疗卫生、食品安全、安居工程、安全生产、公共服务等课题组织调研视察，提出意见建议。政协提案、社情民意信息中涉及民生类问题的分别占到80%、85%，我们加强对此类提案和信息办理情况的跟踪、落实、反馈，为促进民生问题的有效化解积极努力。

围绕改善民生办实事做好事。组织开展“机关走访委员、委员走访群众”活动，动员广大委员深入基层，积极主动为群众排忧解难。与省政协联动开展“察情建言惠民行”活动，组织界别委员开展文化、科技、卫生“三下乡”服务，协助党委、政府做好稳人心、暖人心的工作。

围绕扶贫济困实施“政协三大民生工程”。我们把“三大民生工程”作为服务民生改善、促进社会和谐的一项重点工作，组织动员广大政协委员广泛参与到活动中来。二届政协以来，扶贫助学工程累计筹集资金265万元，资助贫困大学生1106名；健康医疗援助工程牵头组织市、县两级十余家医院，开展医疗援助服务6万余人次；科技服务工程组织届别委员举办医学、环保、农林牧等专题讲座和培训100余场，启动孝义角盘垣万亩核桃林质量提升示范基地，惠及群众10万余人。

五、坚持团结民主，为全市改革发展稳定凝心聚力

人民政协是大团结大联合的象征，是党和政府联系群众、团结各界的重要桥梁和纽带。常委会牢牢把握团结和民主两大主题，努力调动各方面的积极性和主动性，为我市改革发展凝聚人心、汇聚力量。

加强与民主党派和无党派人士的团结合作。认真贯彻“长期共存、互相监督、肝胆相照、荣辱与共”的方针，尊重和保障民主党派、无党派人士在政协中的各项民主权利，坚持联合调研制度、征求意见制度、秘书长联席会议制度，为民主党派、无党派人士搭建参政议政平台。二届政协期间，各民主党派市委、市工商联提交大会发言材料68篇，提出提案596件，报送社情民意信息120余条。

着力促进民族宗教关系和谐。加强与民族、宗教界代表人士的团结联谊，认真贯彻党的民族宗教政策，围绕少数民族权益保障、农村宗教工作、《宗教事务条例》贯彻落实情况进行专题调研。加强与社会各阶层、各界别人士的沟通联系，主动了解和反映不同阶层、不同群体的利益诉求，协助党委、政府做好凝聚人心、化解矛盾的工作。

扩大交流合作和对外联谊。参加了第十届世界华商大会和第四届京津冀晋蒙政协区域经济发展论坛，成功举办了全国16省（区）34市政协工作研讨暨经济协作会议和全国10省（区）29城市政协横向联系会议。与省政协联动开展专题调研30多次，配合兄弟市政协开展调研考察120余次，为招商引资、宣传吕梁做出积极努力。

六、坚持与时俱进，为提高履职能力和工作水平打牢坚实基础

政协自身建设的水平，关系到履行职能的成效。常委会主动适应新形势新任务的要求，把加强自身建设摆在重要位置，为政协履行职能提供了有力保障。

充分发挥委员主体作用。我们制定和修订了《委员履行职能考核管理办法》《常委履行职能考核管理办法》《加强委员履职管理，充分发挥委员主体作用的实施意见》，组织表彰提案、社情民意信息和文史资料工作先进单位和先进个人，激发委员履职热情，规范委员履职行为，提升委员履职的自觉性和主动性。

大力支持专委会和界别开展活动。发挥专委会在政协履职中的基础性作用，加强与对口部门的联系沟通，探索专委会开展对口协商的有效途径，积极为委员知情明政、履行职责创造条件。发挥界别作为扩大社会各界有序政治参与的重要渠道作用，制定界别活动办法，建立界别召集人例会制度，完善主席会议成员联系界别制度，组织界别委员开展学习联谊、座谈研讨、调研视察等活动，不断提升界别履职成效。

切实加强与市县区政协的沟通联系。召开市县政协主席座谈会，相互交流经验，加强沟通合作。组织市县政协联合开展调研、视察和培训活动，促进市县政协工作的良性互动，提升政协整体工作水平。积极推动乡镇政协工委和政协联络组建设，实现政协职能作用向基层延伸，推进全市政协工作的健康发展。

扎实推进机关建设。大力加强机关干部队伍思想作风建设，倡导以学习求进步、以工作求发展的干事创业风气，不断提高机关工作水平和效率，为委员履行职能搭建平台、搞好服务。近年来，市政协机关先后荣获全省爱国卫生先进单位、市级文明和谐单位等荣誉称号，连续六年被评为责任制考核优秀单位。

各位委员，二届市政协的工作成绩，是在继承政协工委、一届市政协优良传统和工作经验的基础上取得的，是中共吕梁市委坚强领导、省政协正确指导的结果，是市人大、市政府大力支持的结果，是市直各部门、各县市区和社会各界积极配合的结果，也是市政协各参加单位和全体委员团结奋斗的结果。在此，我代表二届市政协常委会，向市委、市人大、市政府，向各民主党派、各人民团体和各族各界人士，向所有关心支持人民政协事业的同志们和朋友们，表示衷心的感谢！

回顾和总结过去的实践，使我们深切体会到，推进人民政协事业健康发展，必须牢固树立政治意识，高举爱国主义和社会主义两面旗帜，坚持中国共产党的领导，不断夯实团结奋斗的共同思想政治基础，确保人民政协事业发展的正确方向；必须把服务发展作为履行职能的第一要务，坚持围绕中心、服务大局，紧紧围绕全市改革发展大局履行职能，在助推发展中彰显价值、发挥作用；必须牢固树立群众观念，始终把维护和实现好人民群众根本利益作为一切工作的出发点和落脚点，把群众关注作为履职的主攻方向，深入了解民情，服务民生改善，切实做到人民政协为人民；必须牢牢把握团结民主两大主题，在沟通协商中增进共识，在合作共事中凝聚人心，最大限度地调动一切积极因素，团结一切可以团结的力量，永葆人民政协的蓬勃生机与旺盛活力。必须大力弘扬务实创新精神，准确把握和适应经济社会发展新常态，推进人民政协理论创新、制度创新、机制创新，努力使政协工作体现时代性、把握规律性、富于创造性。这些宝贵经验的取得来之不易，需要我们倍加珍惜，并在今后工作实践中长期坚持，推动人民政协事业持续健康发展。

回顾和总结过去的实践，我们清醒地看到，工作中还存在一些不足，主要表现在：政治协商的规范化水平有待进一步提升，民主监督的力度有待进一步增强，参政议政的广泛性有待进一步拓展，政协自身建设有待进一步加强。对这些不足，我们要高度重视，并在今后的工作中努力加以改进和解决。我们也真诚希望广大委员提出意见建议，帮助我们改进工作。

今后五年工作的建议

今后五年，是贯彻落实中共中央“四个全面”战略布局、深入实施“十三五”规划的关键时期，是全面深化改革、推进转型发展的攻坚时期，也是我市实现整体脱贫、全面建成小康社会的决战时期。站在新的起点，迈向新的征程，我们要深入学习贯彻习近平总书记系列重要讲话精神，高举爱国主义和社会主义两面旗帜，牢牢把握团结和民主两大主题，认真贯彻落实中共山西省委“六大发展”战略部署，在中共吕梁市委的坚强领导下，按照“新布局、新发展、新形象”的总体要求，团结带领政协各参加单位和广大政协委员，积极履行政治协商、民主监督、参政议政职能，充分发挥协调关系、汇聚力量、建言献策、服务大局作用，为促进富民强市作出积极贡献。

一、强化思想理论武装。要适应时代发展和政协履职的需要，坚持把学习作为事关人民政协事业长远发展的战略任务来抓，组织和引导委员深入学习中国特色社会主义理论和社会主义核心价值体系，进一步夯实团结奋斗的共同思想政治基础，切实把思想和行动统一到中央、省委、市委的重大决策部署上来。

二、围绕改革发展履职。要紧紧围绕市委三届七次全会的决策部署，聚焦党的十八大提出的“两个一百年”奋斗目标和“十三五”时期经济社会发展重大问题，紧密结合吕梁实际，履职尽责，努力工作，为推进我市经济建设、政治建设、文化建设、社会建设和生态文明建设献智出力。

三、坚持大团结大联合。要把团结和民主两大主题贯穿于人民政协工作的各个环节和全部过程，进一步加强同各民主党派、无党派人士的合作共事，协助党委、政府做好民族宗教工作，加强同新经济组织、新社会组织代表人士的沟通联系，着力促进政党关系、民族关系、宗教关系、阶层关系和海内外同胞关系健康和谐，为促进吕梁发展凝心聚力。

四、践行履职为民理念。坚持人民政协为人民，始终保持同人民群众的血肉联系，把群众的安危冷暖、呼声期盼放在心上，着眼民生政策落实、民生工程实施、民生问题解决，就教育、就业、住房、医疗、精准扶贫、社会保障和安全生产等重大民生关切，深入调查研究，积极献智出力，推动改革发展成果更好地惠及人民群众。

五、着力加强自身建设。认真贯彻落实中共中央《关于加强人民政协工作的意见》，不断加强和改进自身建设，切实提高政治把握能力、调查研究能力、联系群众能力和合作共事能力，更好地发挥委员的主体作用、专委会的基础作用、机关的服务保障作用，提升政协履职能力和整体工作水平。

各位委员，同志们！人民政协使命光荣，责任重大，大有可为，大有作为。让我们更加紧密地团结在以习近平同志为总书记的中共中央周围，在中共吕梁市委的正确领导下，以更加开阔的视野、更加昂扬的斗志、更加扎实的作风，开拓进取，扎实工作，为促进富民强市、全面建成小康社会而努力奋斗！

吕梁市中级人民法院工作报告

——在吕梁市第三届人民代表大会第二次会议上

吕梁市中级人民法院院长 史红波

（2016年4月27日）

2015年主要工作

2015年，全市法院在市委坚强领导，市人大及其常委会有力监督，市政府、市政协及社会各界的关心支持下，认真学习习近平总书记系列重要讲话精神，深入贯彻党的十八大和十八届三中、四中、五中全会精神，牢牢把握司法为民、公正司法主线，忠实履行宪法和法律赋予的职责，坚持服务大局不动摇，公正司法不松劲，保障民生不懈怠，各项工作取得新的进展。全年受理各类案件28438件，审执结22602件，同比分别上升28.24%和12.87%，均创历史新高。其中，中院受理各类案件4168件，审执结3535件，同比分别上升28.17%和29.82%，法定审限内结案率达99.64%。

一、以执法办案为中心，全力服务经济社会发展

助推改革发展大局。主动将法院工作融入全市中心工作，保障和服务“六大发展”。依法公正审理执行涉重大项目和重大敏感案件，积极发挥办案协调组和巡回法庭作用，努力服务城镇化建设、城乡一体化进程。加强与市金融办、工商联等沟通联系，建立全市金融纠纷案件处理协调机制，防范化解金融风险。

维护社会安全稳定。全市法院一审审结刑事案件2316件，判处罪犯3321人，其中判处五年有期徒刑以上刑罚193人。审结故意杀人、绑架、抢劫、贩卖毒品等涉暴涉毒案件476件，维护社会稳定。审结集资诈骗、非法吸收公众存款等涉众型经济犯罪案件6件24人，涉案金额近3亿元，维护市场经济秩序。审结贪污贿赂、滥用职权、失职渎职等职务犯罪案件116件165人，深入推进反腐败斗争。审结非法采矿、非法占用农用地、盗伐林木等破坏生态环境案件25件，为建设美丽吕梁筑牢法治屏障。严格遵循程序公正、罪刑法定和证据裁判原则，对11名被告人宣告无罪，对1237名被告人从宽处罚。依法对106名服刑罪犯实行特赦。

保障经济社会发展。全市法院一审审结民商事案件14 096件，诉讼标的额21.78亿元，同比分别上升20.81%和108.82%。依法审理山西联盛集团32家企业破产重整案件，岚县侯家岩通达煤业有限公司强制清算案件，稳妥处置“僵尸企业”，推动用法治手段化解产能过剩。审结婚姻继承、抚养赡养等家事案件3727件，修复受损社会关系。审结民间借贷、买卖、担保等合同案件6205件，规范市场交易秩序。审结专利权、商标权、著作权等知识产权案件33件，促进创新驱动发展。

监督支持依法行政。全市法院一审审结行政案件449件，同比上升17.23%。依法监督行政行为，判决确认违法、撤销变更69件，维护行政相对人合法权益。认真贯彻新行政诉讼法，兴县、汾阳等县市区的51名行政机关负责人出庭应诉，有力推动了行政争议的实质性化解，37件行政诉讼案件协调和解结案。连续八年向市政府报送行政审判“白皮书”，力促行政机关依法行政。

二、以司法为民为宗旨，切实维护群众合法权益

便利群众立案诉讼。认真落实立案登记制，当场立案率达63.97%。深化完善司法便民举措，全市法院全部建成诉讼服务中心，做到群众办事有人引，咨询问题有人答，查询案件有着落。实行案件繁简分流，适用简易程序、小额诉讼程序审理案件6125件，适用率达41.28%。坚持和发扬“枫桥经验”，推动多元纠纷解决机制的有效对接，通过调解和撤诉方式处理各类纠纷，调撤率达43.64%，裁判自动履行率达67.38%。积极开展司法救助，中院为合法权益受到侵害、经济上确有困难的当事人依法缓减免诉讼费181.18万元，发放司法救助金88.5万元，帮助当事人解决实际困难。开通网上诉讼服务平台，实现网上咨询查询、视频接访，群众足不出户便可享受“指尖上”的诉讼服务。

提升办案质量效率。全市法院一审案件当事人服判息诉率达86.73 %。充分发挥审判监督职能，中院审结各类二审、再审案件1845件，及时纠正存在瑕疵或确有错误的案件。审结国家赔偿案件30件，赔偿金额297.45万元，依法维护赔偿申请人的合法权益。通过召开“片会”、编写指导案例、定期通报案件情况等方式，不断提高基层司法水平。

保障当事人胜诉权益。建立执行指挥中心，加大对被执行人的财产查控力度，借助信息化手段实现和金融、公安、国土等部门的协同联动。开展“涉民生案件集中执行”、“转变执行作风、规范执行行为”、“打击拒执犯罪”等专项行动，公开曝光失信被执行人1159人，限制出境、限制高消费。严厉惩戒拒执行为，司法拘留1769人，判处刑罚16人。一年来，全市法院执结案件4049件，执结标的额14.16亿元，同比分别上升8.81%和47.19%，“执

行难”问题得到一定程度的缓解。

三、以改革创新为驱动，稳妥推进司法体制改革

推动司法改革试点工作。孝义法院作为我省司法体制改革试点法院，在上级法院指导下，锐意探索，先行先试，顺利完成首批27名员额制法官选任工作，入额法官全部配置到办案一线，按照新的审判权力运行机制、新的审判模式审理案件，实行司法责任制，对案件质量终身负责，为全省司改积累了宝贵经验。

试水审判权运行机制改革。全面推行院、庭长担任审判长主审案件，充分挖掘优质审判资源，中院指导开展“院长开庭季”活动，13个基层法院院长开庭审案，岚县法院试行主审法官负责制，由主审法官签发裁判文书。建立刑事和民事审判长联席会议制度，对疑难复杂、新类型案件提供咨询意见。完善审委会工作机制，讨论事项前置过滤，缩减讨论案件范围，发挥好宏观指导职能。全市法院的审判质量、效率、效果大幅提升。

创新完善司法公开机制。全面建成审判流程公开、裁判文书公开、执行信息公开三大平台，对当事人开放查阅。上网公布生效裁判文书9149份，数量全省居前。审结824件减刑假释案件，全部做到“五公开”。网络同步直播庭审25次，观看人数突破百万。举办“12.4公众开放日”活动，邀请各界群众“零距离”感受司法。中院、孝义、文水法院先后开通微信公众平台，打开公众了解法院的新“窗口”。中院创新宣传模式，推出“我和国旗合个影”活动，拍摄贺岁短片《2015，我们这一年》，开全省法院先风，引发社会强烈关注。官方网站发稿量稳居全省前三，连续两年被评为“全国法院网络宣传先进单位”。

四、以提升素质为目标，大力加强队伍建设

强化思想政治建设。扎实开展“学习讨论落实”、“三严三实”、向邹碧华同志学习、纪律作风整顿等主题教育和专项整治活动，广大干警不断强化政治意识、纪律意识、为民意识、廉洁意识，涌现出一大批先进单位和个人。全市法院15个集体、74名个人获市级以上表彰，17名个人获记功奖励。中院研究室荣膺“全国法院先进集体”，刑一庭副庭长曹宪强被评为“全国模范法官”，方山法院法警段成平被评为“全国法院司法警察先进个人”。

强化司法能力提升。中院长期坚持周四学习制度，邀请市级领导专家专题辅导，院领导亲自登台授课，举办各类培训24期316人次，着力提升法官驾驭庭审、适用法律、化解矛盾纠纷、做群众工作、信息化应用等“五个能力”。中院法官吕·撰写的商事判决书被最高院评为“全国优秀裁判文书”，也是山西法院系统唯一获奖的裁判文书，为我省争得荣誉。

强化公正廉洁司法。认真落实全面从严治党“两个责任”，院党组公开承诺“从我做起、向我看齐、对我监督”，以上率下、示范带动。坚持从严治院，严明法纪，整顿作风，对51条举报线索逐件排查，警告6人，通报3人，诫勉谈话1人。

五、以夯实基础为抓手，努力推动法院科学发展

狠抓信息化建设。全市法院全部建成局域网和数字法院业务应用系统，建立网上办案和司法政务平台，开通法官工作平台，强化审判管理、电子公文传输、视频会议等应用，提高办案办公效率。建成科技法庭19个，同步录音录像审理案件1590件，远超省高院400件的年度目标任务。全省首家配备使用便携式移动科技法庭。在全省率先实现诉讼档案数字化。审判执行工作的科技含量和司法政务管理能力得到有效提升。中院的信息化建设后来居上，受到省高院的充分肯定。

狠抓规范化建设。召开全市法院法庭工作会议，

就发挥审判职能、加强诉讼服务等提出指导性意见，规范和推动人民法庭工作。中院新审判法庭力争年内竣工投入使用，文水、汾阳、柳林、兴县、交城法院的审判法庭建设也在如火如荼地进行。着力构建职能明确、布局合理、功能齐备的司法网络，为人民群众提供更加优质的司法服务。

六、以接受监督为保障，不断加强和改进法院工作

全市法院始终把自觉接受党委领导，接受人大、政协监督，作为公正司法的重要保障。坚持重要部署、重点工作及时向党委汇报，确保法院工作的正确方向。指定专人负责与人大常委会的联络工作，就全市法院公正司法工作情况向市人大常委会作了专项报告。务实开展“人大代表法庭行”活动，邀请省、县、乡三级人大代表320余人旁听庭审、考察基础建设、举行座谈、征求意见。办理人大代表、政协委员建议提案3件。依法接受检察机关诉讼监督，审理检察机关抗诉案件39件，共同维护司法公正。广泛接受廉政监督员、律师、当事人和新闻媒体监督，改进法院工作。进一步扩大司法民主，人民陪审员参审案件6606件，陪审率达71.69%。

各位代表，一年来，全市法院围绕中心，服务大局，迎难而上，奋发有为，各项工作均取得了明显成效。这些成绩的取得，是市委正确领导、人大有力监督的结果，是政府、政协和社会各界大力支持的结果，是各位代表、委员关心和帮助的结果。在此，我代表全市法院向各位代表、委员，向所有关心支持法院工作的领导和同志们表示衷心的感谢和崇高的敬意！

我们也清醒地认识到，当前全市法院工作还存在一些困难和问题。一是案件数量持续增加，新类型案件和涉众型案件不断涌现，法官办案压力继续加大。二是少数干警的业务素质和司法能力有待提升，个别案件审判质效不高，办案的法律效果和社会效果不尽如人意。三是涉诉信访形势仍不容乐观，缠访闹访、暴力抗法、威胁恐吓辱骂法官现象依然存在，实质性化解任重道远。四是个别干警司法作风不好，执法不够文明规范，对待当事人态度粗暴，违纪违规现象仍有发生，法院自身建设仍需加强。这些困难和问题，我们将在各方关心和支持下，始终发扬“钉钉子”精神，锲而不舍地加以解决。

2016年工作安排

2016年是实施“十三五”规划的开局之年，也是司法体制改革的关键年、攻坚年。全市法院将深入贯彻党的十八大和十八届三中、四中、五中全会以及习近平总书记系列重要讲话精神，紧紧围绕“努力让人民群众在每一个司法案件中感受到公平正义”工作目标，坚决贯彻落实省、市委和上级法院决策部署，强化审判职能，优化诉讼服务，推进司法改革，加强自身建设，一步一个脚印，努力推动各项工作实现新的发展。重点做好以下工作：

一、在服务大局上有新担当树立“五大发展理念”，在服务保障“十三五”规划实施上下功夫，妥善化解各类涉诉矛盾纠纷，为供给侧结构性改革提供司法支持。加大对暴力犯罪、涉众型经济犯罪、职务犯罪的打击力度，维护人民权益和社会安宁。审慎审理企业破产重整案件，努力防控各类风险，助力经济转型升级。积极参与社会治理，强化诉非衔接、诉调对接，充分发挥依法治市职能作用。

二、在提升司法公信上有新作为坚持依法独立公正行使审判权，以严格司法保障公正司法。进一步深化司法公开，拓宽人民群众参与、监督司法的渠道，构建开放、动态、透明、便民的阳光司法机制。依法保障律师代理权、辩护权，为律师依法执业提供更多便利。更加自觉地接受人大、政协和社会各界监督，不断改进法院工作。

三、在推进司法为民上有新成效加强涉民生案件的审判，促进民生改善，增进人民福祉。依托全市法院执行指挥中心，加强执行联动，穷尽执行措施，力求在解决“执行难”上取得实效。加强对精准扶贫、脱贫攻坚的司法服务保障，着力满足贫困群众的司法需求。加大巡回审判力度，让法官多跑路、群众少跑腿。

四、在深化司法改革上有新突破在上级法院的统一部署下，积极稳妥推进司法改革。完善主审法官办案责任制，实现“让审理者裁判、由裁判者负责”。继续推进案件繁简分流，发挥轻微刑事案件快速办理机制和民事小额诉裁程序、简易程序作用，提升办案质量和效率。

五、在队伍建设上有新进步扎实开展“两学一做”学习教育活动，认真落实全面从严治党“两个责任”，强化队伍监督管理，努力建设一支忠诚、干净、担当的合格法官队伍。继续开展“两型机关”创建活动，培养锻造一批审判业务骨干。强化基层基础建设，推进信息化建设转型升级，打造阳光“智慧法院”。

各位代表，公平正义是人民法院的永恒追求，群众满意是人民法官的庄严承诺。我们将认真贯彻市委部署和本次大会决议，坚定信心，忠诚履职，以更严的要求，更实的作风，开拓进取，为全面建成小康社会，建设弊革风清、富裕和谐的幸福吕梁作出新的更大贡献！

附件一

有关用语说明

1.各类案件：指刑事、民事、行政等三大诉讼中的一审、二审、再审案件以及申诉复查、国家赔偿、申请执行、减刑、假释等案件。

2.法定审限内结案率：指在法律规定的审限内审结案件数与结案总数之比。

3.罪刑法定：是我国刑法规定的一项基本原则，其含义是“法无明文规定不为罪”和“法无明文规定不处罚”。

4.证据裁判：是刑事审判中的一条基本原则，指在诉讼活动中，证据是认定案件事实的唯一依据，没有证据就不得认定事实，更不能认定犯罪。

5.特赦：是对某些犯罪或者特定的犯罪人免除刑罚的措施。2015年，各级法院认真落实习近平主席特赦令和全国人大常委会决定，依法裁定特赦参加过抗日战争等四类服刑罪犯，彰显依法治国理念和人道主义精神。

6.行政审判“白皮书”：指人民法院通过对年度行政审判工作进行梳理，分析案件审理过程中发现的问题及原因，提出促进依法行政、规范行政执法的意见和建议，以书面形式向当地党委、人大和政府报送的司法报告。

7.立案登记制：根据十八届四中全会提出的“改革案件受理制度，变立案审查制为立案登记制”的要求，人民法院对符合法律规定受理条件的起诉、自诉、强制执行和国家赔偿申请，经形式核对后予以登记立案，做到有案必立、有诉必理，切实保障当事人诉权。

8.小额诉讼程序：是指对事实清楚，权利义务明确，争议不大且案件标的额在上一年度就业人员年平均工资百分之三十以下的案件，适用该程序审理，该程序的特点是简便、快捷、一审终审。

9.枫桥经验：20世纪60年代初，浙江省诸暨市枫桥镇干部群众创造了“发动和依靠群众，坚持矛盾不上交，就地解决。实现捕人少，治安好”的“枫桥经验”。为此，1963年毛泽东同志亲笔批示“要各地仿效，经过试点，推广去做”。2013年习近平总书记作出重要指示，要求各地充分认识“枫桥经验”的重大意义，发扬优良传统，适应时代要求，创新群众工作方法，善于运用法治思维和法治方式，解决涉及群众切身利益的矛盾和问题，把“枫桥经验”坚持好、发展好，把党的群众路线坚持好、贯彻好。

10.多元纠纷解决机制：是指运用多种力量、多种方式解决社会矛盾的工作机制，是行政、社会以及民间等多种非诉讼解决方式有机整合和有效对接，及时有效疏导、化解和预防矛盾纠纷的工作机制。

11.国家赔偿：指国家机关及其工作人员因行使职权给公民、法人及其他组织的人身权或财产权造成损害，依法应给予的赔偿。国家赔偿由侵权的国家机关履行赔偿义务。

12.员额制法官：指为按照司法规律配置司法人力资源，根据一定的比例确定法院的法官员额数，以实现法官的专业化、职业化。

13.审判权运行机制改革：此项改革的重点是完善以审判权为核心、以审判监督权和审判管理权为保障的审判权力运行机制，落实司法责任制，健全完善审判委员会制度，规范上下级法院审级监督关系。

14.邹碧华：原上海市高级人民法院副院长，2014年12月10日，在工作中突发心脏病而因公殉职，年仅47岁。2015年3月，习近平总书记对邹碧华同志先进事迹作出重要批示，“邹碧华同志是新时期公正为民的好法官、敢于担当的好干部”。后被追授为“全国优秀共产党员”、“时代楷模”、“全国模范法官”等称号。

15.诉讼档案数字化：系山西省高院2015年起实施的一项工程，要求将纸质诉讼卷宗进行扫描，形成电子卷宗存储。

16.轻微刑事案件快速办理机制：指对事实清楚、证据充分、被告人自愿认罪、适用法律没有争议、情节较轻、依法可能判处一年以下有期徒刑或拘役、管制、单处罚金的案件，在遵循法定程序和期限、确保办案质量的前提下，简化工作流程、缩短办案期限的工作机制。

17.智慧法院：指以确保司法公正高效、提升司法公信力为目标，充分运用互联网、云计算、大数据、人工智能等技术，促进审判体系与审判能力现代化，实现人民法院高度智能化的运行与管理。

吕梁市人民检察院工作报告

——在吕梁市第三届人民代表大会第二次会议上

吕梁市人民检察院检察长 宁建新

（2016年4月28日）

2015年工作回顾

2015年，在市委和省人民检察院的正确领导下，全市检察机关忠实履行宪法法律赋予的职责，服务保障市委“新布局、新发展、新形象”总要求，工作持续保持向前发展良好势头，年终考核连续三年位居全省先进，实现了“1123”争创一流工作目标。

一、认真履行检察职能，服务保障全市工作大局

积极投入平安吕梁建设。依法惩治犯罪，批准

逮捕各类刑事犯罪1596人，提起公诉2913人；深入开展“打黑除恶”专项斗争，批捕黑恶势力犯罪61人、起诉49人；突出打击影响群众安全感的犯罪，批捕严重暴力和多发性侵财等犯罪892人、起诉1551人。全面贯彻宽严相济刑事政策，积极化解矛盾纠纷，通过刑事和解、公开听证等方式，依法不批捕569人，不起诉300人；扎实开展“集中解决群众信访诉求问题”专项治理，建成全市远程视频接访系统，通过定期接访、带案下访、联合接访等措施，依法处理群众举报、控告、申诉1760件次。

主动服务经济转型发展。依法办理涉及企业案件，树立“三个平等”理念、把握“七个界限”区分、坚持“三个慎重”办案，制定《加强预防职务犯罪工作服务国有企业改革发展方案》，严惩损害企业发展的犯罪11人，结合办案提出检察建议43件，平等保护各类企业特别是民营企业的合法权益。促进规范金融秩序，严厉打击非法集资、金融诈骗等犯罪29人，依法起诉离石区金鼎通公司呼某林等非法集资2230万元案件，严肃查处了孝义市工商局相关人员，玩忽职守不认真履行市场监管职责致使发生集资诈骗的渎职犯罪。推进征信体系建设，行贿犯罪档案查询已覆盖工程建设、项目招投标、金融信贷等领域，受理查询26054次，4家单位因行贿犯罪记录被禁止市场准入。

更加注重维护民生民利。开展查办发生在群众身边职务犯罪专项工作，严肃查处劳动就业、惠民补贴、食品安全等领域职务犯罪135人，重点查处基层“小官大贪”犯罪74人。开展扶贫领域职务犯罪专项预防，制定《关于在扶贫开发领域加强预防职务犯罪工作的实施方案》，保障扶贫政策和资金落实到位。加强未成年人司法保护，制定《办理未成年人刑事案件试行办法》，封存犯罪记录11人，成立“蓝精灵”志愿者服务团队开展“法制进校园”活动，受教育学生6万余人次。加强司法人文关怀，办理刑事被害人救助案件37件，发放救助金47.5万元。

二、依法查办和预防职务犯罪，着力落实六权治本要求

20省人民检察院指定管辖，主办全省“11·2”农机领域专案，查处了省农机局原副局长滥用职权案，运城市农机局原副局长、阳泉市农机发展中心原管理科长玩忽职守案等渎职犯罪45人，案件涉及全省9市20余县，涉案金额上亿元。

深化职务犯罪预防工作。组织召开市预防职务犯罪工作领导小组第四次会议，积极推动预防工作纳入全市“六权治本”和地方党委年度目标责任制考核体系。结合办案强化预防，组织“进机关、进企业、进社区、进农村、进学校”五进活动，开展法制宣传和警示教育643次，撰写预防调查报告105篇、案例分析77篇，编撰《警示与借鉴——发生在群众身边的职务犯罪案例分析汇编》，发放给全市各部门和乡镇、农村干部。完善发案单位“一把手”约谈制度，探索实践的预防诫告“三个三”工作机制被最高人民检察院推广。

三、加强和改进诉讼监督，积极维护司法公平正义

加强刑事诉讼监督。探索在公安机关设立侦查监督检察室，对立案和侦查实施同步动态监督，监督公安机关立案44件、撤案45件，追捕47人、追诉127人，纠正侦查活动违法行为247件。完善两级院、两部门同步介入机制，介入命案32件，提出检察建议33件。开展刑事审判监督专项检察，对认为确有错误的刑事判决、裁定提出抗诉42件，纠正审判活动违法行为84件。

加强民事行政检察工作。开展查办虚假诉讼专项监督，加大对生效民事行政判决、裁定和调解书的监督力度，提出抗诉、再审检察建议30件。开展民事执行活动专项监督，提出检察建议401件。

推进民事和解息诉工作，息诉86件，维护审判权威。加强与劳动、工会、法律援助等部门的协作，办理支持起诉131件，帮助农民工等弱势群体追索拖欠工资178万元。

加强刑事执行检察工作。适应职能拓展，将“监所检察”更名为“刑事执行检察”，设立派驻市看守所检察室。严肃查处监管场所职务犯罪13人，同比增长63%。加大监督纠正违法减刑、假释、暂予监外执行力度，纠正“减假暂”不当115人。开展社区服刑人员脱管漏管专项检察，监督纠正脱管、漏管、虚管114人。加强对特赦案件报请、审理、裁定的监督，审查案件106人。

四、加强队伍建设，不断提升检察工作活力

开展三严三实专题教育，打造过硬检察队伍。加强检察职业道德建设，统筹开展学习讨论落实、“聚焦民生、服务群众”等活动，进一步坚定“立检为公、执法为民”的工作理念。扎实开展“三个一批”工作，对照九查要求，制定干警日常工作量化考核细则，坚持绩效考核、全员轮训、主辅岗等行之有效的工作机制，不断提升干警素质能力。加强两级检察院班子建设，充实力量、优化结构，不断提升凝聚力战斗力。

坚持三个从严，加强党风廉政建设。坚持从严约束，全面落实两个责任，狠抓一岗双责，发挥督察专员和周末督察组日常巡查作用，开展谈心提醒关爱教育80余人次，加强干警八小时内外的约束管理。坚持从严监督，落实纪检工作单独考核管理办法，设立案件检察审理室和综合检务督察室，从社会各界聘请48名党风廉政监督员，从内设机构选任15名兼职纪检监察员，加强内外监督。坚持从严问责，核查干警违法违纪线索29件，纪律警告3人，诫勉谈话13人，通报批评6人。

推进改革创新，增强检察工作活力。在市县两级党委、政府的大力支持下，汾阳等8个基层检察院完成了内设机构整合改革，改革后基层检察院内设机构减少28%，70%的检察员集中到办案一线，职级待遇得到提升，工作活力进一步激发。推进乡镇巡回检察室建设，设立巡回检察室17个，探索“互联网＋检 察室”工作模式，延伸检察触角，服务基层农民群众。稳步推进司法体制改革试点，孝义市人民检察院结合工作实际，积极探索新途径、新路子，受到省委领导表扬肯定。

五、主动接受监督制约，全面推进司法规范化建设

自觉接受人大监督。向市人大常委会报告了全市反贪污贿赂工作，认真落实省市人大常委会调研预防职务犯罪工作的反馈意见，及时办理市人大常委会交办案件33件。扎实办理市二届王建爱等五名代表提出的《关于加强防范未成年在校生犯罪的意见》和市三届马冰英代表提出的《关于加大实施“阳光检察”工程的建议》，责成分管领导牵头负责，通过事前沟通、事中走访、事后回访的方式，认真进行落实，得到代表的认同肯定。为代表订阅《检察日报》，寄送《吕梁检察要况》30期，通过座谈会、公开听证、定期走访、征求意见等方式，加强与人大代表的经常性联系。

主动接受社会各界监督。自觉接受政协民主监督，主动向政协机关报送工作情况，邀请参加座谈调研，诚恳听取意见建议。深化阳光检察工程，自觉接受人民群众监督，召开查办和预防职务犯罪专题新闻发布会，举办检察开放日活动，及时向社会公开重要案件、程序信息、法律文书8804件，办理律师网上预约74件次。落实人民监督员制度，监督“七类案件或事项”3件3人。

加强对自身司法活动的监督。扎实开展规范司法行为专项整治，坚持问题导向，征集意见建议2375条，紧盯司法办案关键环节，梳理问题7类31个，及时制定完善权力清单、办案流程图等20

项规章制度。全面推进统一业务应用系统，受理案件5999件，司法办案全部网上运行，全程留痕留底。规范涉案财物管理，两级检察机关全部建成并使用涉案财物专用保管库，扣押款项存入财政专门账户，切实维护涉案当事人合法权益。

各位代表，过去的一年，是全市检察机关争创一流业绩的见效年。市人民检察院被最高人民检察院评为检务保障先进集体，被省人民检察院授予基层检察院建设组织奖，全市21个集体、49名个人受到上级表彰，工作被国家、省、市级媒体报道565篇次。这些成绩的取得，得益于市委和上级检察机关的正确领导，得益于市人大及其常委会的有力监督，得益于各级党委、人大、政府、政协和社会各界的关心支持。在此，我代表全市检察机关表示衷心感谢！

我们清醒地认识到，全市检察工作还存在一些不容忽视的问题：一是服务大局的能力需要进一步加强，通过司法办案服务保障经济社会发展的措施还不够到位；二是对诉讼活动的监督需要进一步加强，监督不到位、不规范的问题还比较突出，三大诉讼法新增加的监督职能履行还不够充分；三是队伍专业化建设需进一步加强，改革创新的意识还不够强，队伍素质能力与司法体制改革的有关要求还不相适应；四是从严治检、改进作风的力度需要进一步加强，司法规范化还不够严格。对这些问题，我们将紧盯不放，下大气力解决。

2016年主要任务

2016年，全市检察机关将全面贯彻党的十八大和十八届三中、四中、五中全会精神，紧紧围绕市委“新布局、新发展、新形象”总体要求，把防控风险、服务发展和破解难题、补齐短板摆在更加突出位置，坚持以司法办案为中心，以服务脱贫攻坚大局为主线，着力加强检察队伍建设，着力加强检察业务工作，积极推进司法体制改革，全面争创一流业绩，为吕梁经济社会发展提供强有力的司法保障。

一、充分发挥检察职能，服务保障全市经济社会发展大局。着力服务保障脱贫攻坚，开展“集中整治和加强预防扶贫领域职务犯罪专项工作”，严肃查处虚报冒领、截留私分、挥霍浪费扶贫资金等职务犯罪，促进扶贫惠民政策落到实处。依法保护各类企业合法权益，贯彻落实省人民检察院出台的保障和促进非公有制经济健康发展意见，防止因司法办案不当加剧企业生产经营困难，防止案件办了、企业垮了。全力维护社会稳定，严厉打击黑恶势力犯罪，坚决惩治非法集资、金融诈骗等涉众型经济犯罪。

二、加大查办和预防职务犯罪力度，深入推进反腐败斗争。坚持把反腐败斗争向基层延伸，突出查办大案要案和群众反映强烈的案件，严肃查办国家机关工作人员渎职侵权犯罪，重点查办发生在基层尤其是“三农”领域的职务犯罪，严厉打击破坏选举、拉票贿选的犯罪。加强与纪检监察机关的协作，建立健全以信息化为支撑的侦查模式，增强查办职务犯罪合力。坚持关口前移、标本兼治，充分发挥预防职务犯罪工作领导小组作用，完善侦防一体化机制，推动形成不敢腐、不能腐、不想腐的工作机制。

三、全面履行诉讼监督职能，着力营造公平正义的法律环境。牢固树立由事后监督向事中、事前监督延伸，由被动监督向主动监督转变的理念，重点监督违法立案、滥用强制措施、量刑畸轻畸重等问题。全面履行刑事执行检察职能，深入推进社区矫正检察工作，严肃查处刑事执行活动中的职务犯罪。开展“基层民行检察工作推进年”活动，加强对虚假诉讼和民事执行的监督力度，开展行政诉讼立案监督专项活动。

四、强化规范意识，促进检察队伍和纪律作风建设。开展“两学一做”学习教育，坚持定期培训和岗位练兵，努力提高队伍专业化、职业化水平。加强纪律作风建设，严格执行《中国共产党廉洁自律准则》和《中国共产党纪律处分条例》，坚持从严治检。加强对检察人员司法办案的监督管理，严格落实办案质量终身负责制和错案责任倒查问责制、检察机关内部人员过问案件记录和责任追究制度，推进司法规范化建设。

五、深化改革创新，增强检察工作发展动力。深入推进司法体制试点改革，完成司法人员分类管理、职业保障、司法责任制、人财物统一管理等改革任务。深入推进阳光检察工程，依托门户网站、微博、微信等新媒体，探索“互联网 + 检 察”模式，构建开放、动态、透明、便民的检察机制。大力推进“一院一品牌”活动，打造特色亮点工作，以品牌创新推动检察工作争创一流。

各位代表，做好新形势下的检察工作，任务艰巨、责任重大。全市检察机关决心在市委和省人民检察院的坚强领导下，在各级人大及其常委会的监督支持下，认真贯彻落实本次会议部署，勇于担当、砥砺前行，强化法律监督、强化自身监督、强化队伍建设，努力为全市经济社会平稳健康发展作出新的更大的贡献！

关于 2015 年全市和市本级预算执行情况与 2016 年全市和市本级预算草案的报告

——在吕梁市第三届人民代表大会第二次会议上

吕梁市财政局副局长 耿万林

（2016 年 4 月 26 日）

一、2015 年全市和市本级预算执行情况

2015 年，面对经济下行压力不断加大的困难局面，全市各级各部门在市委的坚强领导下，在市人大的监督指导下，深入贯彻落实党的十八大、十八届三中、四中、五中全会精神，坚持稳中求进工作总基调，主动适应经济发展新常态，积极有效应对各种困难挑战，扎实推进稳增长、调结构、促改革、惠民生、防风险各项工作，经济社会发展在克服困难中奋力前行。与此同时，财政预算执行情况良好，民生事业得到改善，社会保持和谐稳定。

（一）一般公共预算执行情况

1.全市一般公共预算执行情况

2015 年全市预算经市二届人大第九次会议审查批准后，各县市区人民代表大会相继批准了本级预算，经汇总，全市一般公共预算收入为 1059709 万元，预算执行中，经各级人大常委会批准，全市一般公共预算收入调整为 1041308 万元。支出预算由 1780412 万元变动为 2894023 万元，变动的主要事项是：上级转移支付补助增加 757308 万元、地方政府债券安排支出 170000 万元、上年结转 259634 万元、本年财政收入短收等净减少支出 73331 万元。

2015 年全市一般公共预算收入完成 906798 万

元，为预算的87.08%，同比下降30.57%（与上年实际完成数相比，下同）;2015年全市一般公共预算支出执行2740137万元，为预算的94.68%，同比增长3.87%。

2015年全市预算收支执行具体情况如下：

（1）主要收入项目执行情况

税收收入完成633838万元，为预算的83.86%，下降18.73%。其中：增值税完成154054万元，为预算的83.23%，下降6.93%；营业税完成107342万元，为预算的84.48%，下降26.54%；企业所得税完成69743万元，为预算的98.4%，下降29.88%；个人所得税完成13981万元，为预算的100.06%，下降26.99%；资源税完成113235万元，为预算的82.65%，增长0.23%。

非税收入完成272960万元，为预算的95.62%，下降48.13%。其中：专项收入完成172858万元，为预算的116.34%，下降51.17%，其中“两权”价款收入完成103538万元，下降63.63%，降幅较大的主要原因是2015年全省暂停征收“两权”收入；行政事业性收费收入完成28391万元，为预算的56.67%，下降45.84%；罚没收入完成35385万元，为预算的75.08%，下降37.88%；国有资本经营收入完成1796万元，为预算的449%，下降21.81%；国有资源（资产）有偿使用收入完成16877万元，为预算的156.37%，增长32.8%。

（2）主要支出项目执行情况

教育支出执行598227万元，为预算的94.88%，增长13.9%。其中：普通教育508672万元，包括学前教育22977万元、小学教育217709万元、初中教育114180万元、高中教育66329万元；职业教育38439万元。

医疗卫生与计划生育支出执行336142万元，为预算的97.08%，增长25.92%。其中：医疗保障支出139937万元，公立医院支出81713万元，公共卫生支出41019万元，基层医疗卫生机构支出37931万元，计划生育支出13909万元。

社会保障和就业支出执行321079万元，为预算的97.09%，增长26.46%。其中：财政对社会保险基金补助85357万元，行政事业单位离退休支出45263万元，城乡居民最低生活保障支出81231万元，抚恤及退役安置等支出23557万元，就业补助支出14439万元，特困人员供养和生活救助16726万元。

住房保障支出执行97184万元，为预算的94.97%，下降8.02%。其中：棚户区改造支出15675万元、农村危房改造支出20981万元，住房公积金等住房改革支出18861万元、廉租住房支出及公共租赁住房支出12148万元。

农林水支出执行367091万元，为预算的92.29%，增长28.8%。其中：农业支出120934万元，水利支出93070万元，林业支出46072万元，农村综合改革支出49854万元，扶贫支出41400万元，农业综合开发支出9964万元。

文化体育与传媒支出执行47379万元，为预算的93.57%，增长23.36%。其中：文化支出17484万元，文物支出10143万元，广播影视支出12298万元，体育支出475万元，新闻出版支出1398万元，其他文化体育与传媒支出5581万元。

城乡社区支出执行206348万元，为预算的97.02%，增长14.91%。其中：城乡社区公共设施支出136129万元，城乡社区环境卫生支出37668万元，城乡社区管理事务支出28290万元。

科学技术支出执行10688万元，为预算的85.29%，下降32.55%。其中：技术研究与开发支出5612万元，科技服务及科学技术普及等支出2462万元。

节能环保支出执行79997万元，为预算的86.05%，下降0.91%。其中：污染防治及减排支出

38293万元，退耕还林支出17856万元，能源节约利用支出2884万元，自然生态及天然林保护支出9279万元，可再生能源支出2683万元。

国土海洋气象等支出执行128815万元，为预算的90.8%，下降64%，降幅较大的主要原因是“两权”价款等专项收入安排的支出减少。其中：国土资源事务支出127074万元，地震事务支出778万元，气象事务支出933万元。

其他科目支出情况：一般公共服务支出执行225890万元，为预算的97.43%，增长3.03%；公共安全支出执行132845万元，为预算的99.51%，增长4.55%；交通运输支出执行88578万元，为预算的91.91%，增长1.73%；资源勘探信息等支出执行44797万元，为预算的95.82%，增长34.53%；商业服务业等支出执行11819万元，为预算的85.58%，下降15.65%；粮油物资储备支出执行8453万元，为预算的84.95%，增长32.74%；其他支出执行20871万元，为预算的70.63%，下降34.71%。

2.市本级一般公共预算执行情况

2015年市本级一般公共预算收入预算为154000万元。支出预算由276115万元变动为420724万元，变动的主要事项是：上级转移支付补助增加484346万元，上年结转55891万元，地方政府债券安排支出123600万元，调入资金等净增加支出4253万元，对各县市区专款、转移支付补助相应减少市级支出523481万元。其中地方政府债券安排的支出，市政府编制了预算调整方案并于2015年6月、10月、12月报市二届人大常委会第51次、53次、54次会议审议通过。

2015年市本级一般公共预算收入完成147254万元，为预算的95.62%，同比下降36.21%。一般公共预算支出执行395611万元，为预算的94.03%，同比增长0.79%。市本级通过盘活存量资金、压缩结余结转等措施实现当年收支平衡。

2015年市本级预算收支执行的具体情况如下：

（1）主要收入项目执行情况

——税收收入完成116310万元，为预算的92.6%，下降0.08%。其中：增值税完成33011万元，为预算的91.7%，下降6.93%；营业税完成23000万元，为预算的93.5%，下降26.55%；企业所得税完成14945万元，为预算的96.42%，下降29.89%；个人所得税完成2996万元，为预算的107%，下降26.98%；资源税完成42358万元，为预算的90.7%，增长74.98%。

——非税收入完成30944万元，为预算的108.96%，下降72.96%。其中：专项收入完成18430万元，为预算的169.08%，下降76.81%；行政事业性收费收入完成6154万元，为预算的75.98%，下降26.05%；罚没收入完成2516万元，为预算的38.12%，下降84.01%；国有资源（资产）有偿使用收入完成1453万元，为预算的726.5%，下降57.13%；其他收入完成2391万元，为预算的91.96%，下降68.06%。

（2）主要支出项目执行情况

教育支出执行31857万元，为预算的98.2%，增长3.26%；医疗卫生与计划生育支出执行57847万元，为预算的99.66%，增长115.22%；社会保障和就业支出执行21790万元，为预算的99.37%，增长40.76%；文化体育与传媒支出执行10277万元，为预算的91%，增长9.7%；节能环保支出执行4357万元，为预算的50.59%，下降44.26%；农林水支出执行38971万元，为预算的80.16%，增长172.89%；科学技术支出执行6176万元，为预算的85.83%，增长66.02%；国土海洋气象等支出执行11133万元，为预算的100%，下降84.42%;住房保障支出执行14040万元，为预算的86.32%，下降72.02%。

其他项目支出情况：一般公共服务支出执行

33211 万元，为预算的 98.81%，增长 13.86%；公共安全支出执行 23621 万元，为预算的 100%，增长 20.35%；交通运输支出执行 13112 万元，为预算的 97.79%，下降 11.19%；资源勘探信息等支出执行 16681 万元，为预算的 98.73%，增长 130.72%；商业服务业等支出执行 1624 万元，为预算的 60.17%，增长 25.02%；粮油物资储备支出执行 2588 万元，为预算的 100%，增长 24.3%；债务付息支出执行 6310 万元，为预算的 100%，增长 156.19%；其他支出执行 1988 万元，为预算的 75.1%，下降 48.52%。

3.中央和省对我市、市对县市区转移支付执行情况

2015 年中央和省对我市转移支付 1393775 万元，增长 15.97%。其中：一般性转移支付 881302 万元，增长 17.85%；专项转移支付 512473 万元，增长 12.86%。

2015 年市对县市区转移支付 1380124 万元（含中央和省补助数），增长 16.1%。其中：一般性转移支付 856643 万元，增长 18.79%；专项转移支付 523481 万元，增长 11.94%。

（二）政府性基金预算执行情况

2015 年全市政府性基金收入完成 108751 万元，为预算的 95.54%，下降 76.19%；政府性基金支出执行 238899 万元，为预算的 76.53%，下降 48.22%。

市本级政府性基金收入完成 20574 万元，为预算的 109.44%，下降 84.69%；政府性基金支出执行 49423 万元，为预算的 95.11%，下降 48.51%。

全市和市本级政府性基金收支下降的主要原因是 2015 年停征煤炭可持续发展基金及残疾人就业保障金、地方教育附加等九项基金转列一般公共预算。

（三）国有资本经营预算执行情况

我市纳入国有资本经营预算的企业仅有离柳集团公司一户，由于受宏观经济持续下行影响，企业经营困难，效益下滑，因此，2015 年国有资本经营预算收支实际执行均为零。

（四）社会保险基金预算执行情况

2015 年全市社会保险基金预算收入完成 604151 万元，为预算的 125.8%；全市社会保障基金预算支出 510586 万元，为预算的 119.01%，收支结余 93565 万元。

（五）举借债务情况

2015 年，省财政厅转贷我市地方政府债券 458000 万元，其中：1. 新增债券 190000 万元，其中：市本级留用 136600 万元，转贷县市区 53400 万元。新增债券主要用于基础性、公益性项目建设；2. 置换债券 260000 万元，其中：市本级留用 95455 万元，转贷县市区 164545 万元。置换债券主要用于置换到期政府债务；3. 在建项目后续融资债券 8000 万元，其中：市本级留用 1000 万元，转贷县市区 7000 万元，主要用于城市地下综合管廊等在建项目。

截至 2015 年年底，全市政府债务限额 1751000 万元，其中：市本级 479900 万元，各县市区 1271100 万元。全市政府债务率为 56.2%，比国际公认警戒线 100% 低 43.8 个百分点。

2016 年，全市到期政府债券 30000 万元，其中市本级到期 22680 万元、各县市区到期 7320 万元，市、县财政部门将通过一般公共预算安排、置换债券置换、调入债务单位经营收益等方式，确保政府债券按期偿还，维护政府信誉。

（六）落实市二届人大九次会议预算决议情况

1. 努力实现财政收支平衡。2015 年是我市“十二五”时期财政收支最为困难的一年，为有力应对财政收支压力远超预期的挑战，一年来，我们加强收入形势分析，综合施策、主动作为，千方百计实现全年收支平衡。一是建立了财税工作联席会

议制度，及时掌握收支动态，分析研判收支形势，研究组织收入的具体措施。二是加强非税收入征管。落实专项督查、按月通报等有效措施，层层传导压力，上下联动，内挖潜力、外补漏洞、狠抓征管。三是积极筹措资金。采取调整支出结构、盘活存量资金、争取上级转移支付等方式，积极筹措资金，保证了机关事业单位工作人员工资及时足额发放，各项民生政策全面落实。积极争取地方政府债券资金和棚户区改造在建项目后续融资，保证了重点工程和棚户区改造项目顺利推进。在全市一般公共预算收入出现严重短收的情况下，全市当年预算收支实现平衡。

2.大力支持全市经济平稳健康发展。充分发挥财政职能作用，统筹运用财政政策和财政资金，全力推动经济发展。一是支持项目建设。筹资7.36亿元，引导社会投资，确保了296个省、市重点工程顺利实施；建立推广PPP模式，申报储备13个PPP项目，总投资约84.52亿元。二是推进科技创新。足额安排科技创新资金，推动军民融合科技创新发展，吕梁1号微纳卫星成功发射，为云计算中心有效服务国内160多家部门和科研院所数据库运行提供保障。三是帮扶市场主体发展。全面落实结构性减税和普遍性降费政策，清理规范行政事业性收费92项，其中：涉企收费35项，为企业减负25.87亿元；设立市级企业资金链应急保障周转金5000万元，安排中小企业发展资金2400万元，充分发挥财政资金“四两拨千斤”作用，为中小企业提供融资担保6.15亿元。四是推进新型城镇化建设。市级筹集资金39.76亿元，支持吕梁主城区提质和新区建设，吕梁新区第一期12平方公里框架初步形成。五是积极推进投融资平台整合。印发《整合市级综合性投融资平台工作方案》，吸收合并8家市级国有企业、6个在建项目、2户企业股权划转，注入资本金6300万元，完成了市级投融资平台整合，市国投集团公司资产达到85亿元，为我市重大城市基础设施项目建设融资奠定了基础。

3.坚持民生支出优先。2015年，全市一般公共预算民生支出达到230.54亿元，占一般公共预算支出的84.09%。一是强农惠农富农投入力度加大。全市农林水支出36.71亿元，同比增长28.8%，强农惠农政策全部落实。“8+2”产业化工程振兴规划稳步推进，实施面积达到55万亩，参与农户扩大到10万户；建设生态、宜居、休闲示范村77个，农村人居环境明显改善；安排资金4.08亿元，支持精准扶贫，完成整村推进项目59个，易地搬迁15130人，13万贫困人口实现脱贫。二是促进教育事业发展。全市教育支出59.82亿元，同比增长13.9%，各级各类教育均衡发展。支持学前教育，新建改扩建农村幼儿园60所，1.85万名家庭困难学前儿童得到补助；义务教育营养餐补助面新增3个县，达到7个县；免学费政策、特教学生公用经费以及高中、中职助学金等提标政策全部落实，惠及学生52万余名。三是完善城乡社会保障体系。全市社会保障支出32.11亿元，同比增长26.46%。城乡低保对象最低生活保障标准每人每月提高20元；城乡居民养老保险并轨提标15元；企业退休人员基本养老金提高10%；优抚对象、老党员人均补助标准提高40元；建成市级福利中心和80个农村老年人日间照料中心；城乡居民大病保险制度覆盖13个县市区；落实救助政策，14338户困难群众得到救助；落实就业政策，培训自主创业人员5200人；落实保障农民工合法权益政策，设立欠薪周转金500万元。四是促进医疗卫生事业发展。全市医疗卫生支出33.61亿元，同比增长25.92%。基本公共卫生人均经费财政补助标准提高5元，达到40元；新农合和城镇居民医保年人均补助标准提高60元，受益群众达308.5万人。

4.稳步推进财政改革。一是开展专项资金集中整治。整改专项资金管理边界不清、数量过多、项目分散、交叉重叠、效率不高等问题367项，在全省率先制定财政专项资金管理办法及操作规程，从7个环节对财政专项资金进行规范管理，整合资金项目32项。二是规范政府性债务管理。出台了加强政府债务管理实施意见，建立了“借、用、还”相统一的政府债务管理机制。全年向上级争取地方政府债券45.8亿元，同比增长472.5%，为稳定经济、支持建设、降低风险、保障运行发挥了积极作用。三是推进预算信息公开。市本级和13个县市区全部公开了本级财政预算，市直各部门全部公开了本部门预算和“三公”经费预算。公开内容进一步细化到功能分类科目的项级，财政收支透明度进一步提高。四是推进预算绩效管理。将全市366个重点项目支出全部纳入2015年部门预算绩效目标管理，涉及金额77.47亿元，覆盖率达到100%，占全市项目支出的88.89%。

总体来看，刚刚过去的2015年，全市财政收支预算执行等各项工作取得了较好成绩，但也存在一些困难和问题。主要是：在经济发展进入新常态后，财政收入增速回落与财政支出刚性增长之间的矛盾更加突出；盘活财政存量资金的力度和提高公共资源配置的效率有待进一步提高；政府性债务风险虽然总体可控，但偿还到期债务和防范潜在风险压力较大；财税体制改革任务艰巨繁重，统筹协调推进改革的进度和深度有待加强，等等。这些问题需要我们在今后的工作中认真研究，切实加以解决。

二、2016年全市和市本级预算草案

2016年是“十三五”开局之年，是推进结构性改革的攻坚之年，是坚决打赢脱贫攻坚战、全面建成小康社会的关键之年。编制好2016年收支预算意义重大。

（一）当前财税形势分析

2016年，我市经济正处于调结构、转方式关键阶段，既面临三期叠加、经济下行压力加大的共性问题，也面临自身存在的特殊困难；既有不利因素，也有优势、潜力和机遇。

从不利因素看，当前我市正处于改革开放以来最为困难的时期，主导产业产能过剩，有效需求严重不足，下行压力持续加大。特别是煤炭产业的困难局面在短期内难以得到根本扭转，经济筑底回升仍需历经艰难过程。与此同时，机关事业单位养老保险、在职干部增资和离退休人员养老金提标、公务用车补贴、社会保障支出提标扩面等多项增支政策密集出台，进一步加大了财政支出压力。可以说，财政保工资、保运转、保民生的任务是近年来最为艰巨的一年，财政收支矛盾将更加突出。

从优势和机遇看，国家加强供给侧结构性改革为我市破解“一煤独大”的产业困局提供了强劲动力。中央、省对集中连片特困地区扶持力度不断加大，地方面临新一轮发展机遇。此外，2016年国家明确支持山西扩大电解铝产能，将煤炭煤层气探矿权、采矿权下放省级审批，国家还将出台新的煤炭脱困政策，我市作为煤炭大市，这些政策将为我市经济注入新的活力。为此，我们将进一步统筹规划，采取切实有效措施，认真做好2016年财政工作。

（二）2016年我市财政预算工作的指导思想和基本原则

基于对当前全市财政经济形势的分析和研判，按照中央和省委、市委对经济工作的总体部署，我市2016年财政预算工作的指导思想是：全面贯彻党的十八大、十八届三中、四中、五中全会精神和全省、全市经济工作会议的决策部署，牢牢把握“新布局、新发展、新形象”总体要求，主动适应经济发展新常态；坚持稳增长、调结构、惠民生、防风险，

着力推进供给侧结构性改革，落实积极的财政政策；继续深化财税改革，切实保障和改善民生，促进经济平稳增长，确保“十三五”开好局、起好步。

按照上述指导思想，2016年全市预算编制遵循以下原则：

——收入预算编制坚持实事求是，与经济社会发展水平相适应，与国家政策相衔接。

——支出预算编制坚持量入为出、有保有压，依法安排各项财政支出，进一步调整结构、盘活存量、突出重点、勤俭节约。

——推进中期财政规划管理。对重大支出政策，按三年统筹考虑，确保财政可持续。

——完善政府预算体系。加大政府性基金预算与一般公共预算的统筹力度，将地方政府债务分类纳入预算管理。

——创新财政投入方式，更好地发挥财政资金对民间投资的拉动作用。

(三)2016年预算草案

1.一般公共预算安排意见

2016年全市一般公共预算收入安排845000万元，比上年完成数（下同）下降6.81%，其中：税收收入安排621404万元，下降1.96%；非税收入安排223596万元，下降18.08%。全市一般公共预算支出安排2140500万元，比2015年预算同口径增长8.28%。资金构成为：全市一般公共预算收入845000万元，返还性收入76121万元，一般转移支付收入780958万元，上级专款补助299309万元、动用预算稳定调节基金141812万元，减去地方政府债券还本支出和援助其他地区支出2700万元。

市本级一般公共预算收入安排142000万元，下降3.57%。其中：税收收入110600万元，下降4.91%；非税收入31400万元，增长1.47%。市本级一般公共预算支出安排348789万元（不含提前下达市对县的转移支付15440万元），比2015年预算同口径增长4.14%。资金构成为：市本级一般公共预算收入142000万元，加上一般转移支付收入45227万元，上级专款补助16622万元，返还性收入19788万元，县市区上解收入49396万元，动用预算稳定调节基金91548万元，减去补助县市区支出和援疆支出15792万元。

市本级主要支出项目安排情况是：一般公共服务支出37801万元，同口径增长15.06%；公共安全支出19018万元，同口径下降14.75 %；教育支出49719万元，同口径增长12.75%；科学技术支出8432万元，同口径增长24.81%；文化体育与传媒支出8441万元，同口径下降3.42%；社会保障和就业支出33397万元，同口径增长36.15%；医疗卫生与计划生育支出36361万元，同口径增长19.09%；节能环保支出5002万元，同口径下降31.01%；城乡社区支出40451万元，同口径下降3.29 %；农林水支出34505万元，同口径增长7.94%；交通运输支出14199万元，同口径增长17.59%；国土海洋气象等支出2248万元，同口径下降69.81%；住房保障支出10648万元，同口径下降54.51%；预备费7366万元，同口径下降8.33%。

经汇总，2016年市本级行政事业单位使用财政拨款安排的“三公”经费预算4887.53万元，比上年预算减少316.38万元，同口径（下同）下降6.08%。其中：因公出国（境）经费100万元，与上年预算持平；公务接待费932.55万元，比上年预算减少20.33万元，下降2.13%；公务用车购置及运行维护费3854.98万元（其中公务用车购置100万元，公务用车运行3754.98万元），比上年预算减少296.05万元，下降7.13%。

2.政府性基金预算安排意见

2016年全市政府性基金预算收入安排103370万元，比上年下降4.95%；全市政府性基金预算支出安排103370万元，比上年下降7.87%。

市本级政府性基金预算收入安排 20500 万元，比上年下降 0.36%；市本级政府性基金预算支出安排 20500 万元，比上年增长 9.04%。

3. 国有资本经营预算安排意见

受宏观经济下行影响，国有企业经营状况较差，2016 年预期亏损，因此，国有资本经营收支预算均为零。

4. 社会保险基金预算安排意见

2016 年全市社会保险基金预算收入安排 770951 万元，全市社会保险基金预算支出安排 675903 万元，预算收支结余 95048 万元。

以上预算安排的具体情况详见《2015 年全市和市本级预算执行情况与 2016 年全市和市本级预算（草案）》。

另外需要说明的是：2016 年财政收支压力巨大，市本级预算（草案）平衡是在压缩一般性支出 2082 万元、整合项目资金 19813 万元、动用预算稳定调节基金 91548 万元的基础上编制的。由于财力紧张，2016 年到期的政府债务和城市基础设施建设项目未编入预算（草案）。下一步，我们将根据《国务院关于加强地方政府性债务管理的意见》（国发〔2014〕43 号）、《财政部关于对地方政府债务实行限额管理的实施意见》（财预〔2015〕225 号）规定，拟从 2016 年置换债券和新增债券中安排到期政府债务和城市基础设施建设项目。债券资金到位后，我们将编制预算调整方案报市人大常委会审议。

（四）2016 年 1—3 月一般公共预算收支执行情况

1—3 月，全市一般公共预算收入完成 210609 万元，同比下降 1.89%。其中：税收收入完成 124768 万元，同比下降 26.77%；非税收入完成 85841 万元，同比增长 93.81%。全市一般公共预算支出累计执行 576729 万元，同比增长 27.09%。

1—3 月，市本级一般公共预算收入完成 39598 万元，同比增长 19.17%。其中：税收收入完成 21365 万元，同比下降 21.72%；非税收入完成 18233 万元，同比增长 207.21%。市本级一般公共预算支出累计执行 36028 万元，同比增长 1.55%。

三、完成 2016 年预算任务的主要措施

（一）突出依法征管，全力以赴组织财政收入。围绕全年财政预算收入计划，克服宏观经济下行的影响，强化措施，全力以赴抓好收入组织工作。一是加强财政形势分析。继续实行财税联席会议制度，建立财政、经信、税务、统计等经济部门的协调机制，加强财政收入分析，解决组织收入中存在的困难和问题。二是加强依法综合治税工作。建立税源信息传递和共享制度，实现对税源全方位监管。加大清缴欠税力度，促进税收收入应收尽收。加强煤炭资源税税源管理和推进“营改增”全覆盖，创新征管模式，防止税源流失。三是加强非税收入征管。强化非税收入稽查、跟踪问效，及时掌握非税收入征收进度。认真做好行政事业性和政府性基金票据的领用、发放、核销工作，确保非税收入及时、足额入库。四是积极争取上级支持。建立健全向上争取资金考核办法和情况通报制度，加大相关部门上下对接力度，积极争取上级在均衡性转移支付、脱贫攻坚、生态治理方面的资金支持和地方政府债券资金，缓解我市财政收支压力，促进财政平稳运行。

（二）突出供给侧结构性改革，加快转换经济发展动能。一是抓住国家政策机遇，加快推动发展建设。积极争取中央去产能专项资金，解决我市因去产能引起的人员安置问题，推动煤焦钢等产业过剩产能化解，促进企业瘦身健体。二是完善财政投入机制，切实扩大有效供给。加大支出结构调整力度，综合运用融资模式创新等手段，提高投资的针对性和有效性，带动更多的社会资本投入装备制造、

新能源、新材料、商贸物流、旅游产业等新兴产业。扩充 PPP 项目储备库，加强城市基础设施建设。三是落实减税降费政策，帮助企业降低成本。全面推开“营改增”，落实小微企业发展优惠政策，落实煤炭采掘企业增值税进项税额抵扣扩围政策，实施结构性减税；完善收费目录清单管理机制，坚决遏制各种乱收费。四是支持小微企业发展。认真贯彻落实市委、市政府《关于加快民营经济发展的若干政策措施》，加快市中小企业担保公司整合改组，努力改善小微企业融资环境。以市中小企业融资担保公司为依托，整合吸纳各县市区政策性担保公司入股，吸收民营担保机构和社会资本投资，壮大担保实力，发挥融资功能，努力缓解企业融资难的问题。五是促进节能减排和生态保护。牢固树立绿水青山就是金山银山的观念，推动能源清洁利用、新能源汽车推广和城区环境质量改善，支持打好空气、水、土壤污染防治“三大战役”，修复改善生态环境。

（三）突出支持精准扶贫，促进农民增收、农业发展。一是全力支持脱贫攻坚。坚持财政资金投入只增不减的原则，千方百计筹措资金，倾力支持精准扶贫。成立市扶贫开发投资公司，吸引社会资本，支持贫困地区易地扶贫搬迁住房和安置区配套基础设施、公共服务设施建设；创新扶贫资金整合机制，按照统一规划、集中使用、渠道不乱、用途不变、各负其责的原则，提升县级统筹使用资金能力，精准支持全市“三个一”扶贫行动和“五个一批”确定的十项重点工程。二是大力扶持村集体经济发展。积极探索财政资金直接投向符合条件的村集体，依托村集体经济发展项目，建立村集体和农民按股份占比分享收益的机制。加大村级组织运转经费保障力度，在落实好省转移支付每村 5.5 万元的基础上，市级每村配套 0.5 万元。三是促进农业稳定发展。认真贯彻农田水利基本建设、中药材基地建设和产业发展、健全农村金融服务站等 10 项强农惠农富农政策。扩大政策性农业保险范围，新开设马铃薯种植业保险。深化农村综合改革，推进村级公益事业建设一事一议财政奖补，支持改善农村人居环境和美丽乡村建设，增强农业可持续发展能力。

（四）突出基本保障，着力改善民生。一是保工资发放。把保工资足额发放作为财政保障的重中之重，年初预算足额安排人员工资经费，留足调资增资预算，及时调度财政资金，优先保障干部职工工资发放，决不允许出现拖欠行政事业单位职工工资现象。二是保义务教育。落实城乡统一、重在农村的义务教育经费保障机制。巩固完善农村义务教育学校校舍安全保障长效机制。提高特殊教育学校和随班就读残疾学生公用经费标准，实现生均公用经费随学生流动可携带。三是保基本医疗。支持推进城镇居民基本医疗保险和新型农村合作医疗整合工作，建立统一的城乡居民基本医疗保险制度。完善大病医疗保险和生育保险政策，合并实施生育保险和基本医疗保险。落实基本公共卫生服务项目财政补助提标政策。四是兜住民生底线。全面实施机关事业单位养老保险改革。落实提高城乡居民最低生活保障标准，提高农村五保户供养标准。全面实施困难残疾人生活补贴和重度残疾人护理补贴制度，按要求调整优抚对象等人员抚恤和生活补助。五是支持实施就业优先战略。落实好援企稳岗、社保补贴、税费减免等政策，支持大众创业、万众创新，实施大学生就业促进计划和创业引领计划，开展各种形式的就业技能培训、创业培训。六是创新公共服务供给方式。区分基本公共服务与非基本公共服务，通过 PPP 模式，广泛吸引社会资本参与，支持城镇保障房、棚户区改造、农村危房改造等项目建设。

（五）突出体制机制创新，全面深化财政改革。一是深化预算管理制度改革。加大一般公共预算和政府性基金预算统筹力度，将水土保持补偿费、政府住房基金等5项政府性基金转列一般公共预算，政府性基金预算超出规定比例的结转结余资金调入一般公共预算。积极实施中期财政规划，市级正式编制部门预算三年（2016—2018）滚动规划。进一步扩大预决算公开范围，全面推进“三公”经费公开，提高预算透明度。严格控制“三公”经费、会议费、差旅费等一般性支出。二是加强财政资金监管。牢固树立“花钱必问效、无效必问责”的理念，切实加大对财政资金的监督检查和预算绩效评价力度，将绩效理念融入预算管理全过程，健全“预算编制有目标、预算执行有监控、预算完成有评价、评价结果有反馈、反馈结果有应用”的预算绩效管理机制，不断增强花钱的责任和效率意识，提高财政资金使用效益。三是最大限度盘活存量资金。对专项资金实行清单管理，对沉淀闲置资金一律收回调整使用。继续清理收回两年及两年以上结转资金。建立健全财政存量资金和预算安排统筹结合机制、库款余额与转移支付挂钩机制。加快财政支出进度，按规定时间批复预算，属于市本级的支出项目全部纳入部门预算批复，提高部门预算到位率。四是加强政府债务管理。认真贯彻落实《国务院关于加强地方政府债务管理的意见》，完善债务管理制度，明确风险处置及承担主体，强化风险预警防控，做好政府性债务的规模控制、预算管理、统计分析和风险监控等工作。

各位代表，2016年是“十三五”的开局之年，也是深化财税体制改革的关键一年，做好2016年的财政工作，责任重大、使命光荣。我们将在市委、市政府的坚强领导下，自觉接受人大监督指导，坚定信心，迎难而上，努力完成各项预算任务，为我市打赢脱贫攻坚战、全面建成小康社会作出更大贡献。

2016年吕梁年鉴

LVLIANGNIANJIAN

大事记

2015 年大事记

1 月

4 日

吕梁市政府召开第七十六次常务会议，传达学习全省经济工作会议精神，分析当前安全形势，安排部署当前经济工作。市长董岩主持会议。

6 日

吕梁市集中收看全国安全生产电视电话会，市长董岩，市委常委、副市长郝月生，市长助理杨巨才，以及市直有关部门人员在吕梁分会场参会。

省国土资源厅副厅长王晓立带领省政府改善农村人居环境工作督查组在吕梁市督查。副市长刘永平做工作汇报。

6 日至 7 日

省委副书记楼阳生在省委常委、政法委书记王建明，市委书记高卫东等陪同下，深入吕梁市交城、孝义等地，就学习讨论落实活动进展及“六权治本”在基层的实施实践情况进行专题调研。

8 日

市委常委会议召开，专题学习传达省委副书记楼阳生在吕梁市调研讲话精神，研究讨论吕梁市贯彻落实意见。市委书记高卫东主持。

吕梁民政特仪工程项目（一期）在离石区枣林乡举行奠基仪式，副市长刘永平出席奠基仪式。

9 日

市委中心组举行集体学习，学习 2014 年中央第三轮巡视工作动员部署会议及省区市巡视办主任会议精神。市委书记高卫东主持会议。

电影《伞头和他的女人》开始在全国院线上映。该电影由吕梁黄河民间艺术有限公司出品，牛建荣执导，著名演员褚栓忠、丁柳元、彭婧主演。电影的故事发生地和拍摄地均在山西临县。9 日和 10 日，吕梁影剧院、吕梁横店影城、永宁国际影城同步上映。

10 日

市政府第七十七次常务会议召开，分析当前经济形势，部署改革发展工作，并就《吕梁市燃煤电厂规划》《吕梁市煤层气（天然气）利用发展规划》以及《吕梁市推行政府权力和责任清单制度的实施意见》作研究。市长董岩主持。

12 日

政协吕梁市委员会二届三十次常委会议召开。市政协主席朱锦平出席会议并讲话。会上，审议通过政协吕梁市二届常委会第三十次会议议程，听取副市长李润林所作的关于全市 2014 年经济社会发展情况的通报，听取副主席刘本旺所作的市政协二届六次会议重点提案办理情况评议说明和副主席王侯党所作的人事事项说明。

13 日

临离高速公路工程全线通过交工验收。

14 日

市委常委会召开会议，讨论市委反思剖析报告问题清单，听取全市经济工作会议筹备情况。会议由市委书记高卫东主持，省委学习讨论落实活动督导组组长李宝卿及省委纪检工作组到会指导。

15 日

全市经济工作会议召开。市委书记高卫东，市委副书记、市长董岩作重要讲话。市委副书记雷建国主持会议。会议贯彻落实省委十届六次全会、全省经济工作会议和市委三届六次全会精神，研判新常态下吕梁市面临的经济形势，认真总结 2014 年全市经济工作，安排部署 2015 年的经济工作。

市政府召开党组会，专题研究讨论“学习讨论落实活动”反思剖析报告。市政府党组书记、市长董岩主持会议。市委常委、常务副市长张效彪，市委常委、副市长郝月生，副市长李润林、刘永平，市长助理李月勤、杨巨才、薛平，市政府秘书长梁斌，市政府党组成员刘凯参加讨论。

16日

市委常委会召开会议，讨论市委反思剖析报告（讨论稿），讨论《中共吕梁市委关于实施“三个一批”工作的意见（征求意见稿）》，讨论《中共吕梁市委关于在全市党员干部中开展向高贵平同志学习的决定（讨论稿）》。会议由市委书记高卫东主持，市委副书记、市长董岩，市委副书记雷建国，市委常委吕改莲、郝月生、郑中夏、刘云晨、张稳科、张旭光、王海东参加会议。市政协主席朱锦平列席会议。

20日

市政府党组召开（扩大）会议，开展讨论反思剖析，认真研究党组反思剖析报告。市政府党组书记董岩主持会议。党组成员郝月生、李润林、刘永平、王海东、李月勤、权志高、杨巨才、薛平、梁斌、李真参加会议，副市长成锡锋列席会议。

市人大常委会召开党组会议。市人大常委会党组书记刘明勇主持会议，党组副书记张保福，党组成员张国彪、徐德、王峰参加会议。会议讨论《市人大常委会党组学习讨论落实活动反思剖析报告（讨论稿）》；讨论市人大常委会《关于加强和改进人大监督工作的决定（讨论稿）》。

21日

吕梁军分区党委全体（扩大）会议召开。会议传达学习两级军区党委扩大会议精神，总结部署年度工作。市委书记、军分区党委第一书记高卫东出席会议并讲话，军分区党委书记、政委张选代表军分区党委做工作报告，市委常委、军分区党委副书记、司令员车瑞金就年度工作做指导讲话。军分区参谋长李国军、政治部主任杨文军、后勤部部长高毅等出席会议。会议对省以上和军分区本级先进单位进行表彰。

市城管中心、消防支队、离石区公安局组织300多名执法人员联合对吕梁火车站站前广场进行集中整治，拆除违章搭建外棚120多户，清理乱搭乱挂横幅、广告牌匾20余块，显著改善火车站站前广场市容环境面貌。

22日

市政府召开安委会第一次全体（扩大）会议，学习贯彻习近平总书记、李克强总理和省委、省政府关于安全工作的重要指示、批示精神，总结2014年全市安全工作，安排部署2015年工作。市长、市安委会主任董岩出席并讲话，市委常委、副市长郝月生主持会议，市长助理杨巨才、市政府秘书长梁斌等出席会议。

23日

全省农村工作电视电话会议在太原召开。会议总结2014年农业农村工作，研究依靠改革创新推进农业现代化的重大举措，部署2015年和今后一段时期农业和农村工作。市委书记高卫东，市委副书记、市长董岩，市政府秘书长梁斌在吕梁市分会场参加。

27日

市长董岩在太原会见国网山西省电力公司总经理黄强，双方就深化合作、促进共同发展进行交流。省电力公司副总经理刘人楷，市委常委、副市长郝月生，市政府秘书长梁斌参加会见。

2月

2日

市政府第七十八次常务会议召开，学习传达省十二届人大四次会议和全省安全生产电视电话会议精神，并就贯彻落实会议精神进行安排部署。市长董岩主持。

3日

市委书记高卫东、市长董岩会见晋能集团董事、副总经理、晋能电力集团董事长冯培一，晋能电力集团董事、总经理常代有一行。副市长李润林、市政府秘书长梁斌等会见时在座。

市政协党组中心组召开2015

年第二次学习会议，学习中共中央关于加强社会主义协商民主建设的意见，并传达省两会精神，部署当前和今后一个时期的工作。

4日

国家卫计委副主任王培安在省政协副主席、省卫计委主任卫小春陪同下在吕梁市调研。国家卫计委财务司司长李斌，家庭司副司长莫丽霞，省卫计委副主任谢红，副市长成锡锋，市委常委、副市长王海东陪同调研。

由省住建厅副巡视员张海带队的省考核组对吕梁市2014年度大气污染防治行动计划实施情况进行考核。副市长李润林出席汇报会。

5日

市长董岩带领市民政、残联、工会等部门人员深入兴县看望慰问困难群众和职工，送去慰问品和慰问金。市政协副主席梁来茂，市政府秘书长梁斌一同参加慰问。

6日

市委常委会召开会议，市委书记高卫东主持会议。会议传达全国离退休干部先进集体和先进个人表彰大会精神和省委常委会传达贯彻精神；传达全国、全省宣传部长会议精神，审议通过2015年度全市宣传思想文化工作指导思想、主要任务和全市宣传部长会议有关事项；传达全国、全省组织部长会议精神，研究讨论全市组织部长会议工作报告及有关事项；传达全省保密工作会议精神；传达省委副书记楼阳生在吕梁市2014年度目标责任考核大会上的讲话精神和在方山县调研讲话精神。

9日

国务院组织召开第三次廉政工作会议。会议学习贯彻十八届中央纪委第五次全体会议精神，按照国务院党组会议部署，回顾总结2014年政府系统廉政建设和反腐败工作，对2015年政府系统廉政建设和反腐败工作作出安排。市长董岩，副市长成锡锋、李润林、刘永平，市长助理李月勤、权志高、薛平，市政府秘书长梁斌，以及市直有关部门负责人在吕梁分会场参会。

全市宣传部长会议召开，会议贯彻落实全国、全省宣传部长会议和市委三届六次全体（扩大）会议精神，总结回顾2014年宣传思想文化工作，安排部署2015年工作。市委常委、宣传部部长吕改莲出席会议并讲话。

10日

吕梁市召开发展改革工作会议。副市长李润林出席会议。

吕梁市召开交通安全应急管理联席会议，安排部署春运期间交通安全应急管理工作。市长助理、市公安局局长权志高，市政府秘书长梁斌出席会议，市交警支队、吕梁高速公司等单位负责人参加会议。会议宣读市政府制定的《吕梁市突发事件报告制度》《吕梁市突发事件信息发布制度》和《吕梁市应急协调联动工作制度》等制度，安排部署春运期间交通安全应急管理检查工作。市交警支队、吕梁高速公司等部门负责人分别作表态发言。

中国共产党山西省第十届纪律检查委员会第五次全体会议召开。市委书记高卫东、市长董岩在太原主会场参会。市领导雷建国、刘明勇、吕改莲、郑中夏、刘云晨、车瑞金、张保福、张翠兰、张国彪、徐德、成锡锋、李润林、刘永平、刘本旺、梁来茂、李俊平、王志强、刘继隆，市人民检察院检察长宁建新，市长助理李月勤、权志高、薛平，吕梁教育学院院长白荣欣，以及市直部门负责人在吕梁分会场参会。

11日

市委常委会召开会议，听取“六权治本”考察汇报，研究吕梁市推进落实意见；听取全市农村工作会议筹备情况汇报；讨论市委整改整治工作方案（讨论稿）；传达学习省纪委十届五次全会精神。会议由市委书记高卫东主持。

吕梁市召开安全生产工作紧急电视电话会，对当前和今后一段时期全市安全生产和道路交通安全工作进行安排部署。市长董岩，市委常委、副市长郝月生，市长助理、公安局局长权志高，市政府秘书长梁斌在岚县主会场参会。

全市食品安全工作电视电话会议召开，安排部署2015年全市食品安全工作。副市长成锡锋出席会议并讲话。

12日

全省政府系统廉政工作电视电话会召开。市长董岩，市委常委、副市长郝月生，市委常委、纪委书记张稳科，副市长成锡锋、李润林、刘永平，市委常委、副市长王海东，市长助理李月勤、杨巨才、薛平，市政府秘书长梁斌以及市直有关部门负责人在吕梁分会场参会。

市长董岩带领工商、食药监、物价、商务、安监、城管中心等市直相关部门负责人，在市区部分超市、烟花爆竹摊点、农贸市场检查节日市场。副市长成锡锋、市政府秘书长梁斌一同检查。

吕梁市召开农村工作电视电话会议。会议分析了新常态下全市农业农村发展面临的新形势，安排部署2015年和以后一段时期的“三农”工作，保持农业农村经济持续稳定发展势头。市长董岩出席会议并讲话，市委副书记雷建国主持会议，副市长刘永平、市政协副主席李俊平参加会议。

13日

市委召开中心组学习会，学习习近平总书记在十八届中央纪委五次全会上的重要讲话精神，研究吕梁市贯彻落实意见。市委书记高卫东主持学习会，市委副书记、市长董岩，市委副书记雷建国，市人大常委会主任刘明勇等中心组成员参加学习。市委常委、纪委书记张稳科传达有关讲话精神。

市政府党组召开（扩大）会议，学习贯彻党中央国务院和省委、省政府关于反腐倡廉建设的决策部署，研究讨论市政府党组反思剖析报告。市政府党组书记、市长董岩主持会议。

全市组织部长会议召开。会议传达全国组织部长会议精神和全省组织部长会议精神，回顾总结2014年全市组织工作，安排部署2015年全市组织工作。市委常委、组织部部长郑中夏出席会议并讲话。

14日

市政府第七十九次常务会召开，研究开展城镇生活污水收集管网建设攻坚行动等工作。市长董岩主持会议。

市长董岩深入吕梁市“聚焦民生、服务群众”主题实践活动领导组办公室，就服务群众工作具体受理、办理情况进行调研指导。市委常委、常务副市长张效彪，市政府秘书长梁斌一同调研指导。

中国共产党吕梁市第三届纪律检查委员会第五次全体会议举行第一次会议。全会的任务是：深入贯彻落实党的十八大、十八届三中、四中全会和习近平总书记系列重要讲话精神，紧密结合实际，全面落实十八届中央纪委五次全会、省委十届六次全会、省纪委十届五次全会和市委三届六次全会部署的任务，回顾总结2014年吕梁市党风廉政建设和反腐败工作，研究部署2015年工作任务。市委书记高卫东出席会议并就做好2015年全市党风廉政建设和反腐败工作做重要讲话。市委副书记、市长董岩，市人大常委会主任刘明勇，市政协主席朱锦平，市委常委吕改莲、张效彪、郝月生、郑中夏、刘云晨、张旭光、车瑞金、王海东出席会议。市委常委、纪委书记张稳科主持会议并代表市纪委常委会做工作报告，省纪委纪检监察四室副主任薛敬仓应邀出席会议。

16日

吕梁市召开会议传达省“两会”精神。市委书记高卫东主持会议并讲话。市委副书记、市长董岩讲话，市委副书记雷建国参加会议，市人大常委会主任刘明勇传达传达省十二届人大四次会议精神，市政协主席朱锦平传达省政协十一届三次会议精神。市级领导吕改莲、张效彪、郝月生、郑中夏、刘云晨、张稳科、车瑞金、王海东、张保福、张翠兰、张国彪、徐德、成锡锋、李润林、刘永平、梁来茂、王志强、刘继隆，吕梁军分区政委张选，市中级人民法院院长史红波，市长助理李月勤，市长助理、公安局局长权志高，吕梁教育学院院长白荣欣，市委党校常务副校长郭长风等参加会议。

市检察院召开电视电话会议，就贯彻落实高检院、省院规范司法行为专项整治工作电视电话会议精神进行专门动员部署。

19日

市长董岩看望慰问环卫工人、一线执勤民警、供水和供暖企业工作人员、机关值班干部，检查供水供热、节日安全等工作。副市长成锡锋，市长助理、公安局局长权志高，市政府秘书长梁斌一同慰问。

26日

全市“六权治本”工作推进会议召开。市委常委、常务副市长张效彪出席会议。会上，市编办和市财政局分别就权力和责任清单流程图及廉政风险防控图、大额专项资金管理流程图及防控图进行讲解，孝义市就“六权治本”工作做经验交流。

27日

省委召开全省学习讨论落实活动专项整治工作部署会议。会议决定，围绕“深入学习贯彻习近平总书记系列重要讲话精神，净化政治生态、实现弊革风清，重塑山西形象、促进富民强省”的活动主题和目标任务，山西省将对30项群众关切的重点领域进行专项整治。市委书记高卫东，市委副书记、市长董岩，市领导吕改莲、张效彪、郝月生、刘云晨、张稳科等在吕梁市分会场参加会议。

全市公安工作会议召开。会议对2014年工作进行总结表彰，安排部署2015年全市公安工作。市委常委、常务副市长张效彪，市长助理、市公安局局长权志高出席会议并讲话。

2月27日至3月10日

由吕梁市文化广电新闻出版局主办，吕梁市群众艺术馆、布兰卡吕梁摄影俱乐部承办的“迎春摄影展”开展。此次影展甄选出具有人文历史、城市变迁、民风民俗、地域风情等特点的代表性作品200余幅，涉及参展作者80余名。

3月

3日

全市廉政工作电视电话会议召开，安排部署政府系统廉政工作。市委常委、副市长郝月生主持会议。董岩出席并讲话。

市政协党组中心组召开第三次学习会议，收看全国政协十二届三次会议开幕盛况，聆听俞正声主席所作的政协常委会工作报告。市政协主席朱锦平主持学习，副主席刘本旺、梁来茂、李俊平、王志强、刘继隆，秘书长阎广聪参加会议。

4日

吕梁市召开2015年度市委政法工作会议。市委副书记雷建国作讲话，市委常委、秘书长刘云晨主持会议，市中级人民法院院长史红波，市人民检察院检察长宁建新，市长助理、公安局局长权志高参加会议。

全市学习讨论落实活动专项整治工作动员部署电视电话会议召开。会议就吕梁市开展30项重点任务专项整治工作进行安排部署。省委督导组组长李宝卿、市委副书记雷建国出席并讲话，市委常委、组织部部长郑中夏主持会议，省督导组副组长马评，市委常委、纪委书记张稳科，副市长成锡锋出席会议。

6日

市长董岩主持召开市政府第八十次常务（扩大）会议，贯彻落实省政府常务会议精神，安排部署全市固定资产投资、十大重点领域投资和项目提质增效年工作。

吕梁公路分局分四个阶段集中开展工程建设领域突出问题专项整治活动，整治工程建设招投标中的规避招标、虚假招标、围标串标、违法分包行为；整治工程建设资金管理中的随意拨付、贪污挪用、管理不严问题；整治工程质量管理不科学不规范等问题。

9日

吕梁市召开2015年环境保护工作会议。会议对2014年的工作做总结，安排部署2015年的工作和环保系统党风廉政建设。副市长李润林出席会议并讲话。

市总工会一届四次全体委员会议召开。市委副书记雷建国，市人大常委会副主任、市总工会主席张保福出席会议。会议总结回顾2014年全市各级工会所取得的成绩，安排部署2015年全市工会工作。

10日

市二届人大常委会第四十七次会议召开。市人大常委会主任刘明勇，副主任张保福、张翠兰、张国彪、徐德，秘书长王峰及委员共34人出席会议。

11日

市检察院组织召开全市检察长会议，贯彻全省检察长会议、市委政法工作会议精神，总结2014年工作，部署2015年任务。

市检察院召开党风廉政建设和反腐败工作电视电话会议，贯彻落实省院党风廉政建设和反腐败工作会议、市纪委三届五次全会精神，安排部署全市检察机关党风廉政建设和反腐败工作。

12日

全市工业经济运行暨安全生产工作会议召开。市长董岩出席并讲话。市委常委、副市长郝月生主持会议，市长助理杨巨才、市政府秘书长梁斌出席。

13日

市长董岩主持召开市政府第八十一次常务会议，研究市政府《关于加强风险防范进一步完善“两重一大”集体决策制度的实施意见》，市长和市政府常务会议“权力清单”“责任清单”，以及城区学校、幼儿园厕所改造工程，加快发展养老服务业建设等工作。

17日

购自美国阿肯色州的一架C—47运输飞机经过三个月的海陆长途“跋涉”，运抵兴县“四八”烈士纪念馆。位于兴县东会乡黑茶山脚下的“四八”烈士纪念馆属全国百个红色旅游景点之一，兴县政府从美国购买了一架烈士遇难时乘坐的同机型飞机，为纪念先烈，教育后人，弘扬红色文化增添又一亮点。

18日

全市农村土地承包经营权确权登记颁证工作培训会召开，安排部署农村土地承包经营权确权登记颁证工作。省农业厅副巡视员吴志宏、市委副书记雷建国出席会议，副市长刘永平主持会议。

吕梁市组织收听收看了2015年全国打击侵权假冒工作电视电话会议。副市长李润林在吕梁分会场参加会议。

吕梁市召开2015年度全市教育体育工作暨党风廉政建设会议，回顾总结2014年工作，就2015年的工作进行安排部署。副市长成锡锋出席会议。

碛口国家级风景名胜区总体规划评审获得通过。

12日至19日

市委常委、宣传部部长张敬平深入吕梁广播电视台、吕梁广播电台、吕梁广电网络公司、吕梁市文化广播新闻出版局、吕梁市文联、吕梁日报社、吕梁市印刷厂进行调研。

19日

全市统战部长会议召开。市委副书记雷建国，市政协副主席、市委统战部部长王侯党出席会议并讲话。

市“六权治本”工作领导组召开“六权治本”试点单位进展情况汇报会，就“六权治本”工作作分解落实，市委副书记雷建国主持会议并讲话。

市长董岩深入兴县蔡家崖村就群众住房、吃水等民生问题落实情况进行专题调研。市委常委、常务副市长张广勇，市政府秘书长梁斌一同调研。

20日

市委全面深化改革领导小组召开2015年第一次会议，听取讨论市委全面深化改革2015年工作要点，研究部署下一步工作。市委书记、市委全面深化改革领导小组组长高卫东主持会议并讲话。

市委常委会召开会议，研究讨论《中共吕梁市委关于做好“三个一批”工作的实施方案》。会议由市委书记高卫东主持。

全市交通运输工作会议召开，会议回顾总结2014年全市交通运输工作，安排部署2015年重点工作任务。市委常委、副市长郝月生出席会议并作讲话。

11日至20日

吕梁公路分局分三个阶段集中开展公路乱设卡、乱罚款、乱收费问题专项整治工作。

23日

全市召开人口和计划生育工作暨党风廉政建设会。市委常委、副市长王海东出席会议。

25日

全市2015年“扫黄打非”工作动员会议召开。市委常委、宣传部部长张敬平，副市长成锡锋出席会议。

24日至26日

市委常委、宣传部部长张敬平深入离石汉画像石博物馆、市文物旅游局、市新闻办、市记协和吕梁艺校进行调研。

25日至26日

市人大常委会副主任徐德带领执法检查组对《中华人民共和国种子法》和《山西省农作物种子条例》在吕梁市贯彻实施情况进行执法检查。

26日

副市长李润林主持召开3月份全市重点工程调度会议。会议通报1至2月份全市重点工程项目考核排名情况，听取13个县（市、区）和市直有关职能部门对1至2月份固定资产投资完成情况、“六位一体”目标任务完成情况、四大手续审批情况及省市重点工程开复工等情况的汇报，研究分析项目工作中存在的主要问题，对“项目见效年”工作进行安排部署。

省委常委、政法委书记王建明在吕梁调研政法综治工作。王建明深入到离石区街道、社区、派出所、人民法院立案大厅、公安局指挥中心了解矛盾纠纷调处、便民诉讼立案、社会治安视频监控系统建设情况。

27日

市二届人大常委会第四十八次会议召开。市人大常委会主任刘明勇、副主任张保福、张翠兰、张国彪、徐德、秘书长王峰及委员共33人出席会议。

全市质量强市暨特种设备安全工作电视电话会议召开，副市长成锡锋出席会议并讲话。

吕梁市召开卫生工作会议，回顾和总结2014年的卫生工作，就2015年的工作进行安排部署。市委常委、副市长王海东出席会议。

30日

市长董岩主持召开市政府第八十三次常务会议，传达省委书记王儒林在吕梁调研讲话精神、省长李小鹏中南部铁路大通道调研和省政府第76次常务会议精神，研究市政府与晋能电力集团关于市区供热项目合作等事宜。

31日

全省森林防火工作电视电话会议召开，副市长刘永平及相关职能部门负责人在吕梁市分会场参加。

4月

1日

吕梁市教育局组织编撰的《吕梁教育志》由山西教育出版社出版发行。

吕梁市召开老干部工作会议，总结2014年全市老干部工作，安排部署2015年的重点工作任务。市委常委、组织部部长郑中夏出席会议。

市委副书记雷建国带领市农委、扶贫办、林业、水利、畜牧等相关部门的负责人到达兴县蔡家崖村，就扶贫开发工作进行调研，副市长刘永平出席座谈会。

市委常委、常务副市长张广勇听取北川河治理一期工程建设及吕梁新区防洪工作汇报，并深入北川河治理一期工程建设工地进行实地调研。

市政府召开战略装车点项目推进会，传达了省长李小鹏在吕梁市战略装车点的调研指示精神，听取各项目承载企业和相关部门就项目推进情况的汇报。副市长李润林出席会议。

2日

市委常委、常务副市长张广勇深入吕梁新区便民服务中心、方山安置区建设工地以及鼓楼、明清古民居保护现场等建设工地进行调研。

市委宣传部举办党风廉政建设专题教育报告会，邀请市纪委常委、正县级纪律检查员薛空作专题报告。市直宣传系统副科级以上干部近200人聆听报告，市委常委、宣传部部长张敬平出席会议。

吕梁市组织收听收看中共中央国务院关于深化供销合作社综合改革电视电话会。副市长刘永平在吕梁分会场收看。

吕梁军分区在晋绥革命烈士陵园组织社会各界600多人举行“晋绥散葬烈士遗骸安葬，清明祭扫暨为陵园捐款植树”活动，缅怀革命先烈。省军区副政治委员喻军，市委常委、军分区司令员车瑞金，副市长刘永平，吕梁军分区政治委员张选，以及林炎志、苏斌、续大田等20多名晋绥儿女参加祭扫活动。

3日

市长董岩主持召开会议，安排部署全市固定资产投资工作。市委常委、孝义市委书记马文革，副市长李润林，市政府秘书长梁斌参加。

吕梁市召开“六权治本”工作推进会，安排下一步全市“六权治本”工作，市委副书记雷建国，市长助理、公安局局长权志高，市政府秘书长梁斌参加会议。

全市住房城乡建设暨党风廉政建设工作会议召开，总结2014年工作，就2015年的工作进行安排部署，并与各县（市、区）签订2015年目标责任书。市委常委、常务副市长张广勇出席会议。

7日

山西省扶贫开发工作以电视电话会议的形式召开，市委副书记雷建国在吕梁分会场参加会议。

8日

吕梁市召开“六权治本”试点工作情况汇报会，向省委法治工作组汇报“六权治本”试点工作情况，省委依法治省办专职副主任周涛、市委副书记雷建国出席会议。

9日

共青团市委二届四次全体（扩大）会议召开。全会贯彻落实习近平总书记系列重要讲话精神及市委三届六次全会和团省委十四届四次全会精神，回顾总结2014年全市共青团工作，安排部署2015年工作，并对2014年度全市共青团工作先进单位进行表彰。市委副书记雷建国出席会议。

10日

市政府召开减轻工业负担促进工业稳定运行电视电话会，市委常委、副市长郝月生在吕梁主会场出席会议，13个县（市、区）长和有关部门负责人在各县分会场参加会议。

13日

市委、市政府召开全市城乡环境整治百日攻坚专项活动动员大会，安排部署全市城乡环境整治工作。 市委书记高卫东主持会议，市委副书记、市长董岩作动员讲话，市委常委、常务副市长张广勇宣读实施方案，市领导郑中夏、刘云晨、张敬平、张稳科、王海东、刘永平，市中院院长史红波，市长助理、公安局局长权志高，市政府秘书长梁斌出席会议。

14日

吕梁市召开专项整治督导工作情况汇报会，听取收集30项专项整治情况的汇报，并安排部署了下一阶段专项整治督导相关工作。市委副书记雷建国主持会议并讲话，市委常委、组织部部长郑中夏，市委常委、宣传部部长张敬平，市委常委、纪委书记张稳科参加会议。

吕梁市人防工作会议召开，市长助理薛平和市人防办工作人员及来自全市各县（市、区）的人防工作负责人参加会议。会议总结回顾2014年全市人防工作取得的成绩和存在的问题，对2015年全市人防工作进行安排部署，并对2014年度全市人防工作先进单位进行颁奖表彰，文水、柳林、孝义、交城、汾阳5个县市获此殊荣。与会人员还收看了全市人防工作近年来的发展历程专题片。

15日

由市精神文明建设指导委员会主办，市委宣传部、市文明办、市广播电视台承办的“德润吕梁·共筑梦想——第三届吕梁市道德模范授奖仪式”在吕梁影剧院隆重举行。29名吕梁道德模范走上授奖台接受颁奖。

17日

市委中心组举行集体学习，专题学习《人民日报》论协调推进“四个全面”战略布局系列评论员文章，传达学习省委书记王儒林在忻州调研座谈会议讲话精神，研究吕梁市贯彻落实意见。会议由市委书记高卫东主持。

18日

省长李小鹏深入吕梁市调研工业经济运行和低热值煤发电等重大项目建设工作。省委常委、常务副省长高建民，市委书记高卫东，市委副书记、市长董岩，市委常委、政法委书记、市委秘书长刘云晨，市政府秘书长梁斌等一同调研。

市长董岩主持召开第八十四次常务会议，研究市政基础设施建设、棚户区改造和《吕梁市国家资源型经济转型综合配套改革试验2015年行动计划》等事项。

20日

全省审计工作电视电话会召开，会议总结2014年工作，安排部署2015年工作。市长董岩，市长助理、公安局局长权志高，市政府秘书长梁斌，以及市直有关部门负责人在吕梁分会场参会。

21日

吕梁市召开市区环境整治百日攻坚专项活动动员会议，安排部署市区环境整治工作。市委常委、常务副市长张广勇，市委常委、离石区委书记常书铭，市委常委、副市长王海东，市长助理、市公安局局长权志高出席会议，会议由王海东主持。

20至21日

省公路局专项整治督导组第二组组长省公路局副局长张兴顺、督导组第二组副组长省公路局公安路政处处长杨帅奇一行到吕梁公路分局进行工程建设领域突出问题和公路“三乱”治理专项活动检查。

22日

全市科协工作会议召开。市委副书记雷建国出席会议。

市青年联合会第二届委员会第一次全体会议召开，来自全市10个界别的253名委员肩负着广大青年的重托齐聚一堂，共议吕梁市青联发展大计。市委副书记雷建国出席开幕式并讲话。市政协副主席、统战部部长王侯党，团省委副书记、省青联副主席马皖东出席会议。

市政协主席朱锦平主持召开市政协二届六十九次主席会议。市政协副主席刘本旺、梁来茂、李俊平、刘继隆，秘书长阎广聪参加会议。

23日

市长董岩在吕梁宾馆会见省

保监局局长王毅一行，双方就加快现代保险业发展，发挥保险业作用，支持地方经济发展等事宜进行交流。市委常委、副市长竟晖，市政府秘书长梁斌参加会见。

24 日

市委召开全市扶贫开发暨干部驻村帮扶工作动员会。会议回顾总结近年来吕梁市扶贫开发工作，分析研判当前存在的问题困难和面临的形势，安排部署 2015 年全市扶贫开发和机关定点帮扶工作。市委书记高卫东出席会议并作重要讲话，市委副书记、市长董岩主持会议。

副市长李润林主持召开吕梁市 4 月份固定资产投资及重点工程调度会。会议通报各县（市、区）重点项目考核排名情况，听取了 1 至 3 月份全市固定资产投资完成情况和重点工程进展情况汇报，分析研究部分项目进展缓慢的原因和解决问题的措施。

25 日

吕梁市 2015 年土地例行督察工作动员会召开。国家土地督察北京局党组成员、专员于孔让出席并作动员讲话，省国土厅党组成员、执法总队总队长葛建生主持会议，市长董岩出席会议并讲话。

27 日

市政府召开全市安全生产暨二季度安全工作紧急电视电话会议，贯彻落实全省安全生产电视电话会议精神，分析当前全市安全生产形势，安排部署二季度安全生产工作，市长董岩出席并讲话。

30 日

全市审计工作电视电话会召开。市委常委、常务副市长张广勇主持会议。市长董岩作重要讲话。

市长董岩主持召开市长办公会，听取部分市政重点工程设计方案汇报，并到实地调研。

市政府召开全市城乡环境整治百日攻坚专项活动第一次工作例会，传达学习全市城乡环境整治百日攻坚专项活动工作制度和第一次督查考核方案。市委常委、常务副市长张广勇出席并讲话，副市长刘永平主持会议，市城管中心、卫生局等专项活动办公室及督查组全体成员单位参加会议。

吕梁市中心支行召开辖区党风党纪、行风行纪专题教育活动电视电话动员会议，安排部署人民银行系统党风党纪、行风行纪专题教育工作。中心支行、辖区各县（市）支行全体干部职工参加会议。

5 月

4 日

市长董岩主持召开工作例会，讨论《政府工作报告（讨论稿）》，研究固定资产投资和重点项目建设工作。市委常委、副市长郝月生，市委常委、宣传部部长张敬平，副市长成锡锋、李润林、刘永平，市委常委、副市长王海东、竟晖，市长助理李月勤、权志高、杨巨才、薛平，市政府秘书长梁斌，以及市发改、经信、住建等 12 个市直部门主要负责人参加。

5 日

市政府就《政府工作报告(讨论稿)》听取和征求政府 26 个部门的意见建议。市政府秘书长梁斌主持会议。会上，发改、经信、农业等部门围绕吕梁经济社会发展大局，结合各自部门工作实际，提出意见建议。

市政府就全市低热值煤电厂项目企业办理核准支持性文件进展情况召开工作汇报会，市政府副市长李润林主持会议并讲话。会上，全市取得低热值煤电厂项目“路条”的 6 户企业对核准支持性文件的办理进展情况进行汇报，市直相关窗口服务单位对项目核准文件的批复情况进行介绍。在 6 个项目中，临县霍州煤电、兴县华电锦兴工作进展较快，距核准仅缺 2—4 项支持性文件；孝义晋能、离石晋能大土河、文水国金 #2 机组进展情况一般，距核准尚缺 6—

7项文件；中阳晋能桃园进展较慢，需加大前期工作力度。李润林要求，6个项目所在地的各级政府分管领导要围绕项目核准的最后时间研究具体措施，派具体负责人督促项目的推进；市有关部门要按会议明确的事项，配合好企业核准文件的尽快批复，争取按时完成李小鹏省长吕梁调研时对各项目单位前期工作明确提出的任务要求。

市长董岩主持召开座谈会听取人大代表、政协委员、各界人士对2015年《政府工作报告（征求意见稿）》的意见建议。市政府秘书长梁斌参加会议。

7日

市政府就2015年《政府工作报告（征求意见稿）》召开座谈会，征求老干部的意见建议。市长董岩主持会议。市政府秘书长梁斌，原市级老领导段丽卿、岳培民、成久生等参加座谈会。

省政府重大项目稽查办主任王成明一行到吕梁市，督查并听取吕梁市低热值煤发电项目前期工作进展情况的汇报。吕梁市各项目所在地主体单位负责人参加会议。

8日

省妇联主席王维卿一行到吕梁市调研妇女工作，市委副书记雷建国陪同。随后，省妇联一行赴中阳县开元文化产业园、中钢妇工委、城南居委“妇女之家”就妇女工作进行走访调研。

9日

临离高速公路正式通车运营。

11日

市长董岩主持召开市政府第八十七次常务会议，研究《政府工作报告（讨论稿）》、《2014年国民经济和社会发展计划执行情况与2015年国民经济和社会发展计划草案的报告（讨论稿）》、《2014年全市和市本级预算执行情况与2015年全市和市本级预算草案的报告（讨论稿）》。

市长董岩会见中信银行太原分行行长刘红华一行，双方就进一步加强合作进行交流。市委常委、副市长郝月生，市政府秘书长梁斌参加会见。

全市发展和改革工作推进会召开，会议就市县两级“十三五”规划编制、固定资产投资、中央投资项目自查自纠、低热值煤发电项目等工作做安排部署。

全市第一次消防工作联席电视电话会议召开。会议对省政府考核组对吕梁市2014年度消防工作整改落实工作及近期消防安全工作进行安排部署。市委常委、副市长郝月生出席会议并讲话。

12日

国务院召开全国推进简政放权放管结合职能转变工作电视电话会。市长董岩，副市长成锡锋、刘永平，市长助理、公安局局长权志高，市政府秘书长梁斌，以及市直有关部门负责人在吕梁分会场参会。

市委常委会召开会议，研究讨论2015年市“两会”有关事宜。会议由市委书记高卫东主持。会议研究讨论董岩在市二届人大九次会议上的政府工作报告、召开市二届人大九次会议有关事项、关于设立吕梁市人民代表大会法制委员会的事项、召开市政协二届七次会议有关事项、《关于2014年国民经济和社会发展计划执行情况与2015年国民经济和社会发展计划草案的报告》、《关于2014年全市和市本级预算执行情况及2015年全市和市本级预算草案的报告》等。会议同意召开两个会议及有关安排事项。

13日

由省交通厅副厅长袁清茂带队的省政府督查组深入吕梁市对涉农资金专项整治工作进行督查。副市长刘永平出席汇报会。

市长董岩带领残联、民政等部门负责人到离石区田家会社区残疾人康复服务中心看望慰问残疾儿童，并通过他们向全市广大残疾人送去党和政府的温暖和节日的祝福。副市长刘永平、市政府秘书长梁斌一同慰问。

13日至14日

政协吕梁市二届三十一次

常委会议召开。会议协商讨论市政府工作报告、法检两院报告和计划、财政报告，审议了市政协常委会工作报告和提案报告。会议通过了政协第二届吕梁市委员会常务委员会工作报告、政协第二届吕梁市委员会常务委员会关于二届六次会议以来提案工作情况的报告和报告人建议名单，市政协二届七次会议召开时间的决定，市政协二届七次会议议程、日程，通过了市政协二届七次会议逐日执行主席分组名单，市政协二届七次会议秘书长、副秘书长名单，市政协二届七次会议列席人员范围和名额，市政协二届七次会议提案截止时间的决定。

15 日

全市公安机关加强派出所和社区警务工作“1135 工程”推进会在汾阳召开。市长助理、公安局局长权志高出席会议。（“1135 工程”是山西省公安机关全面加强公安派出所和城乡社区警务建设的一项系统工程，目标是在 2015 年上半年之前，全省派出所充实 1000 名警力；省、市、县公安机关筹资 1 亿元加强派出所基础建设，改善派出所和社区民警装备；推动警力下沉、警务保障、机制建设“三到位”；制定和落实民警补助足额到位、经费充分保障、提高表彰奖励比例、优先提拔解决职级待遇和强化民警培训“五项制度”）

16 日

全市低热值煤电厂项目推进会召开。会议就加快落实省长李小鹏 4 月 18 日在吕梁调研时对低热值煤电厂项目推进事宜所作出的指示要求进行安排部署。市长董岩主持会议并讲话，副市长李润林、市政府秘书长梁斌出席会议。

14 日至 18 日

在历时 5 天的第十一届中国（深圳）国际文化产业博览交易会上，吕梁市有 8 个县（市、区）、5 个市直单位 60 余人参加博览会，展出 4 种 20 余件文化产品，推介 1 个旅游项目。市委常委、宣传部部长张敬平参会并进行项目推介活动。

18 日到 20 日

第九届中国中部投资贸易博览会在湖北武汉国际博览中心举行。市委常委、副市长郝月生，副市长李润林带领吕梁市代表团携 72 个项目亮相中博会，并签约 5 个，总投资 145 亿元，达成投资意向 8 个。

18 日至 21 日

政协第二届吕梁市委员会第七次会议召开。会议听取市政协主席朱锦平所作的《常委会工作报告》、刘本旺副主席所作的《提案工作报告》，列席市人大二届九次会议。会议表决通过政协第二届吕梁市委员会常务委员会工作报告的决议，通过政协第二届吕梁市委员会提案审查委员会关于市政协二届七次会议提案审查情况的报告，通过政协第二届吕梁市委员会第七次会议政治决议。会议闭幕时，市委书记高卫东作重要讲话。

19 日

省交通运输厅公安路政处副处长要前进一行 5 人，代表省交通运输厅公路执法专项整治工作督导检查组对吕梁公路执法工作进行督导检查。

21 日

吕梁市 5 月份固定资产投资暨重点工程调度会召开。各市直相关单位及各县市区分管领导、重点办主任参加会议，副市长李润林出席会议并分析部署下一阶段工作。

吕梁市召开城乡环境整治督查汇报会。副市长刘永平出席会议。

22 日

国家土地督察北京局督察组完成对吕梁市土地的例行督察工作，对督察出的问题进行梳理，并向吕梁市市本级和各县（市、区）有关负责人进行通报。此次督察共督察出 20 类 1479 例问题，接收群众来访来信 174 件。

省政府召开全省推进简政放权放管结合职能转变工作电视电话会。市长董岩，市委常委、常务副市长张广勇，副市长李润林、刘永平，市政府秘书长梁斌，以及市直有关部门负责人在吕梁分会场参加会议。

市政府召开第八十八次常务会议，研究部署全市固定资产投资和重点工程建设、环境保护综合整治、深化行政审批制度改革等工作。市长董岩主持会议。

吕梁市国税局区域税收专项整治暨打击发票违法犯罪活动动员会在交城召开。相关企业法定代表人、财务负责人，吕梁市国家税务局党组成员、副局长雷少敏，交城县国家税务局党组书记、局长卞建忠，市局稽查局局长裴书海、吕梁市公安局经侦支队侯林彬、市局及交城县国税局稽查局相关领导和工作人员参加会议。

24 日

中国科学院网络信息中心与国防科技大学吕梁军民融合协同创新研究院云计算中心合作协议签署仪式在京举行。中科院网络信息中心主任黄向阳研究员、副主任迟学斌研究员、科技处副处长程奇、超级计算中心副主任陆忠华研究员、国防科技大学吕梁市军民融合协同创新研究院党委书记陆崇相、副院长兼吕梁云计算中心主任谭林等出席了签署仪式。

25 日

市长董岩主持召开“三严三实”专题教育党课电视电话会议。

全市农村集体“三资”管理专项清理整治工作动员视频会议召开。市委副书记雷建国、副市长刘永平出席会议。

26 日

全市环境保护综合整治动员会召开。市长董岩出席并讲话。副市长李润林、刘永平，市政府秘书长梁斌参加会议。

市长董岩陪同省委副书记楼阳生在吕梁市孝义，就农村集体“三资”管理和乡村信访工作进行调研。市政府秘书长梁斌参加相关活动。

朱锦平为市政协机关党员干部讲授关于学习践行“三严三实”的专题教育党课，并就市政协机关开展“三严三实”专题教育作安排动员。市政协副主席刘本旺、梁来茂、王志强、闫孝敏、刘继隆，秘书长阎广聪参加动员会。

27 日

市长董岩在太原会见中交路桥建设有限公司董事长弓天云一行，双方就深化交通基础设施建设领域合作进行交流。市委常委、副市长郝月生，市政府秘书长梁斌参加会见。

28 日

市委书记高卫东主持召开市委常委（扩大）会议，传达楼阳生孝义调研讲话精神，研究吕梁市贯彻落实意见。市领导雷建国、张广勇、郝月生、刘云晨、常书铭、车瑞金、竟晖、张保福、张国彪、徐德、成锡锋、梁来茂、王志强、刘继隆等参加会议。

吕梁市中心支行组织召开2015年全市金融管理与服务工作电视电话会议。人行市、县两级行金融管理与服务工作领导组和办公室成员，以及市直银行业、证券业、保险业金融机构主要负责人和业务部门负责人共计120余人参加会议。

29 日

市长董岩带领住建、水利、交警等市直相关部门负责人，就吕梁大道建设和防汛工作进行调研。市委常委、常务副市长张广勇，市政府秘书长梁斌一同调研。

市长董岩在吕梁市分会场参加全省金融振兴推进电视电话会议。会议研究部署全省金融振兴工作，推进“六大发展”。董岩、张广勇、竟晖、成锡锋、刘永平，市长助理李月勤，市长助理、市公安局局长权志高，市长助理薛平，市政府秘书长梁斌参加。

28 日至 31 日

吕梁市组织10个县（市、区）参加第十八届中国（重庆）国际投资暨全球采购会，签约项目2个，总投资80亿元；达成投资意向4个，总投资93.8亿元；达成贸易协议2个，金额1.5亿元。市委常委、宣传部部长张敬平，副市长李润林带团参会。

本月

根据《山西省国家税务局关于开展2015年税收专项检查工作的通知》的有关要求，吕梁市国家税务局在全市范围内组织开展2015年税收专项检查工作。吕梁市国税局2015年税收专项检查工作启动。

6月

2日

国家卫计委流动人口计划生育服务管理司副司长贺丹，就流动人口动态监测工作在吕梁市调研。省卫计委副主任杨建勇，市委常委、副市长王海东参加汇报会。

3日

吕梁市第二轮领导干部与百名矿长谈心对话活动启动，市委常委、副市长郝月生与吕梁市19户煤炭主体企业的董事长、总经理进行谈心对话，听取他们对煤矿安全生产和煤炭企业发展的意见和建议。

市长董岩带领农委、扶贫、农业产业化办、城乡环境整治办等部门负责人在兴县就城乡环境整治、扶贫开发等工作进行调研，副市长刘永平、市政府秘书长梁斌陪同。

5日

市政府召开"三严三实"专题教育党课。市长董岩作重要讲话。市委常委、宣传部部长张敬平，市委常委、副市长王海东，副市长成锡锋、李润林、刘永平，市长助理李月勤，市政府党组成员刘凯、李真参加会议，市政府秘书长梁斌主持会议。

2日至5日

吕梁市参加省政府组织的2015跨国公司入晋暨产业合作（上海）推介会，签订1个项目框架协议，总投资300亿元；8个项目成功签约，总投资382亿元。市委常委、常务副市长张广勇带队参加此次活动，省投资促进局局长焦育峰出席吕梁市签约仪式。

8日

市长董岩召集市政府班子成员，就全市固定资产投资和重点工程项目建设工作进行专题研究部署。会议听取市发改委、市重点办、市统计局关于全市固定资产投资和重点工程项目推进情况汇报，分析面临的形势和任务，对全面完成年度目标任务进行研究部署。

市住建局组成督查考核小组，深入方山、岚县、兴县、临县四县进行城乡环境整治百日攻坚专项活动开展情况的督查考核。

9日

市长董岩陪同省委常委、宣传部部长胡苏平在方山县于成龙故居、石楼县红军东征纪念馆、交口县东征文化广场和红军东征总指挥部旧址，就传承弘扬好优秀历史廉政文化和红色文化进行调研。省文物局局长王建武，省委宣传部副巡视员李泽顺，市委常委、宣传部部长张敬平，市政府秘书长梁斌陪同调研。

市征兵宣传启动仪式暨青年学生纪念抗战胜利70周年签名活动在吕梁学院举行。市委常委、常务副市长张广勇，市委常委、军分区司令员车瑞金，军分区政委张选等参加了活动。

10日

市长董岩带领发改、经信、环保等部门负责人深入中阳县就项目建设、环境综合整治等进行调研。

11日

市二届人大九次会议代表建议交办会召开。会议表彰2014年度代表建议办理工作先进单位和先进个人，安排部署市二届人大九次会议代表建议办理工作。市长董岩、市人大常委会主任刘明勇、市人大常委会副主任张保福、市中级人民法院院长史红波、市人民检察院检察长宁建新、市人大常委会秘书长王峰、市政府秘书长梁斌出席会议。在市二届人大九次会议上，市人大代表共提出各方面的建议、批评和意见193件，其中市人大常委会办理的2件，市政府办理的188件，市中级人民法院办理的3件，市人民检察院办理的1件（与市教育局共同办理）。会上，市人大常委会分别向市政府、市中级人民法院、市人民检察院交办了有关代表建议。

11日至12日

省政协副主席朱先奇带领部分省政协委员到吕梁市，就健全依法决策机制，推进“六权治本”作专题调研。市长董岩，市政协主席朱锦平，市委常委、常务副市长张广勇，市委常委、孝义市委书记马文革，市政协副主席王侯党、刘继隆，市政协秘书长阎广聪先后陪同调研或参加座谈。

15日

市政府第八十九次常务会召开，研究全市固定资产投资、市政府党组“三严三实”专题教育实施方案、2015年政府工作报告任务分工等工作。市长董岩主持会议。

16日

市长董岩陪同省委书记王儒林深入吕梁孝义市的煤炭、焦化、铝业相关企业，了解生产经营情况，就科技及其他方面创新进行调研，听取意见建议。省委常委、秘书长王伟中，省委常务副秘书长姜新文以及经信、科技、证监、发改、教育、煤炭等省直部门负责人一同调研。市长助理、公安局局长权志高、市政府秘书长梁斌参加了调研。

17日

市长董岩带领发改、环保、国土等部门负责人在离石区晋能大土河2×350兆瓦低热值煤热电联产项目建设工地调研。市委常委、离石区委书记常书铭，副市长李润林，市政府秘书长梁斌一同调研。

由省国土厅总工程师李成先带队的省内煤炭公路销售体制和资源税改革落实情况专项抽查组听取吕梁市的工作汇报。市委常委、副市长郝月生代表市政府作汇报。

市政协二届七次会议提案交办会召开。会议向市委、市政府、市政协、市中级人民法院交办提案和意见309件，其中重点提案16件。

9日至17日

市政协“支持中小企业发展新兴产业”课题调研组深入交城、文水、孝义、临县、离石等地调研，市政协主席朱锦平参加在交城县的调研活动。副主席闫孝敏全程参加调研。

18日

由省政府办公厅副主任梁敬华带队的省政府办公厅调研组，就加强政府自身建设工作在吕梁市调研。市政府秘书长梁斌陪同调研。

省卫计委巡视员王祥瑞率队督查吕梁市深化医药卫生体制改革工作进展情况。市长助理李月勤向督查组作汇报。

18日

市长董岩和省统计局副局长卢永良带队的省政府上半年重点工作目标责任第五督查组，听取吕梁市工作汇报会并作汇报工作。市政府秘书长梁斌主持汇报会，市直有关部门负责人参加。

19日

市长董岩出席由省统计局副局长卢永良带队的省政府上半年重点工作目标责任第五督查组就吕梁市上半年重点工作目标责任制完成督查情况进行反馈的会议。市政府秘书长梁斌主持会议，市直有关部门负责人参加会议。

吕梁市召开6月份固定资产投资暨重点工程调度会。会议通报各县（市、区）重点项目考核排名情况，听取1至5月全市固定资产投资完成情况和重点工程进展情况汇报，分析研究部分项目进展缓慢的原因和解决问题的措施。副市长李润林主持会议并讲话。

市政府召开环保综合整治工作推进会，副市长李润林出席。

23日

市长董岩带领相关县和市直有关部门主要负责人，就全市铁路战略装车点建设情况进行调研，并主持召开现场推进会。副市长李润林、市政府秘书长梁斌一同调研，省能投公司总经理于喜东、副总经理赵敏琦参加会议。

市政府召开吕梁新区棚户区改造项目贷款协调会。市委常委、常务副市长张广勇出席会议并讲话。会上，市住建、国土等相关部门负责人，以及离石、方山主要领导汇报吕梁新区棚户区改造计划及工作进展。张广勇要求，涉及吕梁新区棚户区改造项目的离石区、方山县的主要领导要熟知政策、用好政策，做到亲自过问亲自抓，加强协调，督促进展，各有关部门要建立联动机制，完善沟通协调机制，形成合力，加快推进吕梁市棚户区改造工作，切实改善群众居住条件，让群众得实惠。

市委以视频会议的形式召开全市乡村“六权治本”试点工作推进会议。市委副书记雷建国出席会议。

24 日

全市农村土地承包经营权确权登记颁证工作推进会召开。市委副书记雷建国出席会议，副市长刘永平主持会议。市农村土地承包经营权登记颁证工作领导组成员单位的主要负责人、各县（市、区）长参加会议。会议就全省农村土地承包经营权确权登记颁证工作推进会议精神进行传达，通报吕梁市土地承包经营权确权登记颁证工作的进展情况、“十三五”农业发展规划等，并对下一阶段工作进行安排部署。会议还对启动全市农村产权交易平台建设进行全面的动员部署。

18 日至 24 日

由市委宣传部、吕梁军分区、市文学艺术界联合会共同举办的“吕梁记忆”——纪念抗日战争胜利 70 周年暨“崇德尚廉”书画剪纸作品展在市体育馆开展。共展出书法、美术、剪纸三大类 332 件作品。

24 日

市长董岩会见民生银行太原分行行长白锐平一行，双方就深化金融领域合作进行交流座谈。市委常委、副市长竞晖，市政府秘书长梁斌参加会见。

由省人大常委会副主任张茂才一行组成的省人大常委会调研组到吕梁市就妇女儿童发展“十二五”规划实施情况进行调研。市人大常委会主任刘明勇主持汇报会。市政府妇儿工委主任、副市长成锡锋做了吕梁市实施妇女儿童发展“十二五”规划的情况汇报。

25 日

省道三大线（S248）任家山隧道、蒿地沟隧道、杨家沟隧道、下眉芝隧道、王家坡隧道、红崖山隧道、官庄垣隧道、董家沟隧道、曹家鱼隧道，省道岢大线（S218）利民隧道，省道祁方线（S320）燕子沟隧道、猴儿山隧道，省道孝辛线（S321）老子王山隧道，省道太克线（S104）窑坪焉隧道共 14 座的安全隐患专项治理工程可行性研究报告获省公路局批复。

26 日

吕梁市卫生和计划生育委员会挂牌成立。

晋能离石大土河 2×35 万千瓦低热值煤热电联产项目第一罐混凝土浇筑仪式在离石区信义工业园区举行。市长董岩出席仪式并宣布第一罐混凝土开始浇筑，省重大项目稽查特派员办公室主任王成明，晋能电力集团董事长冯培一，市委常委、离石区委书记常书铭，副市长李润林，市政府秘书长梁斌出席浇筑仪式。

27 日

农业银行临柜智能系统上线，实现营业网点客户签单电子化、凭证电子化、会计主管审批电子化、会计档案电子化，提高了业务办理效率，缓解了柜面压力，改善了客户体验。

29 日

吕梁市国家税局制订《吕梁市国家税务局大企业涉税诉求响应工作流程》，进一步优化大企业税收服务，帮助大企业处理重大涉税事项，建立快速、高效的大企业涉税诉求响应工作机制。

30 日

市政府第九十次常务会议召开，专题研究市政府 14 个部门权力清单、责任清单和职权运行流程图及职权运行风险防控图。市长董岩主持会议。

市委常委、常务副市长张广勇主持召开吕梁市第二污水处理厂选址变更协调推进会议，市城管中心、市住建局、市发改委、市财政局、市水利局、市国土局和第二污水处理厂址所在地柳林县政府及其相关职能部门、李家湾乡政府负责人参加会议。

7 月

1 日

市政协党组中心组召开第八次学习会议，学习中共中央办公厅印发的《关于加强人民政协协商民主建设的实施意见》。市政协主席朱锦平主持学习。副主席刘本旺、梁来茂、李俊平、王志强、闫孝敏参加学习。

吕梁市中心支行组织召开“三严三实”“两风两纪”中心组专题学习扩大会，中支党委中心组全体成员、机关副科级以上干部和各县支行行长参加会议。

2 日

吕梁市云计算运营公司与百户电子商务企业合作意向签约仪式在吕梁国际大酒店举行。市委书记高卫东，省商务厅副厅长李志胜，市领导雷建国、刘明勇、朱锦平、刘云晨、刘永平等出席签约仪式。签约仪式由市电子商务及电子扶贫领导组、市军民融合协同创新研究院、市商务局、离石区政府共同主办，参加签约仪式的有乐村淘、阿里巴巴、苏宁云商等电商“大佬”及王小帮等电商名人，吕梁市各县(市、区)的重点电商、微商企业及跨境电商企业达 130 多户。

3 日

吕梁市召开全市选派机关优秀干部到村任第一书记工作会议，市委副书记雷建国作讲话。组织部常务副部长樊立华、部务委员张建国参加会议。

1 至 3 日

省公路局在石楼县主持召开“山西省集中连片特困地区新国道孝辛线石口至石楼段升级改造工程”初测外业验收及初步设计预审会，吕梁公路分局、石楼县和交口县政府及省内专家参加会议。

3 日

市长董岩会见中城建第三工程局集团总裁李岩、党委副书记赵东明等来宾，就中城建第三工程局集团与吕梁市合作的中阳县东山过境公路建设等事宜作深入交流。市委常委、宣传部部长张敬平，副市长李润林，市政府秘书长梁斌，市直相关部门及中阳县主要领导座谈时在座。

4 日至 5 日

吕梁市第二次律师代表大会召开，来自全市 36 个律师事务所的 88 名代表参加会议。省司法厅巡视员李满胜、省律协秘书长韩光出席会议并讲话。

8 日

吕梁市召开市区防汛指挥部成员单位防汛工作会。会议安排部署 2015 年吕梁市市区防汛工作。市委常委、常务副市长张广勇代表市政府与相关成员单位签订防汛责任书，并对市区防汛工作的严峻形势和重要性做分析并提出要求。

9 日

市政府与太原铁路局就开通太原至吕梁城际直达旅客列车事宜进行协商会谈，市长董岩、太原铁路局副局长刘枫、大秦铁路股份有限公司总经理关柏林、副市长李润林、市政府秘书长梁斌参加。

市人大常委会召集市卫生、食药、发改、畜牧、水利等有关部门，召开全市食品安全监管工作情况汇报会，了解吕梁市食品安全监管工作体系建设情况和可能存在或发生的问题，推动下一步食品安全监管工作。市人大常委会副主任张翠兰参加会议。

15日

交通部、省公路局养路处一行4人，对吕梁公路分局“十二五”建设期间涉及中央车购税投资的危桥加固改造工程项目进行专项抽查。

16日

吕梁市召开低热值煤电厂项目推进会，副市长李润林出席会议，相关职能部门及企业负责人参加会议。会上，各项目承载企业就近期项目进展情况、相关手续完成情况进行汇报。

17日

吕梁市召开“十三五”规划编制工作推进会，贯彻落实国家、省“十三五”规划编制工作有关精神，安排部署吕梁市“十三五”综合规划及专项规划编制工作。副市长李润林出席会议。

20日

市政府召开第三季度安委会（扩大）会议，贯彻落实省安委会第三次全体（扩大）会议精神，总结上半年全市安全生产工作，分析当前形势，安排部署下半年工作。市委常委、常务副市长张广勇出席并讲话，市委常委、副市长郝月生主持会议。

21日

市政府召开全市农业农村工作会议，副市长刘永平出席会议，市农委、农经、“8+2”农业产业办及扶贫、水利等部门主要负责人及各县（市、区）分管农业工作的副县（市、区）长和扶贫办主任参加会议。会议就吕梁市组织参加7月26日至10月25日在太原举办的全省贫困地区特色农产品农餐对接展销会、抗旱防汛、三资清理、土地确权等工作进行安排部署。

23日

市委常委、常务副市长张广勇和中国铁路总公司运输局局长程先东、山西晋绥文化发展基金会秘书长段晓飞，拜访看望贺龙元帅之女贺晓明女士，并就吕梁市铁路等重大项目建设，特别是开通太原至吕梁城际列车、阳双铁路建设等进行交谈。副市长李润林、市政府秘书长梁斌一同拜会。

吕梁市妇联与文联、文明办联合主办，离石区妇联、文联、文明办共同承办的“吕梁市号召广大家庭悬挂家规家训活动”在离石区交口街道办交口村委会举行启动仪式。

24日

由市委组织部、市下乡办联合举办的市直单位选派优秀干部到村任第一书记培训班在市委党校举行开班仪式，来自市直各单位的178位即将到村任第一书记的优秀干部参加培训。

23日至24日

市政协二届三十三次常委会议召开。市政协主席朱锦平，市政协副主席王侯党、刘本旺、梁来茂、李俊平、王志强、闫孝敏、刘继隆，秘书长阎广聪出席会议。市委常委、副市长郝月生，一届市政协主席薛万明，驻市十一届省政协委员列席会议。会议通过《市政协关于“支持中小企业发展新兴产业”的建议》。

24日至25日

北京军区原副司令员黄汉标中将、原副政委杨建亭中将、政治部原副主任谢建华少将、河北省军区原政委李光聚少将等北京军区第十二届全国人大代表在省军区原司令员刘云海、省军区副政委喻军少将等陪同下到吕梁市考察调研。市委副书记雷建国、市人大常委会主任刘明勇、吕梁军分区司令员赵步道、政委张选等陪同调研。雷建国主持召开调研汇报座谈会，并向调研团介绍吕梁的基本情况。吕梁军分区、市政府、市发改委、教育局、科技局、交通局、人防办等部门分别就各自在推动军民融合发展方面所做的工作及存在的问题和解决的措施及建议作汇报。

26日

全省贫困地区特色农产品农餐对接展销会在太原三晋国际饭店举办，吕梁市117个企业822个特色农产品与山西省200余家大型餐饮企业进行对接洽谈。

27 日

市政府召开地质灾害防治、保障性安居工程建设、住房公积金归集、城乡环境整治百日攻坚、扶贫开发等重点工作电视电话会议，总结上半年工作，分析存在问题，安排部署当前和今后一段时期工作。市委常委、常务副市长张广勇出席会议并作讲话，市政府秘书长梁斌主持会议。

28 日

吕梁市晋能孝义煤电有限公司 2×35 万千瓦低热值煤发电项目获得核准批复。该项目静态投资 32.70 亿元，厂区选址位于孝义市经济开发区。项目建成后，年发电量约 36 亿千瓦时，年可实现销售收入 10 亿元，年可实现利税 1.5 亿元。将为孝义市城区进行集中供热，总供热面积 1200 万平方米，总热负荷 720 兆瓦，可以替代现有小锅炉、小火电机组，改善孝义市的环境质量。

29 日

市政府就吕梁新区中心医院建设规模及投资内容进行研讨。市委常委、副市长王海东出席会议，有关职能部门负责人参加会议。

30 日

市政府第九十一次常务会召开，就固定资产投资和重点工程建设、全市环境保护综合整治等工作进行安排部署。市委常委、常务副市长张广勇主持会议。

31 日

吕梁市集中开展严厉打击毒品违法犯罪大会战动员部署会以视频会议召开，在主会场参会的有市公安、司法、检察、法院、政法、宣传、教育、交通等市禁毒委各成员单位及相关职能部门。各县（市、区）相关单位在分会场参加会议。市委常委、常务副市长张广勇，市长助理、市公安局局长权志高，市政府秘书长梁斌在主会场出席会议，会议由梁斌主持，张广勇作讲话。

本月

市委党史研究室会同兴县县委在晋绥革命纪念馆举办《习仲勋在吕梁》图片展，展出 20 多幅珍贵的历史图片，全面反映了习仲勋在吕梁的活动行程。

8 月

1 日

太原南至吕梁的直达城际列车正式开通。

3 日

市政府第九十二次常务会议召开，就 2015 年推进简政放权放管结合转变政府职能工作方案、城镇居民基本医疗保险实施办法等工作进行研究。市委常委、常务副市长张广勇主持会议。

6 日

山西省政府召开电视电话会议对抗战胜利 70 周年纪念活动消防安保工作进行动员部署。市委常委、常务副市长张广勇，市长助理、公安局局长权志高，市政府秘书长梁斌以及有关部门负责人在吕梁分会场收听收看，并就吕梁市消防安保工作进行安排部署。

电影《大清廉吏于成龙》在离石举行开机仪式。著名导演曾剑锋携手光涛等一行主创集体亮相。《大清廉吏于成龙》影片由吕梁市离石区委宣传部与吕梁陈阳文化传媒有限公司联合出品，投资上千万元制作。此次拍摄得到联合出品单位吕梁陈阳影视文化传媒有限公司，闻影天下（深圳）文化传媒有限公司，联合摄制单位吕梁市离石区委宣传部、吕梁市文化局、吕梁市离石区交口村民委员会、吕梁市离石区文物旅游开发中心、吕梁市离石区文化局、吕梁市离石区安国寺文物管理所等单位和企业的大力支持。

7 日

市政府召开全体会议，研究分析上半年经济形势，安排部署下半年工作。市委常委、常务副市长张广勇主持会议并讲话。

6 日至 7 日

北京军区副司令员曹清对

吕梁年度征兵工作及后备力量建设有关情况进行检查调研。先后视察文水县刘胡兰民兵班建设情况，听取军分区党委工作汇报，检查柳林县人武部征兵工作和贺昌民兵应急分队建设情况。

10日

市政府召集市发改、科技等市直相关部门负责人和离石、文水、孝义等部分县（市、区）政府分管领导以及部分企业负责人，就吕梁进一步落实全省科技创新大会精神召开座谈会，副市长成锡锋出席会议并讲话。

11日

市委常委会召开会议，研究讨论《关于38个市政府非试点单位的权力清单、责任清单及职权运行流程图和风险防控图》、乡村“六权治本”工作情况有关事宜、贯彻落实全省金融振兴推进大会精神有关事宜，学习传达《王儒林同志在省委常委会上谈到太原市“城中村”改造时的讲话》，传达全省“三严三实”专题教育工作推进会精神和全省第一书记到村任职动员会精神，研究吕梁市贯彻落实意见。会议由市委书记高卫东主持。

市检察院召开新闻发布会，向社会公布2015年全市查办职务犯罪案件情况及开展查办发生在农民群众身边职务犯罪专项工作情况。山西日报吕梁分社、山西电视台吕梁记者站、山西法制报吕梁记者站、《检察周刊》、吕梁新闻办、《吕梁日报》、吕梁电视台等媒体参加了新闻发布会。

12日

吕梁市召开全市“聚焦民生、服务群众”主题实践活动、城乡环境整治百日攻坚专项活动总结暨全市下半年经济社会发展工作安排部署大会。市委书记高卫东主持会议并讲话，市委副书记雷建国就全市“聚焦民生、服务群众”主题实践活动暨城乡环境整治百日攻坚专项活动作总结讲话，市委常委、常务副市长张广勇就下半年经济社会发展工作进行安排部署，副市长刘永平就全市“聚焦民生、服务群众”主题实践活动、城乡环境整治百日攻坚专项活动考核验收情况进行通报。刘明勇、朱锦平、郝月生、马文革、刘云晨、张敬平、常书铭、张稳科、竟晖等四套班子领导出席会议。

13日

市委常委、常务副市长张广勇带领农业、国土、水利等部门负责人，深入临县、兴县就防汛抗旱、地质灾害防治和传承保护红色文化等工作进行调研。市政府秘书长梁斌一同调研。

15日

吕梁市组织收听收看全国安全生产电视电话会议。市委常委、常务副市长张广勇，市长助理杨巨才，市政府秘书长梁斌以及市安委会成员单位负责人和部分市属企业负责人在吕梁分会场参加会议。

16日至17日

以驻意大利大使李瑞宇为团长的中国外交部驻外使节团一行60人到吕梁市调研，省外侨办副主任鞠振等一行6人陪同到访。

17日

市委常委、常务副市长张广勇会见中铁十二局集团副总经理支卫清一行，双方就加强项目建设、深化合作进行交流。市政府秘书长梁斌参加会见。

18日

吕梁市召开落实社会治安综合治理领导责任制推进会。市委常委、政法委书记、市委秘书长刘云晨出席会议，市综治委成员单位负责人参加会议。

19日

市委常委、常务副市长张广勇带领市经信、安监、消防、商务、交警等部门负责人和相关专家，以不发通知、不打招呼、不听汇报、不用陪同、直奔基层、直插现场“四不两直”的方式，先后深入文水县、孝义市危险化学品生产经营单位突击检查企业安全生产情况。市长助理杨巨才、市政府秘书长梁斌一同检查。

市政协召开2015年扶贫助学金发放会议，市政协副主席王志强出席会议。2015年全市共支助贫困大学生131名，支助资金311560元。

17至19日

山西省军区政治委员郭志刚先后对兴县、岚县、方山县人武部进行检查调研。

20日

市委常委、常务副市长张广勇主持召开市政府第九十四次常务会，研究部署固定资产投资和重点工程建设等工作。

21日

全市继续开展安全生产大检查、深化“打非治违”专项整治工作推进会召开。市委常委、副市长郝月生，市长助理杨巨才出席。

22日

晋能孝义2×35万千瓦低热值煤热电联产项目举行第一罐混凝土浇筑仪式。市委常委、常务副市长张广勇，市委常委、孝义市委书记马文革，副市长李润林，市政府秘书长梁斌，晋能电力集团有限公司董事长冯培一及相关部门负责人参加浇筑仪式。

23日

市委常委、副市长郝月生一行带领市安监、消防等部门负责人和相关专家，以不发通知、不打招呼、不听汇报、不用陪同、直奔基层、直插现场“四不两直”的方式，先后深入交城县、汾阳市危险化学品生产经营单位突击检查企业安全生产情况。

24日

市委常委会召开会议，传达学习中共中央政治局常委会议、国务院常务会议精神和省委办公厅、省政府办公厅《关于认真贯彻落实中共中央政治局常委会议和国务院常务会议精神进一步做好我省安全生产工作的通知》，通报吕梁市当前安全生产工作情况，研究进一步做好全市安全生产工作的意见。会议由市委书记高卫东主持。

市政府召开全市安全生产工作例会，传达学习习近平总书记、李克强总理和省委书记王儒林、省长李小鹏关于安全生产工作的一系列指示批示精神，按照党中央、国务院及省委、省政府的要求，安排部署下一阶段安全生产工作。市委常委、常务副市长张广勇主持会议并讲话。

市委常委、常务副市长张广勇，市委常委、离石区委书记常书铭，市长助理杨巨才，市政府秘书长梁斌一行带着安监、煤炭等部门负责人深入离石区、柳林县就煤矿安全生产进行调研。

25日

省住建厅副巡视员张海带领省督查组来吕梁市督查指导改善城市人居环境工作，听取吕梁市的工作汇报，市住建局、发改委、财政局、经信委、水利局、公安局、交通局等吕梁市改善城市人居环境工作领导小组全体成员单位出席汇报会。

省委常委、副省长付建华在兴县华电集团锦兴能源公司、冀中能源金地煤业公司调研安全生产和工业经济发展工作。省政府副秘书长白秀平、省煤监局局长卜昌森、省煤炭厅副厅长杨茂林，市委常委、常务副市长张广勇，市委常委、副市长郝月生，市政府秘书长梁斌陪同调研。

市委常委、常务副市长张广勇听取《吕梁新区控制性详细规划》情况汇报，上海同济城市规划设计研究院，市新区规委会相关负责人参加汇报会。

吕梁市中心支行召开2015年全市人民银行年中工作电视电话会议，传达贯彻天津分行、太原中心支行年中工作会议精神，总结全市人民银行上半年主要工作，研究部署下半年工作任务。吕梁市中心支行行领导、副科级以上干部在主会场参加会议，各县（市）支行行领导、相关股室负责人在分会场参加会议。

26日

市政府第九十五次常务会召开，研究加快发展现代保险服务业、贯彻落实《社会救助暂行办法》、调整提高城乡低保标准和农村五保供养补助标准、当前抗旱等工作。市委常委、常务副市长张广勇主持会议。

山西省人民银行系统会计财务调研汇报会在吕梁中支举行。来自太原、运城、大同、晋城、吕梁等中支会计财务部门的13名调研骨干就各自调研课题进行交流，金融研究资深专家对各行汇报课题逐一进行点评，就下一步如何提高调研质量提出合理化的建议和意见。

27日

市委常委、常务副市长张广勇主持召开吕梁新区医疗卫生园区设计方案调整及护理学院选址工作会。市委常委、副市长王海东，市政府秘书长梁斌出席会议。

吕梁市中心支行召开2015年全市人民币管理暨反假货币工作电视电话会议。中心支行分管行领导、银行业金融机构现金运营管理部负责人及分管行领导、中支机关相关科室负责人、货币金银科全体人员在主会场参加会议，各县（市）支行分管副行长、货币金银部门人员在分会场参加会议。

29日

在中国人民抗日战争暨世界反法西斯战争胜利70周年纪念日来临之际，30名八路军120师后代、29名晋绥儿女代表在兴县参加了二十里铺战斗纪念碑揭碑仪式。

30日

吕梁市在兴县晋绥烈士陵园举行安葬1940年在兴县孙家庄战斗中壮烈牺牲的八路军120师三支队20位散葬烈士。山西省军区政委郭志刚，市委书记高卫东，省民政厅党组成员、老龄委专职副主任吴建强，市委常委、宣传部部长张敬平，吕梁军分区司令员赵步道、政委张选等出席活动。原120师师长贺龙之女贺晓明、中共原晋绥分局书记林枫之子林炎志等64位晋绥儿女，以及老八路、军烈属代表，兴县干部群众、学生代表、吕梁军分区官兵总计1000余人共同见证这一庄严时刻。

本月

吕梁市邮政分公司首个智能包裹柜在久安路网点安装正式投入使用。

由台湾中天电视台、联合报、旺报三家台湾媒体联合组成的“山西魅力市县”拍摄组，深入吕梁市文水县、岚县、兴县进行拍摄采访。

9月

1日

全省民营经济发展推进大会在太原召开。会议以电视电话会议形式举行。市领导高卫东、雷建国、刘明勇、朱锦平、张广勇、张敬平、张稳科、竟晖、徐德、郭颖、成锡锋、李润林、刘本旺、梁来茂、王志强，以及市长助理李月勤，市长助理、市公安局局长权志高，吕梁教育学院院长白荣欣，市长助理薛平等在吕梁市分会场参加会议。

市政协邀请市委宣传部、吕梁军分区、市委讲师团、市党史办、市委政研室、吕梁日报社、吕梁电视台等单位召开“晋绥丰碑”座谈会，围绕正式付梓出版的《晋绥风云》一书，回顾晋绥人民在抗日战争中做出的杰出贡献，缅怀在抗日战争中牺牲的优秀吕梁儿女。市政协主席朱锦平，市政协副主席梁来茂、王志强，秘书长阎广聪参加座谈。

2日

市区举行出租车更新投入运营启动仪式，通过升级后的新一代出租车投入市区运输市场。

1日至2日

吕梁市作为协办方参加第十届中国榆林国际煤炭暨能化装备技术博览会（陕甘宁蒙晋经济合作洽谈会）。市委常委、副市长郝月生，市长助理杨巨才带队参加本次活动。第十届中国榆林国际煤炭暨能化装备技术博览会展场共设五大展区，主要分为大型企业形象展区、大型设备展区、新能源展区、县区和工业区展区、综合展区。设室内展位300个，室外展区3.3万平方米。邀请到国内嘉宾客商2000多人，国外嘉宾客商20多人。在此次煤博会上，吕梁市按照国家产业、环保、土地政策要求和绿色、低碳、循环发展理念精心筛选了吕梁高性能云计算中心建设项目、无人机产业基地建设项目、江川国威新材料制造基地项目、华夏申沃新能源客车生产基地项目等10个重点项目，总投资217.2亿元。在展会上，吕梁市设立面积105平方米的展区，全方位展示吕梁市近年来的发展状况和特色产业。

3日

吕梁市以多种形式纪念抗日战争暨世界反法西斯战争胜利70周年。铭记历史缅怀先烈珍爱和平开创未来。

7日

副省长郭迎光带领省国资、经信、商务、质监、工商、食药监等部门负责人深入重点帮扶企业汾酒集团进行调研。市委常委、常务副市长张广勇，市政府秘书长梁斌陪同调研。

8日

市委常委、常务副市长张广勇主持召开第四次吕梁新区例会，听取新区安置及重点工程督查情况汇报，专题研究吕梁新区房屋征收评估基准时间确定等问题。

市政府召集离柳焦煤集团公司主要负责人和市煤炭、安监、煤监部门负责人召开专题会议，通报关于离柳集团公司朱家店煤矿8月份发生的两次瓦斯超限，剖析问题，专题安排部署该公司安全生产工作。市长助理杨巨才出席会议。

由省公安厅交管局副局长郭丙福带队的省道路交通安全工作联合督导组到吕梁市进行督导。市政府秘书长梁斌参加汇报会。

10日

吕梁市委、吕梁军分区在吕梁火车站举行新兵入伍欢送大会。

12日至14日

文水武术代表队赴四川省峨眉市参加2015年第12届全国武术之乡武术套路比赛。经过三天激烈紧张的角逐，文水县武术代表队获得4枚金牌，4枚银牌，12枚铜牌，武术名家王保平荣获武德风尚教练员称号及证书。

15日

吕梁市召开全市干部大会，传达中央文件精神，安排部署换届工作。市委常委、常务副市长张广勇主持会议。市委常委、纪委书记张稳科传达《中共中央办公厅关于湖南衡阳破坏选举案的情况通报》和《中共中央关于湖南衡阳破坏选举案处理情况及其教训警示的通报》两个文件，市委常委、常务副市长张广勇传达《中共中央关于四川南充拉票贿选案查处情况及其教训警示的通报》。市委书记高卫东作重要讲话。

16至18日

吕梁军分区围绕肃清郭伯雄、徐才厚流毒影响，国防教育工作进展及安全管理情况，组织对柳林县、石楼县、交口县、孝义市、岚县和方山县人武部进行抽查检查。

17日

市政府党组召开“严以律己”专题学习研讨会。市政府党组副书记张广勇主持会议，市政府党组成员郝月生、竟晖、李月勤、薛平、梁斌、刘凯、李真参加会议。

18日

吕梁市召开9月份固定资产投资暨重点工程调度会。各县（市、区）有关负责人和市直有关部门负责人参加会议，副市长李润林出席会议。

山西国金电力公司2×350兆瓦发电工程1号机组顺利通过168小时试运行，并同步实现燃煤电厂污染物超低排放，标志着世界首台350兆瓦超临界CFB低热值煤发电机组正式投入商业运营。成立于2009年的山西国金电力有限公司位于山西文水经济开发区，是晋能电力集团有限公司与山西金地煤焦有限公司强强联合组建的资源综合利用型企业，该公司规划建设总投资48.6亿元2×350兆瓦低热值煤发电工程和2×200万吨/年固废综合利用工程。

20日

由吕梁军民融合协同创新研究院立项支持，国防科技大学自主设计与研制的“吕梁一号”微纳卫星，在中国太原卫星发射中心搭乘“长征六号”运载火箭发射升空，进入预定轨道。市人大常委会主任刘明勇，市政协主席朱锦平，市委常委、常务副市长张广勇，市政府秘书长梁斌等现场观看了卫星发射。

21日

以“扩消费、稳增长、惠民生、促发展”为主题的2015年首届“山西购物季”吕梁市促销活动启动仪式在吕梁市13个县（市、区）同时举行。

市委常委、常务副市长张广勇深入吕梁新区建设工地，就项目开工建设情况进行调研。市委常委、离石区委书记常书铭参加调研。

民航华北局在吕梁市举办华北地区事故调查演练暨安全监察员飞行事故调查技能大赛，共30名参赛队员参加比赛，野外比赛将在方山县南阳沟进行。市政府秘书长梁斌出席演练暨大赛启动会。

22日至23日

省长李小鹏在市委书记高卫东等的陪同下，深入吕梁市汾阳、孝义、交口、中阳、离石等县（市、区），调研经济社会发展情况，现场协调解决问题。省政府秘书长廉毅敏、省经信委主任张华龙、省财政厅厅长武涛、省环保厅厅长郭长青、省金融办主任郭保民，市领导张广勇、郝月生、马文革、常书铭、成锡锋、李润林、刘永平、竟晖，市长助理李月勤、杨巨才，市政府秘书长梁斌等陪同调研或参加座谈会。

23日

“吕梁石油（sxllsy01）”和“中国石化吕梁石油（sxllsy02）”微信公众号正式运营，主要发布内容有行业动态、公司资讯、知识园地、他山之石、文艺天地等。

23日

由市歌舞剧院有限公司排演的大型原创多幕话剧《烽火吕梁山》在吕梁影剧院首演。市委常委、宣传部部长张敬平，市人大常委会副主任张保福，吕梁军分区司令员赵步道与各界群众一同观看演出。

22日至24日

市政协主席朱锦平、副主席刘继隆带领市政协调研组，就加快发展养老服务业工作先后深入方山、孝义、中阳县进行调研。

24日

市政府第九十六次常务会召开，专题研究部署固定资产投资和重点工程建设工作。市委常委、常务副市长张广勇主持会议。

25日

市政府召开讨论会，市政府领导班子和市直有关单位负责人就初步编制完成的《吕梁市旅游发展总体规划》讨论稿展开讨论。市委常委、常务副市长张广勇，市委常委、副市长郝月生，副市长成锡锋、李润林、刘永平，市长助理李月勤、杨巨才，市政府秘书长梁斌参加会议。

23日至25日

由省政府妇女儿童工作委员会办公室常务副主任李富莲带队的调研组一行3人在吕梁市就“儿童幸福家园”“母婴健康关爱”和“母亲健康快车”项目执行情况进行调研督导，市政府妇儿工委办公室主任刘改花陪同调研。

28日

市政府第九十七次常务会召开，就推动科技创新全面创新和加快发展生产性服务业等工作进行研究。市委常委、常务副市长张广勇主持会议。

市政府以召开视频会议的方式安排部署吕梁市国庆节期间消防安全保卫工作。

30日

吕梁市隆重举行公祭烈士活动。市四大班子领导高卫东、雷建国、刘明勇、朱锦平、张广勇、刘云晨、张敬平、常书铭、张稳科、王海东、张选、张保福、张国彪、李润林、刘永平、王侯党、刘本旺、梁来茂，吕梁军分区司令员赵步道，市中级人民法院院长史红波，市长助理李月勤，市长助理、市公安局局长权志高，吕梁教育学院院长白荣欣，市政府秘书长梁斌，离石区四大班子领导、驻离石城区各部队首长、市区两级相关部门和人民团体主要负责人，驻吕梁部队和武警官兵、公安干警、各民主党派及无党派人士代表、复员退役老战士及烈属代表、学生代表参加了活动。

10月

9日

市委常委、常务副市长张广勇深入吕梁新区，就安置房、安置区学校建设以及医疗卫生园区拆迁工作进行实地调研。市委常委、离石区委书记常书铭，市政府秘书长梁斌一同调研。

10日

国务院召开全国棚户区改造工作视频会议。吕梁市集中收看，市委常委、常务副市长张广勇，市政府秘书长梁斌在吕梁市分会场参加会议。

12日

市政府第九十八次常务会召开，研究整合市级投融资平台，分类处置环境保护违法违规建设项目等工作。市委常委、常务副市长张广勇主持会议。

吕梁市国家税务局根据《山西省国家税务局关于进一步完善稽查管理体制的实施意见（1.0版）》进行“市级一级稽查”和“全市稽查一体化”的稽查体制改革。成立吕梁市国家税务局第一稽查局。撤销吕梁市离石区国家税务局稽查局和中阳县国家税务局稽查局。兴县国家税务局稽查局、岚县国家税务局稽查局、交口县国家税务局稽查局、石楼县国家税务局稽查局、方山县国家税务局稽查局保留建制，职能转化为纳税评估。交城县国家税务局稽查局、文水县国家税务局稽查局、汾阳市国家税务局稽查局、孝义市国家税务局稽查局、柳林县国家税务局稽查局、临县国家税务局稽查局进行职能调整。

13日

由省委宣传部、省文化厅、市委宣传部、市文化局、临县县委、县政府共同策划的舞剧《吕梁英雄传》在山西大剧院召开新闻发布会。该剧将于10月15日在山西大剧院首演，并将于10月31日、11月1日在北京中国剧院汇报演出。省文化厅副厅长赵银邦，市委常委、宣传部部长张敬平参加发布会。

市政府召开市本级财政支出进度推进会。市委常委、常务副市长张广勇要求，要进一步加快财政资金支出进度，不断提高资金使用效益，发挥好财政资金在“稳增长、促改革、调结构、惠民生、防风险”的作用。市长助理、公安局局长权志高参加会议。

吕梁市召开全面清理整改环境保护违法违规建设项目专项工作电视电话会，副市长李润林出席会议并讲话。各县（市、区）有关负责人在各分会场参加会议。

市委常委、常务副市长张广勇就吕梁新区医疗卫生园区设计方案调整进行实地调研。

12日至13日

由黑龙江省食药监局副局长张守文带队的国务院食安办、国家药监总局督查组在吕梁市就贯彻落实国务院食品药品安全重大决策部署情况进行实地督查。省食药监局局长赵光国，副局长刘建国，副市长成锡锋陪同督查。

13日至15日

由省财政厅厅长武涛任组长的省政府民生领域政策措施落实情况专项督查组，就国家“十二五”规划涉及民生领域的重要指标完成、国务院民生领域重大政策措施落实、省政府重要工作进展等方面工作情况在吕梁市督查。督查组深入汾阳市、柳林县、离石区和市教体局、市民政局、市住建局进行实地督查，并召开了情况汇报会，督查结束后进行了集中反馈。市委常委、常务副市长张广勇，市长助理李月勤，市政府秘书长梁斌参加汇报会或反馈会。

15 日

市政府与国开行山西分行在太原举行工作会商，研究利用国开行贷款，推进吕梁市保障性住房、吕梁新区建设及棚户区改造等事宜。市委常委、常务副市长张广勇，国开行山西分行行长王雪峰、副行长孙星侠，市政府秘书长梁斌等参加会商。

15 日至 16 日

由市委宣传部、市文化局、临县县委、临县人民政府组织，吕梁市民间艺术团编排打造的舞剧《吕梁英雄传》，以首演形式在山西大剧院参加了山西省“历史的足迹红色的记忆——纪念抗战胜利70周年优秀舞台剧展演”活动。省委宣传部常务副部长李高山、副部长刘英魁，市领导刘明勇、朱锦平、张广勇、张敬平一同观看演出。

20 日

市政府第九十九次常务会召开，研究 2015 年市本级预算调整方案，部署省政府民生领域政策措施落实情况督查组反馈问题整改工作。市委常委、常务副市长张广勇主持会议。

19 日至 20 日

省人大常委会《山西省建设工程抗震设防条例》执法调研组来吕梁调研。省人大常委会教科文卫工委主任李洪，副主任姚芝楼、宋新柱，省地震局副局长郭星全等参加调研。市人大常委会主任刘明勇，副主任张翠兰，市长助理李月勤陪同调研。调研组深入到吕梁新区和交城县实地调研。在吕梁新区建设现场，调研组了解了新区地震安全性评价、新区规划等情况，观摩新区安置房抗震设防建设工程、农村民居危旧房改造和吕梁大道建设工程。在交城县，调研组实地调研活断层探测点、新农村抗震设防工程、抗震加固改造工程。

22 日

市政府与联通山西省分公司举行《“互联网 +”战略合作协议》签约仪式。副市长李润林、联通山西分公司副总经理刘存虎参加签约仪式。市政府秘书长梁斌主持签约仪式。

23 日

第四届省农博会农业项目招商引资暨贸易签约仪式在太原市煤炭交易中心举行。吕梁市签约 2 个农业项目。副市长刘永平参加签约仪式。吕梁市签约的农业项目为方山聚隆农产品有限责任公司与哈尔滨龙成新能源科技有限公司签订的马铃薯基地 20 兆瓦太阳能光伏发电项目，引资金额 3.2 亿元；山西大象农牧集团有限公司与河南双汇集团有限公司签订的鸡肉分割制品贸易项目，贸易额 3687 万元。

吕梁市中心支行召开全市人民银行系统党风党纪行风行纪专题教育活动电视电话总结大会，总结辖区“两风两纪”专题教育活动。

25 日

吕梁市在太原煤炭交易中心举行招商引资暨贸易成交项目签约仪式，共签约农业项目 22 个，签约金额 9.07 亿元。省农业厅厅长关建勋，副厅长王进仁，总畜牧师穆锦清，市领导高卫东、雷建国、刘明勇、徐德、刘永平参加签约仪式。吕梁市签约的农业项目具体分为农业招商引资项目 11 个，引资 6.12 亿元；贸易成交项目 11 个，成交金额 2.95 亿元。签约项目涉及红枣基地建设、马铃薯淀粉加工、物流、设施蔬菜、地方特色农产品加工、养殖、食用菌开发、虫草、中药材等。

26 日

吕梁市光伏扶贫项目正式

启动，项目共涉及临县、兴县、岚县、方山、石楼5个国定贫困县的40个贫困村，建设总规模达4000千瓦，其中在临县、兴县各建设一个1000千瓦的村级集中分布式电站，年底前有望投产并网。

26日至27日

吕梁市召开水土保持重点工作推进会，13个县（市、区）水利（务）局分管水保工作的负责人参加会议。

27日

市政府第一百次次常务会召开，传达全省旅游发展暨“互联网＋旅游”大会精神，安排部署贯彻落实工作。市委常委、常务副市长张广勇主持会议。

市委常委、常务副市长张广勇在吕梁宾馆会见招商银行太原分行行长姚润喜一行，双方就深化合作进行交流。市委常委、副市长竟晖，市政府秘书长梁斌参加会见。

市委常委、常务副市长张广勇主持召开吕梁新区建设第五次工作例会。他要求离石、方山两县区和市直各相关部门坚定信心，决战两个月，确保2015年任务圆满完成。市政府秘书长梁斌参加会议。

29日

市政府第一百〇一次常务会召开，部署经济运行、固定资产投资和重点工程建设等工作。市委常委、常务副市长张广勇主持会议。

市政府召开专题会议，安排部署保障性住房和棚户区改造以及土地例行督查整改等工作。市委常委、常务副市长张广勇主持会议并讲话，市政府秘书长梁斌参加。

吕梁市召开县级公立医院综合改革推进座谈会，通报2015年1月至9月第三批县级公立医院综合改革工作情况，安排部署下一步工作。市委常委、副市长王海东出席会议。

30日

市委常委会召开会议，学习《中国共产党第十八届中央委员会第五次全体会议公报》，传达省委副书记楼阳生吕梁调研座谈会上的讲话精神，讨论《贯彻落实晋发〔2015〕14号文件精神的任务分解》《吕梁市关于加快科技创新全面创新推动经济转型升级的实施意见》《中共吕梁市委关于加强农村基层组织建设的若干意见》等。会议由市委书记高卫东主持。

市政府与华润新能源控股有限公司举行签署新能源战略合作协议。市委书记高卫东出席签约仪式，市委常委、常务副市长张广勇，华润电力董事局副主席兼新能源事业部总经理张沈文代表双方签约，副市长李润林、市政府秘书长梁斌、华润新能源山西分公司总经理刘振宇等出席。

本月

吕梁市孝义皮影木偶剧团赴台湾演出，参加“戏曲在当代——2015亚太传统艺术节”和“2015云林国际偶戏节”两大艺术交流活动。

11月

2日

市政府党组召开会议，学习贯彻中共十八届五中全会精神。市政府党组副书记张广勇主持会议并讲话，党组成员刘永平、李月勤、杨巨才、薛平、梁斌出席，副市长成锡锋列席会议。

3日

吕梁市举行“119”消防宣传日活动启动仪式。市委常委、常务副市长张广勇，市政府秘书长梁斌，市直有关单位负责人以及社会各界以及消防志愿者参加此次启动仪式。

市委常委、常务副市长张广勇主持召开吕梁新区建设工作会议。市政府秘书长梁斌参加会议。会议研究省下达建议用地指标分配事宜，听取新区转户就业和社会保障工作的汇报，以及关于北川河生态治理工程设计方案的汇报等。

4日

市委常委、常务副市长张广勇主持召开市级综合性投资融资平台整合工作推进会。市政府秘书长梁斌出席会议，市财政局、市新区办、市国资委、市住建局等相关部门负责人参加会议。

5日

市政府第一百〇二次常务会议召开，研究讨论吕梁市“十三五”时期国民经济和社会发展基本思路等事宜。市委常委、常务副市长张广勇主持会议。

市中级人民法院官方认证政务微信公众平台正式上线。吕梁中院“一网两微”（官方网站、微博、微信）平台全部投入运行。新开通的吕梁中院微信平台名称为“吕梁法院”，属微信订阅号，公众可通过登陆微信搜索“吕梁法院”或扫描二维码进行关注。官方微信主要提供司法宣传和法律服务等多种功能，暂设“诉讼导航”“司法公开”“走进法院”三大服务板块，涵盖立案指南、裁判文书公开、开庭公告、法律咨询等多个子栏目。

10日

市政府党组召开会议，学习《中共中央关于制定国民经济和社会发展第十三个五年规划的建议》，并就“三严三实”严以用权进行专题研讨。市政府党组副书记张广勇主持会议。

武警吕梁支队举行2015年度夏秋季入伍新兵授衔仪式。

吕梁环城高速公路正式通车运营。省交通运输厅厅长李正印，副厅长袁清茂，省高速公路管理局局长尹新平，省交通管理局副局长李新生，市领导张广勇、郝月生、常书铭、张国彪、刘本旺，市长助理薛平，市政府秘书长梁斌出席通车仪式。

11日

副省长张复明就文物工作在吕梁市进行调研。省政府副秘书长郭立，省文物局局长王建武，副局长刘正辉，市委常委、常务副市长张广勇，市委常委、离石区委书记常书铭，市长助理李月勤，秘书长梁斌陪同调研。

吕梁市畜牧业暨沟域经济现场会在石楼县召开。市委副书记雷建国出席会议，副市长刘永平主持会议。会前，与会人员参观了石楼县富民林牧有限责任公司、锦隆养殖专业合作社、佳誉农牧有限责任公司、有成养牛专业合作社、农夫山庄养殖有限责任公司，并现场总结交流好的经验做法。

12日

吕梁市2015年第四季度环保例会召开。副市长李润林主持会议。会议听取了各县（市、区）及市直各相关单位汇报的2015年前三季度环保各项工作任务的完成情况和存在问题及处理办法。

市委常委、常务副市长张广勇会见山西建工集团董事长孙波一行，双方就加强合作、共同推进吕梁市基础设施建设进行了深入交流。市政府秘书长梁斌参加会见。

省国土资源厅厅长许大纯在汾阳市就土地开发、土地资源管理等工作进行调研。市委常委、常务副市长张广勇，市政府秘书长梁斌陪同。

市委常委、常务副市长张广勇在吕梁宾馆会见云南水务投资股份有限公司党委书记杨方一行，双方就如何开展合作，实现互利共赢进行深入交流。副市长刘永平，市政府秘书长梁斌参加会见。

16日

市委常委、常务副市长张广勇带领市住建局、财政局、水利局、新区办等单位负责人，深入吕梁新区建设工地，就项目建设情况进行实地调研。

17日

市政府与中城建三局集团正式签约国道209吕梁市新区段改线工程项目合作框架协议，市委副书记雷建国，市人大常委会主任刘明勇，市委常委、副市长郝月生，市委常委、政法委书记、秘书长刘云晨，副市长李润林、刘永平，市政协副主席阎孝敏、市政府秘书长梁斌及中城建三局集团相关负责人出席签约仪式。

副市长李润林主持召开全市 11 月份固定资产投资暨重点工程调度汇报会，市发改、经信、统计、环保、国土、重点办、扶贫办等固定资产投资暨重点工程项目牵头单位负责人及各县（市、区）相关工作的分管领导参加会议。

中阳县隆重举行国道 209、省道 340 中阳县过境公路唐石板沟隧道开工奠基仪式。

省人大内司委副主任委员郭忠烈一行 10 人到吕梁市调研《山西省预防职务犯罪工作条例》的贯彻落实情况，听取吕梁市相关工作汇报。市委副书记雷建国代表市委作工作汇报，市人大常委会副主任徐德主持汇报座谈会，市人民检察院检察长宁建新、市人大常委会秘书长王峰，以及相关单位负责人参加座谈会。市委副书记、市预防职务犯罪工作领导组组长雷建国及市检察、监察、审计、发改、国土、民政等部门负责人分别做工作汇报。

19 日

吕梁市召开安全生产紧急会议，市委常委、副市长郝月生，市长助理杨巨才，市煤炭、安监等部门负责人及各县（市、区）分管领导参加会议。会议通报 11 月 17 日发生的山西焦煤集团下属汾西矿业贺西煤矿中嵋芝进风井发生的一起瓦斯安全事故，并安排全市安全生产工作。

20 日

市委常委、常务副市长张广勇主持召开市政府第一百〇四次常务会，研究固定资产投资和重点工程建设等工作。

25 日

市政府与中国中铁股份有限公司举行合作签约仪式 . 全长 93.35 千米的静乐丰润至兴县黑峪口高速公路将于 2016 年正式开工建设，建成后将成为吕梁市通往陕西、内蒙古的一条新通道。市委书记高卫东、中国中铁副总裁周孟波等出席签约仪式。市领导张广勇、郝月生，中国中铁副总经济师冯慧光、华北工程指挥部指挥长舒畅等参加。

市委常委、常务副市长张广勇主持召开市政府第一百〇五次常务会议，研究讨论吕梁市党政机关公务用车制度改革实施方案等事宜。

市委讲师团承办省委宣讲团在吕梁市举行的中共十八届五中全会精神报告会宣讲活动，特邀省政府发展研究中心主任、党组书记、研究员李劲民作辅导报告。市委书记高卫东主持报告会并讲话，市人大常委会主任刘明勇、市政协主席朱锦平等市领导，以及市直各单位主要负责人 150 余人，农民代表、高校师生代表 50 人参加报告会。

26 日

市委常委、常务副市长张广勇主持召开吕梁新区建设第六次工作例会。张广勇带领市住建局、国土局、财政局、民政局、新区办等单位负责人，深入吕梁新区东属巴、霜雾都安置小区，就安置房建设情况进行调研，听取项目负责人就工程进展情况的汇报，要求施工单位加快工程进度，合理调整工序，严格把关工程质量。同时指出，离石、方山两县（区）要对回迁户进行摸底、梳理，坚持公平公正公开的原则，及早制定回迁分配方案，保障老百姓和谐回迁。

27 日

市政府召开市本级财政支出推进会。会议通报 1 至 10 月财政支出进度情况，听取部分支出进度较慢市直单位的情况汇报，分析吕梁市财政支出进度工作面临的形势，研究部署加快财政支出进度工作任务。

市委常委会召开会议，研究讨论《中共吕梁市委关于制定国民经济和社会发展第十三个五年规划的建议》，听取全市“两个责任”专项督查情况汇报。会议由市委书记高卫东主持。

25日至27日

由省消防总队高级工程师宋源禄为副组长的省安全生产大检查督导组深入吕梁市，对吕梁市开展安全生产大检查情况进行督导检查。11月27日上午，督导组召开座谈会，听取吕梁市就安全生产工作的相关情况汇报。市长助理李月勤参加汇报会。

30日，山西美锦年产40万吨不锈钢原料项目在文水南安园区正式开工。

11月27日至12月3日

由省民政厅厅长薛维栋带队的省政府第五督查组的一行7人到吕梁市就2015年工作完成情况进行督查。市委常委、常务副市长张广勇出席汇报会、反馈会，副市长刘永平陪同督查，市政府秘书长梁斌及相关职能部门列席相关会议。11月30日，张广勇代表市政府就《2015年度政府工作完成情况》的工作进行汇报。听取汇报后，督查组一行先后深入交城县、中阳县、兴县，通过听取汇报、实地察看、召开座谈会、查阅资料台账等形式，重点围绕省政府确定的5个方面30项重点工作进行督查。

12月

1日

省总工会副主席梁克昌到离石区莲花街道办所辖山西大土河焦化有限责任公司进行工会工作调研指导。莲花街道办、大土河公司、省市区工会相关人员以及基层工会会员代表参加座谈会。

2日

市委常委会召开会议，研究讨论《关于加快民营经济发展的若干政策措施》《关于推进科技创新重点工作的实施方案》《关于进一步加强和改进党的群团工作的八条意见》等。会议由市委书记高卫东主持，市领导雷建国、郝月生、张敬平、常书铭、张稳科、竟晖出席会议，市人大常委会主任刘明勇、市委组织部部长秦书义列席会议。

3日

市政府召开环保部环境综合整治督查反馈会，研究督查组对吕梁市环境综合整治的反馈建议以及下一步工作安排。副市长李润林，各县（市、区）负责人以及市环境综合整治督查成员单位负责人参加会议。为了进一步整治吕梁环境污染改善，环保部华北督查中心督查组到吕梁市进行了暗访和督查。在两天的暗访和督查中，督查组先后在吕梁市交城、文水、孝义、中阳、柳林、离石、岚县7个县（市、区）对13个项目进行实地督促检查。督查组负责人就吕梁市环境综合整治督查情况进行反馈，对吕梁市环保整治工作给予肯定，同时指出吕梁市仍存在偷排、危险废物环境管理混乱等现象，并就下一步工作提出建议与要求。

8日

市委常委、常务副市长张广勇主持召开市政府第一百〇六次常务会议，就市区部分区域集中供热和市第二污水处理厂政府授权招标以及《加快发展现代职业教育的实施办法》等议题进行研究。

全省检察机关控告申诉检察工作会议在吕梁汾阳召开。省检察院党组成员、副检察长严奴国出席会议并作讲话。吕梁市检察院检察长宁建新致辞。省院控告检察处、刑事申诉检察处处长、副处长及部分干警，全省12个地市院分管领导、控申部门负责人参加会议。

9日

市委书记高卫东主持召开市委中心组学习会议，学习新修订的《中国共产党廉洁自律准则》和《中国共产党纪律处分条例》。市领导刘明勇、朱锦平、张广勇、郝月生、刘云晨、张敬平、张稳科、王海东、张选、张国彪、李润林、刘永平、梁来茂、李俊平、王志强等中心组成员参加学习。

市委常委、常务副市长张广勇主持召开吕梁新区北川河景观治理设计方案（修改）评审会。会议特别邀请山西省城乡规划院院长助理、副总规划师焦云祥，中国城市建设研究院有限公司高级工程师牛萌对设计方案进行点评。会上，负责吕梁新区行政组团和北部生活组团湖面及沿河生态治理工程一标段和二标段的规划设计单位分别就修改后的设计方案进行汇报。参会人员就方案的科学性、可行性进行讨论，专家进行点评，并提出合理化建议。

10 日

市委常委、秘书长、政法委书记刘云晨主持召开吕梁市“十三五”规划建议征求党外人士意见座谈会，就吕梁市“十三五”规划建议进行研究与探讨。市政协副主席梁来茂、李俊平参加会议。

市委常委、常务副市长张广勇主持召开市政府党组会，学习党章和习近平总书记《认真学习党章 严格遵守党章》的讲话精神，市委常委、副市长郝月生，副市长李润林、刘永平，市委常委、副市长王海东，市委常委、副市长竟晖，市长助理李月勤、杨巨才，秘书长梁斌参加学习。

吕梁公路分局邀请专家及省公路局计划处、养路处及设计单位亲临岚县，一同对省政府督办的“省道忻峪线 k137-k143 段安全隐患处治”提出的处治方案进行了实地查看，经讨论会议研究，形成初步整治意见。

11 日

市委召开常委（扩大）会议，宣布省委关于市政府主要领导同志任职的决定。省委决定，王立伟同志任吕梁市委委员、常委、副书记，提名为吕梁市市长候选人。市委书记高卫东主持会议。省委组织部副部长、省老干局局长陈跃钢受省委委托，宣读省委关于吕梁市政府主要领导同志任职的决定并讲话。市委常委，市人大、政府、政协领导班子成员，其他副厅级以上领导干部，市政府秘书长等参加会议。

8 日至 12 日

国家卫生监督中心为吕梁市举办了为期 3 天的卫生监督员执法能力培训。全市市县两级 230 名卫生监督员参加培训，国家卫生监督中心处长吴建军、吕梁市卫计委副主任翟光华出席培训班并作讲话，吕梁市卫生监督所所长孟明珍主持培训班。这次培训，国家选派了 9 名全国卫生监督知名专家前往授课。

12 日

由山西电影制片厂（有限公司）、北京景辰未来影视传媒有限公司和柳林县委、县政府联合投拍的山西重点抗战文化题材电影《下柳林》在柳林县召开剧本研讨会。山西电影制片厂党委副书记苗茂，电影《下柳林》导演胡明钢（全国著名导演），编剧肖莫庸（全国著名编剧），以及柳林县宣传部、文化局等有关领导和柳林县文学、民俗、艺术界人士等 30 余名参加研讨会。

13 日

市委副书记、代市长王立伟冒雪深入离石区，重点就贫困户建档立卡“回头看”、企业产业扶贫等脱贫攻坚工作进行调研。市委常委、离石区委书记常书铭，市政府秘书长梁斌等陪同调研。

14 日

代市长王立伟主持召开市政府第一百零七次常务会议，研究讨论《政府工作报告（讨论稿）》、固定资产投资和重点工程建设等事项。

15 日

中国共产党吕梁市第三届委员会第七次全体会议召开。全会深入贯彻落实中共十八届五中全会和省委十届七次全会精神，听取讨论《市委常委会工作报告》，审议通过《中共吕梁市委关于制定国民经济和社会发展第十三个五年规划的建议》、中共吕梁市委三届七次全会决议和有关事项，动员全市各级党组织，团结带领广大党员干部和人民群众，加快实现整体脱贫和全面建成小康社会目标，奋力开创弊革风清、富民强市新局面。

省食药局总检验师张少杰带领省考核组听取吕梁市2015年度食药工作责任制完成情况的汇报，副市长刘永平就吕梁市2015年度食药工作情况进行汇报，市农委、财政、食药、质监、公安、水利、工商、林业等单位负责人参加汇报会。

16日

副市长李润林主持召开全市12月份固定资产投资暨重点工程调度会，各县（市、区）负责人及相关职能部门负责人列席会议。

汾阳华电100兆瓦风能发电项目举行开工仪式，标志着汾阳华电100兆瓦风电项目正式开工建设。

18日

省委中央扶贫工作会议精神宣讲组在吕梁市举行宣讲会，省委宣讲组成员、省国有林管理局党委书记申歌闻和省林业干部学校校长阎世杰作宣讲。

吕梁市举行集中销毁黄标车启动仪式，对2015年淘汰的5946辆黄标车全部进行销毁拆卸。

14日至18日

山西省军区司令员冷杰松带工作组对吕梁军分区党委班子和部团建设情况进行考核。考核组先后检查兴县、方山县、临县人武部和军分区机关，其间司令员冷杰松还实地察看汾阳、孝义人武部全面建设情况。

17日至18日

市政协召开二届三十四次常委会议。市政协副主席王侯党、刘本旺、梁来茂、李俊平、王志强、闫孝敏、刘继隆，秘书长阎广聪出席会议。政协工委原主任郝有亮，一届市政协主席薛万明，驻吕梁市十一届省政协委员等列席会议。会议听取了市政协副主席王志强所作的《关于政协第二届吕梁市委员会常务委员会工作报告（讨论稿）》。

16日至19日

吕梁市妇联举办“2015年吕梁市基层妇联干部综合素质提升培训班”。各县市区妇联副主席、部分乡镇（街道）妇联主席、村妇代会主任共计80余人，参加培训。

18日

市检察院举办以“规范司法行为、提升司法公信”为主题的“检察开放日”活动，邀请市人大代表、政协委员、人民监督员、市院廉政监督员、市人大法工委、法院、公安、司法局、律师、教师、学生等社会各界代表共21人走进检察机关，“零距离”了解检察工作。

20日

市政府召开市直机关公务用车制度改革会议。市政府秘书长梁斌、市直机关单位负责人参加会议。

21日

副省长郭迎光带领省扶贫、发改、财政、林业、农业等有关部门负责人，就100万亩经济林提质增效、100万千瓦光伏扶贫、10万贫困人口护理护工培训“三个一”扶贫计划实施情况深入吕梁市进行调研。实地察看离石区红眼川乡核桃林提质增效、王家庄沟道治理工程，在吕梁卫校详细了解护理护工培训情况，现场办公研究解决问题。市委副书记、代市长王立伟，市委常委、离石区委书记常书铭，副市长刘永平，市政府秘书长梁斌等陪同。

22日

代市长王立伟主持召开市政府第一百〇八次常务会议，传达国务院安委办关于近期三起生产安全事故的通报，分析研究全市固定资产投资和重点工程建设情况，安排部署当前和今后一个时期工作。

省安委办副主任、省安监局副巡视员李高平带领省安全生产目标责任考核组到吕梁市，就2015年安全生产工作进行考核。市委常委、副市长郝月生，市长助理杨巨才参加汇报会。

由省运管局调研员席建华为组长的省政府考核组对吕梁市2015年度道路交通安全工作进行考核，听取吕梁市相关工作汇报，市政府、市道路交通安全领导组以及市交警、安监、交通、公路、运管部门主要负责人参加汇报会。

20日至23日

吕梁军分区利用4天时间组织全区冬季适应性训练。共出动兵力209人、车辆34台，动用各型枪支46支、帐篷34顶。演练途经离石、方山、岚县、娄烦、古交、交城、文水7个县(市、区)，总行程430余千米，共进行了军事训练、综合管理、政治工作、后勤保障4个课题27个内容的演练。

22日至23日

代市长王立伟先后主持召开老干部代表、人大代表、政协委员等社会各界人士、市直有关部门负责人参加的三个座谈会，征求即将提请市三届人大一次会议审议的《政府工作报告》的意见。市政府秘书长梁斌，市级老领导岳培民、薛万明、郝有亮、王全海、董宗祥、李秀峰、成久生等参加。

24日

市委常委会召开会议，审定《中共吕梁市委关于制定国民经济和社会发展第十三个五年规划的建议》。会议由市委书记高卫东主持。

市委召开党外人士座谈会，市委副书记雷建国通报了市人大、市政府、市政协换届选举的人事安排工作情况，并向市各民主党派、工商联和无党派人士代表征求意见和建议。市政协副主席、市委统战部部长王侯党主持会议。民革吕梁市委主委、市政协副主席刘继隆，民盟吕梁市委主委、市政协副主席刘本旺，市工商联主席、市政协副主席梁来茂，无党派代表人士、市政协副主席李俊平参加会议。市委组织部部长秦书义出席会议。座谈会上，各民主党派、工商联负责人及无党派人士代表对市人大、市政府、市政协人事安排的方案表示赞同。他们在发言中认为，省委批复的市人大、市政府、市政协有关人选，符合换届规定的条件和政策要求，符合吕梁的实际，大家一致表示同意。

市政协副主席、民盟吕梁市委主委刘本旺带领盟员中吕梁市第三届人大代表和政协委员在吕梁泰化机动车检测中心、市车管所、驾驶员安全教育基地以及市档案馆进行视察调研。

29日

市长王立伟主持召开市政府党组（扩大）会议，安排部署扶贫开发调研工作。会议决定，立即在全市范围内开展扶贫开发十项专题调研，形成指导全市脱贫攻坚的一系列政策措施。

28日至29日

由省工商局副局长马联社带队的省打击侵犯知识产权和制售伪劣商品违法犯罪(以下简称“双打”）工作绩效考核组，就吕梁市2015年度“双打”工作进行绩效考核。

27日至30日

吕梁市三届人民代表大会第一次会议在离石召开。会议出席代表367人，会议听取和审议市政府代市长王立伟关于政府工作的报告；听取和审议市人大常委会主任刘明勇关于市人大常委会工作的报告；听取和审议市中级人民法院院长史红波关于市中级人民法院工作的报告；听取和审议吕梁市人民检察院检察长宁建新关于吕梁市人民检察院工作的报告；会议选举郝月生为吕梁市第三届人民代表大会常务委员会主任，选举梁来茂、卫成印、孙晋军、郭卫民、刘凯为吕梁市第三届人民代表大会常务委员会副主任；选举王峰为吕梁市第三届人民代表大会常务委员会秘书长；会议还选举产生32位吕梁市第三届人民代表大会常务委员会委员；会议选举王立伟为吕梁市人民政府市长，选举张广勇、张敬平、李俊平、李建国、杨巨才、王海东、竟晖为吕梁市人民政府副市长；会议选举史红波为吕梁市中级人民法院院长，宁建新为吕梁市人民检察院检察长。会议还通过吕梁市第三届人民代表大会法制委员会组成人员名单。

31日

2015年省文化科技卫生“三下乡”活动启动仪式在方山县屹洞镇举行。市妇联带领志愿者向当地群众发放亲子教育宣传资料500余份。在启动仪式上，吕梁市妇联副主席薛全平出席活动，并代表市妇联捐赠价值一万元的妇女保健图书。

本年

讲师团与吕梁市委宣传部、吕梁日报社共同举办全市“弘扬老区精神、传承廉政文化”征文活动，共收到稿件113篇，评出优秀组织奖8个、一等奖5篇、二等奖10篇、三等奖20篇、优秀奖15篇，并对先进组织单位和优秀文章进行表彰。

北武当山风景名胜区、孝义市金龙山风景区被评定为“国家AAAA级景区”。

市情概览

自然地理

【位置】

吕梁市位于山西省西部，北纬 36° 43′ ～ 38° 43′ ，东经 110° 22′ ～ 112° 19′ ，西隔黄河与陕北相望，东临汾水与晋中为邻，北与忻州接壤，南与临汾毗邻。吕梁市因吕梁山脉纵贯南北而得名。

【面积】

吕梁市东西最大宽度 140 千米，南北最大距离 220 千米，周边界线总长 954.3 千米。境域总面积 2.1 万平方千米，占山西省总面积的 13.5%。

【地质】

吕梁在地质构造属演化过程中华北地台的一部分。中生代的燕山运动形成山西台背斜的地廓后，吕梁复背斜基本定型；新生代第三纪的喜马拉雅运动影响本区，形成汾河地堑；下更新世，形成现代的河川二级阶地和丘陵区的梁峁沟壑地貌。

境内地层发育较为齐全，除缺失奥陶系上统、志留系、泥盆系、白垩系、地层外，其余各种地层均有出露。出露地层依次为：中太古界界河口群，上太古界吕梁群，下元古界岚河群、野鸡山群、黑茶山群，中上元古界下统汉高山群，古生界寒武系、奥陶系、石炭系、二叠系，中生界三叠系、侏罗系，新生界第三系、第四系等。

基底地质构造分别为前五台构造层、五台构造层、吕梁构造层。前五台期构造表现于岚县界河口至临县务周会一带出露的界河口群，在柳林上白霜、中阳柏洼山、交口长树山、西榆皮等地也有出露。五台期构造主要分布于中北部方山县开府、马坊一带以东，岚县袁家村以南，方山县周家沟以西，交城横尖以北地区。吕梁构造层主要是岚河群、野鸡山群、黑茶山群不对称褶皱带，该褶皱带主要分布于吕梁山中北部，即方山至野鸡山一带及两侧地带。

境内岩浆分布较广，并且与主要金属矿藏有着直接关系。主要散布于山区以及西部黄土丘陵区的突出山岭地带，如临县紫金山、交城县狐偃山等地。

【地貌】

吕梁地貌属晋西黄土高原的一部分。地势北高南低，至东北方向西南倾斜，一般海拔在 1000 米至 2000 米，最高海拔关帝山主峰 2831 米，最低点在石楼县和合乡崖头村黄河岸，海拔 556 米，相对高差 2275 米，市区海拔 920 米至 940 米。

地貌大致可分为中山区、丘陵区、平川区三种类型。中山区海拔 1500 米以上，区内奇峰突立，挺拔险峻，沟壑纵横，分布着众多小山川，植被覆盖较好，包括岚县、方山、离石、中阳、交口五县（区）和汾阳、孝义、文水、交城四县（市）的山区部分。丘陵海拔 900 米至 1500 米，黄土覆盖广，厚度大，地形破碎，坡陡沟深，平地较少，植被稀少，水土流失严重，包括黄河沿岸的兴县、临县、柳林、石楼四县。平川区海拔 740 米至 800 米，地势平坦，土壤肥沃，水源充足，适宜发展现代立体化种植业，包括汾河沿岸交城、文水、汾阳、孝义 4 县（市）。

【气候】

吕梁市属大陆性季风气候，具有四季分明、雨热同步、光照充足的特点。

季节气候特点：春季（3 月至 5 月）温度变化急剧，气候干燥，少雨多风。3 月份平均气温 3℃左右，但极端最低气温仍可达 −19℃；5 月份平均气温升至 17℃，极端最高气温可达 32℃至 39℃左右，当冷空气入侵时，最低气温可降至 0℃以下。该季降水量一般为年降水量的 15% 左右，干旱是主要灾害性天气。夏季（6 月至 8 月）温度较高，雨量集中，多有雷阵雨天气。7 月份平均气温为 23℃左右，年极端最高气温多数出现在 6 月中、下旬。该季降水量一般为年降水量的60%左右，大雨、暴雨多集中在7月至8月，其间易发生洪涝灾害。秋季（9月至11月）气温迅速下降，气候凉爽，秋初多连阴雨天气。9月份平均气温为16℃左右，季末极端最低气温可降至 –17℃至 –24℃。该季降水量一般为年降水量的30%左右，2007年连阴雨日数曾长达半月以上。冬季（12月至次年2月）气候寒冷，降雪稀少。极端最低气温多出现在该季，高寒山区可达 –30℃以下。该季降水量一般为年降水量的3%左右。

区域气候特点：北部四县（岚县、方山县、兴县、临县）十年九旱，主要灾害为干旱、冰雹，年降水量460毫米至500毫米，年平均气温7℃至9℃。中南部山区5县（区）（离石区、中阳县、柳林县、交口县、石楼县）十年九旱，主要灾害为干旱、冰雹，年降水量460毫米至561毫米，年均气温7℃至11℃。平川四县（市）（汾阳市、孝义市、交城县、文水县）年降水量420毫米至460毫米，年平均气温10℃至11℃。

日照：日照时数较长，太阳辐射较强，年均日照时数2487小时至2872小时，其中最少为2200小时/年，最多为3280小时/年。一年之中5月至6月日照时间最长，11月至次年2月日照时间最短。

太阳辐射：年均太阳总辐射量131千卡/平方厘米至151千卡/平方厘米，全年生理辐射量62千卡/平方厘米至74千卡/平方厘米。5月至6月太阳辐射最强，11月至次年2月太阳辐射最弱。

气温：年均气温9℃左右，1月份平均气温 –10℃至 –5℃，7月份平均气温19℃至24℃。极端最低温度 –33.0℃，极端最高气温41℃。

降水：年均降水量仅472毫米，且降水季节分配很不均衡，主要集中在7、8、9月，年际变化较大。

无霜期：无霜期为133天至178天，初霜日期9月24日至10月15日，终霜日期3月19日至4月24日。

资源

【土地资源】

全市土地总面积21211平方千米，其中东部平川面积169000公顷，占8%；西部黄土高原丘陵区面积974000公顷，占45.9%；中部土石山区面积978100公顷，占46.1%。

【矿产资源】

吕梁探明40多种矿产资源，煤、铁、铝资源储量大、品位高。全市含煤面积1.14万平方千米，占总面积的54.3%，保有储量420多亿吨，其中主要产于吕梁，被誉为“国宝”的4号主焦煤储量达114亿吨。铁矿石保有储量13亿吨，占全省的34.6%；铝土矿保有储量6.49亿吨，占全省的45.7%。

【水资源】

吕梁市年均水资源总量为14.47亿立方米，其中，河川径流量为11.1亿立方米，地下水资源量为8.9亿立方米。

人口

【人口】

2015年年末，常住人口为383.23万人，比上年末增加1.91万人。全年全市出生人口4.04万人，人口出生率为10.57‰；死亡人口2.13万人，死亡率为5.58‰；自然增长率为5.00‰。

【2015年人口构成】

常住人口中，男性为198.61万人，占常住人口的51.82%；女性为184.62万人，占常住人口的48.18%。居住在城镇的人口177.22万人，占常住人口的46.24%；居住在农村的人口206.01万人，占常住人口的53.76%。

民族 宗教

【民族】

吕梁市属于少数民族散杂居区城，全市共有满族、彝族、蒙古族、回族等38个少数民族，常住人口有2240人。分布在吕梁市各县（市、区），主要集中在离石区、孝义市、汾阳市、文水县、临县、兴县等地。大多在吕梁定居多年，且散居，没有明显的少数民族习惯与特征。暂住人口共200余人，主要在山西医科大学汾阳学院。

2015年，少数民族流动人口100余人，来自青海、宁夏、新疆等地，以经营兰州拉面、羊肉串、葡萄干、毛皮、皮色等为生，流动性强，有68%分布在城镇，居住分散，没有小聚居地。

【宗教】

2015年，吕梁市有信教群众近12万人，分布在全市各县（市、区）。其中，佛教信徒3.5万人，道教信徒3万余人，天主教信徒近2万人，基督教信徒3万余人。

2015年，吕梁市有市级宗教团体2个：市佛教协会、市道教协会，县级宗教团体23个。经批准的宗教活动产所194处，已备案教职人员240人。

国民经济和社会发展

【概述】

2015年，吕梁市地区生产总值956亿元；规模以上工业增加值520亿元；公共财政预算收入91亿元；农村居民人均可支配收入7193元；城镇居民人均可支配收入22903元。

【农业】

2015年，吕梁市粮食种植面积354730公顷，比上年减少2910公顷；油料种植面积23900公顷，减少4100公顷；棉花种植面积84公顷，减少66公顷。在粮食种植面积中，玉米种植面积179440公顷，增加5640公顷；小麦种植面积2170公顷，减少740公顷。全年粮食产量72.37万吨，减少53.67万吨，减产42.58%。其中，夏粮0.8万吨，减产36.3%；秋粮71.57万吨，减产42.64%。

2015年，完成造林32667公顷，下降22.23%。其中，荒山荒地造林面积7360公顷，增长15.85%。全年木材产量2.6万立方米。

2015年年末，全市农业机械总动力303.3万千瓦，增长1.9%。机械耕地面积231610公顷，增长5%；机械播种面积200020公顷，机械收获面积127570公顷，分别增长4.8%和6.82%。全市农机化经营总收入12.05亿元，下降0.88%。

【工业和建筑业】

2015年年底，吕梁市规模以上工业企业538户，减少18户。规模以上工业增加值下降11.9%。

主要产品产量：原煤11556.7万吨，下降1.6%；洗煤9308.3万吨，下降14.8%；洗精煤6636万吨，下降15.6%；焦炭1570.2万吨，下降14.7%；铁矿石原矿2618.2万吨，增长19.8%；铁矿石合成品矿700.4万吨，下降0.3%；其中，铁精矿493.2万吨，增长2.9%；铝土矿580.8万吨，增长25.6%；饲料63.9万吨，下降5.6%；饮料酒6393.57万升，下降7.7%；白酒6223.17万升，下降5.1%；氢氧化铝455.62万吨，增长0.9%；农用化肥22万吨，增长119%；水泥428.9万吨，下降35.4%；生铁388.5万吨，下降14.5%；钢材295.4万吨，下降20%；氧化铝619.2万吨，增长21.4%；发电量为112.1亿千瓦时，下降7.2%。

规模以上工业企业主营业务收入1414.4亿元，下降17.7%。其中，装备制造业和医药制造业分别实现主营业务收入24.2亿元和2.6亿元，分别增长58.2%和9.4%；煤炭、焦炭、冶金、电力、化工、建材和食品工业分别实现主营业务收入553.8亿元、145.7亿元、252.3亿元、23.6亿元、132.2亿元、35.4亿元和238.1亿元，分别下降26.5%、16.4%、15.9%、11.2%、8.9%、26.9%和2.3%。

规模以上工业实现利税74.4亿元，增长3.3%；实现利润负16.7亿元，亏损额下降31.4%。

2015年，全市建筑业实现增加值10.9亿元，下降9.2%。具有建筑业资质等级的总承包和专业承包建筑业企业实现利润27.1亿元，下降12%。

【能源】

2015年，吕梁市一次能源生产折标准煤1.16亿吨，下降1.6%；二次能源生产折标准煤368.85万吨，下降5%。

2015年，吕梁市全社会用电总量134.31亿千瓦小时。其中，第一产业用电2.35亿千瓦小时，占全社会用电量2%；第二产业用电104.76亿千瓦小时，占78%，其中工业用电102.97亿千瓦小时；第三产业用电12.24亿千瓦小时，占9%；城乡居民生活用电14.96亿千瓦小时，占11%。

【固定资产投资】

2015年，吕梁市固定资产投资1166.4亿元，增长14.7%。其中，城镇固定资产投资1098.9亿元，增长12.8%；房地产开发投资67.5亿元，增长56.5%。

在固定资产投资中，国有及国有控股投资405.2亿元，增长7.2%；民间投资613亿元，下降3%。

从登记注册类型看，内资企业和个体经营投资1166.1亿元，增长15.5%；外商及港澳台商企业投资0.3亿元，下降95.7%。

从产业类型看，第一产业投资35.7亿元，增长41.1%；第二产业投资572.6亿元，增长0.3%；第三产业投资558.1亿元，增长32.6%。

全市工业投资572.6亿元，增长0.3%。其中，煤炭工业投资161.4亿元，增长32.9%；非煤产业投资411.2亿元，下降8.5%；传统产业（煤炭、焦炭、冶金、电力）投资合计370.9亿元，增长8.6%；非传统产业投资合计201.7亿元，下降12%。

2015年，吕梁市在建固定资产投资项目1235个。其中，亿元以上项目374个，计划总投资2881.7亿元，完成投资790.1亿元。

2015年，房地产开发投资67.5亿元，增长56.5%。其中，住宅投资51.1亿元，增长69.1%；商业营业用房投资10.5亿元，增长80.5%

【国内贸易】

2015年，吕梁市社会消费品零售总额405.9亿元，增长4.4%。按经营地统计，城镇市场零售额308.8亿元，增长3%；乡村市场零售额97.1亿元，增长9.2%。按消费形态统计，商品零售额366.3亿元，增长4.2%；餐饮收入额39.7亿元，增长7.6%。

从行业类型看，批发业17.4亿元，增长0.1%；零售业339亿元，增长4.3%；住宿业9亿元，增长2.9%；餐饮业40.7亿元，增长11%。

【对外经济】

2015年，吕梁市海关进出口总额4.05亿美元，下降27.3%。其中，进口额2.46亿美元，下降32.3%；出口额1.59亿美元，下降18%。

全年出口焦炭5.7万吨，下降66.5%；出口镁及其制品0.07万吨，下降14.0%；出口钢材0.94万吨，下降44.8%；出口机电产品0.29亿美元，增长16.4%；出口高新技术产品0.17亿美元，增长184.3%。

全年进口铁矿砂0.03万吨，增长11.8%，进口金额1.83亿美元，下降31.1%；进口机电产品0.02亿美元，下降58%。

全年全市新设立外商直接投资企业3家。

【交通、邮电和旅游】

2015年年底，吕梁市民用汽车保有量29.7万辆（包括三轮汽车和低速货车0.3万辆），比上年年末增长5.3%，其中私人汽车26.2万辆，增长6.8%。本年新注册汽车3.2万辆，下降4.1%。年末轿车保有量18.7万辆，增长8.5%，其中私人轿车17.4万辆，增长9.6%。

2015年，吕梁市完成邮电业务总量40.2亿元，增长14.2%。其中，邮政业务总量2亿元，下降13.7%；电信业务总量37.4亿元，增长26.9%。年末移动电话用户312.5万户，宽带接入用户47.4万户。

2015年，全市商业住宿设施接待入境过夜游客5290人次，接待国内旅游者2677.55万人次，分别增长4.6%和24.5%；旅游外汇收入203.64万美元，国内旅游收入226.94亿元，旅游总收入227.05亿元，分别增长5.2%、25%和25%。

【金融、保险】

2015年年底，吕梁市金融机构本外币各项存款余额1616.4亿元，比上年同期增长2.4%；比年初增加43.3亿元，上升了2.89%。本外币各项贷款余额892.3亿元，比2014年同期增长3.8%；比年初增加42.7亿元，上升了2.7%。

2015年，吕梁市保费收入40.5亿元，增长23.5%。其中，财产险保费收入10.1亿元，下降2%；寿险保费收入26.6亿元，增长31%；意外险保费收入5558.9万元，下降7.5%；健康险保费收入3.2亿元，增长114.8%。

【教育和科学技术】

2015年年底，吕梁市共有幼儿园687所，增加66所；小学666所，减少201所；普通中学296所，增加4所；职业中学19所，与上年持平；特殊教育学校6所，与上年持平。

全年全市专利申请量与授权量分别为562件和321件，分别增长6.2%和25%；其中发明专利申请量与授权量分别为182件和56件，发明专利申请量比上年下降5.2%，授权量比上年增长93.1%。全年新登记科技成果3项。获得省级科学技术奖2项。年末累计高新技术企业17家。

全市3个经济开发区（包括高新区）入区企业208家。区内利税收入22.3亿元，企业主营业务收入260.7亿元，下降28%。

全市有气象台站14个，全市开展电话天气自动答询的台站1个。全市气象系统开展人工影响天气业务的单位13个，防雹、增雨累计受益面积1387平方千米，增雨量6935万立方米。全市有卫星云图接收站14个。

全市有专业综合地震台站2个，市级地震台网中心1个。全年M3.0–M3.9级地震0次，M4.0–M4.9级地震0次，最大震级M2.8级。

【文化、卫生和体育】

2015年年底，吕梁市共有群众艺术馆1个，文化馆13个，文化站162个，农村文化活动场所3112个。专业艺术表演团体7个，公共图书馆14个。报纸共出版1种（不含高校校报）1.084亿份。广播电视台13座，调频转播发射台16座，一百瓦以上电视转播发射台16座。广播人口覆盖率95.1%，电视人口覆盖率99.2%，有线电视用户335.2万户。文化队伍612支，基层文化从业人员20149人，农村文化受益人群达160万人次。培养各级社会体育指导员6115人，其中，国家级24人、一级49人、二级512人、三级5530人。开展送戏下乡演出活动450场，受益群众达23万余人，完成公益电影放映37308场，观众人数289.9万余人。吕梁影视集团拍摄的电影《黄河喜事》荣获第14届韩国光州国际电影节“最受观众喜欢影片奖”；电视剧《幸福生活万年长》荣获中宣部第十三届精神文明建设“五个一工程”优秀作品奖。晋剧现代戏《刘胡兰》获得文化部“文华剧目奖”。孝义皮影戏《影戏缘》获得第十四届中国群星奖。历史传奇剧《辽国公主》获得第十四届山西省“杏花优秀新剧目奖”。新编历史剧《廉吏于成龙》参加了2015年新年戏曲晚会。歌舞音乐剧《山里娃》创排单位市民间艺术团被文化部、人社部授予“全国文化系统先进集体”荣誉称号。

2015年年底，吕梁市共有卫生机构(含诊所、村卫生室)3966个，床位11226张。卫生防疫、防治机构14个，妇幼保健院(所、站)14个。全市卫生机构共有卫生技术人员21308人；卫生院卫生技术员3467人，社区卫生服务中心(站)卫生技术人员579人，其中农村乡镇卫生院3254人；防疫、防治卫生技术员1716人，妇幼保健(所、站)卫生技术人员710人。全市13个县(市、区)全部开展新型农村合作医疗工作，有279.8万农民参加了新型农村合作医疗保险。

2015年，全市有体育场7个，体育馆3个。全市销售中国体育彩票2.4亿元，增长49.38%。

【人民生活和社会保障】

2015年，吕梁市居民人均可支配收入13591元，增长7.7%。其中，城镇居民人均可支配收入22903元，增长6.6%；农民人均可支配收入7193元，增长6.5%。城镇占调查总户数20%的低收入家庭人均可支配收入7272元，增长8.2%；农村占人口20%的低收入者收入2280元，增长12.6%。

2015年年底，参加城镇职工基本养老保险32.6万人，增加1.63万人；参加城乡居民社会养老保险182.02万人，增加0.113万人；参加城镇基本医疗保险84.43万人，增加2.575万人；参加失业保险32.17万人，增加0.367万人；参加工伤保险37.86万人，减少2.011万人；参加生育保险33.45万人，增加0.02万人。

全年得到城市最低生活保障救济人数94721人，全年共发放城市最低保障资金3.1亿元。21219人纳入农村五保供养。

2015年年底，吕梁市城镇有各种社区服务设施277个，其中综合性社区服务中心61个，各类收养性单位床位数2164张，收养人数1216人，国家抚恤、补助各类优抚对象19511人。全年销售福利彩票3.2亿元，筹集社会福利资金1.3亿元，接受社会捐赠款129万元。

【资源、环境和安全生产】

2015年，吕梁市完成水土流失治理面积47万亩，完成农田实灌面积162万亩，解决农村饮水安全人口8.07万人；地下水位监测设备在线率达到80%以上。城镇集中式饮用水水源地水质达标率持续保持100%。7条主要河流14个国、省控监测断面劣V类水质断面5个，劣V类水质断面比例同比下降7.2%。国家《重点流域水污染防治规划》考核的三川河两河口桥断面水质达标率为90%。

2015年，吕梁市环境空气达标天数为290天，同比增加24天，全年优良率79.5%，空气质量综合指数为6.0，同比下降11.2%，全省11个重点城市排名第2。

2015年，吕梁市市政公用设施建设完成投资47.93亿元。新建城市道路100.06千米，改造道路40.26千米。新建城市供水管网51千米，改造城市供水管网37.98千米；新建城市供气管网102.6千米，改造城市供气管网32.54千米；新建城市供热管网121.99千米，改造城市供热管网85.05千米。新增集中供热面积480.6万平方米。新建城市污水处理配套管网105.97千米。城市集中供热普及率达71.5%，吕梁市区达80.27%；全市绿化覆盖率达36.16%，吕梁市区达40.2%。

2015年，吕梁市共发生各类生产经营性事故169起，同比减少45起，同比下降21.03%；死亡人数下降13.91%。发生较大事故4起，未发生重大以上生产安全事故。煤炭百万吨死亡率8.33%。

2016 年吕梁年鉴

LVLIANGNIANJIAN

中国共产党
吕梁市委员会

综述

【学习贯彻习近平总书记系列重要讲话精神】

2015年，吕梁市委把学习贯彻习近平总书记系列重要讲话精神和省委系列会议精神作为重要政治任务，不断引深“双学”，采用市委常委会、中心组学习会、全市性大会、论坛讲座等多种方式，及时传达、深刻领会、认真贯彻，不断夯实吕梁发展的思想政治保证。始终在大是大非面前保持政治上的清醒与坚定，坚决同一切违反政治纪律和政治规矩的言行做斗争，坚决拥护中央和省委对一系列腐败案件的立案查处，坚决贯彻中央大政方针和省委决策部署，自觉同以习近平同志为总书记的党中央保持高度一致，与省委同心同德。坚持总揽全局、协调各方，注重从思想上、组织上、制度上谋划推动解决关系全市改革发展稳定的战略性、全局性问题，召开50次市委常委会，对全面从严治党、落实“两个责任”“三严三实”专题教育、法治吕梁建设、学习五中全会精神、制定市委“十三五”规划建议等方面的重大事项进行集体议定，形成推动吕梁发展的一系列重要决策。面对腐败重灾区、经济持续下行、市人大政府政协换届工作等事关净化政治生态的棘手问题、事关吕梁发展全局的重大问题、事关群众切身利益的突出问题，常委会认真研判、沉着应对，保持全市政治、经济、社会和干部队伍的稳定。坚持从严导向、问题导向、目标导向，开展学习讨论落实活动，汲取吕梁成为腐败重灾区的深刻教训，市委班子8次集中反思，4次专题研究，查找出7个方面的32个突出问题，抓好11个方面44项整改措施的落实，推动整个活动有序推进。坚持领导带头、以上率下、层层示范，开展“三严三实”专题教育，市委中心组进行17次集中学习，常委会先后4次专题研讨，查找和解决不严不实突出问题。

【党风廉政建设和反腐败斗争】

2015年，吕梁市委认真汲取过去落实主体责任长期严重缺失的深刻教训，提升主体自觉，强化责任担当，坚决正风反腐，全市腐败存量逐步减少，腐败增量明显遏制，政治生态得到有效净化。

1.从严从实落实主体责任。旗帜鲜明地树立“抓好党风廉政建设是本职、不抓党风廉政建设是失职、抓不好党风廉政建设是渎职”的理念，坚决把主体责任扛在肩上、抓在手上、落实在行动上。市委先后召开25次常委会，研究党风廉政建设和反腐败工作，占常委会总次数的二分之一，并召开市委反腐败协调小组扩大会议，切实担负起党风廉政建设的全面领导责任。出台落实主体责任意见，班子及班子成员全部制定了落实主体责任清单，明确了市委落实主体责任的5个方面37项内容。加大落实主体责任逐级传导力度，及时召开基层落实“两个责任”座谈会，举办乡镇（街道）党（工）委书记、纪委书记落实“两个责任”专题培训班，部署开展“以案为镜、反思剖析、严肃整改”工作，推动落实“两个责任”和反腐败力度向基层延伸。强化对落实“两个责任”的督促检查和追究问责，先后约谈县市区委书记、县市区长、市直单位主要负责人、县市区纪委书记182人次，对落实“两个责任”不力的9名县处级干部进行责任追究。

2.切实把纪律和规矩挺在前面。稳妥把握运用好执纪监督“四种形态”，对相信组织、依靠组织、主动向组织交代问题、现实表现好的干部，按照“惩前毖后、治病救人”的方针和“宽严相济、区别对待”的政策逐步进行处理，努力让咬耳扯袖、红脸出汗成为常态，党纪轻处分和组织处理成为大多数，对严重违纪的重处分、作出重大职务调整的成为少数，严重违纪涉嫌违法立案审查的成为极其少数。认真学习贯彻新修订的《中国共产党廉洁自律准则》和《中国共产党纪律处分条例》，不断强化党章意识、纪律意识、规矩意识。编录《查处基层党员干部违纪违法案件分析报告》，选取25个典型案例作为警示教材，起到了“查处一个、震慑一批、教育一片”的效果。坚持纪严于法、纪在法前，严肃查处违规发展党员、匿名诬告等方面的案件42件，进一步严明了党的纪律特别是政治纪律和政治规矩。

3.保持狠刹“四风”高压态势。深入贯彻中央“八项规定”精神，对新出现的“四风”隐形变异问题、顶风违纪问题、不收敛不收手问题，露头就打，坚决防止“四风”问题反弹回潮。全市共查处违反“八项规定”精神的案件151件，处理210人，党政纪处分186人，大操大办、违规用车、公务接待不规范、机关纪律松懈等问题得到有效整治。年初元旦春节期间，34名市级领导干部、1089名市管干部和7263名乡科级干部全部签字背书，作出拒收礼金、红包的承诺。紧紧盯住春节、中秋节等重要时间节点和关键工作环节，对违反“八项规定”精神的问题进行监督检查和公开曝光，市县两级点名道姓通报和公开曝光53起88人。严肃整治违规收受礼金、红包问题，设立“礼金红包上交专户”以来，市县两级收到上交礼金红包674笔1267.3万元。

4.加大自办案件查处力度。坚持零容忍、无禁区，用最坚决的态度减少腐败存量，用最果断的措施遏制腐败增量，在配合中纪委、省纪委查办有关案件的同时，不断加大自办案件查处力度，发现一起查处一起，发现多少查处多少，始终保持惩治腐败的高压态势。全市各级纪检监察机关共立案2182件，同比增长13.2%；结案2158件，同比增长12%；处分违纪党员干部2431人，同比增长5.5%；重处分556人，同比增长80%；移送司法机关88人，同比增长125%。其中处分县处级干部30人，同比增长43%，重处分11人，同比增长31.5%，移送司法机关7人。严肃查处群众身边的违纪违法案件，切实推动反腐败斗争向基层延伸，查处乡村基层干部违纪违法案件1324件，党政纪处分1641人，其中重处分457人，移送司法机关52人。加大对市直机关干部违纪违法案件的查办力度，对市直机关科级及以下干部2008年1月以来的问题线索进行了大起底，对梳理出的问题线索正按照“5+1”方式进行处置。

【加强领导班子和干部队伍建设】

2015年，吕梁市委坚决落实习近平总书记从严治党八项要求和省委六条贯彻意见，不断强化党要管党、从严治党意识，从严落实措施，从严选人用人，从严监督管理，坚决把管党治党责任落实到位。

1.推进“三个一批”工作。坚持从严治党关键在从严治吏，旗帜鲜明地树立“德才兼备、以德为先、以廉为基”的用人导向，先立规矩后选人，千方百计把组织放心、人民满意的好干部选出来、用起来。制订出台《关于做好“三个一批”工作的实施方案》，以补充调整省管、市管干部职位空缺为突破口，选取临县、市交通局、临县城庄镇为试点，深入开展“九查”甄别，严格执行“六个全程”，积极探索新常态下干部选拔任用新机制。坚持用“三个一批”理念选用干部，制订出台《市直单位县级干部空缺职位调整补充工作方案》《县市区县级干部空缺职位调整补充工作方案》，择优选任县市区委书记4人，县市区长5人，县市区人大、政协正职9人，市直机关正职16人，政法系统领导职务和非领导职务24人，初步实现选人用人的风清气正。全市“三个一批”工作实施以来，共处理惩治不廉洁乱作为的干部588人，调整退出不作为不胜任的干部10人，掌握使用敢担当善作为的干部158人。

2.加强干部管理监督。稳步推进个人有关事项报告抽查核实工作，完善更新1040份《领导干部个人有关事项报告表》，对962名领导干部个人有关事项进行了抽查核实。开展2014年度“带病提拔”干部集中倒查工作。加大对举报件的查处力度。开展干部选拔任用工作“一报告两评议”，对13个县市区党委和市直113个单位2014年度干部选拔任用工作情况做了专题报告和民主评议。开展违规办理和持有因私出国（境）证件专项治理工作，对全市12836名科级以上干部全部进行了重新登记备案，对未经批准擅自出国（境）的31人进行了约谈，对违规办理的证件进行了集中注销作废。消化913名超职数配备干部，其中，消化超职数配备的县级干部76名。

3.强化基层组织建设。认真落实抓基层党建工作责任制，扎实推进“三级联述联评联考”，对农村基层党建工作作出全面部署。完成农村“两委”换届工作，新老班子实现顺利交接、平稳过渡。深入开展农村“领头雁”培训，对全市6122名农村（社区）“两委”主干、827名其他领域党组织书记进行了培训。扎实做好农村“第一书记”选派工作，全市共向1593个农村选派“第一书记”，各级选派的“第一书记”已经全部驻村开展工作。加大软弱涣散基层党组织整顿力度，全市共下派666名干部，组成380个整顿工作组，对535个软弱涣散基层党组织进行集中整顿，519个基层党组织已完成整顿。命名表彰16个“五好”乡镇党委、300个“五星级”农村党支部。

4.提高机关党建水平。充分发挥市直机关党建的龙头作用，专门召开市直机关党建工作会议，制定出台《关于进一步加强机关党建工作的意见》，对做好机关党建工作作出总体安排部署。结合“三严三实”专题教育，开展党章集中学习活动，围绕“入党为什么、党员图什么、为党做什么”进行大讨论，新发放党章1.05万册、党徽1.2万枚，128个市直单位制作了党员监督牌、监督栏，学习党章、遵守党章、贯彻党章的氛围更加浓厚。深入开展第二批“身边的榜样”评选活动，评选出市图书馆党支部等6个优秀基层党组织、严茂平等8名优秀共产党员，着力打造机关党建品牌。强化机关后进党组织整顿，对16个单位30个软弱涣散党支部进行集中整顿，撤销党支部1个，合并党支部7个，调整支部书记和成员11人，有力推动了机关党建规范化建设。

【稳增长、调结构、防风险】

2015年，吕梁市委坚持以经济建设为中心，一手抓党建这个最大政绩，一手抓发展这个第一要务，不断化解和应对各种不利因素，不断增加和积累各种积极因素，经济在克服困难中奋勇前行。

1.积极应对经济下行压力。认真贯彻落实中央、省稳增长的各项决策部署，加强对经济运行的分析研判和监测调控，想方设法克服困难，千方百计扭转经济增速下滑趋势。积极落实企业减负政策，继续实行领导干部包联、职能部门蹲点帮扶困难企业制度，帮助企业强管理、促营销、筹资金、渡难关，清理规范涉企收费项目23项，为企业减负25.87亿元。充分发挥投资对稳增长的关键作用，紧紧扭住全年693个项目1180亿元的固定资产投资目标不放松，全市固定资产投资预计完成1166亿元，同比增长14.7%。深入推进电子商务发展、物流项目建设和市场体系建设，阿里巴巴、乐村淘等知名电商平台纷纷落户吕梁，吕梁旭海、孝义绿城等12个商贸物流重点项目加快建设，社会消费品零售总额可达395亿元，同比增长5%。加大招商引资力度，全年项目签约2900亿元，资金到位600亿元。

2.加快产业结构转型升级。全市煤矿矿井改造建设完成投资20亿元，新增竣工验收矿井和联合试运转矿井12个，建成8个有示范引领作用的现代化矿井。全市在建和取得路条的9个低热值煤电厂项目总装机容量达540万千瓦，3个已经建成投产，4个核准在建，数量居全省第一。加快推进139个工业转型升级项目和106个新兴产业项目建设，工业转型升级项目完成投资225.7亿元，新兴产业项目完成投资140亿元。全力推进交口兴华2×35万吨铝基新材料、交口道尔200万吨铝系高温材料产业园、兴县中铝二期100万吨氧化铝等项目，全市氧化铝产能达到1000万吨，打造全国重要的铝工业基地迈出坚实步伐。“一城三园”高科技产业基地加快建设，吕梁云计算中心为市内外40余家单位、150余家电商提供云计算服务，“吕梁一号”微纳卫星成功发射，无人系统部分成果已经具备小批量生产条件，高新技术产业的经济效益、辐射效益、带动效益逐步显现。

3.稳步推进新型城镇化。坚持把新型城镇化作为推动协调发展的有力支撑、促进产业升级的重要抓手，坚持以人为核心加快新型城镇化建设。认真执行省政府批复的《吕梁市城市总体规划（2013—2030）》，以城乡规划编制为抓手，加快市域城镇化布局，着力提升城镇综合承载能力，全市城镇化率预计可提高1.8个百分点，达到46.47%。扎实推进设施提升、城市安居、城中村改造和环境提质四大工程，预计完成投资158亿元。推进吕梁新区建设，安置房、吕梁大道、九座跨河大桥等13个重点项目进展顺利，68幢开工安置楼基本完工，吕梁大道路面工程实现通车，供水供热供气等基础设施基本完善，吕梁新区框架基本形成。实施农村公路完善提质工程，西纵高速、环城高速等一批重大基础设施建成投运。

【重点领域改革稳步开展】

2015年，吕梁市委坚持把深化改革作为推动吕梁发展的持久动力，把握经济发展新常态对改革提出的新要求，立足吕梁实际，突出重点领域，不断改革创新，坚决确保中央和省委改革决策部署落地生根。

1.实施“六权治本”。吕梁作为欠发达地区，实施“六权治本”底子薄、基础差。省委确定吕梁为“六权治本”试点后，市委常委会高度重视、不等不靠，变压力为动力，先后10次专题研究，5次集中审议，成立了常委会领导下的工作小组，为推进“六权治本”提供了坚强组织保障。深刻反思权力运行中出现“天窗、后门、猫腻、黑洞”的根源，以“三清单、两平台、两张图、一监督”为载体，紧紧抓住“关节点、缺失点、风险点”，确定54个市直重点单位、1个试点市、7个试点乡镇（街道），实施权力流程再造。市级共梳理出行政职权5612项，列入清单3726项，精简1886项，精简率33.2%；孝义市42个重点单位梳理出行政职权2700项；试点乡镇梳理出权力清单94项，试点街道梳理出权力清单98项，试点村梳理出权力清单60项，有效解决了权力底数不清、界限不明晰等问题。按照“集中清理一批、修订完善一批、重新制定一批、探索创新一批”的思路，市级形成规范性制度294项，“六权治本”的实践成果和制度成果不断巩固扩大，得到省委充分肯定，山东枣庄市、江苏泰州市，山西省长治、临汾、大同等省内外考察团纷纷前来学习借鉴。

2.加快转型综改。充分发挥转型综改试验区建设对全市深化改革的统领作用，深入实施“5121”行动计划，5项重大改革、10项重大事项、20个重大项目和1个重大课题推进顺利。创新集约节约用地机制，建立市级占补平衡交易平台。鼓励引导城市工商资本“下乡”，20多户资源型企业转产农产品加工业，投入资金20多亿元。深化简政放权，落实和承接国务院、省政府取消和调整的行政审批项目等事项291项，市政府取消和下放行政审批项目64项。不断深化行政事业性收费改革，规范、取消、降标、调整、停征49项行政事业性收费。深化煤炭管理体制改革，全面停止使用包括煤炭销售票在内的9种票据，取消煤运公司各类营销站点和煤炭经营资格证。全面深化农村改革，农村土地承包经营权确权登记工作顺利推进，农村集体“三资”清理专项整治基本完成。

3.推进“三个突破”。召开全市金融振兴、科技创新、民营经济发展推进大会，制定出台《关于推进金融振兴工作的指导意见》《关于推进科技创新重点工作的实施方案》《关于加快民营经济发展的若干政策措施》等重要文件，明确了推进“三个突破”的工作重点和政策措施。不断拓宽企业投融资渠道，发布69个政府和社会资本合作（PPP）项目，总投资930亿元。建立健全农村金融服务网络，规范了全市47户小额贷款公司、18户融资担保公司，小额贷款公司实现县市区全覆盖。深化地方金融改革创新，高风险农信社改制农商行工作实现“零”的突破。加强金融风险化解工作，联盛破产重整工作有序推进，化解临县白家峁煤矿矿权纠纷和柳林县振富集团融资风险总体方案上报省政府批复。深入实施创新驱动发展战略，实施无人机、精细化工、高清摄像、种业、食用菌等8项省级重大科技专项，获得省级科技成果21项、省科技进步二等奖2项，实现历史上“零”的突破。全力推进小微企业创办、“小升规”企业成长、“小巨人”企业培育三项工程，新发展中小企业2318户，30余户中小企业成长为规模企业，15户企业成长为“小巨人”企业。

【发展社会主义民主政治】

2015年，吕梁市委大力发展社会主义民主政治，始终坚持党的领导、人民当家作主、依法治国的有机统一，努力扩大人民民主，加快建设法治吕梁，着力构建推动改革发展、维护和谐稳定的良好民主法治环境。

1.推进民主政治建设。支持市人大及其常委会依法履行职责，加强和改善对“一府两院”的监督，保障人大代表依法行使职权。市人大常委会听取和审议“一府两院”工作报告13项，开展《中华人民共和国社会保险法》《中华人民共和国会计法》等执法检查4次，对“六权治本”等14项工作进行专题调研，对15个常委会提出的《审议意见》研究处理情况实施了跟踪监督，人大工作的整体水平不断提高。支持政协组织创新履职方式，不断提高政治协商、民主监督、参政议政的质量，充分发挥政协组织的重要作用。市政协围绕中小企业及新兴产业发展、养老事业发展等进行专题调研，就新型城镇化建设、高新科技核心区、推进“六权治本”等开展专题视察和界别协商，形成许多有决策参考价值的重要成果，政协工作的科学化水平不断提升。

2.重视党的统战工作。继续巩固和发展最广泛的爱国统一战线，成立市委统一战线工作领导组，召开市委统战工作会议，对新时期统一战线工作作出全面部署。积极支持民主党派加强自身建设，不断强化党外干部教育管理，认真落实民主党派“四个一”和无党派人士“六个一”工作机制，党外代表人士工作基础不断夯实。强化统战工作基础，积极推进县级统战部、工商联、侨联、民族宗教局合署办公。加强民族、宗教、侨务、对台等工作。召开市委群团工作会议，出台《关于进一步加强和改进党的群团工作的八条意见》，对加强工会、共青团、妇联等群团组织建设作出安排部署、提出明确要求。

3.推进依法治市。全面落实法治吕梁建设新要求和“阳光政法”五年规划，扎实开展“百案评查”和信访积案集中攻坚专项活动，依法处理涉法涉诉信访积案305件，建立健全了一批执法司法规范化制度，执法司法公信力进一步提高。全面开展“六五”普法总结验收，不断健全社会普法机制、法律援助服务体系、依法维权和化解纠纷机制，广泛开展法治文化活动、法治创建活动，学法、信法、守法、用法的社会氛围日益浓厚。坚持依法行政，完善行政决策机制，把公众参与、专家论证、风险评估、合法性审查、集体讨论决定明确为重大行政决策的法定程序，确保程序正当、过程公开、责任明确。

4.加强国防后备力量建设。不断强化爱武管武职责意识，认真履行党管武装职责，积极支持推动国防和驻吕部队现代化建设。继续引深与国防科技大学的战略合作，大力推进军民融合发展。支持驻吕部队和民兵参与扶贫攻坚，不断巩固军民协调发展、共进共赢的工作格局。

【加强宣传思想文化工作】

2015年，吕梁市委坚持把宣传思想文化工作作为实现弊革风清、促进富民强市的重要动力源泉，把握正确导向，充分发挥思想引领、舆论推动、精神激励、文化支撑作用，着力提振全市干部群众的士气和信心。

1.重塑吕梁对外形象。积极整合外宣资源，拓展外宣渠道，人民日报、新华社、大公报、山西日报等40多家主流媒体来吕梁采访报道，借助深圳文博会、渝洽会、山西文博会等省内外经贸、文化、节庆、会展活动，大力宣传吕梁市改革发展的新成效，重塑吕梁对外新形象。纪录片《吕梁》《吕梁抗战记忆》制作完成并在山西卫视播出，山西日报陆续推出19个专版宣传吕梁。成功接待外交部驻34个国家的外交使节到吕梁市考察调研，驻外使节团对吕梁市生态环境、红色文化保护以及经济社会发展等方面取得的成绩给予充分肯定，吕梁发展的新形象正得到普遍认同。

2.着力培育文明风尚。深入开展社会主义核心价值观宣传教育，以抗战胜利70周年为契机，举办了晋绥散葬烈士遗骸收迁、吕梁记忆、红色记忆、展演抗战题材文艺作品等宣传纪念活动。开展“弘扬老区精神、传承廉政文化”宣传活动，深入挖掘于成龙历史优秀廉政文化，形成了一批重要研究成果，崇德尚廉的氛围更加浓厚。不断引深“破除陈规陋习、倡导文明新风”专项整治，积极开展省级、市级文明单位创建工作，社会文明程度不断提升。广泛开展道德模范等先进典型的评选，评选全市第三届道德模范29名，举办道德讲堂1500余场，公民道德建设不断加强。

3.精心打造文艺精品。坚持以人民为中心的创作导向，加强规划引导，加大扶持力度，文艺精品创作势头良好。《廉吏于成龙》《吕梁英雄传》《大清廉吏于成龙》《烽火吕梁山》《伞头和他的女人》等影视剧、歌舞剧、戏剧作品完成创作。晋剧《廉吏于成龙》参加了2015年新年戏曲晚会，习近平总书记等党和国家领导人与首都群众一齐观看；电影《伞头和他的女人》获美国洛杉矶世界民族电影节“最佳音乐影片奖”；舞剧《吕梁英雄传》赴京参加山西省新创优秀舞台剧晋京展演活动，引起强烈反响。积极开展精神文明建设“五个一工程”评选，评选出市级“五个一工程”获奖作品37件；举办了第六届戏剧剧本、小戏小品、曲艺、歌词征文评奖活动，遴选出24件优秀作品，文艺创作呈现出百花齐放、百家争鸣的可喜局面。

4.大力发展文化产业。推动有线电视网络整合工作和公益性文化事业单位内部改革，不断为文化产业发展注入活力。开展“书香吕梁”等群众性文化活动，推进“乡村文化记忆工程”，提高非物质文化遗产传承保护水平，公共文化服务体系不断健全。支持优秀文化产品产业化发展，对中阳剪纸、孝义皮影、文水葫芦画、临县铜器等项目给予产业扶助奖励资金。参加各类重要展会活动，中华廉文化研究院、《歌从黄河来》等6个重点项目顺利签约，签约额超过2亿元。

【推进生态文明建设】

2015年，吕梁市委把生态文明建设作为吕梁实现永续发展和“两个一百年”奋斗目标的重要内容，秉持“保护生态环境就是保护生产力、改善生态环境就是发展生产力”的理念，坚持节约优先、保护优先、自然恢复为主的基本方针，生态文明建设在重点突破中实现整体推进。

1.注重治本增绿。不断健全以项目投入为支撑、政府投入为主体、社会投入为补充的多元投入机制，完成林业建设投入10亿多元。突出抓好吕梁山生态脆弱区植被恢复工程，大力推进生态林业建设，全年造林49.9万亩，其中，吕梁山生态脆弱区造林39.78万亩。大力开展身边增绿，完成村庄绿化78个、通道绿化100公里、环城绿化3万亩，完成义务植树505万株。未发生重大森林火灾和人员伤亡事故，森林防火形势总体安全平稳。

2.大力兴水治水。中部引黄工程建设加快推进，沿途水网配套工程规划设计进展顺利，龙门供水、千年水库等重点水源工程建设接近尾声，吕梁供水网络体系不断完善。大力实施黄土高原淤地坝、小流域综合治理等重点水土保持治理项目，治理水土流失面积46万亩。在全市范围内开展以疏通河道、清理河道垃圾、取缔河道非法采砂为主要内容的河道整治活动，主要河道防洪能力显著提高。农村饮水安全持续提质增效，8.8万名农村居民和农村学校师生的饮水安全问题得到解决。开展生活污水收集管网建设攻坚行动和重点河流水环境综合整治工作，全市7条河流14个国省控断面，劣五类水质同比下降8%，城镇集中式饮用水水质达标率继续保持100%。

3.加强环境保护。认真实施年度大气污染防治行动计划，大气环境质量持续改善，吕梁市区空气质量综合指数同比下降11.2%，在全省11个重点城市中排名第二，空气环境污染物PM10、PM2.5、SO_2平均浓度分别下降19.6%、5.9%、17.7%。深入开展环保大检查和“铁腕斩污”行动，严肃查处环境违法案件620件，全市化学需氧量、氨氮、二氧化硫、氮氧化物、烟尘、工业粉尘等6项减排约束性指标均达省下达进度要求。全力开展环保综合整治，在环保部督查暗访提出51个问题的基础上，举一反三，进一步排查梳理出8个方面960个重点问题，完成整改930个，完成率97%。加快“气化吕梁”步伐，年初确定的4条煤层气输气管线全部建成并实现部分供气，建成管线总长度达1251公里。深入开展城乡环境整治百日攻坚，全面实施“五大战役”“四项攻坚”专项活动，城区环境显著改善，乡村面貌明显改观。

【保障和改善民生 维护社会稳定】

2015年，吕梁市委坚持把民生工作和社会治理作为社会建设的两大根本任务，着力解决人民群众最关心、最直接、最现实的利益问题，特别是把脱贫攻坚作为第一民生工程，进一步加大攻坚力度，推动更多贫困人口实现稳定脱贫。

1.统筹推进各项社会事业。继续加大民生投入。在财政收入大幅下滑的情况下，不断优化调整支出结构，坚持有保有压，大力缩减“三公”经费等一般性开支，集中财力保障和改善民生，全年民生支出230.54亿元，占财政总支出的84.09%。优先发展教育事业。大力推进义务教育学校标准化建设，扎实实施学前教育三年行动计划，新建21所公办标准化幼儿园，完成39所农村幼儿园改造任务。加快发展医疗卫生事业。不断提高新农合筹资标准，全面实施新农合大病保险。启动市中心医院、疾控中心、妇幼保健和计划生育服务中心、护理职业学院建设，恢复市中医院运行，成立市紧急医疗救援指挥中心，医卫基础设施建设加快推进。不断完善社会保障体系。稳步提高社会保障待遇水平和社会救助标准，发放城乡低保金、五保金和医疗救助资金6.8亿元。认真办好民生实事。扎实开展“聚焦民生、服务群众”主题实践活动，13个民生领域的4万余件突出问题得到有效解决。加大保障性住房建设力度，建成保障房8200套，完成投资40亿元。加快采煤沉陷区治理，完成项目投资20.1亿元。

2.切实加快扶贫攻坚步伐。深入实施“8+2”农业产业化扶贫增收工程，与省农科院正式签署农业科技合作框架协议，全面启动吕梁山片区100万亩经济林提质增效、100万千瓦光伏发电项目、10万贫困人口护理培训“三个一”扶贫行动计划，扎实推进产业扶贫、易地扶贫、整村推进、就业培训、教育扶贫等工作。以龙头企业培育为重点，大力实施现代农业项目，农产品加工龙头企业销售收入突破130亿元。全市建成9.6万亩红枣、核桃标准化管理示范园，发展绿色杂粮7.1万亩，生产食用菌2000万棒，发展中药材等林下经济12.8万亩，改良黄牛2.2万头、引进湖羊5500只，建设绿色马铃薯5万亩，推广设施蔬菜新品种1.27万亩，“八大产业”实施区农民人均可增收2000元，13.27万低收入贫困人口有望实现稳定脱贫。

3.全力以赴维护社会稳定。扎实推进平安吕梁建设，加快构建立体化社会治安防控体系，深入开展城中村整治、危爆物品治理、多发性侵财犯罪、涉毒违法犯罪等严打专项行动，刑事犯罪上升势头得到有效遏制。持续保持“打黑除恶”高压态势，成功打掉黑社会性质组织集团1个，恶势力团伙36个，侦破刑事案件4640起，抓获刑事犯罪成员2808名，群众的社会安全感明显增强。按照控新治旧原则，加大疑难复杂信访问题化解力度，强化信访“双向”责任追究，扎实开展“以群众举报乡村干部腐败为切入点集中解决群众信访诉求问题”专项治理活动，化解信访积案1000余件，信访总量稳步下降，信访秩序明显好转。全市进京非访220人次，同比下降33.9%，全省由多到少排名第7位。

4.毫不放松抓好安全生产。把安全生产摆在首要位置，落实“党政同责、一岗双责、齐抓共管”的安全生产责任制，开展隐患排查和安全生产大检查，全市未发生重大以上安全生产事故，安全生产形势稳定好转。全市发生各类安全生产事故981起、死亡207人，事故起数同比减少102起、下降9.42%，死亡人数同比减少9人、下降4.17%，安全生产事故总量和生产经营性事故总量“双下降”。开展食品药品安全专项整治，打击食品药品违法行为，未发生重大食品药品安全事件。

（中共吕梁市委员会）

市委重要会议

【市委常委会议】

1月8日，市委书记高卫东主持召开市委常委会议，专题学习传达省委副书记楼阳生在吕梁市调研讲话精神，研究讨论吕梁市贯彻落实意见。会议传达楼阳生1月6日在交城县、孝义市调研座谈会上的讲话，1月7日上午听取吕梁市“三个高压态势”“三个一批”“六权治本”有关工作汇报会议上的讲话，1月7日下午座谈会上的讲话，在省驻吕梁各督导组工作汇报会议上的讲话。

【市委常委会议】

1月14日，市委常委会召开会议，讨论市委反思剖析报告问题清单，听取全市经济工作会议筹备情况。会议由市委书记高卫东主持，省委学习讨论落实活动督导组组长李宝卿及省委纪检工作组到会指导。市委副书记、市长董岩，市委副书记雷建国，市委常委吕改莲、张效彪、郝月生、郑中夏、刘云晨、张稳科参加会议。市人大常委会主任刘明勇、市政协主席朱锦平列席会议。

【市委常委会议】

1月16日，市委常委会召开会议，讨论市委反思剖析报告（讨论稿），讨论《中共吕梁市委关于实施“三个一批”工作的意见（征求意见稿）》，讨论《中共吕梁市委关于在全市党员干部中开展向高贵平同志学习的决定（讨论稿）》。会议由市委书记高卫东主持，市委副书记、市长董岩，市委副书记雷建国，市委常委吕改莲、郝月生、郑中夏、刘云晨、张稳科、张旭光、王海东参加会议。市政协主席朱锦平列席会议。

【市委常委会议】

2月6日，市委常委会召开会议，市委书记高卫东主持会议。会议传达全国离退休干部先进集体和先进个人表彰大会精神和省委常委会传达贯彻精神；传达全国、全省宣传部长会议精神，审议通过2015年度全市宣传思想文化工作指导思想、主要任务和全市宣传部长会议有关事项；传达全国、全省组织部长会议精神，研究讨论全市组织部长会议工作报告及有关事项；传达全省保密工作会议精神；传达省委副书记楼阳生在吕梁市2014年度目标责任考核大会上的讲话精神和在方山县调研讲话精神。

【市委常委会议】

2月11日，市委常委会召开会议，听取“六权治本”考察汇报，研究吕梁市推进落实意见；听取全市农村工作会议筹备情况汇报；讨论市委整改整治工作方案（讨论稿）；传达学习省纪委十届五次全会精神。会议由市委书记高卫东主持。

【市委常委会议】

3月13日，吕梁市委常委会召开会议，传达全省农村土地承包经营权确权登记颁证工作培训会议精神，研究贯彻落实意见；听取吕梁市“六权治本”试点工作汇报，讨论进一步深入推进意见，吕梁市委书记高卫东主持会议。

【市委常委会议】

3月20日，市委常委会召开会议，研究讨论《中共吕梁市委关于做好“三个一批”工作的实施方案》。会议由市委书记高卫东主持。会议指出，根据省委《关于做好甄别处理一批、调整退出一批和掌握使用一批的意见》的要求，结合吕梁市实际，制订吕梁市“三个一批”实施方案，目的在于针对为官不廉、为官不为等问题，通过开展“三个一批”工作，甄别处理一批不廉洁乱作为干部，调整退出一批不作为不胜任干部，掌握使用一批敢担当善作为的好干部，推动吕梁市全面深化改革，落实“六权治本”，全面刷新吏治，建设一支信念坚定、为民服务、勤政务实、敢于担当、清正廉洁的干部队伍，为净化政治生态、实现弊革风清，重塑吕梁形象、促进富民强市提供坚强的组织保证。“三个一批”工作的集中实施，将按照时间服从质量的原则，分动员部署、分类实施、总结完善三个阶段进行。会议经过认真研究讨论，同意这个方案，要求按程序报批下发。会议还研究了其他事项。

【全市城乡环境整治百日攻坚专项活动动员大会】

4月13日下午，市委、市政府召开全市城乡环境整治百日攻坚专项活动动员大会，专题安排部署全市城乡环境整治工作。市委书记高卫东主持会议，市委副书记、市长董岩作动员讲话，市委常委、常务副市长张广勇宣读实施方案，市领导郑中夏、刘云晨、张敬平、张稳科、王海东、刘永平，市中院院长史红波，市长助理、公安局局长权志高，市政府秘书长梁斌出席会议。

【全市学习讨论落实活动总结暨“六权治本”推进会】

4月24日，市委召开全市学习讨论落实活动总结暨“六权治本”推进会，市委书记高卫东出席会议并作重要讲话。市委副书记、市长董岩主持会议。会议传达贯彻全省学习讨论落实活动总结暨“六权治本”推进会精神，对吕梁市学习讨论落实活动进行总结，对全面推进“六权治本”作出安排部署。市委副书记雷建国、市人大常委会主任刘明勇、市政协主席朱锦平、省委督导组副组长马评，市领导张广勇、郝月生、马文革、郑中夏、刘云晨、张敬平、常书铭、竟晖等四大班子负责人，法、检两长及在吕梁的市级领导出席会议。省委督导组副组长马评和王宏专程到会指导。

【市委常委会议】

5月12日，市委常委会召开会议，研究讨论2015年市“两会”有关事宜。会议由市委书记高卫东主持。市委副书记、市长董岩，市委副书记雷建国，市委常委马文革、刘云晨、张敬平、常书铭、张稳科等出席会议，市人大常委会主任刘明勇、市政协主席朱锦平、市人大常委会副主任张保福、市政协副主席刘本旺列席会议。会议研究讨论了董岩在市二届人大九次会议上的政府工作报告、召开市二届人大九次会议有关事项、关于设立吕梁市人民代表大会法制委员会的事项、召开市政协二届七次会议有关事项、《关于2014年国民经济和社会发展计划执行情况与2015年国民经济和社会发展计划草案的报告》《关于2014年全市和市本级预算执行情况及2015年全市和市本级预算草案的报告》等。

【市委常委会议】

7月20日，市委常委会召开会议，讨论市直工委关于市直机关从严落实《中国共产党和国家机关基层组织工作条例》有关事项、《关于贯彻落实王儒林书记批示精神的意见》、《中共吕梁市委党建工作领导小组2015年工作要点》、《关于14个市政府试点单位的权力清单、责任清单及职权运行流程图和风险防控图》，审定吕梁市2014年度“五好”乡镇党委、“五星级农村党支部”名单等事项。会议由市委书记高卫东主持，市领导雷建国、张广勇、郝月生、马文革、刘云晨、张敬平、常书铭、张稳科、竟晖出席会议，市人大常委会主任刘明勇、市政协主席朱锦平列席会议。

【市委常委会议】

8月11日，市委常委会召开会议，研究讨论《关于38个市政府非试点单位的权力清单、责任清单及职权运行流程图和风险防控图》、乡村“六权治本”工作情况有关事宜、贯彻落实全省金融振兴推进大会精神有关事宜，学习传达《王儒林同志在省委常委会上谈到太原市“城中村”改造时的讲话》，传达全省“三严三实”专题教育工作推进会精神和全省第一书记到村任职动员会精神，研究吕梁市贯彻落实意见。会议由市委书记高卫东主持。

【市人大政府政协换届工作会议】

8月20日，市委召开市人大政府政协换届工作会议，贯彻省委精神和市委要求，对换届工作进行全面安排部署。会议要求，各级各部门一定要以对党和人民事业高度负责的精神，统筹安排，精心组织，保证市人大、政府、政协换届顺利进行，圆满成功，为净化政治生态、实现弊革风清、重塑吕梁形象、促进富民强市做出新的贡献。市委书记高卫东出席并作重要讲话，市委副书记雷建国主持会议，市委常委、纪委书记张稳科就严明换届纪律作了要求，市委组织部部长秦书义就换届工作作了具体安排部署。市领导刘明勇、朱锦平、马文革、常书铭、张保福、王侯党出席会议。市换届筹备领导组成员，各县（市、区）委书记、人大常委会主任、政协主席、纪检书记、组织部部长、统战部长参加了会议。

【市委常委会议】

8月24日，市委常委会召开会议，传达学习中共中央政治局常委会议、国务院常务会议精神和省委办公厅、省政府办公厅《关于认真贯彻落实中共中央政治局常委会议和国务院常务会议精神进一步做好我省安全生产工作的通知》，通报吕梁市当前安全生产工作情况，研究进一步做好全市安全生产工作的意见。会议由市委书记高卫东主持。

【全市干部大会】

9月15日下午，吕梁市召开全市干部大会，传达中央文件精神，安排部署换届工作。市领导高卫东、刘明勇、张广勇、马文革、刘云晨、常书铭、张稳科、竟晖、张保福、张国彪、刘永平、梁来茂、李俊平、王志强、刘继隆，市中级人民法院院长史红波、市人民检察院检察长宁建新、吕梁教育学院院长白荣欣、市委党校常务副校长郭长风、市长助理杨巨才、薛平，市人大常委会秘书长王峰、市政府秘书长梁斌、市政协秘书长阎广聪及市直单位主要负责人参加了会议，市委常委、常务副市长张广勇主持会议。市委常委、纪委书记张稳科传达了《中共中央办公厅关于湖南衡阳破坏选举案的情况通报》和《中共中央关于湖南衡阳破坏选举案处理情况及其教训警示的通报》两个文件，市委常委、常务副市长张广勇传达《中共中央关于四川南充拉票贿选案查处情况及其教训警示的通报》。

【市委常委会议】

9月24日，市委书记高卫东主持召开市委常委会，传达贯彻省长李小鹏吕梁调研座谈会讲话精神，研究吕梁市贯彻落实意见。

【市委常委会议】

9月30日，市委书记高卫东主持召开市委常委会，学习省委办公厅、省政府办公厅文件《关于印发〈山西省贫困县党政领导班子和领导干部经济社会发展实绩考核办法〉的通知》，研究吕梁市贯彻落实意见。市领导雷建国、张广勇、郝月生、马文革、刘云晨、张敬平、常书铭、张稳科、王海东、张选出席会议，市人大常委会主任刘明勇、市政协主席朱锦平、市委组织部部长秦书义列席会议。

【市委常委会议】

10月30日，市委常委会召开会议，学习《中国共产党第十八届中央委员会第五次全体会议公报》，传达省委副书记楼阳生吕梁调研座谈会上的讲话精神，讨论《贯彻落实晋发〔2015〕14号文件精神的任务分解》《吕梁市关于加快科技创新全面创新推动经济转型升级的实施意见》《中共吕梁市委关于加强农村基层组织建设的若干意见》等。会议由市委书记高卫东主持，市领导雷建国、张广勇、郝月生、张敬平、常书铭、张稳科、王海东、竟晖、张选出席会议，市政协副主席、市委统战部部长王侯党，市委组织部部长秦书义列席会议。

【市委常委会议】

11月27日，市委常委会召开会议，研究讨论《中共吕梁市委关于制定国民经济和社会发展第十三个五年规划的建议》，听取全市“两个责任”专项督查情况汇报。会议由市委书记高卫东主持，市领导雷建国、马文革、刘云晨、张敬平、常书铭、张稳科、王海东、竟晖参加会议，市人大常委会主任刘明勇、市委组织部部长秦书义列席会议。

【市委常委会议】

12月2日，市委常委会召开会议，研究讨论《关于加快民营经济发展的若干政策措施》《关于推进科技创新重点工作的实施方案》《关于进一步加强和改进党的群团工作的八条意见》等。会议由市委书记高卫东主持，市领导雷建国、郝月生、张敬平、常书铭、张稳科、竟晖出席会议，市人大常委会主任刘明勇、市委组织部部长秦书义列席会议。

【吕梁市“十三五”规划建议征求党外人士意见座谈会】

12月10日，市委常委、秘书长、政法委书记刘云晨主持召开吕梁市“十三五”规划建议征求党外人士意见座谈会，就吕梁市“十三五”规划建议进行了研究与探讨。市政协副主席梁来茂、李俊平参加会议。

【市委常委会议】

12月11日，市委常委会召开会议，听取市委三届七次全会筹备情况汇报，讨论全委会工作报告等会议文件材料。会议由市委书记高卫东主持。会议听取了市委三届七次全会筹备情况汇报。会议要求，有关方面要认真做好全会各项筹备工作，确保全会顺利召开。会议讨论了全委会工作报告等会议文件材料。会议原则通过常委会工作报告、关于制定“十三五”规划的建议、“十三五”规划建议的说明等。会议要求，文件起草组要继续征求有关方面的意见建议，梳理吸纳到相关材料中，确保全会取得圆满成功。会议还研究了其他事项。

【市委常委（扩大）会议】

12月11日下午，市委召开常委（扩大）会议，宣布省委关于市政府主要领导同志任职的决定。省委决定，王立伟任吕梁市委委员、常委、副书记，提名为吕梁市市长候选人。市委书记高卫东主持会议。省委组织部副部长、省老干局局长陈跃钢受省委委托，宣读了省委关于吕梁市政府主要领导同志任职的决定并讲话。市委常委，市人大、政府、政协领导班子成员，其他副厅级以上领导干部，市政府秘书长等参加会议。

【中共吕梁市第三届委员会第七次全体会议】

12月15日，中国共产党吕梁市第三届委员会第七次全体会议召开。全会深入贯彻落实党的十八届五中全会和省委十届七次全会精神，听取讨论《市委常委会工作报告》，审议通过《中共吕梁市委关于制定国民经济和社会发展第十三个五年规划的建议》、中共吕梁市委三届七次全会决议和有关事项，动员全市各级党组织，团结带领广大党员干部和人民群众，加快实现整体脱贫和全面建成小康社会目标，奋力开创弊革风清、富民强市新局面。

【市委常委会议】

12月24日，市委常委会召开会议，审定《中共吕梁市委关于制定国民经济和社会发展第十三个五年规划的建议》。会议由市委书记高卫东主持，市领导王立伟、雷建国、郝月生、刘云晨、张敬平、常书铭、张稳科、竟晖、张选出席会议，市人大常委会主任刘明勇、市政协主席朱锦平、市委组织部部长秦书义列席会议。

调研活动

【楼阳生在吕梁调研】

1月6日至7日，省委副书记楼阳生在省委常委、政法委书记王建明，市委书记高卫东等的陪同下，先后深入吕梁市交城、孝义等地，就学习讨论落实活动进展及“六权治本”在基层的实施实践情况进行专题调研。

【盛茂林在吕梁调研】

1月23日，省委常委、组织部部长盛茂林在方山、兴县就农村“两委”换届和基层组织建设等工作进行调研。市委书记高卫东，市委常委、组织部部长郑中夏陪同调研。

【楼阳生到吕梁孝义调研】

5月26日至27日，省委副书记楼阳生在市委书记高卫东的陪同下深入吕梁市孝义，重点就农村集体“三资”管理和乡村信访工作进行调研。市领导董岩、雷建国、马文革、刘云晨，市政府秘书长梁斌等参加相关活动。

【王儒林在吕梁调研】

6月16日，省委书记王儒林深入吕梁孝义市的煤炭、焦化、铝业相关企业，了解生产经营情况，就科技及其他方面创新进行调研，听取意见建议。省委常委、秘书长王伟中，省委常务副秘书长姜新文以及经信、科技、证监、发改、教育、煤炭等省直部门负责人一同调研。市委书记高卫东，市委副书记、市长董岩，市委常委、孝义市委书记马文革，市长助理、公安局局长权志高、市政府秘书长梁斌参加调研。

交流活动

【高卫东、董岩会见省水利厅厅长潘军峰】

4月9日，市委书记高卫东，市委副书记、市长董岩会见省水利厅厅长潘军峰一行，双方就加快吕梁水利工程建设、推进水利事业发展进行了深入交流。省水利厅副厅长李力、纪检组长孟希雄、副巡视员贾玹骥，市领导常书铭、刘永平，市政府秘书长梁斌等会见时在座。

【高卫东会见民生银行太原分行党委书记王军】

9月15日，市委书记高卫东会见了民生银行太原分行党委书记王军一行，双方就寻求金融领域的合作与发展进行了深入交流。市委常委、常务副市长张广勇，市委常委、副市长竟晖，市政府秘书长梁斌等会见时在座。

【高卫东会见中城建第三工程局集团总裁李岩】

10月19日，市委书记高卫东在太原会见中城建第三工程局集团总裁李岩，双方就中城建第三工程局集团与吕梁市推介的国道209线吕梁新城区段（应家梁隧道）改线合作作了深入交流。市委常委、副市长郝月生，市直相关部门负责人及中阳县主要领导一同会见。

【高卫东会见山西中铝华润有限公司董事长吴智明】

12月2日，市委书记高卫东会见了山西中铝华润有限公司董事长吴智明一行，双方就加快铝工业项目建设进度、进一步深化合作进行了交流。市领导郝月生、刘云晨、李润林，市政府秘书长梁斌，山西中铝华润有限公司董事、总经理简易等参加会见。

【高卫东会见中行山西分行行长刘旭伟】

12月8日，市委书记高卫东会见了中国银行山西省分行党委书记、行长刘旭伟一行，双方就加大金融合作、支持经济发展进行了深入交流。市领导张广勇、竟晖，市政府秘书长梁斌等参加会见。

组织

【思想政治教育】

2015年，吕梁市广大党员领导干部将学习贯彻习近平总书记系列重要讲话精神作为重大政治任务，深刻领会总书记系列讲话的精神实质和理论体系，把握贯穿其中的坚定信仰追求、历史担当意识、真挚为民情怀、务实思想作风和科学思想方法。市委中心组开展专题学习17次，学习党的十八大和十八届三中、四中、五中全会精神，省委书记王儒林吕梁调研讲话精神和省委系列会议精神；学习中央、省、市有关廉洁自律各项规定，集中观看《作风建设永远在路上》等教育片，利用吕梁红色教育资源及优秀廉政文化，营造廉政文化环境。全市各级领导班子、领导干部以身作则、以上率下，坚持先学一步、学深一步，推动了学习贯彻讲话精神的扎实深入进行。通过强化学习教育，全市广大党员干部坚定了理想信念，补足了精神之钙，筑牢了思想之基，增强了法治思维、纪律观念和规矩意识，学讲话、学作风迈出了坚实步伐。开展学习讨论落实活动。2014年12月5日学习讨论落实活动正式动员以来，全市各级党组织和广大党员领导干部围绕“深入学习贯彻习近平总书记系列重要讲话精神，净化政治生态、实现弊革风清，重塑吕梁形象、促进富民强市”的活动目标，坚持从严导向、问题导向、目标导向，统筹抓好《学习讨论落实活动方案》确定的8个方面29项任务，整个活动有序开展、扎实推进。市委组织部将开展好活动作为首要任务，认真组织和具体实施全市活动的各项工作任务，全市学习讨论落实活动达到预期目的，取得重大阶段性成果。认真汲取教训，深刻反思剖析，全面从严管党治党意识明显增强；保持“三个高压”态势，坚决惩治腐败，党风廉政建设和反腐败深入推进；开展“三个一批”，大力刷新吏治，风清气正的用人环境逐步形成；搞好试点，推进“六权治本”，权力运行的制度机制逐步健全；坚持民生优先，狠抓专项整治，富民强市的思路举措更加明确。组织“三严三实”。

专题教育。全市5个市厅级党委（党组）、170个县处级党委（党组），34名厅级干部和1061名县处级干部参与“三严三实”专题教育。吕梁市委高度重视，精心组织，市委组织部发挥牵头作用，落实双重责任，专题教育开局良好，进展顺利。起草了《“三严三实”专题教育协调小组组成人员及主要职责》，明确组成人员，细化职责分工，并确定专人分别负责市四大班子、市直单位和各县市区专题教育的督促、指导和联络工作，确保专题教育不留死角与盲区。结合实际，研究制订《关于在全市县处级以上领导干部中开展“三严三实”专题教育实施方案》，对全市开展“三严三实”专题教育作出总体安排部署。认真组织领导干部讲党课，专题教育顺利开局。5月25日上午，市委书记高卫东以电视电话会议形式向全市党员干部讲“三严三实”专题教育党课，全市专题教育全面启动。县处级以上党委（党组）班子主要负责同志都在各自的单位、领域作了党课辅导。组织全市副县级以上干部共计190余人集中阅读《党的十八大以来省纪委查处的严重违纪违法领导干部忏悔录汇编》。下发《加强“三严三实”专题教育活动督促指导的通知》，建立完善专题教育旬报制度。要求各联络员及时掌握县处级以上党委（党组）开展专题教育情况，针对出现的问题及时指导沟通，以确保专题教育高质量完成。组织各部门、各单位开展了“严以修身”“严以律己”“严以用权”三个专题学习研讨工作。为保证市委常委“三严三实”专题研讨及时召开，市委组织部在每次专题研讨前都专门就召开时间、要求等起草建议通知；专题民主生活会召开前，专门起草《关于召开2015年度市委常委专题民主生活会的实施方案》，就民主生活会的时间、主题、实施步骤等作了具体说明，12月17至18日，市委常委会“三严三实”专题民主生活会圆满完成，省委常委、纪委书记黄晓薇参加会议并作重要讲话。“三严三实”专题教育四次集中研讨和专题民主生活会全部完成。

【干部队伍建设】

2015年，吕梁市委组织部开展干部教育培训工作。制订下发《2015年全市干部教育培训工作要点》，对全市2015年度干部教育培训工作作安排部署。举办4期全市乡镇（街道）党（工）委书记、纪委书记落实“两个责任”专题培训班，共培训370余人。与吕梁军分区共同承办题为《“一带一路”与中国外交转型，新战略新构想》的吕梁大讲坛。组织开展党政领导干部岗位专业知识网络培训试点工作，全市388名领导干部参加培训。开展清理整顿领导干部参加社会化培训工作，规范全市干部培训秩序。全面铺开干部选学工作，来自省内外的21所高等院校开展了88个选学培训专题。完成中组部、省委组织部的各项调训任务，共涉及省管干部19人次，市管县处级干部81人次，科级干部62人次。组织各县市区、市直各单位完成了第四批全国干部学习培训教材征订工作，为全市1100名市管干部统一发放了学习用书。开展“九查”工作。严格贯彻落实省委四个干部工作文件，按照《党政领导干部选拔任用工作条例》，根据省委“三个一批”工作精神，制订印发《吕梁市关于做好“三个一批”工作的实施方案》，市委召开“三个一批”工作推进会，明确了基本思路和具体办法。在全市1000余名市管干部中，确定了重点对象856名，开展“九查”工作。查线索、查案件，通过公函的形式，向纪检委、公安局、检察院、法院、审计局、信访局、人社局等部门提供审查名单、审查用表格，提出审查任务、具体要求和完成时限，审查的时间跨度为2012年以来。查档案、查个人有关事项报告、查考核、查业绩、查民意，由组织部门或市直单位根据掌握的资料信息来完成。查人岗匹配，由组织部发放征求干部本人和单位的意见，进行认真研判。查德行，在干部掌握使用环节进行，干部考察时，由考察组来落实。对列入第一批重点对象的包括县市区党政领导班子成员及公检法“一把手”，市直“一把手”，市直具有审批权、执法权、人事权等重要岗位的565名县级干部，个人档案全部审核完毕，其他相关审查信息也基本收集归档。开展干部选任工作。吕梁市把干部职位空缺的补充调整作为实施“三个一批”工作的切入点和突破口，创新干部考察方法，做到“四个注重”。注重“公道正派”，干部推荐考察工作中突出“六个全程”，即全程民主、全程差额、全程署名、全程留痕、全程监督、全程追责，明确程序环节、责任主体，为选拔群众公认的好干部提供保障；注重“人岗匹配”，民主推荐时将个别谈话推荐前置，充分掌握民意、了解干部情况，为会议推荐出符合干部选拔条件的优秀人选打好基础；注重“以廉为基”，对初步人选进行全面廉政审查，做到“五个必审”，即政治纪律方面必审、廉洁自律方面必审、作风方面必审、干部档案方面必审、个人有关事项报告方面必审，最大程度地防止“带病提拔”；注重“八小时之外”，考察时扩大考察范围，运用明察暗访、随机调研等方法，深入街道、社区、住宅区、曾经工作地，充分听取知情人、家庭成员、街坊邻里和身边工作人员意见，全面掌握考察对象“八小时”外的生活圈、社交圈的有关情况，对考察对象进行更为全面的“体检”。这些方法在选拔配备7名县市区委书记，5名县市区长，9名县市区人大、政协正职，25名市直单位正职，以及249名机构改革单位班子成员和其他县级干部工作中发挥了积极作用。抓好干部监督管理工作。推进领导干部个人有关事项报告抽查核实工作，完成1040份《领导干部个人有关事项报告表》的信息录入和完善更新工作，对957名领导干部进行抽查核实。开展2014年度“带病提拔”集中倒查工作，对排查出的5名对象进行了倒查，并形成倒查报告上报省委组织部。开展干部选拔任用工作“一报告两评议”，对13个县市区党委和市直113个单位2014年度干部选拔任用工作情况做了专题报告和民主评议。吕梁市“一报告两评议”满意度得分93.4分，在全省11个市中排名第六，较上年有较大提高。严把干部任前审查关，对125名考察对象人选征求一票否决部门意见，严格做到没有审查的不上会，审查有问题的不任职；严格执行干部任前公示制度，对拟提拔任职的55名干部进行任前公示。加大对举报件的查处力度，对“12380”举报信息管理系统进行了改造升级，共接到各类型举报件89件，其中，省委组织部批转要结果的34件中调查上报30件。开展全市违规办理和持有因私出国（境）证件专项治理工作，对全市12836名科级以上干部全部进行重新登记备案。在1000余名市管干部中，集中保管证件228本，对未经组织批准擅自出国（境）的31人进行约谈，对违规办理的41本证件进行集中注销作废。严格落实专项治理超职数配备干部消化任务，全市913名超职数配备干部中消化158名，其中，县级干部32名。2015年，吕梁共处理惩治不廉洁乱作为干部588人，调整退出不作为、不胜任干部10人，掌握使用敢担当善作为干部158人。抓好干部日常综合管理工作。推进干部人事档案规范化管理，通过强化制度落实，严格查借阅审批手续和档案转递制度，通过强化宏观指导，对部分市县管档单位进行督促检查，对相关业务人员进行指导培训，通过强化警示教育，严肃追究有关领导和工作人员的责任。配合省市纪检、检察部门办案查阅档案37批次67人次，其他日常查阅档案78次744人，对1300余卷县处级、党群系统科级及科级以下干部档案进行材料归档、整理，未出现纰漏。完成全市20名选调生的招考工作。严格职数管理，共审批市县科级职数904个。完成省选派到吕梁市乡镇挂职的7名干部第一阶段的总结考核工作，这些干部转入第二阶段挂任县市区委副书记或政府副县长的挂职工作中。对省市县三级选派的99名农村“第一书记”进行了任职期满考核。落实全省公务员管理工作视频会议精神，完成全市党群系统135名公务员的招考工作，参与完成市纪委6名查办案件人员的遴选工作。完善艰苦边远地区考录政策，全市确定44个艰苦边远乡镇名单并上报省委组织部。与市人社局共同下发《关于开展公务员平时考核试点工作的通知》，开展平时考核试点工作。推动公务员登记工作规范化，办理147名新录用公务员的录用审批手续，组织155名新录用公务员参加省委组织部举办的初任培训班，完成121名公务员的登记工作。抓好目标责任考核工作。责任制考核实现了指标体系、日常考核、考核方法、考核结果运用、考核机制和考核手段6个创新。完成对13个县市区、110个市直单位、1029名县处级领导干部2014年度目标责任考核工作。按照省考核办要求，在2015年度工作任务指标体系中增设5项“全面深化改革工作”类指标，按时上报省考核吕梁市共性指标和“深化改革”指标日常进展信息。配合省目标责任考核督查调研组完成了对吕梁市上半年工作的督查调研。

【市人大政府政协换届工作】

2015年12月25日至30日，在吕梁市委的坚强领导下，在省委组织部督导组的有力督导和精心指导下，吕梁市第三届人民代表大会第一次会议和第三届政治协商会议第一次会议召开，整个会议实现“组织严密、依法依规、风清气正、圆满成功”目标。市委高度重视，切实加强对换届工作全过程的组织指导。2015年8月，按照省委对吕梁换届工作的要求，由市委组织部牵头，全面展开换届前期筹备工作，成立吕梁市人大政府政协换届筹备工作领导组及办公室，研究制订并及时下发《关于认真做好2015年市人大政府政协换届工作的通知》，8月20日召开了市人大政府政协换届工作会议，吕梁市换届工作全面铺开。市委书记高卫东对换届工作高度重视，多次听取换届工作专题汇报，并8次召开市委常委会议，对换届工作的重大问题及时进行研究，提出指导意见，对工作进展缓慢的县市区和市直单位责任人，亲自进行约谈。市委常委、组织部部长秦书义把换届作为各项工作的重中之重，从最基础的工作抓起，投入大量的时间与精力，从工作人员的抽调培训、人选的民主推荐、组织考察、人事安排方案的酝酿产生，到人选的依法推荐提名、民主协商和大会选举，每个环节都亲自把关、周密部署、反复推演，确保万无一失。在市委的正确领导下，全市各级党组织加强组织领导，认真统筹谋划，狠抓工作落实，切实做到责任到位、工作到位、措施到位。发扬民主，做好人大代表提名选举和政协委员推荐协商工作。按照有关文件精神和上级要求，代表委员提名协商选举过程中，把加强党的领导、充分发扬民主和严格依法办事紧密结合起来，从资格条件、结构比例、考核审查、教育培训四方面做好工作，提高代表和委员的综合素质和履职能力。严把代表和委员素质关，严格把握人选标准，坚持“德才兼备、以德为先、以廉为基”的原则，把政治信念坚定放在首位，把清正廉洁作为基本条件，做好人大代表候选人的推荐、考察、资格审查和政协委员的协商提名工作，确保人大代表和政协委员人选符合省委和市委要求。市委对代表和委员的构成比例提出明确要求，市人大、市政协也对代表、委员候选人结构作出具体规定，为全市的候选人推荐提名工作提供了针对性、操作性较强的指导意见。市委下派的 83 名、各县市区委提名的 288 名共 371 名代表候选人全部当选；市三届政协委员广泛性、代表性、先进性更加突出，较好地体现统一战线大团结、大联合的本质特点。市、县换届办都组织了专门考察组，对候选人初步人选进行严格考察。通过征求一票否决部门意见、统战部门意见、开展“九查”等方式，防止把政治品质和道德品行差、有涉嫌违法违纪行为的人推荐为人大代表、政协委员，保证人选的政治素质、德才表现和民意基础。严格培训教育，市人大常委会人事工委、政协常委会人事工委分别就代表法、政协章程、地方组织法、选举法等法律知识以及与代表、委员履行职务密切相关的法律知识对代表和委员组织进行了培训，使代表和委员的政治素质、履职能力得到增强。履行程序，研究确定人事安排方案。市委严格按照省委有关换届的规定和精神，坚持按程序办事，坚持走群众路线，认真落实群众对干部选拔任用工作的知情权、参与权、选择权和监督权，把严格规定程序和充分发扬民主贯穿于整个工作的全过程。做好对符合相关资格条件人选的调查摸底工作。配合省委干部考察组，完成了市人大、政府、政协领导班子成员和法检“两长”述职述廉和全额定向推荐工作。市委对换届人选进行充分酝酿协商，在听取各方面意见的基础上，形成市人大常委会委员、政协常委初步提名人选方案。随后，按照有关规定，又专门听取市级党政领导班子和人大、政协、统战部主要负责同志及社会各有关方面和民主党派的意见，并综合各方面的意见对有关人选进行了适当调整。11 月 26 日，市委常委会议根据省委干部考察组反馈意见，研究提出第三届市人大政府政协领导班子换届人选考察对象；12 月 10 日，根据省委组织部反馈意见，研究提出第三届市人大政府政协领导班子换届正式候选人名单，并上报省委审批。同日，省委常委会议研究同意并批复了吕梁市的换届候选人人选。12 月 24 日，市委常委会议研究确定了吕梁市人大常委会委员、政协常委候选人人选，形成各项候选人建议人选名单。依法办事，精心组织有序推进换届选举各项工作。按照有关法律政策规定和省委关于做好换届选举工作的要求，结合吕梁实际和大会选举工作需要，研究制订《选举办法》，做好人事安排说明工作。抓住联合提名这一关键环节，依法保障代表提名权。加强党的领导，精心组织大会选举。从市人大、政协、市委组织部、统战部抽调 30 余名政治觉悟高、业务能力强、能吃苦耐劳的人员组成大会秘书处组织组，承担大会的代表、人事和选举等工作。组织组制定周密细致的实施细则，将各项工作落实到人，将完成时限细化到小时，制订应急预案，对选举全过程进行了多次实战演练，保证选举工作的有序进行。发挥党的思想政治优势，市委书记高卫东先后与涉及进退留转的57名同志作个别谈话，明确政策规定，讲清组织意图，要求大家识大体、顾大局，服从组织决定，安心做好本职工作，自觉遵守组织人事纪律，为选举工作顺利进行奠定了坚实的思想基础。严肃工作纪律，营造风清气正会议环境。下发《关于进一步严明换届工作纪律的通知》，明确“5个严禁、17个不准、5个一律”的纪律要求。市委书记高卫东对换届工作纪律高度重视，在换届工作会议、大会临时党组（扩大）会议、临时党支部书记会议和党员代表、党员委员会议上，多次对换届纪律进行强调，对严肃会风会纪提出明确要求。市纪委书记张稳科先后7次参加工作人员培训会、代表委员培训会等，结合湖南衡阳破坏选举案、四川南充拉票贿选案，对严守工作纪律作出针对性的安排部署。会议期间，大会秘书处设立会风会纪监察组，分组在各团进行巡回检查。省纪委、省委组织部督导组在会议期间采取受理举报、公开电话等方式，深入了解“两会”期间严肃换届纪律工作情况和换届选举风气状况。各代表团全体代表、委员严格执行各项纪律规定，自觉遵守会议各项制度，没有发现拉帮结伙、拉票贿选、请客送礼等不正之风和其他违法违纪行为，整个大会风清气正、团结紧张、井然有序。山西省委书记王儒林在全省经济工作会议上对吕梁换届工作给予充分肯定。省委常委、组织部部长盛茂林对吕梁市换届工作作出批示，“吕梁市委高度重视换届工作，认真落实主体责任，坚持加强党的领导，充分发扬民主，严格依法办事；市人大政府政协党组坚决贯彻党委决定，积极主动做好工作；市委组织部和有关方面一直认真履职，狠抓落实，换届实现了风清气正，圆满成功。为明年全省换届工作提供了宝贵经验。”

【基层党组织和党员队伍建设】

2015年，吕梁市委狠抓基层党组织建设。按照“抓两头、带中间”的工作思路，市委研究制定了《关于进一步加强机关党的建设工作的意见》和《关于加强农村基层组织建设的意见》，明确基层党建的工作内容和重点措施。围绕靠实基层党建责任，下发《中共吕梁市委党建工作领导小组2015年工作要点》和《各县市区2015年度基层党建组织建设考核指标》，明确市直单位和县市区党建工作的重点任务，建立基层党建量化考核办法，召开县乡党委书记抓基层党建工作专项述职会议。围绕抓好机关党建，坚持宁缺毋滥、好中选优的原则，开展第二批“身边的榜样”评选活动，通过开辟专栏、举办先进事迹报告会等形式，宣传6个先进基层党组织和8名优秀共产党员的典型事迹，用身边事教育身边人，形成创先争优的浓厚氛围。围绕抓好农村党建，按照分级分类培训的方式，完成“领头雁”培训工作，组织161名农村“两委”主干参加市级示范培训班；投入407万元，对全市6122名农村（社区）“两委”主干、827名其他领域党组织书记进行培训。做好农村“第一书记”选派工作，全市共向1593个农村选派“第一书记”，编印《农村党支部第一书记工作手册》，对市直机关选派的179名“第一书记”进行为期一天的培训，各级选派的“第一书记”全部驻村开展工作。加大对软弱涣散基层党组织的整顿工作，全市共下派666名干部，组成380个整顿工作组，对535个软弱涣散基层组织进行整顿。全市有519个基层党组织完成整顿。完善星级目标考核方案，组建13个考核验收组，对各县市区上报的“五好”乡镇党委、“五星级”农村党支部进行了考核验收，市委对考核验收合格的16个“五好”乡镇党委、300个“五星级”农村党支部进行了命名表彰。开展“山西最美社区干部”推选工作，孝义市迎宾北社区党支部书记、社区主任郭首旗荣获“山西最美社区干部”；开展“全省优秀乡镇党委书记”评选工作，在对23名人选进行全面考察的基础上，经市委常委会议研究确定了11名推荐人选并上报省委组织部。对吕梁市各级党代表大会代表进行了排查摸底，对17名应当终止代表资格和25名停止执行代表职务的省市党代表大会代表作出相应处理。狠抓党员队伍管理。下发《关于向生活困难老党员发放生活补助的通知》，市级党费拨付32.2万元，为年满65周岁、曾经担任过村“两委”主干且生活特别困难的644名老党员，每人发放500元生活补助。制订《吕梁市2015年发展党员工作计划》，严把党员入口关，在发展党员过程中，严格执行入党积极分子登记备案、发展党员公示、预审、票决、全程纪实及责任追究等制度，全面实行发展党员基层党委组织员参加支部大会制度，加大对违规发展党员工作责任追究力度，探索不合格党员处置办法，处置不合格党员46名。下发《关于进一步规范党费收缴工作的通知》，统一全市党费收缴的标准、时限、报送要求、使用表格等，全市各级党组织在使用党费时必须使用市委组织部统一制定的《党费使用审批单》，进一步推进党费使用规范化建设。成立专项检查组，对全市发展党员及党费收缴、使用、管理工作进行一次全面细致的检查，对检查工作中发现的问题提出整改意见，要求整改单位报送具体整改措施。根据专项检查情况，印发《关于全市发展党员工作检查情况的通报》，推动全市发展党员工作规范有序。狠抓大学生村官日常管理。推动大学生村官有序流动，全市共有在岗大学生村官878名，2015年需流动493名，有235名大学生村官通过参加公开招考、考核招聘的方式走上其他岗位。集中开展一次大学生村官自查自纠工作，解聘10名在外兼职人员，对部分存在年度考核优秀等次超比例情况的县进行纠正。加强大学生村官素质培养，及时下拨专项培训经费157.5万元，全市共组织大学生村官培训16期，累计培训天数54天。

【人才队伍建设】

2015年，吕梁市委加强对全市人才工作的宏观指导。按照省市人才工作会议部署，下发《2015年全市人才工作目标任务分解通知》，把43项人才工作目标任务细化分解到20个市委人才工作领导组成员单位和各县市区委组织部，明确完成时限和责任人。健全人才工作领导组成员单位定期报告工作制度和人才工作信息交流制度，增强工作合力。重点人才工程取得新成效。大力实施“5111”人才引进工程，引进“两院”院士10人，国家“千人计划”专家41人，博士生119人，硕士生4030人，如期完成“十二五”时期引进高层次人才和紧缺人才的目标任务。山西杰祥生物科技有限公司（柳林）首席科学家桑涛博士和晋能清洁能源科技有限公司（文水）总经理杨立友博士入选山西省“百人计划”专家。结合吕梁市产业发展和重点项目需要，指导吕梁市军民融合协同创新研究院院士工作站、省级经济开发区、市海内外高层次人才基地积极落实人才政策待遇，促进高层次人才和紧缺人才更好发挥作用。本土人才培养工作取得新进展。在复旦大学举办吕梁市优秀中小企业家创新转型研修班，对全市50户专精特新中小企业、“小升规”和“小巨人”培育企业的董事长或总经理进行了培训。制订下发《第三届吕梁市优秀人才评选工作方案》，全市共144人上报申报材料，准备开展评审工作。优秀人才典型事迹宣传力度得到新加强。在《吕梁日报》一版显著位置开辟“人才风采”专栏，对省“百人计划”专家桑涛和杨立友、省新兴产业领军人才娄东民和省学术技术带头人乔晓红、卫三平和牛建中等6人的典型事迹进行宣传报道，营造浓厚的引才识才重才良好氛围。

【组织部门自身建设】

2015年，吕梁市委组织部注重牵头抓总和搞好自身建设两项工作，以开展“从严治部”为抓手，以学习讨论落实活动和“三严三实”专题教育为契机，增强组工干部理想信念，优化组工干部队伍，打造“六型”合格组工干部，建设“讲政治、重公道、业务精、作风好”的模范部门。深化学习教育和培训。组织部机关全体人员学习贯彻习近平总书记系列重要讲话暨中共十八届三中、四中、五中全会精神，省委书记王儒林吕梁调研讲话，及时传达省委组织部部长盛茂林在全省组织人事系统“从严治部”研讨班上的讲话精神，学习市委书记高卫东对全市组织部门的重要批示，学习中共中央党校原机关党委副书记薛鑫良《认真做到“三严三实”，始终践行党的宗旨》的专题党课辅导。部机关全体党员干部都撰写了《自觉践行“三严三实”，争做“六型”组工干部》的心得体会。开展4期《中国共产党党章》集中学习讨论，撰写学习心得，以支部召开党章学习专题组织生活会。举办了3期组工干部业务知识培训班，省委组织部办公室副主任孟兆森、干部二处副处长温根生、组织二处副处长于鹏飞先后就文秘知识、干部业务知识、基层组织建设和大学生村官管理知识对市县两级组织部门280余人进行了培训。强化部领导班子建设。通过开展学习讨论和践行“三严三实”，学习贯彻中央、省委“从严治吏”要求，学习《中国共产党廉洁自律准则》《中国共产党纪律处分条例》等中央、省、市有关廉洁自律的各项规定，开展“严守党的政治纪律”专题研讨，学习兴和县委组织部副部长卢玉宝先进事迹，推进部领导班子思想建设、作风建设和反腐倡廉建设，深化思想认识，坚定政治方向，改进工作作风，强化“一岗双责”，不断增强先进性、提高战斗力。推动组织工作规范化建设。严格按照省委组织部要求，重点从“10个问题”扎实开展了“从严治部”集中排查和整改处理工作，共排查出7大方面，39个问题，涉及组工干部38人，全部整改到位。制定完善《部机关卫生管理制度》《部机关副县级以上领导干部日报告和周例会工作》等制度，制订《各县市区委组织部重点工作日常考核测评办法》《市委组织部机关科（室、中心）及科长（主任）考核评价办法》。落实“六权治本”要求，制定权力、责任两个清单，查找岗位风险点和工作薄弱环节。在吕梁党建网开通组织部长信箱，推进组织工作公开化。加强组工宣传。在《前进》《山西组织工作》《吕梁日报》刊登文章7篇；编印《吕梁组工》3期；完成远程教育站点摸底统计工作；全年共制作电教片8部，其中，上报省委组织部“三严三实”专题党课教育片3部；做好共产党员微信易信的订阅督查工作，截至2015年年底，全市用户达到32785个，占到吕梁市党员总数的18.8%；在吕梁党建网开设“三严三实”“从严治部”专栏，访问总量达到76万人次，发布信息220条。市县两级按时保质完成大组工网分级保护工作。完成2014年度公务员及党内年报统计工作。完成网络舆情监测任务。

（吕梁市委组织部）

宣 传

【领导干部教育】

2015年，吕梁市委中心组以集中学习、深入研讨、观看视频资料等形式围绕“十八届五中全会精神”“中国共产党廉洁自律准则”等专题进行中心组学习。在宣传部机关，按照每周一次集体学习的安排，全年组织机关党员干部集体学习31次，学习中引入领导干部讲党课、诵读经典《为人民服务》《纪念白求恩》。2015年，吕梁市委宣传部组织编印中共十八届五中全会精神学习宣讲资料，分发各县（市区）、市直单位和300余名基层理论宣讲员。举办全市“弘扬老区精神、传承廉政文化”征文活动，共收到稿件113篇，评出优秀组织奖8个、一等奖5篇、二等奖10篇、三等奖20篇、优秀奖15篇，提高了吕梁市理论研究水平。

【新闻宣传工作】

2015年，吕梁市围绕重大主题活动进行宣传。开展“学习讨论落实”活动、“城乡环境整治”“聚焦民生、服务群众”“三严三实”专题教育、“纪念抗战胜利70周年”等一系列主题宣传活动，在新闻媒体推出“学习讨论落实活动在吕梁”“弘扬老区精神、传承廉政文化”“打好城乡环境百日攻坚战”“聚焦民生、服务群众问效民生清单”“摒弃陈规陋习、倡导文明新风”“践行三严三实”“探访红色遗址”等10多个专栏，刊发各类稿件6000余条，报道吕梁市各项主题活动的进展、成效，为各项活动的开展、推进营造舆论氛围。推动经济社会发展的宣传。2015年，吕梁市始终把握团结稳定鼓劲和正面宣传为主的宣传基调，聚焦改革、转型、民生等宣传重点，市委宣传部组织新闻媒体宣传了全市上下贯彻落实中共十八届三中四中全会、市委三届六次全会、全市经济工作会议、市两会等重要会议精神的情况。策划组织高新技术发展、“8+2”农业产业化、“聚焦民生、服务群众”“扶贫开发”等一系列专题宣传，通过市级主流媒体和网站刊发了“吕梁市云计算运营公司与百户电子商务企业签订合作意向”“中磁浩源科技公司让‘吕梁制造’走向‘吕梁智造’”“吕梁市首个PPP项目投资协议成功签署”“开启新引擎、农村‘跑’起来”“吕梁69家农业龙头企业参展第四届省农博会”等一批反映吕梁市改革发展亮点的稿件。《吕梁日报》新推出《新闻360》专刊，开设《热点关注》《时事观察》《热点解读》《曝光台》等栏目。吕梁电视台《第一民生》栏目，关注与百姓息息相关的话题，接听电话4800多个，帮助解决问题1900余件。吕梁人民广播电台对“新闻综合广播”频道进行全新改版，增设9档新闻资讯、生活服务类栏目。推动全媒融合发展。在提升吕梁新闻网、吕梁广播电视网和吕梁网办网水平的同时，《吕梁日报》开通官方微信平台，关注人数达38000余，每日阅读量40000余次。吕梁电视台新创办吕梁电视台官方微信平台。吕梁电视台《第一民生》公众微信平台关注人数73000人，每日阅读量50000余次。一系列新闻报道方式的改进和媒体融合发展，有效引导了舆论，化解了公众情绪。重塑吕梁形象的宣传。按照省委重塑山西形象的总体部署，整合外宣资源，拓展外宣渠道，开展重塑吕梁形象的对外宣传工作。借助深圳文博会、山西文博会、山西农博会、渝洽会等经贸文化活动以及“吕梁一号”卫星发射等重要契机，吕梁市多次召开新闻发布会、新闻座谈会，向外界宣传推荐吕梁；协调沟通市外40多家媒体120余名记者来吕梁采访报道；与《山西日报》签订联合办报协议，推出宣传吕梁的19个专版；制作5集大型纪录片《吕梁》，协调在山西电视台播出；在香港《大公报》刊发宣传吕梁的两个专版，在《大公报》LED大屏幕连续三个月播出15秒吕梁形象展示画面。在协调外媒宣传吕梁的同时，组织省级媒体驻吕梁记者站和吕梁市新闻媒体在省级以上媒体发稿，2015年，在山西日报刊发头版头条7篇，位列全省各市首位。在山西电视台《山西新闻联播》《晚间新闻》《新闻午报》三个新闻节目发稿320余条，分别位列全省第二、第四和第一。

【“抗战胜利70周年”宣传】

2015年是中国人民抗日战争暨世界反法西斯战争胜利70周年。吕梁市宣传思想文化系统开展形式多样的纪念活动。8月30日，在兴县奥家湾乡孙家庄村烈士散葬地举行散葬烈士遗骸收迁活动，将烈士遗骸统一安放到兴县凤凰岭晋绥烈士陵园。8月31日，举行一二O师学校落成暨开学典礼。这些活动均有省市领导，晋绥儿女代表，市直有关单位负责同志，兴县干部群众代表，中央、省、市以及军队媒体等1000余人参加。组织了群众性纪念活动。6月18日—6月24日，在市体育馆举办“吕梁记忆——纪念中国人民抗日战争胜利70周年暨崇德尚廉书画剪纸作品展”“红色记忆—纪念中国人民抗日战争胜利70周年图板展”。组织开展了历时一个月的“荧屏大舞台—爱国歌曲大家唱”活动，此次活动全市共有26个表演团体参加活动，参演人数达到1303人。组织文艺展演。创作推出一批有较高思想艺术水平的文艺作品，开展抗战题材文艺作品展演系列活动。《情洒红军东征路》主题文艺巡演、大型原创多幕话剧《烽火吕梁山》、舞剧《吕梁英雄传》、晋剧《刘胡兰》等与广大群众见面。纪录片《吕梁抗战记忆》在山西卫视播出，获得广泛好评。为健在的抗战老战士、老同志、抗战将领或其遗属颁发“中国人民抗日战争胜利70周年纪念章”。

【宣传工作服务基层】

2015年是全国宣传文化系统“基层工作加强年”。5月11日，市委宣传部组织全市13县(市区)宣传文化系统在同一时间开展“宣传文化大篷车、服务群众走基层”活动启动仪式。市委宣传部制作60分钟的宣传视频，印制22万份宣传单、宣传册、扑克牌等资料。宣传内容包括2015年中央一号文件解读、山西城乡居民基本养老保险制度、山西省2015年十项强农惠农富农政策等。在宣传形式上，不仅通过大篷车深入乡镇、农村、社区、企业开展宣传，还运用电影、户外大屏、公交车移动电视、商业传媒电子屏等新媒介宣传。

【爱国主义教育基地改陈布展】

2015年3月，吕梁市委宣传部对全市符合条件的爱国主义教育基地改陈布展经费的申报材料进行审核，将文水县刘胡兰纪念馆、兴县晋绥边区革命纪念馆、兴县四八烈士纪念馆、柳林刘志丹将军殉难处、柳林贺昌烈士陵园等5个急需进行改陈布展的爱国主义教育基地进行申报。

【于成龙廉政文化园建设】

2015年，吕梁市于成龙廉政文化园省、市、县三级建设资金全部落实，工程各项建设扎实推进，完成投资680万元，土建工程11月底前竣工。布展设计聘请山西省规划设计院编制完成。

【社会主义核心价值观教育】

2015年，社会主义核心价值观得到大力宣传。市委宣传部组织“讲文明树新风”“图说我们的价值观”“78条社会宣传标语”的宣传、刊发、刊播工作。截至2015年5月底，《吕梁日报》及其晚报版共刊发34个整版，吕梁广播电视台每天播出50次以上共播放5640分钟，吕梁人民广播电台每天播出20次以上共播放2892分钟，吕梁移动互联网总点击和接收141891次，城市建筑围挡、广场公益广告宣传总面积达1100余平方米。推广播出“梦娃”系列视频。4月9日起，吕梁电视台两个频道每天播出13次，13县（市区）电视台按要求每频道每日播出不少于5次。全市各县（市区）车站、影剧院、商场等公共场所的户外大屏进行滚动播放，每日播出不少于10次。

【“破除陈规陋俗”专项整治】

2015年，吕梁市委宣传部、市文明办先后组织20余个相关单位，召开10余次督促推进协调会议，并把此项整治活动任务逐步完善、细化量化为婚丧嫁娶、环境卫生、商业经营、交通秩序、乔迁开业子女喜庆、封建迷信等6个主题宣传教育和专项整治活动。各项整治工作取得阶段性成效。2015年第16期《山西信息》省委办公厅转载了吕梁的做法。

【道德建设】

2015年4月15日，吕梁市举办主题为《德润吕梁、共筑梦想》的吕梁市第三届道德模范授奖仪式。市文明委有关领导、各成员单位负责人以及各界群众600余人观看授奖仪式。山西卫视《山西新闻联播》播出相关新闻报道。市委宣传部推荐夏占海参加全国道德模范评选，夏占海获提名奖，受到国家领导人接见。6月4日，市委宣传部举办以践行“三严三实”为主题的道德讲堂，吕梁市部分党员干部和职工、学生、村民代表共350余人参加了这期道德讲堂。此次道德讲堂以弘扬中华民族传统美德为主要内容，结合“三严三实”专题教育，使参会者接受了一次道德洗礼。10月31日，由省文明办主办、市文明办承办的“山西道德模范巡讲团吕梁报告会”在吕梁宾馆举行，反响很大。

【“文明创建”评比】

2015年是两年一届文明创建评比表彰年，吕梁市委宣传部、市文明办部署、落实2014—2015年度省、市级各类文明单位申报、评选工作。在县市志愿申报基础上组织专人对省级文明单位等先进典型进行初验，于8月10日前向省文明办推荐省级文明创建先进典型114个。11月9日—13日，组织专人分组对新申报的250余个市级文明创建先进典型进行验收，11月下旬汇总验收情况，上报市文明委全委会议审定表彰。

【文艺精品创作】

2015年，吕梁市有10多部影视剧、歌舞剧、戏剧作品完成或正在创作之中。电影《伞头和他的女人》在美国洛杉矶参加“世界民族电影节”，获“最佳音乐影片奖”。话剧《烽火吕梁山》、舞剧《吕梁英雄传》、广播剧《大清廉吏于成龙》等文艺精品与观众见面。组织舞剧《吕梁英雄传》、晋剧《刘胡兰》参加山西省“历史的足迹红色的记忆——纪念抗战胜利七十周年优秀舞台剧展演活动”。舞剧《吕梁英雄传》还赴北京参加“山西省新创优秀舞台剧晋京展演活动”，反响强烈。

【群众性文化活动】

2015年两节期间，吕梁市组织开展以“节日喜庆”为主题的歌舞晚会、“晋剧名家名段专场演出”“吕梁市非物质文化遗产专场演出”等5场晚会。举办书画、摄影作品展、元宵节灯谜竞猜、廉政本土电影展等群众文化活动。安排以歌舞、戏剧、曲艺等为主要演出形式的“和谐吕梁”广场消夏文化活动，演出晚会14场。

【文化产品企业参加深圳文博会和山西文博会】

2015年，吕梁市文化产品企业参加了第十一届深圳文博会和第二届山西文博会。在深圳文博会上，吕梁市4个项目入选山西省招商项目册，石楼黄河第一湾自然风景区开发项目参加了山西展团在深圳会展中心举行的项目推介会。在第二届山西文博会上，吕梁市组织28类600余种展品参展。除了参加省里的项目签约仪式，吕梁市独立组织项目签约暨项目推介会，共推出47个招商项目，并制作招商项目册，有16个重点项目参加现场推介。在文博会现场，吕梁市孝义民间艺术剧院和岚县八音演出公司还为主会场演出传统节目。展会区间，各县（市区）和各展商制作精美的宣传资料，7天共发放宣传资料10万余份。《吕梁日报》、吕梁电视台、吕梁电台骨干记者，全程进行跟踪报道，采写刊发各类新闻稿件30余篇（条）。吕梁市共获得4个优秀组织奖5个优秀展示奖。作品获得“神工杯”工艺美术精品奖金奖6件、银奖10件、铜奖11件。

（吕梁市委宣传部）

精神文明建设

【培育和践行社会主义核心价值观】

2015年，吕梁市开展“我的中国梦”和“德润吕梁、共筑梦想”主题实践活动。在《吕梁日报》、吕梁电视台等市主要新闻媒体，开设“践行核心价值观”“我的中国梦”专栏专版。拟定系列宣传标语，运用多种形式，在全市城区主干道、旅游景点、购物中心、车站机场、公交站亭等公共场所集中推出，弘扬主旋律，传播正能量，培育和践行社会主义核心价值观。开展社会宣传和“讲文明树新风”公益广告宣传。吕梁市委宣传部、市文明办制订工作方案，拟定宣传标语，牵头组织督查；组织吕梁电视台、吕梁广播电台制作公益广告10余条；吕梁广播电视台每天播出公益广告50次以上，共播放11235分钟；吕梁人民广播电台每天播出公益广告20次以上，共播放5449分钟；《吕梁日报》及其晚报版共刊发公益广告约51个整版；吕梁移动总点击和接收次数共193511次；城市建筑围挡、广场公益广告宣传总面积达9100余平方米。通过全方位、多角度的宣传，造成强大的宣传声势，促进良好社会风气的形成。开展“破除陈规陋习、倡导文明新风”和“崇尚科学、破除迷信”活动。推进婚丧嫁娶、环境卫生、商业经营、交通秩序、乔迁开业子女喜庆和封建迷信等六个主题宣传教育和专项整治活动，并与开展“告别不文明行为”主题教育实践活动结合起来。市、县（市、区）有关部门制订工作方案，组织宣传教育，在离石区世纪广场分2次各举行了为期3天的集中宣传活动，展出展板34块，悬挂宣传标语50条，发放宣传资料7万余份；完善各项管理制度，强化督促检查，形成长效机制，活动取得明显成效。在农村开展“崇尚科学、破除迷信”集中教育整治活动。各县（市、区）成立领导机构，组织有关部门，广泛开展宣传，加强教育引导，进行调查摸底，整治迷信活动，规范宗教活动，推进科普教育，净化社会风气。市科协在吕梁广播电视台开办《科普大篷车》和《沃土》科普栏目，对科普知识和封建迷信、陈规陋习危害性进行宣传；印制5000册《破除迷信、崇尚科学》宣传书籍，订购500套共计4000张科普挂图，广泛发放宣传。市公安局组织专项行动4次，铲除封建迷信窝点4处，处理违法人员11人，侦破3起利用迷信诈骗案件，抓获涉案人员5人，追缴涉案资金10万元；开展收缴非法出版物行动，收缴政治类非法出版物133本、封建迷信书籍117本。开展“城乡环境整治百日攻坚”专项活动。在以卫生清洁、交通畅通、环境优美、文明和谐为总目标的吕梁市“城乡环境整治百日攻坚”专项活动中，市文明办向全市各级各类文明单位发出关于在“城乡环境整治百日攻坚”专项活动中发挥各级各类文明单位模范带头作用的倡议书，并把此项活动纳入创建文明单位考核范围。全市上下轰轰烈烈地投入“城乡环境整治百日攻坚”专项活动。据统计，活动期间全市累计清运生活垃圾、建筑垃圾及渣土214万吨，清理占道经营、出店经营17612起，清除各类“牛皮癣”小广告22.1万件，清理无主建筑垃圾6000万余立方米，拆除违规设置广告牌500余块，取缔22个违规占道设置的停车场，修复平整道路68万余平方米，新栽补植树木166万株，新植绿地50.6万平方米，排查“两违”建筑1502处，整治拆除809处，查处噪音扰民308起，整治施工工地729个，规范村庄内煤堆、柴堆、粪堆、料堆等29.5万处，清运乡村垃圾267万吨，治理河道沟渠2257.29千米，完成农村改厕14346户。通过“城乡环境整治百日攻坚”专项活动，改善了城乡环境面貌，提升了群众幸福指数。开展“我们的节日”主题活动。吕梁市以传统节日为重点，开展了丰富多彩的节日民俗、文化娱乐、中华经典诵读等活动，突出文化内涵、突出传统美德，把传统节日文化特色与地域文化特色、时代文化气息融合起来，使人们了解、喜爱传统节日、成为中华优秀文化传统的传承者。每个县（市、区）都开展了一项有地域特色的节日文化活动。岚县农历二月十九面塑节和“土豆花开了”旅游文化月活动、临县端午节传统文化经典诵读、中阳县农历三月十七柏洼山庙会和交城县端午节卦山庙会等，内容鲜明，富有特色，影响较大。推进志愿服务工作。以社区为重点，着力实现志愿者、服务对象、活动项目有效衔接，推进志愿服务工作制度化、规范化、常态化。各县（市、区）、市直机关都成立了志愿服务协会组织，扩大队伍，志愿者增加到3.5万余人，志愿分队增加到1250余个，志愿者协会增加到20余个，新设立志愿服务站40余个。协调民政部门为各级各类志愿服务组织、志愿者注册登记。开展经常性志愿服务活动，做到有记录、建档案。各级各类文明单位都成立了志愿服务队。在孝义市举办了吕梁市志愿服务现场会，总结了近年来的工作，推广孝义市志愿者协会、孝义市新义街道府东社区开展志愿服务的经验，安排部署下一阶段工作，推动全市志愿服务工作开展。组织开展了文化、科技、卫生、法律和环境整治青年志愿服务进农村、进企业、进学校、进社区、进家庭“五进”活动。组织开展了文艺培训、文艺支教、慰问演出等。市文明办组织了全市志愿服务调研活动，形成调研报告15篇。

【公民道德建设】

2015年，吕梁市开展对道德模范等各类先进典型的评选学习宣传帮扶工作。市文明办组织以“德润吕梁、共筑梦想”为主题的第三届吕梁市道德模范授奖仪式，命名吕梁市道德模范29名，进行电视现场直播，随后山西卫视进行新闻报道，吕梁电视台连续重播。组织在《吕梁日报》开辟专版、在吕梁电视台新闻频道开展专栏，集中宣传第三届吕梁市道德模范先进事迹。组织第五届全国道德模范推荐评选工作，吕梁市1人获第五届全国道德模范提名奖。组织推荐评选2015年度中国好人，吕梁市5人入选。组织推荐评选2015年山西好人，吕梁市5人入选。配合省文明办组织山西省道德模范巡讲团吕梁报告会。组织开展吕梁市道德模范先进事迹巡讲活动，举办巡讲报告会14场，现场听众近万人。各县（市、区）、市直有关部门组织本地道德模范组成巡讲团，深入社区、村镇、机关、学校、企业、军营等基层单位开展巡讲活动。推动全市形成学习道德模范、崇尚道德模范、争当道德模范的风尚，配合中央、省文明办组织2014年度中国好人系列图书的编辑工作。帮扶困难道德模范解决实际问题，争取省文明办资助吕梁市3名山西道德模范6万元，联系吕梁机场组织对市级以上道德模范免费赠送一次往返机票的公益活动。推进道德讲堂建设。市委宣传部、市文明办组织举办3期吕梁市道德讲堂，为推进全市道德讲堂建设发挥示范表率作用。全市道德讲堂基本普及，13个县（市、区）和市直机关工委都建起道德讲堂总堂，共开展84次活动；全市县（市、区）级以上文明单位（村镇）均开办道德讲堂，常年开展活动，使广大党员群众得到深刻的道德教育和道德感悟。推行善行义举榜建设。2015年，在吕梁全市农村、社区、学校、企业、机关和窗口单位推行善行义举榜建设。全市各基层单位把群众中“助人为乐、见义勇为、诚实守信、敬业奉献、孝老爱亲”的先进典型选树出来，张榜公布，宣扬好人好事，展示善行义举，引导人们自觉履行法定义务、社会责任、家庭责任，形成“人人做好人，好人做好事，好事就上榜，好人有好报”的良好风尚。市文明办把善行义举榜建设作为申报、验收和复查文明单位的前置条件，组织督查考核。弘扬德孝文化和推进节俭养德全民节约行动。落实中宣部、中央文明办在运城市盐湖区召开的“弘扬德孝文化践行核心价值观现场交流会”精神，弘扬中华民族德孝传统文化，推进德孝文化进机关、进学校、进企业、进农村、进社区。全市各基层单位坚持做到“七个一”：一堂课，即德孝大讲堂（和道德讲堂结合起来）；一面墙，即在农村和社区的文化活动场所建起德孝文化墙（和善行义举榜结合起来）；一台戏，即在农村、社区组建专业演出团体和基层业余演出团队，常年开展演出活动；一张牌，即通过节庆活动塑造好德孝文化这个品牌；一张网，就是建立覆盖城乡、调动社会各界参与的德孝实践网络；一顿饭，即建设老年日间照料中心；一朵花，即为孝顺媳妇、德孝楷模胸前挂上一朵大红花。通过开展德孝文化活动，倡导群众存好心、说好话、办好事，做好人，形成践行德孝文化的社会氛围。推进节俭养德全民节约行动，加强勤俭节约传统美德教育、党的艰苦奋斗优良作风教育、基本国情教育，培育崇尚节约的文化，倡导健康文明的生活方式和消费理念。在全社会开展全民性节粮、节水、节电、节约钱物等活动，把节俭节约落实到生产建设各领域，体现到社会生活各方面。组织开展不同行业、群体组织的俭以养德专项行动。倡导党员干部特别是各级领导干部修身律己、带头节约，展示为民务实清廉的良好形象。着重从学校抓起，引导广大师生树立崇尚节约的观念、养成节俭节约的好习惯。发动群众，让群众参与，努力形成全民节约、全面节约的局面。

【开展群众性精神文明创建活动】

2015年是山西省、吕梁市精神文明建设各类先进典型评比表彰年。市文明办组织了对申报省级各类先进典型的初查，向省文明办推荐了2014—2015年度山西省群众性精神文明创建活动先进集体114个；配合省文明办对所推荐的省级各类先进集体进行验收。市文明办组织了对250多个申报2014—2015年度吕梁市精神文明创建活动先进集体的测评验收。在推荐验收的同时，吕梁市坚持以评促创，把社会主义核心价值观的要求贯穿于申报推荐评选全过程，形成有力的工作导向，推动社会主义核心价值观落细落小落实，提升创建水平，增强创建实效。提高文明城市创建水平。开展以创建优美环境、优良秩序、优质服务、做文明市民为主要内容的“三优一做”活动，推动修订市民守则，推动文明城市与环保模范城市、园林城市、卫生城市一体创建。开展“送温暖、献爱心”活动，关心空巢老人、残疾人家庭、下岗零就业家庭等特殊困难群体。各县（市、区）争创全国、省、市级文明城市（县城）。坚持利民惠民、求实创新、深化拓展，提升市民幸福指数和城市文明程度。推进农村精神文明建设。以美丽乡村建设为主题，坚持以人为本、重在建设，培育新型农民、建设文明乡风，加强农村环境综合治理，加快构建农村公共文化服务体系，深化文明村镇创建活动。开展十星级文明户、文化广场、集贸市场等创建和城乡共建活动。开展“好儿媳、好公婆、好邻居、好妯娌”评选活动。开展“崇尚科学、破除迷信”集中教育整治活动，广泛宣传发动，加强教育引导，依法打击取缔封建迷信活动，开展群众喜闻乐见的科普活动，营造良好的社会氛围。在全市范围内组织开展了村规民约征集、评选、修订工作，表彰奖励了12个村规民约先进集体；吕梁市3191个行政村（社区）中，90%以上的行政村（社区）完成了村规民约的修订工作，90%以上的行政村（社区）完成了村规民约的上墙工作；强化保障，构建长效机制，推动村规民约工作常态化。贯彻全国农村精神文明建设工作经验交流会议精神，安排部署了以美丽乡村建设为主题、深化农村精神文明建设的各项任务分工，统筹规划，督促落实，推动社会主义核心价值观在农村落地生根，以精神文明建设的新成就扮靓美丽乡村、美丽吕梁。拓展文明单位创建。突出诚信建设，强化职业道德，完善测评标准，提高创建水平。吕梁市各级文明单位全部实现“五个一”建设，即一堂、一队、一牌、一桌、一传播（建好用好道德讲堂，建立常态化的学雷锋志愿服务队，设置与环境相融合的遵德守礼提示牌，开展文明餐桌行动，建立有效发挥作用的网络文明传播志愿服务小组）。拓展创建工作领域，引导各类新经济组织、社会组织和科技创新单位参与创建文明单位活动。组织开展家庭文明情况工作的调研。开展文明家庭创建活动，市文明办联合市妇联制订实施方案，明确目标任务，认真推进实施。开展文明旅游活动，扩大宣传覆盖面，注重抓好教育引导，确保工作取得实效。加大吕梁市精神文明建设宣传力度，市文明办全年刊发《精神文明建设简报》12期。

【未成年人思想道德建设】

2015年，在吕梁全市中小学校开展“我的中国梦”主题教育实践活动，运用重要时间节点，组织清明祭英烈、“六一”学习和争做美德少年、“七一”童心向党歌咏活动、“十一”向国旗敬礼活动。吕梁市把四项活动与中华传统美德和革命优良传统教育、艰苦奋斗和勤劳节俭教育、传承优良家风活动以及创建文明校园、文明班级、文明宿舍活动等有机结合起来。吕梁市推荐的3名（全国100名）美德少年的先进事迹在中国文明网“美德馆”进行了集中展示宣传。在中小学校开展“洒扫应对”“认星争优”“日行一善”“文明小博客”等主题活动。组织开展中华经典诵读活动。开展师德师风教育，完善教师职业道德规范。为推进吕梁市学校社会主义核心价值观的学习教育，分发各县（市、区）中小学校《青少年核心价值观教育读本》（全套9本）1100套。加强课外阵地建设。建好管好用好各类未成年人课外活动阵地，落实中央专项彩票公益金支持乡村学校少年宫建设项目。集中检查2014年度乡村学校少年宫项目建设和运行情况。组织对2011—2014年度乡村学校少年宫项目运转情况的考核评估。组织吕梁市2015年度乡村学校少年宫项目申报工作，确定13所学校为2015年度乡村学校少年宫项目建设单位。因学校整合等原因，调整2个学校的乡村学校少年宫项目。吕梁市利用部分未成年人专项资金，确定4所学校为吕梁市支持乡村学校少年宫项目建设单位，连续3年每所学校每年配置5万元的少年宫项目活动器材。推进家庭教育，加强城乡特殊群体未成年人、农村留守儿童的教育管理服务，加强城乡未成年人心理健康辅导站建设，建立市、县（市区）、校三级心理健康辅导站。净化社会文化环境。组织开展寒假、春节和暑期社会文化环境集中整治行动，组织开展整治网络低俗之风专项行动、网吧集中整治专项行动、净化荧屏声频专项行动、校园周边环境综合治理等一系列专项行动，解决群众反映强烈、反复举报的突出问题和违法违规行为。开展“扫黄打非”行动，抵制低俗媚俗现象，净化社会文化环境，促进未成年人健康成长。

（吕梁市精神文明建设指导委员会）

统战

【市委对统战工作的领导】

2015年，吕梁市委高度重视统一战线工作，市委常委会先后两次专题研究统战工作，市委书记高卫东，副书记雷建国就统战工作都做出重要批示和指示；成立以市委书记为组长，14个相关职能部门负责人为成员的市委统一战线工作领导小组；以市委文件下发了贯彻《中国共产党统一战线工作条例（试行）》及省实施意见的任务分解书；在全省率先召开市委统战工作会议，市四大班子领导、法检两长、市直有关单位负责人，以及各县市区委书记、分管领导、统战部部长、民宗局局长和工商联党组书记及市委统战部、市工商联、市民宗局、市侨联全体干部共200余人参加会议，对统一战线工作进行全面安排部署。高卫东书记出席并作重要讲话。11月份，为统战部信息中心加挂“吕梁市党外知识分子联谊会”的牌子，并增加副科级职数1名。推动了中央、省委统战工作会议精神和《条例》精神的贯彻落实。

【思想政治建设】

2015年，吕梁市委统战部落实统一战线中心组学习制度和机关周二五下午集中学习制度，学习了中共十八大、十八届三中、四中、五中全会精神，学习了《统一战线工作条例》以及中央、省委统战工作会议精神等重要内容。全年共组织中心组学习4次，机关集体学习32次，开展学习心得交流会5次，每名干部完成学习笔记2万字以上，学习心得5篇。组织科级干部学习《条例》“一人一题”的业务专题讲座，促进干部学习的系统性、实效性。2015年被市委宣传部评为思想政治建设先进单位。推进主题实践活动，吕梁市委统战部在全市统一战线中开展了坚持和发展中国特色社会主义学习实践活动，非公有制经济人士理想信念教育活动等，通过学习传达、座谈研讨等教育培训形式，引导统一战线广大成员把思想和行动统一到中央、省委的决策部署上来，统一到市委的中心工作中，全年举办专题培训班3次，培训党员干部和党派成员1000余人次。开展了民主党派成员身边的榜样评选活动，3位民主党派成员被推荐为全省先进典型，调动了广大统战成员服务大局的积极性，更加坚定了坚持中国共产党领导、走中国特色社会主义的道路的政治共识。

【多党合作和政治协商推进】

2015年，吕梁市委统战部推进吕梁市政治协商规范化制度化建设，建立征求意见座谈会会前集中学习讨论制度，落实党政领导干部与党外代表人士联谊交友制度，为坚持和发展中国共产党领导的多党合作和政治协商制度提供有力保障。协助市委组织召开座谈会、通报会2次，就全市经济社会发展情况、十三五规划基本思路，向党外人士通报情况、征求意见；健全完善各民主党派调研工作机制，组织专题调研3次，形成调研报告3篇，为市委、市政府提供了重要的决策参考；积极支持民主党派全面加强自身建设，年内对农工党、九三学社组织进行了调研，并就成立农工党、九三学社吕梁市筹备委员会做了一些基础性工作，经请示市委同意已上报省委统战部。

【民族宗教领域和谐稳定】

2015年，吕梁市委统战部学习贯彻落实中央及全省民族工作会议精神，深化民族团结进步创建活动，组织开展全市外来少数民族流动人口调查摸底，加强对少数民族流动人口的跟踪管理，有针对性地做好流动人口服务管理和矛盾纠纷的排查管控工作，协调推进依法管理民族事务进程。建立健全宗教工作三级网络，确保阳泉板寺山、上海佘山等朝拜活动和五月“圣母月”等重大节日和重要宗教活动和谐稳定有序进行；坚持宗教工作寓管理于服务之中，5月份受市委、市政府委托，赴北京看望了原中国佛教协会副会长、山西佛教协会会长、玄中寺方丈根通长老，强化与宗教界代表人士的联系机制；开展天主教专项调研工作，确定了天主教吕梁教区临时负责人，为下一步做好天主教吕梁教区主教的新老交替工作奠定了基础；参加由市政协民宗委组织的《宗教工作条例》实施十周年调研工作，了解了全市宗教团体建设和活动场所以及教职人员管理情况。配合省委统战部争取5个海联室在中阳落地建成使用，推进中科光伏项目在吕梁市交城落地签约。

【经济领域统战工作】

2015年，吕梁市继续引深以“诚信守法”为主题的理想信念教育实践活动，非公有制经济代表人士思想政治加强。发挥非公有制经济人士综合评价工作作用，纳入到市人大政府政协换届中的非公人士代表和委员审查范围，应用到省五届光彩理事推荐的审查程序。贯彻落实全省民营经济推进大会精神，组织市县党委统战部部长与市促进民营经济发展工作领导组有关领导参加了“全省领导干部统战理论和民营经济培训班”。加强工商联工作，配备了市工商联党组书记。组织非公有制经济人士投身产业扶贫、扶危济困等光彩事业中，吕梁市39户非公企业和基金会，继续参与金秋光彩助学活动，资助学校50所、资助学生1391人，投入资金533.54万元。

【党外代表人士队伍建设】

2015年，吕梁市委统战部强化党外干部教育管理，落实民主党派“四个一”和无党派人士“六个一”工作机制，全市民主党派和无党派县处级党外干部递交了2014年度的履职材料和思想汇报材料，及时了解党外干部的思想状况，巩固了党外干部教育管理成果。注重党外干部综合素质的提高，加强党外干部的培训工作。推荐选配2名县级党外干部参加了省委统战部组织的党外中青年干部培训班；10月份，组织党外市级领导和13县市区党外副县长参加了省委统战部在中央统战部培训中心怀柔分部举办的山西省党外干部培训班。履行部门职能，按照市委关于换届工作的总体安排和政策要求，市委统战部明确职责、积极工作，与市委组织部加强协商沟通，报市委印发了吕办发〔2015〕23号《关于政协第三届吕梁市委员会委员协商推荐工作的意见》，与各县市区、市直各单位、各人民团体及各民主党派市委、工商联反复协商，安排党外政协委员240名，占委员总数的60%；党外政协常委45名，占常委总数的65%，党内外比例符合规定要求，确保了党的统一战线政策落到实处。充分发挥无党派人士作用，开展无党派人士政治面貌规范使用登记工作，加强无党派人士的动态管理，调动无党派人士参政议政的积极性。加强市党外知识分子联谊会自身建设。规范运行机制，健全工作制度，保证工作的规范性和合法性。

【调研、宣传、信息工作】

2015年，吕梁市委统战部按照省委统战部要求，下发《关于开展2015年全市统战理论研究的通知》，申报3个调研课题，1个被确定为全省统战理论政策研究立项课题，上报统战理论创新成果8篇，统战实践创新成果3篇。市委统战部上报的《论统一战线在依法治国实践中的转型升级》论文获“2015年度全省统战理论研究优秀成果”三等奖。2015年编发统战信息66期，在中央、省、市级刊物及互联网媒体上发表宣传稿件50多篇（件），吕梁电视台宣传报道8次，获2015年“中国统一战线宣传先进单位”。

【“三严三实”专题教育活动】

2015年，吕梁市委统战部以开展“三严三实”专题教育活动为契机，履行“两个责任”，夯实基层统战工作基础，规范干部考核机制，加强统战部门自身建设。县级统战部门合署办公全面完成，基层统战工作力量有效整合。按照省委统战部寿阳会议精神，本着因地制宜、积极稳妥的原则，经多次与市工商联、市民宗局、市侨联协商报市委同意，召开了县级统战部门合署办公动员会议，做了安排部署。2 月份此项工作在全省统战工作会议上进行经验交流，4 月份召开各片区会议进行督促检查，6 月底，13 个县市区统战部门合署办公全覆盖目标圆满完成。公务员平时考核试点工作有序推进，干部作风明显好转。2015 年统战部被确定为全市公务员平时考核工作试点单位，部机关部务会进行专题研究，出台《市委统战部公务员平时考核实施细则》（吕统发〔2015〕14 号），成立工作小组。平时考核推行周纪实、月小结、季考评的办法，对机关干部“德、能、勤、绩、廉”等方面的日常表现进行全面记录评价，实施 5 个多月干部作风明显好转。加强机关党的建设，基层组织凝聚力、战斗力增强。推进创先争优、“五好支部”创建活动，强化支部班子建设，2015 年支部进行换届，增设 2 名委员，结合支部实际，设立 5 个党小组。落实党建工作责任制，实行党务公开，制作党员形象监督栏，党员监督牌，全体党员佩戴党徽，结合岗位职责，做出公开承诺，上墙公示，接受群众监督。开展党章学习活动，组织了党章知识考试，落实“三会一课”制度，支部书记讲了党章专题党课。扶贫下乡工作稳步推进，为实现整体脱贫奠定坚实基础。2015 年立足机关实际，加强基层阵地建设，改善村委办公条件、村小学教学环境，组织开展节日慰问，共投资 79864 元。配合“第一书记”协助村支两委完成“建档立卡”回头看甄别工作，为下一步的扶贫攻坚，实现全村整体脱贫奠定了基础。开展精神文明创建活动，文明和谐的机关氛围更加浓郁。申报了 2014-2015 年度市直精神文明单位，改善了机关办公条件，关心干部职工生活，组织了健康体检，开展“大病救助”和送温暖活动。关爱退休老同志，开展了节日慰问，加强了安全、保密、档案、机要工作，营造了积极向上、文明和谐的机关氛围。

（吕梁市委统战部）

政策研究

【组织开展重要课题调研】 2015 年，吕梁市委政研室围绕市委重大决策和重要改革任务，集全室之力，组织开展“六权治本”、农村集体“三资”管理、高新技术核心区建设、中小企业发展等 4 项重点课题调研，形成调研报告 15 篇，专题汇报材料 6 份。突出重大改革调研。根据吕梁市在全省率先开展“六权治本”试点，组织开展“六权治本”专题调研，形成《吕梁市全面推进“六权治本”试点工作，着力构建“不想腐、不能腐、不敢腐”长效机制》专题调研报告，被省委改革办转发全省学习借鉴。撰写《吕梁市实施“六权治本”试点改革研究》，被市党建研究会推荐为全国党建研究优秀评选课题。按照省委书记王儒林、副书记楼阳生提出的吕梁要在乡村两级探索实施“六权治本”，实现乡村治、百姓安的重要指示精神，由市委副书记雷建国牵头，成立室主任具体负责的乡村“六权治本”课题组，从乡、村两个层级权力运行存在的问题入手，层层深入，抽丝剥茧进行调查研究。组织开展 6 次专题调研、召开 20 余次试点乡村座谈会，形成《乡镇“七站八所”运行现状》《如何规范乡镇权力》等 12 篇调研报告。经过 5 县市区 7 个试点乡镇近半年的探索实践，不断充实、完善乡村“六权治本”内容，最终形成吕梁市乡村“六权治本”试点范式。与吕梁市云计算中心合作，构建吕梁市乡村事务明白网和微信公众平台，在试点乡镇试运行。突出重要事项调研。围绕开展农村集体“三资”专项整治，会同市纪检委、农经局完成《吕梁市农村集体“三资”管理制度调研报告》。围绕推进“三大突破”，完成《关于建设吕梁高新技术核心区若干问题》《积极支持企业创新大力发展新型产业》调研报告。突出专题调研。组织安排全市县处级领导干部开展“改革与法治”专题调研，狠抓专题调研的督查检查、调研成果收集、交流及转化，全年收集县处级干部专题调研报告700余篇。

【重要文稿起草工作】

2015年，吕梁市委政研室根据市委各阶段中心工作安排，1月至4月，参与了全市经济工作会议和全市农村工作会议上主要领导的讲话起草。选派2人到市委学习讨论落实活动办，完成了学习讨论落实活动工作任务分解、信息简报等文稿起草工作。5月至10月，投入全市“六权治本”试点，先后起草了市领导在全市乡村“六权治本”试点工作推进会讲话和有关汇报材料。配合市共青团等群团组织，完成了《中共吕梁市委关于贯彻落实省委晋发〔2015〕16号文件责任分解》《中共吕梁市委加强和改进党的群团工作八条意见》。协助市纪检委完成了一系列领导讲话和汇报材料。11月—12月，配合市委办公厅完成了吕梁市委三届七次全会《中共吕梁市委关于制定国民经济和社会发展第十三个五年规划的建议》《关于〈中共吕梁市委关于制定国民经济和社会发展第十三个五年规划的建议〉的说明》《中共吕梁市委三届七次全体会议决议》等重大战略决策文稿的起草工作。配合市委办公厅、市政府办公厅完成了吕梁市三届一次全会《政府工作报告》修改工作。

【保障改革有序推进】

2015年，吕梁市委政研室强化组织领导，突出制度建设、深入调查研究、强化统筹协调等重点，加大科学指导力度，确保各项改革稳步有序推进。健全机构，完善制度。根据市领导调整变动情况，适时对市委改革领导小组副组长及社会、文化等专项小组组长进行了调整补充，解决了市委改革办专职副主任职数和一名正科级职数，为改革工作提供了坚强的组织保证。制定下发《关于建立健全县市区委全面深化改革领导机构和工作机制的通知》，全市13个县市区委全部成立全面深化改革领导小组、各专项小组及办公室，明确具体职能和组成人员，制定工作细则及相关制度，保障吕梁市深化改革各项工作的深入开展和有序推进。统筹协调，整体推进。按照省委全面深化改革领导小组2015年工作要点，在深入调研和系统谋划的基础上，经市委全面深化改革领导小组会议研究，制定了全年13个方面65项改革任务，将“六权治本”、革命兴煤、文化体制改革和产业扶贫四项重点改革任务列入全年重要目标责任制考核之中，建立了2015年全面深化改革工作台账，明确了各项改革任务的牵头部门、配合单位，有效落实了改革任务，突出了改革重点，明确了改革责任。全年市委改革领导小组召开会议2次，市委、市政府专项研究“六权治本”“三个突破”等重点改革会议达17次。适时跟踪，调查研究。围绕改革重点和难点，加强与市直各专项小组、各县市区、有关部门和试点乡村沟通对接，根据改革时序进度，选定改革课题，开展重点调研，形成了一批调研成果，为推进全面深化改革提供了有力支持。做好改革督促和信息报送工作。全年组织重点改革事项督促2次，向省委改革办报送了《吕梁市全面推进“六权治本”试点工作》《吕梁市积极创新农业产业化发展体制机制》《吕梁市军民融合协同创新改革》3篇改革案例。按时报送了吕梁市全面深化改革半年和全年工作总结、编发吕梁改革信息28期。

【提高《山区经济》办刊质量】

2015年，吕梁市委政研室按照“紧扣中心、突出主题、特色鲜明”的要求，突出党刊的特色风格，以领导论坛、本刊特稿等形式，刊发市领导重要讲话和文稿，新开办“三严三实”、扶贫攻坚、政策调研、党的建设等栏目，增强《山区经济》权威性、指导性。加强刊物统筹和版面设计，根据各阶段中心工作，组稿推介部门、县市区和基层工作的好思路、好做法和好经验，强化向专家学者约稿组稿的力度，努力把《山区经济》办成宣传展示吕梁的精品刊物。狠抓编校印刷质量，全年编发《山区经济》6期，刊物栏目达12个，编发相关文稿130篇，提高办刊质量，增强刊物可读性，发挥市委主要刊物的宣传作用。积极拓宽空间，提高宣传效能，与省外部分地市和市内各县市区委建立了稳定的刊物交流合作关系，定期向市、县四大班子领导、市直各大口和乡镇寄送刊物，每期投寄量达600余份。狠抓中央和省委政研室安排的《学习与研究》征订发行工作，市委政研室被评为全国、全省《学习与研究》征订先进单位，受到省委政研室表彰。

（吕梁市委政研室）

机构编制

【推进“六权治本”试点工作】

2015年，吕梁市机构编制办公室（以下简称市编办）大力推进“六权治本”试点工作，为全省推进“六权治本”探索出一套操作性强的工作范式。2015年1月初，省委把吕梁确定为“六权治本”试点市后，市编办承担市委“六权治本”政策法规组工作，负责课题组攻关任务。在市委副书记雷建国的直接领导下，市编办全体动员，牺牲节假日，昼夜奋战，9次向省委法治组汇报，多次向市政府常务会议、市委常委会汇报，在反复探索、反复实践的基础上，提出“六权治本”的总体思路和做法：总要求是把权力关到制度的笼子里，以行政管理三层级、行政执法三主体为重点，以三清单、两张图、两平台、一监督为载体，最终实现监管最严、审批最少、模式最新、机制最优、效率最高、环境最好的目标。经省委副书记楼阳生、省委政法委书记王建明3次专题研究，省委深化改革领导组专题研究，省委书记王儒林到吕梁市专题调研，最终在全省推广吕梁市“六权治本”的模板。全省10个市多次到吕梁学习，《人民日报》、新华社内参、《山西日报》、山西电视台等新闻媒体多次刊登和报道吕梁市的经验和做法。突出特色，注重实践，为乡村落实“六权治本”工作趟出了一条务实管用的路子。根据省委“六权治本”向乡村延伸的指示精神，市编办专门组织人员参与乡村“六权治本”调研工作，针对乡镇不完全政府特点和村民自治特点，在7个乡镇、7个村试点实践的基础上，提出乡村“六权治本”三清单（权力清单、责任清单和服务清单）、两图（服务群众导引图、办事流程图）、一中心（站、室）、五机制的总体思路，指导孝义市、交口县进行实践。最终孝义市代表吕梁在全省“六权治本”推进会上介绍了乡村的经验和做法，得到省委的肯定和推广。开拓创新，敢于担当，市县率先公布符合“六权治本”要求的两清单、两张图。探索形成符合“六权治本”要求的两清单、两张图模式。推行权力和责任清单制度是一项创新性工作，没有多少可以借鉴的东西。市编办按照法无授权不可为、法定职责必须为、有权必有责、用权受监督、权责一致的原则和“六权治本”把权力关到制度的笼子里的要求，结合监督主体责任、监督责任和“一案三查”的实践，大胆创新、科学论证、试点先行，形成两单并一表的权力清单和责任清单“两清单”、职权运行流程图和风险防控图“两张图”模式。在责任清单、两张图上下功夫、求突破，形成了符合“六权治本”要求的以责任事项、追责形式、追责依据、追责形式为内容的责任清单，重点在行政处理上做文章，使“两清单”和“两张图”成为预防和防止腐败的载体，成为落实监督主体责任的载体，成为规范行政行为接受群众监督的载体，成为依法行政建设法治政府的载体。率先在全省公布了市级政府部门两清单、两张图。2015年年初召开权力和责任清单制度工作动员暨培训会，印发《实施方案》和《工作指南》，对全市共200余人进行业务培训。坚持边探索边实践，围绕课题组的设计，在市直14个试点单位和孝义市进行实践，根据试点单位实践情况，不断总结，不断完善。特邀国家行政学院任进教授等4名知名专家对吕梁市权力和责任清单模式进行论证。在中央编办举办的权力清单制度第一期培训会上，中央编办三司的领导对吕梁市的责任清单模式进行专门论证。通过单位认真梳理清理行政职权，组织严格的联合审核、专家论证、合法性审查，经市政府常务会议、市委常委会确认等环节，全市共清理出行政职权5612项，列入清单3726项，精简率达33.2%，市本级列入清单行政职权3172项，垂直管理部门列入清单行政职权554项；责任事项18600余项，追责情形29800余项，追责依据26000余项，绘制职权运行流程图和风险防控图各3726张。7月底，在全省率先通过政府门户网站公布了两清单、两张图，在社会上引起一定的反响，江苏省泰州市、山东省枣庄市、山西省各市等省内外编办先后到吕梁市就“六权治本”和两清单、两张图工作进行考察学习。率先在全省公布县级政府部门两清单、两张图。为县市编制了《权责清单工作指南》、10类行政职权的权责清单模板、10类行政职权运行流程图和风险防控图模板；对县级权责清单成员单位、县级编办进行两次集中培训；应县级政府邀请对中阳县、文水县、岚县、汾阳市政府部门领导和承办人进行业务培训；应县级政府邀请市“六权治本”课题组到柳林县、中阳县、文水县、岚县、离石区、交城县为联合审查组解决业务问题，抽查各部门两清单和两张图，提出规范意见。2015年年底前，除孝义市与市政府同时在7月底公布外，文水县、交口县、柳林县、方山县、临县等5个县已经公布，中阳县、岚县、离石区、汾阳市政府常务会已经通过，交城县、石楼县、兴县正在加紧推进。

【推进政府职能转变和机构改革工作】

2015年，市编办及时承接国务院、省政府取消和调整的行政审批项目等事项共309项，其中对应取消的审批项目14项，承接下放行政审批项目46项，改为后置审批的工商登记前置审批事项22项，改为属地管理事项219项，对应取消年检3项。推动取消和下放行政审批事项，简政放权。市政府取消和下放行政审批项目64项，其中取消1项、下放63项（吕政发〔2015〕5号文件）。市政府根据“六权治本”要求下放和委托下放给孝义市34项权力事项。督促行政审批项目等事项的取消、下放、承接落实到位。开展行政审批违规问题和滥用审批权专项整治工作，针对行政审批项目下放不彻底问题，对行政审批项目下放不彻底的11个单位27项审批事项下发《整改通知书》进行专项整治，限期整改到位，督促各单位将审批事项下放到位。督促各县（市、区）、市直各部门做好取消和下放行政审批项目的落实和衔接工作，加强事中事后监管，规范审批流程，提高审批效率。完成政府机构改革收尾工作。对2014年度遗留的市规划局、市住建局“三定”规定，市编办在市规划局主要领导配备后，及时沟通协商制定“三定”规定，并以政府办公厅文件印发。为确保政府职能转变和机构改革工作落实到位，市委、市政府督查室牵头对县级政府机构改革情况进行验收评估和督查，对政府机构改革整合组建部门整合组建到位，领导班子配备到位，新机构挂牌、内设机构整合调整到位，人员定编定岗到位，新印章启用到位等，以及改革涉及工作部门所属事业单位的整合、更名、隶属关系调整情况进行督查，对督查发现的问题和不足，提出整改意见，完成了市、县政府机构改革工作。推进事业单位分类工作。对照《山西省市县事业单位分类指导目录》，坚持政事分开、事企分开、管办分离的原则，提出市级事业单位分类初步意见。与13个县（市、区）进行多次对接，安排专人进行指导，对于同类单位分类保持上下左右一致。市直单位参与分类的事业单位共415个，其中划入承担行政职能类5个，划入公益一类的312个，划入公益二类的74个，划入生产经营类2的4个，不纳入分类的单位43个，暂不分类的事业单位67个。经测算，分类改革后比改革前财政拨款编制减少2641名，财政补助编制增加3349名，自收自支编制减少1567名。县（市、区）共纳入分类的事业单位共计4053个，其中划入行政类的97个、划入公益一类的3046个、划入公益二类的387个、划入生产经营类的58个，暂不分类的465个。批复情况：离石区、兴县、石楼县、柳林县、临县、文水县、交口县、交城县8个县区年底前以编委或编办正式文件印发了分类意见，其余5县市在加紧批复。市级事业单位分类批复工作，由于编委主要领导频繁进行调整，致使市编委会一直未召开会议研究。整合不动产登记职责。根据省编办、省国土资源厅《关于整合市县不动产登记职责的实施意见》精神，吕梁市编办将市县两级有关部门分散承担的土地、房屋、林地、草原登记职责整合，统一交由国土资源部门承担。市县两级设立了不动产登记局和不动产登记中心，划转了林业、农业、住建、房产等单位相关人员编制，为不动产登记工作提供了体制机制保障。

【加强机构编制监督管理工作】

2015年，市编办采取措施，确保财政供养人员只减不增。落实李克强总理“今后五年内财政供养人员只减不增”目标，市编办严格执行机构编制“三个一”制度、机构编制审批程序、控编增人制度、编制人社财政配合制约机制，严格审核单位招录计划，确保在2012年底数基础上只减不增。全市各级机关事业单位补充人员必须在编制空缺情况下进行，超编单位只出不进，满编单位先出后进，新增人员数量不超过上一年度自然减员数；离退休人员按规定程序及时办理退休手续，通过自然减员达到消化超编人员；按照“严控总量、盘活存量、优化结构、增减平衡”的原则，综合采取削减职能弱化事业单位编制、加快条件成熟的生产经营类事业单位转企改制、整合职能相近事业单位等措施，按年度、分层级提出2017年年底前减编工作的具体任务、措施办法。2015年市级核减编制270名，县级核减编制1813名，全市财政供养在编在岗人数比2014年度减少3549名。宽进严管，改革事业单位法人登记管理工作。落实事业单位年检改为年度报告公示，开办资金验资登记改为确认登记改革任务，坚持宽进严管，立足改革，强化服务，变事业单位登记“审批”为“服务”，以服务促进登记管理。全市事业单位保有量为3442家（市直294家），设立登记56家（市直6家），变更登记539家（市直104家），证书废止后重新申领25家（市直8家），注销登记8家（市直0家），管辖权移交数2家（市直1家）；年度报告公示共2562家（其中：市直227家），全部更换了有效期为5年的事业单位法人证书。加强电子政务建设，提高机构编制信息化管理水平。加强机构编制电子政务网络建设，实现了省市县三级互联互通，配合中央、省编办修正审核汇总地方机构编制统计数据，确保实名制管理系统安全稳定可靠运行，为机构编制信息化管理夯实了基础；做好中文域名注册管理，推进党政机关、事业单位网站开办审核、资格复核和网站标识管理工作，吕梁市党政机关、事业单位注册单位数2066个，注册单位覆盖率为43%，党政机关网站标识申请通过数量278个，事业单位网站标识申请通过数量706个。通过利用信息化技术，提高机构编制管理水平，维护党政机关、事业单位信息发布的权威。

（吕梁市机构编制办公室）

直属机关工委

【概述】

2015年，吕梁市直属机关工委完成了下述工作：

1.以贯彻落实市委《关于进一步加强机关党建工作的意见》（以下简称《意见》）为龙头，强化各级党组织抓党建工作的主体责任意识。市委《意见》是经市委书记高卫东批示，市委常委会专题研究，副书记雷建国牵头，秘书长刘云晨、宣传部部长张敬平、纪委书记张稳科、组织部部长秦书义等市委领导亲自指导，坚持问题导向，结合机关党建工作实际，几次反复研究讨论形成的。9月10日，市委召开市直机关党建工作会议，秘书长刘云晨就贯彻落实《意见》做了安排部署，书记高卫东作了重要讲话。把市委《意见》落到实处，是今后一段时期市直各级党组织的重要任务。工委给市直各级党组织下发了贯彻落实市委《关于进一步加强机关党的建设工作的意见》文件汇编，制定了市直机关党组（党委）、总支、支部抓党建工作的责任清单，采取八项措施，推进市委《意见》的落实。

2.以学习贯彻《中国共产党党章程》（以下简称《党章》）为重点，提升党员干部思想理论素养 按照书记高卫东在全市“三严三实”专题党课上的要求，市直工委把学习贯彻《党章》作为全体党员干部理论学习的重点，作出《关于开展党章专题学习教育的通知》（吕直工发〔2015〕22号），工委给市直基层党组织下发《党章》10500册、党徽1万枚。各级党组织制定《党章》学习规划，运用领导领学、专题研讨、专家辅导、以考促学等多种方式开展集中学习，120个单位党组（党委）书记带头讲党课，深化对《党章》的理解。在集中学习的基础上普遍开展了“入党为什么、党员图什么、为党做什么”大讨论。108个单位制作了党员监督牌、监督栏，公开承诺，接受监督。工委组织了5个督查组，于10月16日至20日，对学习贯彻《党章》进行专项督查，作出《党章专题学习教育督查通报》（吕直工发〔2015〕30号）。下发“党章百题知识问答”，在各单位自行组织《党章》考试的基础上，从每个单位随机抽取1名县级干部和1名科级干部，于10月29日在市委党校组织了集中考试，检验学习成效，推动了学习党章、遵守党章、贯彻党章氛围的形成。

3.以规范化建设为平台，夯实基层组织基础。规范基层组织生活。2015年吕梁市直属机关工委在普遍抓基层组织规范化的基础上，重点在严格党内生活上下功夫求突破，对领导干部民主生活会、“一课三会”及党小组的活动作出具体规定，印发《关于进一步严格和规范党内组织生活的通知》，统一印制了党小组会议记录本，通过多种手段和措施推进组织生活规范化、制度化、经常化。整顿后进基层党组织。2015年年初出台《关于整顿软弱涣散机关党组织的实施方案》，在调查摸底的基础上，确定了市直单位党组织班子配备不齐、党组织书记不胜任现职、班子不团结、对党员疏于管理、信访矛盾集中、无党员职工活动场所、党组织服务意识差等16个单位30个软弱涣散党支部作为整顿对象，要求从组织设置、服务功能、队伍建设、基本制度、基础工作等五大方面，开展整顿工作。撤销党支部1个，合并党支部7个，调整支部书记和成员11人，基本达到党组织班子配齐配强、能够组织带领党员正常开展活动、努力做好服务群众各项工作的目标。举办入党积极分子培训班。6月中旬，在市委党校对市直机关2014年培养的163名入党积极分子进行为期3天的集中培训，进行闭卷考试。开展市直机关纪念建党94周年纪念活动。工委于7月1日在吕梁宾馆会议厅举行“市直机关纪念建党94周年大会”，市委副书记雷建国出席并作讲话，市直各级党组织负责人和党员代表200余人参加，共同缅怀党的丰功伟绩和党的优良传统。对市直各条战线上涌现出来的16个先进党组织、99名优秀共产党员和30名优秀党务工作者进行表彰。市直各级党组织开展知识竞赛、演讲比赛、歌咏比赛、党课教育等多种形式的文体活动纪念党的生日，工委配合吕梁电视台和吕梁报社进行了集中报道。

4.以“身边的榜样”学习宣传为载体，激发基层组织和党员的模范带头作用。市直工委在总结2014年第一批“身边的榜样”学习宣传活动经验基础上，精心组织，认真谋划，力争把“身边的榜样”打造成吕梁机关党建的品牌。工委下发了《关于做好第二批“身边的榜样”选拔工作的通知》，经过基层组织层层推荐，工委筛选、考查，报请市委常委会议确定了第二批“身边的榜样”：市图书馆党支部等6个优秀基层党组织、市人社局闫茆平等8名优秀共产党员。按照高卫东、刘云晨、张敬平等市委领导的批示，市直工委制订了学习宣传方案，组织开展了系列学习宣传活动。开展专场宣讲。市直文化、建设、财政、公路、广电、民政、老干等12个“身边的榜样”所在系统，举办了“身边的榜样”先进事迹专场报告会。举办图片展览。为迅速形成学习宣传效应，利用市委大院前后通道现有的4块宣传栏，展出“身边的榜样”事迹简介，供党员干部日常参观学习。制作6块流动版面，介绍“身边的榜样”先进事迹，在各大口、各单位和公共场所流动展出，参观人数累计达3000人次以上，部分单位还组织全体人员专门进行了参观学习。开辟媒体专栏。在吕梁日报头版开辟“身边的榜样”专栏，陆续刊登市直机关优秀基层党组织、优秀共产党员先进事迹纪实；与吕梁电视台联合拍摄“身边的榜样”系列专题片，拍摄完成后将在吕梁电视台、吕梁人民广播电台同步播放；利用吕梁机关党建网的互联网平台，连续刊登14个典型的先进事迹，及时报道各单位动态。

5.以践行社会主义核心价值观为关键，加大精神文明建设步伐。市直机关的精神面貌直接代表着市委市政府的形象，市直工委以践行社会主义核心价值观为载体，凝聚正能量，提升市直机关的文明程度。组织纪念抗日战争胜利70周年活动。动员市直各级党组织运用收看中央纪念活动、党史辅导讲座、瞻仰抗战遗迹、走访身边老战士、观看影像视频等方式，缅怀恢宏壮烈的抗战历史，增强党员干部的历史责任感。与市委老干部局、吕梁电视台联合，举行“市直机关纪念抗战胜利70周年爱国歌曲大家唱”活动，在吕梁市民广场、汉画像石博物馆等地集中录制，在吕梁电视台黄金时段连续播出。举办道德讲堂。把道德讲堂作为传播核心价值观、提升机关文明程度的重要抓手，建立市直机关道德总堂，在市级以上文明单位建立66个讲堂，每两个月举行一次，按照省自身、唱歌曲、诵经典、讲故事、谈感悟、送吉祥6个流程开展，邀请身边的道德模范、先进工作者等走进讲堂，从日常点点滴滴的故事讲起，向干部职工传播道德的力量，引发广泛共鸣，收到较好的效果。设立善行义举榜。申报文明单位的机关部门在其办公场所的显著位置设立善行义举榜，从孝老爱亲、敬业奉献、助人为乐、见义勇为、诚实守信等5个方面，宣传本系统表现突出的干部职工，通过生动平凡的事例诠释核心价值观的要求，大张旗鼓树立践行核心价值观的标杆，在市直单位形成鲜明的导向和浓厚的氛围。开展文明创建。市直工委在2015年初制发《吕梁市直机关文明单位创建管理规定》《吕梁市直机关工作人员日常行为规范》，提出一系列文明办公、文明服务、文明管理、文明执法的规范性要求。按照文明创建整体部署，5月份下发《关于申报吕梁市直机关2014—2015年度文明单位的通知》，组织开展国家级、省级、市级和市直文明单位创建活动，指导督促各单位健全机制、开展活动，营造机关文化氛围，提升了文明创建水平。

6.以落实中央“八项规定”为抓手，努力转变机关作风。2015年市直工委坚持对市直机关落实中央“八项规定”和省委、市委实施办法，进行监督落实，要求各单位在开展自查自纠基础上，组织专项督促检查。市直机关123个单位上报了自查报告。按照市直纪工委的安排，市直十大口都成立了督查组，对口上单位进行督查检查。从9月16日至10月10日，市直纪工委对60个市直单位及下属科级单位，以及在部分学校、酒店、茶馆等重点设施进行专项检查，检查重点是节假日期间可能出现的“四风”反弹和隐形变异问题，以及单位纪律作风问题。从检查的情况看，大部分单位能够很好地执行中央“八项规定”和省委、市委的各项规定。但是，有些单位仍存在纪律涣散，工作人员上班脱岗、串岗、打游戏、看电视、网购的现象，人员外出不登记，请销假制度执行不力等问题；极少数单位存在公车使用制度执行不到位，公车外出没有派车单，或者公车私用的问题；部分下属科级单位办公用房超标，1人办公，却多放办公桌椅的隐形变异的问题；个别单位违规发放津补贴或福利的问题，正在进行责任追究。

7.以案件查处为突破，强化党风廉政建设工作。为了规范市直机关廉政教育谈话管理，加强反腐倡廉建设，筑牢心理防线，将反腐关口前移，市直工委修订完善出台了《市直单位科级干部廉政教育谈话办法》。针对市直机关科级及以下党员干部廉政审查日渐增多，市直工委制定《关于对市直机关科级及以下党员廉政审查的办法（试行）》，按照这个办法规范审查对象、审查程序，完成33家单位152名干部职工的廉政审查任务。按照市委常委会议及市纪委的安排，市直工委开展了市直机关科级及以下干部职工问题线索排查工作。从2008年1月至2015年7月，142个单位共报回科级及以下干部职工问题线索138条。市直纪工委逐一审核后，按照问题线索处置方式，确定75条问题线索了结，对36条问题线索进行谈话函询，20条问题线索进行初核，2条问题线索暂存，1条问题线索予以立案，对4条涉法涉诉或不在管辖范围的问题线索转到其他相关部门阅处。初核、立案案件正在调查，谈话函询工作有序开展。

（吕梁市直机关工委）

老干部工作

【概述】

2015年，吕梁市市县老干部工作部门完成了下述工作任务：

1.深入学习贯彻全国、全省离退休干部“双先”表彰大会精神学习贯彻全国“双先”表彰大会精神。以《学习贯彻习近平总书记等中央领导在全国“双先”表彰大会上重要讲话精神宣讲提纲》为重点，市（县）老干部工作部门采取集体观看视频报道、座谈会研讨、各支部发放传达提纲等多种形式，组织离退休干部学习贯彻好全国“双先”表彰大会精神，引导老同志们自觉在思想上、政治上、行动上与党中央和省委、市委保持一致。2月6日，市委常委会专题听取了全国离退休干部“双先”表彰大会及习近平总书记重要讲话精神、省委常委会传达贯彻情况的汇报，研究吕梁市贯彻落实意见。高卫东就学习贯彻全国离退休干部“双先”表彰大会精神提出明确具体的要求。组织开展向李步福学习活动。为贯彻落实全国离退休干部“双先”表彰大会精神，激励广大离退休干部为党和人民事业增添正能量，市委组织部、老干部局印发向柳林县退休干部李步福学习的通知，号召全市离退休干部开展向李步福学习活动，给各县（市、区）配发相关影像光盘；在工作网站上刊登新闻媒体对李步福的专题报道。市“两会”期间，代表委员观看了以李步福为原型的现代晋剧《村官李步福》，李步福的先进事迹得到广泛宣传。6月，李步福应邀参加省老干部局组织的全国离退休干部“双先”代表巡回宣讲报告团，到各市进行先进事迹宣讲。组织全国离退休干部“双先”代表巡回宣讲吕梁报告会。6月16日，由省委老干部局副局长郭世卿带队的全国离退休干部“双先”代表巡回宣讲团在吕梁市举行报告会，市委常委、组织部部长郑中夏出席并讲话，市直单位分管老干部工作的领导、市直单位和离石区离退休干部代表、市老年大学学员及老干部工作人员共400余人聆听报告。会上，6名受中组部表彰的山西省离退休干部“双先”代表作了先进事迹报告。报告会全程录像，制作光盘60份，发放至各县老干部局及市直各离退休干部党支部，供老党员观看学习。贯彻落实全省离退休干部“双先”表彰大会精神。6月30日，在全省离退休干部暨老干部工作“双先”表彰大会上，吕梁市7个离退休干部先进集体、7名离退休干部先进个人、7个老干部工作先进集体和8名老干部工作先进个人受到表彰。7月20日，召开全市老干部局长会议，学习传达全省离退休干部“双先”表彰大会精神，并就贯彻落实大会精神，做好下半年工作提出8个方面的要求。7月22日，召开市直单位离退休干部党支部书记座谈会，传达全省离退休干部“双先”表彰大会精神，向受表彰的市农委老干部党支部、市人民医院老干部党支部、市政协退休干部薛万民、市公安处离退休服务管理处处长杜林代发了奖牌及荣誉证，并介绍他们的先进事迹。各县市区也通过宣讲、报告会、学习会等形式，宣传受表彰的先进集体和先进个人，在全市离退休干部中掀起学先进、比先进、赶先进的热潮。

2.贯彻从严治党要求，加强离退休干部“两项”建设

落实离退休干部各项政治待遇。坚持市委、市政府主要领导向老干部通报情况制度、重大决策征求意见制度和老干部工作报告制度。2月16日上午，市委市政府召开春节团拜会，传达省“两会”精神，并通报全市经济社会发展情况，市直单位离休干部和正县级以上退休干部代表参会。5月份，市政府召开《政府工作报告》老干部座谈会，市长董岩出席征求老干部的意见建议。市县两级召开的党委工作会、人代

会、政协会，都邀请离退休干部列席。新任市委组织部部长秦书义上任之初就走访看望市人大常委会原主任岳培民等老领导，征求他们的意见和建议；看望慰问李志勇等抗战时期参加工作的离休干部，为他们颁发纪念章和慰问金。七一期间，市（县）两级老干部工作部门通过走访慰问、参观学习、重温入党誓词、文体活动等形式，庆祝党的生日。8月底，市（县）两级组织慰问了239名抗战时期参加工作的离休干部，为他们发放纪念抗日战争胜利70周年纪念章和5000元慰问金。加强离退休干部思想政治建设。坚持以理想信念和党性教育为重点，采取支部学习、专题培训、党课辅导等形式，组织离退休干部学习“四个全面”战略布局和习近平总书记系列重要讲话精神，引导老干部理解和把握党的路线、方针、政策和重大决策部署，使老干部坚定理想信念，与党中央保持一致。为全市378个离退休干部党支部赠订《学习参考》，为每位老干部赠订党报党刊，便于老干部们及时了解国内外大事。加强离退休干部党组织建设。优化离退休干部党组织设置方式，创新离退休干部党支部活动形式，丰富学习内容，落实离退休干部党员的组织生活制度。根据晋组通字〔2012〕97号文件精神，市直55个离退休干部党支部工作经费（5000元/年）按要求列入财政预算。市老干部局采取了支部活动经费由原单位和老干部局共同管理支配的办法，确保支部活动经费真正地用于老干部党支部活动。截至12月底，市直和8个县按5000元标准落实，兴县、岚县、临县部分落实，离石区、文水县、石楼县仍未落实。9月，组织市（县）两级7名离退休干部党支部书记参加全省离退休干部党支部书记示范培训，全省离退休干部先进个人、交口县双池镇老干部党支部书记杜国忠在会上作了交流发言。12月1日至2日，举办了全市离退休党支部书记中共十八届五中全会精神培训班，市直和各县100多名离退休干部党支部书记参加。培训期间，套开了全市离退休干部党建工作暨开展增添正能量活动经验交流会，孝义市等7个县市作了发言交流。

3.开展为党和人民事业增添正能量活动

组织开展“十项”活动（学习先进活动、征文活动、专题组织生活会、重温入党誓词活动、走访慰问活动、纪念抗战胜利活动、“忆往昔、看今朝、话改革”活动、“我为吕梁发展献计策”活动、“争做优秀老党员老干部”活动、“争做时代老人”活动）。结合全市老干部工作实际，部署开展以“展示阳光心态、体验美好生活、畅谈发展变化”为主题的“十项”活动，以离退休干部党支部、涉老组织、老干部活动中心、老年大学为平台，组织引导全市离退休干部开展为党和人民事业增添正能量。活动开展以来，市县两级通过举办书画摄影剪纸作品展、征文宣讲、座谈交流、专题讲座、健身展演、走访慰问等形式，开展了一系列丰富多彩、有声有色的活动，取得初步成效。汾阳市在老干部中集中开展“做守法公民、建守法家庭”宣传教育活动。岚县通过“老干部文化讲堂”活动平台，邀请离退休干部讲述历史传统文化、传播中国好声音。临县开展了“忆往昔、看今朝、话改革”征文演讲活动。孝义市以老干部党支部、老干部党校、老年大学为主阵地，举办了各种报告会、讲座50余场，凝聚老干部正能量。兴县聘请9名离退休干部为“卫生监督员”，参与城乡环境卫生整治工作。市老年大学、老干部活动中心举办了以“展示阳光心态、体验美好生活”为主题的健身展示、消夏广场文艺演出和“大美吕梁”摄影展，展示老干部健康向上的精神风采，凝聚正能量、传播好声音。离退休干部在吕梁市社会治安综合治理、党风廉政建设、行业纠风、政策宣传、关心下一代、推动全民健身等方面发挥了积极的作用。开展网上正能量活动。按照省老干部局要求，组建了由31名老干部网络宣传员，28名网络协助员组成的离退休干部网宣（协）员队伍。9月22日—24日，组织7名网宣（协）员骨干参加全省离退休干部网宣员骨干培训班。吕梁老干部工作网站增设“增添正能量”版块，发布信息460篇（条），经验交流、先进典型等文章185篇。7月，开通“吕梁老干部之声”微信公众平台，市县老干部工作者及老干部830余人关注，发送图文信息66期299篇，为老干部解答疑问及回复100余条，成为展现吕梁市老干部风采、宣传老干部工作的重要窗口，受到老同志和社会各界的好评。组织开展抗战胜利70周年纪念活动。市（县）老干部工作部门依托老年大学、老干部活动中心和各涉老组织，组织离退休干部开展了一系列纪念活动。市老年大学组织摄影班学员赴临县高家塔、寨子山、南屹垛、双塔村，兴县东会乡、蔡家崖等地，进行“红色摄影”采风活动。孝义市组织开展了“纪念中国人民抗日战争暨世界反法西斯战争胜利70周年”九个一系列活动。交城县组织举办了“抗日战争中的交城”系列讲座。文水县组织40余名离退休老同志召开座谈会，重温历史，缅怀刘胡兰同志为革命光荣牺牲的英雄事迹。柳林县开展了“唱响红歌，凝聚正能量”活动，组织60余名“五老”前往成家庄镇日本人屠杀纪念碑等传统教育基地开展红色教育。

4.深化离退休干部服务管理，组织离退休干部开展文体健身活动

离休费保障方面，督促2014年以来新调整的离休干部护理费、企事业单位离休干部抚恤金、生活补贴标准及最近离退休费调整等政策落实。2015年，市老干部局为6名生活长期不能自理的离休干部提高了护理费；为54名市营企业离休干部办理了增加离休费手续，发放各项生活费340.91万元；为32名遗属发放遗属补助金额25.68万元，发放冬季取暖补贴25.08万元；为8名离休干部办理抚恤金和丧葬费共102.5万元；将54名市营企业离休干部的人事档案、工资录入人社局工资系统。慰问看望了4名异地安置离休干部，督促落实了6名易地安置离休干部的公务费和特需费。医疗待遇保障方面，全市离休干部医药费按人均不低于5000元的标准列入预算，没有出现新的医药费拖欠。2015年全市共组织13600余名离退休干部进行健康体检。市老干部局争取财政支持，将离休干部体检费由原来的600元/人/年，提高到1000元/人/年，并继续推行菜单式自主选择体检项目，为老同志健康体检提供多样化个性化服务。为符合条件的13位离休干部办理了副省（部）长级标准报销医疗费待遇的审批手续。健全完善帮扶机制。市直和11个县（市、区）建立和完善了帮扶机制，帮扶资金逐年增加。全市共救助特殊困难离退休干部158人，发放救助金27万余元，其中市直救助11人，发放救助金4.3万元。深化细化服务管理。推行“亲情服务”模式，向市直离退休干部发放“老干部亲情服务卡”，老干部遇到困难和问题，可与工作人员直接联系、咨询。结合工作实际，制定了机关工作人员“三心”、“四勤”、“六个一”服务承诺（“三心”：耐心、热心、全心；“四勤”：勤听、勤走、勤思考、勤检查；“六个一”：一张笑脸；一声礼貌、一张椅子、一杯热茶、一腔热忱、一颗诚心）。加强信访工作的预防、调解工作，2015年接待来访老干部90余人，答复老干部电话咨询事宜130余件，做到件件有回音，事事有落实，保证全市离退休干部队伍的稳定。加强活动阵地建设。2015年，汾阳市新建活动中心完成主体工程，方山县、临县新建老年

大学完成立项审批等前期工作。离石、文水活动中心进入“省先进老干部活动中心”行列。市老年大学和交口、交城老年大学被命名为“山西省市（县）级老年大学示范校”。11月，召开全市老年大学规范化建设研讨会，总结交流全市老年大学规范化建设的经验做法，对新形势下进一步加强老年大学规范化建设、推进老年大学示范校创建工作进行安排部署。各县（市、区）普遍对星级老干部活动室进行粉刷、维修和添置设施设备，新建老干部活动室15个。各县申报了14个星级基层老干部活动室。市（县）组织举办了各类体育比赛和文艺演出120余场次，参与活动的老干部达1.5万余人次，丰富了老同志们的精神文化生活。

5.切实转变工作作风，自身建设有了新提高

开展学习讨论落实活动和“三严三实”专题教育。学习讨论落实活动开展以来，市（县）老干部工作部门围绕深入学习贯彻习近平总书记系列重要讲话精神，紧扣活动主题，强化学习教育，深刻反思剖析，工作人员从严治党意识明显增强，工作作风进一步转变。“三严三实”专题教育中，市老干部局领导班子坚持从严导向、问题导向、目标导向，班子成员带头讲党课，组织开展了4次集中学习专题研讨，召开专题组织生活会，党员干部深入剖析查找了工作中存在的“不严不实”问题，加强自我修养和廉政意识，转变工作作风，推动吕梁市老干部工作改进创新、持续发展。提升工作人员素质。局机关坚持周二、五集体学习制度，全年组织集体学习39次。局领导班子中心组集体学习14次。局领导参加了省委老干部局和市委组织的集中轮训。机关公务员全部按规定完成了干部在线学习120个学时的课程。开展了新党章专题学习，局长作了《学习党章、遵守党章》专题党课，局领导班子其他成员分章节作了专题辅导，全体党员通过了党章知识考试。在市直单位党章知识考试中荣获第三名；参加了市直职工法律知识竞赛，荣获第二名。组织党员干部赴方山于成龙廉政文化园参观学习，接受优秀历史廉政文化教育，机关工作人员的责任心和服务意识得到提升。强化宣传调研。围绕老干部党建、利用社会资源服务离退休干部等重点、难点工作，开展调查研究，市（县）完成调研报告14篇。4月，配合省老干部局完成“我谈重塑山西形象”专题调研，在市直、方山县召开两次老干部座谈会，召集120余名离退休干部党员认真填写了山西省离退休干部党建状况调查问卷。8月，组织开展“老干部工作如何为党的事业增添正能量”专题调研，市县共完成调研论文20篇。在全省老干部工作为富民强省增添正能量研讨会上孝义市作了交流发言，岚县作了书面交流。2015年《吕梁老干部工作信息交流》编发50期457篇（条）。省老干部局《信息交流》采纳30篇（条），《山西老干部工作》刊发26篇，《吕梁日报》报道市老干部局工作和活动情况11篇。推动工作创新。市（县）老干部工作部门发掘“创新案例”，培育“特色品牌”。2015年市县推出5个“创新案例”、3个“特色品牌”。市老干部局“‘吕梁老干部之声’微信公众号”、交口县“健康咨询中心”两个创新案例和孝义市“《孝义风采》杂志”、岚县“文化养老乐享工程”两个特色品牌向省局推荐申报。创建文明单位。市老干部局坚持把创建文明单位作为一项长期工作来抓，健全工作机制，创新工作措施，推进文明单位创建工作。成立争创文明单位领导小组，制订了实施方案，并将文明创建纳入年度工作目标考核，做到有规划、有部署、有检查、有考核；机关办公楼粉刷了墙壁，改造了墙裙，制作了政务版面和学习专栏；加强档案工作，购置了空调、电脑、打印机、扫描仪、

档案柜等设施设备，整理完善了机关档案，通过了“省三级档案室”的验收；开展“道德讲堂”“善行义举榜”和“学雷锋志愿者服务”，教育引导干部职工宣传弘扬社会主义核心价值观，提高文明素质；开展结对帮扶工作，选派了“第一书记”到村任职，协调争取水利、交通等专项资金30余万，开展精准扶贫工作。

（吕梁市委老干部局）

信　访

【加强源头预防】

2015年，吕梁市在重点领域、重点行业坚持完善社会稳定风险评估机制，将社会风险评估作为重大决策、项目、事项出台实施前置程序和必要条件，推动事前化解和风险控制，最大限度地维护群众根本利益。2015年1至12月，全市共调解各类矛盾纠纷19106件，涉及当事人41270人，调解成功17627件，有效预防纠纷5556件，将大量影响社会和谐稳定的矛盾纠纷消除在基层，化解在萌芽状态。

【加强“初信初访”的办理】

2015年，吕梁市各县（市、区）、各单位全部实行联合接访，规范初信初访的受理、告知、交办、答复等程序，从源头上、环节上减少信访积案的形成和越级上访的发生，2015年与上年同期相比，全市来信总量增加13.3%，重信率下降7.2%，重复上访率控制在20%以内，信访部门受理的“三初”（初信、初访、初次网上信访）件纳入满意度评价范围。

【发挥联席会议作用】

2015年，吕梁市联席会议坚持每10日召开1次，各县（市区）视情况随机召开，专题研究解决跨区域、跨部门和影响本地社会稳定的信访突出问题，市县两级共计召开联席会议170次，协调解决疑难信访事项432件，解决409件，化解率达94.7%，市联席会议多次召开案件化解推进会、工作会，召集各县（市、区）委分管副书记、市派驻各县（市、区）督查组组长、专项活动办公室成员，研究、推动工作，联席会议的作用得到充分发挥。

【领导干部定期接访下访和包案化解】

2015年，吕梁市明确干部接访下访和包案化解工作责任，把干部接访下访作为宣传群众、教育群众、团结群众、服务群众的重要平台，书记、县长带头接访，保证每天都有1名县级领导在信访服务中心接待来访群众。吕梁市级领导定期接访38批1759人次，阅批来信51封；各县（市、区）县级领导接访4700人次，共接待来访群众11162批次50226人次；县市区委书记包处的疑难信访案件66件，县（市、区）长包处70件。

【健全信访终结机制】

2015年，吕梁市经过反复征求意见、修改完善了市级复查复核工作办法，健全信访终结机制，疏通信访出口。2015年共受理复查复核案件38件（其中复查案件3件，复核案件12件，退回要求重新处理案件8件，不予受理案件9件，协调处理6件），办结32件，办理中案件6件。

【信访信息系统建设】

2015年，按照全省统一安排部署，吕梁市信访局推进信访信息系统建设，按时实现“三个全覆盖”目标。信访形式全覆盖，群众来访、来信全部都在网上流转；业务流程全覆盖，信访事项受理、办理、答复、复查复核、满意度评价等业务全部纳入网上流转运作；责任单位使用的全覆盖，上与省信访局对接，下与13个县165个乡镇（街道）、市32个部门（单位）对接联通。6月12日、25日分批次对各县市区信访局和市直单位进行信访信息系统使用培训。开展信息录入“百日会战”，规范信息系统的操作使用。

【动员社会力量接访化解】

2015年，吕梁市动员社会力量参与信访化解。13个县（市、区）所有县直单位、乡镇均建立信访工作机构，确定专人负责，吸纳多方面人员参与接访化解。石楼县在每个乡镇选聘1～3名在群众中有威望能力较强的离岗老领导退休老干部担任乡镇信访工作。孝义市动员有一定社会影响力的群众组织、社会组织参与信访矛盾纠纷化解，选派法律工作者参与接访化解工作。全市共聘请170余名律师作为法律顾问参与信访事项的化解；市信访服务中心设立法律服务窗口，为来访群众提供法律咨询。依托社会服务管理三级平台，完善了县、乡、村三级调解中心，六大重点领域建立专业性行业性调解组织，对可以调解的事项先行调解、反复调解，前期化解了大量当事人双方矛盾。

【推进“法治信访”建设】

2015年，吕梁市按照《关于进一步规范信访事项受理办理程序引导来访人依法逐级走访工作实施细则》要求，坚持“属地管理、分级负责、谁主管、谁负责、依法、及时、就地解决问题与疏导教育相结合”的原则，规范信访秩序，实行诉讼与信访分离。在信访大厅登记窗口，对涉及民商事、行政、刑事等诉讼权利救济的信访事项以及涉及公安机关、司法行政机关的涉法涉诉信访事项，导入司法途径处理，坚持法定途径优先。吕梁市召开动员会，安排部署按照法定途径分类处理信访事项的工作，要求各职能部门于1月底前列出各自职责清单，提交市法制办和信访局审查。对依法应当通过行政裁决、行政复议、行政监察、劳动仲裁等途径解决的信访事项，严格导入行政部门法定途径处理。

【积案化解和专项治理】

2015年，吕梁市按照省委部署，开展了“信访积案集中化解”和“以群众举报乡村干部腐败为切入点集中解决群众信访诉求问题”专项治理活动，减少信访存量。省专项治理活动办交办吕梁市网上登记信访事项4673件，占到全省各地市22184件的21%，截至7月20日全部按要求办结网上录入。省专项治理案件组首次交办吕梁市涉及县（市、区）信访重点案件91件，涉及三跨三分离事项按程序移送晋中、汾西矿务局共5件，由吕梁市承办的案件86件，化解率、结案率均达100 %，实现了专项治理工作提出的目标。其中，息诉71件，息诉率83%。86件案件中，劳动社保类26件，占比30%；农业农村类20件，占比23%；国土资源类14件，占比16%。对省第二次交办吕梁市的333件案件，吕梁市及时甄别涉法涉诉案件、依法终结信访事项、三跨三分离案件等，经甄别吕梁市案件数266件，全部办结。对94件涉纪案件及时移交同级纪检委办理。7月31日，省委副书记楼阳生召开专题会议，移送中央联席办交办，明确由市委书记包案的积案5件，化解率、结案率、息诉率均达100%。省委政法委交办吕梁市进京涉法涉诉非正常上访案件36件，按要求办结上报核减26件，正在程序中10件。省纪委交办吕梁市涉纪案件273件，经甄别不属于涉纪案件30件，按要求上报242件，办理中的1件。

【积案化解的有效措施】

2015年，吕梁市所有案件落实“三人包一案”措施。明确县级包案领导、责任单位责任人、公安局包案领导，明确各自职责，县级领导严格履行“一岗双责”，对所包案件做到“五包一保”，主动召开案情分析会议，下访约访信访人，推动案件化解；责任单位针对每一件信访积案，成立案件化解工作组，制订化解方案、确定化解期限，公安局包案领导负责做好信访人的教育疏导和依法处置工作。多管齐下化解积案。市县两级自行排查的案件1411件（其中市本级排查310件），化解1305件，化解率92.5%。吕梁市在全省影响较大的四个积案得到了妥善处理，有的化解到位，有的导入诉讼程序，有的与信访人达成共识，将上访人稳控在当地。如汾阳市中汾酒业拖欠工程款和农民工工资问题，信访人10余次到省委、省政府非正常集体上访，市信访局通过引入新的投资人、改选董事会，使问题得到妥善解决；临县白如杰因涉法涉诉信访问题，数十次进京非正常上访访，息诉反复，被中央联席办列为重点管理对象。通过依法处置打消了他“大闹大解决、小闹小解决”的错误想法，同时给予法律援助、司法救助、人文关怀，解决了他的合理诉求，案件得到妥善化解；岚县选矿企业代表因资源整合补偿问题曾多次赴省非正常集体上访，经深入细致的思想工作，上访人代表初步同意通过诉讼渠道解决；市游泳馆商户代表多次赴省进京集体上访，反映所购商铺工程未完善一直未能交付使用的问题，开发商因在商铺建设过程中非法融资被判处有期徒刑20年，案情十分复杂，市委、市政府积极作为，承诺由市财政先行垫资完善后续工程，经验收合格后，及时交付使用，信访当事人表示接受。探索“三跨三分离”案件办结新机制。履行属地协办责任，不等不靠，狠抓“三跨三分离”案件的办结工作。如柳林县马家塔村村民白勤平等8人（8案）进京非访，反映陕西省榆林市子长县恒发一期、二期合营煤矿拖欠工资的问题。柳林县委、县政府责成有关人员赴子长县协调沟通，请求对方帮助化解。进行多次耐心细致的工作，信访工作者的诚心感化了对方，求得对方的理解和支持，化解了案件、出具了相关文书。柳林县这一经验，山西省安排吕梁市进行专题总结，7月13日全省推进会上，吕梁市进行了经验交流。

【严格四项规范 维护信访秩序】

2015年，吕梁市按照法治信访、责任信访的总体要求，严格“四项规范”，规范各级干部依法履行职责，规范信访人的行为，把信访纳入法治化轨道。对不负责、不履职的党员领导干部予以严肃处理。全年因信访工作追究干部70名（其中，撤职及开除5人，记过4人，警告44人，通报批评做检查17人），在全市起到警示教育作用。落实逐级走访，加大非正常上访问题的治理力度。对2014年以来所有进京非正常上访、到省市两级党委政府门前非正常上访人员进行排查，掌握情况，逐人建立教育稳控台账，落实“四包一”措施，确保不漏管、不失控，防止重复非正常上访发生。加大依法处置力度。对已经通过三级终结信访事项的串访、闹访、缠访的带头人员；对多次越级到重点地区的非正常上访人员，及时、主动收集证据，依法依规予以处置。2015年依法处置595人，其中刑事拘留36人，行政拘留457人，训诫102人。

【信访干部队伍建设】

2015年，吕梁市信访局制订以“政治素质好、工作业绩好、团结协作好、作风形象好”为主要内容的“四好”领导班子创建活动规划，坚持重大问题集体讨论决策，重大问题一律由局党组会讨论决定。在工作中加强沟通协作，班子成员相互交流各自分管工作开展情况，使党政班子成员全面了解全局各方面工作进展情况，有利于班子成员配合协调。加强思想交流，健全党内民主生活制度，定期召开专题民主生活会，通过班子民主生活会、党组会以及班子成员之间谈心活动，交流思想，相互勉励，共同促进。班子成员坚持每年年初、年中和年末进行三次系统性的工作调研，掌握工作推进情况，解决实际困难，并全面落实年度述职述廉制度。加强信访干部队伍建设。2015年，石楼县、离石区都选派了工作能力强的年轻干部担任信访局长，配齐配强信访干部队伍。市委重视信访干部的培养使用，市信访局局长在2015年年底推荐当选为市人大常委会副主任。

结合“三严三实”专题教育活动，局党组购置和订阅多样政治理论和业务学习报刊、书籍，通过专家辅导、个人自学、交流讨论等形式开展集中学习活动。局领导班子成员带头领学、带头讲课，制定详细的学习培训计划，针对工作实际，对信访信息系统、法律知识、统计报表等开展了多次全市系统内部的培训。组织党章专题知识考试，开展党员“承诺、亮诺、践诺”活动，以此来推进和检验学习成效，提升干部队伍素质能力。

（吕梁市信访局）

党校教育

【干部培训轮训】

2015 年，吕梁市委党校完成了“吕梁市乡镇(街道)党(工)委书记、纪委书记落实‘两个责任’专题培训班暨纪委书记案件审查业务培训班”的培训工作，两个班次共计 377 人次。利用党校教育培训资源和阵地，开展社会培训，配合各机关、企事业单位开展各级各类人才技能培训。2015 年，共完成各类业务技能培训 26 余期，培训人员达 4350 余人。

【科研工作】

2015 年，吕梁市委党校发表论文 3 篇，其中国家级刊物发表 2 篇，分别为发表在《环球人文地理》中的《坚定理想信念 践行严以修身》和发表在《中文信息》中的《廓清新闻自由迷雾 有效发挥舆论引导作用》；省级刊物发表 1 篇，为发表在《农民致富之友》中的《对新时期农村党员干部培训教育的思考》。编撰专著《社会主义核心价值观农村教育读本》。该专著立足农村视野，研究农村问题，加强社会思潮动态分析，强化社会热点难点问题的正面引导，使社会主义核心价值观的基本理念、思想精华以喜闻乐见的形式走近农民群众。该专著由山西人民出版社出版，全书约 13 万字。选报优秀论文、专著参加山西省委党校系统第八届科研基金优秀成果评奖活动。分别是论文《试论文化基因之影响》《破除“官本位”思想 强化“人民公仆”意识》《强化人民公仆意识 提高执政为民本领》，专著《党建丛书概论》。

【队伍建设】

2015 年，吕梁市委党校选派教师参加全省党校骨干教师师资培训班两期、省委党校教研骨干研修班两期、参加全市理论宣讲员及大中专院校政治教师培训 1 期，共计 20 余人次。根据党校事业发展需要，通过公开招聘，2015 年招录大学生 5 名。2015 年实现了 1 名教师成功晋升正教授技术职务。

【宣传工作】

2015 年，为了发挥党校理论宣传的主渠道作用，吕梁市委党校教师走出校门，宣传党的十八届五中全会精神及习近平总书记系列重要讲话精神，深入孝义、汾阳、离石等县（市、区）及 20 个乡镇进行宣讲。全年为各县（市、区）和市直各部门、乡镇、农村、学校及企业作辅导 48 场次 6380 人次。2015 年，党校通过收集全国、全省各地党校信息动态，编辑《党校资讯》4 期，编辑刊发《党校通讯》8 期，印发《党校信息》15 期。党校通过面向全市搜集资料 20 余万字，编写《吕梁好故事》，宣传吕梁红色文化、廉政文化和法制文化。《吕梁好故事》通过讲述发生在身边的好人好事，加强了党校教职工的思想文化教育，弘扬了道德新风尚，传播了社会正能量。

（吕梁市委党校）

讲师团

【概述】

2015 年，吕梁市委讲师团为市委中心组十七次集体学习和专题研讨作了服务。提供学习资料和部分发言稿。做好中心组集中学习时的签到、记录、资料发放和学习情况整理等工作。配合市委宣传部下发“关于加强党委（党组）中心组学习情况通报工作的通知”“关于组建全市基层理论宣讲员的通知”等四个通知。结合全年理论学习专题，编印五期《党委中心组理论学习参考》。作为全市干部群众理论学习的参考资料，提高各级中心组学习的质量。为市委（党委）中心组编印了学习“三严三实”专题研讨资料三期。市委讲师团编印了中共十八届五中全会精神学习宣讲资料，内容包括全会《中共中央关于制定国民经济和社会发展第十三个五年规划的建议》习近平关于《中共中央关于制定国民经济和社会发展第十三个五年规划的建议》的说明、李克强总理的文章、专家解读、学习中共五中全会精神100问和历史回顾6部分，分发各县（市、区）市直单位和300余名基层理论宣讲员，推动全市中共十八届五中全会精神的引深学习和贯彻落实。向山西省委宣传部推荐“革弊正风，廉洁发展”读一本好书征文6篇。组织安排“学习讨论落实活动”和“聚焦民生，服务群众”主题实践活动。吴新元、李华强、冯德、李荣洲一行4人参加了市巡回督导组驻文水县北张乡、马西乡共22个村的巡回督导工作。会同吕梁市委宣传部、吕梁日报社举办全市“弘扬老区精神、传承廉政文化”征文活动，共收到稿件113篇，最终评出优秀组织奖8个、一等奖5篇、二等奖10篇、三等奖20篇、优秀奖15篇，对先进组织单位和优秀文章进行了表彰，提高了吕梁市理论研究水平。吴新元撰写的2015年党建研究课题“对防止干部带病提拔问题的思考与对策”上报省委党建研究会。市委讲师团组建起全市理论宣讲人才库，培养和打造出309人的理论宣讲队伍，为开展理论宣讲进机关、进学校、进农村、进企业、进社会奠定了基础。7月9日，召开基层理论宣讲员座谈交流会。市委常委、宣传部部长张敬平出席座谈会。来自市直10大口和7个县（市、区）的18位基层理论宣讲员代表联系各自的工作实际，从不同领域、不同角度进行交流发言，并围绕“为什么要组建基层理论宣讲队伍”“基层理论宣讲存在的问题”“如何搞好吕梁市基层理论宣讲工作”三个方面进行探讨和交流。8月2日，省委宣传部《宣传工作》以“吕梁扎实开展基层理论宣讲工作”为题目进行了刊发。9月16日，基层理论宣讲员及大中专院校政治教师培训研讨班在市委党校开班。培训内容为“践行核心价值观、增强文化软实力”和“如何做好理论宣讲工作”，培训旨在进一步贯彻落实中共十八大精神和《关于加强基层宣传思想文化工作的意见》精神，提升吕梁市基层理论宣讲员和大中专院校政治教师综合素质。82名基层理论宣讲员和18名大中专院校的政治教师参加此次培训研讨班。11月18日，市委中心组（扩大）举行学习贯彻中共十八届五中全会精神系列讲座，邀请省社科院党组书记、院长、研究员李中元作辅导报告。高卫东、刘明勇、朱锦平等市委中心组成员聆听了讲座，市委常委、秘书长、政法委书记刘云晨主持讲座。市直各单位负责人、分管理论工作的领导，市直机关基层理论宣讲员等参加了学习。11月21日组成学习贯彻中共十八届五中全会精神吕梁市委宣讲团，赴各县（市区）开展宣讲。宣讲报告会各县市安排一场，会标定为“吕梁市委宣讲团党的十八届五中全会精神报告会”，吕梁电视台、吕梁日报社、县（市、区）等新闻媒体专题进行了集中宣传报道，反映广大干部群众对宣讲活动的热烈反响，引深十八届五中全会的浓烈学习氛围。

（吕梁市委讲师团）

党史工作

【党史编研】

2015年吕梁市委党史研究

室修改审核《中国共产党吕梁历史》初稿，共3卷，共计120万字，上报中共党史出版社三审完毕。启动《习仲勋在吕梁》的资料征集。征集资料整理向省里报送《中共山西年鉴》（2015卷吕梁部分）。《中共吕梁市委工作纪事》，内部出版2012年卷，完成2013年卷的编写，征集2014年卷的资料共计100余万字。做好中央、省业务主管部门部署的课题任务，编纂上报抗损调研课题第二、三批成果书稿吕梁卷，60余万字。

【党史宣传教育】

2015年，吕梁市委党史研究室组织市县党史工作者分赴北京、陕西并吕梁各县（市）广泛征集抗战史料，挖掘抗战史料。

会同吕梁日报社、吕梁电视台、吕梁市演艺集团开展纪念抗战胜利70周年宣传。在《吕梁日报》推出《120师在抗战中的突出贡献》等系列文章，会同宣传部等单位在吕梁电视台推出《吕梁抗战记忆》等宣传栏目，与吕梁市演艺集团合作推出《烽火吕梁山》歌舞剧。指导审核各部门纪念抗战胜利70周年的有关资料。对吕梁市政协编印的《晋绥风云》，吕梁市委宣传部、吕梁文联举办的书画、剪纸作品展进行审核。参加省委党史办、省社科院举办的纪念抗战胜利70周年理论研讨，报送纪念论文3篇。组织党史工作者到北京、延安等纪念场馆参观学习，接受教育。加大吕梁党史网站的建设力度。2015年，增加7000余元用于党史网站建设，将网站域名变更为一级域名，方便上网链接查阅。收集整理10万余字的党史资料，为下一步充实网站内容做准备。帮助吕梁学院设计“红色文化展览馆”的展板内容，借学校平台让中共党史和吕梁地方党史走进大学生中间。

（吕梁市委党史研究室）

台湾事务

【对台交流】

2015年5月22日，台湾的台北演艺工会与产业工会参访团一行40余人到吕梁市汾阳杏花村汾酒厂参访。参访团与汾酒厂工会就两岸工会交流进行愉快的座谈。双方互相介绍工会的基本情况，并就职工技术培训、维护职工合法权益等工会工作问题进行深入的交流探讨，增进了了解。5月26日，“台湾南部工会山西行参访团”一行30余人到汾阳杏花村汾酒厂参访。参访团参观了汾酒博物馆。10月8日至20日，吕梁市特色传统文化项目孝义木偶赴台湾交流。应台湾中华文化联谊会邀请，吕梁市孝义皮影木偶剧团于10月8日至20日赴台湾演出，先后参加“戏曲在当代——2015亚太传统艺术节”和“2015云林国际偶戏节”两大艺术交流活动。12天的行程里，先后在台湾台北、云林、南投等6个县（市）以及台北艺术大学表演，和亚洲各个艺术团交流切磋。表演剧目有神话木偶剧《义虎千秋》、小折子戏《三晋奇葩花盛开》。向台湾地区观众展示了孝义木偶这一国家级非遗艺术和传统文化。

【经济工作】

2015年5月，台湾正大集团在岚县投资房地产，与当地产生纠纷。市台办第一时间联系岚县台办和有关部门了解情况，并与省台办、正大集团负责人一道专程到岚县进行调查。经与岚县政府领导以及国土局、工商局等部门协调，得知此事是因台商不了解国家有关土地政策引起，经国土局负责人耐心解释，打消了台商的疑虑。交谈中正大集团还表达了愿意在岚县投资生态旅游，建设省城太原后花园的意愿。9月上旬，市台办深入文水吉港水泥厂进行调研。在吉港水泥厂，市台办与财务主管、台胞王美凯进行交谈，了解企业经营状况，鼓励他客观地认识国内经济发展的大环境，处理好劳资关系，预防出现信访案件，激化职工和企业之间的矛盾。在台胞工作生活方面，市台办引导其从当地历史、文化、体制等方面看待问题。10月，吕梁市退休干部牛庭相有意引进台资合作兴建农膜吸塑项目，到台办进行咨询。市台办详细了解了项目计划，推进该项目引进落地。

【宣传工作】

2015年8月13日至21日，由台湾中天电视台、联合报、旺报三家台湾媒体联合组成的“山西魅力市县”拍摄组，深入吕梁市文水县、岚县、兴县进行拍摄采访。市台办积极策划，与县里相关部门全程陪同跟进，完成拍摄任务，办理拍摄善后工作。市台办2015年加强了华夏经纬网吕梁网页的建设，着手改版，提交了新的网页设计框架和内容；优化网络宣传工作，吸引两岸网民浏览点击。据统计，2015年1月到11月，发动动态信息5条，图片3幅，点击数突破190万。

【服务台胞台属】

2015年春节前夕，台湾旺旺集团向临县庙坪村捐赠103140元的食品和物资。市台办配合省台办，积极与市民政局联系，协调办理捐赠手续，与省台办、市民政局、旺旺集团一道将捐赠物品交付给庙坪村民。事后，因办理手续涉及河南、山西两省，市台办又与市民政局多方联系协调，完成了此项工作。5月26日，市台办专程赴交城县洪相村，拜访回乡探亲的台北市山西同乡会理事长王真一，与交城县台办一起了解了王真一反映的房产遗留问题一事。市台办与交城县台办协商后，由交城县台办将此情况向交城分管房管局工作的副书记李义祥作汇报，将情况反馈了王真一亲属。涉台政策咨询方面。2015年1月，市发改委总工程师白天就因私赴台事宜进行政策咨询。市台办通过询问海协会、太原出入境管理局，同时与晋中市台办联系，初步形成吕梁市因私赴台流程示意图，回复了白天这个问题。5月，台胞王美凯就台胞证到期求助市台办。为获得准确信息，市台办与福建省台办、省公安厅出入境管理处、吕梁市公安局和文水县公安局联系，了解了异地办理流程及需要提交的资料等，保证了王美凯按时更换台胞证。6月17日，交口县一名台属，因孩子出生证问题进行政策咨询，市台办给予了满意答复。

（吕梁市委台湾工作办公室）

吕梁市孝义办事处党委

【党建工作】

2015年年初，吕梁市孝义办事处党委制订出台《吕梁市孝义办事处党委“三严三实”专题教育工作方案》和活动流程图，5月26日组织召开“三严三实”专题教育活动动员会。制定详细的学习计划，采取集体学、自学、基层调研等多种形式开展学习，到2015年年底为止共组织“三严三实”专题学习18次。“三严三实”专题教育活动进入专题研讨阶段，按照上级要求，于7月25日、8月25日、9月25日、11月25日分四次进行专题研讨。每次研讨单位领导都带头发言。单位其他科级干部结合个人工作实际，以问题为导向，坚持从自身做起提出意见建议，使研讨活动有效开展。2015年，吕梁市孝义办事处党委规范发展程序，严把党员入口关。按照《中国共产党发展党员细则》和《吕梁市发展党员全程纪实制度》的要求，以严把党员入口关作为从严治党的重要抓手，通过与本人谈心、同事谈话，严格监控入党积极分子的生活圈、交友圈，全方位考察党员的入党动机，对入党积极分子作出客观公正的评价。发展的关键环节都组织召开会议广泛听取意见，严格把关，确保发展质量。发展倾向于一线工人，注重入党积极分子的年轻化、知识化。按此条件，全年共发展党员5名。2015年年初工作会上党委与基层各党支部书记签订《党建工作责任状》，细化量化对基层支部党建工作的考核。每次考核前召开专题会议部署，确定考核方案，细化考核事项，确保考核的顺利完成。2015 年加大对基层支部“软、弱、涣、散”的整治力度，对两个后进基层党支部进行集中整治。

【社会治安综合治理】

在 2015 年年初工作会上，办事处党委与基层 15 个公司签订《2015 年综治责任书》，量化工作考核。办事处党委将和谐稳定作为党委的重要工作，遇到矛盾，及时调查了解，提前介入，将矛盾化解到萌芽状态。全年共化解各类矛盾问题 16 次，如肉联厂暖气问题，办事处党委与新义街道办事处和中石化协商，使问题得到彻底解决；吕梁市外贸运销公司职工匿名举报公司情况的信访案件，办事处党委紧急约谈相关人员了解情况，并将初步调查情况上报吕梁市纪委监察局信访室，抄送孝义市纪检委和吕梁市商务局。全年无一例越级上方案件，维护了基层的稳定工作。

【党风廉政建设】

2015 年，办事处党委加强廉政文化建设。组织开展学习焦裕禄活动，注重正面引导，加大宣传力度，选树一批新时期廉洁从政、一心为民的先进典型，借鉴以于成龙为代表的山西历代著名廉吏的典型事迹，加强红色传统教育，弘扬社会主义核心价值观，推动反腐倡廉深入。运用多种载体和形式，传播廉政文化，营造拒腐防变的文化环境。开展预防职务犯罪工作。2015 年年初办事处党委制订出台《吕梁市孝义办事处党委预防职务犯罪工作方案》，成立预防职务犯罪领导小组，完善预防职务犯罪工作机制。坚持“标本兼治、综合治理、惩防并举、注重预防”的方针，坚持内部预防、专门预防和社会预防相结合，教育、制度、监督并重的原则，办事处党委开展了预防职务犯罪工作。

【计划生育】

2015 年，办事处党委强化计生管理制度，确定专人负责，配合孝义市计生局，按照年初签订的《2015 年人口与计生工作考核责任书》，完成孝义市 2015 年全年计生任务。按照孝义市计生委的年初安排，完成全年计生普查任务。按时参加计生委组织的每月例会，按时报送每月的登记报表。完善计生档案资料，征订《人生》《中国人口报》等计生报刊。

【工会工作】

2015 年，办事处工会联合会对基层工人组织建设状况进行摸底调查，共有基层工会 14 个（机关 1 个、国有企业 5 个、集体企业 8 个），其中 5 个国有企业全部停业，集体企业 5 个停业。办事处工会联合会对 6 个基层工会完成换届（办事处机关工会、吕梁市农机总公司工会、日杂公司工会、外贸运销公司工会、土产果品副食公司工会、兑镇转运站工会）。办事处工会联合会建立各基层工会会员实名制电子档案，为每位会员发放会员证、会徽。100% 完成会员实名制的登记工作。清理审核困难职工档案，健全完善帮扶工作信息。建立健全困难职工电子档案，附件录入申请、身份证、户口等证明，一人一档。排查建档困难职工，对退休、调离、脱贫、死亡或无法联系的困难职工不再进入困难职工档案，排查出 13 人，其中急性心梗死亡一人，2015 年到退休年龄的 11 人，退休的一人，共退出困难职工档案 13 人。形成工作制度，每年 4 月底前清查审核困难职工档案，完善帮扶信息，11 月底前形成摸底调查，为两节送温暖做好前期工作。各基层在排查中摸清困难职工情况，帮助有困难的职工提出救助申请，按照规定标准和要求建立困难职工档案，并在本单位公示一周后，报办事处工会联合会。2015 年两节送温暖活动。按照各基层工会困难职工资金分配方案，采取网银支付的形式，为11个基层121名困难职工支付送温暖资金45600元。金秋助学。资助吕梁市副食公司困难职工付双玲（单亲家庭）儿子李镇江、农机公司困难职工史国斌女儿史慧敏、工业品公司段勤娥（单亲家庭）儿子苏伟福、吕梁市商业贸易中心困难职工李波女儿李雨娇完成学业。对办事处工会联合会省部级以上全国劳模生活状况情况进行了调查。帮助1978年荣获全国劳模称号的原吕梁市百货纺织品公司书记张鸿藻（本人和老伴都患有严重的小脑血管等疾病，长年服药、定期就医复查）申报全国劳模专项补助资金。与汾阳医院联系为张鸿藻进行健康体检。按照市总关于开展工会经费管理使用情况专项检查实施方案的通知精神吕工发〔2015〕18号，办事处工会联合会对2012年、2013年、2014年工会经费使用情况进行了自查。

（吕梁市孝义办事处党委）

下乡办工作

【基础设施建设】

2015年，吕梁市委干部下乡办带领各级包村领导针对群众行路难、饮水难、看病难、文化活动难等突出问题，千方百计筹措资金，大搞基础设施建设，改善农村生产生活条件。全市帮扶单位直接投入（含无偿和有偿）共7193.74万元，其中：资金5530.69万元，物资折款1663.05万元。直接投入用于基础设施2162.69万元，产业开发1893.11万元，文化教育1066.68万元，医疗卫生213.42万元，人力资源培训194.79万元，赈灾救济送温暖1647.03万元。帮助引进各类资金（含无偿和有偿）10510.64万元，帮助引进项目数（含全额、部分资助或引进）297个。其中市直单位直接投入（含无偿和有偿）共651.44万元，其中：资金491.29万元，物资折款160.15万元。直接投入用于基础设施169.79万元，产业开发192.28万元，文化教育86.31万元，医疗卫生27.92万元，人力资源培训14.99万元，赈灾救济送温暖144.13万元，助引进各类资金（含无偿和有偿）4172.27万元，帮助引进项目数（含全额、部分资助或引进）25个。县（市、区）直单位直接投入（含无偿和有偿）共6542.3万元，其中：资金5039.4万元，物资折款1502.9万元。直接投入用于基础设施1992.9万元，产业开发1700.83万元，文化教育980.37万元，医疗卫生185.5万元，人力资源培训179.8万元，赈灾救济送温暖1502.9万元，助引进各类资金（含无偿和有偿）6338.37万元，帮助引进项目数（含全额、部分资助或引进）272个。

【培育农村主导产业】

2014年吕梁市启动“8+2”农业产业化振兴三年计划，即大力发展核桃、红枣、杂粮、畜牧、蔬菜、马铃薯、林下中药材、食用菌八大产业，突出抓好市场建设和龙头企业建设两个关键环节，力争实现“一年初见成效，两年大见成效，三年形成转型跨越发展新格局”的奋斗目标，加速农业产业化发展，推动农业转型升级。2015年，各级包村领导、扶贫工作组围绕市委、市政府确定的农村产业发展布局，结合包扶村实际，发展设施蔬菜、红枣、核桃、小杂粮种植和养殖等主导产业，累计完成种植27334亩，拓宽了农民增收致富渠道。

【科教扶贫】

2015年，吕梁市各级包村领导紧抓兴学育人、农民技能和素质培训工作，改善办学条件，开展农村实用技术培训和务工技能培训。提供信息，牵线搭桥，组织劳务输出。吕梁市全年用于资助贫困学生的投入304.9万元，受到资助的贫困学生人数24375人次。举办培训班1367期，共培训各类人员92582人次。其中：各级干部7639人次，技术人员5073人次，农村劳动力65148人次，致富带头人4439人次。组织劳务输出24708人次。市直单位用于资助贫困学生的投入24.9万元，受到资助的贫困学生人数3368人次。举办培训班286期，培训各类人员16868人次，其中：各级干部1503人次，技术人员884人次，农村劳动力12657人次，致富带头人1555人次。组织劳务输出7918人次。县（市、区）直单位用于资助贫困学生的投入280万元，受到资助的贫困学生人数21007人次。举办培训班1081期，共培训各类人员75714人次，其中：各级干部6136人次，技术人员4189人次，农村劳动力52491人次，致富带头人2884人次。组织劳务输出16790人次。

【选派机关优秀干部到村任第一书记】

2015年7月，吕梁市委干部下乡办与市委组织部、市委农村工作领导组办公室联合下发《关于做好选派机关优秀干部到村任第一书记工作的通知》，要求机关选派的优秀干部到党组织软弱涣散村和建档立卡贫困村任第一书记，市直机关共选派180名优秀干部。在乡镇党委领导和指导下，依靠村党组织，与支部书记配合，带领村“两委”班子开展工作，从实际出发，抓住主要矛盾、解决突出问题，建强基层组织，推动精准扶贫，维护和谐稳定，为民办事服务，提升治理水平。

（吕梁市委干部下乡办）

2016年吕梁年鉴

LVLIANGNIANJIAN

吕梁市人民代表大会常务委员会

综述

【监督工作】

2015年，吕梁市人民代表大会常务委员会（以下简称常委会）听取和审议“一府两院”工作报告13项，开展执法检查4次，对14项工作进行专题调研，组织专项视察2次，对15个常委会提出的“审议意见”研究处理情况实施跟踪监督。

1.推动全市经济健康发展，依法开展监督工作。应对经济发展下行压力，适应经济发展新常态，听取和审议市政府关于2015年上半年全市国民经济和社会发展计划执行情况、2014年市本级财政决算和2015年上半年全市预算执行情况、2014年市本级预算执行和其他财政收支审计及审计查出问题整改情况和全市转型综改试验区建设、核桃产业发展情况报告，推动国家财政政策的落实，先后审查批准市本级2015年财政预算调整及第二次调整方案，寓支持于监督之中，构建推动全市经济社会发展的合力。铁路运输对以资源型为主的吕梁市经济发展具有重大现实意义，常委会对2014年听取的铁路战略装车点建设报告所提“审议意见”的研究处理情况实施跟踪监督。就对区域经济发展有较大影响的经济开发区建设、大中型水库建设管理、食用菌产业发展进行专题调研，向市政府及相关部门提出具体工作建议。分专题组织调研组，就制定全市“十三五”规划开展前期调研，组织省市人大代表对全市重点项目建设及新兴产业发展情况进行专项视察。

2.围绕保障和改善民生依法开展监督工作。在接受社会各方面意见的基础上，常委会把人民群众反映强烈和关注的重大问题作为监督工作的重点。2015年听取和审议市政府食品安全监管工作情况和吕梁市区饮用水水源地保护、物业管理三项专项工作报告，并就食品安全工作进行专题询问，对全市城乡幼儿园建设情况、氧化铝煤气发生炉建设情况进行专题调研，提出具体工作建议；对市人大常委会听取的《中华人民共和国农产品质量安全法》、全市公共卫生服务体系建设、义务教育均衡发展、吕梁市区绿化、市区城市管理等报告所提“审议意见”的研究处理情况及“2014年三晋环保行暨吕梁环保行”活动所发现夏汾高速沿线刺激性气味问题环保专项整治情况实施跟踪监督。

3.推进依法治市进程，依法开展监督工作 。努力推动法律得到正确有效实施。常委会对《中华人民共和国种子法》及《山西省农作物种子条例》《中华人民共和国会计法》《中华人民共和国治安管理处罚法》《中华人民共和国社会保险法》的贯彻实施情况进行执法检查，就2014年听取的全市贯彻实施《中华人民共和国农产品质量安全法》《中华人民共和国律师法》《中华人民共和国警察法》所提“审议意见”的研究处理情况实施跟踪监督，切实维护法律权威；努力促进“一府两院”依法行政、公正司法。常委会听取和审议市政府关于全市《中华人民共和国档案法》贯彻实施情况、市法院关于规范司法行为工作情况、市检察院关于反贪污贿赂工作情况的报告，对全市司法机关公正司法的情况进行专题调研，提出改进工作的具体意见。修订完善《规范性文件备案审查办法》，全年共对3件市政府规范性文件进行备案审查，就全市实施“六权治本”情况组织专题调研组深入全市各县及部分市直单位进行检查，构建把权力关进制度的笼子的监督机制。落实地方国家权力机关法定职权。制定出台贯彻落实《省人大常委会关于加强和改进人大监督工作的决定》的实施意见；推进立法建设，常委会两次邀请专家进行了立法专题培训，组织三批次人员参加全国及省人大立法法专题学习，开展市级人大立法机构筹建等各项立法准备工作；推动法治观念在全社会的形成，维护地方权力机关权威，对《中华人民共和国律师法》《中华人民共和国警察法》和全市法治宣传教育工作情况报告“审议意见”的研究处理情况进行跟踪监督。参与上级人大的立法活动，组织相关部门负责人和部分专业人员，参与《山西省实施〈水土保持法〉办法》等法规草案的修改征求意见或立法评估调研工作，提出符合实际的建议意见。推动和谐社会建设。进一步加强和改进人大信访工作，创新信访工作机制，落实信访联席会议制度，推动建立健全涉法涉诉信访问题依法终结制度。截至2015年12月，共受理群众来信来访件1067件。其中省人大交办213件，市人大常委会确立重点督办案件15件。除情况不明、重复信访的60件外，其余1007件全部批转交办。

【人事任免工作】

2015年，常委会正确处理党管干部原则和人大依法任免的关系，坚持任前法律知识考试、听取供职报告、审议表决、颁发任命书、向宪法宣誓等程序，推进人事任免工作规范化、制度化，确保党委推荐的干部人选，通过人大法定程序得以实现。全年依法任免、决定任免国家机关工作人员14人次。其中，任命4人次、决定任命8人次、决定免职1人次、接受辞职1人次。

【代表工作】

2015年，常委会切实保障代表知情知政权。常委会落实《市人大常委会、市人民政府、市中级人民法院、市人民检察院向市人大代表通报工作情况、提供信息资料的试行办法》。及时向代表寄送《吕梁人大公报》《吕梁人大》《人大工作动态》《情况通报》等内刊，为代表订阅《中国人大》《人民代表报》《山西人大》等，保障代表及时掌握全市经济、政治、文化和社会等方面信息以及常委会工作情况。坚持代表列席常委会制度，组织代表参加常委会组织开展的视察、调研、执法检查等各种活动。全年共有58名市人大代表列席常委会会议，350多人次参与各项活动。保障代表的知情权、参与权、表达权和监督权。狠抓代表建议的办理。市人大常委会强化措施，对代表在大会期间与闭会期间所提建议，全部实行书面及时交办制度，对各单位办理代表建议的情况进行专项考核评比，强化代表建议督办力度，主任会议听取市政府及有关部门对重点建议办理情况的专项汇报，常委会听取审议市政府、市法院办理市二届人大八次会议代表建议情况的专项报告和市人大常委会人事代表工委对代表建议办理工作实施监督的报告，并对上述三个报告及13件重点建议的办理情况进行满意度测评；对于测评未通过的一项代表建议办理报告，责成原承办单位继续办理。市二届人大九次会议召开后，常委会及时将期间代表提出的195件建议、批评和意见集中交付“一府两院”及相关部门办理，并将事关全市改革发展大局、事关人民群众切身利益和社会普遍关注的热点、难点问题的13件建议作为2015年重点督办建议，并制定《2015年代表建议督办工作逐月安排意见》，严格办理措施，明确办理时限，2015年9月以来，组织专人，深入各承办单位就建议的办理情况进行督办，推动代表建议办理工作由“答复型”向“落实型”转变。对2014年度13个代表建议办理先进单位和15名个人予以表彰，营造办理氛围，确保办理质量。优化代表履职环境。采取措施，推动《中华人民共和国全国人民代表大会和地方各级人民代表大会代表法》的落实，规范无固定收入代表补助标准，保障人大代表参加好履职活动。严格按照已出台的《代表小组活动办法》规定，要求各小组组织代表开展活动，为代表建言献策创造机会，推动人大代表与人民群众的密切联系常态化。完善代表履职激励机制，健全代表履职档案，强化代表履职监督，鼓励和支持代表在加快推进“六大发展”、全面建成小康社会中奋发有为、建功立业。组织开展代表依法履职模范事迹的宣传报道，利用机关自办《吕梁人大》期刊、《吕梁人大专网》，并协调吕梁日报、吕梁电视台等媒体进行宣传报道。保持代表队伍的先进性和纯洁性。2015 年，常委会依法补选省人大代表 1 名，确认补选市人大代表 13 人；支持反腐败斗争，根据有关部门的意见，依法接受 1 名省人大代表的辞职申请；依法确认罢免 6 名市人大代表的代表资格，依法确认 1 名市人大代表接受辞职，依法许可对 3 名市人大代表采取法律强制措施。

（吕梁市人大常委会办公厅）

调研活动

【市人大常委会组织住吕梁人大代表进行专项视察】

1 月 15 日至 16 日，吕梁市人大常委会组织部分驻吕省人大代表就吕梁市排污治理、转型综改工作及重点项目建设情况进行专项视察。省人大常委会委员、省人大常委会法工委主任高国顺，省人大常委会委员、省人大常委会教科文卫工委主任杨波，市人大常委会主任刘明勇，副主任张保福，副市长李润林一同视察。代表们深入吕梁城区污水处理厂、吕梁市区西南供热气站、大土河焦化有限责任公司热源厂、孝义市山西信发化工有限责任公司铝工业循环项目、金州化工有限责任公司针状焦建设项目、孝河湿地公园、太原理工大学现代科技学院等单位进行实地视察。在视察结束后的座谈会上，代表们听取市重点办、综改办及孝义市政府关于转型综改和重点工程项目建设情况的汇报，就做好相关工作提出建设性的意见和建议。

【刘明勇就“六权治本”实施情况进行调研】

10 月 13 日至 14 日，市人大常委会主任刘明勇带领专题调研组，就“六权治本”实施情况深入汾阳、文水、交城进行调研。市人大常委会秘书长王峰、部分常委会委员及市编办负责人一同调研。刘明勇一行深入三县（市）政务大厅、县直“六权治本”试点单位、试点乡镇等重点部门，查看相关资料，了解有关情况，并召开座谈会，听取三县（市）政府及相关单位的情况汇报和市、县人大代表的意见，共同探讨交流深入推进“六权治本”工作的方式方法。

执法检查

【市人大常委会检查“种子法”实施情况】

3 月 25 日至 26 日，市人大常委会副主任徐德带领执法检查组对《中华人民共和国种子法》和《山西省农作物种子条例》在吕梁市贯彻实施情况进行执法检查。执法检查组深入文水县和汾阳市的部分种子生产、经营企业，代销点及汾阳市种子检测中心进行了实地检查。

【田喜荣在吕梁市检查“水污染防治法”贯彻落实情况】

6 月 17 日至 19 日，省人大常委会副主任田喜荣，省人大常委会城建环保工委副主任常宝童，省人大常委会委员、办公厅巡视员亢官文，省住建厅副厅长郝耀平等一行组成的省人大常委会《中华人民共和国水污染防治法》执法检查组到吕梁市检查。市长董岩出席反馈会。市人大常委会主任刘明勇，市委常委、孝义市委书记马文革，市委常委、离石区委书记常书铭，市人大常委会副主任张保福，副市长李润林，市人大常委会秘书长王峰等先后陪同检查。检查组一行听取了市政府贯彻落实《中华人民共和国水污染防治法》情况的汇报，并先后深入交城县、文水县、孝义市、中阳县、离石区的部分企业、水污染整治项目及饮用水水源地，就流域水污染环境防治、城镇生活污水处理、工业企业污水处理、饮用水源地保护、农村饮用水安全等进行检查。在反馈会上，检查组对吕梁市紧紧抓住加快新型城镇化建设的契机，强化城镇污水处理、工业污水监管、饮用水源地管理所取得的明显成效给予充分肯定，同时针对检查中发现的问题，就贯彻落实有关法律法规提出具体建议。

重要会议

【市人大常委会召开主任会议】

1月22日，市人大常委会召开主任会议，专题听取省人大代表视察农业产业化（8+2）发展提出建议办理情况汇报。市人大常委会主任刘明勇，副主任张保福、张国彪、徐德，副市长刘永平，市人大常委会秘书长王峰参加会议。会议就2014年7月驻市省人大代表汾阳、文水农业产业化（8+2）发展情况专项视察提出建议办理情况，听取市农委、财政、国土等12个部门的汇报。听取汇报后，刘明勇对相关部门建议办理工作取得的积极成效予以充分肯定。刘明勇要求，要进一步增强认真办理人大代表建议的自觉性。要充分认识大力支持农业产业化（8+2）项目的重大意义。要对农业产业化项目予以优质服务，精准支持。建议市政府把农业产业化工作列入全市“十三五”规划。会上，刘永平代表市政府对住吕梁省人大代表和市人大常委会对农业产业化工作的重视和支持表示感谢。他要求，各相关部门要遵循集中扶持，重点突破的原则，加大财政投入，完善扶持政策措施，重点抓好龙头企业发展、基地县建设、品牌建设、市场营销等四方面内容，推动全市农业产业化再上新台阶。

【市二届人大常委会第四十六次会议】

2月9日上午，市二届人大常委会第四十六次会议举行第一次全体会议。会议听取市人民政府常务副市长张效彪所作的关于2013年度市本级预算执行和其他财政收支审计查出问题的整改工作报告；听取市司法局负责人所作的关于全市《贯彻实施情况报告审议意见》研究处理情况的报告；听取市卫生局负责人所作的关于《全市公共卫生服务体系建设情况报告审议意见》研究处理情况的报告；听取市人大常委会秘书长王峰所作的关于吕梁市人大常委会关于贯彻落实《山西省人大常委会关于加强和改进人大监督工作的决定》的实施意见（草案）的说明；听取市人大常委会代表资格审查委员会负责人所作的关于市二届人大代表出缺情况的报告；听取市中级人民法院院长史红波所作的关于任职议案的说明。下午，会议又举行依法履职座谈会，市人大常委会组成人员，常委会任命的政府各工作部门主要负责人及市法、检两院副院长、副检察长参加会议。座谈会上，市人大常委会各机构简要通报了2014年工作情况，组成人员就政府工作部门负责人和两院负责人年度履职情况进行了询问，并提出工作建议，各负责人积极回应询问，并提出了进一步加强和推进相关工作的措施和打算。2月10日，市二届人大常委会第四十六次会议举行第二次全体会议。会议表决通过《吕梁市人大常委会贯彻落实的实施意见》；表决通过吕梁市人大常委会任命名单；表决通过吕梁市人大常委会代表资格审查委员会关于市二届人大代表出缺情况的报告；对市人民政府《关于2013年度市本级预算执行和其他财政收支审计查出问题的整改工作报告》以及关于全市《贯彻实施情况报告审议意见》研究处理情况的报告《全市公共卫生服务体系建设情况报告审议意见》研究处理情况的报告进行满意度测评。

【市二届人大常委会第四十七次会议】

3月10日，市二届人大常委会第四十七次会议召开。第一次全体会议上，听取市长董岩所作的《关于提名张广勇等同志任免职务议案》的说明，听取张广勇所作的供职发言。就地审议后，会议举行第二次全体会议。会议表决通过吕梁市人大常委会任免名单（草案），决定任命张广勇为吕梁市人民政府副市长，决定免去张效彪的吕梁市人民政府副市长职务。

【市二届人大常委会第四十八次会议】

3月27日，吕梁市二届人大常委会第四十八次会议召开。第一次全体会议上，听取市人大常委会副主任张保福所作的《关于接受王贵荣辞去山西省第十二届人民代表大会代表职务议案的说明》，听取市人民政府常务副市长张广勇所作的《关于提名竟晖任职议案的说明》，听取竟晖所作的供职发言，听取市人民检察院负责人所作的《关于报请许可对市二届人大代表李锁旺、白全生采取强制措施的报告》。就地审议后，会议举行第二次全体会议，会议表决通过《吕梁市人大常委会关于接受王贵荣辞去山西省第十二届人民代表大会代表职务的决议（草案）》。表决通过《吕梁市人大常委会决定任命名单（草案）》，决定任命竟晖为吕梁市人民政府副市长。表决通过《吕梁市人大常委会关于许可对李锁旺、白全生采取强制措施的决定（草案）》。

【市二届人大常委会第四十九次会议】

4月28日—29日，市二届人大常委会第四十九次会议召开。会议先后听取市人大常委会农工委负责人所作的关于《中华人民共和国种子法》和《山西省农作物种子条例》执法检查情况的报告；听取市人大常委会教工委负责人所作的关于全市城乡幼儿园建设情况的调研报告；听取市发改委负责人所作的关于全市战略装车点建设情况报告审议意见研究处理情况的报告；听取市住建局负责人所作的关于吕梁市区城市绿化工作调研审议意见研究处理情况的报告；听取市中级人民法院院长史红波所作的关于全市人民法院规范司法行为工作情况的报告；听取市人大常委会秘书长王峰所作的关于举行吕梁市第二届人民代表大会第九次会议议案的说明；听取市人民政府常务副市长张广勇所作的关于提名梁斌等任职议案的说明；听取市中级人民法院院长史红波所作的关于提名陈建国等任职议案的说明；听取拟任人员所作的供职发言。会议表决通过吕梁市人大常委会决定任命名单（草案）和任命名单（草案），刘明勇为任命人员颁发任命书后，任命人员现场向宪法进行宣誓。会议还表决通过《吕梁市人大常委会关于举行吕梁市第二届人民代表大会第九次会议的决定（草案）》，决定吕梁市第二届人民代表大会第九次会于5月19日召开。对市人民政府《关于全市战略装车点建设情况报告审议意见》研究处理情况的报告进行满意度测评；对市人民政府《关于吕梁市区城市绿化工作调研报告审议意见》研究处理情况的报告进行满意度测评。

【市二届人大常委会第五十次会议】

5月17日，市二届人大常委会第五十次会议召开。会议听取市人民政府秘书长梁斌所作的市人民政府关于市二届人大八次会议代表建议办理情况的报告；听取市人大常委会人事代表工委负责人所作的关于对代表建议办理工作实施监督情况的报告；听取市人大常委会秘书长王峰所作的关于市二届人大九次会议筹备情况的报告；听取市人大常委会人事代表工委负责人所作的关于市二届人大九次会议主席团和秘书长名单（草案）、代表议案审查委员会组成人员名单（草案）、计划和预算审查委员会组成人员名单（草案）、列席人员名单（草案）的说明；听取市人大常委会代表资格审查委员会负责人所作的关于代表出缺情况和补选代表资格审查情况的报告；听取市人大常委会人事代表工委负责人所作的关于评选先进小组、代表优秀建议情况的说明；表决通过市人大常委会关于表彰先进代表小组名单和代表优秀建议名单，听取市人民检察院负责人所作的《关于报请许可对市二届人大代表宋月照采取强制措施的报告》。会议分别对市政府关于市二届人大八次会议代表建议办理情况的报告、市政府有关部门关于市二届人大八次会议代表重点建议办理情况的报告、市中级人民法院关于市二届人大八次会议代表建议办理情况的报告、市人大常委会关于对市二届人大八次会议代表建议办理工作实施监督情况的报告进行满意度测评。会议表决通过市二届人大九次会议议程（草案）；表决通过市二届人大常委会向市二届人大九次会议所作的工作报告稿；表决通过市二届人大九次会议主席团和秘书长名单（草案）、代表议案审查委员会组成人员名单（草案）、计划和预算审查委员会组成人员名单（草案）和列席人员名单草案；表决通过市二届人大常委会代表资格审查委员会关于代表出缺情况和补选代表资格审查情况的报告。会上，市人大常委会副主任张保福宣读吕梁市人大常委会关于表彰先进代表小组、代表优秀建议的通报。会议还表决通过市二届人大常委会关于许可对宋月照采取强制措施的决定（草案）。

【市第二届人民代表大会第九次会议】

5月19日至22日在离石举行。会议应到代表379人，出席代表323人，符合法定人数。会议议程是：吕梁市人民政府市长董岩代表市人民政府向大会作工作报告。刘明勇向大会作市人大常委会工作报告，史红波作市中级人民法院工作报告，宁建新作市人民检察院工作报告。会议表决通过《关于吕梁市人民政府工作报告的决议》《关于吕梁市2014年国民经济和社会发展计划执行情况与2015年国民经济和社会发展计划的决议》《关于吕梁市2014年全市和市本级预算执行情况与2015年全市和市本级预算的决议》《关于市人大常委会工作报告的决议》《关于吕梁市中级人民法院工作报告的决议》《关于吕梁市人民检察院工作报告的决议》。

【市二届人大常委会第五十一次会议】

6月29日至30日，市二届人大常委会第五十一次会议举行了两次全体会议。会议表决通过《吕梁市人大常委会关于批准2015年市本级预算调整方案的决议（草案）》；表决通过《吕梁市人大常委会代表资格审查委员会关于代表出缺情况的报告》；对市人民政府关于《全市 执法检查情况 报告审议意见》研究处理情况的报告、关于《全市义务教育均衡发展情况报告审议意见》研究处理情况的报告、关于《吕梁市区城市管理工作情况报告审议意见》研究处理情况的报告进行满意度测评。

【市二届人大常委会第五十二次会议】

8月19日至21日，吕梁市二届人大常委会第五十二次会议召开。会议听取市人大常委会法工委负责人所作的关于贯彻实施《山西省预防职务犯罪工作条例》情况的调研报告；听取市发改委负责人所作的关于2015年上半年全市国民经济和社会发展计划执行情况的报告；听取市财政局负责人所作的关于2014年市本级财政决算和2015年上半年全市预算执行情况的报告；听取市审计局负责人所作的关于2014年市本级预算执行和其他财政收支的审计工作情况的报告；听取市林业局负责人所作的关于全市核桃产业发展情况的报告；听取市住建局负责人所作的关于吕梁市区物业管理工作情况的报告；听取市司法局负责人所作的关于对《全市加强法治宣传教育工作情况审议意见》研究处理情况的报告；听取市人大常委会法工委有关负责人所作的关于《吕梁市人大常委会规范性文件备案审查办法修正案（草案）》的说明。会议听取副市长成锡锋所作的关于全市食品安全监管工作情况的报告，并就全市食品安全监管工作进行专题询问。出席此次会议的市人大常委会组成人员和人大代表就全市食品安全工作中存在的突出问题和人民群众反映强烈的热点问题进行询问。市食药监局、市农委、市公安局、市发改委、市财政局等部门负责人就委员们询问的问题进行现场回答。询问结束后，成锡锋代表市政府作了表态发言。会议表决通过《吕梁市人大常委会关于批准2014年市本级财政决算的决议（草案）》，表决通过关于修改《吕梁市人大常委会规范性文件备案审查办法》的决定（草案），会议还对市人民政府关于全市加强法治宣传教育工作情况报告审议意见研究处理情况的报告进行满意度测评。

【市人大常委会召开饮用水水源地保护工作调研座谈会】

9月25日，市人大常委会召开饮用水水源地保护工作调研座谈会。市人大常委会副主任郭颖参加会议。座谈会上，市环保、住建、水利、横泉水库管理局等部门负责人就吕梁市饮用水水源地保护工作进展情况进行汇报，相关部门工作人员围绕饮用水水源地基础设施建设、污染治理设施运行机制建设、饮用水水源地长效管理机制等内容作了交流发言。

【市二届人大常委会第五十三次会议】

10月22日至23日，吕梁市第二届人大常委会第五十三次会议召开。在第一次全体会议上，听取市人大常委会法工委负责人所作的关于《中华人民共和国治安管理处罚法》执法检查情况的报告；听取市人大常委会民侨工委负责人所作的关于《中华人民共和国社会保险法》执法检查情况的报告；听取市人大常委会农工委负责人所作的关于全市大中型水库运行管理情况的调研报告；听取市发改委负责人所作的关于全市转型综改试验区建设情况的报告；听取市环保局负责人所作的关于吕梁市区饮用水水源地保护工作情况的报告；听取市财政局负责人所作的关于2015年市本级预算第二次调整方案（草案）的报告；听取市人大常委会副主任张保福所作的关于接受董岩辞去吕梁市人民政府市长职务请求议案的说明；听取市人大常委会代表资格审查委员会有关负责人所作的关于市二届人大代表出缺情况的报告。在第二次全体会议上，表决通过《吕梁市人大常委会关于接受董岩辞去吕梁市人民政府市长职务请求的决定（草案）》；表决通过《吕梁市人大常委会代表资格审查委员会关于代表出缺情况的报告》；表决通过《吕梁市人大常委关于批准2015年市本级预算第二次调整方案的决议（草案）》。

【市二届人大常委会第五十四次会议】

12月11日至12日，吕梁市第二届人大常委会第五十四次会议召开。会议先后听取市政府常务副市长张广勇所作的关于实施“六权治本”工作情况的报告、市档案局负责人所作的关于全市《中华人民共和国档案法》贯彻实施情况的报告、市农委负责人所作的关于对《中华人民共和国种子法》和《山西省农作物种子条例》执法检查情况报告审议意见研究处理情况的报告、市人民检察院负责人所作的关于全市检察机关反贪污贿赂工作情况的报告、市财政局负责人所作的关于吕梁市2015年政府债务限额分配计划和市本级预算第三次调整方案（草案）的报告、市人大常委会秘书长王峰所作的关于举行吕梁市第三届人民代表大会第一次会议议案的说明。会议听取市人大常委会副主任张保福所作的关于提名王立伟任职议案的说明、市中级人民法院负责人所作的关于提名孟育汾任职议案的说明、市人民检察院负责人所作的关于提名刘国钢等任免职务议案的说明。会上拟任职人员作了供职发言。会议还听取市人大常委会代表资格审查委员会负责人所作的关于吕梁市第三届人民代表大会代表资格的审查报告。会议表决通过吕梁市人大常委会任免名单（草案）。听取市人大常委会副主任张保福所作的关于提请王立伟为吕梁市人民政府代理市长决定的议案说明，就地审议后，表决通过该议案，决定王立伟为吕梁市人民政府代理市长。刘明勇为任职人员颁发任命书。会议表决通过吕梁市2015年政府债务限额分配计划和市本级预算第三次调整方案的决议（草案）、关于吕梁市第三届人民代表大会代表资格的审查报告、关于召开吕梁市第三届人民代表大会第一次会议的决定（草案）。会议还对市农委、市林业局研究处理市人大常委会《中华人民共和国种子法》和《山西省农作物种子条例》执法检查报告审议意见的有关事项进行满意度测评。

【市二届人大常委会第五十五次会议】

12月25日，市二届人大常委会第五十五次会议召开。会议听取市人民政府秘书长梁斌所作的吕梁市人民政府关于市二届人大九次会议代表建议办理情况的报告；听取市人大常委会秘书长王峰所作的关于吕梁市第三届人民代表大会第一次会议筹备情况的报告；听取市中级人民法院院长史红波所作的关于提名郭春等任免职务议案的说明；审议并通过市二届人大常委会第五十五次会议选举办法（草案）。会议补选王立伟、郝月生、尚朝辉为山西省第十二届人民代表大会代表；表决通过《吕梁市人大常委会任免名单（草案）》；对市人民政府、市中级人民法院、市人民检察院关于吕梁市第二届人民代表大会第九次会议代表建议办理情况的报告进行满意度测评。会议还表决通过《吕梁市第三届人民代表大会第一次会议议程（草案）》《市二届人大常委会向吕梁市第三届人民代表大会第一次会议所作的工作报告》《吕梁市第三届人民代表大会第一次会议主席团和秘书长名单（草案）》《吕梁市第三届人民代表大会第一次会议议案审查委员会组成人员名单（草案）》《吕梁市第三届人民代表大会第一次会议列席人员名单（草案）》。

【市三届人民代表大会第一次会议】

12月27日至30日，吕梁市三届人民代表大会第一次会议在离石召开。出席代表367人，会议听取和审议市政府代市长王立伟关于政府工作的报告；听取和审议市人大常委会主任刘明勇关于市人大常委会工作的报告；听取和审议市中级人民法院院长史红波关于市中级人民法院工作的报告；听取和审议吕梁市人民检察院检察长宁建新关于吕梁市人民检察院工作的报告；会议选举郝月生为吕梁市第三届人民代表大会常务委员会主任，选举梁来茂、卫成印、孙晋军、郭卫民、刘凯为吕梁市第三届人民代表大会常务委员会副主任；选举王峰为吕梁市第三届人民代表大会常务委员会秘书长。会议还选举产生32位吕梁市第三届人民代表大会常务委员会委员。会议选举王立伟为吕梁市人民政府市长，选举张广勇、张敬平、李俊平、李建国、杨巨才、王海东、竟晖为吕梁市人民政府副市长；会议选举史红波为吕梁市中级人民法院院长，宁建新为吕梁市人民检察院检察长。会议还通过吕梁市第三届人民代表大会法制委员会组成人员名单。

2016 年吕梁年鉴

LVLIANGNIANJIAN

吕梁市
人民政府

综述

【重点工程项目建设顺利推进】

2015年，吕梁市人民政府认真落实省政府“项目提质增效年”各项部署，按照“四个一批”要求，以十大重点领域投资为主抓手，“六位一体”统筹推进项目建设。建立政府和社会资本合作（PPP）项目工作机制，先后发布两批PPP项目共69个，总投资930.03亿元，入选省级项目36个，入选国家发改委项目47个，项目数和投资额都位居全省前列。实施296个省市重点工程项目，累计开复工281个，前11个月完成建设投资859亿元。其中一批重大工程项目取得实质性进展，离石晋能大土河等4个低热值煤电厂核准开工建设；岚县太钢铁路专用线开通运营，兴县蔡家崖、文水海威战略装车点具备验收条件；西纵高速临离段和环城高速正式通车，开通吕梁到太原城际列车，榆横—潍坊特高压吕梁段输电工程开工建设；城乡人居环境改善工程完成投资219.42亿元。在重大项目带动下，全市固定资产投资增幅从3月份开始由负转正，逐月回升、稳定增长，先后5个月位居全省前三名。

【工业经济基本面得到稳定】

2015年，吕梁市人民政府坚决执行国家和省级层面的企业减负政策措施，出台吕梁市“煤焦企业减负10条”，规范、取消、调整、停征等92项行政事业性收费，清理规范涉企减负收费项目35项，为企业减负25.86亿元。加强经济运行监测，建立经济运行分析联席会议制度，各级领导干部带头联系帮扶重点企业，协调解决重大问题。开展政银企对接，累计向驻市金融机构和省金融服务平台推荐融资项目18个；设立了市级企业应急周转保障金5000万元和中小企业发展基金2000万元，为中小企业提供融资担保4.17亿元。多措并举稳定煤炭企业生产，完成12个煤矿矿井的改造建设，其中建成8个现代化矿井；加强全市煤矿五人包保小组、驻矿五人小组等人员培训，努力稳定企业职工队伍；推进煤电联营，实现电力企业全部在本市购煤，焦化企业90%选用当地原煤，促进了煤炭就地转化。

【产业优化升级步伐加快】

2015年，吕梁市加快煤电一体化发展，全市核准在建和取得“路条”的低热值煤发电项目达到8项，总装机容量540万千瓦。其中交城国锦等3个项目建成投产。加快发展壮大铝工业，加快推进中铝集团交口兴华2×35万吨铝基新材料、山西道尔投资有限公司200万吨/年铝系高温材料产业园及兴县中铝二期100万吨氧化铝等项目。兴县中铝华润50万吨电解铝产能置换项目年内可获省发改委备案。全市氧化铝产量达到1000万吨，占到全省三分之二、全国近五分之一，为吕梁市打造全国重要的铝工业基地奠定了基础。加快建设新能源项目，离石（文水、交城）云顶山25万千瓦风电等项目核准开工建设，中电投岚县河口、国电方山马坊等4个4.8万千瓦风电，孝义太子科技一期3万千瓦光伏发电项目即将建成投产，二期3万千瓦发电项目加快建设。杏花村酒业集中发展区全面恢复建设，初步形成10万吨白酒生产能力。积极探索军民融合发展，吕梁1号微纳卫星成功发射，云计算机中心累计为国家相关核心部门和全国160多家科研院所提供高性能计算服务。旅游景区标准化建设步伐加快，方山北武当景区和孝义金龙山景区创建为国家AAAA级旅游景区，交城果老峰水上乐园、孝义“梦幻海”室内恒温水上乐园先后建成投用。深入推进大晋中农产品流通示范区建设，汾阳山宝食用菌农产品出口基地等4个项目建成并通过市级验收，交城坤润现代农业产地集配中心等3个项目进入收尾阶段。

【“三农”和扶贫开发工作扎实推进】

2015年，吕梁市落实强农惠农等各项补贴政策，建成粮食高产创建示范片27个，建设高标准农田12.15万亩。大力推进“8+2”农业产业化工程，八大产业实施面积达到55万亩，参与农户达到8万户。全面铺开小流域综合治理工作，启动了农业标准化示范市创建工作，重点在孝义、方山、文水3个示范县、10个乡镇示范区，率先启动蔬菜、马铃薯、小杂粮、畜牧4大产业，创建示范区56个、面积43.8万亩，标准化养殖小区35个，认证“三品”基地30万亩、产品50个；与省农科院签署了农业科技战略合作协议，签订农业技术攻关和新技术、新品种推广合作项目99个。农村土地承包经营权确权登记颁证工作顺利开展，申报认定省市县三级农民专业合作示范社225家，发展家庭农场100个。加大扶贫开发力度，2014、2015年易地扶贫搬迁入住1.25万人，两年滚动入住率达到98%；完成企业产业扶贫投资26.98亿元，千村万人就业培训1000人，新型职业农民培训8100人；启动吕梁山片区“三个一”扶贫行动计划，贫困人口护理培训顺利推进，光伏扶贫项目按期启动，经济林提质增效项目开始实施。开展了建档立卡“回头看”试点工作，数据平台建设逐步完善；金融扶贫、电商扶贫、整村推进等项目有序推进。全年实现13万贫困人口脱贫。

【城镇建设和基础设施不断完善】

2015年，吕梁市加快市域城镇化布局，新区建设稳步推进，吕梁大道一期工程建成投用，9座桥梁全部建成，新区供水一期工程和集中供热工程投入试运行，安置区和配套设施建设加快完善，新区一期12平方千米框架基本形成。主城区提质步伐加快，市区应急水源地建设等一批市政重点项目基本完工，城市道路、供水、供气、供热、污水和垃圾处理等基础设施建设不断加快，全市城镇化率增加1.8个百分点、达到46.47%。实施城乡人居环境改善工程，深入开展城乡环境整治百日攻坚，城乡面貌明显改善。加强路、水、电、气基础设施建设，国道209、省道340中阳过境公路开工建设，新国道太克线方山焦家峪至临县苗家庄、临县梁家会至克虎寨段升级改造工程加快推进。投资9.3亿元改建县乡公路177千米、农村公路326千米，实施农村公路生命防护工程131千米。中部引黄和配套小水网建设有序推进，重点水源工程和重点病险水库除险加固工程加快建设，完成水土流失治理47万亩，解决8.07万农村人口的饮水安全问题。筹划区域微电网建设，加快电力在建工程建设，汾阳文峰、文水国金220千伏送出工程和交城三角、交口温泉、孝义西盘粮110千伏输变电工程建成投产。53个加气站项目开工建设，覆盖勘探区的煤层气管网初步建成，年输气能力达到25亿立方米，全市气化人口达到134.8万人。

【改革开放深入推进】

2015年，吕梁市加快转型综改试验区建设，着力推进“5121”综改年度行动计划，2013—2015三年综改任务基本完成。深入实施“六权治本”，全面清理行政职权，公布45个市政府部门权力清单、责任清单和职权运行流程图、风险防控图，并向乡村两级延伸拓展。积极推进“三大突破”，结合吕梁市实际，出台金融振兴、科技创新、民营经济发展的一系列政策措施。统筹推进煤炭、财税、投融资等重点领域改革，为经济发展注入新动力。推进亲情招商、项目招商，参加“四地四场”招商活动和央企入晋项目对接会，全年签约项目108个、总投资3264.74亿元，签约率全省第一。着力推进外贸转型升级示范基地建设，培育18户“231”。

【社会民生显著改善】

2015年，吕梁市在财政异常紧张的情况下，全年公共财政民生支出达230.5亿元，占总支出的84.1%。实施义务教育"全面改薄"工程，交城、汾阳、离石3县（市）基本达到均衡发展目标。完成40所城区学校（幼儿园）厕所标准化建设任务。普通高中和县级职教中心标准化建设全力推进，全市高考二本B类以上达线人数1.3万人，净增624人。县级公立医院改革实现全覆盖，120急救中心启动运行，市中心医院、疾控中心和妇幼保健院前期工作基本完成。推动社会保障提标扩面，人均基本公共卫生服务经费财政补助标准达40元，新型农村合作医疗人均筹资标准提高到470元，城乡低保标准在原有基础上每月分别提高20元，农村五保对象集中供养、分散供养标准每人每年分别提高200元、100元。城镇基本医保和生育保险费用实现省内异地就医即时结算。城镇职工基本养老保险、城乡居民社会养老保险等各险种参保扩面任务全面完成，全面实施新型农村合作医疗大病保险制度，启动城镇职工和居民大病保险工作。对市区69%的老旧出租车进行更新换代，实现公共交通IC卡"一卡通"，方便了群众出行。公共文化服务设施建设步伐加快，县级文化馆、图书馆达标率达到50%以上，各县均建成2000平方米以上的公共文化广场。推进政府购买公共演出服务，开展送戏下乡演出活动，丰富群众精神文化需求。加快脆弱区林业生态综合治理，完成造林49.92万亩。加大淘汰落后产能力度，列入国家考核的17个重点减排项目全部建成投运。开展环境综合整治专项行动，推动960个环保重点问题整改。启动污水收集管网建设攻坚行动，坚决淘汰老旧车辆、黄标车和油耗超限车辆，省考核的6项污染减排约束性指标年度任务全部完成。

【安全生产持续加强】

2015年，吕梁市贯彻执行新的《中华人民共和国安全生产法》，"党政同责、一岗双责、齐抓共管"的安全生产责任体系初步建立，市县乡村四级安全监管网络进一步完善。全面加强安全生产标准化建设，37家煤矿企业达到省二级以上质量标准，457家非煤矿山企业达到三级以上安全标准，435个危化生产经营单位通过安全标准化等级认定，安全保障水平提升。开展安全生产大检查、专项整治和打非治违活动，安全生产重点指标呈现"六个双下降"。全年未发生重大以上事故，部分重点领域保持零事故、零死亡，全市安全生产形势总体稳定并持续向好发展。

【政府自身建设得到加强】

2015年，吕梁市深化行政审批制度改革。推进"两集中，两到位"行政审批制度改革，对市政务大厅审批服务进行调整、精简，建立"一门受理、一口收费、集中办理、限时办结"和"一厅办公""一条龙"服务的运行模式，审批时限由原来的平均11个工作日缩减到5个工作日，缩减率54%；审批科室由原来171个归并为44个，集中率达到74%。政府投资项目审批由分散受理、串联审批，改为集中受理、联合审批。改革前，需要到9个单位分别受理、审查，经11个环节，逐项办理，需47个工作日。改革后，政务大厅1个窗口受理，会同发改委组织召开联审会议，联合审批，9个单位同步办理，共3个环节，只需17个工作日，缩减了一个月的时间。成立市公共资源交易中心，建立"一委一办一中心"运行模式，健全建设工程交易风险点查找及管理操作流程，查找制定出建设工程招标、投标、开标、评标、定标及后期办理各个阶段的流程、风险点以及管控措施。建立市公共资源交易暨工程廉政监督平台，交易中心由原来四中心变为一中心，实现了管办分离、提高效率、减少腐败的目的。严格政治规矩和政治纪律。完善并严格执行市政府全体会议、常务会议、党组会议等制度，坚持市政府每周工作例会；完善决策程序，市政府所有涉及人事编制、财政划拨、资源配置等重大事项全部采取集体研究、会议决策、公开执行，从根本上杜绝了暗箱操作和腐败现象发生。严格履行党风廉政建设责任，对342名党员领导干部进行责任追究，查处群众身边腐败问题1324件，处理1672人。

（吕梁市人民政府）

重要会议

【市政府全体会议】

8月7日，市政府召开全体会议，研究分析上半年经济形势，安排部署下半年工作。市委常委、常务副市长张广勇主持会议并讲话，市委常委、副市长郝月生，市委常委、宣传部部长张敬平，副市长成锡锋、李润林、刘永平，市长助理李月勤、权志高、薛平，市政府秘书长梁斌，市政府党组成员李真参加会议。

【市政府常务会议】

第七十六次常务会议　1月4日，吕梁市政府召开第七十六次常务会议，传达学习全省经济工作会议精神，分析当前安全形势，安排部署当前经济工作。市长董岩主持会议。

第七十七次常务会议　1月10日，市长董岩主持召开市政府第七十七次常务会议，分析当前经济形势，部署改革发展工作，并就《吕梁市燃煤电厂规划》《吕梁市煤层气（天然气）利用发展规划》以及《吕梁市推行政府权力和责任清单制度的实施意见》做了研究。

第七十八次常务会议　2月2日，市长董岩主持召开市政府第七十八次常务会议，学习传达省十二届人大四次会议和全省安全生产电视电话会议精神，并就贯彻落实会议精神进行了安排部署。

第七十九次常务会议　2月14日，市长董岩主持召开市政府第七十九次常务会，研究开展城镇生活污水收集管网建设攻坚行动等工作。

第八十次常务（扩大）会议　3月6日，市长董岩主持召开市政府第八十次常务（扩大）会议，贯彻落实省政府常务会议精神，安排部署全市固定资产投资、十大重点领域投资和项目提质增效年工作。

第八十一次常务会议　3月13日，市长董岩主持召开市政府第八十一次常务会议，研究市政府《关于加强风险防范进一步完善“两重一大”集体决策制度的实施意见》、市长和市政府常务会议“权力清单”“责任清单”以及城区学校、幼儿园厕所改造工程，加快发展养老服务业建设等工作。

第八十二次常务会议　3月16日，市长董岩主持召开市政府第八十二次常务会议，再次讨论研究市长和市政府常务会议“权力清单”“责任清单”和《吕梁市人民政府行政决策程序实施办法》《吕梁市人民政府关于加强风险防范进一步完善“两重一大”集体决策制度的实施意见》等工作。

第八十三次常务会议　3月30日，市长董岩主持召开市政府第八十三次常务会议，传达省委书记王儒林吕梁调研讲话精神、省长李小鹏中南部铁路大通道调研和省政府第76次常务会议精神，研究市政府与晋能电力集团关于市区供热项目合作等事宜。

第八十四次常务会议　4月17日，市长董岩主持召开第八十四次常务会议，研究市政基础设施建设、棚户区改造和《吕梁市国家资源型经济转型综合配套改革试验2015年行动计划》等事项。

第八十六次常务（扩大）会议　4月23日，市长董岩主持召开市政府第八十六次常务（扩大）会议，贯彻落实省委书记王儒林、省长李小鹏吕梁调研讲话精神和省政府第八十次常务会议精神，分析全市一季度经济形势，研究部署固定资产投资和重点工程建设工作。

第八十七次常务会议 5月11日，市长董岩主持召开市政府第八十七次常务会议，研究《政府工作报告（讨论稿）》《2014年国民经济和社会发展计划执行情况与2015年国民经济和社会发展计划草案的报告（讨论稿）》《2014年全市和市本级预算执行情况与2015年全市和市本级预算草案的报告（讨论稿）》。

第八十八次常务会议 5月22日，市长董岩主持召开市政府第八十八次常务会议，研究部署全市固定资产投资和重点工程建设、环境保护综合整治会议、深化行政审批制度改革等工作。

第八十九次常务会议 6月15日，市长董岩主持召开市政府第八十九次常务会议，研究全市固定资产投资、市政府党组“三严三实”专题教育实施方案、2015年政府工作报告任务分工等工作。

第九十次常务会议 6月30日，市长董岩主持召开市政府第九十次常务会议，专题研究市政府14个部门权力清单、责任清单和职权运行流程图及职权运行风险防控图。

第九十一次常务会议 7月30日，市委常委、常务副市长张广勇主持召开市政府第九十一次常务会议，就固定资产投资和重点工程建设、全市环境保护综合整治等工作进行安排部署。

第九十二次常务会议 8月3日，市委常委、常务副市长张广勇主持召开市政府第九十二次常务会议，就2015年推进简政放权放管结合转变政府职能工作方案、城镇居民基本医疗保险实施办法等工作进行研究。

第九十三次常务会议 8月11日，市委常委、常务副市长张广勇主持召开市政府第九十三次常务会议，专题研究《关于推进金融振兴工作的实施意见》。

第九十四次常务会议 8月20日，市委常委、常务副市长张广勇主持召开市政府第九十四次常务会议，进一步研究部署固定资产投资和重点工程建设等工作。

第九十五次常务会议 8月26日，市委常委、常务副市长张广勇主持召开市政府第九十五次常务会议，研究加快发展现代保险服务业、贯彻落实《社会救助暂行办法》、调整提高城乡低保标准和农村五保供养补助标准、当前抗旱等工作。

第九十六次常务会议 9月24日，市委常委、常务副市长张广勇主持召开市政府第九十六次常务会议，专题研究部署固定资产投资和重点工程建设工作。

第九十七次常务会议 9月28日，市委常委、常务副市长张广勇主持召开市政府第九十七次常务会议，就推动科技创新全面创新和加快发展生产性服务业等工作进行研究。

第九十八次常务会议 10月12日，市委常委、常务副市长张广勇主持召开市政府第九十八次常务会议，研究整合市级投融资平台，分类处置环境保护违法违规建设项目等工作。

第九十九次常务会议 10月20日，市委常委、常务副市长张广勇主持召开市政府第九十九次常务会议，研究2015年市本级预算调整方案，部署省政府民生领域政策措施落实情况督查组反馈问题整改工作。

第一百次常务会议 10月27日，市委常委、常务副市长张广勇主持召开市政府第一百次常务会议，传达全省旅游发展暨“互联网＋旅游”大会精神，安排部署贯彻落实工作。

第一百〇一次常务会议 10月29日，市委常委、常务副市长张广勇主持召开市政府第一百〇一次常务会议，部署当前经济运行、固定资产投资和重点工程建设等工作。

第一百〇二次常务会议 11月5日，市委常委、常务副市长张广勇主持召开市政府第一百〇二次常务会议，研究讨论吕梁市“十三五”时期国民经济和社会发展基本思路等事宜。

第一百○四次常务会议 11月20日，市委常委、常务副市长张广勇主持召开市政府第一百○四次常务会议，研究固定资产投资和重点工程建设等工作。

第一百○五次常务会议 11月25日，市委常委、常务副市长张广勇主持召开市政府第一百○五次常务会议，研究讨论吕梁市党政机关公务用车制度改革实施方案等事宜。

第一百○六次常务会议 12月8日，市委常委、常务副市长张广勇主持召开市政府第一百○六次常务会议，就市区部分区域集中供热和市第二污水处理厂政府授权招标以及《加快发展现代职业教育的实施办法》等议题进行研究。

第一百○七次常务会议 12月14日，代市长王立伟主持召开市政府第一百○七次常务会议，研究讨论《政府工作报告（讨论稿）》、固定资产投资和重点工程建设等事项。

第一百○八次常务会议 12月22日，代市长王立伟主持召开市政府第一百○八次常务会议，传达国务院安委办关于近期三起生产安全事故的通报，分析研究全市固定资产投资和重点工程建设情况，安排部署当前和今后一个时期工作。

【市长董岩主持召开工作例会】

5月4日上午，市长董岩主持召开工作例会，讨论《政府工作报告（讨论稿）》，研究固定资产投资和重点项目建设工作。市委常委、副市长郝月生，市委常委、宣传部部长张敬平，副市长成锡锋、李润林、刘永平，市委常委、副市长王海东、竟晖，市长助理李月勤、权志高、杨巨才、薛平，市政府秘书长梁斌以及市发改、经信、住建等12个市直部门主要负责人参加。

【吕梁新区棚户区改造项目贷款协调会】

6月23日，市政府召开吕梁新区棚户区改造项目贷款协调会。市委常委、常务副市长张广勇出席会议并讲话。会上，市住建、国土等相关部门负责人以及离石区、方山县主要领导汇报了吕梁新区棚户区改造计划及工作进展。吕梁新区安置区建设离石区共有留子局社区、东属巴社区等11个安置区，已纳入棚户区改造项目的小区共有2个，总投资8.3亿元，申请纳入棚户区改造项目的小区共有9个，总投资66亿元。方山县共有安置区9个，纳入棚户区改造项目的小区有2个，总投资9.3亿元，申请纳入棚户区改造项目的小区有7个，总投资37.2亿元。张广勇强调，加快棚户区改造是保障和改善民生，推进新型城镇化建设的重要内容。各级各部门要认真研究落实中央、省关于棚户区改造的新政策，抓住国开行低息贷款支持棚户区改造的有利时机，用好国开行棚户区改造政策性贷款的优惠政策。要不断增强工作责任感，认真履行职责，抓紧完善手续，加快项目实施，严格规范操作，把各环节的工作做扎实。张广勇要求，涉及吕梁新区棚户区改造项目的离石区、方山县的主要领导要熟知政策、用好政策，做到亲自过问亲自抓，加强协调，督促进展，各有关部门要建立联动机制，完善沟通协调机制，形成合力，加快推进吕梁市棚户区改造工作，切实改善群众居住条件，让群众得实惠。

【全市金融振兴推进工作协调会】

6月26日上午，市政府召开全市金融振兴推进工作协调会。会议传达了省委书记王儒林对金融工作的重要批示精神和《促进山西金融振兴2015年行动计划》，分析了吕梁当前面临的金融形势和存在的金融问题，对抢抓机遇、全力推进全市金融振兴工作做了安排部署。

政务督查

【省政府目标责任制考核组到吕梁考核】

1月6日，省政府目标责任制考核组到吕梁市考核2014年道路交通安全工作。市委常委、常务副市长张效彪汇报吕梁市2014年道路交通安全工作。2014年，全市共受理统计范围内适用一般以上程序处理的道路交通事故477起，造成199人死亡，526人受伤，直接经济损失3311881元。与上年同期相比，事故起数增加53起，上升12.5%，死亡人数减少11人，下降5.24%。受伤人数增加91人，上升20.92%，直接经济损失增加612155元，上升22.67%。生产经营性道路交通事故死亡人数126人，3人以上道路交通事故4起。听取汇报后，省政府目标责任制考核组对吕梁市道路交通安全工作取得的成绩给予肯定。要求吕梁市切实强化责任机制，加大考核力度，进一步落实道路交通安全监管责任；要继续保持对严重交通违法行为的高压整治态势，加大责任追究力度，严格道路交通管理。

【省政府督查组到吕梁督查】

5月13日，由省交通厅副厅长袁清茂带队的省政府督查组深入吕梁市对涉农资金专项整治工作进行督查。副市长刘永平出席汇报会。会议传达了省政府文件精神，对此次涉农资金重点督查工作进行安排部署。刘永平代表市政府从吕梁市采取的主要措施和工作进展情况、各县（市、区）存在的问题与整改情况、市政府下一步采取的措施等方面向省督察组进行汇报。

【省政府督导组到吕梁督导检查】

9月7日，省政府督导组一行吕梁市煤炭资源税改革专项检查行动开展情况进行督导检查。副市长刘永平出席汇报会。省政府《关于开展煤炭资源税专项检查行动的通知》下发后，市委、市政府高度重视，紧密结合吕梁实际，落实煤炭资源税改革政策，加强煤炭税征收管理，促进全市煤炭资源税应收尽收，应缴尽缴。吕梁市积极应对煤炭市场疲软带来的不利影响，不断强化税收征管，采取入户宣传、逐户辅导、问题汇总、统一上报等征管措施，全力以赴抓好煤炭资源税征管工作。在听取吕梁市的工作汇报后，省政府督导组对吕梁市专项检查行动取得的成绩予以了充分肯定，希望吕梁市各级部门要充分发挥自身职能作用，进一步落实全省煤炭资源税改革政策，全面加强煤炭资源税征收管理，扎实做好煤炭资源税改革专项检查工作，圆满完成省委、省政府的各项目标任务。

政务活动

【董岩会见太原铁路局局长杨绍清】

6月1日，市长董岩在太原会见太原铁路局局长杨绍清，双方就进一步深化合作，共同推动铁路事业和地方经济社会发展进行深入交流。太原铁路局副局长王全献、刘枫，副市长李润林、市政府秘书长梁斌参加会见。

【董岩会见省民政厅厅长薛维栋】

6月1日，市长董岩在太原会见省民政厅厅长薛维栋，双方就加快吕梁民政事业发展、进一步改善民计民生等事宜深入交换了意见。省民政厅纪检组长高玉厚、副巡视员陈满屯，副市长刘永平、市政府秘书长梁斌参加会见。

【董岩在于成龙廉政文化园现场办公】

6月9日，市长董岩带领市宣传、文物旅游、监察等相关部门负责人深入方山县于成龙廉政文化园，就进一步落实省委常委、宣传部部长胡苏平6月9日上午在方山县调研时提出的一系列工作要求进行现场办公。他强调，要站在讲政治、顾大局的高度，统筹规划，密切配合，狠抓落实，全力加快于成龙廉政文化园、墓地和故居保护修复工程建设，向省委、省政府和全市人民交出一份满意的答卷。市长助理李月勤，市政府秘书长梁斌一同参加。现场办公会上，按照胡苏平的要求，董岩就于成龙故居一宅、二宅、三宅建设，墓地征地拆迁，廉政文化园建设等具体工作进行了安排部署，进一步明确责任分工、明确完成时限，同时要求对工程建设进展情况实行逐日上报、全程督查。

【张广勇会见中铁十二局集团副总经理支卫清】

8月17日，市委常委、常务副市长张广勇会见了中铁十二局集团副总经理支卫清一行，双方就加强项目建设、深化合作进行了交流。市政府秘书长梁斌参加会见。

政务审批

【概述】

2015年，吕梁市政务大厅开设44个窗口，共有171名工作人员，集中办理吕梁市157项审批事项，35项便民服务类项目。2015年结合吕梁市的“六权治本”工作，吕梁市政务大厅推进平台建设，推进落实“两集中、两到位”改革工作，按照“所有审批进大厅，大厅之外无审批”和“审批权力到窗口，大厅之外无审批”的要求，梳理相关单位的权力清单。

1.以审批流程再造为突破口，创优投资环境。以做好固定资产投资项目联合审批工作为突破口，组织相关单位对固定资产投资项目办理流程进行调查研究，围绕投资项目办理需求进行流程再造优化，把投资者“方便不方便、高兴不高兴、满意不满意”作为衡量服务水平的标准，制订《吕梁市政务大厅固定资产投资项目联合审批实施方案》，绘制《固定资产投资项目前期咨询服务咨询参考图》《固定资产投资项目联合审批流程图》《行政审批项目办理流程图》和《行政审批项目电子监察流程图》，通过固定资产投资项目联合审批，办理时限由原来的180个工作日缩减到42个工作日，缩减率达到75%，使得投资环境进一步优化，政府形象有效提升。

2.以方便群众办事为切入点，提升服务水平。实行联合审批，开辟重点项目绿色通道。针对省、市重点项目，市政务大厅在五楼设置了重点项目联合审批会议室，在“环节最少、实现最短、流程最优”的基础上，按照“并联审批、互为假设、先行通过、要件把关”的总体思路，形成审批流程优化方案。在立项、用地、规划、施工和竣工验收五个阶段分别确定牵头部门，负责组织协调实施并联审批，将审批服务过程分为筹划预审期和审批服务期，实行统一受理，牵头部门全程组织协调，同阶段内审批有无前置，实行平行推进，最大限度地提高办事效率。拓展服务范围，聚焦为民服务。全面清理出51个单位的服务类项目168项，依托一楼便民窗口办理与市区群众日常生活相关的户政、身份证、机动车注册、驾驶证、行车证、交通违章处理以及水、暖、电、煤气、通信费、有线电视费的收缴业务，真正做到“为民、利民、便民”。推行审批公开，方便群众监督。为真正将严格禁止审批过程中在法定条件之外自行增设其他审批要件，禁止变相设定行政审批项目或以“红头文件”等形式增加公民、企业和其他社会组织的责任和义务等有关精神落到实处，市政务大厅集中清理了行政审批项目及服务类项目的审批要件，重点项目的审批条件和申报材料进行清理规范，凡是没有法律、法规依据的申报条件和材料一律予以取消。在此基础上，将所有在政务大厅办理项目的审批单位、审批内容、审批依据、审批条件、审批时限、审批程序、审批方式、审批责任人、审批监管措施、收费标准和申请书示范文本，都通过微信平台、窗口服务指南、电子触摸屏等形式全部向社会公开，主动接受社会各界和人民群众的监督。

3.以强化审批监管为着力点，规范审批行为。强化“一站式”代办服务。按照“管理中心全员都是代办员”的思路，以统一受理服务台和各窗口审批科为依托，设立“一站式”代办服务窗口，为企业提供行政审批、行政事业性收费的代办服务。建立了“一站受理、全程跟踪、协调督办、高效便捷”的服务机制，加强窗口联动，简化审批环节，即时公开代办事项进度、审批责任人等相关信息，并将代办事项落实情况纳入窗口季度、年度考核，提高代办事项的响应度，确保代办事项提质提效。强化“全过程”审批监管。按照行政审批项目最新目录，全面清理登记进驻大厅的审批事项，并按行政审批电子监察系统标准化要求将所有的行政审批项目纳入行政审批电子监察系统管控范围，强化对审批项目全过程实时监督管理，对即将到期件及时提醒，超期办件及时处理。强化“全方位”窗口监督。坚持每日两次现场巡查，加强视频实时监督，坚持月度绩效考核情况通报，抓好监督管理。制定完善《吕梁市政务大厅请销假制度》《吕梁市政务大厅工作人员十不准》《吕梁市政务大厅工作人员守则》《吕梁市政务大厅窗口工作人员考核实施细则》《关于进一步规范行政审批和行政审批专用章的通知》《吕梁市政务大厅管理办法》《吕梁市政务大厅驻厅窗口政风行风评议工作实施方案》《吕梁市政务大厅“提升服务水平，创优发展环境”实施方案》《吕梁市政务大厅关于成立管理工作委员会的通知》。完善“作息与考勤、请销假、仪容仪表、接听电话”等7方面的服务规范。明确“窗口空岗、一次性告知不到位”等6条窗口服务的“高压红线”。制度的出台使窗口服务有标准可依，中心管理有规范可循，并据此开展优秀窗口和窗口工作人员的月度考核，鼓励窗口工作争先进位。采取专项检查、电话回访和召开座谈会等形式，及时了解各窗口的服务态度、服务质量存在的问题，对办事群众集中反映的问题及时反馈给单位主要领导和相关工作人员，督促抓好整改。窗口工作人员增强责任意识、危机意识和效率意识，形成纠正“庸懒散贪”问题的自觉性，转变了工作作风，改善了窗口形象。

4.以创新管理体制为着眼点，强化组织领导。市政务大厅领导班子发挥示范带动作用，坚持理论学习不放松，加强思想政治建设，以思想政治工作促进单位业务工作，促进干部队伍整体素质的提高。单位党支部定期组织全体人员召开理论学习会、民主生活会，做到相互理解，相互支持，边学习，边实践，边检查，边改进。建立科学执政、民主执政、依法执政的工作机制，成立由市政务大厅领导班子成员、各科室负责人和窗口单位部分首席代表（或窗口负责人）组成的吕梁市政务大厅管理工作委员会，共同参与市政务大厅的日常管理与制度制定工作，实现民主监督管理，制度人人遵守。利用微信平台及时向社会发布相关信息，推行“网上公开”和“网上告知”，并在网上开展咨询，接受社会群众投诉、举报，听取社会各界对政务大厅的呼声和意见。

5、整治行政审批违规和滥用审批权。排查行政审批权力运行风险，严格落实防控措施。结合“六权治本”工作，参照各单位梳理出的权力清单，要求各驻厅窗口单位结合窗口工作实际，查找行政审批权力运行过程中存在的风险点，对风险点进行等级评估，根据风险点制定防控措施和办法，各窗口单位正在进行此项工作，下一步市政务大厅将实行网上晒权，将行政审批权力运行流程图和行政审批权力运行风险防控图进行公示，接受群众监督；强化督查，严格问责。初拟《吕梁市政务大厅窗口及窗口工作人员违规违纪处理办法》，严查对项目推进过程中发现的“吃拿卡要”以及不作为、慢作为、乱作为以及违规审批，滥用审批权等行为；建章立制，努力创优发展环境。通过梳理现有制度，采用“立、改、废”的办法，废止失效制度，完善现有制度，新建缺失制度，通过全方位、多角度完善制度体系，形成3大类，即内部管理类、规范行政审批类、窗口工作人员日常管理类的“用制度管人、管权、管事”的制度框架体系，为有效预防滥用审批权、违规审批等问题的发生起到积极作用。设立征求意见箱，听取群众的意见和建议，对群众的投诉做到有投必查、有投必纠。加大对违反工作纪律等不良现象的明察暗访和监督检查力度，克服行政不作为、慢作为和乱作为现象，提高群众的满意度。

（吕梁市政务大厅）

文物 旅游 外事 侨务

【旅游】

2015年，全市接待入境旅游者5290人次，接待国内旅游者2677.55万人次，分别增长4.6%和24.5%；旅游外汇收入203.64万美元，国内旅游收入226.94亿元，旅游总收入227.05亿元，分别增长5.2%、25%和25%。

【文物维修项目申报及保护管理】

2015年，吕梁市文物基础工作方面，印发《关于对吕梁市文物保护工程项目申请纳入国家文物博物馆事业发展“十三五”规划的报告》。下放国有县级文物保护单位改变用途审批；县级文保单位范围内进行其他建设工程或爆破、钻探、挖掘等作业许可；设立文物商店审批；为制作出版物、音像制品拍摄馆藏三级文物审批；全国重点文物保护单位和考古发掘现场的拍摄审批等5项行政审批项目。对全市“三普”以来文物存在现状、数量、残损、文物公布名单等基础性文物信息进行大核查。根据有关县文物旅游局的申请，组织完成汾阳太符观、文水上贤梵安寺塔、文水麻家堡关帝庙、离石烈士楼等12处文物保护单位维修方案评审工作；完成全市古建筑核查工作：吕梁市3111处古建筑中整体古建保存较好的文物保护单位有304处，正在维修的18处，存在重大险情的271处，存在重大险情单体建筑655处，存在一般险情181处，存在一般险情单体建筑有314处。完成第五批省级文物保护单位核查前的汇总工作。组织督促全市13个县市区及碛口风景名胜管理局完成吕梁市20处建筑类全国重点文物保护单位综合管理系统试运行和信息数据报送工作。与吕梁市住建局联合行文上报了兴县文物旅游局和兴县住建局所划定的石槽咀等5处北齐长城遗址保护范围和建设控制地带范围。文物技术中心筹备新建文物修复室的各项工作在进行中。组织开展全市博物馆、纪念馆的年检工作，对晋绥边区纪念馆、市汉画像石博物馆、吕梁北武当古兵器博物馆2014年运行工作进行初步评估并按时上报山西省文物局。文物保护专项经费补助项目申报方面，完成4处全国重点文物保护单位专项补助经费的项目申报工作，包括续建古建筑维修项目1个（石楼兴东垣东岳庙修缮工程）、新开工古建筑维修项目3个（柳林香严寺加固工程、文水县梵安寺塔修缮工程、太符观彩塑壁画修缮工程），总预算2287.2114万元，申请中央维修补助经费1967.2114万元；完成了方山大武鼓楼、汾阳文峰塔纠偏、汾阳太符观（补报）、交城天宁寺后土圣母庙、石楼后土圣母庙保护5处修缮工程立项申报工作；完成了临县正觉寺、八堡乡新庄则真武庙、中央后委旧址、习仲勋旧居、陕甘宁晋绥联防军旧居（贺龙旧居）

5处文物修缮经费的申请；联合吕梁市发改委完成汾阳太符观抢救性文物保护设施建设项目的申报。文物保护维修工程进展及管理方面，组织督促各县市区完成临县善庆寺配殿、临县开阳关帝庙配殿、临县文庙魁星楼、碛口古建筑群（十义镖局、当铺、商会）、方山于成龙墓及故居、文水武午关帝庙大殿、孝义东董屯龙天庙、孝义三多村寂照寺、兴县木兰岗晋绥领导人家属驻地（贺龙旧居）等12处县级以上文物保护单位修缮工作；石楼兴东垣东岳庙、文水武则天庙（东西碑廊、东西廊房、院面山门）、汾阳齐圣广佑王庙、碛口古建筑群（荣光店、毛泽东路居处）、临县中央后委旧址、方山贺龙中学旧址、离石金阁寺戏台共7处县级以上文物保护单位修缮工作正在进行中。

【全国第一次可移动文物普查】

2015年是可移动文物普查的攻坚年，吕梁市文物旅游局在2014年普查工作的基础上对系统及普查信息进行完善和更新。年初，针对各县市区实际情况，制定2015年普查工作计划和需完成任务量；6月初市文物旅游局有关领导和省“一普”办领导及专家共同赴临县、中阳等县市区对吕梁市文物普查工作进行督导；6月开始，市文物旅游局技术人员和省文物普查包市专家组多次深入各县市区对每条馆藏文物普查数据进行认真审核，省文物普查综合专家组又多次抽查吕梁市上报的文物普查数据，2015年年底，吕梁市完成全市文物普查数据平台登录工作。

【文物考古勘探】

2015年，市文物旅游局配合重点建设项目，依法对山西医科大学二期扩建工程，中共交城县委党校新建报告厅和教学用房项目、交城县体育馆、孝义安顺道路安全教育基地、方山农副产品（药材）国际交易城等13个建设项目开展文物调查、勘探工作，共计勘探面积2.88万平方米，配合省考古所抢救性发掘面积1000平方米。

【旅游景区建设】

2015年，吕梁市景区标准化建设方面，采取多渠道带动旅游企业进行等级评定和创建，围绕标准逐项实施打造、提升，做到软、硬件环境全方位过硬达标，为吕梁市抓好旅游服务质量奠定基础，提升吕梁市旅游产业发展。市文物旅游局上报了北武当山风景名胜区、孝义市金龙山风景区评定“国家AAAA级景区”的申报材料，等待评审。资金争取方面，落实国家旅游局扶持乡村旅游发展的政策，市文物旅游局帮助交城县翠丰生态园、文水世泰湖景区、方山晋西生态园争取省级乡村旅游资金98万元，帮助兴县蔡家崖乡蔡家崖村、临县碛口镇西湾村、碛口镇李家山村、方山北武当镇武当村争取国家扶贫资金88万元。景区开发建设方面，孝义市开展“项目提质增效年”活动，金龙山文化旅游景区开发项目、孝义市星宇广场水上乐园项目、孝义市古城保护修建项目和曹溪河欢乐城项目2015年共计划投资4.5亿元，4个文化旅游类项目均已开工，进展顺利。10月19日，省政府2015年重点工程项目、国家旅游局优选项目、中西部最大的室内恒温水上乐园“梦幻海”主题乐园在孝义市落成迎客。乐园建筑面积3万平方米，总投资6亿元，每年可接待游客300万人次，并可吸纳3000人就业，试运营期间场场爆满，取得了良好的经济效益和社会效益。交城果老峰水上乐园进行停车场建设、果老峰水库建设、仿古亭建设、道路建设，于6月6日投入运营，取得效益。卦山景区整修了景区内部旅游步道，开辟了消防隔离带，新建消防水池，新建景区沟道水坝7个，新建景区道路护坡、护树工程，增加景区电瓶车、标志牌、垃圾箱，增装景区景观路灯，装修了卦山书院室内。庞泉沟世界公园投资7000余万元，修建八道沟、大沙沟、分水岭、景区大门，修建景区道路13公里，拓展停车场30亩。青禾谷“激流勇进”水上旅游项目立项施工，旅游服务项目“西流餐饮公司”实施内外部装修，丰富了庞泉沟景区沿线的旅游内容。柏叶口景区投资2000万元，进行地质勘探，结合地质状况，完成4个码头的设计工作、环评报告、可研报告等，水库码头开始修建。由山西西流餐饮管理有限公司开发的生态农业休闲观光园建设项目，一期工程总建筑面积3.5万平方米的住宿中心、餐饮中心、游乐中心、会议中心主体工程建成，住宿中心完成装潢工程，项目累计完成投资1.2亿元。游乐中心开始装潢，预计投资2000万元；二期工程启动，预计投资1000万元。方山于成龙廉政文化园建设项目一期工程项目选址、立项、环评、土地预审、初步设计、施工图和布展设计、工程概算等前期手续，以及于成龙廉政文化园简介、解说词、专题片等全部完成，文物收集、故事整理等相关基础性工作正在完善。汾阳市贾家庄着力打造工业文化创意园、三晋民俗文化体验地、生存拓展体验地三个项目，总投资1亿元，预计2016年春季完工。汾阳市龙泉集团投资开发建设的“山西汾阳峪道河古镇生态民俗旅游区一期工程”建设项目经过近两年的初期开发和有效运作，雏形初现，截至2015年12月，投入前期资金6000余万元，整个项目配套的山水源旅游度假区于8月下旬投入试运营，生态餐厅可同时接待400人就餐，可提供100人以上团体餐饮、住宿，还配备多功能会议室及棋牌、乒乓球等娱乐健身场所。

【文物旅游宣传】

2015年，市文物旅游局抓住各种节日和参加各种展会的机会进行文物旅游宣传。新印制“吕梁风光”旅游宣传书、“吕梁旅游指南”宣传册和“吕梁旅游”宣传扑克。在“5·18博物馆日”“5·19中国旅游日”“文化遗产日”，市文物旅游局组织开展面向公众的文物旅游宣传和普法工作。5月19日，市文物旅游局在世纪广场举办“爱旅游 爱生活”宣传活动。局长贺兴国带领局机关10人进行宣传，山西东方国旅游吕梁分公司、四季风龙之旅国际旅行社、白马仙洞景区等20余家旅游企业参加了宣传活动。市文物旅游局工作人员在宣传旅游景点、景区以及安全出行、文明旅游常识和解答市民提问的同时，采取微信和QQ等网络形式，实时发布景区动态，方便游客出行，提醒游客安全出行。吕梁市在汾酒文化园、卦山、玄中寺景区实行免门票的基础上，孝河湿地举行“我爱旅游”主题歌唱比赛，对所有游客实行“所有游乐设施半价”优惠政策，包括自行车、电瓶车、游艇等。北武当山景区通过“微信”平台，制作“秀美北武当欢迎您”进行宣传。白马仙洞景区推出半价游。山西东方国旅游吕梁分公司推出5月30日99元“华北第一漂”庞泉沟激情一日游。本次宣传活动以“新旅游 新常态”为活动主题，共发放宣传资料5万余份，促进吕梁市旅游市场的发展。市文物旅游局组织各县市区文物旅游局和部分旅游企业参加了全国文博会、第七届中国国际旅游商品博览会、2015中国东盟博览会旅游展、第九届中国中部贸易投资博览会、2015年内蒙古草原旅游交易会、中国兰州国际旅游博览会、中国·山西首届“一带一路”古城古镇国际文化旅游暨第二届国际旅行商采购大会、2015中国西安丝绸之路国际旅游博览会、第二十届北方旅游交易会暨2015中国旅游产业博览会等，参加了山西临汾帝尧古都文化旅游节·临汾旅游推介会、省旅游局组织的川渝鄂、辽吉黑、甘青宁旅游推介活动等，都取得成效。方山县北武当山“三月三”春游庙会、中阳县柏洼山庙会、离石区凤山、安国寺庙会、岚县白龙山庙会等都将民俗活动与旅游活动结合起来，既为游客提供丰富多彩的游览环境，又为景区旅游取得良好的宣传效果。在宣传互动方面，交城、孝义、柳林三县邀请客源地旅行社、旅游管理人员对景区进行踩线，互相探讨合作。

【文物旅游安全】

2015年，市文物旅游局加强对文物旅游安全工作的组织领导，层层签订安全责任书。在全市文物旅游工作会议上，市文物旅游局与各县（市、区）文物旅游局签订《吕梁市文物旅游局安全生产工作责任书》，各县（市、区）文物旅游局与辖区内文博单位、旅游企业签订安全责任书，层层落实文物旅游安全责任，提高各文博单位和旅游企业的安全责任意识。实施局领导干部"一岗双责"安全工作包县制度，将各项工作落实到岗，落实到人，形成人人都有责任心，事事都有责任制的工作机制。建立文物旅游安全工作例会制度，把文物旅游安全、各种安全隐患的排查列为重要内容，通过会议传达培训各项安全法律法规，便于市文物旅游局对各单位安全工作及时把握。市文物旅游局还按期推荐涉文物旅游单位安全工作人员到相关部门培训，提高他们的业务技能。开展安全专项整治活动，采取日常监管和重大节日突击检查相结合的方式，制订专项整治实施方案，以保障文物旅游安全生产举措有效落实，减少各种安全隐患。强化文物旅游安全提示，根据单位的实际情况制定不同的宣传策略，以电台、微博、微信、温馨小提示等形式引起群众对文物旅游安全的注意。全年全市未发生一起文物旅游安全重特大事故。

【因公出国（境）管理】

2015年，市文物旅游局细化管理措施，在审核工作中加大严控力度，加强吕梁市因公出国（境）管理，按照规定禁止党政领导干部无实质性任务出访、禁止考察性出访、杜绝照顾性出访。共4批5人申报因公出访，实际成行1批2人。

【外事接待】

2015年，吕梁市接待山西省外侨办党员干部到吕梁进行红色文化、廉政文化实地教育。4月16日，山西省外侨办组织全办党员干部赴吕梁市中央外事组旧址、中央后委机关、叶剑英、邓颖超、杨尚昆、习仲勋旧居和于成龙廉政文化园接受红色文化、廉政文化实地教育。参加教育活动的党员干部在中央外事组旧址举行重温入党誓词活动，在于成龙廉政文化园举行廉政宣誓。接待外交部驻外使节团到吕梁市调研。8月16日至17日，以驻意大利大使李瑞宇为团长的外交部驻外使节团一行60人到吕梁市调研，省外侨办副主任鞠振等一行6人陪同到访。吕梁市召开外交部驻外使节团吕梁行座谈会，市委书记高卫东会见了驻外使节团。驻外使节团赴临县、离石、汾阳等地进行实地考察调研。李瑞宇指出，吕梁是革命老区，也曾是中共中央外事组的机关所在地，驻外使节团此次吕梁行既是接受红色教育之旅，又是外交人员的寻根之旅，发现之旅。吕梁是发展新区，具备对外合作基础，"一带一路"是机遇，驻外使馆可以为加强吕梁与国外城市建立友好城市合作关系，推动吕梁文化对外交流，推荐吕梁需要的外贸人才，在吕梁产品举办国外展销会及办理签证手续等方面提供帮助和宣传。接待意大利科莫省参访团。11月12日，由意大利科莫省切尔诺比奥市市长保罗·弗谷尼（Paolo Furgoni）带队的意大利科莫省参访团一行5人在吕梁市汾阳、孝义参观访问。省外侨办新闻文化处处长张华禹、吕梁市外侨办主任贺兴国全程陪同。意大利科莫省参访团到吕梁汾阳、孝义考察访问，加深了彼此了解，双方就文化、旅游、经贸等领域的合作达成初步意向，双方均表示将竭力推动合作，架起中意沟通桥梁。

【发挥侨务优势】

2015 年 7 月 1 日至 3 日，2015 年华侨华人创业洽谈会在湖北武汉举行。吕梁市组织有关县、市侨务工作人员、企业家代表赴武汉参加会议，结识客商，推介项目。

【慰问救济困难归侨侨眷】

2015 年，市文物旅游局为了让全市生活困难的归侨侨眷过上欢乐的春节，在春节前开展“暖侨心、送温暖”活动，局领导带队对交城、文水、汾阳、孝义、柳林等县（市区）的部分困难归侨侨眷进行走访、慰问、救济，慰问救济全市 52 名贫困归侨、侨眷，发放慰问救济金共计 30500 元。2015 年 10 月，为增强失业待业归侨侨眷的就业能力，鼓励困难归侨侨眷依靠自身努力脱贫致富，市文物旅游局组织推荐 4 名困难归侨侨眷参加省侨办与省劳动保障技术学校、省国际面食学校共同举办的下岗再就业培训。

（吕梁市文物旅游局）

碛口风景名胜区

【概述】

2015 年，景区接待境内外游客 15 万人次，旅游综合经济收入 1500 万元，取得良好的经济效益和社会效益。2013 年启动编制的《碛口国家级风景名胜区总体规划》于 2015 年 3 月 18 日由省住建厅组织专家和相关部门评审通过，由市政府上报省政府，按程序逐级呈请国务院审批，为有效保护和永续利用资源奠定基础。分片推进东市街旅游基础设施建设整体项目、中市街临河建筑立面改造等一系列控制性设计方案的编制，明确景区大旅游发展的思路，为整合旅游资源、引领项目建设、打造旅游精品提供依据、描绘蓝图。国保院落修缮保护工作，完成碛口古建筑群荣光店、毛主席路居处文物保护修缮工程。该工程于 2014 年 8 月开工，11 月份荣光店因产权所有人不能积极予以配合，未达施工条件而停工，2015 年 3 月，毛主席路居处按计划开始施工，于 7 月底顺利完工。文物保护修缮设计工作，完成广生源、兴胜韩两处国保院落的文物保护修缮设计方案的报批工作，该方案预算上报市财政局进行评审；完成西湾东财主院、陈氏祠堂，长兴店、祥记烟草、义记美孚和洋火店以及李家山新窑院等 6 处国保院落的修缮设计方案编制工作，该设计方案通过专家初评，准备报省文物局批复。传统建筑修复工作，引导居民自发维修古镇内其他历史建筑，2015 年有 5 户院落店铺投资 200 余万元修缮完成，尚有 8 户正在进行设计，计划个人投资维修，居民维修热情高涨，效果显著。实施基础设施建设工程、旅游开发工程，有序推进重点项目建设。推进旅游基础设施项目建设：东市街旅游基础设施建设项目土地成功摘牌获得，游客服务中心、旅游厕所基本完工；碛口文化遗产地保护安防工程施工图设计基本完成，计划 2016 年开春实施建设；沿黄自然景观基础设施建设项目正在报批土地；沿黄扶贫旅游公路绕行碛口古镇核心区工程完工；碛口标志性建筑黑龙庙山门、钟鼓楼亮化工程完工。引资打造旅游产品项目建设：由企业投资开发的德福苑红色休闲农庄主体建筑基本成型，农业采摘园区正在施工建设；碛口景区整体开发有企业有投资意向，正在编制麒麟滩游乐、黄河文化演艺、黄河沿线水上娱乐等开发项目和停车场、宾馆等基础设施项目的建设策划方案，有望签约合作。创新营销模式，对不同的区域市场、不同的目标人群，进行传统媒介、网络、推介会等不同方式的宣传推介，提升碛口品牌市场竞争力。2015 年 7 月参加甘青宁地区旅游宣传促销，8 月参加山西首届“一带一路”古城古镇旅游文化第二届国际旅行商采购大会，11 月参加第十届海峡两岸台北旅展，对重点市场和主要客源城市的终端宣传，提升了景区的品牌形象。2015年端午期间在西湾村主办“吕梁市首届黄河摄影文化节”，国庆期间在黑龙庙举办国家级非物质文化遗产临县黄河大唢呐展演等一系列大型宣传活动，印制新宣传画折页1万份，受到社会关注，碛口文化品牌影响力逐步提升，旅游目的地雏形初现。2015年7月，碛口作为国家级风景名胜区首次接受住建部执法检查组实地检查，碛口景区的规划编制和执行、制止违规建设活动、资源保护与利用、管理有效性等方面工作受到专家的肯定，顺利通过检查。结合风景名胜区专项整治活动和环境卫生百日专项整治活动要求，对景区范围的环境卫生、违规违章建（构）筑物、不协调建筑、风貌恢复进行专项整治，重点实施中市街广场整治。加大非法抽沙、采石等直接和间接破坏资源行为打击力度，重拳出击、依法查处，防止死灰复燃，切实有效管理，严格保护风景名胜区资源。

（吕梁市碛口风景名胜区管理局）

机关事务管理

【法规落实和制度建设】

2015年，吕梁市机关事务管理服务中心（以下简称中心）业务工作遵循的条例主要有《党政机关厉行节约反对浪费条例》《机关事务管理条例》《公共机构节能管理条例》3个。其中《机关事务管理条例》和《党政机关厉行节约反对浪费条例》是中心开展各项工作的依据和指针，学习条例并落实到各项工作之中是中心的工作原则。2015年，在财务工作中，中心严格执行预算，控制一般性支出，减少不必要支出，杜绝不合理支出，使支出规模较上年同期有了下降。对固定资产的采购、配备、使用、管理，中心按资产管理的各项工作流程执行，需要走政府采购程序的按照采购程序报备审批，确保工作规范化、法制化。2015年，中心对照新的“三定”方案，对既有各项规章制度进行补充完善，出台《绩效考核办法》《跟踪督察制度》《暗访制度》《基层请办事项和群众反映问题首问负责制度》《重要工作限时办结及反馈制度》等制度，形成较为完整的制度监督问责体系。

【办公用房清查】

2015年，中心对市直机关、县市区的办公用房进行清理督查。督查中实地察看了398名副县及以上领导干部办公用房；抽查了48个县直单位和24个乡镇机关，检查了509名副科级以上领导干部的办公用房；对各单位超用、违规占用办公用房的现象提出了整改要求。对55个租赁办公和36个出租出借办公用房的市直单位办公用房进行清理腾退，共清理腾退办公用房388间，其中利于分配的有199间。清理后推动市政府办公厅出台《市直机关办公用房整合调配的实施方案》，解决在外租赁或房屋短缺的15个单位的办公用房问题，年可节约财政资金176万元。该项工作缓解了各单位办公用房配置不均的问题，减轻了财政负担。

【国有商铺拍租】

2015年，中心对到期的市直机关临街门面房33间（市城镇联社10间、市健康教育所6间、市会计学校17间）予以收回，并申请财政资金约98.4万元进行统一维修改造，改造达到营业标准后，对社会进行公开拍卖出租，拍出18间，拍得租金104万元；年底又对步行街北半边16间商铺进行招租，拍出14间，拍得租金528万元。拍租所得全部上缴财政。

【公共机构节能】

2015年6月中旬，中心开展全国“节能宣传周”宣传活动，组织市直机关工作人员上街骑行进行低碳节能宣传。对既有的公共机构节能制度进行整理修订和细化。按例开展一年一度的公共机构能耗统计，并对下一级政府机关的能耗统计工作进行指导。2015年，中心开展第二批公共机构节约示范单位的申报工作，汾阳市机关事务管理局和吕梁市人民医院两家单位通过审核并进行挂牌。

【公务用车制度改革】

2015年年底是中央规定的市级政府公务用车制度改革的最后时限，12月31日前要全面完成取消公务用车的封存停驶工作。中心作为市政府公务用车制度改革的成员单位，对照中央、省、市的文件精神，结合公车运行的实际情况和涉及的人员情况，制定改革实施方案。除做好本单位的改革工作之外，按照市车改方案的分工，中心还负责市直单位公务用车制度改革方案的审查和取消车辆的处置工作。12月31日，中心对拟取消的公务用车进行就地封存保管，并建立详细的车辆档案。各参与车改的市直单位也在同日完成车辆的封存停驶工作。年底，公务用车制度改革的后续工作在开展，县一级的公车改革工作启动，对各县公车改革方案的审核在进行。

【安全保卫】

2015年，中心经请示市委、市政府批准，在机关大院设置昼夜门岗，实行停车证出入制度，杜绝外来车辆随意驶入。车辆秩序大为改观。机关大院停车难的问题有所缓解。消防管理方面，与大院内各幢办公楼管理牵头单位签订责任书，共同应对消防安全。在市委家属院规划并标识消防通道，保证宾馆和和谐佳园高层建筑的消防安全。综治方面，对紧邻办公区的家属院小区暂住人员情况进行摸底排查，并督促房东与租客签订房屋租赁协议。夜间定时关闭家属院东、西两个大门，并配备警车巡逻，由保安和巡防人员联合执勤。

【办公区、住宅区管理】

2015年，中心强化服务电话“8224300”的值班工作，安排专人进行24小时轮流值守，确保发生问题第一时间得到处理。办公区没有实行大型的工程项目，基本是水暖电、园林绿化、环境卫生等日常性的工作。管理的住宅小区，除了通常的共用管道、公共设施、住户室内、室外管道的维修养护之外，在机关大院家属区开始实行半封闭式管理，招聘保安人员，统一配备制服、对讲机、警棍等设备；为大院家属区住户免费发放门禁射频卡2000余枚，车辆蓝牙卡500余个。对管理的离退休领导公用住房小区，根据领导实际需要，因地制宜，购买了空气能热水器，解决了热水稳定供应问题；协调解决了龙凤小区住户就医难的问题。

【下属单位对外服务】

2015年，中心下属单位对外服务有餐饮、医疗、印刷、汽修、幼教、住宅开发建设等方面。餐饮方面，在服务细节上下功夫，对日常工作、服务环境和服务成本进行全面精细化管理。医疗方面，通过规范诊疗流程，来提高医疗业务质量水平和服务水平。印刷业务，由于各单位落实八项规定，精简会议、文件，业务数量和收入大幅下降，需要通过转型发展加以应对。汽修方面，增加了硬件投入和技术投入，由于公务用车制度的改革，面临着改革的问题。幼儿园方面，取消原来收费较高的蒙氏教育班级，全部编为普通班级，普遍收费有所上调。家长和幼儿园沟通互动顺畅，办园理念开放，但是临时教师待遇低流动性大和教育基础设施数量不足的问题制约幼儿园的发展。住宅项目建设方面，2015年没有开工新的建设项目，着重解决竣工使用项目的遗留问题，涉及有结算审计、商业用房和地下车位的出售、产权证的办理等事宜。

（吕梁市机关事务管理服务中心）

吕梁宾馆

【概述】

2015年，吕梁宾馆实现营

业收入4400万元，其中客房、会议接待宾客11.2万人次，收入2400万元，餐饮接待宾客29.3万人次，收入2000万元。接待全国性会议2次、全省性会议3次、市级会议36次，接待副省级以上领导参加的重要活动13次，多次完成市里指派的外援接待任务，为展示吕梁市软环境做出了成绩。

（吕梁宾馆）

2016年吕梁年鉴

LVLIANGNIANJIAN

中国人民政治协商会议吕梁市委员会

综述

【开展专题教育】

2015年，吕梁市政协开展“三严三实”专题教育。5月26日，市政协主席朱锦平为市政协机关党员干部讲授关于学习践行“三严三实”专题教育党课，并就市政协机关开展“三严三实”专题教育作了安排动员。之后，“三严三实”专题教育扎实开展起来，根据市委部署，不断推进学习活动，领导班子和机关先后分别举办了“严以修身”“严以律己”“严以用权”和“严守党的政治纪律和政治规矩”学习研讨。开展学习讨论落实活动。认真贯彻省委和市委的部署要求，在坚持引深学习、深入反思剖析、广泛征集意见、解决突出问题、建立健全机制等方面下功夫，扎实推进思想政治、纪律作风、反腐倡廉、履职能力和制度机制建设，完成学习讨论落实活动的各项任务。开展廉政文化教育活动。为增强全体党员干部廉洁自律的自觉性，市政协组织全体机关党员干部，到达方山县北武当镇来堡村的于成龙廉政文化园，开展廉政文化教育活动。以此次活动为契机，提高认识，坚定信念，增强廉政意识，牢固树立立党为公、执政为民理念。加强组织理论学习。市政协党组中心组结合开展“三严三实”专题教育，2015年组织了10次集中学习，学习习近平总书记系列重要讲话精神，学习中共中央关于加强社会主义协商民主建设的意见和中共十八届三中、四中、五中全会精神，学习习近平总书记在庆祝人民政协成立65周年大会上的讲话精神，高举爱国主义和社会主义两面大旗，坚持团结和民主两大主题，与中央和省委、市委在政治上保持高度一致。

【政协常规性工作】

2015年年初，吕梁市政协为了谋划好全年工作，围绕全市经济社会发展大局建言献策，制订了2015年协商工作计划。政协党组和主席会议要求各部门对照年度工作计划，扎实有序推进各项目标任务的完成。召开各种例会，推进会议协商。召开政协吕梁市第二届委员会第七次全体会议，召开四次常委会议，召开十一次主席会议，召开提案交办会议。其中，二届三十三次、三十四次常委会议分别就“支持中小企业及新兴产业发展”“发展养老事业”两项议题进行专题协商，形成两个较高质量的建议案，为市委、市政府科学决策建言献策。特别是12月26日至29日召开三届一次会议，选举产生新一届主席班子和常委会，实现政协领导班子的新老交替。开展专题调研。为了贯彻落实全市“两会”精神，促进吕梁市中小企业健康发展，组织了支持中小企业及新兴产业发展为主要议题的调研活动，形成《关于支持中小企业发展新兴产业的建议》。组织调研组就发展养老事业进行专题调研，形成《关于进一步加快我市养老服务业发展的建议》，为市委、市政府提供决策参考。开展专题视察和对口、界别协商。2015年由各专委会牵头，就“贯彻执行新修订的《中华人民共和国环境保护法》”“推进我市新型城镇化建设、改善城乡人居环境”“全市重点项目工程建设”“建立和完善农民种养业风险保障机制”“文峪河流域水库管理”“农产品质量安全”“农产品流通改革”“建设高新科技核心区”“加强县级医院服务能力建设”“进一步推进全面健身工作”“健全依法决策机制、推进六权治本”“贯彻落实《宗教事务条例》”等课题开展专题视察和对口、界别协商，撰写并报送了《建立和完善蔬菜种植业风险保障机制的建议》《关于柏叶口水库、龙门供水工程和文峪河水库管理情况的调研报告》《关于创建农业标准化示范市的建议》《关于稳步发展农产品电子商务的建议》《关于促进建设高新科技核心区的建议》《关于健全依法决策机制、推进六权治本的调研报告》《关于贯彻落实〈宗教事务条例〉的调研报告》等。其中，市政协提出的“关于建立和完善蔬菜种植业保障机制”的五条对策建议和关于“进一步做好宗教工作的对策”中的五条对策建议被市委办公厅《吕办通报》（建言献策）选发。及时交办提案。政协第二届吕梁市委员会第七次会议共收到提案309件，立案274件。6月中旬，召开市政协二届七次会议提案交办会，向市委、市政府、市政协、市中级人民法院交办了提案，其中，重点提案16件。加强信息工作。上报山西省政协社情民意500多条。编辑《社情民意》24期，报送市委、市政府领导决策参考，发挥了社情民意“直通车”作用。文史资料工作成果丰硕。编印《吕梁回忆》（3、4、5、6、7）和《晋绥风云》（1、2、3、4）两个系列丛书。以“铭记历史、缅怀先烈、珍爱和平、开创未来”为主题，举办“晋绥丰碑”座谈会，围绕《晋绥风云》一书，共同回顾晋绥人民在抗日战争中做出的杰出贡献，缅怀在抗日战争中牺牲的优秀吕梁儿女。启动《南下西进》文史资料的征集工作。开展扶贫助学和定点扶贫工作。2015年，支助贫困大学生131名，支助资金31.2万元；帮助定点扶贫村白家山村争取500亩核桃项目，投资30余万元，争取3万元水井维修投资，解决群众安全饮水问题；帮助冯家会村修复水毁河坝100米，建成老年人日间照料服务中心，投资10万多元。召开市县政协主席座谈会。交流政协工作经验，加强沟通合作，共同致力于推进全市政协工作。

（中国人民政治协商会议吕梁市委员会）

重要会议

【市政协二届三十次常委会议】

1月12日，政协吕梁市委员会二届三十次常委会议召开。会上，审议通过了政协吕梁市二届常委会第三十次会议议程，听取了副市长李润林所作的关于全市2014年经济社会发展情况的通报，听取了副主席刘本旺所作的市政协二届六次会议重点提案办理情况评议说明和副主席王侯党所作的人事事项说明。

【市政协召开座谈会】

5月7日，市政协召开座谈会，征求对市政协二届七次会议《常委会工作报告（征求意见稿）》《提案工作情况报告（征求意见稿）》的修改意见。市政协副主席刘本旺、秘书长阎广聪和各民主党派、工商联负责人及市政协委员代表进行了座谈交流。

【市政协二届三十一次常委会议】

5月13日至14日，政协吕梁市二届三十一次常委会议召开。会议首先审议通过政协吕梁市二届三十一次常委会议议程。这次会议的主要任务是协商讨论市政府工作报告、法检两院报告和计划、财政报告，审议市政协常委会工作报告和提案报告。会议听取了郝月生所作的关于《政府工作报告（征求意见稿）》的说明，听取了梁来茂所作的关于《政协第二届吕梁市委员会常务委员会工作报告（讨论稿）》的说明，听取了刘本旺所作的关于《政协第二届吕梁市委员会常务委员会关于二届六次会议以来提案工作情况的报告（讨论稿）》的说明，听取了市委办公厅和市政府办公厅关于政协二届六次会议以来提案办理情况的通报。会议通过了政协第二届吕梁市委员会常务委员会工作报告、政协第二届吕梁市委员会常务委员会关于二届六次会议以来提案工作情况的报告和报告人建议名单、市政协二届七次会议召开时间的决定、市政协二届七次会议议程、日程，通过了市政协二届七次会议逐日执行主席分组名单、市政协二届七次会议秘书长、副秘书长名单、市政协二届七次会议列席人员范围和名额、市政协二届七次会议提案截止时间的决定。

【市政协二届三十二次常委会议】

5月20日至21日，市政协二届三十二次常委会举行会议。会议审议了政协第二届吕梁市委员会常委会工作报告的决议（草案）；审议了政协第二届吕梁市委员会第七次会议政治决议（草案）。会议审议通过了关于政协第二届吕梁市委员会常委会工作报告的决议（草案）；审议通过了政协第二届吕梁市委员会提案审查委员会关于市政协二届七次会议提案审查情况的报告（草案）；审议通过了政协第二届吕梁市委员会第七次会议政治决议（草案）。

【政协第二届吕梁市委员会第七次会议】

5月18日至21日，政协第二届吕梁市委员会第七次会议召开。会议听取了市政协主席朱锦平所作的《常委会工作报告》、副主席刘本旺所作的《提案工作报告》，列席了市人大二届九次会议。会议表决通过了政协第二届吕梁市委员会常务委员会工作报告的决议；通过了政协第二届吕梁市委员会提案审查委员会关于市政协二届七次会议提案审查情况的报告；通过了政协第二届吕梁市委员会第七次会议政治决议。会议闭幕时，市委书记高卫东作了重要讲话。

【市政协二届七次会议提案交办会】

6月17日，市政协二届七次会议提案交办会召开。会议向市委、市政府、市政协、市中级人民法院交办提案和意见309件，其中重点提案16件。

【市政协二届三十三次常委会议】

7月23日至24日，市政协二届三十三次常委会议召开。市政协主席朱锦平，市政协副主席王侯党、刘本旺、梁来茂、李俊平、王志强、闫孝敏、刘继隆，秘书长阎广聪出席会议。市委常委、副市长郝月生，一届市政协主席薛万明，住市十一届省政协委员列席会议。会议通过了《市政协关于“支持中小企业发展新兴产业”的建议》。

【2015年扶贫助学金发放会议】

8月19日下午，市政协召开2015年扶贫助学金发放会议，市政协副主席王志强出席会议。吕梁市扶贫助学工作是由市政府主导、市政协承办的一项惠民工程，开展11年来，帮助许多贫困学生圆了大学梦。2015年全市共支助贫困大学生131人，支助资金311560元。

【“晋绥丰碑”座谈会】

9月1日，市政协邀请市委宣传部、吕梁军分区、市委讲师团、市党史办、市委政研室、吕梁日报社、吕梁电视台等单位召开“晋绥丰碑”座谈会，围绕正式付梓出版的《晋绥风云》一书，共同回顾晋绥人民在抗日战争中做出的杰出贡献，缅怀在抗日战争中牺牲的优秀吕梁儿女。市政协主席朱锦平，市政协副主席梁来茂、王志强，秘书长阎广聪参加了座谈。

【市政协二届三十四次常委会议】

12月17日至18日，市政协召开二届三十四次常委会议。会议听取市政协副主席王志强所作的《关于政协第二届吕梁市委员会常务委员会工作报告（讨论稿）》的说明；听取副主席刘本旺所作的《政协第二届吕梁市委员会常务委员会提案工作情况的报告（讨论稿）》的说明，听取副主席刘继隆所作的《市政协关于加快我市养老服务业发展的建议（草案）》的说明以及副主席王侯党所作的关于政协第三届吕梁市委员会委员建议名单的说明。会议审议并通过上述报告和建议。会议听取副市长刘永平所作的关于《政府工作报告（征求意见稿）》的说明，通报了全市养老服务业的发展情况，通报了市委办公厅、市政府办公厅关于市政协二届七次会议以来提案办理的情况。

【政协第三届吕梁市委员会第一次全体会议】

12 月 26 日至 29 日，中国人民政治协商会议第三届吕梁市委员会第一次全体会议在吕梁召开。本次会议应到委员 385 名，请假 5 名，出席委员 380 名，符合规定人数。会议期间，委员们听取和审议了政协第二届吕梁市委员会常务委员会工作报告和提案报告，会议选举产生政协第三届吕梁市委员会主席会议成员和常委会组成人员。刘云晨任主席，李真、刘本旺、刘继隆、白荣欣、阎广聪、薛爱平任副主席。会议结束时，市委书记高卫东做了重要讲话。会议期间，委员们列席了市人大三届一次会议，协商讨论了《政府工作报告》及其他报告。委员们聚焦全市全面深化改革，围绕推进“六大发展”，密切关注事关人民群众切身利益的热点、难点问题，就经济、政治、文化、社会和生态文明建设中的重大问题，积极建言献策。

调研活动

【市政协专题调研组进行调研】

6 月 9 日至 17 日，市政协“支持中小企业发展新兴产业”课题调研组深入交城、文水、孝义、临县、离石等地调研，市政协主席朱锦平参加了在交城县的调研活动。副主席闫孝敏全程参加调研。

【朱锦平一行专题调研加快发展养老服务业】

9 月 22 日至 24 日，由市政协主席朱锦平任组长的市政协调研组，就加快发展养老服务业工作先后深入方山、孝义、中阳的部分敬老院进行调研。市政协副主席刘继隆参加调研。

中国共产党吕梁市纪律检查委员会

【概述】

2015年，吕梁市各级纪检监察机关履行党章和行政监察法赋予的职责，转职能、转方式、转作风，聚焦中心任务，强化监督执纪问责，持续正风肃纪、反腐惩恶，全市党风廉政建设和反腐败斗争取得新进展新成效。

1.坚持把纪律和规矩挺在前面，不断强化党员干部纪律和规矩意识

（1）把挺纪在前贯穿于纪律审查各环节，尤其把政治纪律挺在最前沿。市纪委、监察局贯彻省委对吕梁提出的“作为腐败重灾区，吕梁各级党员干部在遵守党的政治纪律和政治规矩上要先行一步，做好表率，绝不能犯糊涂”的要求，发挥纪律正面引导和惩戒警示作用，推进执纪方式转变，开展问题线索进行大起底，把是否违反政治纪律和政治规矩、组织纪律作为纪律审查重点。2015年，吕梁市共查处违反政治纪律、组织纪律问题49件，给予纪律处分62人。改进处分决定宣布方式，在违纪干部所在党委（党组）会上宣布，组织参会人员谈教训、剖原因、明责任，起到了用身边事、教育身边人的良好效果。

（2）强化执纪效应，唤醒党章和党规意识。把学习党章、贯彻党章、维护党章作为首要任务，在全市各级党组织和纪检监察机关部署开展学习党章活动。把是否违反党章作为纪律审查的重要内容，引导被调查人对照入党誓词、入党志愿书深刻反省反思，唤醒党章意识。新修订的《中国共产党廉洁自律准则》和《中国共产党纪律处分条例》颁布后，深入学习宣传，力求把党规党纪刻印在党员干部心上。市纪委选取2015年度查处的典型案例，编辑制作《违纪警示录》和《基层党员干部违纪违法典型案例剖析选编》，利用省市部分违纪党员干部的《忏悔录》，在全市党员干部中开展警示教育。加强宣传引导，深入挖掘于成龙、孙嘉淦等廉政文化基因，教育引导党员干部崇德重礼、遵规守纪，营造懂规矩、守纪律的浓厚氛围。

（3）在干部选拔任用过程中严格廉政审查。全市纪检监察机关认真履行监督职责，严格审核制度和程序，全年先后对拟提任和调整的县（市、区）委书记、县（市、区）长，县（市、区）人大、政协正职，县（市、区）部分副职，市直单位主要负责人，市直机关部分副职，国有企业负责人，“三个一批”等共27批1484名干部进行廉政审查，对195件举报信件进行核实，查实有问题的干部25名，对反映失实的澄清了是非。

（4）强化纪律保证，确保换届风清气正。为保障市人大政府政协换届工作顺利进行，市纪委认真把握政策，按照实事求是、区别对待、积极稳妥的原则，采取批评教育、诫勉谈话、通报批评、组织处理、纪律处分等多种方式，对涉案干部提出具体处置意见，以严的纪律、严的标准、严的程序，严把廉政审核关，共审查拟提任市领导人选19名，市人大代表和政协委员推荐人选410名。各级纪检监察机关主动发挥包打听作用，及时发现和处置苗头性问题；市纪委先后6次在相关会议上强调换届纪律，反复学习党中央关于湖南衡阳破坏选举案和四川南充拉票贿选案的通报精神，严明换届纪律；市“两会”期间，出台“八个不准”规定，成立会风会纪督察组，对会议期间12名迟到早退的政协委员、1名中午饮酒的人大代表进行通报批评，约谈负有主体责任的临时党支部书记、代表团团长、小组召集人，确保大会风清气正、圆满成功。

2.以上率下传导责任和压力，推动“两个责任”落实

（1）提升主体自觉，强化责任担当。市委班子认真落实习近平总书记从严治党八项要求和

省委六条贯彻意见，带头履行管党治党主体责任。市委先后召开28次常委会，研究党风廉政建设和反腐败工作，占常委会总次数的二分之一；市委五人小组及时研究解决反腐败工作中的重要问题，特别是重大违纪案件；高卫东书记全年听取市纪委案件汇报50余次，深入市纪委办案点检查指导，调研乡村基层反腐败工作；针对市纪委监督执纪过程中发现的突出问题、省委巡视组移交的问题，市委、市政府分管领导主动担责、主动认领、牵头整治、督促整改。

（2）强化压力传导，推动“两个责任”落实。市委坚持以上率下，逐级传导，压实主体责任。书记高卫东先后约谈市委常委班子成员、县（市、区）委书记、县（市、区）长、市直单位党组书记、县（市、区）纪委书记182人次，以问题清单、责任清单、整改清单压实责任、传导压力。各级党委（党组）主动扛责，上下联动，逐级约谈。市纪委班子成员先后约谈县（市、区）党委和市直单位主要负责人、县（市、区）纪委书记及市直纪检组长200余人次；督促各级党委（党组）、纪委（纪检组）分别列出“两个责任”清单和每个班子成员的责任清单，主要领导签字背书；组织举办了乡镇党委书记、纪委书记落实“两个责任”培训班，市委书记、纪委书记作专题辅导；市纪委建立包片、蹲点、包县工作机制，对13个县市区“两个责任”落实情况和查处群众身边腐败问题进行常态化督查；市纪委先后6次召开县（市、区）纪委书记工作推进会，持续把压力传导下去。

（3）坚持“一案双查”，以问责倒逼责任落实。2015年，全市有8个党组织和224名党员领导干部因落实“两个责任”不力受到责任追究，给予党政纪处分112人，其中问责县处级干部9人。对典型问责案例向全市通报，各级党委认真学习，对照检查，反思剖析，整改落实。

（4）强化成果运用，发挥查办案件的治本功能。对2015年5至7月查处的基层党员干部违纪违法案件进行分析，形成分析报告；召开市委反腐败协调小组扩大会议，安排部署“以案为镜、反思剖析、严肃整改”工作，列出整改清单，选取25个典型案例进行警示教育。通过开展这项工作，起到查处一案、教育一片、解决一类问题的效果，推动全市反腐败工作由惩到治。

3.形成并保持高压态势，持续营造不敢腐氛围

（1）持续加大纪律审查力度，形成“不敢腐”的强大震慑。在全力配合上级纪委查办吕梁市有关腐败案件的同时，加大自办案件查处力度。市纪委严肃查处了石楼县原县长程晓春、中阳县政协原主席郭润宝、市煤炭局原局长吴俊平、汾阳市原副市长王利强等违纪违法案件，改变了多年没有查处过县长腐败案件、多年没有查处过市直单位“一把手”腐败案件的局面，形成了惩治腐败高压态势。2015年，市纪委立案52件、结案37件、处分38人，同比分别增长173%、85%和46%。其中，处分县处级干部32人，同比增长43%；重处分11人，同比增长22%；移送司法机关7人。全市各级纪检监察机关共接受信访举报12240件（次），立案2182件，同比增长13.2%；结案2158件，同比增长12%；处分违纪党员干部2431人，同比增长5.5%；重处分556人，同比增长80%；移送司法机关88人，同比增长125%。对安全生产事故、庸政懒政等失职渎职行为严肃问责，对777人进行责任追究。

（2）锲而不舍落实中央“八项规定”精神，持续用力纠治“四风”。紧盯重要时间节点、关键工作环节，加强监督检查，深挖隐形变异转入地下的不正之风；建立“党委领导、纪委组织协调、部门各负其责、立体监督防控”工作机制，发挥市交管、税务、

旅游、审计等职能部门作用，深入交通要道、旅游景点、饭店超市等排查“四风”问题线索，加快构建专业监督、部门监督、舆论监督、群众监督的立体监督体系。市纪委开通微信举报平台和曝光台，点名道姓、公开曝光成为常态。2015年，全市共组织集中检查8次、县（市、区）交叉检查4次。市纪委通报8次、43起、64人，县（市、区）通报30次、96起、145人。严肃查处违反“八项规定”精神和“四风”方面问题151件，处理210人，党政纪处分186人，释放越往后执纪越严的强烈信号，保持狠刹“四风”的高压态势。

（3）严肃查处发生在群众身边的不正之风和腐败问题，推动反腐败工作向基层延伸。结合全市开展的农村集体“三资”管理专项清理整顿和“以群众举报乡村干部腐败为切入点集中解决群众信访诉求问题”专项治理，严肃查处损害群众利益的不正之风和腐败问题，形成有力震慑，使人民群众对反腐败斗争的“获得感”不断提高，扎实推进“乡村治、百姓安”。建立以县、乡纪委为主体，县查办乡配合、乡查办县督导、乡镇分片联组办案和乡镇自办，以及市纪委一线督办的联动工作机制。2015年，全市各级纪检监察机关共查处群众身边腐败问题1324件，组织处理31人，党政纪处分1641人，其中重处分457人，移送司法机关52人。对2008年以来反映市直和县直机关科级及以下干部的问题线索进行了起底，对梳理出的1766件问题线索进行了处置，党政纪处分869人，组织处理186人，全面加强基层正风反腐工作。

（4）转变执纪理念，探索运用“四种形态”。从执纪审查职责定位出发，转变执纪方式和工作作风。加大谈话函询力度，2015年市纪委问题线索处置暂存类比例由过去的11.2%下降到2%，谈话函询类比例由8%上升到24.3%。严格用纪律尺子衡量党员干部行为，着力改变“要么是好同志，要么是阶下囚”的状况。2015年处理的违纪党员中，给予轻处分的占75%，属大多数；给予重处分的占20%，属少数；移送司法机关的占3%，属极极少数。

4.坚持宽严相济，妥善处理有问题的干部

贯彻执行省委提出的坚持惩前毖后、治病救人，组织上要为犯了错误想改正、想主动交代问题的同志创造条件、提供机会，以及明确问题线索处置和纪律审查工作“四条具体意见”，加大对有问题干部的组织谈话力度，对主动交代问题、对党忠诚的干部，坚持具体问题具体分析，宽严相济依规处理，初步形成有问题干部相信组织、依靠组织、干事创业的良好局面。2014年9月以来，全市已有361名干部主动向组织交代问题，主动上交红包礼金，除直接上交省专户的5000多万元之外，上交市县两级专户1448万元。

5.坚持从严管理，不断加强纪检监察队伍建设

（1）积极推动纪检体制改革。完成了县级纪委内设机构改革，13个县级纪委的纪检监察室达到60个，占机构总数的45.1%，纪律审查人员占编制总数的32.6%；监督执纪机构数量达到112个，占机构总数的84.2%，人员达到240人，占编制总数的62%，监督执纪力量增强。按照省纪委要求，对市直机关派驻纪检机构进行调研摸底，为推进派驻机构全覆盖奠定基础。

（2）加强自身建设，提高履职能力。认真开展“三严三实”专题教育，落实纪检监察机关从严治党主体责任。针对工作中存在标准不高、管理不严、底数不清、数字不准的问题，2015年年初，市纪委组织开展“守纪律、讲规矩、明责任”作风整治活动，修改完善82项机关工作制度和36幅工作流程图；2015年年底，

在全市纪检监察系统开展思想作风纪律工作集中整顿活动，解决纪检监察系统自身存在的问题。在全系统组织开展岗位业务大练兵，举办乡镇纪委书记办案业务培训班，组织召开办案人员座谈会交流办案经验，深化“三转”，强化责任、提升能力；加强县乡纪委班子建设，对10名县（市、区）纪委书记、69名乡镇纪委书记进行交流调整充实，全市纪检监察干部的业务能力水平得到提升，主责主业意识明显增强。

（3）从严管理监督干部，净化纪检队伍。市纪委班子开展积极健康的党内政治生活，班子成员带头进行批评和自我批评，红脸出汗成为常态；市纪委实行机关工作例会制度，完善干部外出报备制度，谈话提醒制度等；对调整、新任的县纪委书记由市纪委常委会集体逐一进行任前谈话。严肃查处纪检监察干部违纪问题，2015年全市共查处纪检监察干部违纪案件12件，诫勉谈话1人，党政纪处分12人，其中党内警告6人、党内严重警告2人、撤销党内职务1人、留党察看2人、行政撤职1人。

（吕梁市纪律检查委员会）

2016年吕梁年鉴

LVLIANGNIANJIAN

工商联

【开展调查研究】

2015年1月，吕梁市工商联主席梁来茂陪同全国工商联副秘书长、中国民营经济研究会常务副会长、秘书长王忠明，在汾阳市就依法治国背景下如何构建新型政商关系进行调研。本年度吕梁市工商联组织大型调研活动5次。1月，开展民营企业社会责任调研和社会责任报告工作，完成调研表55份，社会责任报告12份。1月底至2月初，根据市委书记高卫东的安排，由工商业联合会领导带队分别深入全市45个民营企业进行座谈调研，形成吕梁市民营企业的调研报告，报送市委、市政府。书记高卫东做了重要批示，要求政府采纳意见，以推动吕梁民企发展。3月，组织2015年度全国工商联上规模民营企业调研和民营企业"走出去"综合调研活动，上规模民营企业调研完成调查问卷8份，民营企业"走出去"综合调研完成调查问卷2份。4月，组织市工商联界别政协委员进行调研，形成《市工商联对部分民营企业调研情况的报告》《关于与榆林市共同开发黄河晋陕大峡谷文化旅游资源的建议》等调研报告和提案，上报省工商联及市委、市政府，为党政领导决策提供参考。本年度市工商联根据情况变化重新确定省工商联调研观察点企业，督促各县（市、区）工商联组织所在地企业（在全国工商联非公经济调查研究系统网站注册的企业和省工商联确定的民营经济运行观察点企业）完成调查表填报工作。在广泛调研的基础上，市工商联以大会发言、提案、社情民意等形式建言献策、参政议政。在2015年的市政协全会上，市工商联做了题为《着力破解资金难题，切实改善非公企业融资环境》的大会发言；组织企业家政协委员提交提案56件，市工商联提交集体提案15件，其中《在转型综改大背景下对吕梁经济模式和思考的建议》提案被评为2015年优秀提案，各有关单位进行认真的答复办理，市工商联被评为"政协提案先进单位"；全年报送社情民意30条。

【开展非公有制经济人士教育】

2015年，吕梁市工商联开展"四信"教育实践活动，加强非公有制经济人士思想政治工作。以学习贯彻中共十八大、十八届三中、四中全会和市委决策部署为主线，将教育实践活动与其他工作结合起来，增强全市非公有制经济人士对中国特色社会主义的信念、对党和政府的信任、对企业发展的信心、对社会的信誉，指导县市区工商联和商会组织扩大活动的覆盖面，以"民营企业家与中国梦"为主题，以守法诚信为重点，以"重塑吕梁民营企业家形象"为载体，在活动中探索建立思想政治工作长效机制，教育引导吕梁市广大非公有制经济人士健康成长。举办北京大学（EMBA）工商管理高级研修班。针对吕梁市民营企业高层次管理人才严重短缺的实际情况，市工商联与北京大学民营经济研究院协商，共同举办北京大学（EMBA）工商管理高级研修班，为吕梁企业家搭建了一个学习、交流、合作、提升的平台，全市40多名企业家报名参加了为期一年半的学习培训。组织人员参加省工商联主办的培训活动。3月，市工商联副主席郭建峰带队，各县（市、区）工商联负责人及企业家共28人，在太原科技大学参加了省工商联组织的全省工商联系统企业社会责任培训，吕梁市汇丰兴业焦煤集团有限公司在会上做了交流发言。5月，市工商联副主席郭建峰带队，组织31位民营企业家在山西工商学院博言堂参加了省委统战部和省工商联举办的晋商大讲堂"减负60条"政策解读培训会。4月至7月，孝义市、离石区、文水县的工商联负责人分别参加了省联举办的县级工商联主席、党组书记培训班3期。就如何把握当前形势做好工商联工作进行培训，如何创新县级工商联工作，当好工商联主席、党组书记进行学习交流。8月，组织吕梁市8位企业家参加中国人民大学“企业管理大型公益讲座”。11月，市工商联党组书记赵权中带队，组织吕梁市非公经济代表人士8名青年企业家在山西省经济管理干部学院参加了省联举办的“全省非公有制经济代表人士培训班”，内容为围绕关系非公有制企业发展的经济形势、产业政策、金融服务、科技创新等方面。重视提供学习的报刊。市县两级工商联按照省工商联要求进行《中华工商时报》《中国工商》征订工作，市工商联又为各县（市、区）工商联机关赠阅《中华工商时报》《中国工商》各1份。

【促进非公有制经济健康发展】

2015年，根据工作需要，经市委、市政府同意，成立由市委副书记雷建国，市委常委、副市长郝月生为组长的吕梁市促进民营经济发展工作领导小组。6月，市政协副主席、市工商联主席梁来茂携吕梁市、县工商联部分负责人和民营企业家代表一行11人，到甘肃、运城考察油用牡丹种植、皂角树种植等项目，参观甘肃天庆集团、油用牡丹种植、山西天和源农业科技集团有限公司等企业，与甘肃晋商商会联谊座谈。本年度市工商联根据《全国光彩事业重点项目实施暂行管理条例》规定，深入企业实地调研，上报吕梁市山西铭信禽业有限公司、山宝食用菌生物有限公司、吕梁广汇生物科技股份有限公司等3户农业企业作为全国光彩事业重点项目申报单位，共涉及项目11个，预计投入资金约12.7亿元。全国光彩事业促进会、全国农发行批准两户企业，涉及项目9个，预计投入资金约10.8亿元。本年度吕梁市非公企业在经济困难的情况下，坚持开展金秋光彩助学活动，全市有39户非公企业和基金会参与活动，资助学校50所，资助学生1391人，投入金额达533.54万元。山西广东商会继续资助吕梁市考入广东的四位家庭生活贫困的学子，用于他们完成学业，已连续资助四年。森泽煤铝有限责任公司为74名学生36所学校共捐款11.95万元；鑫飞集团有限公司为39名贫困大学生捐款7.4万元；汇丰集团有限公司为汇丰中学捐款40万元，为曹家山学校捐款45万元，共计85万元。11月，经市委、市政府同意，市工商联与市中小企业局联合举办全省民营经济发展推进大会精神吕梁宣讲报告会，市委中心组成员、市直机关单位的负责人、各县（市、区）分管领导、各县（市、区）中小企业局局长、各县（市、区）工商联主席、市工商联执委以上企业家共400余人参加报告会。

【加强组织建设】

2015年，吕梁市工商联吸收政治素质高、企业发展有潜力、热心工商联工作的非公有制经济人士加入工商联组织，使会员队伍不断壮大，会员结构不断趋向优化，坚持发展会员数量与质量并重。截至12月底，全市工商联会员总数6080个，个人会员3734个，团体会员154个，企业会员2194个。为工商联组织注入了新鲜血液，增强了工商联组织的生机和活力。加快商会组织建设。截至12月底，全市商会总数154个，其中乡镇商会有111个、街道商会有12个、行业商会有19个，异地商会3个，其他商会9个。7月，为提升吕梁市青年民营企业家素质，促进青年企业家健康成长和发展，为山西省青年企业家商会推荐了16名青年企业家商会会员，给青年企业家搭建了一个学习培训、信息互通、资源共享、交流合作的平台。强化县级工商联组织建设。加大对基层工商联组织建设薄弱地区的重点指导和帮扶力度，使县级工商联建设水平得到提升。为加强“五好”县级工商联建设，市工商联出台《吕梁市工商联2015“五好”县级工商联建设工作实施方案》，各县级工商联高度重视，狠抓落实，孝义市工商联被评为全国“五好”县级工商联。做好非公经济代表人士政治安排的推荐工作。2015年市人大、政协换届，市工商联抓住机遇，做好对非公经济人士政治安排的推荐工作。推荐非公经济代表人士24人担任了市人大代表，28人担任了市政协委员。慰问原工商业者。根据全联、省联《关于做好2015年两节期间慰问原工商业者老会员工作的通知》以及吕联发〔2015〕1号文件精神，在2015年春节前夕，吕梁市各县级工商联共慰问原工商业者老会员18人，具体形式是送钱、送物、送祝福。有的每人送去200元钱，有的送去白面、大米、食用油、大红福字等春节慰问品，表达对原工商业者老会员的慰问和祝福。狠抓工商联自身建设。与全市非公有制经济人“四信”教育实践活动同步，在工商联机关干部职工中开展“四信”教育实践活动。完善机关各项工作制度，建立长效机制。修订完善《机关学习制度》《市工商联学习交流制度》等25项制度，规范工作秩序和行为，使机关工作有章可循，走向制度化、规范化。狠抓机关党员干部队伍建设。加强机关党员干部职工理论学习，提高机关人员的综合素质，主要实行集体学习与个人自学相结合。加强机关党的建设。抓党组班子建设。多次召开党组会议就工商联重大工作进行研究，重新进行领导班子分管工作的分工，规范党组工作。抓支部换届工作。报市直工委批复机关党支部书记，赵权中当选支部书记。开展工商联支部规范化建设，完善支部工作制度，规范支部工作行为。搞好机关下乡扶贫工作。2015年年初，由市工商联主席梁来茂带队，对离石区坪头乡鹏凤山村、兴县康宁乡任家塔村、汾阳市肖家庄镇老党员、困难群众进行慰问，送去白面、大米、麻油等慰问品。4月，扶贫村调整为中阳县下枣林乡吴家峁村。结合村里实际，制订扶贫工作规划，确定工作目标。组织村民外出考察学习，探索扶贫村经济社会发展新路子。

（吕梁市工商业联合会）

群众团体

吕梁市总工会

【强化学习 提升素质】

2015年，吕梁市总工会强化学习，提升素质，为履职尽责奠定坚实的基础。开展“三严三实”专题教育活动。市总工会党组研究制订《关于开展“三严三实”集中学习教育实施方案》，制作专门的宣传栏、学习栏，配备、发放《习近平谈治国理政》等各类学习资料300余册。在严以修身、严以律己和严以用权环节，开展党组书记专题党课、班子成员授课领学、集中讨论12次。班子集体和每位领导成员结合自身生活工作实际，撰写学习体会和对照检查材料，制定问题清单、整改清单和责任清单，积极整改提高。经过准备，12月30日召开“三严三实”专题民主生活会，党组成员之间本着有利团结、共同进步的原则，开诚布公，畅所欲言开展批评与自我批评。在全市工会中开展“提升五种能力活动”。围绕副书记雷建国在市总一届四次全委会议上提出的“工会干部要具有五种能力”（学习能力、研究能力、创新能力、合作能力、服务能力）的要求，市总工会在全市工会中开展“提升五种能力，强化五型工会建设活动”，收到良好的效果。创建“文明单位”。完善机关楼道文化建设，美化工作环境，设置“善行义举榜”，按照“六有”标准完善市总“道德讲堂”阵地和设施，邀请吕梁学院教授康序，孝义人大常委会副主任、总工会主席胡登华等，按照“五个一”流程，作了“践行三严三实，成就卓越人生”“弘扬传统文化”等专题讲座。传达贯彻党的群团工作会议精神。为落实中央、省、市党的群团工作会议精神及市委出台的《八条意见》，12月3日，市总工会在吕梁宾馆701会议室召开各县（市、区）工会主席、市直系统工会主席、副主席、市总工会机关干部职工参加的“吕梁市工会传达贯彻中央省市群团工作精神会议”。会后，市总工会党组在征求各方面意见建议的基础上，结合全市工会工作实际反复研究，制定出台《吕梁市总工会贯彻落实党的群团工作有关精神的具体举措和责任分工实施细则》，为全市各级工会适应新常态，展示新作为提供了较为具体的操作规范。通过学习提升和制度规范，全市工会呈现出积极向上的工作氛围。

【围绕中心 服务大局】

2015年，市总工会组织开展“五小”竞赛活动。为应对经济下行压力，市总工会在全市工业企业中开展群众性“五小”（小发明、小创造、小革新、小设计、小建议）竞赛活动。全市675户企业、73800名职工参与这项活动，广大职工立足本职岗位，从企业长远发展着眼，在生产实践中动脑筋，想办法，适时解决了在生产一线中出现的问题，涌现出一大批敢想敢干的创新型员工和一大批好的小发明、小革新、小设计、小创造项目。通过层层筛选，向省推荐了50个“五小”竞赛活动项目，其中27项“五小”竞赛活动的创新成果被确定为全省汇报展览的创新成果。弘扬劳模精神。经过由下而上层层推荐，全市有6名个人荣获“全国劳动模范”光荣称号，12个单位和20名个人分别荣获得“山西省五一劳动奖状”和“山西省五一劳动奖章”。组织开展“劳模宣传月”活动，选派吕梁市全国劳模、全国五一奖章、省劳模共13人参加了全总组织的劳模休养活动。开展岗位练兵活动。全市共有3870家企事业单位开展技能比赛，涉及工种109个，有21895人通过岗位练兵、技术培训、技能比赛活动提升技术等级。全市各级技能培训机构培训职工17万人次，选树技能带头人5210人，培养高技能人才（劳模）创新工作室和传统工艺（手艺）大师工作室68个，征集合理化建议4312件，创造了良好的经济效益。营造积极向上团结和谐的社会氛围。为了弘扬正能量，培养职工顽强拼搏、团结协作的品格，市总工会在市体育馆举办了“全市第二届职工太极拳交流大赛”，共26支代表队、210名队员参赛。通过3天的紧张角逐，共决出金牌26枚，银牌41枚，铜牌66枚。市总工会推荐政法系统任文魁、汾阳市李岩、临县李殿文三人参加全省最美劳动者的评选，选送微舞蹈《军中姐妹》、歌手张晓琳参加全省职工文化建设成果微比赛，分别获得了银奖和民族组银奖第一的好成绩。为学习贯彻党的“依法治国”理念，市总工会于8月7日在吕梁市经委二楼会议室举办了全市职工法律知识竞赛，共有23支代表队参加，汾阳市代表队夺得金牌。这次竞赛提升了职工队伍的整体素质，在全市掀起职工学法、懂法、用法的学习高潮。

【加强工会自身建设】

2015年，吕梁市开展工会“组织建设年”活动。2015年是全省工会“组织建设年”。市县两级工会都成立主要领导任组长的“组织建设年工作领导组”，制订出台《吕梁市总工会组织建设年实施方案》，全会动员，全员出动，部门包片，人员包点，开展“组织建设年”活动。按照“三告知、两报告、一宣誓”要求，吕梁市总工会给市直基层工会下发了“督促换届通知书”“工会组织工会会员实名制登记表”等数据统计表，6月，市总工会在离石区召开全市工会“组织建设年”现场推进会，观摩先进，交流经验，全面推进。各县（市、区）总工会也效仿推广，下大力气夯基础，挤水分，全覆盖，推动基层工会组织建设。截至11月底，全市新增基层工会组织109个，新发展会员3390人。截至年底，全市基层工会累计达5320个，覆盖14223个用人单位，会员人数累计达528886人，职工入会率达99.4%，完成了省总工会的组建目标任务。加强各级工会规范化建设，按工会“六有”标准，评比选树星级工会、六有工会41个，基层工会合格率61%，乡镇、街道、园区、社区、工会联合会合格率76%。组织开展财务大检查。4月份，组织各县市区总工会财务工作人员利用一个半月的时间，通过自查、交叉检查、集中检查等形式，对市总工会本级以及13个县（市、区）的工会财务工作进行全面细致的检查，并针对检查中出现的问题进行整改完善。通过检查，督促各级工会严格执行《党政机关厉行节约反对浪费条例》、公务接待、差旅费、会议费、培训费等费用的管理办法，加强工会财务规范化管理。完善经费集中支付工作。针对工会经费在1万元以下的单位因金额小无法开户、人员不足无法独立建账、工会经费数年没有开支、工会工作无法正常开展等现状，市总工会在2014年调查摸底的基础上，下发《关于对市直基层工会经费实行集中支付的通知》，创造条件对未独立开设工会账户的市直系统（行业）工会、市直基层工会实行集中支付。基础工作全部完成，开户手续已经办结，开始试运行，2016年上半年将启动。

【维护职工合法权益】

2015年，市总工会推动和提升工资集体协商工作，依法维护职工经济权益。按照省总工会的安排部署，市总工会制订专门的工作方案，将工资集体协商目标任务分解到各县（市、区）总工会、各系统（行业）工会。各县（市、区）总工会、市直各系统（行业）工会将年度目标任务分解、细化、量化到部门和个人，列入年初重点工作目标进行考核。截至2015年年底，全市共新签和续签集体合同3370份，覆盖企业7322个，覆盖职工337736人；工资集体协商专项协议3309份，覆盖企业7218个，覆盖职工310810个。签订女职工专项集体合同780份，覆盖女职工42856人。抓住省委“六权治本”的有利契机，推进民主管理工作，依法维护职工政治权益。2015年，市总工会通过“两结合”推动厂务公开、职代会民主管理工作：与“六权治本”中的“阳光行使权力”“合力监督权力”结合起来，坚持“三重一大”决策制度的执行情况必须向职工公开，加强职代会民主评议领导干部工作，深化职代会内容；与省总工会“组织建设年”主题活动结合起来，在巩固已有建制成果基础上，扫空白、挖死角。开展对国有企业召开职代会情况摸底活动、选树厂务公开民主管理工作示范单位活动和评选“全心全意依靠职工办企业优秀企业家”活动，全市414个国有企业职代会建制412个，能够规范召开职代会的328个，占建制数的80%。山西汾酒集团股份有限公司等3个企业被省总工会命名为“山西省厂务公开民主管理工作示范单位”。华晋焦煤有限责任公司董事长刘建高等四名企业家被省总工会评为“2015年度全心全意依靠职工办企业优秀企业家”。经过各级工会的努力，全市企事业单位厂务公开、职代会建制分别为12931和12945个，建制率均达99.6%。强化职工劳动保护工作，维护职工安全健康权益。2015年年初，市总工会转发省总工会、省安监局《关于以“组织建设年”为统领开展2015年“安康杯”竞赛活动的通知》，使“安康杯”竞赛活动内容进一步丰富，形式进一步创新，品牌效应进一步扩大。在"安全生产月"活动中，全市各级工会共制作各种安全生产宣传版面6300多块，发放传单7万多份、发放《农民工应掌握的86个安全生产常识》等安全生产宣传小册子2万多册，组织全市2万多名职工参加“2015年全省职工职业安全健康知识普及教育系列活动”。引导全市各类企业按照国家安全生产相关的法律、法规、条例和行业的相关标准，开展不同形式、内容丰富的系列活动。借《山西省女职工劳动保护条例》出台的东风，9月1日，市总市县两级同日同步进行《山西省女职工劳动保护条例》宣传活动，影响和带动全社会关注女职工合法权益。全市3513个已成立工会组织的企业全部建立工会劳动保护组织机构,配齐检查员，已验收煤矿都建立职业危害防治机构、配备职业危害管理人员，建立健全了职业病防治规章制度和操作规程。11月份，市总工会被全国安康杯组委会授予“优秀组织单位”称号，年底，市总工会向省总工会推荐了3个集体、3个班组参加了全国“安康杯”竞赛评比表彰活动。

【精准扶贫 帮贫济困】

2015年，市总工会清理审核困难职工档案，完善帮扶工作信息，做到“精准扶贫”。按照“理顺建档主体、实现分级逐户管理”的要求，在全市开展“清理审核困难职工档案”行动。对退休、死亡、脱贫人员进行排查，对一年内未刷新档案和不合格档案进行筛查规范和完善，整理清楚在档困难职工具体情况，规范了各项帮扶救助档案填报和管理，为开展各项救助活动、实现精准帮扶提供了档案依据。开展“一县一年一主题，一年解决一问题”活动。这项活动以“制度保障”为主线，围绕职工在“就业、工资、社保、帮扶”等方面的问题，开展劳动经济权益维护。通过各县（市、区）总工会研判自选、市总工会综合审核拟定、县市区组织实施。交城、交口、柳林、文水、汾阳等县（市、区）总工会开展的“帮助农民工讨薪”、石楼县总工会主推的“以帮扶工作为抓手，整体推进工会工作”、方山、临县、中阳县、兴县主推的“突出重点，做亮帮扶品牌”等，都取得了较为明显的成效。工会帮扶工作雪中送炭，使困难职工感受党和政府的温暖。2015年，全市工会筹集、发放助学资金368.027万元，全部用于资助大专以上困难职工（农民工）子女，共救助1806人。对全市1017名大病职工以每人2000～4000元的标准救助，共发放大病救助资金308万元。在2016年元旦、春节期间，筹集“送温暖”款物582万元，对88名困难劳模、13257名困难职工家庭、40户困难企业走访慰问。帮扶困难女职工355人，“两癌”检查42人。

【坚定信仰 廉洁从政】

2015年，市总工会开展学习践行党章活动。市总工会办公室设立专门的党组办公室，支部配备专职组织委员，制作摆放党员监督牌，开辟党员承诺栏和党员“善行义举榜”。为机关支部党员发放党徽、《中国共产党章程》及《中国共产党廉洁自律准则》《中国共产党纪律处分条例》相关学习资料39套。党组书记、支部书记进行专题辅导，在组织18名在岗党员干部进行了党章理论知识考试的基础上，参加了市直工委组织的《中国共产党章程》闭卷考试。春节、“七一”期间，由主要领导带队，对下乡帮扶点——兴县下会村的困难群众和机关支部生活困难党员及困难职工进行走访慰问。完善规章制度，落实“两个责任”。按照中央、省、市相关规定，结合实践中存在的问题，出台《吕梁市总工会关于落实党风廉政建设党组主体责任纪检监督责任的实施方案》《关于进一步规范差旅费报批制度的通知》《关于严格执行〈市直机关差旅费管理办法〉的通知》等一系列规章制度，规范财务审批程序。班子成员带头落实“一岗双责”，为各项工作有序运行奠定坚实的基础。开展“三个一批”工作。根据市委要求，制订《吕梁市总工会关于做好“三个一批”实施细则》，成立主席张保福任组长的工作领导组，开展“三个一批”工作，将结果上报了上级党委。加强各级工会经费使用审查。9月份，市总工会接受了省总工会经审办委托的山西天正会计师事务所对吕梁市2013至2014年度财务收支情况的审计。对提出的意见，市总工会认真分析，对存在的问题进行整改，作出整改说明。10月，市审计局对市总工会2013年至2014年度的财务情况进行送达审计，2015年年底审计工作基本结束，处在征求意见和问题整改扫尾阶段。市总工会首次尝试委托社会专业中介机构进行审计，通过三家事务所参加投标，山西允正会计师事务所中标。市总工会委托其对市总本级财务及汾阳市、孝义市、中阳县、交口县、柳林县、临县、兴县7个县级工会和市直市委办系统、教育行业、煤炭行业、宣传系统、政法系统、发改委系统及其所属47家基层工会经费收支使用情况进行审计，共出具审计征求意见书54份，审计工作成效显著。重大事项严格按照程序执行。在重大资金使用、重大事项决策时，严格按照议事规则和程序，召开党组会议研究讨论。党组会议形成决议后，做好会议记录并严格按决议执行。全年市总工会调整内部科室负责人两名，动议提拔科级干部两名，都严格按照制定方案、向组织部请示、报批、审核、公示等程序执行，全程会议记录。完成公车改革。市总工会严格执行公务用车编制管理规定和配备使用标准，落实公务车辆“三定点”（定点保险、定点加油、定点维修）和办公室统一管理、调派使用制度。节假日及非公务期间做到不使用公车。公车改革以后，市总工会党组严格按照《吕梁公务用车制度改革实施方案》的要求，将市总工会及下属单位原有公务车全部封存或报废，市总工会日常公务出行全由个人自行解决。通过加强党风廉政建设和严格规范管理，机关全体人员的廉洁从政意识加强，依法依规办事深入人心。全年市总工会未发生一起违规、违纪、违法现象。

（吕梁市总工会）

共青团吕梁市委员会

【贯彻落实中央、省、市党的群团会议精神】

2015年，共青团吕梁市委员

会（以下简称团市委）先后4次组织基层团干部专题学习中央、省委、市委党的群团工作会议精神，由班子成员牵头，分别深入学校、企业、农村等领域基层团组织进行调研，在基层团干和青年中宣传党的群团会议精神，配合省委和团省委调研组完成在吕梁市的群团工作调研任务，召集县级团委班子成员举办专题读书班，就学习、贯彻、落实群团会议精神进行专题研讨和交流，统一思想、凝聚共识。强化改革创新意识，推动共青团创新发展。积极参与市委《关于进一步加强和改进党的群团工作的八条意见》（以下简称《意见》）起草，为市委决策献言献策，团市委提出的"注重从基层一线锻炼培养群团干部"等6条建议得到市委充分认可，特别是"按照青少年每人每年人均1元的标准增拨共青团专项工作经费"的建议，得到市委支持列入《意见》，为市县两级共青团工作经费保障提供了政策支持。围绕贯彻落实群团会议和市委《意见》精神，结合"团干部如何健康成长"大讨论活动和"走进青年、转变作风、改进工作"大宣传大调研活动，深入基层一线，聚焦团干部成长中存在的突出问题，举行座谈会8场，面对面访谈150余人次，梳理汇总出76条工作建议，研究出台团市委《关于贯彻落实市委党的群团工作会议精神加强和改进共青团工作的若干意见》，并将各项工作分解落实责任到人。坚持从严治团，开展"四个化"专项整治活动。对照习近平总书记提出的群团组织普遍存在的"机关化、行政化、贵族化、娱乐化"问题，在全市各级团组织中部署开展"四个化"专项整治行动。团市委认真学习领会上级精神，广泛听取基层团组织和广大青年意见，对照"三严三实"查找自身存在的问题，召开民主生活会进行专题剖析，从八个方面制定整改措施和整改期限。指导各基层团组织结合工作实际，从规范团员发展、完善团内制度等基础团务入手，参与"四个化"专项整治行动，专项整治行动初步形成"上级带头、领导示范、上行下效"的良好局面。

【深化青少年思想引导】

2015年，团市委开展中国特色社会主义宣传教育和"中国梦"主题教育实践活动。运用多种形式和载体，在团组织和团员青年中广泛开展习近平总书记系列重要讲话精神宣讲活动，编印《习近平共青团和青年工作重要论述》2000册。组织开展"纪念抗日战争暨世界反法西斯战争胜利70周年"演讲比赛，启动"红色耀三晋、青年永传承"吕梁市红色传递主题教育活动，引导广大青少年学习红色历史，传颂红色精神。引导广大青年践行社会主义核心价值观。开展"美德少年""最美青工""乡村好青年"等评选活动，选树青少年身边可见、可学的榜样80余名，引导青少年自觉树立积极向上的价值观念。在各县（市、区）、各行业深入开展"奋斗的青春最美丽"分享活动，发掘和宣传各类青年典型事迹，传递青春正能量，举办"向上、向善好青年"系列分享活动14场，覆盖青年2万余人。利用网络媒体教育引导青少年。加强"吕梁共青团"官网、"吕梁青年""吕梁少先队"等官微平台建设，登记注册网络文明青年志愿者8647人，参与全团"中国好网民，我们来接力""我们是共产主义接班人"等话题接力活动，在团中央和团省委指导下，组织青年开展网络舆论斗争，在网络空间传递青春正能量。2015年，团市委自建网络媒体累计发布各类信息1200余条，官微点击率达到3.4万人次，官网总访问量达到44.8万人次。2015年，共青团吕梁市委员会被新华网全国政务新媒体专家评审委员会授予"山西省基层单位政务新媒体综合影响力奖"和"共青团系统政务新媒体应用奖"。

【引导青年投身工作】

2015年，团市委开展青年岗位建功行动。联合各行业主管单位在吕梁交通银行营业部等64个基层集体中开展市级青年文明号创建活动，指导孝义市安顺昌驾校等10个市级青年文明号集体顺利通过省级青年文明号验收。联合市安监局、市煤炭局指导离柳集团兑镇煤矿掘进队等16个集体成功创建市级“青年安全生产示范岗”，指导中钢集团炼钢二车间连铸工段等101个基层集体成立青年技术创新小组。联合市商务局、市扶贫办开展青年电商培育和电商扶贫工作，培训青年电商1200人次，指导成立吕梁市电商扶贫协会和青年电商创业协会，依托市青年电商创业协会建立全市首家线上线下互动的O2O青年创业基地－惠淘168商城，接收创业青年免费入驻。推进服务青年就业创业行动。联合邮储银行、信用联社等金融机构，发放青年创业小额贷款2.4亿元，开展青年技能培训3092人次，组织大中专毕业生上岗见习537人次。举办“吕梁人”大型青年夏季招聘会，帮助656名待业青年与用人单位初步达成用工协议。市、县两级举办“创青春”青年创业创新大赛14场，从近千个创业项目中评选产生优秀创业项目30个，青年创业创新氛围逐步形成。在各级团组织和青少年社会组织中开展保护母亲河、绿色骑行、环保徒步走等各类环保实践活动，引导青少年践行绿色发展理念。用志愿服务精神引领社会风尚。面向贫困山区，实施“小善大爱”公益项目，六一期间帮助131名贫困儿童实现了“微心愿”。联合有关部门开展“爱心送考”公益活动，动员社会力量参与流动送考、定点送考等服务，招募青年志愿者在吕梁火车站开展“青春志愿行，温暖回家路”春运志愿服务行动。面向贫困大学新生，筹集善款90万元，资助180名贫困生圆梦大学。响应市委号召，启动“小善·大爱”之冬季行动，走进方山、石楼等地贫困农村开展慰问活动5场，为260户贫困群众送去价值5万元的过年物资。组织青年志愿者开展“阳光助残”“关爱留守儿童”行动，动员社会爱心人士为孤残儿童捐赠价值2万元羽绒服、文具等学习生活用品。

【参与社会创新治理】

2015年，团市委健全和完善预防青少年犯罪工作体系。争取市委支持，市委书记高卫东两次就预防青少年犯罪工作作出重要批示，市委副书记雷建国出席全市预防青少年犯罪推进大会并做了讲话，公检法司等部门分别就本系统承担的预防青少年违法犯罪工作进行安排部署，团市委牵头起草《关于加强和改进全市预防青少年违法犯罪工作的意见》，对专项组成员进行调整，从会议联系、人员联络、信息报送、考核评比等方面完善预青专项组运行机制，细化各成员单位具体职责，扭转预防青少年犯罪工作团委单兵作战、单打独斗的被动局面，初步形成各部门齐抓共管的工作格局。加强重点青少年服务管理。建立闲散青少年等五类重点青少年群体定期动态摸排工作机制，依托各级团组织以禁毒、防艾滋病、反邪教、安全、法制为主题开展教育引导活动，联合市检察院开展“法制进校园”活动40余场。团市委开通“12355”热线服务电话，邀请法律、心理等专家组建“12355”志愿服务专家团队，为青少年答疑解惑。分批推广全国重点青少年群体服务管理试点经验，第二批6个推广县全部通过上级评估验收。优化青少年权益保障环境。开展“共青团与人大代表、政协委员面对面”活动，市县两级全年开展面对面活动14次，撰写调研报告20余篇，围绕青年就业创业、青少年社工等议题向市县“两会”提交建议提案20余篇。联合有关部门开展“青少年维权岗”创建活动，指导吕梁市检察院未检处等6个单位成功创建省级优秀青少年维权岗。推动青少年社工队伍建设，在孝义郑兴社区建立全市首家青少年事务社区服务示范站，并从有限经费中挤出1万元给予支持。

【加强基层团组织建设】

2015年，团市委推进各领域基层团建。在乡（镇、街道）开展区域化团建工作，区域内基层团组织实现资源共享、共创共建。坚持党建带团建，新建非公企业团组织156个，新社会组织团组织10个。开展“百县千乡”分类示范创建活动，整改直属团组织166个，新建直属团组织22个，建立乡镇共青团微信群138个，覆盖农村青年3600余人，石楼团县委荣获全国“百县千乡”先进团县委，汾阳团市委“基层团员发展创新”荣获优秀示范项目。推进服务型团组织建设。开展团员注册志愿者制度，在册团员注册志愿者比例达26%，基层团组织服务社会力量得到加强。开展“青年之声”互动社交平台建设，各级团组织利用“互联网+”思路联系青年、服务青年的手臂得到延伸。全市各基层团组织利用党政、社会和市场资源，新建或拓展坚持青少年综合服务平台29个，服务型团组织建设迈出坚实步伐。加强青联组织建设。以青联换届为契机，健全和完善青联运行机制，加强界别建设及各界别之间的横向联系，探索跨行业、跨系统、跨界别工作联动模式，开展义务清洁、捐赠慰问、现场救援、节目慰问等活动283人次。发挥青联委员联系广泛的优势，加强青年自组织建设，培育和扶持环保志愿者联盟、岚河爱心民间爱心社、“青悦读”吕梁青年读书会等10多个公益慈善类青年自组织，组织青联委员赴对口援疆地区进行经贸交流考察，为对口援疆地区捐赠青少年发展基金2万元。

【加强少先队工作】

2015年，团市委履行“全团带队”职责，加强少先队工作。深化少年儿童思想道德教育。在不同时间节点，部署推进“红领巾相约中国梦”系列主题教育实践活动，全市累计参加活动少先队员超过60万人次；按照程序选拔和推荐优秀少先队员和辅导员代表参加全国少代会，在全市少先队组织开展少代会小建议征集、集体收看少代会报道等主题队日活动；引导少年儿童树立和践行社会主义核心价值观，常态化开展校内学雷锋活动，组织少先队员清明节走出校园开展祭扫活动，邀请民间剪纸、皮影、面塑非遗大师走进校园进行传统文化宣讲。加强少先队组织和活动体系建设。市、县两级完成首届红领巾汉字听写大赛、首届少先队辅导员职业技能大赛暨才艺展示活动。争取《中国少年报》支持，在离石区城内小学建立全市首家红领巾小记者站。联合教育部门研究出台《关于规范少先队辅导员设置管理的意见》，规范少先队辅导员聘任管理工作，为下一步辅导员职称评审打下坚实基础。

（共青团吕梁市委员会）

吕梁市妇女联合会

【概述】

2015年，吕梁市各级妇联组织贯彻中共十八届四中、五中全会和习近平总书记系列重要讲话精神，围绕吕梁发展实际，积极作为、务实创新，全市妇女工作实现新发展。

1.贯彻落实中央、省委、市委党的群团工作会议部署要求，推动妇女工作创新发展。全市各级妇联把学习贯彻习近平总书记系列重要讲话精神和落实中央、省委、市委党的群团工作会议重要部署，作为首要政治任务，切实用讲话和会议精神统一思想、凝聚共识、指导工作。在学习宣传、把握方向上下功夫。组织妇联干部及妇女群众座谈会、研讨会，举办妇联主席培训班等，深入学习领会精神实质，准确把握保持和增强群团组织政治性先进性群众性的深刻内涵，牢记工作生命线，确保妇联工作正确方向。在查摆问题、创新思路上下功夫。认真梳理工作中存在的“四化”问题，找准整改着力点和突破口。各级妇联组织深入基层调研，召开民主生活会，理清工作思路，探索改革创新路径。在重点突破、推动创新上下功夫。谋划贯彻落实中央、省委、市委群团工作意见的思路举措，指导推动工作创新发展。各级妇联针对薄弱环节和工作短板，强化措施，集中攻关，重点突破，带动了各项工作整体推进。

2.突出家庭工作，组织妇女在文明和谐建设中发挥独特作用。全市各级妇联贯彻落实习近平总书记“注重家庭、注重家教、注重家风”要求，以培育和践行社会主义核心价值观为核心，组织妇女和家庭在文明和谐建设中引领风尚、展示风采。开展寻找“最美家庭”活动。利用广场、活动中心等场地广泛宣传，发动群众、吸引群众参与活动，提高群众的参与率和活动的社会影响力。择优推选出15户家庭参加省级评选，其中8户被评为“三晋最美家庭”。启动“文明家庭”创建活动。围绕“文明、健康、和睦、教育、爱心”的要求，制订《吕梁市“文明家庭”创建实施方案》，力争在5年内逐渐提高家庭成员的思想道德素质和科学文明素养，全市“文明家庭”达标率逐年增长，到2020年“文明家庭”实现农村、社区均有达标户，形成吕梁特色和品牌。举办各类活动促进家风政风建设。组织最美媳妇薛桂萍、最美乡村教师李锦明、最美清洁工张文燕、特岗教师李霞等优秀妇女典型先进事迹报告会；举办“做健康快乐的女人，建和睦幸福的家庭”“孩子教育觉醒”等家庭教育专题讲座；联合市委宣传部、市纪委开展“传承家规家训，弘扬廉洁清风”创意作品征集、展示活动，突出以好的家风促进清廉政风、良好民风的主题，传递正能量。

3.突出创业创新，组织引领广大妇女在“大众创业、万众创新”中建功立业。围绕全市稳增长、调结构、促改革、防风险、惠民生工作部署，开展“大众创业、万众创新——巾帼在行动”活动，团结引领广大妇女在经济转型发展中贡献智慧力量。抓好发展妇女手工艺促就业工作。各级共举办21期培训班，累计2100余名妇女参加了培训，建立妇女手工艺示范基地11个，举办手工艺制品展览及比赛20场，参赛人数1072人，参赛作品2431件，其中选送200副鞋垫参加了省文博会，为吕梁妇女手工艺产业的发展开了个好头。做好创业就业技能培训工作。建立巾帼创业基地23个，培训巾帼创业带头人205人。建立巾帼创业就业培训中心（基地）6个，培训4645人。选送200余名妇女参加省妇联美容美发、形象设计、毛衣编织、育婴师等技能培训。依托43个巾帼家政培训机构，开展家政培训16期1160人。加大创业就业扶持力度。联合相关部门组织招聘会12次，提供就业岗位9913个，帮助实现就业2932人。创建各级女大学生创业实践基地29个，接收女大学生实习147人，就业167人。输出农村妇女富余劳动力3086人。发放妇女小额担保贷款220万元，扶持29名妇女自主创业。引领职业女性岗位创业创新。在巾帼文明岗中组织开展技能大赛、岗位练兵等主题实践活动，引领各行业妇女立足岗位创新创优。全年共表彰城乡妇女岗位建功先进集体30个，巾帼文明岗25个，巾帼建功标兵36名。组织巾帼先进事迹巡讲活动9场次，参与人数2960人。

4.突出维权职能，切实服务妇女儿童共享发展。切实履行维护妇女权益职责，优化发展环境，强化维权服务，加大办实事力度，促进妇女儿童共享改革发展成果。营造妇女维权工作良好氛围。

以“万家联动、送法到家、服务到家、行动到家”为工作重点，为广大妇女提供近在身边的维权服务，共发放宣传资料8万份，受益妇女达15万人次。“6·26”期间举办禁毒宣传活动，组织观看禁毒警示片，3500多人在“不让毒品进我家，无毒万家兴”倡议书上签字，彰显了群众禁绝毒品的信心和决心。认真做好信访接待工作。全年共接待来信来访来电294件，有效解决279件，结案率达95%。深化平安家庭创建工作。编制印发《吕梁市平安家庭创建活动工作手册》。召开吕梁市平安家庭创建活动推进会，对全市56户平安家庭示范户进行表彰。开展各类救助活动。持续开展“两癌”筛查救助工作，累计完成宫颈癌检查29059人，乳腺癌检查3600人，为49名“两癌”贫困患病妇女争取到救助金38.5万元；对31户特困妇女进行500元到1500元不等的资助；“天籁列车”项目为中阳、柳林、岚县的听障患者争取到总值88万元的助听器440台；争取全国“春蕾计划”项目，为100名家庭困难、品学兼优的高一女生资助每人每学期1200元，直至其高中毕业。参与土地确权登记颁证工作。出台《关于进一步做好农村土地承包经营权确权登记颁证工作中保障妇女合法权益的通知》，确保广大基层妇女干部在农村土地承包经营权确权登记颁证过程中依法保障妇女合法权益。

5.突出问题导向，以改革创新精神推进妇联组织自身建设。坚持面向基层、重心下沉，创新方法、拓展领域，不断推进妇联组织自身建设的改革创新。改进作风有了新成效。以“三严三实”“四化整治”专题教育活动为契机，各级妇联干部深入基层、深入群众，开展送温暖、办实事活动，为妇女群众排忧解难，树立妇联组织“温暖之家”形象。组织体系建设实现新发展。按照“党建带妇建、妇建服务于党建”的工作要求，构建全方位、多层次、开放式妇女组织网络。截至2015年年底，全市非公经济组织中建立妇女组织2812个，女职工委员会1527个，组建率达45.6%。社会组织中建立妇女组织60余个。建网占网用网工作实现新突破。探索利用新媒体服务凝聚妇女的有效方式，组建妇联系统微信群3个，为妇女干部相互学习、交流提供平台，增强妇联组织在网络空间的影响力。干部素质有了新提升。举办“吕梁市基层妇联干部综合素质提升培训班”，全市县乡村三级妇联干部共计90余人参加了历时四天的培训。选派优秀女干部60余人次参加全国、省妇联和省委党校举办的妇联干部岗位素质培训等各类培训班。通过学习，提高妇联干部的政治理论素养和履职能力。

（吕梁市妇女联合会）

吕梁市科学技术协会

【科普宣传活动】

2015年，吕梁市科学技术协会（以下简称市科协）在市县电视台开办《科普大篷车》和《科普大篷车》（农村版）两个科普栏目的基础上，又在市电视台开办《沃土》农业技术普及类栏目，使市科协开办的电视科普栏目达到3个，全年播放科普电视节目时间长达4680分钟；编印《吕梁科普》杂志4期，发挥市科协科普网站和《吕梁科普》杂志的宣传作用，加强对全市科普工作和全民科学素质工作的指导与服务；利用农村、社区、学校的科普橱窗和全市1700余处科普惠农信息栏等开展科普宣传；编印《农业生产技术释疑解难》《科学生活一本通》《食物中毒该如何急救》《预防食源性疾病的十项建议》等宣传册共2万份，制作《家庭食品卫生常见6大误区》《科普法》等展板10余块，在广场、街头开展科普宣传；利用市县科普大篷车车载设备仪器、立体展板等开展联合行动，深入农村、学校、社区开展科普宣传；参加了在方山县圪洞镇举办的科技文化卫生三下乡活动；利用微信、微博等新型媒体，搭建科普新平台，拓展科普新渠道，向公众宣传科普知识。

【科普月主题活动】

2015年9月，市科协在全市范围内开展以“万众创新，拥抱智慧生活”为主题的“全国科普日”暨第十四届中国科协·吕梁市科普月系列活动。9月17日，由市直和离石区共计40余个成员单位200余名工作人员，在世纪广场开展现场科技咨询活动。向公众普及科技创新的基本常识、基本方法以及公众身边的创新创造等方面的科普知识，向公众展示吕梁市科技创新创造的成果，激发广大公众的创新创造热情，提升公众对创新创造的了解，实现科技创新对公众工作生活的帮助。活动当天展出科普展板200余块，各类挂图50余副，发放科普书籍、宣传资料共计1万余份。各县（市、区）按照活动要求相继举办现场科技咨询和科普宣传活动。开展农民技能培训活动。市科协结合吕梁市实施的“8+2”农业产业化振兴计划，邀请省内外农业专家10余名、组织全市农业科技工作者50余名，深入10个县（市、区）、40余个乡镇、60个行政村和10个社区，开展专题讲座和现场技术服务活动，举办了百场农业科技大培训，受益群众达万余人。开展了科普开放月行动。市科协组织协调吕梁学院“生物标本科技馆”、吕梁市卫校“人体科技馆”和各县（市、区）学会、协会科普教育基地，面向公众免费开放，推出与创新发展主题相关的科普展览和科普宣传活动。活动期间，参观群众达3000余人。科普月期间，全市200余名科技工作者和邀请的省内外专家教授20余名，深入全市广大农村、社区、企业、学校开展技术咨询、科技培训、医疗义诊和学术报告100余场（期），累计展出各类展板1500余块，发放宣传资料3万余份，解决工农业生产生活中技术难题100余项，参与群众达3万余人次。通过活动，在全市范围内营造了社会关注、全民参与、学用科技、提升素质的良好氛围。市科协被中国科协评为全国科普日优秀组织单位。

【实施“四大科普计划”】

科普惠农计划成效显著。2015年，市科协实施“农民素质培训工程”，围绕核桃、红枣、马铃薯、蔬菜、食用菌等“8+2”农业产业，举办农民科技培训200余期，受训人数达1万余人次。组织指导全市8个县开展农函大中专学历招生教育工作，开设有果蔬种植、畜禽养殖、园林技术、家政服务等9个专业，培训在校生1630人。为推广普及技术，提升农民依靠科技增产增收能力，市科协聘请山东寿光、辽宁北镇蔬菜专家，常驻离石区、临县、交口等县，传授技术，指导生产，使几百户菜农学到蔬菜大棚种植技术。邀请福建省农科院食用菌专家在临县进行指导和培训，并组织种菌户赴河北和福建参观学习。加强科普示范体系建设。在各县（市、区）培育引导、市科协检查验收的基础上，组织实施中国科协、财政部2015年度和2016年度“科普惠农兴村计划”项目的申报，有10个优秀农技协、3个科普示范基地和2名科普带头人受到中国科协、财政部的表彰，临县碛口蔬菜协会申报山西省科普惠农中心服务站建设，方山县糯玉米科普示范基地获山西省科协、省财政厅的表彰，上述项目共获奖补资金300万元。科普助教计划异彩纷呈。2015年，市科协在5月和10月，邀请徐文耀、陈洪、陈钰等10位中科院老科学家科普演讲团成员，在12县（市、区）和市民盟、民进，为党政机关干部、妇女和中小学生，作了低碳环保、让城市和乡村告别垃圾污染、从空中力量的发展与作战运用看信息化时代的国防建设、世界军用无人机的发展与作战运用、时尚与健康、女性健康用心呵护、是谁保护着我们地球、现代人类面临的新的环境问题、与科学结缘等主题的科普讲座59场，受到师生和干部的热烈欢迎和广泛好评，有近2万余名师生聆听了报告。在孝义、柳林和岚县开展中国科协流动科技馆巡展活动。流动科技馆包含9个展区，共50余件科普互动展品，在每个县巡回展出1至2个月，免费向中小学生和社会公众开放参观，有近万名观众参观了流动科技馆巡展。这项活动于2015年9月底启动，按照计划将于2016年年底前覆盖吕梁市其余所有县（市、区）。配合中国科协流动科技馆巡展，市科协也派出2辆科普大篷车，携带20余件参展设备，到巡展县边远中小学开展巡展活动。这一联动巡展活动弥补了吕梁市基层科普场馆的不足，使中小学生能够不出学校就能体验到趣味横生的科技展品，深受他们的欢迎。组织选拔柳林县联盛中学10名中学生赴中国农业大学参加了为期一周的青少年高校科学营活动。让参与活动的学生能够体验高校生活，参加科学实践，聆听名师讲座，感悟科学魅力，激发他们从小立志投身科学研究，为祖国建设贡献力量。科普益民计划取得实效。2015年，吕梁市“科普益民计划”优秀科普示范社区创建工作取得新成绩，孝义市崇文街道留义社区获中国科协和财政部的表彰，获奖补资金20万元，方山县方山城市社区管委会积翠社区、孝义市府东社区获省科协和省财政厅的表彰，各获奖补资金10万元。科普强企计划有序推进。以节能降耗、减排增效为重点，在企业和科技人员中开展了金桥工程、科技奉献奖和“讲理想、比贡献”等活动，培养企业员工创新意识，提升企业科技创新能力。为精准掌握吕梁市科技成果转化效益，市科协在全市38家规模以上企业和38家科技型中小企业中开展企业科技成果转化调查，共发放调查问卷304份，访谈科技管理人员和科技工作者各304名，圆满完成此次调查活动。

【建好科技工作者之家】

2015年，市科协开展全市学会（协会）清理整顿工作，加强对基层学会、协会组织建设的检查指导，规范基层组织的运行和管理；组织开展山西省第十届优秀学术论文评选活动，推荐参评的25篇论文获得表彰奖励；对第二届吕梁市十佳（优秀）科技工作者评选表彰活动中评选出的10名十佳科技工作者，46名优秀科技工作者进行命名表彰。吕梁市推荐的牛建华等4名科技人员被评为山西省第八届优秀科技工作者。

【科技扶贫工作】

2015年，市科协联合中国科协扶贫团在吕梁市开展科技扶贫项目建设。在临县支持千山菌业有限公司（食用菌协会）项目资金100万元，用于开展食用菌技术培训和香菇生产，使生产能力达到每年30万棒。支持岚县康农薯业200万元，用于扩大马铃薯种薯繁育，使种薯繁育达到每年5000万粒。在岚县、方山县开展宽膜覆盖起垄种植马铃薯、玉米、蔬菜等500余亩，使马铃薯亩产超3000千克，玉米亩产达1000千克，芥蓝亩产超5000千克，产值达到万元；在岚县、方山县还建起肉驴育肥养殖基地，引进肉驴300多头。开展扶贫包村和党员干部结对帮扶工作。按照市里安排，市科协帮扶中阳县武家庄镇郝家圪塔村。派出由樊荣利任队长，于志刚、王智君为队员的驻村帮扶工作队，并由于志刚任郝家圪塔村第一书记。在驻村，市科协重点开展智力扶贫和项目扶贫两项工作。一是围绕互联网+，以及核桃、养牛、大棚蔬菜等内容开展技术培训，使农民掌握一技之长。二是协助村建起蔬菜大棚5栋，协助村合作社建起益民易购电商平台，为村合作社购置打印、复印、传真机1台，农药喷雾器2套，核桃树修剪工具50套，科普书籍200余册，为村新建科普宣传栏4组，在春节前，市科协在村开展慰问活动，为40户贫困户送去了米、面、油、被褥等生活用品。

（吕梁市科学技术协会）

吕梁市文学艺术界联合会

【2015年文化艺术大事录】

2月11日至16日，为落实吕梁市委“聚焦民生，服务群众”主题活动，市文联于2015年春节期间组织书法、摄影艺术工作者，深入到岚县王狮乡、王狮村为群众写春联近1000幅，为村民拍摄“全家福”300余张，拍免冠像200余张。

3月2日，由市委宣传部、市文联主办，市书法家协会、楹联学会、作家协会承办的全市“崇德尚廉，重塑吕梁形象”诗词联墨展在老干部活动中心开展。市委常委、宣传部部长吕改莲参加开展仪式。展厅内，从全市广大机关、学校、厂矿等诗词、楹联爱好者、工作者征集的270多件作品中，遴选出120多件诗词楹联作品集中亮相。这些作品90%以上系新创原创，展示了吕梁市广大文艺工作者和爱好者，围绕中心服务大局、参与主动担当的情怀。

6月18日，由市委宣传部、吕梁军分区、市文学艺术界联合会共同举办的“吕梁记忆”——纪念中国人民抗日战争胜利70周年暨“崇德尚廉”书画剪纸作品展在市体育馆开展。这次展览从6月18日开始，持续到6月24日。共展出书法、美术、剪纸三大类332件作品，其中书法作品132件，美术作品60件，剪纸作品140件。展出的书法作品汇集草、篆、隶各书体，内容大多由吕梁市诗词楹联爱好者自创自撰；美术作品囊括中国画、油画、版画、漆画、水粉及雕塑各画种；剪纸作品则分设红色吕梁、崇德尚廉、吕梁新锐等版块。所有展品都以纪念抗战胜利70周年为创作主线，以宣传和弘扬吕梁老区的红色文化、廉政文化为内容，用艺术的形式弘扬以爱国主义为核心的伟大民族精神，旨在激发全市人民的爱国热情，缅怀抗战中英勇献身的英烈和所有为抗战胜利做出贡献的人们。

6月20日，由市文联、市摄影家协会联合主办的吕梁市首届黄河摄影文化节在临县西湾村举办，来自全市各县（市、区）的摄影家协会及21家社会单位参加这次盛会。这次参展摄影作品共1000余幅，除摄影展之外还有包粽子比赛、秧歌表演、书画及剪纸现场创作展示等。

6月27日，市文联举办“深入生活、扎根人民”“翰墨薪传”书法大讲坛。

7月12日，市文联与市总工会组织的“心暖花开、为爱而读”读书朗诵会在吕梁国贸酒店举行。家长、小朋友以及社会各界300余人参加活动。

8月3日至18日，吕梁市举行首届少儿舞蹈大赛。这次大赛由吕梁市文联主办，市舞蹈家协会承办，各县（市、区）舞蹈家协会协办，共有来自全市10余支舞蹈团体的120余部舞蹈作品参加。

（吕梁市文学艺术界联合会）

吕梁市残疾人联合会

【“两项补贴”工作】

2015年，吕梁市对一级重度残疾人实行生活补贴和护理补贴。市县两级残联高度重视，开展工作。进一步核实筛查。在2014年核准的基础上，进一步摸清了2015年全市符合条件的残疾人底数，其中孝义、柳林等市县组织人员进村入户、上门调查，对符合条件的残疾人进行了核实，对100余名2014年享受“两项补贴”资金但2015年已去世的残疾人证信息予以注销，最后确定全市2015年度符合“两项补贴”总人数是10030人。落实市、县两级配套资金。市残联理事会高度重视“两项补贴”资金落实工作，通过请示分管副市长刘永平，在年初做预算时，就把“两项补贴”资金列入预算范围，7月14日市财政局下发《吕梁市财政局关于下达2015年度贫困残疾人生活补贴和重度残疾人护理补贴资金的通知》（吕财社〔2015〕704号），下达补贴资金60.18万元。各县（市、区）残联积极落实配套资金，孝义市将市级配套资金每人每月提高5元，使该市一级残疾人每人每月可享受“两项补贴”45元；截至2015年12月底，全市13县（市、区）补贴资金全部落实。发放“两项补贴”。2015年，吕梁市各县（市、区）残联通过与当地财政部门联系，分别确定符合当地残疾人实际、方便残疾人的发放方式，12月底交口县、柳林县等县发放完毕，其余县（市、区）正在收集残疾人银行卡，争取早日把补助资金足额发放到位。柳林县“两项补贴”资金由县财政零余额账户、实行国库集中支付方式，下拨到乡镇财政所，乡财政所通过补贴对象的农村信用社卡号，发放到残疾人手中，6月份发放了上半年，11月份发放下半年。档案管理和数据库的填报工作。按照省残联的要求，2015年，市残联专门下发文件，加强了“两项补贴”数据库的填报工作，对残疾人实名制信息、电话号码、银行卡等都做了具体要求，规范了数据库的管理。各县（市、区）加强了残疾人的档案管理工作，建立一人一档并加强管理。

【康复救助工作】

2015年，吕梁市残联对5622名贫困残疾人进行康复救助。完成国家、省各类康复救助任务849名。对7名聋儿和20名孤独症患者实施“七彩梦行动计划”项目康复训练计划；对24名贫困聋人实施国家彩票公益金康复救助项目成人助听器验配；对465名贫困精神病服药患者和55名贫困精神病住院患者实施国家彩票公益金康复救助；对210名贫困精神病患者实施国家“十二五”康复经费救助项目。对13名聋儿、45名脑瘫患儿和10名矫形手术对象实施省彩票公益金康复救助项目。市本级对1471名各类贫困残疾人进行康复救助。为全市61名脑瘫患者安装矫形器119例；安装大腿假肢26例，小腿假肢77例，特殊假肢7例，上肢假肢10例；对50名脑瘫儿童进行康复训练，救助标准为每人补助6000元，救助资金30万元；对200名精神病患者进行服药补贴，每名补助500元，对40名精神病患者进行住院治疗，每人补贴2000元，救助资金为18万元；对1000名肢体残疾人进行基本辅助器具配发，每件均价320元，救助资金为32万元。还发放正保远程教育集善学习卡200张，发放集善工程·海王集团捐赠保健品50箱，发放集善如新·儿童蜜儿餐425箱。各县（市、区）对3302名各类贫困残疾人进行康复救助。其中包括救助贫困脑瘫患儿康复救助40人；贫困孤独症儿童10名，智力残疾儿童10名，为100名听力残疾人免费配发助听器，为20名低视力残疾人免费配发助视器，为35名精神病患者进行住院治疗，为贫困残疾人免费配发基本型辅助器具3087人。康复救助属于省政府考核的重点项目，2015年吕梁市救助指标是4500名，吕梁市实际救助5622名，完成年度救助目标任务的124.9%。

【“一店三基地”建设】

2015年，吕梁市残联按照山西省残联、山西省财政厅《关于印发〈山西省残疾人实训基地、残疾人就业创业基地、农村残疾人扶贫基地及盲人按摩示范店建设实施方案〉的通知》中的基地建设标准，下发文件《关于尽快上报2015年度“一店三基地”的通知》（吕残联字〔2015〕71号）《关于补报“一店三基地”的紧急通知》（吕残联字〔2015〕77

号），要求县（市、区）残联根据省实施方案要求尽快申报。最后择优确定9个盲人按摩示范店，2个残疾人职业技能实训基地，4个残疾人就业创业基地，1个残疾人扶贫基地。农村残疾人扶贫基地2014年确定的泰化集团下属泰瑞农场规模很大、实力很强，吸纳20多名残疾人就业；残疾人实训基地确定为山西省国瑞轨道车辆装备有限公司（交城），该公司2015年培训了103名残疾人，通过培训，择优录用30名残疾人就业，该公司与残疾人签订了两年劳动合同并为其缴纳社会养老和医疗保险，月工资不低于当地政府规定的最低工资标准；就业创业基地为吕梁市德善残疾人福利制衣有限公司，该公司是由残疾人创办的校办企业，已安置残疾人职业技能学校毕业的40余名学生就业，主要加工销售校服、工作服、劳保用品、手工艺品等；文水县国华油脂有限公司发展势头很好，根据生产岗位实际情况，吸纳30名残疾人就业，被确定为残疾人就业创业基地。按照省财政厅《关于下达2015年“一店三基地”建设补助经费的通知》（晋财社〔2015〕178号）文件要求，下拨补助资金。

【精准帮扶贫困残疾人】

2015年，在市委书记高卫东、副书记雷建国的支持下，市政府决定在全市开展的“8+2”产业扶贫项目中专门拨出一部分资金，用于农村贫困残疾人的产业扶持。9月6日，市残联与扶贫办联合下发文件《关于残疾人贫困户精准帮扶的意见》（吕残联字〔2015〕62号），文件提出要按照“精准帮扶、扶持到户”的要求，对有条件的残疾人贫困户因户制宜，因人施策，选准项目进行试点帮扶。选定离石区、汾阳市作为项目实施试点区（市），每区（市）筛选确定100户残疾人贫困户，每户每年扶持5000元，采用多种形式，扶持发展养殖业，实现稳定脱贫。2015年11月4日，市残联联合市扶贫开发服务中心召开残疾人贫困户精准帮扶工作会议，会议针对残疾人贫困户精准帮扶工作事宜进行会商，对精准帮扶工作进行安排部署。12月底，离石区、汾阳市残联制订实施方案、确定精准帮扶残疾人、购买种养、猪仔等，全面开展残疾人贫困户精准帮扶工作。

【残疾人贫困户建档立卡工作】

2015年，吕梁市残联根据中残联函〔2015〕237号《中国残疾人联合会 国务院扶贫开发领导小组办公室关于进一步做好农村残疾人贫困户建档立卡工作的通知》和省残联函〔2015〕112号文件精神，将未纳入建档立卡的残疾人数与实名制数据信息分解到各县（市、区），其中持证26498条，未持证107条。并请示市政府分管副市长与市扶贫开发服务中心，得到市政府与市扶贫开发服务中心的高度重视和支持，11月19日，吕梁市政府在国际宾馆召开扶贫建档立卡“回头看”工作会议，市残联、市扶贫开发服务中心及13县（市、区）分管副县（市、区）长、扶贫办主任和残联理事长参加了会议。市政府副市长刘永平出席会议并作讲话，他强调此项工作是2015年的重中之重，压力大，任务重，残联系统要配合扶贫办做好残疾人贫困户摸底调查工作，认真核对未纳入建档立卡的26000多条实名制信息，将其中符合条件的残疾人贫困户全部纳入建档立卡识别范围。12月，各县（市、区）残联密切配合扶贫部门，对分解到当地的未纳入建档立卡实名信息中的每一位贫困残疾人按照工作标准和程序逐一进行核实，确保按照上级要求的时间节点将符合条件的残疾人贫困户全部纳入建档立卡识别范围。

【专项调查工作】

2014年9月山西省残联召开会议部署之后，吕梁市残联办立即行动，9月下旬，举办了全市残疾人基本服务状况和需求专项调查核查培训班，邀请省残联技术人员对13个县（市、区）的残联理事长、办证业务人员进行系统的业务培训和技术指导。10月份各县（市、区）也陆续开了残疾人基础信息核查工作培训会，通过培训，各县（市、区）负责专项调查工作的业务人员明确了各级职责、具体工作任务及要求，掌握了核查工作的具体步骤和工作流程。11月19日，吕梁市残工委组织召开全市开展专项调查工作会议，残工委成员单位和各县分管副县（市、区）长以及残联理事长参加，副市长刘永平作重要讲话，市残联就做好调查阶段各项工作做了安排部署。会后，按照全国统一的时间要求，各县（市、区）合理调度力量，加班加点，完成各项工作任务，保证专项调查工作健康有序推进。2015年1月1日全市2405名调查员准时启动入户调查，3月31日前入户调查全部完成。6月11日至12日，吕梁市残联对县级调查表进行验收。市级调查表质量验收，严格按照国家验收标准和工作纪律的要求，以县为单位按照乡、村两级依序采取抓阄方法随机抽取了13个村级单位，作为市级调查表质量验收样本。由各县（市、区）专调办负责人、县级调查员26人组成3个验收工作小组，通过集中抽签、分片验收的方法确定验收和被验收单位；交接验收样本进行验收；填写样本验收记录表；汇总验收结果；每个样本单位抽取2份残疾人调查表（复印）作为回访样本等几个工作流程，分别对随机抽取的13个村级样本单位的690份《残疾人调查表》、13份《残疾人调查表封面》、13份《社区调查表》进行市级验收。据验收统计结果推算：全市《残疾人调查表封面》差错率0.19%、《调查表封面》差错率为0、《社区调查表》的差错率为0，均低于国家验收标准。市级集中验收结束后，市调查组对每个样本单位抽取的2份残疾人调查表采取电话、入户等方式进行调查回访，为验证调查结果提供相关数据。

【残疾人教育工作】

2015年，吕梁市残联开展扶残助学工作。2015年争取省福利彩票公益金助学项目名额25个，对专科以上贫困残疾人子女大学生进行了救助，发放助学金每人3000元，共计7.5万元。开展“交通银行特教园丁奖”评选推荐工作。根据省残联、教育厅《关于继续开展2015年度“交通银行特教园丁奖”评选推荐工作的通知》（晋残联〔2015〕85号）要求，吕梁市精心组织，严格审查，评选出两名“交通银行特教园丁奖”候选人，分别是吕梁市聋哑学校张银玉、山西省文水县特殊教育中心学校张荣花。

【职业技能培训工作】

2015年，吕梁市残联对131名残疾人进行职业技能培训工作。先后组织76名残疾人参加省里举办的职业技能培训，包括计算机室内外装饰设计、计算机电子商务网络办公、美容美发美甲、手工制作工艺品等多方面专业内容；组织19名残疾人参加省里举办的职业技能高端培训，培训内容有摄影摄像、助动车组装维修、中西糕点制作等；组织4名盲人参加省举办的盲人保健按摩培训；组织27名残疾人参加吕梁市在太原市希望职校举办的手机维修、糕点制作、化妆等职业技能培训。

【残疾人机动轮椅车燃油补贴工作】

2015年，吕梁市残联对304辆残疾人机动轮椅车发放燃油补贴。残疾人机动轮椅车燃油补贴工作，严格按照省残联《关于严格规范残疾人机动轮椅车燃油补贴发放工作的通知》（晋残联〔2014〕21号）文件精神，对申请补贴的机动轮椅车进行审查，对不符合条件的坚决取消，不予补贴。经过筛查核实全市12个县（市、区）（方山没有）符合条件的304辆机动轮椅车上报省残联。补贴资金7.9万余元全部下拨各县发放到残疾人手中。

【全国助残日活动】

2015年5月17日是第二十五次“全国助残日”。根据晋残工委〔2015〕1号《关于开展第二十五次全国助残日活动的通知》文件要求，围绕“关注孤独症儿童，走向美好未来”这一活动主题，开展了丰富多彩的活动。5月12日至5月14日，吕梁市残联康复科和辅具中心深入交口县水头镇、柳林县贾家垣乡、柳林县陈家湾乡、中阳县金罗镇四个乡镇举办“全国助残日”辅助器具全覆盖捐赠仪式。此次活动共为193名有残疾证的贫困残疾人捐赠价值约8万元的轮椅、座便椅、凳式手杖、腋杖等辅助器具共210件。各县政府有关领导、各县残联理事长、各乡镇领导、残疾人工作者和残疾人及其家属共计150余人参加了此次活动。这次活动惠及3个县4个乡镇193户残疾人家庭，有效地补偿了吕梁市重度残疾人的生活功能，改善了生活状况，提高了他们的生存质量。5月13日，吕梁市委副书记、市长董岩，副市长刘永平、市政府秘书长梁斌、市政府副秘书长刘文杰等，在市残联理事长李春印的陪同下，到离石区田家会社区残疾人康复服务中心，看望慰问了正在康复训练的25名孤独症、脑瘫、智力残疾儿童。5月15日，吕梁市委书记高卫东带领市残联等部门负责人，到离石区残疾人康复服务中心，亲切看望了在这里训练治疗的孤独症儿童。市委常委、市委秘书长、政法委书记刘云晨，市委常委、离石区委书记常书铭陪同看望。5月17日，吕梁市残联会同吕梁市卫生局、民政局、离石区残联以及市聋哑职业学校、市残疾人职业技能学校、离石区残疾人康复中心、离石区田家会康复中心、市春雷按摩专科医院、吕梁康明眼科医院等部门和康复机构，在离石世纪广场设点开展了残疾人康复宣传、咨询大型活动，为各类残疾人、特别是孤独症儿童家长发放《残疾人康复知识手册》《残疾人法律援助宣传手册》以及印制第二十五次“全国助残日”标志的环保购物袋、围裙等宣传品。吕梁市聋哑职业学校盲生军乐队在世纪广场进行了器乐演奏展演；听力残疾学生进行舞蹈表演，手工艺作品、书法、刺绣等现场展示。吕梁市残疾人职业技能学校听力残疾学生进行了舞蹈表演。市卫生局、民政局组织市人民医院、市荣军医院在世纪广场为残疾人进行义诊。吕梁市残联及相关部门向广大群众宣传有关残疾人的法律、法规、劳动就业、维权、康复等方面知识，接受残疾人咨询，并为残疾人及过往群众义诊300余人（次），为1200余人（次）提供咨询服务，发放宣传袋、围裙、宣传资料共计5000余件(套)。各县（市、区）政府领导也带领残工委成员单位对福利企业、特校、贫困残疾人进行了走访慰问，并给他们带去慰问品和慰问金。助残日期间，吕梁市共张贴宣传标语300余条；发放宣传资料3万余份，发放辅助器具1万余件。全市累计慰问品和慰问金折合人民币80余万元。

【残疾人文化周活动】

2015年6月25日晚上，由吕梁市残联主办，吕梁市图书馆、吕梁市聋哑职业学校承办，离石区、汾阳市、孝义市残联、离石区民间艺术团协办在离石世纪广场举办残疾人才艺展演。吕梁市聋哑职业学校选送了舞蹈、朗诵、时装秀等10个节目，离石区残联选送了盲人歌手王爱林的《美丽的心情》，汾阳市残联选送了手语舞表演《谢谢你》，孝义市残联选送了盲人歌手王红梅的《沉默的我》，共计13个节目。省残联宣文部副主任刘素萍、副调研员武振宁，吕梁市政府副秘书长刘文杰、闫玉平，市残联理事长李春印、调研员刘玉印，以及康复定点机构负责人和市聋哑职业学校学生和广大群众观看了演出。

6月26日上午，省残联宣文部刘素萍、武振宁在市残联理事长李春印、调研员刘玉印陪同下，到市聋哑职业学校参观了吕梁市残疾人文化周手工艺作品展。此次参展手工艺品涉及串珠、变废为宝、纸艺、布艺制作等，作品全部来自残疾人制作，其中剪纸和布艺分别展出了十二生肖。每件作品都精致美观，吸引众多学生和社会各界人士前来观看。省残联领导对这次活动给予了高度评价，残疾人手工艺作品展的成功举办，进一步提高了广大残疾人的道德素质和文化品位，极大地丰富和活跃了残疾人的文化生活。6月—9月，在吕梁市残疾人职业技能学校举办残疾人书法、绘画、摄影展。

举办残疾人读者巡回报告会。由市人民医院李海军（山西最美读者获得者）在各县（市、区）残联、吕梁市聋哑职业学校、吕梁市残疾人职业技能学校举办最美读者巡回报告会，与残疾人交流读书心得。

开展送书上门活动。市图书馆（市盲人阅览室），充分发挥公共文化服务平台和市盲人有声读物阅览室的作用，组织爱心志愿者与残疾人家庭开展“一对一”结对帮扶、送书上门活动。

选送优秀节目参加全国、全省第七届特殊教育学校学生艺术汇演，获省级汇演三等奖1个，优秀奖1个，辅导奖1个。

【选拔优秀残疾人体育运动员参赛】

2015年，吕梁市盲人柔道运动员贺妙琪、张福珍、马金鑫经过层层选拔，参加第九届残运会，取得1个第三名，3个第五名的好成绩。

【组织开展残疾人健身周活动】

2015年，吕梁市残联根据山西省残联《关于组织开展第五届“残疾人健身周”活动》的通知要求，组织开展以“养成健身习惯、享受健康生活”为主题的残疾人健身周活动，利用社区、乡镇广场以及残疾人“自强健身工程”示范点举办各种体育健身活动和残疾人体育锻炼康复知识讲座、咨询活动。健身周期间，吕梁市残联在市残疾人职业技能学校组织40余名残疾学生开展脑瘫足球、聋人篮球和健身广播操等趣味活动；离石区信义镇阳石村举行残疾人象棋比赛、乒乓球、羽毛球、篮球和室外器械健身锻炼等活动；石楼县残联邀请县医院医生、教育体育局的体育专业技术人员向广大残疾人讲解健身知识，推广健身方法，开展残疾人科学健身宣传、咨询辅导等活动。

【组织开展第八次全国特奥日活动】

2015年，吕梁市残联为推动特奥运动，展示残疾人自强不息的精神，以“特殊奥运，快乐融融”为主题，引导、动员更多的残疾人参加特奥运动，推动特奥运动不断发展，在特奥日期间，全市悬挂横幅、标语100余条，免费发放残疾人康复健身宣传资料2万余份。

【残疾人“自强健身示范点”工作】

2015年，国家级“自强健身示范点”吕梁市残疾人职业技能学校得到中国残联的资助4万元，用于开展活动、购买器材等。

【残疾人证核发工作】

截至2015年12月底，吕梁市共为7万余名残疾人办理了第二代残疾人证。

【残疾人工作者队伍素质建设】

2015年，吕梁市残联为建设一批强大的残联工作者队伍，提高残联系统干部综合素质和专业化水平，在6月12日和9月7日以会代训，对全市13个县（市、区）残联理事长、副理事长进行业务培训，培训80余人次。按省残联的要求参加了省残联各部室的业务培训，经过培训，提高了残联工作者的工作能力和工作热情。

（吕梁市残疾人联合会）

吕梁市红十字会

【宣传工作】

2015年，吕梁市红十字会以媒体为平台，营造舆论氛围。与电视台建立良好的合作关系，利用《新闻》《关注民生栏目》加大宣传报道，2015年市（县、区）电视台共采访报道38次，《柳林红十字在行动》纪实片在政府网站点击观看70余次，取得良好的效果。利用红十字会网站，做到放射性宣传。各市（县）红十字会网站信息是社会各界了解红十字的平台，是为群众服务、接受捐赠和救助的窗口，是提高红十字会公信力的有效途径。2015年网站共发布红十字活动信息、动态、救护培训知识80余条。编发信息38期，被省会采用13篇。开展各种节日宣传活动。利用“5·8”世界红十字纪念日、“3·5”学雷锋纪念日、“5·12”防震减灾日、“6·14”献血者等宣传日，在市（区、县）城繁华地段，先后开展发放宣传资料3万余份，展示红十字知识图板、博爱文艺宣传队的助兴演出等为内容的宣传活动。设立健康咨询义诊台，为过往群众提供测量血压、血糖和健康咨询等义诊服务。让受助者宣传。对受助者在社会上宣传其困难境况，宣传受助前后的生活变化，提高红十字会的社会公信力，使更多的群众了解并支持红十字会工作。

【人道救助工作】

2015年，吕梁市红十字会开展“博爱送温暖”活动。2015年春节前，在全市开展“博爱送温暖”活动，给城乡特困户发放40多万元的救助物资，缓解了特困户的燃眉之急，过上了一个祥和的春节。开展“百人复明”项目。帮助30名白内障患者重见光明，救助金额9.9万元。启动开展“康恩贝健康之旅”项目。柳林县、石楼县、孝义市红十字会在项目实施地举行“康恩贝健康之旅”启动仪式，截至2015年年底有300名前列腺患者受益。开展了对因病致贫、因病返贫的特困家庭的人道救助。累计救助大病患者236人，救助金额50余万元。救助活动的开展，给受助的困难家庭带去政府和社会的关爱，为这些弱势人群摆脱困境提供了急需的人道支持。

【应急救护工作】

2015年，吕梁市红十字会利用“5·8”世界红十字日、“5·12”防震减灾日等节日，在县城繁华地段开展了应急救护知识宣传，使群众了解急救常识。柳林县红十字会在柳林电厂举办应急救护知识培训3期，培训200余人次。文水县人民政府办公室下发《关于做好应急救护培训工作的通知》（文政办〔2015〕13号）文件，文水县红十字会和县教体局联合印发关于“救护知识进校园”的文件，在县实验小学、县东南街示范幼儿园、县特殊教育学校、高级职业中学举办了5次培训，共有350余人参加普及性救护员培训。孝义市红十字会利用5·8红十字宣传日、防灾减灾日开展街头急救知识宣传和现场急救技能演练，受益人数200余人，为政府机关干部职工普及急救知识、培训心肺复苏技能。在孝义市、文水县实施开展“红十字生命健康安全教育项目”。通过与社区、学校“结对子”的方式，开展群众性救护培训、应急演练、学校安全教育体验、亲子讲座和主题宣传5项活动。开展教育系统应急救护培训工作。市红十字会联合市教育体育局转发了《关于在全省中小学幼儿园开展红十字应急救护培训工作的通知》，各县（市、区）红十字会和当地教育局开展了“应急救护进校园活动”。文水红十字会对13所中小学的53名教师进行安全救护知识培训。柳林、孝义、汾阳、兴县红十字会也将在假期对学校教师组织培训。组织8000多名中小学生，参加了“全国红十字青少年自救互救知识竞赛”，文水县红十字会获得总会知识竞赛“最佳组织奖二等奖”，通过竞赛让师生了解红十字运动知识，掌握校园常见的紧急避险和应急救护知识。重点向教师普及灾害逃生知识，了解意外伤害的原因及应对办法，提高防范意识，提高师生的安全认知能力，防灾避险意识和自救互救应急技能，让师生掌握自救互救的方法。

【开展红十字志愿服务活动】

2015 年，吕梁市红十字会开展义诊活动，使老百姓得到实惠。医护队志愿者，在敬老院和县城广场开展义诊活动，共义诊 14 次，受益人 900 余人。开展义演活动，把党的政策传遍天下。定期深入各个社区、工地义演，给群众宣传党的富民惠民政策、红十字精神、《国务院关于促进红十字事业发展的意见》（国发〔2012〕25 号），每次义演节目丰富多彩，有快板、晋剧、民歌、红歌、秧歌等。开展关爱活动，温暖孤寡老人。家政、义诊、文艺三支志愿者服务队经常深入敬老院和孤寡老人家里集中服务。家政服务队志愿者们为老人们梳头洗脸、打扫卫生等；医护队志愿者们为他们进行健康体检，与老人们谈心、话家常，疏导孤独空虚、忧郁焦躁等心理障碍；文艺宣传队志愿者们唱歌、跳舞，并邀请老人和他们一起互动。开展帮扶帮教活动，使孤儿看到希望。家教服务队的志愿者们对孤儿开展了“结对子”一对一助学帮扶帮教活动。志愿服务队共开展志愿服务 13 次，共服务 1000 余人。

【开展“博爱一日捐”募捐工作】

2015 年 4 月 16 日，吕梁市红十字会召开 2015 年度工作会议暨“博爱一日捐”表彰会议，印发《关于继续开展 2015 年度“博爱一日捐”募捐活动的通知》（吕红〔2015〕2 号）文件。截至 2015 年 11 月底，市（县）红十字会共募集“博爱一日捐”捐款 118 万元，其中市红十字会募集“博爱一日捐”捐款 18 万元。

（吕梁市红十字会）

武 装

吕梁军分区

【党管武装】

2015年，吕梁军分区在省委、省政府和省军区的坚强领导下，围绕强军目标，结合吕梁发展，市委、市政府认真履行党管武装职责，全市国防动员和后备力量建设有了新提升。各级党委、政府坚持抓经济不忘管武装、谋发展不忘强国防，强化党管武装意识、爱武强武意识，统筹谋划和推进武装工作的自觉性、紧迫感不断增强。市委中心组认真学习习近平主席关于军队和国防建设的重要指示，市委党校坚持把习近平主席关于国防和军队建设的重要论述特别是全军政治工作会议精神纳入县处级领导干部轮训课程。市县两级多次邀请国防大学金一南、罗援、纪明葵等专家作国防教育专题讲座，实现了乡镇以上领导班子成员国防教育全覆盖。军地联合强化党管武装量化考核，开展基层武装部等级评定和专武干部星级创评活动，以考核促落实，以创评促落实。市县两级议军会议议定的46个具体问题，落实率96%，市本级落实率100%。全市建起4类17个国防教育场所，涌现出优秀民兵连长韩兆梅、"晋绥史料通"王波等30余个关心国防建设的先进典型。连续4年收迁安葬散存烈士遗骸556具，投入2000余万元建设晋绥革命烈士陵园，打造爱国主义和国防教育示范基地。发动社会力量成立晋绥文化教育发展基金会，发起主题捐赠活动，接受捐款145万元，确保120师学校配套设施等多项建设的有序推进。积极推行非现役人员训练试点，市委、市政府、军分区出台3个规范性文件，使非现役人员训有依据、练有标准。不断完善国防动员总体预案和专项计划，配齐市县两级国动委工作人员，初步形成与部队作战预案配套、与政府应急预案衔接的预案体系。全市建设人防工程51万平方米，城市人均防护面积达到1平方米的国家标准。市县两级出资900余万元，改建了作战值班室，联通了视频监控系统。全力保障武装工作经费，注重从影响制约党管武装工作的基础问题入手，13个人武部基础设施建设全部完成，内部设施配套完善。努力为军人军属排忧解难，共安置转业干部9名，全部安排在党政机关；4名正团职干部都安排了实职，退役士兵安置率达80%。为32名随军未就业家属，每人每月发放500元生活困难补助；军人子女都安排在条件较好的学校入园入学。

【思想政治建设】

2015年，吕梁军分区党委坚持用习近平主席系列重要讲话精神武装头脑，激发官兵坚定不移走中国特色强军之路的信心。开展"学习践行强军目标，做新一代革命军人"主题教育，文水、柳林人武部开展试点先行，在政工网开设主题教育活动平台，开展强军大讲堂9期，集中授课12次，制作6期130余块图板资料，解读习近平主席系列重要讲话和中央大政方针，收到固本培元、综合育人的良好效果。年初，与省军区同步开展"整风整改查纠问题，从严从紧正风肃纪"作风教育整顿，开展"对党说真话，让党真放心"活动，党委机关在经费管理、干部提用、房建工程、车辆使用、接待吃住等方面交实底、全体党员在思想、作风、升迁、家庭、社会往来等方面说清楚向组织报告情况，摸清官兵思想底数。针对郭伯雄、徐才厚、令计划等严重违法违纪的问题，教育引导、统一思想，邀请西安政院周益锋、261医院王晓慧、吕梁市国家安全局张德彪等专家教授，为官兵解疑释惑。离石区人武部建起全省第一家廉政教育馆，受到军地一致好评。全区部队坚决听党指挥、绝对忠诚可靠的思想政治根基更加牢固。

【军事斗争准备】

2015年，吕梁军分区各级认真贯彻新形势下军事战略方针，强化练兵打仗思想，着力提高部队实战化水平。把国防动员组织指挥演练作为年度大项工作突出出来，上报的《战时舆论管制问题研究》在全省作书面交流，参加全省演练推演、组织市县全要素推演、机关推演，强化了职能意识，摸实了潜力数据，国防动员地位作用更加凸显。孝义市人武部高标准完成了非现役人员训练试点任务，解决了12类人员训练内容不具体、责任不明确、秩序不规范、保障不到位、考评不严格问题。高标准完成了省军区高炮分队实装操作训练、现役官兵“两实”（实弹、实投）训练和冬季适应性拉练。针对吕梁经济下行、部分企业关停对民兵整组带来的影响，制定“调整布局保人数,搞好协调保骨干,持续‘打假’保质量”措施，山西省军区推广转发。石楼县、交口县人武部落实基层武装部工作经费达到3万元以上纳入预算，为阵地建设提供了坚强保障。征兵坚持早筹划、早准备、早动手，扎实开展兵役登记工作，严密组织“吕梁市征兵宣传启动仪式”，文水、石楼、中阳、临县、兴县5个县试行探索“同役同酬”的办法，严格规范征兵秩序，狠抓廉洁征兵，圆满完成了男兵和女兵的征集任务。交城县人武部征兵工作“四对证，四走访”（对户口、对家庭、对本人、对学历、访学校、访村民、访家长、访乡镇）的做法在全省进行了转发。2015年，全区先后执行重大抢险、森林救火、围捕逃犯等急难险重任务12次，特别是临县“5·19”黄土崩塌事故救援和交城“6·10”特大森林火灾扑救，完成任务出色。

【安全稳定】

2015年，吕梁军分区把安全稳定工作作为保底工程，党委统揽、主官主抓。每季度召开一次安全形势分析会议，查摆分析问题，部署安全工作；落实常委带机关不定期查铺查哨、人员车辆检查登记、绝密文件密码设备管理等制度，督导4名长期待岗的职工返岗上班、建立门禁系统等，及时消除了安全隐患。常委分片包干深入基层一线检查指导，传导安全压力。2015年先后3次拉网过筛组织安全大检查，现场指出问题，限时定人进行整改。方山县人武部建立困难官兵职工档案，真心实意关心部属，确保单位几十年来无上访、无事故。高度重视司机安全行驶管理，先后两期对全区驾驶员队伍集中开展教育整训，强化法规意识，针对私家车日益增多带来的安全隐患问题，及时出台《私家车管理规范》，签订安全行驶责任书，行车安全得到了保障。

【部队正规化建设】

2015年，吕梁军分区党委坚持分类指导、分项治理、分步推进。先后在汾阳人武部组织全要素建设观摩，促进“一基础、八网络、五系统、七应用”（基础设施建设；军事综合信息网、可视指挥网、安全监控网、军地长途自动电话网、政务网、国防动员信息网、国防动员指挥专网、地方信息网；指挥自动化、军事综合信息、国防动员信息、机关公文处理、可视指挥5个系统；训练、生活、娱乐、生产、国动委综合办公与指挥、学生军训、国防教育）普及；在柳林人武部试点信息化建设，形成“一联四应”（联合作战值班为牵引，应急指挥平台、应急指挥机制、应急力量体系、应急模式为主体）基本制式标准；在交城、文水人武部推行军事文化营院样板工程；在交口人武部开展“一学四严”（学法规、严纪律、严养成、严管理、严规范）现场观摩集训；在石楼人武部组织机关党支部规范化建设试点；特别是在离石区组织兵役登记试点，总结形成“八步法”（计划准备、发布通告、宣传发动、设站登记、资格界定、确定预征对象、张榜公布、资料汇总）经验，北京军区和总参动员部先后推广，制订的《兵役登记工作规范》和《兵役登记的组织与实施》教学录像片，被南京陆军指挥学院用于教学。

【综合保障能力】

2015 年，吕梁军分区围绕服务中心、保障中心，提升后装综合服务保障效能。坚持党委理财，严格落实预算执行、审计监督、工程报批等制度法规，迎接山西省军区对军分区主官任职经济责任审计，完成 7 个人武部主官离任经济责任交接，协调实施全区 4 项工程结算审计，修订完善《财务管理规定》《行政消耗性费用管理规定》等法规制度，依法管理、依法治后水平不断提升。坚持围绕战斗力建设和基层官兵搞保障，全区全年投入资金用于军事战备训练、信息化建设，切实把有限的经费物资用在了关键处、花在了刀刃上，确保了年度中心工作和重大军事活动圆满完成。深化财经管理改革，严格落实现金“双限额”（每日现金支出限额、每月现金支出限额）、公务卡支付结算、物资集中采购，全面推行资产二维码管理，全年银行结算支付和刷卡结算率达到 96% 以上。全面运行医疗和油料社会化保障新模式，全年官兵就医就诊 90 余人次，保险理赔 4 万余元，服务保障质量效益明显提升。全区“三小建设”（小客房、小食堂、小菜地）标准比较高，为全面建设提供了有力的物质支撑。

【党委班子和干部队伍建设】

2015 年，吕梁军分区师团两级坚持整风整改基调，坚持把党员干部的风气教育整顿作为年度开篇之作，通过开展讲纪律强化条令意识、讲担当强化责任意识、讲执行强化号令意识、讲标准强化绩效意识“四讲四强化”专题教育整顿等活动，出台《关于进一步规范党内组织生活及党员教育管理的意见》等规范，查纠党委班子和干部队伍建设存在的突出问题，经受住了社会不良风气的冲击和考验。7 月份，党委班子主要成员调整后，党委成员凝聚有力，思想不松，力度不减，继续保持开拓进取、昂扬向上的精神状态，保持党委民主集中的好风气，“一班人”讲和谐，讲原则，始终坚持“求实、务实、扎实”抓工作，抓建设。党委“一班人”自觉贯彻党中央“八项规定”、军委“十项规定”和省军区要求，带头推进“八个方面清理整治”〔干部工作、财务清查、训风演风考风、行业风气、“五多”（会议、文电、官话套话空话、各种应酬、检查评比）、“三清”（房、车、人）、基层风气、社团清理〕，在用人、花钱、工程建设等敏感问题上，坚持党委集体领导，民主决策，秉公办事，大项经费使用主动请北京军区、山西省军区和地方专业机构来审计把关。干部队伍建设上，严密组织党的群众路线教育实践活动和“三严三实”专题教育整顿，使党员领导干部在思想上不断沉淀，行为上更加自觉；出台《干部教育管理规定》，增加干部命题式答辩、家庭走访调查，全方位、多视角考察干部，近两年调整使用的都是群众公论好、能力素质强、岗位实绩突出的干部。

【“三严三实”专题教育】

2015 年，吕梁军分区党委坚持问题导向，刀口向内，把“八个方面清理整治”作为“三严三实”（严以修身、严以用权、严以律己，谋事要实、创业要实、做人要实）专题教育整顿活动的重要内容。2 月份，进行集中学习教育，通过常委授课辅导、赴于成龙廉政文化园区参观见学等，特别是观看《铁窗内的忏悔》警示录像，使广大官兵普遍经受了一次党性洗礼和灵魂净化。在干部工作大检查中，涉及的 4 类问题全部整改完毕，对 20 名干部“三龄两历”（军龄、年龄、党龄，学历、履历）档案问题，一一作出组织认定，2015 年批准转业 14 名干部，往年遗留转业 2

名干部，积极协调全部安置到位；整治训风演风考风，制定《关于进一步改进训风、演风和考风的措施》，纠正偏训、漏训问题，训练经费下拨率100%，首长机关参考率95%，应急分队出动率100%；财务大清查，先后3个波次集中自查整改，完善手续625笔，退款81.73万元，财经秩序更加正规；针对省军区认定的4套不合理住房问题，按时间节点完成清退任务；社团清理工作、因私出国证件清理，全区人人过关建档；基层风气整治，对3名干部、2名专武干部违纪问题，分别给予了党纪或政纪处分。省军区司令员冷杰松参加军分区党委专题民主生活会给予了“要求严格会风实，联系实际整改严，聚焦问题成效好”的评价。

【人武部年终“四项考核”】

2015年11月23日至27日，吕梁军分区司令员赵步道、政委张选、参谋长闫海亮和政治部主任杨文军带司政后机关、市委组织部考核科负责人，利用1周时间，对13个县（市、区）党管武装工作情况进行了考核，对所属人武部全面建设、党委班子和干部队伍建设情况进行了综合考核考评。考核组通过听取汇报、组织测评、查看资料、个别谈话、实地查看等方式进行考评。司令员赵步道、政委张选等领导先后与36名干部、90名职工、110多名专武干部谈话、座谈。通过考核，党管武装方面，县市委议军、为人武部解决难题等，地方对武装工作的支持力度不减反增，有求必应。在解决退役士兵培训安置上也都很重视。人武部全面建设上，能够认真贯彻《省军区部队日常战备建设规范》和军分区《县（市、区）人武部建设管理规范》，严格对照省军区部团建设考评细则的标准要求，过细地抓工作落实。干部职工队伍建设方面，考评期间都能够整队报告，“三支队伍”（现役干部、专武干部、民兵）服装统一，听招呼、守纪律，迎考组织严谨规范。民兵队伍发挥作用明显。能够充分调动发挥民兵分队生力军作用，各县（市、区）民兵应急分队结合实际编得实、起作用，在遂行抢险救灾、扶贫参建、地方创卫、平安创建等活动中主动作为、成效明显。13个人武部全面建设考核分数（1000分加减）：孝义992分、柳林990分、交城988分、文水986分、石楼983分、离石979分、兴县978分、岚县974分、交口972分、方山965分、中阳960分、汾阳948分、临县934分。按照分值标准评比，13个县（市、区）人武部全部达到一类部团标准。

【晋绥革命烈士遗骸收迁安葬】

2015年4月2日，吕梁军分区在晋绥革命烈士陵园组织社会各界600多人举行“晋绥散葬烈士遗骸安葬，清明祭扫暨为陵园捐款植树”活动，缅怀革命先烈。随着低沉婉回的《思念曲》响起，20名民兵礼兵托举着5具新近收迁的烈士遗骸棺椁，缓缓步入陵园。大家目视烈士棺椁，神情庄重肃穆。在国歌声中，大家默默表达着对先烈的崇高敬意和沉痛哀悼。随后，由晋绥儿女以及新收迁5名烈士的家属将烈士遗骸进行安葬，大家怀着无比沉痛的心情将一棵棵松树栽植到陵园，愿烈士精神永葆绿色，代代相传。近几年来，吕梁军分区协调地方党委、政府建立晋绥解放区烈士陵园，将散葬烈士遗骸陆续收迁在这里，这儿共收迁安葬烈士431位。原中共晋绥分局书记、全国人大常委会副委员长林枫之子林炎志说：“兴县这块土地印着我们父辈生活战斗的足迹，承载着他们当年‘国家兴亡匹夫有责’的理想和责任。”省军区副政委喻军，市委常委、军分区司令员车瑞金，副市长刘永平，吕梁军分区政委张选及林志炎、苏斌、续大田等20多位晋绥儿女参加祭扫活动。

【抗战老兵回家】

2015年8月1日，第88个“八一”建军节，王学业、李明海、马继宏、郝廷良、韩俊伟、李继业、温建业、段二保8名过去在吕梁抗战过的老兵乘坐首趟太原南——吕梁城际列车，再次回到吕梁，重温当年他们浴血奋战的岁月。吕梁火车站二号站台，军分区战士们站着整齐的队伍，手捧鲜花，朝气蓬勃的脸上洋溢着热情，迎接这些老战士们的到来。这些老兵平均年龄超过85岁，年纪最大的88岁高龄。韩俊伟老人1944年参加革命，在晋绥边区做革命宣传和译电员工作。市委、市政府、军分区组织的座谈会上，他和老战士们如数家珍地给大家讲述当时在吕梁战斗生活的点点滴滴。这些抗战老兵与他们的战友一起，经历了8年抗战，为全国的解放抛头颅洒热血，许多人已经长眠在这片土地上。吕梁市副市长刘永平、吕梁军分区政委张选参加了座谈会。副市长刘永平代表吕梁人民表述吕梁老区人民的情怀，大家是怀着十分崇敬和感恩的心情，迎来8名曾经在吕梁战斗过的抗战老战士、老同志。回到“家”的抗战老兵参观了吕梁军民融合协同创新研究院，走进云计算中心机房，“天河二号”高性能计算机、能源互联网项目、无人控制系统研发中心、无人机组装调试车间，对吕梁拥有高科技的项目赞不绝口。

【彻底清除郭伯雄影响】

2015年8月，吕梁军分区接到省军区《关于迅速全面彻底清查清理涉郭伯雄信息的通知》后，随即通过常委会、交班会、机关干部大会等，传达省军区关于开展清查清理的指示精神。军分区司令员赵步道、政委张选亲自动员，明确清查内容、目标要求、时间节点等，听取工作进展情况报告，机关制订工作计划，研究清查办法，制订军分区清查清理涉郭信息实施方案，分解细化任务。其间3次下发通知加强指导，组织抽查检查。各人武部普遍落实责任制，把责任定到具体岗位、具体人员，严格对照表单，采取逐个项目过的办法，认真开展清查。军分区机关在清查整治中，按照“迅速、全面、彻底”的要求，参谋长闫海亮组织对市属民兵训练基地国防教育史馆内容逐一检查，政治部主任杨文军实地检查军分区军史馆，后勤部部长高毅带人翻遍了所属库室。全区13个人武部对涉郭（郭伯雄）信息进行逐一清理。石楼县人武部不仅对本部所属库室进行清查，还积极协调地方有关部门将红军东征纪念馆涉郭信息认真排查，共发现涉郭图片、文字等3条。柳林县人武部结合清查清理及时调整国防教育馆内容，提升了布展效果。军分区合理摆布，抽调机关人员组成工作组，深入各单位进行实地检查，一个一个房间过、一张一张图片查，发现应删未删的涉郭资料信息5条，进行了处理。到8月16日，全区共清理销毁涉郭伯雄信息240条，其中光盘5张，电子文档17份，图片5幅，杂志63份，画册20本，军事年鉴10本，封存上级文件120份。

【政治性非法出版物专项整治】

2015年8月，吕梁军分区接到省军区政治部《关于开展政治性非法出版物专项整治的紧急通知》后，军分区党委高度重视，第一时间组织常委集体学习，研究部署军分区排查清理工作。8月14日，利用全区集中教育时机，向全体干部、战士、职工传达通报内容，部署排查清理工作，军分区司令员赵步道就重点环节、清理工作中需要把握的问题提出明确要求。15日至16日，军分区政治部组织人员对营区周边环境排查清理，没有发现政治性非法出版物。全区上下克服松懈麻痹思想，本着“认真、细致、全面”的原则，全区上下克服松懈麻痹思想，联合地方公安等职能部门，集中两天时间对军分区机关、13个县（市、区）人武部、民兵武器装备仓库等部位及周边环境进行排查清理。同时，主动将市委警卫大院、家属院等容易忽视的点位纳入清理范围，实现了全覆盖。经排查，全区未发现政治性非法出版物。

【社团工作专项清理整治】

2015年10月10日，山西省军区社团工作专项清理整治部署会后，10月12日，吕梁军分区专题召开动员部署会，政治部主任杨文军传达省军区会议精神、安排部署任务，军分区司令员赵步道、政委张选提出明确要求。政治部制订下发《军分区社团工作专项清理整治实施方案》，明确组织机构、清查内容、方法步骤、完成时限等，师团两级注重思想引导，及时印制下发《军队社团管理工作学习宣传手册》，对8名离退休干部采取与本人见面、寄送资料、发放慰问信、通电话等方式传达总政和两级军区、军分区关于清理社团相关精神。各级采取与本人谈话了解、走访民政部门、咨询有关社团、网上信息检索、寄送资料等方法，对全区109名现役干部、14名战士、8名离退休干部、15名待转业干部、135名职工、63名临时工，共计344名人员逐一进行了摸底核实。最后确认全区有1人参加了社团，并按规定要求履行了退出手续。全区师团两级单位没有参加任何社团。

【思想政治工作】

2015年，吕梁军分区党委坚持用习近平主席系列重要讲话精神武装头脑、凝聚合力。组织师团领导干部理论集训，规范和组织经常性理论学习，总结形成中心组领学、专家助学、包片督学、上下评学、定期考学“五学”机制；每月组织一期“强军大讲堂”、两天党委中心组学习，定期邀请国防大学金一南、罗援、纪明葵等专家教授为官兵解析国内外安全形势和意识形态领域斗争形势，打牢部队坚决听党指挥、绝对对党忠诚的思想政治根基；在全区推举表彰践行当代革命军人核心价值观40面旗（2012年9月表彰孝义人武部等10个单位、成杰等30名个人），弘扬本单位的先进典型，举办两期“身边的榜样”共产党员事迹报告会，激发官兵扎根老区、再立新功的内动力；针对民兵思想政治教育的特殊性，拓展教育平台、创新教育方式，开通国防教育短信平台、国防教育网、吕梁国防教育公众号，普及国防知识、宣传方针政策、发布新闻动态，面对网络谣言、对英雄恶搞抹黑的现象，军分区坚持守土有责、主动发声，现地采访英雄刘胡兰就义时的见证人白天广、陈德邻，还原历史真相、批驳无端言论，专题新闻片《永远的英雄》在军事频道播发后，收到良好的社会反响。

（张立天）

武警吕梁支队

【概述】

2015年，武警吕梁支队深入学习贯彻习近平主席系列重要讲话精神，按照总队党委决策部署，团结带领各级党组织和广大官兵，围绕支队“高举旗帜、聚焦中心、坚强班子、坚强队伍、纯正风气、蓄养内涵”的工作思路，科学筹划，精心组织，狠抓落实，完成了以执勤处突为中心、反恐维稳为重点的各项任务，部队全面建设呈现出了稳中有进、持续向上的发展态势。全年共出动兵力1058人次，圆满完成各类临时任务36起。年底，武警吕梁市支队被武警山西省总队政治部表彰为“政工调研先进单位”。武警吕梁市支队司令部、政治处被武警山西省总队表彰为“先进司令部”“先进政治处”。

【基层建设】

2015年，武警吕梁支队党委按照习近平主席“四个坚持扭住”（坚持扭住党的组织抓基层、坚持扭住战备训练抓基层、坚持扭住官兵主体抓基层、坚持扭住厉行法治抓基层）指示精神，持续抓经常、接力打基础，夯实基层内涵底蕴。注重科学帮建指导，运用“小滚动、大闭合、压茬式”考评帮建模式，按照“党委全面统、机关系统帮、基层自主建”的抓建思路，采取党委常委包片、业务股室挂钩、机关干部定点的方法，针对不同层次中队，坚持分类指导，深入基层蹲点帮建、破解难题，提高帮建指导实效。突出建强战斗堡垒，坚持优中选优，选准配齐基层党委（支部）班子，组织授课辅导、观摩交流，提高党支部班子成员能力素质。着力提升抓建能力，深入抓好总队《纲要》集训成果转化，组织知识竞赛，下发函授作业，广泛开展在岗轮训，对新任职基层主官坚持扶上马送一程，缓解了基层干部能力素质与履职要求之间的矛盾，整体建设水平明显提高。

【重点部位武装巡逻】

2015 年 3 月 3 日，为加强社会面防控，维护吕梁市辖区社会稳定，确保全国“两会”（人大、政协）胜利召开，根据吕梁市公安武警联合部署，吕梁支队每日出动兵力 12 名、携带 10 毫米转轮防暴手枪 12 支，采取乘车巡逻和徒步巡逻相结合的方式，配合公安机关担负“两会”期间市区重要敏感部位和主要街道的武装巡逻勤务。通过执勤巡逻，锻炼了部队，提高了执行任务的能力及方式方法，为维护当地社会稳定发挥了作用，受到地方政府和社会各界群众的好评。

【抗战纪念活动武装巡逻】

2015 年 8 月 27 日至 9 月 4 日，为有效防范和打击各类暴恐事件及违法犯罪活动，根据吕梁市委、市政府统一部署，经报请武警山西省总队批准，吕梁支队每天出动 12 名官兵，车辆 3 台，对市飞机场、火车站、汽车站、中心城区、重要目标、重点部位和重点路段实施武装巡逻勤务，确保了抗战纪念活动安保期间吕梁地区社会稳定。

【事故紧急救援】

2015 年 11 月 5 日凌晨 6 时 15 分，吕梁市离石区凤山路与新城大道路口处，发生一起严重交通事故。新城大道准备参加 5 千米武装越野考核的武警吕梁支队一中队官兵发现事故后，在参谋长朱富民率领下立即展开救援，经过多方施援手，成功救出 2 名受伤群众，迅速送往医院救治，降低了事故损失。

【成功处置“11·19”劫持人质事件】

2015 年 11 月 19 日 16 时 50 分，吕梁市岚县普明镇普家庄村发生一起因婚姻纠纷而引发的劫持人质事件，王全旺、王风山 2 名犯罪嫌疑人（二人系父子关系，王全旺是父亲）在家中一平房内劫持王风山岳母。17 时 16 分，公安机关成功控制王全旺。17 时 10 分，接公安局情况通报后，经请示省总队批准，吕梁市支队支队长骆之岭带 1 中队中队长和 1 名突击手、1 名狙击手及岚县中队应急班 10 名官兵，采取“政策攻心、消耗瓦解，隐蔽接近、蹲守设伏，待机突袭、一举控制”的战法，于 20 日 1 时 37 分，利用嫌犯开门之机，一举将其击倒制服，抓获犯罪嫌疑人，成功解救人质。

【完成在押犯回迁武装押解任务】

2015 年 11 月 27 日，方山县新建看守所竣工，根据吕梁市公安局统一安排部署，报请武警山西省总队批准，吕梁支队出动 30 名兵力，圆满完成暂时关押在临县看守所的 70 名在押犯回迁转移武装押解勤务，由于组织严密，措施得力，干部战士高度警惕，认真负责，确保押解任务安全顺利，受到吕梁市公安局、山西省武警部队的表彰。

【吕梁“两会”联勤武装巡逻】

2015 年 12 月 28 日至 30 日，为确保吕梁市“两会”（人大、政协）期间社会秩序良好，社会面安全稳定，根据市委、市政府要求，按照市公安局统一部署，经报请武警山西省总队批准，吕梁支队每日出动车辆3台次，官兵12人次，圆满完成以车巡为主、步巡为辅的联勤武装巡逻勤务，维护了“两会”期间的社会稳定。

【第十一个法律服务到基层暨“三巡”活动启动仪式】

2015年5月11日，武警吕梁支队在会议室认真组织了第十一个法律服务到基层暨“三巡”（法律巡讲、心理咨询、医疗巡诊）活动启动仪式。支队长骆之岭、政治委员鲁晓军、副政委张永杰、主任柴志新、机关部分干部、基层勤训人员及一中队全体官兵参加，太初律师事务所主任崔承宇带领律师出席活动仪式。

【参加纪念抗日战争胜利70周年书画剪纸作品展】

2015年6月18日上午，应吕梁市委宣传部邀请，武警吕梁支队组织官兵参加《吕梁记忆 纪念抗日战争胜利70周年书画剪纸作品展》开展仪式，该活动在支队机关举行，武警吕梁支队官兵120人参加了活动，接受教育。通过参观激发官兵的爱国热情，更好地凝聚改革力量、增强发展信心。

【张永杰被授予省“拥政爱民模范”称号】

2015年6月26日上午，为进一步推动“双拥”（拥军爱民、拥政爱民）活动深入开展，山西省委、省政府、省军区在太原市工人文化宫联合召开了山西省双拥模范城（县）命名暨双拥模范单位和个人表彰大会。省委书记王儒林，省委副书记、省长李小鹏，省委副书记楼阳生等领导出席会议并为受表彰代表颁奖。会上，武警吕梁支队副政治委员张永杰被授予山西省“拥政爱民模范”称号。

【严密组织“四会”政治教员比武竞赛活动】

2015年7月11日、12日，为全面考查政治教员“四会”（会搞思想调查和计划安排教育、会应用现代化教学手段备课讲课、会做思想工作、会进行心理教育疏导）能力，提高授课质量，经过各级选拔推荐，武警吕梁支队集中利用两天时间严密组织了“四会”政治教员评比竞赛活动，遴选4人参加了武警山西省总队组织的比武竞赛活动。通过“四会”政治教员评比竞赛，进一步锻炼了队伍，调动广大政工干部钻业务、抓教育的积极性和创造性，为全面提高部队思想政治教育质量打下坚实基础。

【举行“武警官兵及亲属法律援助工作站”揭牌仪式】

2015年7月24日上午，武警吕梁支队及各县（市、区）中队分别举行“武警官兵及亲属法律援助工作站”揭牌仪式，支队全体官兵和吕梁市司法局副局长王建刚、法律援助中心主任李秀明及各县（市、区）司法局领导全程参加了活动。这标志着武警官兵及亲属法律援助工作在吕梁支队全面启动，为支队官兵依法维权精心打造了绿色通道和法律服务平台，受到了全体官兵的拥护。

【组织开展向“武警春蕾计划”捐款活动】

2015年8月18日，根据武警总部、武警山西省总队通知精神，为支持和参与社会公益事业，体现人民武警爱人民、人民武警为人民的高尚情怀，展示武警部队文明之师的良好形象，以实际行动为我国儿童少年教育福利事业再作贡献，武警吕梁支队开展向“武警春蕾计划”捐款活动，全支队官兵积极参与，踊跃捐款，短短一天时间共捐款5万多元。

【总队野战文化轻骑兵慰问演出】

2015年10月30日，武警山西省总队政治部野战文化轻骑兵在宣传处副处长张志刚带领下，满载着武警山西省总队党委首长的亲切关怀和深情厚爱，来到武警吕梁支队新训大队慰问演出，为新训大队官兵献上了一台丰盛的文艺大餐，受到全体官兵的热烈欢迎。

【“治‘四松’、正‘四气’”专题教育整顿】

2015年11月11日上午，根据武警山西省总队通知精神，武警吕梁支队党委机关召开“治‘四松’、正‘四气’”（思想松懈、作风松散、纪律松弛、行为松垮，做人有骨气、做事有底气、做官有胆气、单位有正气）专题教育整顿动员部署会。支队长骆之岭主持会议，政委鲁晓军作动员讲话，支队党委在家常委、全体机关干部参加会议，会后，“治‘四松’、正‘四气’”教育整顿在武警吕梁支队全面展开。各级认真抓落实，订计划，组织学习教育，努力使教育整顿出成效。经过教育整顿，“四松”得到了整治，“四气”得到有效提升。

【举行新训结业文艺汇演】

2015年12月30日晚，武警吕梁支队新训大队精心筹备的一台以“扬帆起航—我们在强军路上”为主题的结业晚会，在武警教导队新训大队举行。整场晚会主题鲜明、兵味浓郁，通过兵演兵、兵唱兵、兵说兵的形式重现了新训生活，不仅给战士们带来了欢声笑语，更加加深了战友情谊，受到全体官兵的热烈欢迎。

【“卫士—15”演习后勤保障】

2015年5月25日至28日，根据武警山西省总队统一部署，武警吕梁支队出动官兵150人、车辆13台，往返机动300余千米，圆满完成了“卫士—15”演习任务。为搞好“卫士—15”演习后勤保障，进一步锻炼后勤专业队伍，全面提高执行多样化保障任务能力，武警吕梁支队以演习为契机，按照建设现代后勤标准要求，狠抓后勤“一组五队”（后勤指挥组、综合物资保障分队、给养保障分队、卫勤保障分队、运输油料保障分队、维修反唇相讥保障分队）应急保障能力建设。

（陈朝松）

人民防空

【人防工程建设】

2015年，吕梁市人防部门继续把人防工程建设作为重中之重，在规范行政审批的基础上，加大执法力度，加强质量监督和跟踪服务，在吕梁经济“断崖式”下行建设市场疲软、新开工程项目较少的情况下，人防工程建设面积和易地建设收费保持良好态势。

【人防战备训练和指挥通信建设】

2015年，吕梁市人防部门按照上级人防部门的统一安排，分别于4月中旬参加了省军区组织的地质灾害抢险抢灾指挥演练，8月中旬与省办进行了为期一周的指挥通信协同演练。集中组织进行了为期半个月的人防专业队伍战备训练。组织开展全市人防战备资产资源普查工作。积极排除和应对指挥所渗漏和季节性潮湿的顽疾，对人防指挥所进行了维护和防渗漏处理，保证了指挥所的正常运行。完成了与省人防办的网上演练对接任务。强化了人防警报通信设施设备的维护管理，新增配1部智能短波电台和3台电声警报，全市57台人防警报和9台智能短波电台保持了良好的运行状态。

【编制《人防工程建设规划》】

2015年，按照市政府安排，通过政府采购程序，吕梁市区《人防工程建设规划》由北京总参工程兵科研三所人防工程设计研究院进行编制。通过编制组专家、成员共同配合，精心编制，在广泛征求社会各界及各相关部门意见的基础上，10月份完成评审初稿，并通过省人防办组织的专家评审。2015年按程序报省人防办审查，待省办审查通过后，报市政府批准实施。在市人防办的督促协调下，孝义市、柳林县、岚县等县市也都铺开了规划编制工作。

【落实“六权治本” 完善人防审批流程】

2015年，吕梁市按照省委、省政府落实“六权治本”（依法确定权力、科学配置权力、制度限制权力、阳光使用权力、合力监督权力、严惩滥用权力）的工作要求，市县两级人防部门制定工作方案，成立“六权治本”工作领导小组，根据人防法律法规规定，对两个清单和两个图进行研究和梳理，承接了省办下放权力，并制定了相应的管理办法。确定人防17项行政审批权力，对单项权力制定审批流程图和风险防控图，经市政府法制办和编办等部门的审查，在市政府常务会议和市委常委会通过，市政府门户网站公布。临汾、朔州、长治、晋中等兄弟市人防部门专门对吕梁市“六权治本”和人防行政审批权力运行流程情况进行考察、咨询借鉴。

【人防宣传教育】

2015年，吕梁市在开展“5·12”防灾减灾日、“9·18”警报试鸣日、“12·4”普法宣传日宣传教育活动的基础上，根据年初人防宣传计划，市县两级开展人防宣传“五进”（进机关、进学校、进社区、进企业、进网络）活动，经多方协调，市人防办新确定兴县晋绥革命纪念馆、交城英雄广场为全市人防宣传教育基地，确定离石区东关小学为“五进”活动试点学校，对全校学生进行了防空、防灾自救知识的普及。组织开展大型宣传活动2次，向市民发放宣传资料3万余份，全市“五进”活动受教育人数达48万人次。

【“三严三实”专题教育】

2015年，吕梁市人防办按照市委、市政府统一安排部署，开展“三严三实”（严以修身、严以用权、严以律己，谋事要实、创业要实、做人要实）专题教育。成立了由党组书记、主任裴剑英任组长，各位副主任任副组长及相关科室负责人为成员的“三严三实”专题教育领导小组，并指定专人为“三严三实”专题教育活动联络员。制订了“三严三实”专题教育活动实施方案和学习计划，明确活动的时间、内容、责任。学习了习总书记“三严三实”有关要求和调研指导兰考县等系列讲话精神。为确保“严以修身”专题学习研讨取得实际成效，班子成员按照市委组织部下发的“三严三实”专题教育有关学习辅导材料，理解“三严三实”要求的重大意义和丰富内涵，端正价值追求，明确做人准则，推动“三严三实”入脑入心，取得作风建设新成效。实事求是，查摆问题。通过多种形式，领导班子和领导干部围绕自身和机关工作查找问题，查出领导班子问题6条，班子成员个人问题15条，制定整改清单。在此基础上，召开民主生活会，全体人员之间互相找问题、提建议，对提出的问题进行深入分析，找出存在问题的原因及改进措施。边学边改，成效明显。坚持边学边查边改，活动从一开始就紧密结合工作实际，坚持立学立行、边查边改、即知即改，领导班子和领导干部从自身做起，对查找出来的问题，马上整改落实，做到让群众满意，让群众放心。

【人防安全管理工作】

2015年，吕梁市在人防安全管理工作中，一是抓好人防工程质量监管。市、县两级人防技术人员严格执法，对人防建筑工地进行全方位的质量跟踪监督和安全监管，市人防办全年开展人防执法及工程质量检查263次，保证了全市人防系统全年安全生产无事故。二是落实管理责任，抓好隐患排查。与各人防工程建设、使用单位、各县市区人防办签订安全管理目标责任书。对早期人防工程摸底排查，发现问题即抓即改；对在建、竣工人防工程提出管理要求，抓好施工、使用等过程中的各类安全隐患排查方案的落实，防患于未然。三是加强人防保密管理工作。鉴于人防涉密数据、涉密信息、涉密文件较多的特点，把保密作为机关安全管理的重点内容常抓不懈，所有涉密资料按制度保存，确保全市人防部门没有涉泄密事件发生。

（刘　琴）

文水 61769 部队

【军事训练】

2015 年，文水 61769 部队严格落实党委议训制度，围绕“三位一体”（筑牢打仗意识、提升制胜能力、砥砺战斗精神）培养思路，坚持边教学、边建设、边改革，深化“一场多点”“三班轮训”等组训特点规律研究，总结形成“垂直教学五步法”“进近五段式教学”等新教法训法。开展指挥员“金话筒”评比和“四个方面”交流活动。严格“评能力、按时段、分课目、定时、限量、分批上岗”的教员任教原则，成熟一个发展一个，不搞一刀切，全年共培养新上岗教员 10 名。实施精英学员培养方案，系统开展“讲武堂”“学习之星”“周万米、天双百”和野外拉练宿营等演训活动，提高学员综合能力。选派教学骨干赴学院和陆航五旅跟训跟演，不断积累实战化训演经验。年内，2013 期班学员按期结业；接收 2014 期班学员。年终上级考核军事训练，全团获得了 94.84 的高分。组织教、学员、机关干部、机务大队和警卫连官兵进行了实弹射击训练。

【训练骨干队伍建设】

2015 年，文水 61769 部队立足任职教育转型，组织有任职经历的教员，进行“教学训练如何贴近部队需求”系列讲座，对陆航部队的训练模式、任务样式进行介绍，拓展教员视野和知识面，增强教学训练针对性。在教学训练中，开展专题教学法研究，以课题为牵引，整理出《带教初期飞行教学研究汇编》《汾阳机场课目实施规范》和《小课题，坐标系》等教学经验汇编。在指挥员队伍建设上，紧紧扭住“选、训、用、管、考”五个环节，以新指挥员培养为重点，开展“金话筒”评比活动，在每组的第一个飞行日召集全体指挥员参加指挥员下达任务“公开课”，从是否符合条令要求、按纲施训；是否疏密得当、忙闲均匀；是否做到合理安排、因人而异；是否留有余地、便于调整四个方面讲解剖析，不断提高新指挥员制定计划能力水平。采取点对点、一对一的方式，指定经验丰富的指挥员专人带教新指挥员，着重加强视界内、低高度飞行动态掌控，低能见度条件下调度指挥和特殊情况处置指挥等核心能力培养，全面提高其临台组织指挥能力。在教员队伍建设上，严格落实团《新上岗人员培训方案》，采取“一挂钩、三把关”的带教考核制度（团副参谋长以上飞行领导干部全部明确帮带对象，与新教员挂钩；上岗任教教员分别由中队、大队、团三级考核把关），对初带、见习、新留三期教员，按照“先理论、后改装、先跟机、后实践”的原则，进行培养与把关，有效地保证了新教员教学质量和安全。积极发挥中队“教研室”作用，通过建立“全程跟踪教学质量分析”“见习跟教总结”“新教员教学小组跟随表”和“教学案例表”，详细记录每名新教员改装、跟教、带飞的心的体会，强化教学经验的总结，不断提高教员带教能力。

【安全建设】

2015 年，文水 61769 部队坚持稳中求进、以稳促快，落实上级关于安全的系列指示精神，注重抓细抓实、防控并举，保持了较好的安全势头。严格贯彻安全制度，探索全员额、全岗位安全建设模式，形成团队特有的“六项基础工程”（思想教育为根、文化建设为魂、理论研究为引、质量建设为基、制度建设为纲、特色项目为翼）建设思路；完善安全免责汇报制度，推行“模块化、递进式”特情研究方法，飞行安全建设再上台阶；落实“两防”（防事故、防案件）要求，扎实开展“首月首季开门红”“战备月”“百日安全竞赛”等活动。转隶陆军后，严抓值班战备秩序和安全管理，制订《机关人员晚点名规定》《小散远直单位和重点要害部位安全检查方案》，投入几万元安装监控，增设致远大道岗亭，安装通信队侧门，初步实现了营区封控；常态化开展防暴恐演练，突出人、车、枪、弹、密和毒麻药品管理，在节假日、事故案件多发和重要敏感时期，常委分片到各单位、小点、库区检查督导、跟踪问效，确保空中稳、地面稳、团队稳。

【班子建设】

2015 年，文水 61769 部队围绕“六型”建设理念，坚持重心下移、力量下沉，贯彻民主集中制和党委议事规则，班子的科学决策、民主决策、依法决策水平不断提升。在“三严三实”专题教育整顿中，针对“四个整顿”(整顿思想、整顿用人、整顿组织、整顿纪律)要求，收集 5 类 67 条意见建议，常委会逐条制定整改措施，机关公开答复，持续跟踪问效。落实涉“郭徐”清理整治和“六个肃清”(思想上、政治上、组织上、作风上、体制上、信息上肃清贪腐的不利影响和社会不良干扰)，常委会上人人表态，坚决与郭徐之流划清界限，查出的所有资料均按要求处理完毕。为家庭突发变故官兵申请“杨小平爱心基金”，为高考成绩优秀的官兵子女发放慰问金，组织“相约子夏山”军地联谊，组织家属进行养殖合作，多方协调解决家属就业问题，这些实事赢得了官兵和家属的一致赞誉。

【政治教育】

2015 年，文水 61769 部队抓好习近平主席系列重要讲话、古田政工会和上级党委会议精神的学习贯彻，坚持每月至少组织 2 次党委机关集中学习，不断促进学习的深化转化。每月组织 1 次法规理论考试，人人必须过关。率先组织“学习教育整顿周”。深入开展主题教育和改革专题教育，开设“子夏山大讲堂”，宣扬杨卫国、黄占亭等先进典型，建好“无名烈士墓”，用活动激励士气、用典型激发斗志、用红色传承血脉。召开干部政策宣讲会，下发《干部工作学习活页》读本，干部管理工作顺畅有序。全年共有 3 篇政治工作经验做法被各级《政工简报》转发，9 篇优秀教案被全军政工网收录，在《解放军报》上发表新闻稿3篇。团廉政监督员经验做法在各训团进行交流。还承办陆航部反腐倡廉工作经验交流会和陆航部新干部岗前集训等大项活动，效果理想，得到各级首长肯定。

【军营文化建设】

2015 年，文水 61769 部队坚持文化强团、文化育人，弘扬子夏山精神，打造子夏山特色文化品牌。录播《思思有约》访谈节目，拍摄《惠导我演》微电影，举办子夏山强军先锋故事会。举办军体运动会、主题晚会等文体活动，举办乒乓球、羽毛球、篮球比赛等文化活动，充分发挥文化的励志育人功能。坚持以先进典型为导向，利用宣传载体大力宣扬崔宏民、陈爱明、黄占亭等人的先进事迹，全团上下形成“各个岗位有典型，官兵成才有榜样”的良好氛围。

【训练中政治工作】

2015 年，文水 61769 部队依据《飞行教学训练中政治工作细则》及其《补充规定》，认真制订各阶段政治工作计划，及时召开党委、支部议训会，严格落实形势分析、摸底把关、飞行跟班等工作制度。自筹资金为安全立功人员补发奖金，进一步激发了广大官兵的参训热情，为训练工作的圆满完成提供了坚强保证。

【后勤保障】

2015 年，文水 61769 部队按照《学院后勤管理办法》，加强财务管理、狠抓油运管理、强化军需管理、搞好卫勤保障，推动各项业务稳步向前发展。全体后勤官兵牢固树立“三面向、三服务”(面向基层为部队服务、面向部队为战备服务、面向外场为飞行服务)思想，积极改善外场保障条件，完善保障设施，狠抓正规化建设，完成了飞行训练保障任务。

【配套设施建设】

2015年，文水61769部队按照“开源节流，挖潜增效”的思路，想方设法筹资金，持续用力，改善官兵工作生活和训练条件。坚持实事实办，整修机关单身干部宿舍，安装直饮水机，清理家属院排洪沟，硬化神堂村口连接道和通信队门前道路。探索新形势任务下的保障特点规律，加强野外训练保障，建成3个野外辅助训练点，12个起降坪，筹措资金建成外场车库，完成机场南侧砖墙化改造，对机库和场道警示标线进行维护改造，机场区域封闭式管理得到加强。持续实施飞行场区绿化工程。扎实推进“一专多能、一人多岗”人才培养活动。探索伙食保障思路，总结蔬菜大棚种植经验，全年向各灶供应蔬菜约15吨。后勤保障优质场次率保持100%。还完成了学院机关在交城靶场野战训练的保障工作。

（冷树亮）

法治

政法委及综治办

【维护社会稳定】

2015年，吕梁市围绕坚决防止发生暴力恐怖事件、个人极端事件和有影响的政治事件，加强情报信息收集研判，及时掌握并协助有关部门稳妥处置"1·20""两参"人员、"3·28"对越反击战退役人员赴省上访事件。开展部队营区周边环境调研摸排和清理整治、伊斯兰教领域专项调查、封建迷信专项整治，配合宗教部门开展天主教基本情况排查。打击邪教组织违法犯罪活动，抓获涉嫌从事违法犯罪活动的邪教人员4人。抓好反恐防暴工作，落实重点人、重点群体"四个一"管控措施，坚持全天候街面武装巡逻，加强重点部位安全防范，完善应急处突各项预案，举办反恐怖业务知识培训，应对处置突发事件能力提升。加强互联网虚拟社会管理，落实24小时网络监管监控制度，加强网站和非经营性上网场所安全管理，严厉打击网络违法犯罪，推进反电信诈骗中心工作，全年侦破利用互联网违法犯罪案件39起，抓获违法犯罪嫌疑人14人。做好重大活动安全保卫，确保纪念抗战胜利70周年、中共十八届五中全会等敏感节点、重大活动活动期间安全稳定。推进以打黑除恶为龙头的"六场硬战"，保持严打高压态势，遏制年初刑事案件大幅上升势头。开展"打黑除恶专项斗争推进年"活动，围绕"六个决不放过"要求，重拳出击，依法铲除以方山张志雄为首的黑社会性质组织集团1个、兴县刘月星等恶势力团伙36个，共抓获犯罪嫌疑人262人，破获各类刑事案件268起。开展打击"两抢一盗"、治爆缉枪、电信诈骗、破案追逃、拐卖妇女儿童、毒品犯罪等专项行动，加大非法集资、金融诈骗等涉众型经济犯罪和危害食品药品安全犯罪的打击力度，2015年立刑事案件7689起，破4640起，查获犯罪集团41个184人，抓获刑事作案人员2808人，抓获网上逃犯1179人，破获命案34起。2015年初吕梁市刑事案件发案大幅上升的势头得到遏制，八类危害严重刑事发案同比下降33.13%，社会治安大局保持平稳态势。参与配合反腐败工作，全年立查贪污贿赂犯罪85件114人，立查渎职侵权犯罪51件62人。推进城中村为重点的"六项整治"，消除治安隐患，社会治安秩序好转。推进城乡接合部、城中村、工矿区、"九小"（九小场所有：建筑面积300平方米以下的小商场；额定就餐人数100以下的小饭店；床位数50张以下的小旅馆；设于建筑物首层、二层、三层的且建筑面积200平方米以下的小公共娱乐场所；建筑面积200平方米以下的小休闲健身场所；乡镇卫生院、街道卫生院、社区卫生院以及床位数30张以下的小医院、疗养院、养老院、福利院；床位数50张以下的寄宿制学校和托儿所、幼儿园，500人以下的非寄宿制学校，100人以下的非寄宿制托儿所、幼儿园；职工总人数50人以下或者设有30人以下员工集体宿舍的小生产加工企业；建筑面积100平方米以下的易燃易爆危险品销售、储存场所）场所、校园和医院周边整治，把整治"城中村"与反腐败、打黑除恶、打击黄赌毒、打击"两抢一盗"有机结合，以打开路，整治先行，2015年整治城中村84个、治安乱点113处，严打涉黑涉恶村干部7名，清查流动人口30849人，出租屋19864间，排查"九小"场所2924家，其他场所2465家，发现整改隐患243处，责令整改97家，取缔场所9家，消除治安隐患，净化社会风气，2015年共受理治安案件12837起，同比下降30.43%，查处10700起，查处违法成员11910人，涉黄、涉赌、涉毒案件同比分别下降64.1%、45.51%、7.17%。加强对

“六类特殊人群”服务管理，吕梁市累计接收社区矫正人员8743人，解除矫正5808人，正在矫正2935人，累计重新犯罪15人，犯罪率0.1%，远低于全国水平。加强对精神障碍患者的规范管理，市政府成立以副市长王海东为组长的领导组，落实动态监管和医疗救助措施，初步实现“应治尽治、应管尽管、应收尽收”。推进以视频监控为重点的“六网覆盖”工程，提升信息化水平，完善治安防控体系。落实市委《关于加强社会治安防控体系建设的意见》，推进视频监控系统建设，加大人像比对、轨迹追踪、视频检索等现代技术的应用力度。2015年，视频监控建设投入资金15111万元，建设监控前端27625个，其中公共点探头3262个，社会点探头24363个。运用视频监控图像信息直接破获刑事案件177起，协助破案400起，抓获犯罪嫌疑人113人。直接查破治安案件209起，协助查处治安案件217起，处罚违法人员106人，预防处置群体性事件34起。在加强技防建设的同时，推进街面巡逻防控、社区农村防控、单位内部防控、区域警务协作、虚拟社会防控网建设，初步在全市构建起以“六张网”为骨架，人防、物防、技防相融合，社会化、市场化、信息化一体推进的立体化治安防控体系，社会面管控能力增强。以“两整治一排查”专项行动为抓手，整治公共安全隐患，完善源头治理机制。按照中央综治办统一部署，组织开展危爆物品、寄递物流清理整顿和矛盾纠纷排查化解专项行动。市综治办出台“1+4”实施方案，明确29个成员单位的职责任务，实行市综治委成员单位包县督导责任制和定期汇报制度。截至12月底，排查出危爆物品安全隐患117条，整改隐患99处，责令停产停业3家，收缴炸药3972千克、雷管638枚、枪支24支、子弹542发、烟花爆竹2504箱、礼花弹135枚。查处违法犯罪案件14起，刑事拘留犯罪嫌疑人7人。排查18家道路危爆物品运输企业、2439家个体运输企业、200家成规模运输企业、27家小规模货运站。对全市201家许可、备案的快递企业进行清理整顿，排查出未许可、未备案企业25家，建立档案并跟踪督查，推动“三个100%”制度落实。排查出重点信访人员467人，全部落实领导包案稳控责任。加强消防和道路交通安全管理，2015年没有发生重大公共安全事故，交通事故与上年同期相比，起数下降11.64%，死亡人数下降1.01%，受伤人数下降19.85%；火灾事故起数下降7.9%，实现“零伤亡”。以预防化解群体性矛盾为切入点，完善矛盾纠纷预防化解体系，信访形势呈现出持续向好的态势。加大源头治理力度，坚持把重大决策合法性审查和社会稳定风险评作为重大决策出台、重大项目上马的前置条件，对吕梁新区建设、联盛破产重整等有可能引发重大风险的问题，市委、市政府高度重视，多次研究，防止形成区域性稳定问题。加大积案清理力度，按照“控新治旧”要求，开展“以群众举报乡村干部腐败为切入点集中解决信访问题”专项治理，省有关部门交办的640件，市、县两级排查的1185件积案全部化解，新区拆迁户回迁、中汾酒业拖欠工程款、岚县选矿企业资源整合补偿、市游泳馆集资商户被骗、城建城管130名聘用人员上访等一批群体性矛盾得妥善处理。完善调解体系建设，县乡村三级矛盾纠纷调解组织全部建立，道路交通事故纠纷、劳动纠纷调委会等专业调解组织建设规范运行，各类调解组织2015年调处矛盾纠纷7061件，预防群体上访53件。进一步规范诉调、公调、检调、访调对接工作，法院部门全年民商事案件调撤率达43.64%，37件行政案件以协调和解的形式妥善解决。检察机关全年促成和解12件，撤回申诉43件。加大违法信访行为处置力度，对案件终结仍然串访、闹访、缠访的带头人员、多次越级非访人员，特别是煽动或串联的幕后挑头人员，坚决依法打击。全年依法处置430人，其中刑事拘留19人，行政拘留331人，训诫102人，规范了信访秩序。2015年进京非访220人次，占全年控制指标的63%，全省按总量从多到少排名第七。以基层综合服务管理平台建设为重点，统筹推进综治基层基础建设。启动市级平安建设指导中心和市、县两级综治视频会议系统建设，市财政拨款100万元大力支持，2015年12月底市级视频会议系统开通运行，13县市区即将完成。落实省编办和省综治办下发的《关于加强乡镇（街道）综治队伍建设的通知》（晋编办字〔2014〕111号），13县市区乡镇综治专职人员全部配备。12个县（市、区）政府把平台运行经费和网格长补助纳入县级财政预算，为基层社会服务管理体系正常运行提供财力保障。推进平安志愿服务工作，推进以平安县（市）创建为引领、以平安单位创建为支撑、以平安家庭创建为细胞的"六安联创"活动，推进多层次、多领域法治创建活动，综治基层基础工作加强。

【推进公正司法】

2015年，吕梁市推进司法改革措施落实，破解政法工作难题。孝义市司法体制改革试点工作顺利推进，完成法官检察官首次遴选工作，入选人数在全部试点县中名列前茅。公安"N+1+1"受立案分离工作改革受到公安部法制局和副省长、省公安厅厅长刘杰的肯定，12月2日，山西公安机关执法权力运行机制改革现场推进会在孝义召开。推进检察机关基层院内设机构改革，按照大院10+1、小院7+1模式，8个基层院完成内设机构改革工作，内设机构由191个减少到139个，70%具有办案资格的人员集中到办案一线。推进轻微刑事案件办理改革，法院系统2015年适用简易程序、小额诉讼程序审理案件6125件，适用率达41.28%，初步形成繁简分流、难易分流的科学机制。推进涉法涉诉信访改革，落实诉访分流，推动网上接访，2015年通过集中调处疏导、释法说理、帮扶救助、依法终结等手段，在法治轨道上依法处理涉法涉诉信访案件270件。组织开展重点案件集中评查，对100件群众反映强烈、可能存在执法问题案件和涉法涉诉信访案件集中进行评查，对评查出的22个问题已通报原办案单位纠正。深化"阳光政法"，以公开倒逼执法司法公正。坚持把公开作为促进执法司法公正的一项重要措施来抓，推动落实《全市"阳光政法"工程五年规划》，2015年全面落实讯问、拘押、庭审、监管场所同步录音录像、现场执法佩戴使用执法记录仪制度，推进网上办案、司法文书公开、执行信息公开、办案信息公开、多媒体服务、监督管理"六大平台"建设。法院系统推进审判流程、裁判文书、执行信息三大公开平台和"一网两微"建设，从立案、审理到执行，各个节点信息全部录入系统对外开放查阅，2015年上网公布裁判文书4979份，24000余件执行案件全部录入系统，1044名执行"老赖"被曝光，视频同步直播庭审25次，观看人数突破百万人次。检察机关探索"互联网+"新型检察模式，依托"线上"门户网站、微博微信平台和"线下"检务大厅，依法及时向社会公开有较大影响职务犯罪案件等重要信息171件、程序性信息4438件、法律文书1643件。公安机关开展民生警务，亲民公安建设，通过增加便民在线服务平台服务功能，完善出入境管理便民服务，改进居民身份证申领发放工作，出台车管服务十条便民新规、领导干部联系基层、党员民警包户扶贫以及110回访、延时错时服务和一站式服务等一批便民利民措施，提高服务质量，提高群众满意度。规范基层执法司法，确保依法行使权力成为常态。坚持把基层执法司法规范化建设作为突出工作来抓。法院系统完善合议制度，改革审判委员会工作规则，加强对案件的监督把关。利用信息管理系统，对立案、分案、开庭、裁判、执行、归档等各个流程节点进行监控和预警提示，严格审限延长、中止、程序变更等环节的审批，严格规范减刑、假释、暂予监外执行工作，“涉黑、金融、职务”三类犯罪人员减刑假释案件实行全程阳光审理。检察系统从侦查措施、强制措施、涉案款物扣押冻结、保障诉讼参与人合法权益四个方面开展专项检查，严格执行犯罪审查逮捕上提一级规定，落实讯问犯罪嫌疑人同步录音录像规定，落实“一案三卡”制度，纪检监察部门对办案人员实行案前提醒、案中督察、案后回访，促进严格、公正、文明、规范执法。公安机关将执法规范化建设，作为贯穿公安工作和队伍建设的基础性、全局性、战略性工程来抓，推进执法办案场所“五个一律”规定的落实，加快市局现场执法、办案区执法音视频数据管理平台和数据库建设，落实案件审核把关制度，开展立案突出问题专项治理，执法规范化水平提高。强化权力运行监督制约，按照全市学习讨论落实活动统一安排，结合政法系统实际，出台吕梁市《领导干部干预司法、插手具体案件处理的记录、通报和责任追究实施办法》，从源头治理利益输送问题。按照“六权治本”要求，各部门理清权力和责任清单，编制权力清单，绘制权力运行流程图，针对关节点、薄弱点分别制定60多项具体的办案制度和监督制度。依法强化诉讼监督，加强对刑事立案和侦查活动的监督，2015年监督公安机关立案41件，撤案22件，依法追捕45人，追诉106人，纠正侦查活动违法行为247件。加强对刑事审判活动的监督，针对违法情形提出纠正意见64件，对认为确有错误的刑事判决、裁定提出抗诉33件。加强和规范对民事诉讼、行政诉讼活动的法律监督，提出抗诉5件，提出再审检察建议18件；对审判和执行活动中的违法情形分别提出检察建议286件、256件。加强刑罚执行和监管活动监督，立查监管场所职务犯罪案件12件13人。强化日常监督，纠正减刑、假释、暂予监外执行不当73人，纠正刑罚执行和监管活动违法情形1048人，纠正监外执行和社区矫正监管违法或不当912人。对全市范围内的社区矫正脱管、漏管、虚管情况进行排查，发现虚管108人、脱管26人、漏管6人，发出纠正违法通知书并纠正。

【加强队伍建设】

2015年，吕梁市加强政法领导班子建设。把班子建设作为队伍建设的龙头工程来抓，针对政法系统领导班子年龄偏大、缺额较多的问题，协助市委和组织部门，严格按照“三个一批”“九查”的办法，真正把清正廉洁的人选出来、用起来，形成风清气正的用人环境。全年调整补充26名政法系统干部。其中，配备1名市中院副院长、2名县院院长，9名副县级干部；配备1名市检察院副检察长，1名反贪局局长，2名专职委员，6名副县级干部；配备1名市公安局调研员。开展专项整治活动。围绕吕梁市学习讨论落实活动的要求部署，结合“三严三实”专题教育，针对群众反映强烈、严重损害司法公信力的5大类56项突出问题，按照查摆问题、严肃查处、整改落实、建章立制4个环节的具体要求，政法各部门开展本系统执法司法突出问题专项整治。法院系统梳理突出问题62条，围绕“六难三案”开展“三清、三治、三推进”，清理、纠正超审限案件192件，执行久拖未执案件89件，查处违纪违法案件4件6人。检察系统深刻剖析不敢监督、不愿监督、不善监督、监督乏力等问题和原因，重点整治理想信念、司法程序、司法行为、司法作风、纪律制度、法律监督等26项具体问题。公安系统整改纪律作风、规范执法、警民关系、内务管理方面问题393条。司法系统梳理整改各类问题18条。为确保突出问题整改取得实效，市委政法委组织专人3次进行督导，通过听取汇报、查阅资料、走访群众、明察暗访、随机抽查等方式进行督促检查。通过集中专项整治，随意执法、粗放执法、越权执法和办人情案、关系案、金钱案等徇私舞弊问题减少。深化干警大培训活动。把提高基层一线政法干警履职能力作为政法队伍核心战斗力来抓，落实《2014—2017年全市政法干警素质能力提升教育培训规划》，从9月份开始，由市委政法委牵头抓总，先后举办全市政法系统舆情应对处置与舆论引导策略、全市政法干警素质提升暨法治建设、全市综治干部业务、全市公安交警业务四期专题培训班，邀请清华大学、检察官学院等法界泰斗和省政法部门对口业务精英授课，采取统分结合方式，对1263名基层一线政法干警和综治干部进行培训，在强化政治理论、提升法治修养、提高舆情应对能力的同时，按照“干什么，学什么，缺什么，补什么”的原则，重点培训操作性业务技能，提高执法办案水平。按照面向实战、讲究实用、注重实效的原则，政法各部门组织开展任职资格、专项业务、岗位技能培训，推进精品案件评选、示范庭审观摩、执法文书评比、办案能手交流等业务能力提升活动，培养一批业务尖子和办案能手，中院〔2014〕吕民一终字第632号判决书荣获首届全国商事审判优秀裁判文书优秀奖，是山西唯一获奖的裁判文书。深化“一村一警”联系走访活动。把“一村一警”联系走访活动作为改进政法机关作风、践行“三严三实”的重要载体来抓。结合市委部署的“聚焦民生、服务群众”主题实践活动，围绕当好“八大员”、组织形式“三个一”、日常活动“四个有”、解决问题“五个小”，努力实现“八个无”的目标。市委政法委开通“一村一警”信息平台，每半月通报一次干警走访信息，对走访活动的工作成效、先进事迹和成功经验进行大力宣传，要求每位联村干警每半月将本人走访时间、走访对象、发现和解决问题等情况简要反馈到平台，信息回复情况进行定期通报，纳入考核范畴。2015年政法系统共走访4589户，化解矛盾纠纷1786起，整治治安乱点143个，解决群众困难1094件。

【加强纪律建设】

2015年，吕梁市勤教育，增强干警纪律意识。坚持把纪律建设特别是政治纪律建设放在首要位置，组织全市政法干警学习新修订的《中国共产党廉洁自律准则》《中国共产党纪律处分条例》。开展警示教育，结合市纪委开展的“以案为镜、反思剖析、严肃整改”工作，组织政法各部门编写警示教育资料。市检察院选取32个典型案件，编写《警示与借鉴——发生在群众身边的职务犯罪案例剖析》读本印发；市公安局选取75个典型案例，编印警示教育资料，以身边人、身边事教育广大干警，增强拒腐防变的自觉性。传压力，严格落实主体责任。市委政法委出台《关于落实党风廉政建设主体责任的实施方案》《关于加强党风廉政建设主体责任的实施办法》和《关于进一步推动政法各部门落实党风廉政建设主体责任的通知》。抓住“一把手”这个最为重要的“关键少数”，层层传导压力，确保守土有责。市委政法委书记刘云晨先后与法院、检察院、公安局、司法局、安全局和消防、交警支队主要领导谈心谈话。通过一级抓一级，层层压责任，形成工作合力。强监督，加强常态化监督管理。坚决把纪律规矩挺在前面，强化日常管理监督，抓早抓小，深入开展常态化、经常性的明察暗访和教育提醒。市委政法委2015年牵头组织4次交叉检查，对13县（市、区）59个基层单位进行明察暗访，对17个单位30余名违纪干警点名通报批评。加强对政法部门班子成员思想动向、家庭状况、生活作风、八小时之外活动情况的日常监督，对发现的苗头性和倾向性问题，及时提醒纠正。严查处，保持遏制腐败高压态势。支持执纪办案，对司法腐败和不正之风，坚持以“零容忍”的态度，旗帜鲜明支持纪检部门执纪问责，动辄则咎，2015年查处违纪违法政法干警49案89人，政法系统初步形成不敢腐的氛围。

（吕梁市政法委）

公安

【概述】

2015年1至12月，吕梁市公安机关共侦破各类刑事案件4640起，侦破八类危害严重刑事案件474起，查获犯罪集团41个184人，抓获刑事作案人员2808人，侦破命案32起，破案率为96.97%。通过集中严打整治，年初全市刑事案件发案大幅上升的势头得到有效遏制，全市刑事案件同比上升6.88%，低于全省平均水平，八类危害严重刑事案件下降33.13%，社会治安保持了平稳态势。2015年，吕梁市共发生列入统计范围的道路交通事故425起，与上年同期相比减少56起，下降11.64%，死亡197人，同比减少2人，下降1.01%，受伤428人，同比减少106人，下降19.85%，直接经济损失337.8372万元，同比增加5.1991万元，增加1.56%，道路交通安全形势保持总体稳定。1月—12月，全市共发生4起一次死亡3人以上较大道路交通事故，与上年同期相比增加1起。全市共发生道路交通逃逸事故31起，侦破31起，侦破率达100%。截至12月31日，全市拥有机动车386738辆，驾驶人数557935人。1—12月份全市新增注册机动车31131辆，新增驾驶人34045人。2015年，吕梁市公安消防支队累计接警854起，出动消防车辆1668辆次，消防官兵9617人次，抢救被困人员344人，疏散人员1510人，抢救财产价值3616.79万元。

【维护社会稳定】

2015年，吕梁市公安机关围绕“两会”、抗战胜利70周年纪念活动、中共十八届五中全会等重大活动、重要会议安保任务，坚持谋划在早、防范在先，下好先手棋，打好主动仗，全面加强各项维护稳定工作。预防暴恐和极端案件。强化重点目标和要害部位安防工作责任制，落实人防、物防、技防措施；落实重点人、重点群体“四个一”管控措施，加强信息采集和见面核查工作，启动来吕梁重点群体人员身份信息一律上网核查工作，做到来知轨迹，动知踪影；坚持全天候街面武装巡逻，13个县（市、区）公安局全部成立反恐巡逻小分队，在市县城区开展全天候武装巡逻；完善应急处突准备，制订吕梁市《处置生物化学恐怖袭击事件预案》《处置劫机事件应急预案》等预案，举办全市反恐怖业务知识培训班，全市公安机关防范和处置突发事件能力提升，全年全市未发生暴力恐怖袭击和极端事件。加强公安信访工作。坚持以身作则，实行市县公安机关领导定期接访制度，市县两级联动，每周二“一把手”接访，其余工作日至少一名局领导接访。全年市县公安机关“一把手”接访351起362人次，党委成员接访748起835人次；开展集中清理信访案件大会战，确定132起重点信访案件，办结96起，办结率达73%，全年全市涉法重点上访案件比上年同期下降了68%，先后12次成功阻止原“8042”“8023”部队退役人员串联赴省进京上访活动；依法打击非法上访行为，打击处理非访

587人次，其中刑事拘留44人，行政拘留403人，警告34人，训诫106人，维护了信访秩序。强化互联网虚拟社会管理。加强网上维稳和涉警舆情导控，实行24小时网络监管监控制度，开展舆情引导1520次，落地查证35起；推进重要信息系统和政府网站等级保护，加强网站和非经营性上网场所安全管理，打击网络违法犯罪，共协查线索1200余条，抓获各类违法犯罪人员29人，破获散布太原发生7.6级地震谣言和网上扬言将爆炸物品送往汾阳市政府大楼案件；推进市局反电信诈骗中心工作，在市县城区人流密集场所开展了集中宣传活动，拦截、封堵、监测诈骗电话1360余次，劝阻群众被骗46人次，发送防骗短信提醒254万余条，提升了群众的安全防范意识。

【严打专项行动】

2015年，吕梁市公安机关推进"亮剑"侦查破案专项行动，完善刑侦、刑技、技侦、网侦、情报中心"五位一体"同步上案和全警破案工作机制，保持严打高压态势，遏制刑事案件高发势头。结合治安实际，组织开展打黑除恶、命案侦破、打击毒品违法犯罪大会战、城中村整治、打击多发性侵财犯罪等严打专项行动，取得明显战果。开展打黑除恶专项斗争。全年共打掉并上报恶势力战果16个；侦办的黑社会性质组织犯罪集团1个，为方山县张志雄等人组织、领导黑社会性质组织集团，移送起诉；侦办的恶势力团伙13个。打击"两抢一盗"等多发性侵财犯罪。针对2015年全市入室盗窃、盗窃机动车及车内财物、盗窃电动车犯罪突出的情况，组织开展打击盗窃犯罪专项行动，全市共破获两抢一盗案件3964起，打掉盗窃团伙35个，省督13起侵财案件全部破获。侦破涉案160万元的中阳"5·12"保险柜被盗案，打掉流窜吕梁、运城、临汾三市大肆作案的乔志明盗窃团伙。整治治安突出问题。组织开展城中村治安整治、"九小场所"集中整治、"打四黑除四害"、扫黄打非、打击涉医违法犯罪等专项行动。全年共查处治安案件9182起，查处违法人员10450人，其中涉黄案件233起184人，涉赌案件848起2335人，涉毒（治安）案件1438起1378人。侦破"四黑四害"案件93起、涉食药案件27起，破获"907"特大生产销售假酒案，受到公安部、省公安厅肯定，省厅在吕梁市召开现场会，向全省推广了吕梁市工作经验。推进禁毒斗争。组织开展"扫毒害保平安""网络扫毒"专项行动和打击毒品违法犯罪大会战，严厉打击各类毒品违法犯罪，破获各类涉毒案件1288起，强制隔离戒毒272人、社区戒毒340人，缴获毒品海洛因3912克、冰毒401026克、液体冰毒1412602克、鸦片7918克。打掉张鹰宇特大吸贩毒团伙，查获液态冰毒12公斤、冰毒颗粒50克。打击涉众型经济犯罪。针对吕梁市近年来涉众型经济犯罪突出的特点，重点打击非法吸收公众存款、高利贷、集资诈骗、骗取贷款等犯罪，为群众挽回损失。开展"猎狐2015"缉捕在逃境外经济犯罪嫌疑人专项行动、整治银行卡网上非法买卖专项行动，共侦破各类经济案件158起，涉案金额254591万元，挽回经济损失23677万元。

【改进服务管理】

2015年，吕梁市公安机关结合"三严三实"专题教育活动中发现和平常工作中掌握的群众反映突出问题，在完善省厅"十八条"、市公安局"双十五条"等便民服务措施的基础上，通过多种形式开展民生警务，改善服务方式，提高服务质量，开展民生警务，亲民公安建设。完善便民在线服务平台功能。优化手机端页面，增加身份证制作进度查询、在线寻人等10项功能，简化"出入境便民服务""吕梁车管所"业务操作程序，开通警民连线栏目，定时与群众连线征求意见，答疑解惑，融洽警民关系。全年共发布公安要闻、便民公告、警方提示等各类警务信息共3824条，办理群众咨询求助共3239件，群众网上答复满意度达到98%，赢得了社会各界的好评。改进户籍管理制度。取消农业户口与非农业户口性质区分，统一登记为居民户口。加强与相关部门协调，按照各自职责，开展居住证制发、流动人口管理、权益保障和公共服务等工作，为解决吕梁市流动人口在居住地劳动就业、子女就学、社会保障等问题创造了条件。加强居民身份证申领、发放工作，推出12条办证服务便民利民措施，实行错时、弹性工作制，开展全天候“流动办证”服务，为参加各类考试、比赛、乘机（车）、出国等急需申领居民身份证的群众开辟绿色办理通道。实施车管服务十条便民新规。简政放权，取消20项车驾管业务审批项目，放宽初次领证自培直考限制，向具备条件的县交警大队下放小型车考试业务，取消驾校集体预约，实行驾驶人考试网上预约，在各车管服务所、站实行新号牌每日公示制度，并实行邮政快递“现取快递”，为群众提供了便利。加强公共安全管理。坚持治爆缉枪不放松，加大对非法制贩运枪爆物品犯罪的发现、查处、打击力度。狠抓交通安全整治，组织开展“城乡道路交通秩序百日整治”“查违法除隐患、降事故保安全”大会战等行动，集中整治超员超载、酒后驾驶等重点交通违规行为。加强消防安全监管，推广文水九小场所“五户联防”工作经验，强化消防安全管理，保持良好的安全形势。全年实现民爆安全无事故（案件），交通事故起数、伤亡人数同比全部下降，火灾事故零伤亡的好成绩。

【推进“四项建设”】

2015年，吕梁市公安机关成立领导组，认真谋划，明确责任，细化任务，扎实推进四项建设。（1）以资源整合与实战应用为主线，推进基础信息化建设。全市267个公安基层所队全部接入公安网，50%的派出所配备一体化信息采集系统，完成技侦涉密网建设，加快a接口建设，开展监所高清数字化监控改造，建设完成全市监所智能化管控平台；推进资源整合共享。结合“基础信息采集年”活动，部署了信息采集大会战，采集整理36类数据617亿条，为全市基层信息化建设奠定良好基础；强化实战应用。利用信息化手段协助破案1832起，抓逃169人，对新疆等高危区域人员落地核查288人次，信息化实战能力增强。（2）以优化指挥调度、改进勤务模式为重点，推进警务实战化建设。优化指挥调度，完成全市公安机关“三台合一”升级改造项目，对全市指挥中心接警人员进行了业务培训，探索建立可视化、扁平化一级指挥调度体系；改进勤务模式，推进“1135”工程建设，加强派出所和社区警务，完成100个规范化派出所和112个规范化警务室的建设改造，提高基层警务效能。省厅在孝义召开全省加强派出所和社区警务工作“1135”工程第三次推进会；夯实实战基础。推进视频监控建设，全年累计投入视频监控建设资金151亿元，新增监控探头26625个。以孝义市局为试点，强化110与政府相关部门公共服务平台的对接，整合政府职能部门和社会资源，建立一体化联动处置机制，确保群众救助事件得到快速、高效处置。（3）以建设法治公安为目标，推进执法规范化建设。创新案件管理机制，强化执法监督。以孝义为试点，在全市公安机关积极探索设立案管中心，推进受立案制度改革和刑事案件统一审核、统一出口机制。省厅在孝义召开全省公安机关执法权力运行机制改革现场推进会，推广吕梁经验；集中开展专项整顿，规范执法行为。开展立案突出问题专项治理、监管系统突出问题教育、预防专项整治，引深“肃警风、严警纪、正形象”规范勤务整顿活动。建成办案区执法音视频数据管理平台、现场执法音视频数据管理平台和取保候审监视居住执法监督系统，实现场所执法和现场执法音视频数据集中管理，通过案件审核、日常检查、网上巡查、现场督察等方式，推进“五个一律”规定的落实，规范执法行为；强化执法监督检查，加强法制教育培训。组织全市270名民警参加各级别执法资格等级考试，初级通过率达100%，中级通过率达97.5%。开展立案突出问题专项整治和经侦、治安、监管、交警、消防系统突出问题教育、预防与专项整治，逐一排查2015年刑事警情，整改问题248个，省厅通报的83起案件已全部办结。完善执法质量考评机制，落实网上考评、日常考评、专项考评“三位一体”的执法质量动态考评，收到良好效果。（4）以能力素质建设为根本，推进队伍正规化建设。结合“三严三实”专题教育，组织开展经常性读书学习活动、“增强党性、严守纪律、廉洁从政”专题教育、“正风肃纪，规范执法，纯洁队伍，重塑形象”专项整治，深入开展狠抓党性党风党纪教育，教育民警讲党性、懂规矩、守纪律，坚定理想信念，筑牢忠诚警魂，严守党的纪律，把握正确的政治方向。制订《全市公安机关2015年教育训练计划》，分类分层次开展派出所所长培训、社区警务工作培训、情报部门业务培训、互联网监控业务培训，民警综合能力提升。汾阳市局民警李林燕参加全国公安机关第二届警务实战教官技能大比武获抗压武力推进演练科目个人一等奖，为吕梁公安机关争得荣誉。

【加强反腐倡廉建设】

2015年，吕梁市公安机关坚持明责任，落实“一岗双责”规定。市公安局制订《2015年全市公安机关党风廉政建设和反腐败工作意见》和《党风廉政建设和反腐败工作任务分解方案》，明确五个方面25项具体工作措施，推进各项工作。坚持“一把手”负总责，市公安局局长权志高与各县公安局局长签订《反腐倡廉工作责任状》，明确追究“一岗双责”领导责任的五种情形和相关惩戒措施，要求各级各部门“一把手”切实履行“一岗双责”职责。狠抓领导班子建设，制订《吕梁市公安局党风廉政建设落实主体责任岗位责任清单》，根据党委分工与有关责任人签订“廉政建设履行主体责任状”，实现“千斤重担众人挑，人人肩上有指标”，时刻警示提醒班子成员履行廉政建设职责、任务、权利。强化责任监督落实，加强落实层级管理制度建设，推行一级管一级，一级对一级负责制，发挥各级领导干部抓队伍管理的责任意识和主动性。实施县（市）局长、纪检书记半年廉政述职制度和重大问题逐级约谈制度。对市纪委查处的临县、交城、兴县等出问题多、工作合力不强的3个县（市）局局长进行约谈。坚持勤教育，提高民警反腐倡廉意识。开展专题教育，通过开展学习讨论落实活动、“三严三实”教育活动，认真学习中共十八大、习总书记系列讲话精神和焦裕禄、杨善洲等先进事迹，提高广大干警的宗旨意识和群众观念。开展警示教育，组织全市广大民警观看《手莫伸》等警示教育片，围绕原文水开栅派出所所长武志刚违法违纪、交城公安局临时人员“8·31”事故等反面典型，在全市公安机关开展以案为镜、反思剖析、严肃整改教育活动、进行分析、剖析、讨论活动，警示广大民警。开展典型教育，开展全市人民满意警察、人民满意警队评选活动，组织全市民警观看“身边的榜样”先进事迹巡展，以身边人、身边事教育广大民警，在全体民警中牢固树立“守纪律是底线，守规矩靠自觉”的思想，增强廉洁从警意识和拒腐防变自觉性。坚持由惩到治，做到监督管理制度化、常态化。加强日常管理，开展“四项整治”，强化管理和常态化的明察暗访、教育提醒，整顿领导班子“软懒散”、纪律作风“稀拉松”、服务群众“冷硬横”、内务管理“脏乱差”等方面存在的问题，督促落实党风廉政建设各项要求。强化外部监督，坚持政风行风和廉政监督员制度、人大和政协评议制度，完善“12389”专用举报电话和网上局长信箱功能，发现民警依法履职、服务群众工作中的各类问题，做到早发现、早预防、早处置，整饬警风，严肃警纪。严查违法违纪问题，坚持把查办案件作为惩治腐败的主要手段，始终把纪律挺在前面。按照有举报必核查、查实必惩处、惩处必严和“一案双查”要求，全年共受理举报案件148起，办结134起，14起在核查中，严肃查处民警违法违纪案件45起，处分76人，其中违纪民警41案62人，与上年同比案件数不变，人数上升14.81%，违法民警4案14人，案件数和人数分别同比下降63.64%、22.22%，全市公安民警违法违纪高发势头得到遏制，严肃了警风，纯洁了队伍。

（吕梁市公安局）

·交通管理·

【确保道路交通安全】

2015年，吕梁市公安局交警支队开展道路交通安全大检查工作。从危化品运输车辆、驾驶人、装载、审批等环节查起，督促企业落实主体责任；会同交通运输、教育部门对现有校车和接送学生车辆进行摸底排查；加强对重点时段、重点区域、重点道路、重点车辆、重点违法的巡查管控；依托农村劝导站，组织力量不定期深入村镇、危险路段、事故多发路段开展路检路。全市共排查出86处路面行车秩序安全隐患，督促整改32处；排查出事故多发（频发）路段14处，整改5处，正在整改5处，未整改4处。加大对隧道等重点路段的交通安全隐患排查力度。全市54条隧道（国省道14条，县乡道40条）共排查出隐患26处，其中县乡道隧道隐患23处，国省道隧道隐患3处，且隐患全部为无照明设施、无标志标牌、未粘贴显示洞口轮廓的反光标识等。全市1261条桥梁（国省道557条、县乡道704条）共排查出隐患87处，其中县乡道桥梁隐患62处，国省道桥梁隐患25处，主要隐患为桥梁破损、防护栏低、无标志标牌等。所有隐患下达隐患整改通知书。

【提升交通秩序管理能力】

2015年，吕梁市公安局交警支队严厉打击各种交通违法。2015年支队坚持严字当头，重点加大对国省道及交通事故多发路段的巡逻管控力度和密度，狠刹重点车辆及重点驾驶人的重点违法行为的查处，依托全市31个省级、市级交通安全检查服务站，通过成立执法小分队、异地执法、联合执法、交叉执法等形式，严查严纠严处各类交通违法行为，形成依法严管强大声势。通过专项整治助力、常态化路面管控双管模式，组织开展春运、治理非法超限超载车辆、毒驾、酒驾违法行为专项整治、城乡道路交通百日行动、疏堵保畅交通安全大检查、大会战、5个波次的打非治违专项行动、市区道路交通秩序专项整治打造样板街等12项集中统一整治活动，完成了春运、“两节”“两会”、清明、五一、高考、端午、“9·3”、中秋、国庆、元旦等交通安全保卫工作。全年全市共查处各类交通违法行为1133297起，其中重点交通违法行为409826起，酒驾1996起，醉酒驾驶226起，毒驾36起，涉牌涉证15501起，行政拘留3848人。交通违法行为得到有效治理和查处，交通整治形成了路面为主、整治前移、严管严纠严查常教常管的新常态。

开展城乡道路交通秩序百日整治。为贯彻省委书记王儒林在吕梁视察时的重要讲话精神，按照市委、市政府关于城乡环境整治百日攻坚战的安排部署，从4

月15日起在全市组织开展城乡道路交通秩序百日整治行动。整治期间，全市交警全警动员，依法严厉打击各类交通违法行为；加大交通安全设施投入，市政府拨出1374万余元专项资金，用于增加交通安全设施，市政府投入359万元为吕梁大道增设交通安全设施。全市规划停车场9个，施划标线183422平方米，共新增、更换标志标牌448块，新增、更换隔离栏3430.416米，施划、新增停车位1589个，增设、改造、维修信号灯86套，电子警察38处，卡口37处。市区交通秩序明显改善。通过整治打击了农村微型面包车、短途客车超员、违法载人、客货混装、酒后驾驶、摩托车无牌无证等严重交通违法行为。整治期间，全市交警共查处各类交通违法127176起，饮酒驾驶269起，醉酒49起，拘留519人。

开展“百日大会战”。2015年，在313省道、218省道推行“大循环、大分流、大管制、大勤务”交通管理模式，在全市其他国省道实行四轴及四轴以上货车一律靠右行驶的管理模式，确保国省道行车有序。为有效改善国省道行车秩序，全市交警从6月1日开始在全市组织开展了为期100天疏堵保畅交通安全大检查百日会战。大会战以307国道柳林、离石、汾阳段，209国道方山、离石段，340省道中阳、孝义、汾阳段为重点，严厉打击大货车重点违法行为，实行所有三轴（含）以上载货汽车一律靠右行驶，从源头把好分流关，国省道行车秩序得到明显改善。

开展“查违法除隐患、降事故保安全”大会战行动。为有效遏制道路交通事故上升的势头，全市交警从6月16日开始在全市范围内部署开展了为期1个月的“查违法除隐患、降事故保安全”大会战行动专项行动。大会战期间，全市交警共查处各类交通违法行为164061起，其中现场查纠97478起，占总违法的59.4%，查出酒驾457起、醉酒47起、毒驾9起、逆行3468起、不按规定车道行驶69693起、疲劳驾驶3285起、涉牌涉证4150起、超员767起，超速1119起，违反规定载人5486起，行政拘留1160人。

开展五个波次的“打非治违”专项整治行动。吕梁市公安局交警支队从8月1日起至9月27日连续开展五个波次的全国统一行动，每个波次统一行动为10天。组织开展整治旅游客车、“营转非”客车统一行动、整治套牌假牌车辆统一行动、整治营运客车、危险货物运输车统一行动、整治校车统一行动、整治“酒驾”“毒驾”5个统一行动。在专项行动整治中，大队整合警力资源，合理安排勤务，加大路面管控力度，保持高压严管态势，规范机动车行车秩序，净化道路交通环境，预防道路交通事故的发生。

建章立制，提升突发事件应急处置能力。为有效和及时处置辖区内的各类突发事件，支队研究制订《吕梁市公安局交警支队恶劣天气道路交通安全应急处置预案》《吕梁市公安局交警支队处置道路大面积交通堵塞工作预案》《吕梁市公安局交通警察支队群死群伤道路交通事故应急处置预案》《吕梁市公安局交警支队载运危险品车辆道路交通事故应急处置预案》《吕梁市公安局交警支队重大案（事）件现场交通管制疏导应急处置预案》等5个应急处置预案，细化工作职责和措施，确保在道路交通应急管理中处置妥当。

【交通安全宣传】

2015年，吕梁市公安局交警支队以社会化教育为重点，搭建全民宣传平台。支队与吕梁市电视台沟通，在前期循环播放的交通安全公益广告的基础上，在新闻频道黄金时段加播交通安全事故预防公益广告。先后在春节、元宵节、两会期间、“全国中小学生安全教育日”、“4·30”全省道路交通安全日、“5·12”

防灾减灾日、“6·1”国际儿童节、高考、中考、中秋、国庆、“12·2”等重要节点，部署开展一系列声势浩大、影响深远的大型主题宣传教育活动，10月16日，吕梁交警支队与市书法协会、市机动车驾驶人协会、吕梁驾校等单位联合举办“关爱生命、文明出行”交通安全主题书法笔会活动，多样化进行交通安全宣传活动，全面推进文明和谐安全交通的建设。全年全市共开展各种主题交通安全宣传教育活动500余次，制作并发放宣传资料450余万份，营造文明出行、和谐交通的社会氛围。以新闻媒体为重点，搭建空间宣传平台。支队与《吕梁日报》联合开设“一路平安”专栏，对全市交通安全进行正面宣传、曝光不文明交通行为及道路交通事故，强化市民遵章守法意识。受到社会各界的广泛关注。以警示教育基地为重点，搭建交通安全实践模拟平台。支队交通安全警示教育基地，运营2年多以来，受众人数和范围不断扩大，实现交通参与者的全员覆盖教育。截至2015年12月底，基地共接待2万余人。

【黄标车淘汰工作】

2015年，吕梁市的淘汰黄标车任务5134辆，其中2005年12月底前注册的营运类黄标车1251辆。交警支队在全市实行联席会议制度、县长督办函制度、工作协调和坐镇指挥制度，建立了“每周一报告、两周一调度、三周一会议、一月一督查”推进机制，市环保、财政、交通、交警、商务等部门密切配合，加强领导，细化责任，确保了任务的按时完成。11月30日，全市黄标车累计淘汰5946辆，完成总任务的115.8%，其中淘汰2005年12月底前注册营运黄标车1259辆，完成率达100.64%，提前超额完成省级下达的淘汰任务。

【加强“民生交警”建设】

2015年，吕梁市公安局交警支队制定出台了十余条便民服务新规，更好的便民、利民、为民服务，构建民生警务新常态。通过简政放权，取消20项车驾管业务审批；放宽初次领证自培直考限制；向具备条件的县级交警大队下放小型车考试业务；实行驾驶人考试实行网上预约，取消驾校集体预约和网上车管所每季度发放新号牌号段，方便全市群众择选心意号牌；机动车号牌实行“现取快递”的办法，在网上选号或补号牌的实行邮政快递，市区内3个工作日送达，农村5个工作日送达；全市各车管服务所、站实行每日公示号牌100副，方便群众选取等服务，树立吕梁交警服务民生的良好形象，赢得了办事群众的赞许和肯定。

【推进“四项建设”】

2015年吕梁市公安局交警支队推进“四项建设”。

1.强化信息共享、深化实战应用，推进基础信息化建设。加强基础信息采集和应用工作。把基础工作信息化建设成果转化为现实战斗力。推进公路交通安全防控体系建设。将辖区视频监控、卡口等交通监控系统整合接入集成指挥平台，根据辖区路网变化及管理需求，科学合理布局交警执法站。推动全市15个交警执法站联网，加强全市30个交警执法站营房建设。2.推进警务实战化建设，提升全市公安交警整体战斗力。吕梁交警树立实战理念，推动各项交通管理工作向实战化方向发展转型。最大限度地将警力、装备投入到一线，提高路面管控效果。通过建立执勤民警教育监督机制，解决勤务“空转”的问题。依托科学的勤务工作机制，将交通违法、交通事故、勤务安排紧密结合起来，解决勤务安排与路面违法特点关联度不高、路面查纠违法与事故发生规律关联度不够的问题，提高勤务安排效率。3.加强“法治交警”建设，推进执法规范化建设上新台阶。通过加强交警法制建设，完善执法公开运行机制，落实权力清单制度和执法公开制度，规范执法自由裁量权。推进执法规范化建设，在现有基础上，按照上级要求标准进行办案场所升级改造，2015年12月31日，全市交警部门全部完成升级改造任务。4.推进交警队伍正规化建设和纪律作风建设，提升队伍整体素质形象。在全市开展“严警纪、正警风、树形象”教育整顿活动，集中解决交警队伍中执勤执法突出问题，预防和杜绝各类违法违纪行为的发生。加强业务培训，提高队伍素质，用良好的队伍素质适应新常态。支队先后组织全市交通秩序、事故处理、宣传教育、财会、科技信息指挥等五个方面的大培训，提升队伍素质。在此基础上，支队以学习讨论落实活动、“三严三实”为重点，开展队伍思想教育，强化党章学习，公安交警的思想认识得到提高，从警为民的意识得到加强。

（吕梁市公安局交警支队）

·消防工作·

【思想政治教育】

2015年，吕梁市公安消防支队以全军政治工作会议精神为指导，开展四有军人主题教育和“三严三实”专题教育整顿。强化筑魂育人，官兵理想信念更加坚定。开展了建党94周年暨学习政治工作会议精神知识竞赛、“四会”优秀政治教员授课比赛、抗战争胜利70周年和烈士纪念日等专题教育活动；编印《政治教育读本》110余册并购置发放“三严三实”学习图书430余册；举办了2期学习政治工作会议精神轮训班，先后3次邀请省委、市委党校老师及老红军对官兵进行讲座和16次组织官兵观看专题教育视频讲座；强化廉政建设，部队内外形象明显提升。通过开展“每月廉政大讲堂”、参观警示教育基地、开通“廉政文摘”公众平台、发送手机警示语方式深化廉政教育效果；开展消防执法领域突出问题专项整治、公开述职述廉、学准则作承诺等活动。不断加大内部督察力度，先后开展督察20余次。强化关爱暖心，干事创业氛围日益浓厚。狠抓官兵休假、体检、子女入学等从优待警制度落实；举办了第八届“消防卫士杯”篮球、庆八一军民联谊会；开展拥政爱民活动，为定点扶贫单位中阳县冯家庄村送爱心；坚持典型励警，1名干部家属获评“山西公安好警嫂”，在“5·19”临县黄土崩塌事故救援中3名同志荣立二等功，2名同志荣立三等功，激发了官兵干事创业的积极性。

【提升灭火救援实战能力】

2015年，吕梁市公安消防支队以管理正规化、训练实战化、消防信息化为发展方向，把力量凝聚到建设“能打仗、打胜仗”上，部队整体实战能力得到提升。抓安全保稳定。支队高度重视部队安全工作，通过签订责任书26份、召开安全形势分析会498次，编发安全提示短信4000余条，组建支队督察组定期巡查整改隐患100余条等举措不断强化部队管理工作，并运用科技手段实时监管，使部队实现连续五年“零事故”。抓实战强素质。通过印发全勤指挥部应知应会手册、完善“十六类”类型预案并修订预案1000余份，组织开展战训大讲堂和战例研讨20余次、组织全勤指挥部及各中队针对化工单位、人员密集、易燃易爆场所、高层建筑和地震5类灾害事故开展了15次全市跨区域综合实战演练，大队级演练280次，中队级演练320次等工作全力推进作战训练实战化，并成功处置了“5·19”临县兔坂镇黄土崩塌等灾害事故，赢得了各级领导和人民群众的高度赞誉。抓发展增实力。因地制宜，推动全市所有县级政府专职队及企事业专职消防队按要求全部达标，且65%的全国重点镇及50%的其他乡镇均完成专职消防队建设任务，全市专职消防队伍建设实现跨越式发展；投入建设经费70余万元完成实物作战沙盘、电子沙盘、指挥调度网扩容、“天眼工程”接入、接处警系统升级等工作。全面推进科技支撑信息化，保障随时拉得出、用得上，全面提升灭火救援实战能力。

【增强后勤保障能力】

2015年，吕梁市公安消防支队以“抓经费、强基础”为重点，推动加强部队后勤建设，为全市消防事业加快发展提供了强有力保障，经费保障水平再创新高。支队通过请示汇报、召开市长办公会、联席会，引起地方党委、政府领导对消防工作的关注和支持。全年预算达到5481.02万元，其中市级预算达到2042.17万元，大队级预算3438.85万元，同比增长率为26.55%和26.79%，基层7个单位落实高危补贴政策，实现了全市各级地方消防业务经费基本支出保障水平全面达标并逐年递增的目标。基础设施建设稳步推进。支队协调各县（市、区）政府支持，稳步推进基层基础建设。截至12月底中阳站投入使用，临县、交口、兴县3个消防站开工建设，到位基建资金769万元；特勤消防站完成建设项目选址、立项批复、环境影响评估、建设用地规划许可及项目建设资金财政承诺等相关工作，正在办理划拨用地手续。装备建设再上新台阶。2015年共投入2154.2655万元用于装备建设，投资956.5万元购置5台消防车；投资1079.8655万元新增个人防护1152件（套），其他类器材805件（套），投资117.9万元购置抗溶和水成膜泡沫液156.7吨，为部队战斗力的提高奠定了坚实的基础。

【净化消防安全环境】

2015年，吕梁市公安消防支队突出重点区域火灾防控。向市委、市政府主要领导专题汇报26次，协调行业部门联合执法32次，市委常委、常务副市长张广勇主持召开5次专题会议部署消防工作。提请市政府将夏季消防安全检查、劳动密集型企业第二阶段治理、易燃易爆危险化学品场所专项整治行动、冬春火灾防控工作纳入全市安全生产大检查加以统一部署、统一协调，建立政府牵头整治火灾隐患的工作机制，联合行业部门对人员密集场所、易燃易爆场所、劳动密集型企业、文物古建筑、养老院、医院、幼儿园等场所开展消防检查，有效净化了消防安全环境。突出创新消防管理模式。支队在文水开栅村创新开展九小场所“五户联防”工作，在全市范围内推广实施，以市政府名义悬挂“未经消防验收、确保消防安全”警示牌或“重大火灾隐患单位”警示牌532块，督促社会单位尽快整改火灾隐患。突出消防知识宣传教育。紧紧围绕“参与社区消防、建设平安家园”的主题，开展消防宣传“八进”（消防宣传进机关、进学校、进社区、进企业、进农村、进家庭、进网站、进文物古建筑）工作320次，深入重点单位开展消防安全“三提示”（提示公众聚集场所火灾危险性；提示公众聚集场所安全逃生路线、遇到火灾等紧急情况如何正确逃生；提示公众所在场所内灭火器、简易防护面罩、手电筒等灭火、逃生设施、器材放置部位和使用方法）工作800次；文化娱乐场所开机、放映前播出消防安全提示的公益广告或片花6000次；监督执法人员培训社会单位900家；在市民纳凉区和休闲广场发放消防知识手册10万余份、消防知识折页8万余份。

（吕梁市公安消防支队）

检察

【概述】

2015年，吕梁市检察院保障平安吕梁建设。打击各类刑事犯罪，共依法批捕1409人，起诉2578人。参与“打黑除恶”专项斗争，依法批捕黑恶势力犯罪61人、起诉49人，突出打击危害公共安全、严重暴力和多发性侵财等犯罪，依法批捕892人、起诉1551人。依法办理非法集资、集资诈骗等容易引起群体性上访事件的犯罪案件，如依法起诉王凤连等集资诈骗近26亿元案件。贯彻宽严相济刑事政策，对初犯、偶犯、过失犯罪及轻微刑事犯罪，依法不捕512人，不诉265人。开展涉法涉诉信访工作改革，落实信访接待书面告知制度，逐步建立诉、访分离机制。推行刑事和解、公开听证等工作，促成和解59件64人。服务经济转型发展。围绕优化投资环境，逮捕破坏市场经济秩序犯罪47件65人，起诉58件120人；查办发生在项目审批、项目监管、资金拨付等环节犯罪案件17件35人，保障政府投资安全；查办住房改造、交通、水利等工程建设领域职务犯罪案件21件28人，保障基础设施建设顺利进行。开展行贿犯罪档案查询26054次，为10362个单位、24516个个人提供查询服务，有4家单位因行贿犯罪记录被禁止市场准入，在项目招投标、金融信贷、资格审查等方面发挥了遏制贿赂犯罪、促进诚信社会建设作用。维护民生民利。开展查办发生在农民群众身边职务犯罪专项工作，得到市委高卫东书记批示支持，共立查此类犯罪105件135人。牵头与市中院、市公安局、市司法局联合出台多项制度，规范未成年人刑事诉讼程序；牵头与市教育局、团市委联合开展了"法治进校园"活动，措施得力，效果显著，得到市委主要领导批示肯定。落实检察长接访、巡防、下访等制度，处理群众举报、控告、申诉1557件次，全部分流处理。办理刑事被害人救助案件37件，拨付救助金47.5万元。全市设立乡镇检察室17个，构建"互联网+检察室"工作模式，开展巡回检察常态化。全省未检工作和控申工作会议在吕梁召开，孝义市院、市院控申处分别作经验交流。

【反腐倡廉建设】

2015年，吕梁市检察院加大力度查处贪污贿赂犯罪。共立查贪污贿赂犯罪127人，同比上升0.8%，自行发现线索占81%。强化侦查一体化机制，重点查处发生在国家机关领导干部中的贪污贿赂大要案，案件呈现出"三升、三高"特点。立查要案14人，同比上升250%，要案率11.2%，同比上升10个百分点，立查要案率创十年来新高；立查贿赂案45人，同比上升67%，占比35.4%，同比上升14个百分点，贿赂案件比率创近年来新高；立查国家机关领导干部案件46人，同比上升125%，占比35.7%，同比上升20个百分点，此类案件比率创近年来新高。按照上级院安排部署，重点查办煤炭、国土资源等16个权力集中、资金密集部门岗位案件和在商业贿赂、职务升迁、工程建设等方面"围猎"干部的行贿案件。提高反渎案件质量。明确"稳定数量、提高质量、狠抓大要案"工作思路，共立查渎职侵权犯罪65人，同比上升4.8%。其中重特大案件26件31人，占立案总数的47.7%；立查科级以上领导干部26人，其中县处级要案6件6人，要案率9.2%。立查安全事故案件6件6人，占立案数的9.2%，办案领域拓展到公安交警、食品药品、卫生医疗、农业监管等部门。经高检院和省院指定管辖，主办"11·2"农机领域专案，立查山西省、市、县三级农机补贴领域涉案人员38件45人，涉案金额上亿元。创新职务犯罪预防工作机制。在约谈发案单位"一把手"做法基础上，创新诫告"三个三"工作机制（确定三类对象、明确三种形式、规范三步流程），被高检院《工作简报》转发。组织召开市预防职务犯罪工作领导小组第四次会议，推动预防工作纳入全市"六权治本"和各单位、各乡镇（街道）年度目标责任制考核体系，经验做法被省院推广。落实市委书记高卫东批示，精选32个典型案例，编撰《警示与借鉴——发生在群众身边的职务犯罪案例分析汇编》，印制2万余册，发放给全市各部门和乡镇、农村两委干部。开展法治宣传和警示教育608次，撰写预防调查报告

104篇、案例分析71篇，向发案单位和有关主管部门发送检察建议43份，帮助落实预防措施14件，其中61篇预防调查报告和案例分析报告被党委、政府、人大转发推广。

【强化诉讼监督职能】

2015年，吕梁市检察院加强刑事诉讼监督。加强对刑事立案和侦查活动的监督，监督公安机关立案41件，撤案22件，依法追捕45人，追诉106人，纠正侦查活动违法行为247件。加强对刑事审判活动的监督，针对违法情形提出纠正意见64件，对认为确有错误的刑事判决、裁定提出抗诉33件，法院审结22件，如任某某贪污案经抗诉由有期徒刑6年改判为10年，药某某诈骗案经抗诉由有期徒刑12年改判为8年。开展破坏环境资源和危害食品药品安全犯罪专项立案监督活动，监督行政执法机关移送案件18件，公安机关立案6件6人。开展驻公安检察室试点工作，与公安会签出台《关于开展侦查监督驻公安检察室工作的办法（试行）》，并与近年来出台的“两个意见书”、逮捕案件“社会危险性”证明要件及不捕案件说理机制规定、介入侦查引导取证办法等相结合执行，捕后轻刑率同比下降27个百分点。加强民事审判和行政诉讼监督。共受案977件，审查处理933件；加强和规范对民事诉讼、行政诉讼活动的法律监督，提出抗诉5件，提出再审检察建议18件；对审判活动和执行活动中的违法情形分别提出检察建议286件和256件。共息诉72件，其中和解12件，撤回申诉43件，其他处理17件。提出抗诉案件数、提出再审检察建议案件数、对审判和执行活动违法监督案件数、息诉案件数在全省名列前茅。开展查办虚假诉讼和民事执行专项监督活动，对执行根据的监督，提出检察建议105件，采纳35件；对执行行为的监督，提出检察建议151件，采纳143件。办理支持起诉案件71件，采纳67件，涉案金额高达178万余元，维护了弱势群体的合法利益。加强刑罚执行和监管活动监督。在全省率先完成监所检察更名工作，职责清晰明确，促进了各项工作的开展。立查监管场所职务犯罪案件12件13人，同比增长62.5%，创历史新高，在全省名列前茅。强化日常监督，共纠正减刑、假释、暂予监外执行不当73人，纠正刑罚执行和监管活动违法情形1048人，纠正监外执行和社区矫正监管违法或不当912人。对全市范围内的社区矫正脱管、漏管、虚管情况进行排查，发现虚管108人、脱管26人、漏管6人，发出纠正违法通知书并已纠正。完成驻市看守所检察室的派驻工作，展开监管工作。开展特赦审核工作，共向法院报请106名特赦人员，中院出具裁定，3人被执行特赦。加强机制创新，坚决防止冤错案。出台《吕梁市检察机关命案办理工作办法（试行）》，成立全市命案办理工作领导组，任命两级院命案工作组成人员，实行主任检察官负责制、首办责任制和“捕诉联动”机制，强化全程、同步、同时介入命案现场勘查勘验模式，在案件侦查方向和固定、完善相关原始证据等方面引导侦查机关，加强命案办理中与侦查机关的监督制约与协作配合，提高命案办理质量和效率。全年共介入命案32件，提出引导取证意见4件，公安机关均予以采纳。开展逮捕、羁押必要性审查，提出释放或变更强制措施建议22件，已采纳22件；检察环节听取辩护人提出的意见建议46件。

【加强自身建设和内外监督】

2015年，吕梁市检察院开展规范司法行为专项整治工作。两级院分别制定实施方案，多次召开全市电视电话会议安排部署；成立督导组，对2013年以来案件及事项开展了“六个专项检查”（统一业务应用系统和案件信息公开系统使用、涉案财物处理、取保候审强制措施使用、公诉文书规范、检察建议使用、案件线索管理）；征集到意见、建议2375条，梳理出7类31个问题，划分部门和个人整改方案；市院召开院务扩大会，专题听取各业务部门落实整治情况。通过活动开展，围绕制约规范司法行为的薄弱环节，制定执法办案权力清单、责任清单、办案流程图等20项规章制度，用制度管权管案管人。全面深化“阳光检察”。依托“线下”检务大厅和“线上”门户网站、微博微信平台，探索“互联网+”新型检察模式。全市两级院均设立检务大厅，规范案件移送和分流，实现咨询、举报、控告申诉、律师阅卷、案件信息查询等“一站式”便捷服务。依法及时向社会公开有较大影响职务犯罪案件、普通刑事犯罪案件等重要信息241件、程序性信息6650件、法律文书1913件，办理律师网上预约74件次。组织召开查办和预防职务犯罪新闻发布会，通报全市检察机关查办职务犯罪案件以及查办发生在农民群众身边职务犯罪专项工作情况。自觉接受内外监督。深化、细化首办责任制，实行案件首办责任承诺、案件倒查、案件终身追究制度，明确责任。执行犯罪审查逮捕上提一级规定，落实讯问犯罪嫌疑人同步录音录像规定，落实“一案三卡”制度，对办案人员实行案前提醒、案中督察、案后回访，促进严格、公正、文明、规范执法。自觉接受人大监督，向人大报告全市反贪污贿赂工作情况，办理人大、省院、市委交办案件7件。举办以“规范司法行为、提升司法公信”为主题的“检察开放日”活动，邀请人大代表、政协委员、监督员等社会各界参加，听取意见建议。

【检察队伍建设】

2015年，吕梁市检察院抓学习，加强思想道德教育。学习中共十八大和十八届三中、四中、五中全会精神以及习近平总书记系列重要讲话精神，新修订的《中国共产党廉洁自律条例》和《中国共产党纪律处分条例》，开展“三严三实”专题教育、学习讨论落实、“聚焦民生、服务群众”等活动，两级院党组书记、党组成员带头讲党课、开展专题研讨，并严格整改。组织开展“三严三实”演讲比赛、道德讲坛等活动，宣传先进人物事迹，引领干警树立健康向上的道德风尚。严问责，加强党风廉政建设。制订落实“两个责任”实施意见，坚决履行“主体责任”，强化“一岗双责”；落实“监督责任”，建立纪检工作单独考核管理办法，设立案件检查审理室和综合检务督察室，从社会各界聘请48名党风廉政监督员，从内设机构选任15名兼职纪检监察员，加强内外监督。发挥督察专员和“周末督察组”作用，加强检务督察。从严治检，核查干警违法违纪线索29件，给予党内严重警告1人，检纪警告2人，停职检查1人，诫勉谈话13人，通报批评6人，书面检查15人，口头警告2人，廉政约谈23人。提能力，加强业务能力建设。组织干警学习刑法修正案（九），参加岗位技能等培训，市院案管办在全省统一业务应用系统使用与技能竞赛中荣获二等奖，被评为“先进集体”；柳林县院被省预防职务犯罪领导组授予全省预防职务犯罪工作“先进单位”，交城县院被省院评为“案件管理工作示范院”称号；交城县院李俊红被最高检评为“全国刑事执行检察业务能手”，被省院评为“首届全省检察机关刑事执行检察业务标兵”；汾阳市院梁树伟在全省侦查监督部门“释法说理”专项练兵竞赛中荣获“优秀选手”称号，临县、石楼、汾阳等基层院成立青年检察官小组，建立青年干警长效培养机制。2015年全市550余人次参加各类培训，21个集体、49个个人受到高检、省院、市委的表彰。激活力，推进内设机构改革。在省院指导和市县两级党委、政府的支持下，全市13个基层院按照大院10+1、小院7+1模式，开展内设机构改革工作。汾阳、文水、交口、临县、岚县、兴县、方山、离石8个基层院基本完成内设机构改革工作。改革后，全市基层院内设机构由191个减少到139个，下降28%，70%具有办案资格的人员集中到办案一线。孝义市院作为全省司法体制改革试点，在遵循顶层设计和结合自身实际的基础上，员额制改革工作初步完成。

（吕梁市人民检察院）

法院

【概述】

2015年，吕梁市法院共受理各类案件28438件，结案22602件，同比上升28.24%和12.87%，结案率79.48%。其中，市中院受理各类案件4168件，结案3535件，同比上升28.17%和29.82%，结案率84.81%。

【刑事审判】

2015年，吕梁市法院共受理各类一审刑事案件3178件，审结2754件，判处罪犯2483人，同比下降8.08%、16.92%和26.66%。坚持依法从严，一审审结杀人、抢劫等暴力犯罪、黑恶势力犯罪、毒品犯罪等严重刑事案件476件，193人被判处五年以上有期徒刑、无期徒刑、死刑。审结集资诈骗、非法吸收公众存款等涉众型经济犯罪6件。审结贪污、贿赂等职务犯罪案件116件，判处165人。坚持当宽则宽，依法对1237名被告人判处缓刑、管制，对85名被告人免予刑事处罚。排除非法证据，保障人权，防止冤错案件发生，扩大刑事案件指定辩护工作，依法为70名被告人指定了辩护人。推进量刑规范化工作，把量刑规范化与刑罚个别化有机结合起来，杜绝生搬硬套、机械量刑，使量刑更加客观均衡，全市法院适用量刑规范化审理案件1147件。实施涉罪未成年人帮教工程，对判处缓刑的28名未成年人开展回访帮教活动，促使未成年罪犯及时得到矫治。落实未成年人犯罪记录封存制度，对63人的轻罪犯罪记录予以封存，为未成年犯复学、升学、就业，顺利回归社会创造有利条件。

【民商审判】

2015年，吕梁市法院共受理各类一审民商事案件17100件，审结14096件，诉讼标的额21.78亿元，同比上升31.63%、20.81%和108.82%。发挥民事审判化解矛盾、定分止争、维护诚信、保障民生的重要作用，审结买卖、借款等合同案件4475件；权属、侵权等纠纷案件2646件；婚姻家庭、继承纠纷案件3540件。通过裁判提供规则指引，促进社会诚信。发扬“枫桥经验”，健全诉讼与非诉讼相衔接的矛盾纠纷解决机制，推行诉前化解制度，强化立案引调和人民调解工作，推进“大调解”体系建设。民商事案件调撤率达43.64%。

【行政审判】

2015年，吕梁市法院共受理各类一审行政案件573件，审结449件，同比上升47.27%和17.23%。把行政审判工作作为人民法院促进行政机关依法行政，推进法治吕梁建设的重要抓手，坚持合法性审查原则，对违法行政行为该确认违法的确认违法，该撤销的撤销，依法维护行政相对人合法权益。加大协调和解工作力度，37件案件以协调和解的形式妥善解决，促进“官民”关系和谐。连续7年向市政府报送行政审判“白皮书”，提出行政执法中存在的问题及改进建议，加强与行政机关的良性互动，推动依法治市进程。认真贯彻国家赔偿法，审结国家赔偿案件30件，赔偿金额297.45万元。

【执行工作】

2015年，吕梁市法院加大执行指挥中心建设力度，在门户网站和立案大厅挂牌公示执行案件立案、收费标准，用口头和书面形式及时告知当事人执行风险，当事人凭有效身份证明即可查询执行案件立案和执行进展情况。两级法院同步开展“涉民生案集中执行”“转变执行作风、规范执行行为”“打击拒不执行生效判决裁定犯罪”失信被执行人公开曝光、被执行人限制出境、限制高消费等一系列专项活动。建成6个执行指挥中心，2.4万余件执行案件全部录入全国执行信息管理系统，1159名执行老赖录入最高院失信被执行人名录，9月9日起在吕梁法院微信公众平台公开曝光。“执行难”问题得到有效遏制。

【便民举措】

2015年，吕梁市法院完善一站式便民诉讼服务中心，推行预约立案、上门立案，为行动不便的残疾人、老年人提供诉讼便利，减少当事人奔波之累。实行案件繁简分流，适用简易程序、小额诉讼程序审理案件6125件，适用率达41.28%，减轻当事人诉讼负担。为解决偏远地区群众诉讼不便问题，采取上门巡回审判方式，深入社区乡村、田间地头巡回办案140余件，就地化解纠纷。完善司法救助机制，为经济确有困难的当事人缓减免诉讼费181.18万元；拟对28余名生活特别困难的刑事案件被害人、申请执行人发放救助金80余万元。

【涉诉信访】

2015年，吕梁市法院以加强源头治理为根本，对涉诉信访案件做到“清仓见底、一抓到底”。落实诉访分流，强化信访工作责任，通过领导包案、带案下访、预约接访、判后答疑、思想教育疏导等多种方式，因案施策、因访施治，成功化解了一批有社会影响、多年难以解决的信访案件。共接待群众来信来访1250余人次。定期对办理案件进行排查，对涉诉信访苗头线索进行集中梳理，及时掌握动态，落实化解责任，抓好信访稳控。开通网上信访平台，开展远程视频接访，7名信访人通过远程视频被最高院接访，免去群众的舟车劳顿，降低群众诉求成本。

【司法改革】

2015年，吕梁市法院抓好立案登记制改革。贯彻落实《关于人民法院推行立案登记制改革的意见》和《最高人民法院关于推行立案若干问题的规定》，采取措施推进立案登记制度的实施。提高诉讼服务水平，抓好诉讼服务大厅、诉讼服务网建设，提供诉讼文书样本为当事人行使诉权提供方便，给当事人提供“一站式”和“全方位”的诉讼服务。严格执行登记立案范围和程序，对符合法律规定的初始起诉、自诉和申请，一律受理，当场登记立案。对提交的材料不符合形式要件的，当场、当面为当事人及时释明，以书面形式一次性全面告知应当补正的材料和期限。自5月1日立案登记制改革实施以来，当场立案6219件，当场立案率63.97%。指导孝义法院开展司法体制试点改革。孝义市人民法院作为山西省司法体制改革先行试点法院，在市中院的指导下，努力探索，首批员额制法官选任工作完成，为全省法院整体改革积累了经验，提供了借鉴。强化审判管理。完善合议制度，保障合议庭成员平等参与案件审理、评议和裁判；建立审判长联席会议和庭务会议制度，研究复杂、疑难案件，为合议庭提供参考；改革审判委员会工作规则，增强审判委员会对案件的监督把关作用，做到层层有职权，人人有责任。创新和加强审判管理，利用信息管理系统，对立案、分案、开庭、裁判、执行、归档等各个流程节点进行监控和预警提示，严格审限延长、中止、程序变更等环节的审批，法定审限内结案率99.64%。严格规范减刑、假释、暂予监外执行工作，“涉黑、金融、职务”三类犯罪人员减刑假释案件实行全程阳光审理，邀请人民陪审员参与庭审，裁判文书全部上网公布，社会各界反响良好。深化司法公开。全市法院均建立门户网站，开通审判流程、裁判文书、执行信息公开三大平台，以公开促公正，以公正立公信。诉讼过程从立案、审理到执行各个阶段的各个节点信息全部录入管理系统，对当事人开放查阅。上网公布裁判文书9149份，实现了能够上网的生效裁判文书全部上网目标，公布数量位居全省前列。通过视频、音频、图文、微博等方式及时公开开庭过程，其中视频同步直播庭审25次，观看人数突破百万人次。依托政务网站、手机短信平台、电子公告屏、自助服务终端设备等现代信息技术，为公众提供全方位、多元化、高效率的审判流程公开服务。

【信息化建设】

2015年，吕梁市法院夯实信息化基础。全市法院筹措资金，用于信息化基础设备的购买和升级改造，购置数字化法庭、扩充服务器硬盘、高速扫描仪等设备，改扩建19个数字化法庭。中院还购置了经济实用的便携式科技法庭，法官们在深入基层巡回审判时也能实现全程数字化。中院在全省率先开展诉讼档案数字化建设，对建院40年来的诉讼档案49 259卷76 678册4 036 437页全部实现数字化，提高了办案效率和司法公开服务水平。13个基层法院的诉讼档案数字化工作也正紧锣密鼓地进行。基本实现网上办案。依托内部局域网和数字法院业务应用系统与办公自动化系统，实现案件立案、分案、排期、开庭、审判、结案、归档的全程电子化。数字化审委会系统使审委会讨论案件的材料、证据展示、会议讨论决议、会议过程记录、审议结果归档等工作全部实现数字化管理。数字化法庭实现庭审过程的“每案必录”。全市法院应用科技法庭审理案件1590件。重视新媒体的运用。在发挥传统媒体作用的同时，重视运用网络、微博、微信等方式，增强司法公开的影响力。对重大活动进行同步微博直播，对柳林联盛集团重整、王凤连非法吸收公众存款等重大案件开展网上发布，引导舆论，满足群众知情权。全市法院在各类报纸、电台、电视台、网站等媒体发布稿件300余篇（条），微博发布信息3000余条，微信发布信息521余条。在全国法院新闻稿件发布排名中，位列全国第52位，稳居山西前三，被评为“全国法院网络宣传先进单位”。中院研究室2015年8月被最高院评为“全国法院信息工作先进集体”，被省高院推荐候选“全国法院先进集体”。

【队伍建设】

2015年，吕梁市法院加强司法能力建设。以创建学习型法院为载体，加强干警的学习教育，坚持周四全院学习制度，院领导带头学习重要文件、指示。举办各类培训24期，参训干警316人次。促使干警更新法律知识，优化知识结构，增强业务技能。开展案件评查活动，评查案件100件，卷宗200册。并通过学术研讨、办案标兵评选等，促进提高队伍素质能力。全市法院15个集体、72名个人获市级以上表彰，2个集体和个人获最高院表彰。加强司法廉洁建设。落实中央、省委、市委关于改进工作作风、密切联系群众的各项规定，加强廉政风险防控，以“零容忍”态度惩治腐败。开展规范立案、执行、庭审行为、涉案财物处置、清理超审限、清理积案等一系列专项整治活动，严防“四风”“六难三案”反弹回潮。共接到各类信访举报、网络举报线索51件，均建立台账，针对每件线索作出相应处置。结合市中院干警基本行为准则五条，对上下班迟到早退、工作时间玩游戏、请销假制度不落实、工作效率不高等问题开展全面检查督查，全市法院违规违纪问题得到有效遏制，司法作风明显改善。

【接受监督】

2015年，吕梁市法院主动接受人大监督、民主监督、法律监督、舆论监督，广泛吸纳社会各界意见和建议，强化公仆意识，激发敬业精神，改进各项工作。指定专人负责与人大常委会的联络工作，就规范执法工作向市人大常委会作了专项报告。配合市人大开展专项调研和执法检查，通过致函、电子邮件、短信等方式，保持与人大代表的长期联系。院领导全年走访省、市人大代表58人次，邀请人大代表、政协委员旁听庭审30余次，办理人大代表、政协委员建议、提案5件，做到及时沟通、及时办理、及时反馈。对待检察机关的法律监督，依法审理检察机关抗诉案件39件（含二审抗诉和再审抗诉）。通过召开座谈会征求意见等形式，接受廉政监督员、律师、当事人和新闻媒体监督，改进法院工作。自觉接受人民监督，邀请人民陪审员参审一审案件6606件，陪审率达71.69%。

（吕梁市中级人民法院）

司法行政

【概述】

2015年，吕梁市律师共为政府、企事业单位、机关团体等担任法律顾问213家，办理各类案件2125件，解答法律咨询5297余人次，提供法律援助289件，接待信访人1000余人次；收费460万元。全市共办理国内公证1300件，办理涉外涉港澳台公证600件。公证收费30万元。开展公益性公证服务330件。组织5家机构参加司法鉴定能力验证。完善法律援助便民服务大厅建设，完善法律援助服务体系。全年共有731人网络报名参加司法考试。2015年应届本科毕业生共有60人申领法律职业资格证书，其中A累25人，C类32人。全年共有88人申领法律职业资格证，其中A类26人，C类60人，B类1人。开展“六五”普法总结验收工作，4个督导组分赴13个县（市、区）和市直130个单位开展普法总结验收工作。2015年10月底完成对13个县（市、区）及市直各单位的“六五”普法总结验收工作。

【律师工作】

2015年，吕梁市完成了律协换届工作。促进律师协会行业管理规范化。按照省厅要求开展“一村（社区）一法律顾问”工作。分层级设置法律顾问，采取律师、公证员、法律服务工作者担任乡（镇）一级法律顾问，人民调解员及其他人员担任村一级法律顾问的层级设置法律顾问模式。分重点设立法律顾问，对人口多、利益冲突大、矛盾纠纷多的重点村（社区）派驻专业知识较强的律师、公证员、法律服务工作者、司法助理员担任法律顾问，对民风淳朴、村民矛盾少的村（社区）派驻人民调解员担任法律顾问，使有限的法律资源达到合理利用。截至5月底，全市13个县市区3184个村（社区）达到法律顾问全覆盖。为维护正常的诉讼秩序，保护当事人的合法权益，规范吕梁市民事诉讼活动中律师、基层工作者、公民的代理行为，市司法局与市中级人民法院联合出台《关于规范民事诉讼代理活动的意见》（吕中法发〔2015〕4号）。为贯彻全国全省律师工作会议精神，提升吕梁市律师队伍及相关人员素质，举办了律师及相关人员共计380人的培训班。

【公证工作】

2015年，吕梁市各县（市、区）司法局、公证处组织宣传《中华人民共和国公证法》，各地通过现场发《中华人民共和国公证法》宣传资料，现场解答群众有关公证的问题等形式宣传“公证法”。组织完成2014年度公证机构和公证员年度考核工作。2015年，吕梁市共有11个公证机构和45名公证员参加了考核。经考核，孝义市公证处等4个公证处考核结果为优秀，其余公证处为合格。柳林县公证处李翠琴等13名公证员考核结果为优秀，其余公证员考核结果为合格。开展公证质量检查活动。吕梁市从10月开始进行公证质量检查活动。各县（市）公证处认真部署，首先开展自查，市司法局对每个公证处的案卷都进行抽查。这次检查由公证处复印案卷上报检查的方式进行。共检查各类要素式公证书80余份，合格以上案卷占90%。组织全市公证员参加省厅举行的年度公证员培训。市司法局派人参加中欧法律援助培训班第三期。2015年，吕梁市向省厅申报了两名公证员参加三级公证员评审，一名公证员参加二级公证员评审。

【司法鉴定工作】

2015年12月，吕梁市共有司法鉴定机构5家，核准执业司法鉴定人188名，开展的鉴定业务类别16类，基本上能够满足社会对司法鉴定的需要。截至2015年12月底，吕梁市各鉴定机构共接受委托鉴定1667件，其中，法医临床鉴定1001件，痕迹鉴定509件，道路交通事故安全技术与车损鉴定128件，涉案物品价格鉴定2件，房地产评估鉴定8件，文书鉴定1件，司法会计鉴定1件。鉴定采信率98%，结案率100%，出具的鉴定意见为维护社会公平做出了贡献。组织机构参加2015年能力验证报名。根据省厅《关于开展2015年度司法鉴定能力验证工作的通知》（晋司通〔2015〕22号）安排，2015年吕梁市参加能力验证的机构有5家，参加的项目包括法医临床学伤残程度鉴定、法医临床学损伤程度鉴定、车速鉴定（制动痕迹、视频）、道路交通事故痕迹（车体痕迹）鉴定、笔迹鉴定、篡改文件鉴定、朱墨时序鉴定、指印鉴定8项，接到省厅文件后，市司法局作了安排，强调参加能力验证的报名截止时间，确保各个机构按时报名参加验证。开展司法鉴定机构年度考核工作。2015年3月，按照省厅《关于做好2015年度司法鉴定机构年度考核工作的通知》（晋司通〔2015〕18号）安排，对照《山西省司法鉴定机构年度考核办法（试行）》提出的考核标准，对吕梁市5家机构进行年度考核。经省厅审定，吕梁市5家鉴定机构全部合格。开展“全省十佳司法鉴定机构”和“全省百优司法鉴定人”推荐工作。按照《山西省司法鉴定协会关于评选“全省十佳司法鉴定机构”和“全省百优司法鉴定人”的通知》（晋司鉴协〔2015〕4号）精神，市司法局向各机构下发《关于推选“全省十佳司法鉴定机构”和“全省百优司法鉴定人”的通知》，经机构自行申报和科室初步审查，市司法局以吕司办〔2015〕65号文件形式向省司法鉴定协会推荐汾阳司法鉴定中心和孝义司法鉴定中心两个机构参加“全省十佳司法鉴定机构”评选；推荐孝义司法鉴定中心李怀亮、汾阳司法鉴定中心李兰锁、文水司法鉴定中心冯玉玺、交口司法鉴定中心郭全荣、吕梁中衡司法鉴定中心李锋参加“全省百优司法鉴定人”评选。

【法律援助工作】

2015年，吕梁市法律援助工作的情况如下：

1.完善法律援助便民服务大厅建设，重点整治法律援助便民服务大厅建设不规范的问题。2015年内，13个县（市、区）14个便民服务大厅基本建成，全部为临街一层。面积均达到50平方米左右。汾阳、离石、方山、交口11月底投入使用。建成的法律援助便民服务大厅均进行合理分区，设有等候区、接待区、咨询区、受理区及私密会谈室。大厅均配备计算机6台、复印机1台、打印机。大厅墙壁通过墙面张贴方式公示法律援助条件、范围、法律援助工作制度等。2.安排专职工作人员负责办理法律援助申请、法律咨询和投诉等事项，开展各项法律援助便民服务。3.降低法律援助受援门槛，放宽经济困难标准，扩大法律援助覆盖面。拓宽服务领域。根据国家制定实施的社会保障政策和省厅的规定，吕梁市将法律援助覆盖人群从低保群体拓展至低收入群体，确保更多困难群众获得法律援助。4.结合当地经济社会发展实际，补充调整法律援助事项范围，将就业、就学、就医、社会保障、环境保护、食品药品安全、推进城镇化过程中的权益保护等与民生紧密相关事项纳入法律援助范围。5.拓展法律援助服务领域，办理涉及公证、司法鉴定和非诉讼法律援助案件，提升吕梁市法律援助服务总量。6.完善法律援助服务体系。完善并规范以法律援助机构为核心，以律师、公证员、基层法律服务人员、司法鉴定人员等法律服务人员为主体，各类法律援助工作站、联络点（室）及志愿者为补充的辐射城乡、高效便捷的法律援助服务体系。在信访、民政、残联等部门设立工作站，加强与工作站的工作对接。建立低保人群、优抚对象、残疾人等困难群众信息库，使困难群众享受更加优质、便捷、高效的法律援助。吕梁市13个县（市、区）共161个乡镇（街道），全部建立工作站；在看守所、信访、残联及其他单位建立工作站94个；在农村、社区建立联络点3138个，达到应建数3222个的97.4 %；发展联络员3707名。全市建立武警法律援助工作站13个。交口县因武警中队用房装修，未能设立。7.业务开展情况。截至2015年5月底，吕梁全市中心共接待当事人来电、来访咨询7377人次，代书共777份，受理各类案件893件，其中民事697件，刑事176件，行政20件。受援人总数达9149人次，大厅接待人数1024人次，“12348”接待人数102人次。8.“12348”法律援助热线及远程视频服务系统运行情况。吕梁市中心“12348”专线平台，有接线员5名，配备电话3部，电脑3台，设有3个座席。截至2015年12月底，“12348”热线共接听解答咨询电话1300余人次，月平均100余人次。吕梁市市县两级远程视频服务系统在省厅及省中心的帮助下全部安装完成，网络情况运行良好，整个系统运行根据省厅工作要求，2015年年底正式运行。9.法律援助宣传情况。在法制宣传日利用乡镇集会，通过发放宣传资料进行街头集中宣传。有的县（市、区）将《法律援助条例》录制成音频文件，制作印有法律援助流程图、法律援助范围等内容的围裙；印制以法律援助宣传标语为内容的扑克；向村民们发放。将援助律师的名片发放到每个乡镇、村的法律援助联络点，由联络员把名片送到需要得到法律帮助的农民手中。借助媒体，通过电视台或广播全覆盖进行法律援助宣传。全年全市共举办大型宣传活动3次，印发宣传资料和宣传卡4万份，悬挂宣传条幅22条，黑板报100余期，电视宣传报道420期次，设立现场宣传咨询台43次。10.业务培训情况。市县两级中心通过以会代训、集中培训、分乡、分片培训等多种培训模式，对中心、站、点人员进行律援助制度、婚姻家庭、刑事诉讼等业务知识讲解培训，重点培训《办理法律援助案件程序规定》。5月底，市中心又专门制作非诉讼案件卷宗样本，发放到每个乡镇，对全区司法助理员进行案卷归档培训。全年培训期数达36期、培训196个课时、培训人数300人次。

【人民调解工作】

截至2015年12月，吕梁市共设立村、（居）调委会3393个，全市80%的县（市、区）建立人民调解中心，其他各类行业调委会有326个。截至2015年12月，全市人民调解组织共调解各类矛盾纠纷14937件，调解成功13815件，调解率达92%。重视人民调解信息化建设。各县市区做好人民调解信息上报工作。尤其是文水县，报送人民调解经典案例和人民调解工作的创新工作，发送20多期人民调解信息。

其余各县（市）信息上报工作与往年相比有了进步。

【社区矫正和安置帮教工作】

截至2015年10月底，吕梁市累计接收社区矫正人员8743人，解除矫正5808人，在矫2935人。累计重新犯罪15人，犯罪率0.1%，远低于低于全国水平。2015年前三季度累计接收刑满释放人员1742人，其中安置1718人，安置率达到99%；帮教1716人，帮教率近乎100%。无重新犯罪。1.落实社区矫正、安置帮教工作经费，确保经费足额到位。全市13个县（市、区）只有岚县、临县、汾阳市没有专门的社区矫正工作经费，其余县（市、区）均设有专门的社区矫正经费。2014年省财政厅以〔2014〕99号《山西省财政厅关于下达2014年全省司法行政系统社区矫正和人民调解补助经费的通知》文件下达全市13个县（市、区）社区矫正经费合计94万元。吕梁市以吕司办函〔2015〕9号《吕梁市司法局关于省财政厅下达2014年全省司法行政系统社区矫正和人民调解补助经费有关情况的通知》文件下发各县（市、区），要求各县（市、区）司法局对这笔经费做到严格按照规定列收列支，确保专款专用。2.加强社区矫正安置帮教工作人员专项业务培训，提高工作人员的业务水平。3.加强社区矫正信息化建设，提高社区矫正工作信息化管理水平。吕梁市13个县市区均建立起信息化平台，对社区矫正人员发放手机定位系统2000余部。4.开展刑释解教人员信息核查工作。2015年4月份对全市服刑在教人员第一季度未核查情况进行通报，要求各县（市、区）安置帮教领导组及办公室高度重视，查找工作差距和薄弱环节，采取措施整改，结合工作实际，明确分工，责任到人，明确时限，保证完成核查任务。5.从刑释解教人员安置帮教工作实际出发，完善服务管理工作各环节。2015年，各县（市、区）安置帮教工作机构结合各自实际开展帮教工作。普遍建立排查制度、登记制度、档案制度、回访制度。对重点帮教对象，城市户口的由户籍地人力资源和社会保障部门进行失业登记，按就业困难人员给予援助，符合条件的优先安置在公益岗位就业，丧失劳动能力的报请当地民政部门审核后，安排在城市社会福利机构。农村户籍的，联系村委会落实责任田。落实责任田有困难的由村委会给予相应的补偿。符合“五保”条件的纳入“五保”范围。对于一般帮教对象，在其接回后，在第一时间与村或（社区）家庭确定帮扶责任人，签订帮扶协议书，组织党员干部、群团组织、致富能手落实“一助一”或“多助一”的帮扶措施。6.落实特赦相关工作。自9月份省厅安排部署社区服刑人员申请特赦工作以来，市司法局按照省厅相关文件要求和工作安排，督促推进特赦工作。将每周特赦工作进展新情况于下周一汇报省厅形成周报制度。截至2015年12月底，共向市中院报请106名申请特赦人员组卷材料，其中属于第一类特赦情况有1名，其余105名均属于第四类特赦情形。

【司法考试工作】

2015年，吕梁市共有网络报名731人，上传照片724人，缴费679人。报名人数比上年增加9.9%，上传数增加12.2%，缴费数增加15.1%。资格证书发放情况。2015年应届本科毕业生共有60人申领法律职业资格证书，其中A类25人，C类32人。

2015年，吕梁市共有87人申领法律职业资格证书，其中A类26人，C类60人，B类1人。

【“六五”普法总结验收工作】

2015年6月至10月，吕梁市先后抽调市人大、市政协的市级领导为组长，政府办、宣传、政法、经信委、司法等部门县级和科级领导为成员，分别组成4个督导组分赴13个县（市、区）和市直130个单位开展“六五”普法总结验收工作。截至2015年10月底，完成对13个县（市、区）及市直各单位的“六五”普法总结验收。

【举办基层政法干警业务知识轮训班】

2015年10月21日至22日，吕梁市司法局邀请省委党校教授冯锦彩、山西财经大学教授田肇树、司法学校老师董文才、省司法厅处长王素梅为各县（市、区）政法干警80余人授课，提高了政法干警的业务素质。

（吕梁市司法局）

经济监督和管理

发展和改革

【狠抓投资稳增长】

2015年，吕梁市发展改革委员会（以下简称市发改委）坚持长远谋划，狠抓固定资产投资，把产业项目建设作为稳增长的重要引擎，统筹推进了一批打基础、利长远的重大项目。全市固定资产投资完成1166亿元，同比增长14.7%，增幅全省第六。强化项目储备。全市项目库储备各类项目3009个，总投资27773亿元，超额完成全年储备任务。狠抓重大项目推进。坚持固定资产月调度、周例会工作机制，狠抓要素保障，狠抓责任考核，推动省、市重点工程加快建设。交城国锦、汾阳国峰、文水国金1#机组、交口兴华科技一期等一大批重点项目竣工投产。拓宽投资渠道。全年争取上级资金5.68亿元。先后四批次向省发改委申报专项建设基金支持项目，争取项目8个，争取专项建设基金3.1亿元。建立政府和社会资本合作（PPP）项目工作机制，先后发布两批PPP项目共69个，总投资930.03亿元，在全省公布的75个PPP项目中，吕梁市入选36个，占48%；投资额227.3亿元，占全省的三分之一。2015年12月16日，国家发改委发布第二批PPP项目，全省列入项目120个，总投资910亿。吕梁市入选项目47个，总投资732.4亿元，项目个数占到全省39%，总投资占到全省80.4%，全省遥遥领先。市委、市政府对发展改革委员会的这项工作给予表扬，省、市新闻媒体对吕梁市PPP项目进行广泛关注和报道。

【建言献策当参谋】

2015年，市发改委主动适应新常态，加快职能转变，围绕全市经济发展大局理大思路、出大政策，高效发挥参谋助手作用，受到市委、市政府的表扬和肯定，发改委机关的社会地位提升。科学编制“十三五”规划。完成《吕梁市国民经济和社会发展“十三五”综合规划》（征求意见稿），征求市直有关部门意见，初稿基本形成。出台《吕梁市煤层气（天然气）利用发展规划（2014—2020）》《吕梁市燃煤电厂规划（2015—2020）》《吕梁市智慧城市整体规划（2016—2020）》《吕梁市农业产业化发展规划（2016—2020）》等一批专项。提出拟列入国家规划的重大项目15项，拟列入省规划的重大项目156项，列入市规划的项目532项，为吕梁市“十三五”规划编制提供了项目支撑。突出重点谋划发展。提出2015年经济工作思路，体现中央、省有关精神和市委、市政府的意图，所提建议被市委、市政府采纳，在市人大会议上审议通过。及早关注并提出“一煤独大”产业结构存在的风险，研究对策措施，提出“十三五”期间吕梁市必须要加快煤电铝材一体化发展，打造全国重要的铝工业基地，形成煤炭和铝系产业共同主导的产业新格局，完成《铝工业发展报告》等思路研究，得到市委、市政府的认同和高度评价，上升为引领全市“十三五”经济发展的重要战略。强化经济运行监测。以季度经济形势分析为抓手，做到月度有数据、季度有分析、半年有小结、全年有总结，成为市委、市政府经济工作的决策参考和重要依据。

【调优结构促转型】

2015年，市发改委狠抓产业经济转型发展，培育新的增长点，一批科技含量和附加值高、有竞争力、有市场潜力的产业项目开工建设或相继建成，产业“新布局”顺利起步。加快推进煤电一体化。建成年生产能力千万吨的煤炭企业1个，500万吨企业7个、300万吨企业14个，煤炭生产能力达到2亿吨。编制完成《吕梁市燃煤电厂规划（2015—2020）》，交城国锦、汾阳国锋、文水国金1#机组等3个电厂实现并网发电，临县京能、兴县华电、离石晋能大土河、孝义晋能、文水国金2#机组等5个电厂项目获得核准并开工建设。全市投产、在建和取得“路条”项目总装机540万千瓦，是2014年年底前全市电力装机的1.5倍，“产煤大市”向“输电大市”转变迈出坚实步伐。加快发展壮大铝工业。加快推进交口中铝兴华科技2×35万吨铝基新材料（一期35万吨）、山西道尔投资有限公司200万吨/年铝系高温材料产业园及兴县中铝二期100万吨氧化铝等项目。全市氧化铝产量达到1174万吨，占到全省60%以上，全国的近五分之一。加快建设新能源项目。中电投岚县河口、王狮、大唐岚县阎家背、国电方山马坊等四个4.8万千瓦风电项目近期可并网发电；中电投岚县顺会4.8万千瓦、离石（文水、交城）云顶山25万千瓦风电项目已核准并开工。孝义太子科技一期3万千瓦光伏发电项目建成投产，二期正在加快建设。加快培育战略性新兴产业。填补山西省核心光伏发电装备制造领域空白的太阳能电池及光伏组件项目在文水建成投产。高新技术产业稳步推进，“天河二号”超级计算机投入运行，累计为全国160多家科研院所和核心部门提供高性能计算机服务，吕梁一号微纳卫星发射成功，同步展开吕梁地面站建设和卫星数据的推广应用，全市高新技术企业达到17户。加快发展煤层气产业，全市7个勘探区地面煤层气勘探产能达到15亿立方米，覆盖勘探区的煤层气管网初步建成，年输气能力25亿立方米，全市建成管线总长度达到1251.04千米。2015年新建加气站53座。服务业发展继续加快。落实促进服务业发展的各项政策措施，起草《吕梁市加快发展生产性服务业促进产业结构调整升级实施方案》，经市政府第97次常务会议研究正式印发。《吕梁市智慧城市整体规划》正式出台，离石区全国智慧城市试点工作加快推进。物流业提速发展，印发《吕梁市促进物流业发展两年行动计划（2015—2016年）》，离石天源物流等一批商贸流通项目加快建设。服务业增加值占比达37.4%，超目标任务6个百分点。

【改革创新添活力】

2015年，市发改委以综改试验区建设为统领，深化改革，先行先试，发展动力和活力增强。推进“六权治本”试点。推行政府工作部门权力和责任清单制度，“六权治本”试点工作成效成为全省范式，为全省各部门提供可复制的经验。全面梳理权力责任清单，确定各类权力共计37项（含物价），并绘制出权力运行流程图，找出廉政风险点，权力清单和责任清单、权力运行流程图和风险防控图等“两清单、两张图”在政府网站公布。加快综改试验区建设。实施综改2015年行动计划，三年综改行动计划顺利完成。探索工商资本“下乡”新模式。引导企业资本向“8+2”领域合理流动，形成政策、资金、土地三位一体的助推模式。全市煤矿、洗煤等资源型企业转产农产品加工20多户，总资金达20多亿元。推进扩权强镇试点改革和低碳试点示范工作。进一步简政放权。实行将资金承诺不再作为项目核准的前置条件、联合会审等简政放权措施，行政审批时间缩短50%以上。全年新下放审批权限7项。推进公车改革。参照中央、省指导意见，结合吕梁市实际，制定全市公车改革方案，经市政府第105次常务会议研究报省发改委审核通过，召开全市市直机关公车改革工作推进会，市直各单位车改工作基本完成。

【稳价惠民保民生】

2015年，市发改委把保障和改善民生作为发改工作的出发点和落脚点，让改革发展的成果惠及于民。创新监管方式，推进价格公共服务，组织开展教育、旅游、医药、成品油等民生领域及重大节日市场价格等专项价格检查，依法查处价格违法行为。

组织涉企收费专项检查，切实减轻企业负担。出台《吕梁市城镇居民用气阶梯价格实施方案》，下发《关于加快推进城镇居民阶梯水价制度等工作的通知》等政策文件，查处各类价格违法案件6件，查出价格违法金额203万元，实施经济处罚349.3万元。加强价格监审，2015年累计完成各类价格成本监审44件，累计核增成本262.92万元，核减成本7950.91万元。办理各类服务收费行政审批16件次，放开机动车安全技术检验、排放污染物检验、驾驶培训等60余项收费项目。下发各类价费文件40余份，放开印刷产品工价，停止各级各类学校服务性收费和代收费备案，调高了排污费征收标准，降低了煤炭产品质量监督检验收费标准等。在新型城镇化、采煤沉陷区治理、推进民生重点工程和社会事业发展方面，也做了大量工作，取得成效。

（吕梁市发展改革委员会）

国土资源

【严守耕地红线】

2015年，吕梁市落实耕地保护目标责任制。2015年省政府下达吕梁市耕地保有量788.32万亩、基本农田保护面积643.5万亩。市政府及时将任务分解下达各县（市、区）人民政府，并督促签订责任状14份，出台吕梁市人民政府关于落实耕地保护目标责任的考核方案，把耕地保护责任层层落实到县、乡、村、户四级组织，强化全民参与耕地保护的责任意识。截至2015年年底，全市耕地保有量822.0473万亩，基本农田保护面积646.436万亩，超额完成省下达吕梁市任务。

加大土地开发整理项目的实施力度。2012年度省级专项资金项目13个全部开工，上报省厅验收2个，完成投资完成率73.24%。2013年度省级专项资金项目15个，其中：5个项目施工招标完成，3个完成总工程量的80%。2014年度省级专项资金项目15个，其中2个下达立项批复。2015年地方占补平衡项目实施5个，可新增耕地1400亩。对审计发现的17个未能按时开工或竣工的项目督促整改到位。推动高标准基本农田建设和基本农田划定工作。2015年省厅下达高标准基本农田建设任务13.4万亩，全年共申报实施交口、方山、文水等5个高标准基本农田建设项目，建设规模4.96万亩。8月份组织了全市的基本农田划定工作培训，13个县（市、区）基本农田划定的内外业已基本完成，正在建立完善数据库以及中心城区的调入工作。

【保障经济发展用地需求】

2015年，吕梁市利用新机制和新增建设用地计划指标保障经济发展用地需求。全市12个县（市、区）申请城乡建设用地增减挂钩试点，47个城乡建设用地增减挂钩项目区实施方案已评审并批复，使用周转指标2.33万亩，已归还周转指标3500亩。矿业用地整合利用除临县、交城、交口县外，其他10个县（市、区）80个矿业用地整合利用方案已经省厅批复，规划用地面积1.3万亩，其中新增建设用地7397亩。建立了服务重点项目建设每月例会制度，组织专人深入全市低热值煤电和战略装车点项目现场办公。2015年应审批的179个省市重点项目，完成审批111个。全年上报建设用地25件、210.8公顷（其中农用地138.1公顷）。2014年度、2015年度计划指标执行率分别为41%、12.8%。

强化国有建设用地供应管理。全市供应土地120宗、276.14公顷，其中：划拨21宗、33.97公顷，出让99宗、195.64公顷，土地出让价款8.35亿元。住宅用地全市供应31宗、38.32公顷，其中“三类房”供地13.24公顷，占住宅用地供地总量的34.57%。全市2012年—

2014年度农转征项目平均供地率28.02%，2014年度农转征项目供地率5.37%，2015年度农转征项目供地率10.15%。

推动吕梁新区建设。为新城棚户区、吕梁医疗卫生园、综合福利院等重点项目完善了用地手续，全力配合推进新区土地储备贷款。

【规范矿政管理】

2015年，吕梁市国土资源局报请市政府出台吕梁市矿业权设置方案实施意见，正在进行第一批矿业权的投放工作。加大欠缴价款的清缴力度，全年清缴煤矿采矿权价款12.7亿元；矿产资源补偿费征收入库8014.67万元。加强了年检工作，采矿权、探矿权年检率全部100%。全年上报省级发证采矿登记资料84户，办理市级发证采矿权延续换证登记229户。支持重点项目建设，为7个重点项目出具了压覆重要矿产资源报告。

【提高地质灾害防治水平】

2015年，市国土资源局以市政府名义召开全市汛期地质灾害防治工作电视电话会议，下发《关于进一步做好冻融期地质灾害防治工作的紧急通知》《吕梁市2015年度地质灾害工作要点》，临县“5·12、5·19”地质灾害发生后，以市政府名义下发《关于进一步做好地质灾害防治工作的紧急通知》《关于进一步落实市地质灾害防治紧急电视电话会议精神做好当前地质灾害排查的紧急通知》，督促各地组织开展地质灾害隐患大排查工作。8月，报请市政府抽调专人成立4个检查组，深入全市50个乡（镇）、82个行政村、91个隐患点开展汛期地质灾害防治工作督查，将督查情况在全市范围内通报。抓好地质灾害隐患排查。全年全市排查各类隐患点2114处，发放防灾明白卡和避险明白卡1.7万份，落实群测群防人员1.2万人，对2459名监测人员实行了由财政发放补助。各县（市、区）对重要的地质灾害隐患点设置警示牌，划定危险区，制作警示牌719处，更新埋设警示牌236块。加强地质灾害预警预报。2015年市国土资源局与气象部门联动，及时发布地质灾害气象风险预警业务，发布地质灾害气象风险预警信息30余次、短信8万余条，提醒警示各级防治部门落实地质灾害防治责任、做好汛期应急值守，采取措施加强防范，及时了解掌握天气变化情况，做好预防避让工作。加大地质灾害科普宣传。2015年，市国土资源局以“易发区全员受教育、防灾人员全员受培训”为重点，开展“进千家入万户”宣传活动。与吕梁电视台、吕梁日报联合，在汛期开辟了地质灾害防治宣传专栏。印制了地质灾害防治科普手册、宣传手册、宣传画等共计9万余份发放到各县（市、区），提高地质灾害易发区人民群众识灾、防灾、避灾能力。推进2014、2015年度农村地质灾害治理搬迁。2015年市国土资源局多次与市财政沟通协调，落实市级配套资金2715万。针对农村地质灾害治理搬迁进展缓慢的问题，组织了4次专项督查。截至年底，全市完成搬迁任务652户，其中2014年度269户、2015年度383户，完成率分别为71%、58%。

【国土资源执法监督检查】

2015年，市国土资源局认真抓好土地矿产卫片执法检查工作。土地卫片执法检查涉及的1734宗违法用地，立案1434宗，结案1385宗。收缴罚款2507.68万元；没收非法建筑物193.01万平方米；拆除非法建筑物41.82万平方米；建议纪检部门给予处分437人，落实263人；移送司法机关追究刑事责任14人。矿产卫片涉及的20个违法图斑全部结案。吕梁市剔除“六种情况”后违法占用耕地面积比例为14.16%，顺利通过部省验收。

配合完成国家土地督察北京局对吕梁市的土地例行督察工作。对督察确认的23类3542个问题进行认真整改，整改到位3464个，整改率为97.79%。其中：立案1854件，复耕628.61亩，没收非法建筑物220.5万平方米，拆除非法建筑物338.万平方米，罚款3946.2万元，移送公安156人，处分相关人员590人。

开展土地和矿产领域专项整治。对整治中查找出的土地整治、建设用地审批、土地供应、矿产资源配置方面存在问题及时进行整改，其中：少支付征地拆迁补偿费问题整改48宗、金额4820万元，违法拆分审批征收土地问题整改4宗、面积44.62公顷；未经合法审批手续征收土地问题整改11宗、面积75.62公顷；追缴3宗土地出让价款和相关费用265.69万元。

【夯实基层基础工作】

2015年，市国土资源局推动“一张图”综合监管平台建设。向市财政争取到“一张图”综合监管平台建设资金300万元，完成公开招投标并确定了建设单位，预计2016年底前可完成。

加快规划修编工作。争取市财政资金启动《吕梁市土地利用总体规划（2006—2020年）》实施评估和修改，公开招标确定作业单位，12月份报请市政府批准举办了全市的土地利用总体规划培训班。县级土地利用总体规划除孝义、岚县外，其余11个县（市、区）的土地利用总体规划实施评估报告已经省厅批准。全市13个县（市、区）的土地整治规划（2010—2015年）全部经当地人民政府批准实施，数据库全部通过省规划院的质检。市级和离石、中阳、柳林、岚县等5个县（区）的矿产资源规划已经省厅批准。

推进“两权”发证工作。集体建设用地使用权应调查20817宗，调查8785宗，调查率42.2%；宅基地使用权应调查71.2万宗，调查43.3万宗，调查率60.8%。

完成不动产统一登记职责机构整合。按照部、省要求，10月底前完成了市级和12个县市（离石区除外）的职责和机构整合。

【推动“六权治本”】

2015年，市国土资源局作为全市“六权治本”的试点单位，根据吕梁市委、市政府要求，经市“六权治本”工作领导组审核，最终保留行政职权126项，其中行政许可6项；行政处罚75项；行政征收3项；行政检查13项；行政确认3项；行政裁决1项；行政其他权力25项。行政职权削减幅度达20%。针对权利和责任清单，逐项绘制权力运行图和廉政防控图，通过市政府网站向社会公开。

（吕梁市国土资源局）

质量管理

【保障安全发展】

2015年，吕梁市质量技术监督局（以下简称市质监局）根据全市质量和特种设备安全工作会议精神，履行宏观质量管理和特种设备安全监管职责。以杜绝重特大事故、避免一般事故为目标，按照“三落实、两有证、一检验、一预案”标准，实施四项保障措施，开展油气输送管道质量安全、电梯和锅炉安全“三大战役”攻坚战。全市推行市县联动、行业主管部门齐抓共管特种设备安全工作机制；对重点场所、重点行业、重点设备实施从严管理，集中整治；特种设备使用安全实施标准化管理；对所有应检必检特种设备实施强制检验。全年共检查油气管道680千米，排除安全隐患23处，检查电梯使用单位307户，在用电梯2470台，整改安全隐患349处，对184台老旧电梯、“三无”（无物管、无维修、无维修资金）电梯和配置水平低的在用电梯，全部登记建档，实施重点监管。排查2吨以下锅炉245台，下达安全监察指令26份，对5台问题锅炉采取强制停用措施，取缔3台“土”制锅炉。按照“四个一律”（即对非法经营建设和经停产整顿仍未达要求的，一律关闭取缔；对非法生产经营建设的有关单位和责任人，一律按规定上限予以处罚；对存在非法生产经营建设的单位，一律责令停产整顿，并严格落实监管措施；对触犯法律的有关单位和人员，一律依法严格追究法律责任）标准，推进打非治违，加大涉及民生安全的气站监督检查，取缔非法加气站9座，立案查处非法违法案件10起，处罚20万元。孝义市质监局通过建立以互联网为基础的动态监管平台，将电梯纳入信息化监管范围，全市95%的液化石油钢瓶和永久气瓶实施电子标签信息化监管，与工商部门联动，将特种设备安全监管延伸乡镇一级；中阳县局设立特种设备信息平台，宣传发动全社会关注、监督特种设备安全；交城局在旅游旺季到来之前，专门邀请省局专家对游乐设施、厂内机动车辆的安全进行研判和分析，实施专人值守，确保旅游旺季安全无事故；兴县政府投资100多万元，对全县2万多只液化石油气瓶进行产权置换，从源头上筑牢特种设备安全基础。发挥技术监管优势，全市特种设备检验按照应检必检、无一遗漏的原则，完善检验管理机制，加大内部考核力度，强化检验监督，提升检验水平。2015年通过培训，新增锅炉、电梯、管道检验师专业人才，获无损检测二级证4人，共完成各类特种设备检验11186台（套、只）及压力管道35.8823千米，进行锅炉介质检验144件，水处理设备170台，安全阀校验5545只，限速器测试550件，场（厂）内机动车辆143台。通过实施强制检验，共催检特种设备使用企业431家1714台，消除安全隐患167处，为确保全市特种设备安全提供了有力的技术支撑。2015年全市质量宏观管理，主要立足保障群众生产生活质量安全，组织开展了汽柴油品质量、空气净化器和净水器产品质量、重要农资产品质量、建筑建材产品、汽车发动机及零部件五项质监利剑打假行动，先后出动执法人员260余人次，检查各类销售企业60余家，受理投诉举报6起，开展打假宣传活动18次，查办各类案件37起。在组织专项打假利剑行动的同时，努力提升产品技术检验能力，拓展技术检验领域，新建移液器检定装置和一氧化碳检验报警检定装置（非煤矿）2项，对涉及转型发展和民生安全的143户企业产品质量实施抽查检验，强制检定计量器具13784台。

【助力农业提质增效】

2015年，根据市委、市政府创建吕梁农业标准化示范市的整体部署要求，市质监局在助力全市农业提质增效上求突破。市质监局协同市农委完成30项农业技术规程的审核和发布，紧贴市政府“设施农业”、“8+2”工程和“小杂粮种植”发展战略，完善农业标准化建设体系，组织农业部门专家审核通过并发布《GZ-8-30组装式塑料大棚建造技术规程》等3项吕梁市地方标准。发布《绿色食品 马铃薯生产技术规程》等2项、《绿色食品 大豆生产技术规程》等7项吕梁市地方标准，将近年来发布的38个吕梁市地方标准装订成册，下发各县（市、区）。推进3个省级农业示范区建设，加强服务标准化试点和企业标准建档和服务工作。孝义市迎宾北社区社会管理及公共服务标准化试点《社区管理者工作规范》《社区环境管理规范》呈报省局拟制定发布为省地方标准。文水县乡镇卫生综合服务标准化被国标委确定为第二批社会管理和公共服务综合标准化试点。通过加强与深圳标准信息网、国家标准信息网联网共享，为吕梁市企业及时更新标准、采用新标，搭建了快捷平台。推进石楼有机农产品示范县建设，吕梁市汾阳小米、核桃、临县红枣、石楼小杂粮、交口家禽五大类有机农产品初具生产规模，市场前景看好，初步凸显出良好的开发前景。

【推进质量强市建设】

2015年3月27日，市质监局在全市质量强市工作会议之后，根据市委、市政府确立的质量强市建设整体布局，重点围绕遏制经济下行态势，提升煤焦、化工、建材、食品、钢铁、机电、铸造、制药和农业产业化九大转型产业的发展质量和效益，发挥质量管理和技术检验支撑职能优势，帮助指导九大转型产业企业开展名牌产品、信誉等级企业创建活动，构建打防并举联合执法机制。在加强对76户获证工业企业监管的同时，围绕质量强市目标，推进品牌建设，帮助23户企业开展质量培训150余人次，指导5家企业完成《质量信用报告》，对82个制造业产品合格率进行了调查抽样工作。

【营造放心消费环境】

2015年，市质监局在加强社会较为关注的医疗卫生、加油机构、煤矿用计量器具监管，严厉查办弄虚作假、坑骗群众的违规行为的同时，围绕民生、公平计量，元旦、春节两大节日期间，组织技术检验机构和执法人员，深入农村、社区35个集贸市场、店铺、6个超市和部分敬老院、幼儿园，上门免费开展计量检定、维修服务。为确保医疗计量器具诊断准确，局检验测试所投资3万元专门配置酶标仪、医用数字摄影（CR、DR）等检定设备，满足医疗卫生机构对计量检定服务的需求。帮助市煤矿瓦斯校检中心建立三项社会公用计量标准，并授权对全市开展强检计量检定，保障煤矿安全生产，填补了吕梁市煤矿瓦斯维修校检长期依靠外地的空白。“3·15”活动期间，局稽查分局会同吕梁电视台《第一民生》栏目组，对离石区美特好超市销售的家用电器、兴南大市场水产、肉类、蔬菜、面粉、水果等经销商使用的计量器具开展了专项执法检查。

（吕梁市质量技术监督局）

审计

【审计成果】

2015年，吕梁市审计机关完成审计和审计调查项目1109个，查出违规金额25.58亿元，管理不规范金额131.41亿元，非金额计量问题1436个，核减工程决算金额4.47亿元；对137名领导干部进行了经济责任审计，其中厅局级1名，县处级5名，乡科级131名；提出审计建议1198条，移送各类案件128件；促进被审计单位整改资金43.28亿元。

【稳增长跟踪审计】

2015年，吕梁市审计局把稳增长跟踪审计作为首要工作任务，作为审计工作的重中之重，科学组织实施，列出214项重点任务逐项分解到市直各部门，并明确阶段性审计重点和要点，组织44个部门、单位统一召开稳增长跟踪审计安排会议，同时把稳增长审计与其他审计项目结合，在其他各项审计中关注政策落实情况，并组织专门力量每月15日至25日集中开展稳增长跟踪审计。2015年，共查出稳增长方面的问题229个，督促整改问题122个，其中促进17个项目加快实施进度，督促下放行政审批事项120项，促进国库存款余额净减少54.25亿元，促进库款最优目标余额管理5亿元，促进盘活存量资金13亿元、非税收补缴入库7420万元、资金拨付到位15.51亿元，完善相关制度34项，促进其他政策措施落实到位20项。市政府主要领导先后12次对跟踪审计报告作出重要批示，并几次要求加印审计报告送各位副市长结合分管工作参阅。

【国家建设项目审计】

2015年，吕梁市审计局落实市政府《关于进一步加强工程建设项目财政评审和审计监督工作的通知》，将所有政府投资建设项目全部纳入审计范围，实现国家建设项目审计全覆盖。加强投资审计人才队伍建设，近年来新进投资审计方面的专业技术人才5名，加上原有的审计力量，适当聘用个别社会投资审计专家，保证了审计力量。突出竣工决算审计与重点项目跟踪审计相结合。全年共完成建设项目工程竣工决算审计 664 个，比上年增长 41.45%，核减工程决算资金 4.47 亿元，比上年增长 175.93%，其中市审计局直接完成竣工决算及造价审计项目 38 个，核减工程造价 1.45 亿元。市审计局还对吕梁新城等 5 项重点工程进行全程跟踪审计，对吕梁民航机场连续六年进行跟踪审计，及时发现项目建设过程的漏洞和问题苗头，提出处理意见和建议。

【审计整改工作】

2015 年，吕梁市审计局贯彻落实审计法及《国家审计准则》第一百六十五条“审计组在审计实施过程中，应当及时督促被审计单位整改审计发现的问题”的规定，突出审计实施过程中的整改，在审计实施过程中，对能够纠正的问题，要求被审计单位必须在审计机关正式出具审计报告前纠正和整改，对管理不到位、制度不完善导致的违规问题，要求必须在审计结束前制订和完善制度或拿出工作措施并付诸实施；审计期间整改的问题，在审计报告中专门作为一部分内容予以反映。在审计中，每个审计组既是“监察队”又是“宣传队”，既是监督者又是服务者，利用各种形式向被审计单位宣传财经政策法规，督促被审计单位整改纠正问题，帮助被审计单位完善制度，规范管理。2015 年吕梁市审计局开展的各类审计项目中，有 289 个单位在审计期间整改纠正资金 16.06 亿元，促进被审计单位健全完善相关制度 7 项。审计决定下达后，加大审计决定落实的督查督办，共落实审计决定纠正整改问题 162 个（类），整改资金 27.22 亿元。

（吕梁市审计局）

统计

【领导重视统计工作】

2015 年 4 月 23 日，吕梁市政府召开由各县（市、区）长和市直相关部门负责人参加的第八十六次常务（扩大）会议，听取市统计局全市一季度经济形势运行情况、固定资产投资试点和 2015 年重点统计改革等工作汇报。市长董岩就全市统计工作提出具体要求：一是各县（市、区）政府要重视统计工作，在政策、经费、人事等方面给予积极支持，为推动统计工作的改革与发展提供有力保障；二是各级统计部门要强化对经济运行的监测预警，重点加强工业、投资、消费、节能减排等问题的分析，努力提高新常态下服务经济社会发展的能力和水平；三是深入基层开展调研，听真言、察实情，发现新情况、研究新问题，提出解决问题的思路和对策，为党委、政府决策提供及时、准确的参考依据；四是做好统计入库工作，研究出台相应有力措施，组织发改、经信、工商、国税、地税等相关部门密切联系，主动对接，积极掌握企业的开业、生产、达标等情况，确保“应统尽统、应入尽入”。

【GDP 核算及修订工作】

2015 年，吕梁市统计局按照《第三次全国经济普查年度地区 GDP 核算方法》，熟悉掌握核算口径调整后的统计范围及数据核算方法，对县级核算人员进行系统指导培训，提高核算人员业务能力。市统计局采用逐县、逐行业，程序审核和人工审核相结合的方法对各县（市、区）GDP 逐一进行联审，对联审中出现的个别特殊问题，根据县（市、区）的原始资料逐一核对，合理处理县（市、区）修订前年度数据与修订后数据的差异。通过修订数据，增强了市县两级 GDP 的协调性与匹配性，确保客观反映各地经济发展情况。

【投资统计改革】

2015 年，在吕梁全市范围内展开固定资产投资统计制度方法改革试点工作。市统计局坚持边试点、边总结、边实践、边改进，通过一年的认真研究和全面分析，试点工作取得阶段性成果，为2016年的工作积累了宝贵经验。截至9月底，全市非金融资产投资情况报送企业1195个，其中亿元以上在建项目199个，报送率100%。

【能源统计】

2015年，吕梁市针对能源统计涉及面广、技术性强、核算复杂、关注度高，再加之企业领导对统计工作重视不够、企业统计队伍不稳定、人员调动频繁等问题，市统计局加强对基层业务人员的培训。9月、10月，对交口县、柳林县全部规模以上工业企业统计人员及能源管理人员进行业务培训，又分四批次组织全市洗煤、原煤开采、焦化、钢铁、化工、建材等行业的重点耗能企业参加了省统计局的培训，提高基层人员工作能力和业务水平。吕梁市统计局从吕梁能源发展实际出发，编写培训教材，得到全省能源培训与会人员的认可和好评。

【工业统计】

2015年，市统计局建立每月预测制度、规模以上重点工业企业联系制度，对晋能清洁能源科技有限公司、山西山宝食用菌生物有限公司、山西信发化工有限公司、孝义市兴安化工有限公司和山西晋阳煤焦（集团）有限公司等企业进行调研，了解全市重点工业企业生产经营活动情况。与电力部门建立月报联审制度，根据电力部门统计的工业用电量，对各县（市、区）的工业增加值及其增速进行审核，强化数据逻辑性和匹配性审核。

【贸易统计】

2015年，市统计局加强新增限上单位申报和审批入库工作，确保入库企业符合国家制度规定要求，力促应统尽统。及时关注限下单位变动情况，做好限下抽样样本单位更换工作，进一步提高限下抽样调查数据质量。对全市最具代表性的20户企业进行重点监测，及时分析判断社会消费品市场运行情况。市统计局还强化电子商务等新经济新业态的统计工作，及时掌握辖区内电子商务交易平台规模、行业结构和发展速度。

【服务业统计】

2015年，市统计局按照省统计局《关于开展规模以上服务业企业数据质量检查工作的通知》要求，对全市重点服务业企业数据质量进行检查，提高服务业源头统计数据质量。全面了解吕梁市1200多家规上企业的信息化发展情况，为提高吕梁市企业的信息化建设提供了数据支撑。完成了2014、2015境外来中国大陆工作专家的统计调查工作，掌握了吕梁市外来专家的规模及工作情况。

【1%人口抽样调查工作】

2015年，吕梁市根据《国务院办公厅关于开展2015年全国1%人口抽样调查的通知》（国办发〔2014〕33号）和《山西省人民政府办公厅关于做好我省2015年全国1%人口抽样调查工作的通知》（晋政办发〔2014〕81号）精神，市统计局启动全市的1%人口抽样调查工作。经过下发文件、机构组建、经费落实、“两员”选调、物资准备、区域划分、业务培训、调查宣传、清查摸底等前期准备环节，从11月1日开始进入最为关键的现场登记阶段，全市1000余名调查员和调查指导员手持数据终端设备深入到城镇、农村的大街小巷开展入户登记工作。

【第三次全国经济普查后续工作】

2015年3月18日，根据《全国经济普查条例》的规定和国务院、省经济普查办公室的要求，经市政府批准，市统计局和市第三次全国经济普查领导小组办公室联合发布《吕梁市第三次全国经济普查主要数据公报（一、二、三号）》，在《吕梁日报》全文刊登。通过这次普查，摸清吕梁市第二产业和第三产业的发展规模及布局，摸清吕梁市产业组织、产业结构、产业技术的现状以及各生产要素的构成，查实服务业、战略性新兴产业、小微企业和高技术产业（制造业）的发展状况。到2013年年末，全市从事第二产业和第三产业活动的法人单位15619个，比2008年末（2008年是第二次经济普查年份）增加4225个，增长37.08%；产业活动单位22456个，增加5731个，增长34.27%；有证照个体经营户60438个，增加6429个，增长11.90%。市统计局完成了《吕梁市第三次全国经济普查年鉴》编辑工作，为科学制定“十三五”规划、推动经济转型升级、制定产业政策提供了依据。

【专项整治统计数据弄虚作假】

2015年，根据省统计局《深入开展统计数据弄虚作假专项整治工作方案》精神，市统计局在各县（市、区）统计局自查自纠的基础上，抽调专业骨干人员，由局领导带队分4组对各县（市、区）进行专项监督检查。根据省统计局的要求，市统计局在吕梁统计信息外网建立统计上严重失信企业公示平台和各县（市、区）公示平台，并与省统计局平台链接，将查处的严重失信企业信息在平台上公示。2015年吕梁市查处统计违法案件16件，罚款金额14000元。

【编制权力清单和责任清单】

2015年，按照省委、市委提出的实施“六权治本”要求，市统计局开展权力清单和责任清单编制工作，着眼于“把权力关进制度的笼子、形成反腐倡廉长效机制”，通过“六权治本”，从源头上织密、编牢、扎紧制度“笼子”，最大限度“去腐败条件、去寻租土壤”，确保统计工作沿着法治化、规范化、公开化轨道运行，经认真梳理和多次修改，市统计局清理出行政权力4项，其中行政处罚3项，行政奖励1项。

【常规统计调查】

2015年，市统计局贯彻实施2014年统计年报和2015年定期统计报表制度，组织实施农业、工业、建筑业、批发和零售业、住宿和餐饮业、房地产开发经营业、服务业重点企业和部分服务业等行业，以及能源、投资、居民收支、价格、人口、劳动、社会、科技、环境等领域各项常规统计调查，按时审核、上报。

【发挥参谋助手作用】

2015年，市统计局统计数据资料更加准确有用。《统计年鉴》《统计公报》《吕梁统计》《吕梁经济运行监测》、统计旬报、月报、季报、年报、专报、快报、简报、“两会专刊”等各类统计资料，品种越来越丰富，影响也越来越大，全力做好市委、人大、政府、政协等重要会议和活动的统计服务工作，为会议的召开和活动的举办提供了翔实、系统、全面的国民经济社会发展统计资料，为代表委员参政议政、建言献策、履行职能创造了良好条件。主要经济指标旬报、预报更加灵活及时。为便于市委、市政府掌握全市主要经济指标完成进度，每月的1日、11日、21日，将规模以上工业增加值、固定资产投资额、社会消费品零售总额等主要经济指标上报市委、市政府主要领导和分管领导，及时发现倾向性、苗头性问题，并提出可行性的意见和建议，增强服务的主动性。经济运行监测预警更加健全完善。面对持续加大的经济下行压力，为准确把握经济运行情况及全年走势，4月20日至5月10日，组成4个调研组，深入各县（市、区）进行调研，掌握各地一季度经济运行基本情况及存在的困难和问题，并提出有针对性的意见和建议。加强对全市经济运行的预警监测，对经济指标进行预计和分析，并将数据提供给市委、市政府，服务领导宏观决策。统计信息服务更加便捷实用。政务信息公开透明，业务信息丰富多样，统一由计算站向省统计局、市委办、政府办以及其他相关部门报送，全年共报送统计信息100余条、统计分析30余篇。按照网站资源标准化、规范化的要求，市统计局对吕梁统计信息外网进行升级改版，新增互动回应类、办事服务类等板块，提高网站信息发布、互动交流、便民服务水平，也增强了统计工作透明度和公信力。

（吕梁市统计局）

食品药品监督管理

【概述】

2015年，吕梁市食品药品监督管理局完成了下述工作：

1.开展学习讨论落实活动专项整治，解决突出问题。按照省局、市委关于开展学习讨论落实活动专项整治工作的统一部署和要求，推进“聚焦民生、服务群众”主题实践活动，在全市范围内重点组织开展制售“三无食品”和假冒伪劣药品突出问题专项整治。采取“一到位两分配三查办”举措：“一到位”就是宣传发动到位，在第一时间召开了全系统专项整治动员会议，在一天时间内将整治目标、任务、要求贯通到市、县、乡三级食品药品监管部门；“两分配”就是及时将任务及责任分配到相关单位和人员；“三查办”就是及时查办食品药品安全违法行为，查办系统内执法人员失职渎职、违纪违规行为，快速查办投诉举报的存案积案，明确了29件案件的责任单位。专项整治行动以来，全市出动检查14959人次，检查涉及“四品一械”（药品、餐饮食品、保健食品、化妆品、医疗器械）生产、流通、使用、餐饮服务单位5761家，责令整改2091家，停业85家，取缔18家无证照食品药品经营户；关停制售大桶饮用水黑水厂16家；查扣劣质食品210公斤，过期药品999盒，查办各类违法案件337件，案值2.2万元，罚没款48万元。

2.做好三项工作，探索实现六权治本的有效路径。梳理权力清单和责任清单。根据吕梁市委、市政府的总体部署，按照市审改办的具体安排，梳理行政许可、行政处罚、行政强制、行政检查、其他权力等5类权力251项行政职责。其中行政许可3项；行政处罚217项；行政强制7项；行政检查16项；其他权力8项。编制权力运行流程图和风险防控图、行政权力运行实施表，制定行政处罚自由裁量基准。梳理行政处罚基准217项。合理划分市、县两级事权。按照依法行政、监督制约、简政放权、下沉重心、事权清晰、责任明确的原则，对行政审批事权、监督检查事权、行政处罚事权以及其他事权进行科学划分，向县局下放餐饮许可和食品流通许可权力，将45项行政处罚改为属地管理，明确市、县两级行政许可事项。推行政务公开制度。以当地主流媒体为主阵地，以上级信息路径为主渠道，以门户网站为主网页，全部公开权力职责、运行流程、承诺事项等，全部公开案件查办信息、查处结果，全部公开食品药品检验结果和日常监督检查信息。

3.以行政处罚案卷评查为抓手，提高执法办案水平。为规范行政执法办案水平，提高案卷质量，根据省局、市政府的工作要求，制订《全系统行政执法案卷评查工作方案》，明确评查范围、评查内容、评查方法和标准。此次共评查80卷，涉及药品违法行政处罚案卷31卷，食品违法行政处罚案卷49卷。评查得分90分以上22卷，80至90分30卷，80分以下28卷，对存在的问题进行梳理，向全系统通报评查情况，这些工作受到省法制办和省局的肯定。

4.突出考核督查，强化食品安全综合协调。召开全市食品安全工作电视电话会议、部门协调会议，部署重点工作，掌握工作动态，推动各部门、各县（市、区）履行好“两责”，树立全市食品安全“一盘棋”的大局观念；完善考核评价机制。各县（市、区）政府将食品安全工作纳入到年度目标考核中，进一步推动构建“地方政府负总责”的格局；牵头完成市人大常委会对全市食品安全工作开展情况进行专题询问的相关配合工作；牵头组织食安委成员单位对各县（市、区）中秋国庆两节食品安全进行了督查检查；全市食品安全工作受到国务院食安办、国家总局督查组的充分肯定。

5.强化日常监管，打牢食品药品安全基础。以问题核查、飞行检查、随机抽查、明察暗访等检查方式，加大食品药品生产经营企业原料来源、出厂检验、索票索证、台账登记、从业人员健康体检、冷链运输等关键环节检查，着力对问题隐患早发现、早处理。推进实施新修订《药品经营质量管理规范》，责令中阳县景晖大药房等183家药品经营许可证过期企业停止经营活动。推进流通环节药品电子监管。加快实施流通环节药品电子监管，组织开展全市药品经营企业电子监管码实施培训。吕梁市药品批发、零售连锁总部均已加入中国药品电子监管网并运行，921户药品零售企业申请加入中国药品电子监管网，772户成功入网并取得数字证书，其余149户正在办理。

6.加大案件查处力度，保持打击违法犯罪高压态势。开展酒类食品、小麦粉、桶装饮用水等重点品种的专项整治；加强学校食堂、中央厨房等业态的专项检查；开展药品、医疗器械生产、经营、使用全过程整治；严厉查处制售假冒伪劣保健食品和化妆品违法行为。截至10月份，出动检查11万人次，检查涉“四品一械”生产经营使用单位3.9万家，责令整改1.6万家，停业113家，查扣不合格食品210公斤，查办各类违法案件1551件，案值20万元，罚没款282万元。

7.扩大抽样检测覆盖面，加强风险监控。1至10月，全部完成省局安排的21类74种299批次的食品抽样任务；全部完成省局下达的药品抽样任务500批次和检验任务510批次，全部完成药品200批次的快速检验；共报告药品不良反应2211份、医疗器械不良事件506份、化妆品不良反应病例28例。孝义市食药监局切实履行国家总局“四有”“两责”要求，充分发挥监督抽检的倒逼作用，争取孝义市政府食品检验专项经费30万元，首开吕梁市县级食品检验工作的先行。

8.实施“互联网+监管”，提高监管效能。实施食品生产监管信息库信息化制度。根据省局食品安全监管信息化建设的工作部署，将全市313户食品生产企业基本信息和企业产品基本信息录入山西省食品药品监管信息化平台，实现吕梁市食品生产监管基础信息库信息化。实施食品原产地可追溯制度。积极推动、指导试点企业建立白酒质量安全信息化追溯制度，并对全市试点的54户相关食品生产企业负责人进行了可追溯软件的详细演示和培训。推行“一票通”制度试点。在柳林县试点食品流通领域内推行“一票通”制度，规范食品批发经营单位的销货凭证与食品零售经营单位的进货凭证使用同一种多联票据，统一格式，关联使用，截至2015年年底，柳林县共有98户食品批发商执行了“一票通”制度。

9.开展食品安全城市创建活动，提升综合治理能力。省里首批确定创建的县（市、区）涉及吕梁市的孝义市，按照省食安办研究制定的创建工作方案和5个方面32项164条评价标准，围绕强化责任落实、强化过程管理、强化专项整治、强化制度建设、强化能力建设、强化市区的辐射带动作用六个创建重点，督促指导孝义市开展创建活动。2015年孝义市实施政府责任制和部门责任制，建立领导机制和工作机制，加大投入开展创建工作，确定创建目标任务和阶段性目标，明确时限要求，并与17个乡镇、街道和7个重点部门签订目标责任书推进此项工作。

10. 努力构筑社会共治格局，凝聚食品药品安全保障合力。各县（市、区）局强化乡镇、农村协管员的业务培训，督促严格履职，发挥应有作用；主动加强与公安机关的联动，对涉嫌违法犯罪和抗拒监管的食品生产经营户及时移送、从严查办、形成威慑，2015年移送药品违法案件1起，成为公安部督办案件；以“3·15”“食品安全集中宣传周”“安全用药集中宣传月”等宣传活动为平台，加大宣传力度，营造社会氛围。发挥群众参与作用，完善举报受诉管理，畅通群众监督渠道，规范工作流程，实行限时办结、调查处理全程负责等制度，截至2015年年底，共接到投诉举报196起，全部给予办理回复。

（吕梁市食品药品监督管理局）

2016年吕梁年鉴

LVLIANGNIANJIAN

工业经济

经济和信息化

【概述】

2015年，吕梁市主要工业指标除工业增加值增速、新兴产业投资占比未完成全年目标任务外，万元GDP能耗、固废综合利用率、非煤产业增加值占比等指标完成年度目标任务。工业增加值，全年指标为同比增长6%。1—12月，全市累计完成工业增加值516.1亿元，同比下降11.9%。节能指标，目标是比上年下降3.2%。前三季度，全市万元GDP能耗下降3.25%。固废综合利用率，全年目标为68%，完成68.4%，超年度目标任务0.4个百分点。新兴产业投资占比，全年目标任务是38.5%，完成37.3%，差年度目标任务1.2个百分点。非煤产业增加值占比，全年目标为33%，完成51.4%，超年度目标任务18.4个百分点。

【加强工业经济运行调控】

2015年，吕梁市经济和信息化委员会（以下简称市经信委）加强监测和调控。每月通报工业经济运行情况，发布主导产品产量、价格等信息，每季度召开运行调度会议，研究经济形势，安排工作任务。针对后两个月任务艰巨的实际情况，实行周报制度，对完成情况较差的县（市、区）经信局局长进行约谈，以给县（市、区）长写信的形式，通报各县（市、区）工业增加值指标完成情况及后两个月工作任务，希望各县（市、区）主要领导高度重视，攻坚克难，完成任务。与省经信委、省统计局对接，汇报吕梁市工业经济运行情况，听取省有关部门的意见和建议。实地调研、精准帮扶。11月份分四组由委领导带队深入企业调研，了解企业发展中存在的困难和问题，制定落实帮扶措施。积极开展“冬季行动”，市经信委领导带队，就工业稳增长、工业园区提档升级、煤电铝材一体化发展等课题进行调研，调研报告按时完成，上报市政府主要领导。落实减负措施，缓解企业资金紧张问题。督促落实省政府“减负60条”，为企业减负25.87亿元。积极推进大用户直供电，5户用电企业参加直接交易，交易电量8.97亿千瓦时，节约电费约4502万元。开展用电企业增量用电奖励工作，为企业申请奖励资金1087.17万元。

【推进重点项目建设】

2015年，市经信委承担了市十大领域43个省市重点工程项目、省106个新兴产业投资、139个工业转型升级、21个新兴制造业2015年行动计划项目的推进工作，成效明显，大型焦化项目进展顺利。

截至12月底，43个重点工程项目建成试产或部分投产15个，设备购置及安装10个，土建施工17个，前期准备1个。106个新兴产业项目建成试产或部分投产34个，设备购置及安装25个，土建施工30个，前期准备17个。139个工业转型升级项目建成试产或部分投产52个，设备订购及安装20个，土建施工39个，前期准备28个。21个新兴制造业2015年行动计划项目投产或部分投产9个，设备订购及安装3个，土建施工9个。

2015年重点推进的7个焦化项目除孝义楼东外，其余6个项目的立项手续全部获得批复。截至2015年年底，除文水陈胜、孝义东义正在完善其他手续外，东义120万吨、鹏飞120万吨已建成投产，金岩、金达分别完成工程形象进度85%以上，楼东、金地分别完成形象进度10%。

为了确保项目建设，重点采取四项措施：一是实行领导包项目制度，将全市重点项目分解落实到每位领导，实现一对一精准帮扶。二是实行月调度制度，及时掌握项目进展情况。三是开展“进工地、解难题、促发展”专项行动，成立帮扶工作领导组，帮助企业解决实际困难。四是加强督促检查。根据市政府督查室安排，对全市重点工程项目进行现场督查。

【加强电力行业管理】

2015年，市经信委加强电力调度。编制《2015年全市限电序位》和《2015年重要及高危用户名单》，保障电力有序供给。推进项目建设。9个电网项目，柳林青龙、交口温泉、文水北张3个项目完工，岚县马坊、岚县王狮、岚县新安、孝义迎宾等4个项目在建，柳林城东和孟门2个项目正在进行前期工作。5个新能源发电项目，大唐山西新能源有限公司岚县阎家背4.8万千瓦风电、孝义光伏发电、中电投山西中盛达岚县王狮3个项目建成，国电电力山西新能源开发有限公司方山马坊项目在建，云顶山25万千瓦风电项目正在开展前期工作。推进煤电联营。电力企业全部在吕梁市购煤。加强电力安全监管。印发《关于印发〈关于继续深入开展安全生产大检查大整治深化“打非治违”和专项整治工作方案〉的通知》，召集国电、地电及相关科室人员成立3个督促检查组、1个巡视督查组，对13个县（市、区）进行电力安全督促检查，对重要用户及电力公司的变电设施进行现场检查，发现并整改问题及隐患168条。探索在工业园区建设局域电网或孤网型自备电厂，降低企业用电成本，把吕梁市建成电力基地和铝工业基地，推进煤电铝材一体化发展。

【推动工业园区提档升级】

2015年，市经信委围绕理顺管理体制机制，促进园区管理规范化、科学化，深入调查研究，完成调研报告，提出《关于加强工业园区管理的实施意见》，明确园区机构的性质、编制、职能，落实项目审批、资金支持等方面的扶持政策。

【强化节能工作】

2015年，吕梁市进行县级政府和重点用能企业目标责任评价考核，完成46项节能改造重点推进计划项目，每月监控、每季通报各县和重点用能企业节能指标运行情况，开展重点企业节能监测，下放3亿元以下备案项目能评审批权限，推动新能源汽车推广应用。

【开展资源综合利用和清洁生产】

2015年，吕梁市推进14个资源综合利用和清洁生产重点项目建设，推广电力、冶金行业烟气污染物超低排放等清洁生产技术。

【加强技术创新工作】

2015年，吕梁市新认定交城利虎玻璃有限公司、山西恩泽生物有限公司等8个企业技术中心。申报省级技术创新项目22项。推进产学研合作，企业技术中心都与高等院校、科研院所建立合作关系。

【推进信息化建设】

2015年，吕梁市建成16个公共场所无线局域网。为吕梁市军民融合协同创新研究院的公共云计算服务平台建设项目申请省信息化发展专项资金100万元。晋能清洁能源科技有限公司、山西华润福龙水泥有限公司2户企业被确定为2015年度省两化深度融合试点企业；晋能清洁能源科技有限公司、孝义市兴安化工有限公司、汾州裕源土特产品有限公司3户企业被确定为2015年度省两化深度融合管理体系贯标试点企业。

【加强国资监管和国企改制】

2015年，市经信委完善管理制度。在调查摸底的基础上，出台《深化国有企业改革的实施意见》，规范国有企业监督管理，防止国有资产流失。推进厂办大集体改革。制定《关于开展厂办大集体改革工作的实施意见》，开展了摸底调查。协调推进煤炭焦炭公路销售体制改革职工转岗安置工作，各县（市、区）全部完成了所属焦炭公司转岗职工的身份认定工作，大部分县拟定了职工转岗安置的实施方案并开展工作。推进党政机关与所办企业脱钩改革，以市委名义印发《关于进一步深化党政机关与所办企业脱钩改革工作方案》，推进相关工作。解决国有企业困难和问题，推进中吕公司沙炭湾煤矿产权理顺工作，推进离柳集团国开行债务化解工作，债务审计、资产评估工作已结束，债务资产转让协议已起草，并组织讨论，推进解决有关转让工作中的障碍。做好监管企业稳定工作，两次召开会议专题研究，三次下发文件提出具体措施和要求，全年接待上访职工19批226人，确保监管企业的生产安全和职工稳定。

（吕梁市经济和信息化委员会）

民营经济

【概述】

2015年1至12月，吕梁市中小企业完成营业收入1091.35亿元，同比增长－4.42%，上缴国家税金85.56亿元，同比增长－11.26%，实现利润96.63亿元，同比增长10.4%，从业人员36.76万人，同比增长1.2%。

在统计范围的37种主要产品产量中，有11种产品产量实现正增长，其中：发电量增长733.66%、铁矿石增长15.5%、铁精矿粉增长3.67%、生铝矾土增长15.22%、磁性材料增长3.27%、水泥增长289.82%、耐火砖增长153.21%、服装增长10%、饮料增长27.06%、食醋增长3.41%、食用植物油增长1.08%。有14种产品产量出现不同程度下降，如：洗精煤下降3.67%、生铁下降10.64%、铸铁件下降54.37%、活性炭下降9.85%等。

截至2015年12月底，吕梁市中小微企业发展到19629户(不含122005户个体工商户，7890户农民合作组织），规模以上企业538户，500万元～2000万元企业276户。

【优化中小企业政策环境】

2015年，吕梁市中小企业局在贯彻落实国家、省和市各项扶持政策的基础上，从加大政策的宣传，扩大专项资金扶持规模，强化目标任务考核等方面采取一系列措施，重点宣传落实省政府新近出台的《关于进一步支持小型微型企业健康发展的措施》（简称13条），在乡镇、社区、高校和已建立的100个小微服务站广泛宣传，使“13条”扶持措施达到家喻户晓。吕梁市委、市政府高度重视中小微企业、民营经济的发展，12月11日出台了吕梁市委、市政府《关于加快民营经济发展的若干政策措施》（吕发〔2015〕18号）。政策出台之后，市中小企业局抓了政策的落实和跟踪服务，将吕梁市扶持民营经济《二十八条措施》进行细化分解，将每条措施落实牵头部门和责任单位，要求在一定时期内提出部门落实措施的具体实施细则。各县（市、区）形成了扶持中小微企业、民营经济的氛围。如：孝义市把落实扶持政策作为全年工作的重要任务，出台《关于减轻企业负担工业稳定运行若干措施》，草拟《加快民营经济发展实施意见》；离石区印发《离石区中小微企业融资创新管理办法》；中阳县制定《中阳县中小微企业“融资创新助保贷”业务操作规程》等。通过落实政策、加强舆论引导、强化督查考核等方法，为中小企业、民营经济营造了优良的发展环境，促进中小企业、民营经济政策法规落实。

【促进中小企业发展】

2015年，吕梁市中小企业局强化监测监控，突出研究分析，积极应对谋划，全力促进中小企业稳增长。一是做好中小企业经济运行监测。确定具有代表性的中小企业60家，实行每月网上数据直报，及时掌握中小企业生产经营动态。二是完善经济运行协调机制。市中小企业局每月召开中小企业运行分析会，市政府每季召开经济形势分析部门联席会议，全面掌握中小企业发展动态，帮助解决中小企业生产经营中遇到的困难和问题，为各级各部门指导中小企业发展提供决策依据。

【推进中小企业转型升级】

2015年，吕梁市中小企业局以结构调整为主攻方向，加快推进中小企业转型升级。推进产业结构调整。支持中小企业实施技术改造，开展节能降耗，淘汰落后产能，退出传统行业，进入新兴产业领域。推进企业技术创新。实施中小企业创新能力建设计划，开展产学研合作，研究制定市级中小企业发展专项资金对民营企业技术中心奖励政策，鼓励具备条件的民营企业自主建设技术中心，对获得市级认定的技术中心，给予10万元中小企业发展专项资金奖励。截至12月底，被山西省认定技术中心4个。中小企业新技术、新产品研发能力提高，质量、专利、品牌意识增强。全市中小企业中科技型企业达40家，技术研发中心40个，技术研发人员达170余人。推进企业循环发展。按照全循环、多联产、抓高端的总体思路，引导中小企业参与到大型骨干企业循环经济链条的延伸中，培育形成一批以中小企业为主体的循环经济示范园区。

【强化基地建设】

2015年，吕梁市中小企业局积极作为，推进创业基地建设。截至12月底，有山西（离石区）昌圆小微企业创业基地和山西（中阳县）开元文化创业基地被认定为省级中小企业创业基地，两基地分别入驻企业20户、28户，解决就业劳动力380余人。

【改善民营企业公共服务】

2015年，吕梁市提升公共服务平台服务能力。完善中小企业、民营企业公共服务平台网络市级窗口平台服务应用系统，做好金融服务、产业信息大数据、人才培训、法律维权等专业应用平台的推广应用。按照边建设、边运营的原则，加快孝义市、离石区县级窗口服务平台和交城铸造、汾阳白酒产业集群窗口平台建设步伐，提高平台网络覆盖面。建立平台网络服务运营考核评价体系，努力实现“服务资源应有尽有、服务需求一网打尽”。加强服务联盟建设。按照“政府支持中介、中介服务企业”的要求，推动优秀服务机构向民营企业服务联盟集聚。12月底共有100个专业服务机构联盟。加强基层小微企业服务站建设。力争实现小微企业服务站乡镇、社区全覆盖。截至12月底，全市建成小微企业服务站100个，占全省小微企业服务站的50%，基本实现小微企业服务站乡镇、街道全覆盖。

【缓解中小企业融资困难】

2015年，吕梁市通过资本金注入、营业税减免、担保费补贴、风险补偿等方式，帮助中小微企业走出融资困境。在省级扶持1400万元创新融资奖励风险补偿资金的基础上，市级拿出1000万元，各县（市、区）也拿出相应资金作配套，解决中小微融资难问题。如：交口县配套1000万元、中阳县配套500万元，文水县配套200万元等，省市县三级共计8700万元资金规模，用于“助保贷”资本金注入，为199户民营企业融资4.1亿元。为拓宽直接融资渠道，开展“新三板”（全国中小企业股份转让系统）上市培训等工作，发挥“新三板”、天交所山西运营中心、山西股权交易中心的作用，为民营企业提供股权登记、托管、转让等综合性金融服务。对符合上市条件的企业给予重点培育，促进早期上市。截至12月底，分别在孝义、交口、柳林举办了企业挂牌孵化和企业对接资本市场培训，参训人员450余人。与山西证券公司合作筛选了山西特达土畜产品公司、汾阳市金土地生物科技有限公司、山西金州化工有限公司、山西孝义金晖集团、山西羊羔酒业股份有限公司五户企业作为“新三板”挂牌辅导对象，项目正在运行中。

【提升中小企业整体素质】

2015年，吕梁市中小企业局抓住“标杆”企业，作为示范，推广管理创新经验，通过标杆示范，推动中小微企业提高经营管理水平。加强人才培训。抓住人才提升这一关键，狠抓“1234”培训工程。即组织实施高端培训；经营管理人员银河工程、专业技能培训；采取订单式和定向式培训的创业培训；利用社会资源开展中小企业实用技能培训。8月份，市级组织了50名民营企业家上海复旦大学的高端培训，市政府领导亲自到会指导培训，此次培训深受企业家的认可和好评。各县（市、区）也将提升民营企业家素质作为重要任务，请专家讲师和送企业家走出家门进行培训，如：孝义、中阳、临县、方山、离石、交口县市分别举办了经营者素质提升培训，中阳、离石、岚县、柳林等县市利用创业基地平台，开展“大众创业、万众创新”培训活动。截至12月底，市县两级高端培训企业家120多人次；培训企业管理人员2080人次；培训专业技术人员3120人次；企业自主培训39870人次。

【推动中小企业健康成长】

2015年，吕梁市中小企业局按照“创办一批、成长一批、壮大一批”的总体思路，推进小微企业创办、“小升规”企业成长、“小巨人”企业培育三项工程，引导中小微企业形成有吕梁特色的梯次规模结构。2015年，全市新孵化创办企业3720户，建立40户“小升规”企业培育库，在第一批统计入库中有25户企业达规模企业标准。建立20户“小巨人”企业培育库，确定15户“小巨人”培育对象，各培育企业运营良好。

【引导中小企业集聚发展】

2015年，吕梁市形成6个产业特色鲜明、比较优势突出、体系较为完整、具有一定竞争力的中小企业集聚区。其中，交城铸造、汾阳白酒、临县红枣在全国具有影响力。

（吕梁市中小企业局）

煤炭工业

【主要指标完成情况】

原煤产销量：2015年的产量目标为6000万吨。全年全市煤矿生产原煤6502万吨，同比增加191万吨，完成目标任务的108%；销售原煤6502.68万吨，产销率100%，库存原煤374万吨，同比持平。矿井改造建设及非煤项目完成投资：2015年全市煤矿矿井改造建设投资目标20亿元，非煤项目建设投资目标为3亿元，竣工矿井目标为12个。2015年，全市建设矿井完成投资23亿元，完成目标任务的115%。煤矿企业开办非煤产业项目建设完成投资3000万元。全年共有13个矿井竣工验收，完成目标任务的108%。截至12月底，全市生产矿井可达到52个，平均单井能力达到118万吨/年。销售收入：全行业2015年销售收入目标191亿元（含非煤），全年全行业累计完成销售收入202亿元（含非煤），完成目标任务的105.8%。瓦斯抽采全覆盖：全面落实瓦斯抽采利用的各项措施，加大瓦斯抽采利用力度，推动瓦斯抽采全覆盖工程启动实施。2015年全市煤矿瓦斯抽采目标为3亿立方米，利用目标1.5亿立方米。1-12月份，全市煤矿瓦斯抽采量3.53亿立方米，利用量1.33亿立方米，分别完成目标任务的118%、89%。安全质量标准化建设：全市52个生产矿井中12个申报省一级质量标准化标准，32个申报省二级质量标准化标准。生产安全事故：2015年的生产安全事故死亡指标5人、百万吨死亡率0.0833。全市地方监管煤矿发生生产安全事故2起，死亡2人，百万吨死亡率0.031，死亡人数和百万吨死亡率分别占省控指标的40%、37%。

【安全监管工作】

2015年，吕梁市煤炭工业坚持“党政同责、一岗双责、齐抓共管”和“管行业必管安全、管业务必管安全”的安全发展理念，推动安全生产取得事故起数、死亡人数、百万吨死亡率“三下降”的可喜成绩，为煤炭工业健康发展奠定坚实的基础，也为全市转型跨越发展创造安全稳定的环境。责任体系更加完善。在继续全面落实各级政府和煤炭部门挂牌包片包企包矿责任制、“五人”小组包保责任制的基础上，进一步完善主体企业副总经理以上领导包矿责任制、董事长、总经理下矿、下井检查制度和矿领导下井带班制度，深入一线，靠前指挥，强化现场安全管理。隐患治理更加突出。按照国务院安委办的安排部署，抽调196名专业技术人员、成立20个排查组，分三个阶段集中开展了为期8个月的隐患排查治理，三轮共排查隐患9189条，其中一般隐患9177条，重大隐患12条，一般隐患已全部整改，整改率100%，重大隐患整改10条，整改率83%。专项整治更加深入。全年以瓦斯和水害专项会诊、“打非治违”、“不放心矿井”集中整治、“四不两直”专项督查等专项行动为手段，加大煤炭纠察跟踪执法力度，严厉打击非法违法行为，进一步规范煤矿生产建设秩序。应急救援更加强化。各级修订完善应急救援预案，加强市、县两级应急救援队伍建设，开展应急救援专项演练，加快井下紧急避险系统建设工作，全力推进应急救援规范化、标准化建设。科技支撑更加强劲。先后推广了一批厚煤层一次采全高工艺、三维通风动态仿真模拟系统、采空区充填采煤法等高新实用技术，柳林兴无煤矿、离石东江煤业等建成了“两化融合”矿井，科技兴煤战略稳步推进。文化引领更加凸显。开展领导干部与百名矿长谈心对话活动、“双七条”宣贯活动、安全月及安全咨询日活动、事故典型案例警示教育活动等，用各项主题活动的成效，推动职工安全意识提高。

【矿井改造建设】

2015年，吕梁市煤炭工业局抓项目促投产。按照年初确定的目标任务，市、县两级煤炭部门采取局领导包矿、业务科室驻矿的办法，牵住项目不松手，督促企业加大投资力度，加快建设进度，如期竣工投产。2015年全市新增9个矿井竣工验收矿井、3个联合试运转矿井。抓监管促安全。继续发挥县级层面五人包保小组和市级层面分片包矿作用，督促企业强化建设、施工、监理三方责任，严厉打击以建设为名组织生产行为，有序规范了矿井建设秩序。抓标准促高端。按照新的安全质量标准化标准，以岗位达标为突破口，把专业达标作为切入点，抓典型、树样板，以点带面，全面推进全员、全方位、全过程动态达标。全市证照齐全有效的生产矿井安全质量标准化三级以上达标率98%。建成具有示范引领的8个现代化矿井。

【加强调控和主动服务】

2015年，吕梁市煤炭工业局充分发挥职能作用，加强产运销日常调度，加强煤炭经济运行调控。加强调度促调控。针对2015年煤炭市场极度疲软、煤炭价格大幅度下跌、企业经营出现严重困难的局面，及时调整思维定式，加强部门间和企业内部沟通协调，实现信息资源共享；加强煤炭经济运行日常调度，每半月对煤炭产量、销量、价格、库存等统计一次，每一个月进行一次煤炭经济运行分析，及时掌握全市煤炭企业生产经营状况。政企联手拓市场。市、县煤炭部门和企业主动联手，多次召开协调会、座谈会，主动为煤炭企业牵线搭桥，帮助拉订单、跑市场，解决企业燃眉之急。正确引导助延伸。坚持量力而行、主动服务的原则，加快推进煤炭深加工，协调煤、电、焦产需对接，延伸产业链条，提升煤炭产品质量，增强市场竞争力。

【规范用工和强化教育】

2015年，吕梁市煤炭工业以稳定职工队伍、推进素质提升为抓手，建设一支会操作、能管理、懂技术的煤炭产业队伍。落实“五统一”（统一发布用工信息，组织报名和资格审核；统一培训；统一签订劳动合同，劳动用工备案；统一缴纳社会保险和派遣；统一管理）和“五个百分之百”（即不具备劳动用工主体资格的煤矿企业，由主体企业与从业人员签订劳动合同，实现100%签订率；煤矿企业按规定办理劳动用工备案，实现备案率100%；新招录从业人员取得相应的资格证书方可上岗，实现从业人员培训率100%；煤矿从业人员应100%参加五项社会保险，其中入井人员还应参加井下职工意外伤害保险；从业人员须进行年检，年检率100%）的劳动用工管理模式，井下职工意外伤害参保人数达10717人，参保金额312万元，伤残理赔5.55万元。以稳定职工队伍为抓手，开展全市煤矿劳动用工管理和职业病危害防治大检查、煤矿职工工资支付情况专项检查，解决了30余起因拖欠工资引发的劳资纠纷，切实保障职工合法权益，努力构建煤炭行业和谐稳定的劳动关系。市、县两级培训中心按照省、市的培训计划，采取多种形式组织了多期培训、再培训、职业技能鉴定，提高了职工素质。全年累计培训各类人员7981人次，技能鉴定3193人次。市级培训基地对全市瓦斯抽采全覆盖工程相关人员180人分3期进行专题强化培训。

（吕梁市煤炭工业局）

电力工业

·国网吕梁供电公司·

【概述】

国网吕梁供电公司是国网山西省电力公司大型供电企业之一，担负着吕梁市13个县（市、区）2.11万平方千米的供电任务，直供直管交城、文水、汾阳、孝义、岚县等5个县（市），对离石、柳林、方山、中阳、交口、石楼、临县、兴县等8个县（区）实行趸售供电。2015年，完成固定资产投资9.26亿元，同比增长157.2%，创历史新高；售电量123.78亿千瓦时，同比降低5.24%。2015年，国网吕梁供电公司保持“全国文明单位”称号。1个班组获得国网公司先进班组、1名个人获国网公司优秀班组长；7个单位和集体分获省公司先进集体、先进班组；9名个人分获省公司劳动模范、先进工作者、优秀班组长。

【电网概况】

位于山西中部电网西端的吕梁电网，是山西省北电南送大通道的重要组成部分，经过多年的科学优化建设，2015年已形成以500千伏站为电源支撑点，220千伏分三块运行，110千伏和35千伏及以下电压等级辐射供电的网络格局。其中，500千伏电网：有临县固贤500千伏变电站和中阳吕梁500千伏站2座，通过云吕线北接云顶山500千伏变电站，向南通过云稷线、云霍线与山西南部电网相连。220千伏电网：一是岚县、袁家村分别与太原电网的娄烦、云顶山500千伏站形成环网，同时岚县还向忻州静乐提供双回电源；二是由汾阳、交城广兴、夏家营，文水、宜安，孝义、胜溪、昌兴共8座220千伏站与晋中的平遥、太原的晋阳等站形成两个环网运行的中部大电网；三是由吕梁地电公司所属柳林龙花垣，中阳金罗，临县，兴县，离石车家湾共5座220千伏变电站与中南铁配套的10座220千伏变电站（兴县蔚汾、临县大居、柳林冯家垣、石楼灵泉共4座公用，兴县北坡、临县杜家领、临县白文、柳林孟门、柳林留誉、石楼段庄共6座电铁用户牵引站）形成的西部220千伏电网。

截至2015年年底，吕梁电网220千伏变电站25座，主变50台/容量7026兆伏安，输电线路68条/2262.433千米；其中，国网吕梁供电公司所属

14座/4680兆伏安，线路56条/1746.368千米；吕梁地电所属5座/1530兆伏安，线路7条/404.476千米；用户站6座/816兆伏安，线路2条，长度4.026千米。110千伏变电站120座，主变245台/10108兆伏安，线路231条/2953.9千米；国网吕梁供电公司所属43座，主变88台/3753兆伏安，线路98条/1197.544千米；吕梁地电所属30座，主变60台/2620.5兆伏安，线路50条，长度854.384千米；国网吕梁供电公司区域用户26座，主变56台/22170.5兆伏安；吕梁地电区域用户21座，41台/1588.5兆伏安，用户线路83条/901.972千米。35千伏变电站204座，主变379台/2936.13兆伏安，线路340条/3182.53公里；其中，国网吕梁供电公司所属公用变电站34座，主变63台、总容量571兆伏安，线路77条，761.208千米；所属用户站46座，主变87台、总容量534.58兆伏安，线路59条共295.435千米。吕梁地电所属公变44座，主变81台、总容量484.5兆伏安，线路86条共1160.73千米；所属用户站80座，主变148台、总容量1346.05兆伏安，线路118条共965.157千米。2015年吕梁电网全社会用电量134.32亿千瓦时，最大负荷202.1万千瓦。

2015年年底，吕梁系统内有省调电厂8座，12台机组、总容量3400兆瓦，分别为柳电2×100兆瓦机组、华光电厂2×600兆瓦机组、宏光电厂2×300兆瓦机组、国锦电厂300兆瓦机组、国金电厂350兆瓦机组、国峰电厂2×300兆瓦机组、方山电厂2×50兆瓦机组和节新光伏电站50兆瓦。吕梁全市所辖小电厂20座，机组83台，容量406.7兆瓦。

【电网建设】

2015年，国网吕梁供电公司推进特高压建设属地协调工作，推动市县两级政府成立工程建设领导小组和协调办事机构，出台《吕梁市电网工程建设相关补偿实施办法》，提前开展路径通道踏勘、大额赔偿摸底、塔基占地确权、定量等工作。召开沿线工程协调推进会18次，协调解决施工受阻等各类问题116个。上海庙—山东±800千伏直流输电工程吕梁段本月正式开工，榆横—潍坊特高压吕梁段工程完成基础浇筑351基，完成总量的72.7%，项目进入组塔阶段。编制完成吕梁电网“十三五”发展规划。完成汾阳阳城110千伏输变电工程等6项工程可研立项。220千伏文水国金、汾阳国峰电厂送出工程建成投运，110千伏交城三角、孝义西盘粮、文水冀周输变电工程和离石沙会则、文水北张、柳林青龙增容改造工程建成投产。累计新增35千伏及以上变电容量57.6万千伏安，线路113.8千米。110千伏岚县新安、孝义迎宾输变电工程正点推进。2015年农网改造升级工程全部投运，新增工程全面开工，2014年项目通过预验收，2012、2013年调整项目全部完工，2.82万户“低电压”问题得到治理。加强工程建设关键环节管控，工程质量明显提升，全年5项输变电工程荣获国网优质工程，110千伏冀周变电站工程夺得省公司项目管理流动红旗。设计院在取得设计乙级和丙级咨询资质基础上首次开展220千伏项目设计，参加省公司设计竞赛获二等奖1项、三等奖2项。

“十二五”期间，吕梁电网建设累计投入42.13亿元，是“十五”和“十一五”投入总和的2倍。先后建成投运固贤500千伏变电站及蔚汾、大居等5座220千伏变电站，投产35千伏及以上变电站19座、线路1499.93公里，新增变电容量538.16万千伏安，相当于再造了一个吕梁电网，供电能力显著增加。

【经营管理】

2015年，国网吕梁供电公司落实“三集五大”体系巩固提升工作，13项成效评估反馈问题全部整改。完成岗位绩效工资制度改革工作，县公司企业负责人全部实行年薪制，员工工资实现集中审核发放。物资管理坚持主动服务和超前管控，完成供应计划6820条，配送及时率100%。发挥运营监测（控）中心作用，深化营销类业务专题监测，完善同业对标评价体系，加强指标分析，落实短板指标改进措施，上半年物资、调控专业对标经验入选省公司典型经验成果。

“十二五”期间，国网吕梁公司全面建成“三集五大”体系，企业组织结构和发展方式发生重大转变，国网吕梁供电公司层面职能部门精简26.7%，管理人员减少25.66%，生产一线人员增加9.82%，售电量突破130亿千瓦时，较“十一五”末增长了38.87%。

【安全生产】

2015年，国网吕梁供电公司贯彻省公司安全生产工作部署，修订《领导干部及各部门安全职责规范》等制度，安全大检查和隐患排查治理取得实效。开展反违章和安全纠察，保证作业现场安全有序。坚持责任、措施、资金、期限、预案“五落实”，发现和消除各类缺陷隐患856项。推进完成PMS2.0应用及数据治理，上划110千伏变电站运检业务，滚动修编运维、检修、二次等专业规程91册，完善典型操作票1695项，强化多班组作业协同，加大红外、色谱、GIS超声监测等技术监督力度，完成文水等3座220千伏变电站综合检修，设备运检管理基础得到夯实。加强调度地县一体化建设，开展迎峰度夏联合反事故应急演练，成功应对处置大范围雨雪冰冻突发灾害，完成抗战胜利70周年纪念活动等重要保电任务。定期召开基建安全分析会，形成检查、点评、通报、考核闭环管理机制。开展高危及重要客户用电安全隐患排查，严格履行告知程序并督促整改。2015年，未发生人身、重大设备、恶性误操作及一级以上电网事故，未发生信息网络、交通安防事故，安全生产记录达363天，全年安全生产保持平稳。

【电网运行与供电服务】

2015年，国网吕梁供电公司开展“大运行”体系建设，强化省地县一体化管理，将各县公司（包括趸售区）月度检修计划、电网年度运行方式进行地县统一管理，实现省地县三级调度垂直化同质化管理和核心业务的流程化。配网抢修工作有序推进，实现10千伏配网全覆盖管理，所属43座110千伏变电站和14座220千伏变电站全部纳入集中监控，57座110及以上变电站四遥信息表全部规范，OMS系统设备覆盖主网大部分关键设备。

2015年，积极应对经济持续下行、售电增长乏力、经营风险增大的严峻形势，简化业扩报装流程，完成接电3.78万户、85.72万千伏安，同比增长65.55%。密切关注企业客户生产经营状况，实施重点用户“一户一策”。大力实施电能替代项目，增售电量10.87亿千瓦时，完成计划的308.89%。深化采集系统应用，累计上线51.27万户，日均采集成功率达到99.3%。贯通营配调数据，直供高压用户6312户、低压2772个台区实现信息实时交互和同步更新。

认真履行社会责任，深入开展“供电优质服务百日专项行动”和“聚焦民生、服务群众”主题实践活动。落实政府减轻企业负担相关措施，累计为128户企业减负2270万元。贯通营配调数据，完成直供高压用户6312户、低压2772个台区信息实时交互和同步更新。积极服务新能源发电业务，为用户备案并网、运行消纳等提供便捷服务。持续规范窗口服务行为，推广应用“掌上电力”手机客户端，优质服务能力明显提升。

【农电工作】

国网吕梁供电公司按照省公司“三集五大”体系建设整体要求，2012年10月，农电部并入营销部，设立乡镇供电所管理室，主要负责农网升级改造工程的组织实施、供电所综合管理、低压设备运维管理、农电标准化、电气化、创一流和电力扶贫等工作；同年6月，按照省公司统一要求，注册成立吕梁众辉供电服务有限责任公司，下设交城、文水、汾阳、孝义、岚县5个供电服务分公司。

截至2015年年底，所辖2.82万户“低电压”问题得到治理；完成10个电气化乡镇（交城县会立乡、庞泉沟镇，文水县南安镇、开栅镇，汾阳市阳城乡、栗家庄乡，孝义市梧桐镇、振兴街道办事处，岚县大蛇头乡、顺会乡）共185个电气化村和15个安全文明用电示范村（交城县西营镇大营村、天宁镇西汾阳村、天宁镇奈林村，文水县宋家庄、武陵村、北峪口村，汾阳市西堡村、田褚村、昌宁宫村，孝义市尚家庄村、临水村、南辛庄村，岚县寨子村、官桥村、瓮子村）的建设任务。

【科技与信息化】

2015年，国网吕梁供电公司加强科技项目管理和成果培育，完成“基于微振动自取能技术的输电线路环境信息采集关键技术研究”等2项省公司科技项目研究，26项发明和实用新型专利获得授权，1项获省公司发明专利奖。“3D交互式变电检修综合布控系统”获省公司青年创新创意大赛二等奖，“基于GPS差分技术的采空区山体及输电杆塔平移监测与预警装置研制”顺利通过山西省科技厅成果鉴定，首次冲刺省级科技进步奖励，“ADSS光缆空中熔接”等3项科技成果获国网公司经研系统、省公司科技进步奖，其中“吕梁配网规划辅助决策系统”同时获得省公司管理创新一等奖，得到省公司肯定，在全省推广。

信息通信业绩考核任务全面完成，信息通信同业对标排名省公司系统第8，业绩考核指标排省公司第四位。优化通信网运行方式，数据通信网核心设备割接工作顺利完成，通过自主开发通信路由器割接脚本、批量化执行程序和功能验证备份程序，提升了割接效率。信息、通信运维工作稳步推进，开展市、县两级网络设备巡检，对部分运行年代长、存储空间不足、存在故障隐患等设备进行优化升级。开展央企商密信息安全防护客户端及统一数据保护监控平台推广，提升了公司信息安全防护水平。

（国网吕梁供电公司）

·地电吕梁分公司·

【电网重点工程项目建设】

2015年，地电吕梁分公司所属八县（区）打捆项目包括110千伏续建项目投资1.84亿元、2015年山西省农网改造工程投资1.71亿元，共计3.55亿元。完成65%，完成投资2.31亿元。具体项目有：110千伏输变电工程5项。交口温泉110千伏输变电工程，建设规模为，主变容量2×63兆伏安，线路长度13.2千米，概算批复6808万元。建成投运。柳林孟门110千伏输变电工程，建设规模为，主变容量2×40兆伏安，线路长度21.2千米，概算批复8726万元，线路部分已完成70%，完成投资2069万元。征地手续于10月前报送市土地局等待批复，待市土地局批复后，变电、土建部分立刻开工建设。柳林城东110千伏输变电工程，建设规模为，主变容量2×126兆伏安，线路长度2千米，概算批复7570万元。变电站的围墙正在建设，由于与陶瓷厂的土地置换涉及民房的搬迁，正在协调处理中。离石高家山—贾家垣110千伏线路工程，建设规模为，线路长度26千米，项目总投资2200万元，未开工。柳林刘家山110千伏变电站二电源工程，建设规模为，线路长度10.9千米，概算批复1315万元，未开工。农网改造工程，农网改造工程总投资1.71亿元，完成投资1.42亿元，完成总投资的83%。吕梁新城电力配套设施工程总投资1.74亿元，完成投资 1.2 亿元，完成 69%。由于省公司考虑资金问题，将 2015 年未能开工的柳林城东 110 千伏输变电工程、柳林刘家山变电站二电源工程、离石高家山—贾家垣 110 千伏线路工程共 3 个项目的总投资 1.11 亿元，用于吕梁新城电力配套设施工程项目。

【加强安全监管】

2015 年，地电吕梁分公司认真开展春检、春试工作。开展春检、春试"安规、两票"培训工作，合理安排春检、春试停电时间，制定春检、春试停电检修计划。开展春检、春试及夏季迎峰检修跟踪督查工作，为电网安全运行打好基础。层层落实安全责任。吕梁分公司与 8 县区分公司签订了安全目标责任状，使安全责任层层落实。加强应急管理。按照省地电公司及吕梁市政府应急办要求，修订完善各项应急预案，提高系统对各种突发事件的应对能力。开展安全生产大检查工作。根据地电公司和太原电监办有关文件精神，开展"安全生产年""安全生产大检查""安全生产专项整治"等大型安全活动，确保系统安全运行。2015 年上半年，根据市政府《关于印发吕梁市安全生产大检查实施方案的通知》总体部署，地电吕梁分公司成立安全生产大检查工作领导组，制订《安全生产大检查实施方案》，提出 15 项检查内容，分三阶段开展为期三个月的安全生产大检查工作，坚持边检查边整改的原则，消除了大量的安全缺陷、隐患，防范各类事故的发生，确保公司电力设施安全稳定运行。

【搞好优质服务】

2015 年，地电吕梁分公司以服务地方经济为宗旨，征求各类客户意见及建议，利用各种活动，印发安全、服务宣传资料数万份，树立良好的企业形象；根据市委、市政府及地电公司要求，认真安排，督促落实，确保 2015 年的春节、高考等各大节日、重要活动、重大会议以及重要用户的可靠供电，完成各项保电工作。组织有关部门完成对用户工程的供电方案的批复、设计审查、验收送电等工作；对分布式光伏发电项目进行备案。根据国家能源局《关于印发分布式光伏发电项目管理暂行办法的通知》精神，按照省公司工作安排，地电吕梁分公司对个人利用自有住宅及在住宅区域内建设的分布式光伏发电项目进行了登记。截至 2015 年 9 月底，地电吕梁分公司供电范围内需备案的自然人分布式光伏发电项目共 6 项，项目备案容量共 143 千瓦，项目总投资 141.61 万元，设计年发电量 20.84 万千瓦时，于 10 月 29 日在市发改委备案。对规模以上工业企业实施电量奖励。根据省经信委、省财政厅《关于对规模以上工业企业实施电量奖励的通知》精神，地电吕梁分公司经审核确认符合条件企业 30 户。2015 年三季度网购电量 20073.525 万千瓦时，上年同期 13245.199 万千瓦时，增加用电量 6828.326 万千瓦时，申请奖励资金 682.8326 万元。

（地电吕梁分公司）

白酒制造业

·汾酒集团·

【概述】

2015 年，汾酒集团实现营业收入 131.79 亿元，同比增长 6.71%，完成国资委年度考核指标的 107.22%；其中酒类收入 46.05 亿元，同比增长 2.86%；其他收入 85.74 亿元，同比增长 8.90%。实现利税 20.07 亿元，同比增长 18.15%。实现利润总额 6.43 亿元，同比增长 53.22%，完成国资委年度考核指标的 214.35%。其中，经营利润 4.98 亿元，同比增长 96.17%；投资利润 1.45 亿元，同比降低 12.58%。职工人均年收入达到 7.05 万元。酒类生产总量 4943.2 万升；销售总量 5299.6 万升，其中汾酒的销售量达到 3211.3 万升，同比增长了 9.4%。工业总产值 41.41 亿元，企业资产总额达到105.36亿元。

从经营指标完成情况来看，集团公司15户子、分公司中，完成全年收入指标的共有10户，其中酒都宾馆、汾酒大厦和晋泉涌、竹叶青宾馆分别完成年度目标任务的151.08%、125.85%、108.93%和105.54%。完成全年利润指标的共有9户，其中旅游公司、酒都宾馆和荣大投资公司完成比例均超过150%，汾酒大厦和神泉涌实现扭亏为盈。股份公司、国贸投资公司实现利润分别同比增长63.95%、58.39%。汾酒销售公司实现收入同比增长10.11%，利润增长182.14%；汾青酒厂实现收入同比增长11.16%，利润增长51.30%。

【市场营销】

2015年，汾酒集团酒类销售实现了企稳向上，产品结构得到持续优化，市场基础更加稳固扎实。公司经理层主动谋划市场，深入一线开展为期20天的营销工作调研；汾酒销售公司以营销创新为抓手，市场管控能力稳步提高，创意定制渠道与电商渠道齐头并进，渠道多元化建设迈出实质性步伐；国贸投资公司积极拓展多种经营，借势“一带一路”发展机遇，加速进军国际市场，营业收入再创新高，为集团公司全年目标任务圆满完成做出了突出贡献；竹叶青酒营销公司着力创新经营模式，有序推进电子商务、医药连锁等渠道的建设；发展区公司主动克服各种不利因素，以“甲级杏花村酒”等新品的招商，积极导入市场；汾青酒厂、义泉涌、宝泉涌、神泉涌等单位在个性化品牌的市场运作上，集思广益，收到明显的经济效益，“汾牌系列”“白玉坊”等一批新品的上市，丰富了公司的个性化产品结构。打假办积极创新工作方法，与省公安厅等各级执法机关建立了长效合作机制，为市场秩序健康和知识产权保护提供了坚强保障。

【管理创新】

2015年，汾酒集团深入推进集团管控体系建设，按照现代企业制度的要求，把“简政放权、放管结合”作为提升管理水平的重头戏，规范公司法人治理结构。运营管理部对集团层面的70项主要业务流程重新修订；能源管理体系建设达预期目标，通过中国船级社的评审；质量管理部门以强化食品安全为重点，质量和HACCP管理体系通过方圆标志认证审核。“双增双节”活动深入开展，“增产节约、增收节支”收到成效。股份公司规范库存管理，实施能耗精准化控制，全年原酒库耗同比减少187吨，包材平均损耗降低14.4%，水、电、气耗用量同比减少10.4万吨、95.3万千瓦时和3.3万立方米，吨酒生产综合耗能同比下降9.1%。这些节能降耗和成本控制举措，取得明显的经济效益。财务部门强化资产管理，提高资金使用效率，全年通过理财、投资和税收筹划等手段，取得收益2.37亿元。保卫部建成“三微一平台”，实现警务管理智能化和便民服务优质化。安全生产方面，逐级强化落实安全生产责任制，各项安全控制指标全部达到要求，集团公司被授予“山西省安全生产工作先进集体”等多项荣誉称号。成装、生产等现场管理水平稳步提升，对标管理、应急处置、风险管理、招投标管理、信息化建设、依法治企等工作实现规范化、科学化、系统化。

【文化建设】

2015年，汾酒集团以汾酒获奖百年为契机，开展系列纪念活动。举办晋商与汾酒高峰论坛、包装创意设计大赛、百年传承奖评选和汾酒荣获巴拿马甲等大奖章100周年纪念大会等活动。在世界晋商网评选的“2015年度全球晋商十大品牌活动”中，高峰论坛和纪念大会双双入选，获得社会各界一致好评。《中国酒魂》文献片完成拍摄。汾酒老作坊博物馆正式开馆。《汾酒史话》《汾酒通志》等一批史料翔实、内容丰富的著作公开出版。旅游公司倾心打造文化旅游线路，以老作坊、保健酒园区、酒业发展区为基点，形成贯穿汾酒过去、现在、未来的特色文化之旅，全年共接待游客8万余人。公司团委在微信平台开辟“汾酒人的一天”等栏目，为普通员工点赞。离退休管理部举办老职工书法、绘画、歌咏等文化活动，营造浓郁的文化氛围，弘扬正能量，激发新动力。公司被中国企业文化促进会、中国企业联合会等单位授予“全国企业文化创新优秀企业”“2015年度全国企业文化成果奖”等称号。

【企业改革】

2015年，汾酒集团按照市场化机制，探索酒类子品牌、多渠道、新模式的混合所有制改造，以激发营销活力和内生动力为出发点，选择一批渠道运营商、投资机构开展战略合作。上海杏花村汾酒企业管理有限公司正式揭牌，先行先试，以全新的营销模式运作“品汾酒”系列，精耕市场，为混改积累了宝贵的经验；竹叶青酒营销公司发挥品牌资源优势，组建了保健酒贸易公司和竹叶青酒（北京）有限公司，布局全国市场；股份公司充分释放创新活力，推进科技资源与产品资源开放共享，成立科技开发公司和商贸公司。作为交城农商银行的第一大股东，汾酒集团公司发挥资本优势，参与全省金融改革创新。改革办等部门还对集团酒业资产整体上市、个性化品牌营销资源整合等工作进行了细致而卓有成效的调研，企业改革步入快车道。

【品牌建设】

2015年，汾酒集团品牌影响力进一步提升。根据世界品牌实验室发布的数据，2015年“杏花村”品牌价值首次突破百亿，达106.12亿元。股份公司荣获国家工商总局和世界知识产权组织联合颁发的“中国商标金奖”，这是2015年度全国酒类行业唯一获奖的企业；“汾酒男篮”“竹叶青女篮”加强与消费者互动，成为山西省首屈一指的体育竞技品牌。2015年汾酒集团参加山西品牌中华行、全国糖酒会、广交会等大型商贸活动11次。借助卫视、报刊等传统媒体与互联网、微信等新媒体的传播优势，强化消费者对汾酒的品牌认知和品质认可，聚焦靶心，精准发力，努力做到品牌建设提速增效，品牌形象得到更大提升。

【规模发展】

2015年，汾酒集团产能规模化、装备现代化迈出实质性步伐。9月15日，保健酒园区项目竣工并试运行，标志着汾酒集团现代化白酒包装物流综合基地建设取得重要进展。原粮基地建设蓬勃发展，吉林、沁县两个高粱基地取得绿色食品证书，9号高粱种子正式命名，产品质量源头保障基础得到强化。国贸投资公司拓展新业务，与太钢、晋煤等国有企业开展战略合作，收入水平再创新高。汾酒大厦创新多种经营，超额完成年度目标任务。汾酒文化商务中心项目完成全部批建手续，进入公开招标阶段。公司还被列入“513”工程省级重点龙头企业名单，体现汾酒集团在山西省经济建设中举足轻重的作用。

【科研保障】

2015年，汾酒集团技术中心主动与市场接轨，以满足消费者个性化、时尚化需求为导向，成功研发42度老白汾新品、绵柔型白酒、竹叶青系列产品等新的酒体。4月25日，汾酒集团在北京召开“汾酒执行与国际标准接轨的食品安全内控标准”新闻发布会，成为全国白酒行业首家宣布执行与国际接轨、并且高于国际食品安全标准的企业。股份公司食品质量安全追溯体系建设也取得重大成效，得到国务院食安办、国家食药监总局等部门的赞誉。集团质量检测中心顺利通过“国家实验室认可”的换证评审。1月19日，在第二届中国白酒科学技术大会上，“汾酒酿造过程关键功能微生物的研究与应用”

等7项成果获奖。11月2日，经国家民政部批准，中清酒业酿造技艺发展中心正式成立，汾酒集团作为主要发起单位之一，将以雄厚的技术实力，继续引领全国清香型白酒实现可持续发展。

【队伍建设】

2015年，汾酒集团分批选派高潜人才赴太钢、太重进行挂职锻炼，形成人才队伍的常态化培养。以技能提升和员工成长为目标，结合生产经营实际，组织编制《汾酒生产100问》手册，对4320余名员工进行培训，264名员工通过考核取得职业资格证书。人力资源部积极稳妥推进三项制度改革，着力创新市场化招聘工作，对符合条件的310名员工进行职务认证，一批高素质、年轻化的员工逐渐成为技术、管理、营销等岗位的骨干力量。4月23日，在第十一届中国企业培训与发展年会上，公司被授予“人才发展创新企业”荣誉。

【民生工程】

2015年，汾酒集团共安置170余名职工子女就业，缴纳“五险”费用共计1.26亿元，为4915名职工集中发放住房公积金3.49亿元。其中，为全体职工购买平安保险共计109.05万元，为独生子女父母发放奖励254.6万元，为146名考取二本以上的职工子女发放金秋助学奖励66万元，报销职工计生医疗费用77.7万元，全年组织4220余名员工进行健康体检，为9502名员工办理社会医疗保险。公司还为部分困难职工发放生活补助39.2万元，使每一位汾酒人都阳光、平等、充分地共享到企业发展的成果。后勤保障部门对厂区生产生活环境进行集中维修和美化，住宅小区物业管理水平明显提升。为确保职工在厂区周边的出行安全，公司多方筹措、积极争取，在307国道设置减速带，安装红绿灯工程进入谈判阶段。工会组织召开歌咏比赛和运动会，通过活动激发员工的活力和凝聚力。汾酒老年大学正式揭牌成立，发挥组织引导作用，丰富离退休职工的精神文化生活。

（谭忠豹）

农业经济

农业

【粮食生产】

2015年，吕梁市粮田面积稳中有增，达到536万亩，较上年增长2.4万亩。夏粮种植3.3万亩，总产量757.37万公斤，单产229.5公斤，获得较好收成。秋粮因旱减产，全年粮食总产7.2亿公斤，较上年减少42.8%，占省下任务9.1亿公斤的79.1%。狠抓高产创建。坚持以统一整地播种、统一肥水管理、统一技术培训、统一病虫防治、统一机械收获“五统一”的技术路线，精心打造“万、千、百、十”精品工程，全市建成高产创建示范片27个，推广地膜覆盖23万亩。实施农业科技示范展示工程。狠抓新技术、新品种、新模式的引进、示范和推广，全市建立示范展示点51个、面积5140亩，推广新品种56个、新技术14项。强化产学研合作。2015年7月6日，市委书记高卫东带领140余人组成的考察团，到省农科院考察学习、洽谈合作，围绕长期困扰吕梁市农业生产的96个技术难题，与农科院相关院所进行座谈交流、精准对接。市政府与省农科院签署农业科技战略合作协议，各县（市、区）政府和农科院相关单位签订农业技术攻关和新技术、新品种推广合作项目99个。实施高标准农田建设。以加强农业基础设施建设、改善农业生产条件、提高耕地综合生产能力、增加农民收入为重点，按照“各级共建、部门协作、任务分解、各负其责”的原则，推进高标准农田建设，全市累计实施高标准农田建设规模12.15万亩，推广有机肥施用面积360万亩、测土配方施肥面积518万亩。

【农民收入】

2015年，吕梁市农民收入达7193元，比上年6754元增加439元，增幅达6.5%。

【农村人居环境】

2015年，吕梁市农业委员会制定出台2015年行动计划。2015年“四大工程”共19个项目，总投资29.3亿元。年度任务全部完成，个别项目超额完成，累计完成投资34.24亿元，占年度计划投资总额的117%。完善提质工程方面，完成县乡道路改造177千米；建成137处农村饮水安全工程，解决8.88万农村居民和师生饮水安全；完成营造林49.92万亩；改扩建农村幼儿园39所，超省计划任务4所；完成148个乡镇综合文化站和3112个村级文化场所建设任务；完成广播电视卫星户户通提质工程4.45万户；建成农村社区老年人日间照料中心80个。农民安居工程方面，编制完成《吕梁市2015—2017年采煤沉陷区治理规划》，启动7个县、23个乡镇、81个村、12546户、37660人的搬迁安置工作；开展地质灾害治理搬迁995户，竣工652户；对2.29万户农村困难家庭实施危房改造；实施易地扶贫搬迁，主体完成3614户12571人，超额完成年内主体工程完工率40%的考核要求。环境整治工程方面，开工建设50个村的生活污水治理工程，截至年底，14个村完工；开展乡村清洁工程，全市3128个行政村共配备农村清扫保洁人员10936名，乡镇环卫监管人员1918名，建设乡镇垃圾转运站20个，建设规范处置点452个，创建达标村740个，配备农村垃圾收集车辆、垃圾清运车辆3121台，农村垃圾桶36116个，累计清运农村垃圾68.11万吨，集中清理农村“四堆”74600处，整治乱搭乱建、乱贴乱挂、整修残垣断壁44980处，粉刷墙体立面82.79万平方米。宜居示范工程方面，启动建设美丽宜居示范村48个，其中省级24个，市级25个（含与省共建村14个），县级20个（含与省市共建村7个）。落实“以奖促治”资金3615万元，其中省级1675万元，市级800万元，县级1140万元。

【“8+2”农业产业化】

2015年，根据山西省“七大产业振兴翻番工程”的总体部署，吕梁市委、市政府在总结过去两年成功经验的基础上，大力推进“8+2”农业产业化工程。杂粮产业：全市共发展绿色杂粮7.1万亩，其中绿色谷子6.1万亩，大豆1万亩，带动全市杂粮种植面积达到292万亩，总产达到21万吨。食用菌产业：全市发展食用菌2000万棒，香菇1270万棒、平菇730万棒。水果产业：通过高接换优、整形修剪、加密更新栽植名优品种等办法，全市共完成水果提质增效面积1.26万亩，是省计划任务的2.1倍。中药材为主的林下经济产业：全市共发展林下经济面积12.88万亩，其中林下中药材3.88万亩、林下大豆8万亩，林下黄花菜1万亩。带动全市发展道地药材6.2万亩，是省计划任务的3倍多。绿色马铃薯产业：全市建设绿色马铃薯5万亩，平均亩产2000千克以上，自查自验全部完成，绿色认证上报省厅等待批复。设施蔬菜产业：推广集成配套技术，抓好新品种新技术引进示范，全市共推广设施蔬菜新品种12705亩，引进新品种103个，新发展设施蔬菜4500亩，带动全市蔬菜播种面积达到30.7万亩，总产量76万吨，总产值11.32亿元。畜牧产业：重点发展牛、羊产业，实施肉牛繁育改良和草畜配套，改良黄牛2.02万头，引进湖羊4150只，推广秸秆加工机械49套，改良绵羊14.4万只、山羊46.2万只，推广三元优种猪40.5万头，推广蛋鸡标准化养殖70.1万只，人工种草9.4万亩，草地鼠害防治14.1万亩、虫害防治10.7万亩，雁门关生态畜牧经济区6县（区）新建畜禽标准化规模养殖场（小区）20个，全市肉蛋奶总产达到43.7万吨，超省计划任务3.3%。贯彻落实全省第四次畜牧业大会精神，加大资金扶持力度，研究制定促进畜牧业发展的政策措施，按照《山西省现代畜牧业“十三五”发展规划》编制要求，重新修订吕梁市“十三五”畜牧业规划，提出实施“43464”工程，即重点建设优质高品质特色肉羊、中高端肉牛和禽蛋生产4大养殖基地，培育规模养殖园区30个、旗舰龙头企业40个、家庭牧场6000个，完善良种繁育、疫病防控、饲草料加工和社会服务4大体系。酿造业：以白酒和陈醋为重点，培育壮大酿造业龙头企业。截至2015年12月底，全市酿造业收入完成104.3亿元。

【农产品加工】

2015年，吕梁市坚持以农产品产业支撑项目为抓手，以“513”工程龙头企业培育为重点，重点实施20个现代农业项目，截至2015年年底，完成立项12个，开工11个，累计完成投资15.37亿元。开展“513”工程龙头企业监测，落实贷款贴息政策。组织参加第四届中国（山西）特色农产品交易博览会，全市共落实招商引资项目47个，总投资30.27亿元，引资18.9亿元。贸易签约项目42个，总贸易额7.17亿元。截至2015年年底，全市农产品加工龙头企业销售收入完成130亿元。

【新型职业农民培训】

2015年，吕梁市政府制定出台《关于贯彻落实〈山西省新型职业农民培育规划纲要（2015—2020年）〉的意见》，市财政安排专项资金100万元用于培训工作，并将其纳入市级财政经常性支出，列入本级财政预算。市农业委员会会同市财政局，按照省里的《实施方案》精神，下发《吕梁市2015年新型职业农民培育实施方案》和资金使用计划。各县（市、区）整合培训资源，积极遴选培训学员，采取多种形式，开展培训工作，截至2015年年底，全市完成新型职业农民培训8100人，完成省下任务。狠抓基层农技推广体系改革与建设，实施补助项目11个、投资960万元，153个乡镇农技站条件建设项目全部完成。

【农业标准化示范市创建】

2015年，吕梁市启动示范市创建工作，按照"典型引领，梯次推进"原则，选择重点乡镇、特色产业打造、重点产业，打造标准化典型样板，重点在3个示范县、10个乡镇示范区以及设施蔬菜、马铃薯、小杂粮、畜牧养殖等4大产业率先启动、重点突破，全市共制定无公害技术标准198项，认证"三品一标"产品75个，面积46万亩。

【小流域综合治理工作】

2015年，吕梁市按照高标准规划、项目化推进、社会化投资、立体式开发的原则，制定出台《关于开展小流域综合治理促进特色产业开发的实施意见》，组织实施"122"计划。"1"即开展1项调查，围绕小流域的土地权属、治理现状等情况，开展调查摸底工作。"2"即编制2个规划，市级编制《吕梁市小流域综合治理规划编制导则》，各县市区编制《小流域发展规划（2016年—2020年）》。"2"即搞好2个试点。各县市区有代表性地选择2条以上小流域，开展综合治理和产业开发试点，树立样板、示范引路。各县市区成立领导机构，明确牵头部门，制定出台实施方案，治理试点全部启动。据统计，全市2015年启动治理试点流域26条，治理水土流失面积70平方千米以上，发展粮、果、牧、草、加等产业项目112个。

【"一村一品、一县一业"】

2015年，吕梁市在抓好2013年、2014年"一村一品、一县一业"项目实施的基础上，按照工业化理念、产业化运作的思路，坚持"规划先行、园区引领、龙头带动、技术集成、整乡推进"的原则，推进"一村一品、一县一业"建设。全年全市申报19个一县一业项目，总投资2026.34万元，已完成评审，即将批复实施。230个"一村一品"专业村，项目实施方案，已组织评审。

（吕梁市农业委员会）

农村经济

【农村土地承包管理和服务】

2015年，吕梁市在13县（市、区）铺开确权登记颁证工作，计划开展2222个村，涉及农户443024户，耕地454.6509万亩。市委、市政府把此项工作作为头等大事来抓，多次召开市委常委会和政府常务会，专题听取市农村经济管理局（以下简称市农经局）开展确权登记颁证工作情况汇报，对全市确权登记颁证培训及航拍采集数字影像底图、确权登记颁证工作经费、农经体系建设等重要工作进行分析研究，推动吕梁市确权登记颁证工作的开展。市农经局严格执行月报、季报制度，按月、按季向省上报确权工作进展情况。市级通过招标认定确认的两个测绘单位，6月完成飞行作业，7月开始向各县市区分发正射影像工作底图。9月，13县（市、区）招标确定的73家测绘公司进入各自工作点开始作业。市县两级财政落实确权预算资金6510.25万元，其中市级870万元，县级5640.25万元。

土地流转实行规范管理。根据晋农办土管发〔2015〕203号《关于开展中央农村土地流转意见和山西省农村土地流转实施意见贯彻情况检查工作的通知》精神，吕梁市以吕办发〔2015〕14号文件下发《关于引导农村土地经营权有序流转发展农业适度规模经营的意见》，离石区、孝义等县市出台了实施意见。截至2015年年底，全市土地流转面积达到72.6961万亩，比上年的69.5124万亩增加3.1837万亩。签订土地流转合同面积达43.98万亩，占到流转面积的60.5%。2015年，根据省厅要求，吕梁市新增交口县、文水县为"两个体系"（指土地流转和纠纷调解仲裁"两个体系"）规范化建设县，这两个县在场所、设施、经费和人员配置方面得到完善。孝义市为农村

“两个体系”规范化建设示范县，为吕梁市“两个体系”建设起了示范带头作用。其余县市区也实行“边建建设边完善”的方式，按照规范化建设标准，建立办公场地、设备、人员，建设流转登记、鉴证、合同备案制度，建起土地流转信息发布和流转合同管理平台。中阳、离石、兴县3县（区）设立交易市场。农村土地承包纠纷调解仲裁工作被国家纳入“平安中国”建设考核范畴，按照中央综治办和农业部的要求，各县市区完善内部设施，配齐仲裁人员，改善调解仲裁工作条件和手段，使仲裁机构依法规范运行。

【农村集体“三资”专项清理整治】

2015年，市农经局在全市开展农村“三资”专项清理整治工作。在省委农村集体“三资”管理专项清理整治工作动员会和市委专题会议后，市农经局出台《吕梁市农村集体“三资”管理专项清理整治工作方案》，市委办公厅成立领导组，组长由副书记雷建国亲自担任。争取专项工作经费37万元，组建实体化办公室。从市直各单位抽调13名副县级领导干部为督查组组长，分13组，进行包县督查，每组成员3名。县乡两级主要领导亲自安排布置各自包联点的专项整治工作，深入各自包联点指导工作，把工作落到具体行动上。截至2015年年底，开展了3次督查指导工作。市委督查室抽调专人分6组在全市督查2次，市“三资”办组织人员在全市范围内督查1次。在每次督导结束后，市政府专门组织召开督查会议，听取各督导组的工作汇报，确保工作取得实效。市委副书记雷建国、市委常委张稳科和市政府分管农业副市长对此项工作高度重视，多次召开由全市各级第一责任人参加的动员会和推进会，对各县市区做好三资清理自查、整改工作提出明确、具体的要求。在交口县组织召开的农村集体“三资”管理专项清理整治工作推进会上，副书记雷建国就“三资”工作存在的突出问题提出更为具体的八点要求。会后市政府分管农业副市长对各县（市、区）副县（市、区）长进行约谈，对“三资”管理措施落实不到位，造成“三资”管理混乱的相关责任人实行问责。接着，市农经局对各县（市、区）农经局长进行集体约谈，重申对相关责任人进行问责的制度，给相关负责人敲响警钟。针对农村财务混乱，个别县（市）移送案件存在少交、不交的现象，根据副书记雷建国的要求，在全市开展为期半月的“回头看”。通过狠抓案件的查处和移送，移送案件大幅度增加。全市移送“三资”案件由8月31日的66件增加到2015年年底的344件，增加278件，是原来的5.21倍。原先移送案件为“零”件的6个县中，临县达到41件，交口县达到34件，方山县达到85件。石楼县、离石区和兴县也分别达到7件、14件和41件。按照市纪委书记张稳科的提议，在全市范围内展开农村集体“三资”管理专题调研工作，调研解决农村集体“三资”存在的深层次问题，就如何规范管理农村集体“三资”、健全农村集体“三资”管理制度提出具体措施和建议，各县（市、区）、各乡镇在整改中制定操作性较强的“三资”规章制度，以制度规范农村干部和农村财务人员的行为。

【农村经济统计】

2015年，市农经局完成全年农村经济统计任务。根据晋农办经发〔2015〕64号《关于开展农村外出务工人员就业情况专题调研的通知》要求，组织专人对吕梁市农村经济运行监测点汾阳、临县、柳林三县市涉及的6个村121户农民外出务工就业情况进行入户问卷调查，基本掌握了经济下行压力下全市外出务工的特点及存在问题。按时完成农经管理半年和全年预报网络上报工作，为各业务科室提供基础数据。组织各县参加全省统计培训会，为2015年年报工作的完成打下基础，年报统计工作经过审核汇总，12月底上报省经管局。在QQ群的基础上建立“吕梁农经统计微信群”，利用这个平台加强县市间统计人员的沟通与交流，互通有无，相互促进，便于市局工作的安排与对各县所提问题的解答，提高了工作效率。

【培育新型农业经营主体】

2015年，吕梁市根据市政府文件《关于进一步提升发展农民专业合作社的实施意见》，狠抓农民专业合作社规范发展，按照“信息公开，三级管理，淘汰落后，择优扶持”原则培育合作社示范社，把运行规范的合作社尤其是示范社作为政策扶持重点，对不合格、不规范的121家合作社予以取消。根据省农业厅文件精神，向各县（市、区）下发《关于申报认定2015年度三级示范社的通知》，组织开展省级、市级和县级农民专业合作社示范社申报工作。申报认定省级示范社43家、市级52家，县级130家，省、市、县三级示范社共225家，比年初任务160家超额完成65家，同比增长41%。开展家庭农场培育建设工作。严格按程序开展家庭农场的申报认定工作，凡是农民群众自愿申报，经过县级实地考察符合条件的全部录入“山西省家庭农场管理平台”，予以认定。县、乡两级农经部门按照一场一档的要求建立家庭农场档案。截至2015年年底，全市家庭农场共409个，2015年新发展100个。加大家庭农场政策宣传力度。2015年，市、县各级农经部门利用广播、网络、印发宣传资料、会议、培训等方式，开展宣传，累计印发宣传资料7万余份。柳林县制作大型牌匾，在县城广场，由分管农业副县长及县农委、农经主任亲自到场进行宣传，对申报成功的家庭农场统一制作铜牌。离石区在《今日离石》进行宣传报道。为带动吕梁市家庭农场健康发展，加快培育新型农业经营主体，2015年农经部门积极培育示范家庭农场，年内共培育省示范家庭农场2个；出台市级示范家庭农场标准，经县级选取推荐，市级审核认定，共培育市级示范家庭农场35个；以典型引路，带动全市家庭农场快速发展。为推动全市“8+2”产业发展壮大，加快全市新型农业经营主体建设，2015年对“8+2”产业重点实施区域内35个农民增收成效明显、示范带动作用强的家庭农场进行资金扶持，4个省级示范家庭农场每个4万元，其余31个家庭农场每个3万元。通过项目扶持，帮助其解决生产经营或基础设施建设中的主要困难，增强家庭农场的市场竞争力，增加农民收入。

【规范农村财务】

2015年，吕梁市加强农村会计委托代理制，规范农村会计电算化。2015年各县（市、区）完善了农村会计委托代理的有关制度，对一些会计电算化运行不规范的乡镇进行整改。全市13县（市、区）的166个乡镇全部实行农村会计电算化管理，基本实行财务支出审批单。严格执行一项委托、二级审核、四权不变、四层监督制度。有机构有牌子的138个，工作人员达到3人以上的有134个，有工作经费的124个，有审核专用章的123个，制度健全的有147个，制度上墙的有138个，代理内容全面的有149个。针对有些地方出现管理不规范的问题，各县（市、区）对乡村财务实行乡（镇）干部分片负责、包村干部蹲点负责、村委具体负责的责任追究制，并层层签订责任状，为农村会计委托代理和电算化规范化管理提供了坚强的组织保证。完善财务公开制度，充分发挥民主监督作用。实行财务公开以来，吕梁市的农村财务公开项目逐年细化，制度逐步完善，财务管理也走上规范化轨道。2015年，市农经局将“一事一议”筹资筹劳、惠农政策补助资金发放及征用土地补偿费情况作为重点内容，实行专项公开，由乡镇计算机网络发送到各村进行公开。截至2015年年底，全市3135个村委全部实行财务公开，其中，规范公开的村2824个，占村委总数的90%。狠抓农村会计培训，提高会计队伍素质。培训内容包括财务管理业务知识、农村政策、电算化操作技能和“三资”管理等，受训人数达3000余人。通过培训，提高了财务管理人员的业务和政策水平。2015年，吕梁市确定临县、交口县、孝义市为农村“三资”管理规范化建设重点县和规范化示范县，三县（市）对这项工作非常重视，健全机构，落实责任，配备办公设施，完善相关制度，实行农村“三资”网络化管理，达到规范化建设的要求。全市农村“三资”清理工作基本完成，有8县（市、区）财务软件升级为“三资”管理软件。各村“三资”清理资料全部委托乡镇管理。

【农村财务审计】

2015年，市农经局把农村财务审计作为维护农村稳定的一项重要工作，组织全市开展常规审计、专项审计、联合审计等多种形式的审计工作，完成1320个村委的审计任务，比年初任务1045个超额完成275个，同比增长26%，把审计结果及时向群众进行公布。农村财务审计紧密结合农村集体“三资”专项清理整治工作，完成农村财务自查审计，促进农村财务的规范管理。

【减轻农民负担】

2015年，市农经局将国家农业部等六部委的《关于做好减轻农民负担工作的意见》，向各县（市、区）转发，使减负政策在基层得到落实。2015年年初，市农经局与税务局、质监局、新闻出版局联合出台《开展涉农乱收费专项治理的通知》，在全市开展涉农乱收费、乱摊派突出问题专项整治。此项工作被列入市政府30项整治任务之一，市县两级高度重视，把它作为一项重大政治任务来抓，按照“谁主管、谁负责”的要求开展整治工作，对各项涉农收费项目严格把关，所有收费项目和标准都要求有现行的政策依据，将整治结果形成书面材料上报市政府。2015年，市农经局发挥主体监管责任，将粮食直补、农资综合补贴、农机补贴等惠农政策作为监管重点，列入重点审计内容。这些资金的及时发放，调动了农民种粮的积极性，促进了农村经济的协调发展。

（吕梁市农村经济管理局）

林 业

【林业建设】

2015年，吕梁市林业工作以“山上治本、身边增绿、产业富民”为统领，以国家和省级林业重点工程为支撑，以吕梁山生态脆弱区植被恢复、干果经济林提质增效、森林防火三项重点为抓手，强化组织领导，创新发展机制，增加资金投入，全市林业建设各项工作取得成效，完成省、市下达的各项目标任务，受到省政府与市委、市政府的肯定。林业生态建设持续推进。完成以退耕还林、天然林保护、三北防护林等重点工程为主的造林49.92万亩，占任务49万亩的101.8%，其中完成吕梁山生态脆弱区植被恢复工程39.78万亩，占任务的102%。完成义务植树500万株，完成通道绿化100千米，完善村庄绿化78个，全部或超额完成任务。林业产业蓬勃发展。推动红枣、核桃提质增效，完成核桃、红枣标准化管理示范园建设11.8万亩，全部或超额完成市政府下达的任务，推动核桃、红枣产业提质增效，增强发展后劲与活力，2015年核桃产量达到4.5万吨。统筹育苗产业发展，以市场为导向，优化苗木种植结构，完成育苗9.4万亩，占省任务9万亩的104%，其中完成阔叶树新育苗1.4万亩、针叶树新育苗0.62万亩，分别占任务的100%。苗木销售收入近4亿元。森林安全应急能力加强。加强组织领导和责任落实，强化防范措施和应急能力建设，全年累计核查火情热点18起，无一起重特大森林火灾发生和人员伤亡事故发生，森林火灾受害率为0.1‰，低于省控制指标0.5‰。完善有害生物监测预警，林业有害生物成灾率为2.7‰，低于省控制指标4.5‰。营林机制不断创新。开展红枣、核桃保险试点工作，完成红枣保鲜16.47万亩、核桃保险9.1万亩。按照省林业厅提出的“不求权属所有、但求有绿有树”要求，中阳县、岚县、离石区分别与省直林局驻地林场协商，以林场出苗木、出技术、出队伍，县政府落实土地和配套资金的方式开展合作造林共计4万多亩。岚县在全省率先推开购买式造林试点工作，计划用3至5年时间完成造林20万亩。扶持建立林业专业合作社，集中土地规模造林，连片开发合作经营，全市累计发展各类林业专业合作社599个，吸纳会员1.5万人，经营面积37万亩。积极拓展林改成果，搭建林木采伐、林权流转、林权抵押与担保平台，扩大社会资本和信贷资金投入林业建设。营林机制不断创新，促进社会要素全方位积聚林业生态建设，为经济新常态下吕梁林业大发展注入新的活力和动力。林业建设投入持续增加。市、县两级认真落实省政府“三加三不减”要求，在经济下行压力较大的形势下，全力筹集林业建设资金。据统计，全市全年完成林业建设投入10亿多元。市级财政预算造林绿化资金9000多万元，县级财政投入造林资金近5亿元，总额占全市公共财政预算收入的5.4%。鼓励和引导社会资金投入造林绿化，全市社会造林资金达到1亿元以上。森林资源管理成效突出。利用天保工程、公益林补助和地方财政资金积极推行专人管护、建站管护机制，全市共聘用护林员5494名，其中县财政出资聘请专职护林员1255人，建设各类管护站30多个。落实森林资源管理目标责任制，严格林地征占用审批程序，开展林地清理整治大检查专项行动，查处各类案件56起，其中行政处罚42起，移送公安机关12起，问责24人。强化森林防火工作，做到组织领导、责任考核、资金投入、宣传教育、队伍建设、物资贮备、应急演练等各个环节的落实到位。开展林业有害生物美国白蛾和松材线虫监控，搞好苗木产地检疫和红枣病虫害防治，把林业有害生物造成的损失降到最低。

【违纪案件查处】

2015年，吕梁市对林业系统内党员干部出现的违反作风建设问题和发生的各种贪污腐化行为，以“零容忍”的态度，发现一起查处一起，绝不手软，绝不姑息，做到有腐必反、有贪必肃，有案必查。坚持“一案双查”制度，既追究当事人责任，又追究相关领导责任，确保主体责任落到实处。对马继平举报兴县林业局隐瞒森林火灾问题进行调查核实。在全市开展的非法侵占林地清理排查专项行动中，行政处罚42起，罚款113.6万元，移送公安机关12起，问责24人。

（吕梁市林业局）

水利

【概述】

2015年，吕梁市水利局承担着2项省、市考核指标。年底地下水压采量为623万立方米，占考核指标600万立方米的104%；万元工业增加值平均取水量达到11.08立方米，较上年下降了2.5%，超过省、市下达的下降2.3%的指标。全市完成水土流失治理面积47万亩，占年度计划任务43万亩的109%；完成农田实灌面积162万亩，占年度计划任务170万亩的95%；解决农村饮水安全人口8.07万人，占年度计划任务100%；水产品总产量达1890吨，渔业经济总产值达9870万元，比上年增长5%；地下水位监测设备在线率达到80%以上；完成各类规费征收1.2亿元（其中：水资源费征收9100万元，水土保持补偿费1380万元，河维费征收1536万元）。截至2015年年底，全市完成水利投资49689.96万元，其中中央财政29898万元，省级财政16448.96万元。

【吕梁供水网络体系建设】

1.中部引黄工程及配套小水网规划：中部引黄工程是吕梁市构建吕梁供水网络体系的基础和依托。为保证工程顺利推进，市县两级协调机构从长远发展的角度出发，主动研究解决工程推进中存在的非法阻工问题，确保工程顺利推进，截至2015年年底，中部引黄在吕梁市境内的隧洞掘进完成74.1公里，完成投资1.13亿元。由吕梁市负责的9个县（市、区）县域供水规划全部通过省水利厅的技术审查。

2.重点水源工程建设：2015年年底，龙门供水工程输水隧道管线铺设工作全部完成，隧道衬砌工程基本完成，累计完成投资2.1亿元。为尽快完成千年水库的建设任务，离石区政府对水库的建设管理机制和体制进行调整，工程得以复工并迅速推进，2015年年底大坝、泄洪洞、坝下供水涵管、闸门等设备安装完工，工程修整完善、施工现场清理及大坝管理用房建设在进行施工。为加快峪口沟水库的审批立项进度，市水利局委托新疆建设兵团设计院开展前期工作，2015年年底可行性研究报告及各个单项报告的编制工作在推进中。碛口水利枢纽工程是山西几代人梦寐以求的“民心工程”。为争取将该项目列入国家“十三五”规划，吕梁市在持续开展各项前期工作，力争该项目列入国家“十三五”规划；在全省百座小水库建设项目中，吕梁市有7座编制完成可研报告，其中3座被列入全省重点推动项目，力争尽快开工建设。

【农田水利建设】

2015年年底，吕梁市实灌面积达170.03万亩，占年度计划任务170万亩的100%。在千方百计增加农田灌溉面积的同时，吕梁市全面推进农田水利项目建设。文峪河灌区续建配套项目建设于9月25日正式开工建设，完成投资3000万元，2015年完成中央投资80%的工程量；旮旯电站主体工程基本完成，文峪河电站、柳林琵琶水电站和杨彩塔水电站增效扩容改造项目全部通过了完工验收和绩效评价；交城县、汾阳市、离石区的小型农田水利重点县项目建设有序推进，工程总投资达9025万元。各县开展招投标工作，2015年完成中央投资80%的工程量；沿黄泵站整改工作取得阶段性成效，临县高家湾和马家湾泵站电力配套和泵站厂房加固改造已近尾声，石楼县曹家垣泵站在抓紧复工建设。

【农村饮水安全工程】

2015年，吕梁市建成农村饮水安全工程137处，解决了156个自然村、8.07万农村居民和8所农村学校、0.81万学校师生的饮水安全问题，农村饮水安全建设任务全面完成。10个县级水质检测中心和1个市级水质检测中心的建设工作全面开展，除孝义、柳林两县（市）开展招投标工作外，其余8个县级、1个市级水质检测中心完成招投标并签订采购合同，2015年年底已完成全部建设任务。

【病险水库（水闸）除险加固】

2015年，吕梁市列入全省专项应急除险加固规划并批复应急加固实施方案的有10座水库，全部完成除险加固建设任务。列入全国大中型病险水闸除险加固规划的虢义河靳屯闸完成竣工验收工作，其余3座文峪河渠首闸、古贤闸、汾阳市磁窑河演武闸完成全部建设任务，准备竣工验收。

【防洪保安工作】

2015年，为实现汛期大中型水库不垮坝、重点河流堤防不决口、重要城镇不发生较大洪涝灾害的目标，吕梁市防汛抗旱指挥部先后三次以正式文件对防汛备汛工作作出明确要求，并针对全市涉及水利工程的水库、淤地坝、河道、在建工程、山洪灾害防治非工程措施及预案修订、物资储备、抢险队伍建设等工作开展情况进行督察检查。为明确防汛责任，吕梁市防汛抗旱指挥部与各成员单位签订了防洪保安责任状，各县（市、区）完成县、乡、村、组、户五级防汛责任体系建设，将防汛预案编制推进到每一个行政村，“防、撤、抢”体系建设成果得到巩固，初步具备防灾减灾能力。为保障特殊干旱条件下群众饮水和农田灌溉，抗旱应急水源工程建设全面推进，下达投资的 8 项工程 2015 年年底前全部完成。

【库区移民后期扶持】

2015 年，吕梁市共发放大中型水库移民后期扶持资金 891.2 万元，到年底达 100% 发放；水库移民后期扶持项目建设协调推进，黄河古贤水利枢纽工程的前期工作在开展中。

【水土保持重点工程建设】

2015 年，吕梁市通过实施国家水土保持重点建设、坡耕地水土流失治理、黄土高原淤地坝、小流域综合治理、小流域沟坝地治理、坝滩联治、百企千村等国家级、省级重点水土保持治理项目，全年治理水土流失面积 47 万亩，占任务 43 万亩的 109%。开展《中华人民共和国水土保持法》宣传，做好水保监督执法工作，截至 2015 年年底，吕梁市共完成水土保持补偿费征收 1380 万元，占全年计划任务 2000 万元的 69%。

【水资源管理】

2015 年，吕梁市在加大节水宣传的同时，下达了取水总量、地下水压采量、万元工业增加值用水量三项控制指标。截至 2015 年年底，全市用水总量为 5.76 亿立方米，控制在省指标 5.78 亿立方米以内；万元工业增加值平均取水量 11.08 立方米，较上年降幅 2.5%，达到省、市政府下达 2.3% 的任务，地下水压采量为 623 万立方米，占任务 600 万立方米的 104%，地下水位监测设备在线率达 80 % 以上，确保了数据的正常传输。全市征收水资源费达到 9100 万元。

【河道综合治理】

2015 年，吕梁市在严厉打击私挖乱建等违法行为的同时，中小河流工程项目建设持续推进。下村川河交口县城段的治理项目完成竣工验收工作；屈产河石楼县城段、蔚汾河兴县段、孝义市孝河白壁关至达苏段全面完成工程建设任务；汾阳禹门河主体工程基本完成，完成投资 95%。吕梁市以“城乡环境整洁百日攻坚”活动为契机，在全市范围内开展以疏通河道、清理整顿涉河违章建筑、清理河道垃圾、取缔河道非法采砂为主要内容的河道整治活动，共清理垃圾 70.26 万立方米，疏通河道 130.6 千米，投入资金 1370.36 万元。通过整治，城市河道水环境有了明显改善，河道隐患得到初步治理，确保了河道行洪畅通。截至 2015 年年底，河维费征收达 1536 万元。

【渔业资源的开发利用】

2015 年，吕梁市水产品总产量达 1890 吨，渔业经济总产值达 9870 万元，比上年增长 5%。黄河渔业资源增殖放流活动持续开展，全年向黄河投放各类鱼种达 30 余万尾，保护了黄河渔业资源，保障了生态平衡。全市未发生一起渔船安全事故。

（吕梁市水利局）

2016 年吕梁年鉴

LVLIANGNIANJIAN

交通运输

交通运输

【公路建设】

2015年吕梁市完成农村公路建设投资9.3亿元。全市共新建改建农村公路503千米(其中,县乡公路改造177千米,完善提质工程307千米,村通水泥路19千米),完成安全生命防护工程131.39千米。各县(市、区)政府自加压力、自筹资金,建设公路68.3千米。截至2015年年底,全市农村公路通车里程达15163千米,较上年增加115.4千米,有铺装路面里程增加292.37千米。截至2015年年底,全市公路通车里程达到17270.41千米,公路密度为81.73千米/百平方千米,全省排名第10。按行政等级分:国道633.35千米(包括国家高速公路190.52千米),省道1473.83千米(包括省级高速公路343.89千米),县道2587.42千米,乡道4604.1千米,村道7971.7千米。按技术等级分:高速公路534.4千米,一级公路338.8千米,二级公路1997.17千米,三级公路2218.56千米,四级公路11222.75千米,等外路958.73千米。有铺装路面(高级)里程达到12557.82千米、简易铺装路面(次高级路面)里程达到2257.33千米;二级以上高等级公路2870.37千米,占总通车里程的16.6%;等级公路达到16311.68千米,占通车里程的94.4%。全市共有67个乡、81个镇、14个街道、3108个行政村,其中,100%的乡、镇、街道油路,3108个具备条件行政村通了水泥路(油路),3066个具备条件行政村街巷硬化全覆盖,3036个具备条件的建制村通客车(2千米通达)。

2015年年底吕梁市公路行政和技术等级情况表

表二　　单位:千米

	高速	一级	二级	三级	四级	等外	小计
国道	190	96	336	11	—	—	633
省道	344	152	675	283	20	—	1474
县道	—	33	671	992	891	—	2587
乡道	—	47	198	656	3610	93	4604
村道	—	11	117	277	6702	865	7972
合计	534	339	1997	2219	11223	958	17270

吕梁市市政府财政投入823万元配套资金用于村通水泥路(油路)完善提质工程,投入250万元用于安全生命防护工程建设。市投市建的静(乐)兴(县)高速公路,与中国中铁签订投资合作框架协议,《工程可行性报告》通过专家评审。

【公路养护】

2015年,吕梁市县、乡、村公路养护里程总计15163千米。包括县公路2587.42千米,乡公路4604.1千米,村公路7971.7千米。其中,等级公路14204千米,晴雨通车里程14446千米,绿化里程2894.6千米。

2015年,吕梁市交通运输局(以下简称市交通局)贯彻习近平总书记对农村公路的重要指示精神,根据“建好、管好、护好、运营好”“四好农村路”建设的要求,加大农村公路养护力度,实现了农村公路安全畅通目标。加强日常养护。全年整修路肩1300千米，处理路面沉陷2.1万平方米，清理边沟560千米，集中对翻浆、坑槽等路面病害进行小修保养。共完成养护投资8670万元，保证道路畅通。县公路养护优良率达到76%。整治安全隐患。开展安全隐患大排查大整治，结合安全生命防护工程建设，重点对事故多发易发、水毁沉降路段和危桥险涵地段，通校车和通班车路段等进行排查整治，排查整治隐患46处，增设各类安全警示标志牌1500余块，增设防撞护栏130余千米，完成6座危桥改造任务，确保行车安全。强化防汛工作。定期上路巡查，完善防汛预案，整治水毁隐患，及时组织抢修，设置警示标志；坚持昼夜值班，做好应急准备。疏通涵洞158道，清理边沟868千米，清理边坡塌方1.37万立方米，确保安全度汛。开展养护文明示范创建。按照《吕梁市创建农村公路市级文明路活动实施方案》，结合人居环境改善和全市环境整治百日专项活动，开展了公路扬尘污染专项整治、公路环境卫生整治和通道绿化工作，创建市级文明路512千米，推动农村公路养护上档升级。

【运输管理】

截至2015年年底，吕梁市拥有营运载客汽车1358辆33820客位，其中，按等级分，高级客车170辆6803客位，中级客车407辆11534客位，普通客车781辆14483客位，安装GPS的车辆1358辆33820客位；其中，按经营范围分，班车客运客车1149辆30343客位，旅游客车48辆1586客位，其他客车161辆891客位；拥有营运载货汽车25829辆253119吨位。其中，按经营范围分，普通载货汽车18227辆145279吨位，专用载货汽车330辆6402吨位，安装GPS的载货汽车10489辆105351吨位，危险货物运输车324辆全部安装GPS。全年完成公路客运量1816.08万人；旅客周转量137222.32万人千米；完成公路货运量6539.72万吨；货物周转量961621.33万吨千米。

1. 运政管理。按照“道路运输平安年”活动要求，从4月份开始，市交通局展开为期3个月的全市道路客运市场专项整治，全年共投入稽查力量2万余人次，查扣非法营运车辆588辆。在市区共检查公交出租625车次，处罚违规车辆233余辆，查扣非法营运车辆21辆，运营市场秩序明显好转。加快全市营运类黄标车淘汰工作，建立要淘汰的营运类车辆台账（原任务是1251辆，经核对后实际要淘汰任务为881辆，其余365辆是没有办理过营运手续，5辆为外地管辖车辆）。全市淘汰营运性黄标车881辆，完成了淘汰任务。对3家客运企业、87家货运（其中：普货69家、危货18家）企业、92家维修企业、8个汽车站、2个旅游企业进行质量信誉考核，共审验县际以上客运车辆600辆（其中：省际班车32辆、市际班车325辆、县际班车243辆）、危险货运311辆、普通货运车辆18852辆，备案97家物流企业。

2. 源头治超。抓好“车、货、牌”等重要环节的源头管理，对货运源头企业监管覆盖率达100%，实行查处分离、罚缴分离、处罚结果公示，严厉查处违规装载行为，巡查货运源头企业6.9万余次，出动执法人员2.7万余人次，处罚案件5起，罚款9.9万元。

3.城市客运管理。2015年，市交通局编制完成《吕梁市公共交通专项规划》，10月份通过专家最终评审。市政府高度重视公交改革，按照“政府主导、国有经营、公司运营、稳妥推进”的原则，市区启动96辆公交车公交运营体制改革。政府预付1600万元，对到达报废年限的27辆公交车，在更新的同时，同步实施运营体制改革，财政拨款1600万元用于车辆购置及运营补贴。根据节能降耗环保要求，公交车辆统一采用新能源油电混合车型；推进公交智能化建设，市区公交车辆卫星定位监控平台、视频影像管理系统和语音报站三位一体的智能管理系统全部安装完成。与民生银行合作，由银行投资400多万元建成市区公共交通“IC卡”系统。“IC一卡通”是市政府确定的一项民生工程，列入市政府“聚焦民生、服务群众”活动中“一局一事”重点项目。4月20日，在离石区世纪广场举行公共交通IC卡“一卡通”启动仪式，5月份试运营，方便了广大市民出行。6月26日，吕梁市出租车更新领导组召开部署会议，明确提出出租车选择油汽两用车型，鼓励采用纯电动车，于10月份完成市区312辆老旧出租车的更新。全年新增更新公交车53辆。

4.驾驶员培训管理。截至2015年年底，吕梁共有机动车驾驶员培训学校26所，其中一类驾校8所，二类驾校15所，三类驾校3所；具有道路运输驾驶员从业资格培训资质的驾校14所，具有危险货物运输驾驶员培训资质的驾校2所。全市驾校共有训练场地71741平方米，各类教练车1124辆，教练员1843名。

【水运管理】

截至2015年年底，吕梁市设市地方海事局和兴县、临县、柳林、石楼、中阳、文水、方山、离石、孝义、交城10个县（市、区）地方海事机构。辖区有航道总里程335.5千米，包括可供船舶航行的黄河航道296.5千米和11处水库、湖泊、公园可供船舶航行航道39千米。有经政府批准设置的渡口（码头）共计54处；辖区有民营水运企业5家，主要从事小型船舶短途水上旅游运输和水上游览经营，现有玻璃钢船舶41艘，344个客位，总功率1638.76千瓦，从业人员43人，持证船员91人；辖区有水上漂流企业7家，有橡皮充气人工漂流艇3740艘，漂流河道总长37.3千米；辖区有园林水域水上游乐企业7家，各种游乐船艇193艘，总客位796个。2015年完成水路客运量6.2866万人，旅客周转量29.7972万人千米；货运量0.506万吨，货物周转量0.8794万吨千米。水上交通连续23年未发生重大以上责任事故。

【安全管理】

2015年，市交通局按照“道路运输平安年”活动的要求，推进企业安全生产标准化建设，开展“安全生产月”“打非治违”专项行动和安全隐患大排查、大整治活动。落实安全生产责任。开展“知责、履责”活动，强化各监管单位、生产企业及相关领导、人员的安全职责和责任，做到“知责制度化，履责规范化”。6月18日，组织召开“客运驾驶员安全承诺宣誓大会”，强化客运驾驶员安全职责，明确要求驾驶员驾驶过程中做到“五不两确保”，128名客运驾驶员现场承诺宣誓。强化运输各环节的安全监管。督促各汽车客运站严格落实“三不进站、六不出站”安全管理制度；规范长途客运车辆夜间运行，切实保障长途客运运输安全；加强农村客运特别是校车的监管，严格农村客运班线的审批；加强对危险货物运输企业和车辆的监管，杜绝非法危货运输，推进全市道路运输安全生产状况稳定好转。开展安全隐患大检查大整治。5月开始，按照“全覆盖、零容忍、严执法、重实效”的总要求，全市交通运输系统组织开展安全隐患大检查大整治活动，发现安全隐患143个，全部落实责任人，明确整改要求，促使全部整改到位。全年完成881辆老旧黄标车的淘汰，安全生产形势保持稳定。修订完善应急保障预案。根据安全形势及应急工作需要，按照市政府统一部署，重新梳理并修订完善吕梁市农村公路交通突发事件应急预案、公共交通运输突发事件应急预案、水上交通突发事件应急预案、水上搜救应急预案和道路旅客运输保障应急预案等，细化应对措施，落实工作责任，确保突发事件的应急处置，保障人民群众生命安全和财产安全。加强节假日客运安全检查。在每个“黄金周”假期，都采取多种形式的安全监管措施，层层落实责任，落实“三关一监督”，市、县两级运管、海事机构24小时值班制度，加强进、出站车辆、船舶和旅游客运车辆的监管，确保重要节日的全市道路、水路运输安全。

【路政管理】

2015年，市交通局实行路政高频次、全覆盖巡查。全年共发现路政、超限案件176起，均依法办结，罚款25万余元，收取路产赔补偿费230余万元，路政案件发现率达95%以上，查处率、赔偿率、结案率100%，保护了路产路权，保证了农村公路的安全畅通。

【路面治超工作】

2015年，市交通局做到监管到位、不留空挡、不留死角。共检测车辆280余万辆，查获短途超限车170辆，卸转货92吨，罚款25万元，超限超载率控制在0.2%以内，无超限超载反弹区域。

【交通战备与应急运输保障】

2015年，市交通局加强交通战备工作，编制了“十三五”交通战备工作规划，完成了交通战备重点目标保障方案的修订，开展了民用运力潜力调查工作，完成了国防交通信息管理系统数据更新。

【“六权治本”工作】

2015年，吕梁市为全省“六权治本”的试点市，市交通局是吕梁14个首批试点单位之一，市交通局探索实施“六权治本”，建立“权力清单”“责任清单”制度。按照简化审批、简政放权的要求，参照省厅“六个一批”的办法实施。经过梳理，保留234项，取消6项，下放13项行政权力，完成市交通局“权力清单”“责任清单”和权力运行流程和路线图编制，上网公示。市交通局做好承接省级取消和调整的行政审批事项工作，为全市“六权治本”工作全面推开奠定基础。

【学习讨论落实活动】

2015年，市交通局组织开展学习讨论落实活动，开展大学习大讨论、大调研大落实。开展“聚焦民生，服务群众”活动。组织人员深入基层、深入群众进行走访调查，查找出存在的涉及民生事项问题121个，将其中17项作为重点民生服务事项，全部建立台账，落实责任人、明确整改期限，扎实推进问题的解决和民生事项的落实。这些问题和事项中，涉及道路小修小补、标志不全、办证难等群众切身利益的，能及时解决的已经解决108个，涉及公交改革、公路改造、制度建设、提升服务等周期长的问题事项，责成专人督办，纳入长效机制持续推进。公交改革作为“一局一事”事项，正式启动。开展工程建设领域突出问题专项整治。将2014年以来开工建设的县乡公路、旅游路、扶贫开发项目全部纳入专项整治范围，共拉出项目清单61项，逐项对照招投标文件、施工资料、监理资料、从业单位及人员资质、试验检测、计量支付等进行核查，深入一线调查，发现不按投标承诺到位设备人员问题2个，挪用上级补助资金作拆迁补偿款问题1个，不按规定计量支付工程款3个，未许可先开工项目5个，监理人员不到位问题3个，工地试验室未组建2个，原材料不合格3个等，对这些存在的问题，下达整改通知书，落实责任人，跟踪督办，全部整改到位。开展公路乱设卡、乱罚款、乱收费专项整治。市交通局出台整治方案，拉出治理清单，明确责任单位和责任人，执法人员都签订杜绝公路“三乱”承诺书，对执法人员进行集中培训。动员组织各县市区对县乡公路及通往矿区的道路进行全面的摸排，没有发现有新的“三乱”

现象。开展环境卫生百日专项整治。根据吕梁市环境整治百日攻坚专项活动安排，着力改善环境、提升服务，对市交通局机关、家属小区环境卫生进行大清理，对公交出租站台、汽车站及周边环境进行彻底整治，对市区重点路段、人流集中区域的黑车进行严厉打击，市民出行环境改善，窗口服务形象提升，为创建卫生城市做出了贡献。

【党风廉政建设】

2015 年，市交通局强化责任落实。执行《局党组落实党风廉政建设主体责任清单及具体措施》《纪检组落实党风廉政建设监督责任清单及具体措施》两个文件，强化从严治党党组主体责任和纪检监察监督责任，实行“一岗双责”，落实党风廉政建设责任制。加强学习教育。4 月，局党组组织开展“党风廉政宣传教育月”活动，党组书记与纪检组长带头讲廉政党课，加强廉政教育。全年组织 5 次廉政党课，观看 5 部警示教育片，科级以上干部全部签订廉政责任书和承诺书，党员干部得到了党性锻炼和灵魂洗礼，纪律观念和廉洁从政意识明显增强。强化执纪问责。纪检部门加大执纪监督问责力度。对于存在不作为、乱作为、慢作为以及贪腐的行为，发现一起，查处一起。2015 年，纪检组、监察室根据线索共立案 7 件，已办结，给予政纪处分 1 人。开展“三严三实”专题教育。通过专题教育，深入查摆领导干部在严以修身、严以律己、严以用权方面存在的不严不实问题，坚持边查边改、立行立改，增强领导干部的政治纪律、组织纪律观念，提升廉洁自律意识。推进“三个一批”。按照市委组织部安排，出台《关于做好“三个一批”工作的实施细则》，通过“三个一批”工作，整治不作为、乱作为，不想干、不能干的干部，发现能作为、善作为的好干部，严格干部考核选拔任用的程序，加强交通干部队伍建设，改进工作作风。

（田光铭）

高速公路

【概述】

2015 年，交城至军渡段完成通行费收入 8.22 亿元，临离段完成 2841 万元，岢临段完成 3070 万元，严格执行绿色通道和重大节假日小型客车免费政策，全公司 5 个路段共计减免通行费 6036 万元，服务区完成营业额 1.15 亿元；公路质量状况指数夏汾段 92.5、汾离段 93.4、离军段 93.3、临离段 97、岢临段 95.9；查处路政案件 208 起，收取路产索赔款 228.2 万元，建筑红线控制率 98%；5 个路段 17 个治超检测点检测车辆 4422180 辆，劝返率 0.02‰。

【迎国检各项工作】

外业方面。成立专项工程领导组和项目管理组，严格按照技术规范抓好施工组织管理，加强专项工程的督导检查，认真研究和解决工程施工过程中存在的问题，促进施工任务的顺利完成。经过各施工单位和工程管理人员的艰苦努力和省局的有力支持，汾离、离军段路面维修处治和护栏改造工程于 9 月 5 日全面通车，比预计的 9 月 20 日提前了 15 天，主要工程量有：完成路面微表处 993601 平方米，路面铣刨 583843 平方米，路面摊铺 692843 平方米，拆除旧护栏 85684 米，改造波形护栏 357700 米，新建钢筋混凝土护栏 53835 米，完成投资 2.746 亿元，比批复的工程投资节余了 1400 多万元。内业方面。成立迎检内业资料领导组，按照交通部规范化管理检查评分标准和省局文件要求，对各业务口内业资料进行全面梳理，成立以各业务口负责人为组长的内业资料督导组，加强内业资料的督导检查，形成养护、收费、服务区、路政、治超等各业务口迎检内业资料共计 8500 余册。离石高架桥桥检方面。召开动员部署会议，成立迎检工作领导组，制订迎检工作方案，对13120平方米桥面病害进行集中处治，完成桥梁油漆、标志标线增补等美化亮化工作，对桥梁内业资料进行整理完善，于7月13日至17日顺利通过了交通部桥隧检查组的全面检查，得到检查组的肯定。

【完成岢临、临离段高速公路的整合】

落实省厅关于岢临、临离建管处与吕梁公司整合的文件精神，按照3月16日省高速公路管理局副局长周存信调研督导时的安排部署，按要求分步骤完成对岢临、临离高速公路的整合。明确管理模式。鉴于道路路线长、跨度大、管理不便的实际情况，暂实行分段责任管理的模式，岢临、临离段运营管理工作分别由刘伟威和卫君全面负责，并督促原班子成员按分工履行管理职责。统一单位名称。岢临、临离段定名为岢临运营管理处和临离运营管理处，结合精细化管理制度和“六权治本”，制定出台符合本路段的管理办法和工作制度，两个路段全部步入健康有序的运营管理轨道。初步完成对临离、岢临段信息报送的整合工作，明确信息报送的类型、时限及要点，岢临、临离段信息报送工作自2015年4月底由吕梁片区中心负责。完成临离段除治超联网外机电系统的接入工作。岢临段机电系统的接入工作尚未全面展开，2015年吕梁高速公路有限公司先后两次与岢临建管处及其设计、监理单位召开机电系统接入联合设计专题会议，并提出机电系统接入扩容改造需求，此项工作预计2016年上半年可完成。

【安全隐患排查治理和安保工程】

开展道路安全生产隐患排查治理。成立安全隐患排查治理工作领导组，先后两次对交城至军渡段道路安全隐患进行排查，排查出离军段桥梁隐患、边坡红线控制区内修建挖土和汾离段违法加水、违章建筑及夏汾段违法挖沙等7项安全隐患，吕梁高速公路有限公司就此问题先后两次报告吕梁市政府，请求协调解决。抓安保工程的落实。投资2500余万元完成汾离、离军段隧道监控、供电照明及水消防系统改造工程。汾离段K948处避险车道改造工程工可报告省局已批复，正在进行施工图设计；汾离段新增避险车道等安全保障设施工程、军渡收费站出省口改建工程工可报告已分别上报省厅和省发改委。

（吕梁高速公路有限公司）

2016年吕梁年鉴

LVLIANGNIANJIAN

邮政
信息产业

邮政

【概述】

2015年，吕梁市邮政业务总收入完成26049.69万元，完成省公司计划的106.16%，列全省第1位，同比增幅为6.30%，列全省第7位，有效收入完成19605万元，完成省公司计划的110.5%，利润实现1797万元，完成省公司计划的101.2%，一举夺得全省邮政“经济效益杯”。

【产能提升】

2015年，吕梁市邮政59个金融网点产能提升流程固化基本到位，20个网点通过省公司验收。客户管理能力增强，应用CRM系统有效开展客户数据采集分析工作，中高端客户建档率达84.42%，客户流失率明显下降。网点整体形象改善，打造了久安路、迎宾路、龙凤南三个VMD示范网点。2015年完成35个网点VMD改造。客户黏合度增强，围绕“五大专享”建立“达标专享”服务体系，常态化开展邮商、邮社联盟活动，成功策反他行资金0.8亿元。自主发展能力增强，全年发放“一点一策”费用158万元，支撑网点开展沙龙活动1100余次，对外宣传520余次，引入客户5160人。人才队伍素质增强，开展千名理财师培训工作，培养了65名专业理财大堂队伍，在全省评比中保持了领先水平。在四季度金融跨赛中，揽收各类项目款11255万元，实现净增余额29111万元，完成省公司计划的194%，列全省第3位。

【寄递业务】

2015年，吕梁市邮政与吕梁市邮政速递物流合体经营，累计实现寄递业务收入948.59万元，同比增幅达34.28%。2015年吕梁市落实合体发展举措，成立市、县两级寄递业务局，整合人员24人，生产场地255平方米，揽投部8个。加强优质客户开发，各级领导亲自带头走市场、跑客户，开发协议大客户21家，在“让电商飞起来”营销活动中成功开发石楼树德枣业等优质电商客户，贡献收入53.4万元。增强投递能力建设，增配外包揽投人员43人，采购35辆电动三轮车、101台PDA，制定按件计酬奖励政策，调动了揽投人员的积极性。加强理赔管理，简化赔付流程，基本实现一周内赔付。阶段性竞赛活动业绩突出，在“速度为王、王者归来”百日会战中，实现收入236万元，完成省公司计划的111%，列全省第一位，在四季度“借势拓市、提速冲关”竞赛活动中，实现收入456.83万元，完成省公司计划的123.7%，列全省第三位。

【平台渠道拓展】

2015年，吕梁市邮政营业网建设投入力度加大，完成30多个网点装修改造，全市新增CRS28台，ATM15台，理财POS43台，免填单机20台，营业终端32台，为23个城市报刊亭办理城建手续。便民渠道建设加快，全市累计注册站点1124个，克服困难，56个空白乡镇补建局所基本实现开业运营，代收话费2065.83万元，代收电费107.36万元。以“邮惠购”和“晋邮惠民”为抓手，组织开展拓店、扫码营销竞赛活动，将“邮惠购”产品作为储蓄VIP客户增值权益，全年粉丝量达47861户，下单量达1312户，完成省公司计划的108%，“晋邮惠民”累计拓店571个，精品店36个，一般店157个，下单量2449单，活跃度达159.75%。

【专业发展成效】

2015年，吕梁市邮政保险、函件、集邮三个专业提前半年完成全年收入目标，省公司三次签发贺电予以嘉奖。保险专业持续发扬“拼、抢、上”的奋战精神，2015年实现收入3237万元，完成省公司计划的195.33%，列全省第一位。函件、集邮两大专业紧紧抓住政策机遇，促成150多名劳务人员通过发展业务完成身份转聘，分别实现业务收入1391.89万元和1548.92万元。专业项目营销业绩突出。储汇专业发展ETC客户3023户，新增商户POS机1310户，“特色卡”发卡量达67540张。函件专业销售“刮刮卡”和同号钞1268万元，举办商演活动18场，开发了“吕梁布票”和“吕梁饭票”项目。报刊专业《意林》《幼儿画报》杂志漂流阅读活动举办达22场，征订《意林》253份，幼儿画报119套。集邮专业实现压库272万元，完成省公司计划的136%。分销专业销售化肥突破3000吨，同比增幅为275.92%，实现收入210余万元。

【企业管理成就】

2015年，吕梁市邮政按照“备品备件+集中维护”支撑保障模式，初步完成了标准测算和备品备件的配置，共配备营业终端41台、打印机86台、身份证鉴别仪88台以及其他设备179台，生产一线设备保障能力明显提升。严格管控成本费用开支，生产运行成本同比下降3.2%，2015年年初实行全市生产车辆集中管理，统一测算里程、油耗，统一保养、维修，全年降低耗油费用200余万元。在县分成本费用之外，投入221.18万元为县分解决房屋维修、安全设施维护、电脑配备等请示事项69件。投入6辆生产用车增开了二频次邮路，经与省公司沟通，实现太原至岚县、兴县邮路的开通，太原至汾阳、孝义邮路的恢复运行，邮件传递速度整体提前半天到一天。新增邮运车6辆，投递电动车60辆，增配PDA119台，自主投入改造2个县分网运生产场地，全市网运、投递能力大为改观。组织人力物力，完成“子改分”工作，及时完成ERP数据清理，确保ERP系统正常上线。对孝义、方山、文水金库进行改造，为远程值守奠定基础，将柳林金库并入市分公司金库，消除存在的安全隐患。投入43万元为县分新增或更换监控探头270套、监控主机24台、存储硬盘85块，投入8.2万元购买了安防用品，投入7.2万元实施市分公司消防管道改造，安全基础设施更趋巩固。在多方努力下，吕梁市分公司邮电小区电网改造工程全面完成，与联通、移动等电信运营商房屋资产占用集中谈判均取得明显成效，在市委、市政府的重视下，柳林县分办公大楼问题也取得新进展。

【党风廉政建设】

2015年，吕梁市邮政按照“三转”工作要求，明确纪检监察机构和人员，为各党支部中选配了纪检委员。开展“三严三实”专题教育活动，制订专题活动方案，开展书记讲党课活动，完成三个阶段的学习研讨与问题整改工作，召开专题民主生活会，组织党建工作述职评议。组织开展专项自查整改活动，对中央巡视组反馈问题、薪酬发放、“小金库”治理、房屋租赁管理、违规经营等方面进行了重点自查，收回违规发放的奖励44.34万元。按照财经纪律处罚规定，对2014、2015年离任领导干部进行严格审计，对发现问题人员给予经济处罚。建立机关管理人员日写实、周例会、月讲评工作机制，明确各部门服务支撑基层“约法三章”，解决服务基层、支撑一线的中梗阻、不作为、慢作为现象。精简基层报表数量，整治报表“多、乱、差”现象。专项开展“一点一策”费用与劳动用品发放效能监察工作，解决基层一线痛点。

【职工福利】

2015年，吕梁市邮政千方百计保障职工福利的发放。发放职工防暑用品支出46.14万元，补发职工2015年住房公积金158万元，为职工普调工资支出260万元，发放网点负责人及综柜津贴84.8万元，为全市200余名投递人员配发防寒服，投入50余万元为全市910余名合同用工办理工伤保险，投入179万元将职工年终绩效人均提高1000元，全年员工年均收入增长15.44%，高于企业收入增幅9.14个百分点。

按照先生产、后管理的顺序，在网点一线优先落实职工带薪年休假制度，确保职工权益得到保障。开展“三八妇女节”“五一劳动节”文体娱乐活动，组织全市邮政职工首届羽毛球比赛，丰富了职工群众业余文化生活。

（吕梁市邮政分公司）

无线电管理

【概述】

2015 年，吕梁市无线电管理局完成了下述工作：

1.查处卫星电视干扰器、黑广播、伪基站、手机信号放大器等非法设台。截至 2015 年 12 月底，分别在交城县、兴县查处 6 起卫星电视干扰器，没收 6 套干扰设备，解除了受干扰区域群众收看电视问题；由公安部门配合在汾阳、孝义取缔没收 2 套“黑广播”；在文水县、离石区查处没收 2 套“伪基站”，解除了其对手机移动公众网的干扰；另外，在中阳、柳林、兴县等地查处 7 起手机信号放大器，解除了其对移动、联通、电信公司基站的干扰，维护了公众网的健康运行。

2.完成频率核查等频率台站管理工作任务。2015 年，频率台站管理完成了五项工作，即频率核查、示范台站认定、收费、制度宣传贯彻和权力责任清单编制上报工作。

（1）完成频率核查任务。根据省局要求，出台《吕梁市无线电频率使用情况核查专项活动实施方案》；完成全市频率规划、分配和指配文件的梳理工作；开展重点频段监测和频率、台站数据比对工作，特别是针对省站《大功率及重点无线电台站频率监测核查报告（吕梁市）》中列出的 14 项问题专题进行再核查和处理。处理情况专题报告省局。配合省局对吕临支线、太兴线铁路基站进行检查，组织人员对太中银铁路吕梁段基站进行检查，通过检查增强了铁路部门的管理意识，促进铁路基站安全运行，构建了高效快速无线电干扰排查机制。（2）开展示范台站认定工作。经过研究比对，确定吕梁机场为示范台站，相关申报材料已报省局。确定吕梁机场为示范台站过程中，与吕梁机场相关领导进行座谈、检查并核对了频率台站使用情况，按照省局示范台站标准提出机房管理、制度建设方面的整改意见并得到落实。（3）收费工作基本结束。收费额度基本与 2014 年持平。（4）开展制度宣贯工作。将省局《山西省无线电频率台站管理规定》《山西省无线电台站管理示范单位认定和考核办法》等制度及市无线电管理局制定的《吕梁市无线电管理局首问责任制度》《吕梁市无线电管理局频率台站许可流程》《吕梁市无线电管理局考试管理办法》等 10 项制度汇编成册，发送到 50 余家设台单位、相关部门及部分无线电爱好者，受到设台单位、相关部门及无线电爱好者称赞。（5）完成权力和责任清单编制上报工作。根据吕梁市委“六权治本”工作安排和《吕梁市人民政府办公厅关于印发吕梁市推行政府权力和责任清单制度实施方案的通知》，结合省局要求，对行政许可、行政处罚、行政强制等权力和责任进行梳理，对职权名称、职权依据、责任事项、追责情形、追责依据、追责形式等进行补充和完善，对每项权力和责任绘制了流程图和风险防控图。市政府通过《吕梁日报》等媒介对清单进行公布。

3.完成 18 次考试无线电保障工作。2015 年为组织、人事、财政、卫生、教育（招办）等部门组织的各类考试提供了 18 次考试无线电保障工作。保障期间发现和查处作弊信号 16 个，没收作弊器材 5 套，采用技术手段阻止 13 个，涉案人员 3 人由公安部门进行了处理。

4.三大赛事取得成绩。2015 年，在省局举办的三大赛事中捷报频传——吕梁蓝天无线电应急分队斩获“山西省业余无线电应急通信演练比赛”第一名；吕梁学院捧得测向比赛快速测向项目大学男子团体一等奖、144MHz测向大学男子团体三等奖，6名队员获得一等奖3个、二等奖2个、三等奖5个，实现了获奖项目、人员、奖项全覆盖；市无线电管理局杨江在强手如林的全省监测技能大赛上首次取得移动监测车考核第三名的好成绩。11月21日，吕梁蓝天无线电应急分队赴厦门代表山西省参加“2015年全国业余无线电应急通信演练赛”，在大赛上收获了测向对抗赛二等奖、应急通信演练赛三等奖、应急通信演练团体决赛三等奖等奖牌。

5.无线电监测站建设取得突破。2015年，省局投资480万元在吕梁市试点建设网格化无线电监测站，吕梁市各县县城建设一座无人值守的小型站，并由市控制中心控制。11月2日，省局组织专家在吕梁市召开小型站建设项目验收会议，形成评审意见，同意该项目通过验收。从此，吕梁市辖13个县（市、区）重要区域无线电监测能力得到有效覆盖和提升，提高了吕梁市无线电监管能力。

吕梁市市无线电管理局高度重视小型站建设，在项目选址、设备安装、电路联通、联网调试等方面认真协调、积极配合，为项目顺利推进创造了条件，保证了项目如期建成。

根据省局下达的监测任务要求，2015年累计利用B级站、小型站监测时长达3000余小时，基本掌握了各频段无线电业务使用情况。全年较高质量完成频谱监测月报12期。

6.构建吕梁市无线电应急通信保障工作机制。汶川地震发生后，各级无线电管理机构把无线电应急通信保障机制建设纳入重要议事日程。市无线电管理局把发展业余无线电爱好者作为突破口，与吕梁蓝天救援队、吕梁学院等单位紧密协作，宣传无线电，加大培训力度，支持业余无线电爱好者参加全省、全国举办的应急通信演练大赛等各类活动，使吕梁市业余无线电爱好者得到锻炼，壮大业余无线电爱好者队伍，为无线电应急通信机制建设和完善奠定了重要基础。12月6日，吕梁市无线电管理局在吕梁宾馆召开历史上第一次“吕梁市无线电应急通信保障工作培训会议”，全市近百名各条战线的业余无线电爱好者出席会议，会议对无线电爱好者进行动员和培训，对无线电应急通信保障机制建设进行安排，标志着吕梁市无线电应急通信保障工作迈出重要一步。

7.开展宣传报道工作。吕梁市无线电管理局重视宣传工作。及时报送信息，严把信息质量关。截至2015年12月底，向省局网站报送各类信息80余条；重要事项、重大工作及时向《吕梁日报》、吕梁电视台、中国无线电管理等媒体报送。其中《吕梁日报》2015年刊发7篇，《吕梁晚报》刊发1篇，吕梁电视台播发2次，中国无线电管理刊发1篇，吕梁市政府网刊发3篇，新华网、黄河网等媒体各刊发3篇；做好世界无线电日（2月13日）和宣传月（9月）工作。“日”“月”期间拉宣传横幅5条、利用公众短信平台发送信息160余万条、张贴海报8份。宣传月期间在吕梁学院作了PPT讲座，分发《无线电管理与我们的生活》《吕梁无线电管理服务手册》等各类资料1000余份。

8.服务国防建设。2015年，为驻吕梁某雷达部队3次测试电磁环境并排查干扰；应吕梁市军民融合协同创新研究院邀请参观了该院研究和开发的云计算中心、微纳卫星、无人机系统等，并就无线电管理支持研究院发展达成一致意见；派人派车参加了“探索—2015”国防动员演练活动。

9.开展无线文化培育与精神文明建设。2015年，吕梁市无线电管理局主要采取以下办法加强无线文化培育：加强无线文化的学习。在周二集中学习时段，每月安排一期学习，要求领导带头、干部跟进学讲山西无线精神和山西无线文化，通过长期学习使无线文化深入骨髓；让无线文化无处不在。会议室制作无线精神和无线文化主题墙。办公桌上制作了融合弘扬山西无线精神、培育山西无线文化、岗位职责、党员示范岗为一体的桌签。无线电管理简报、工作日记、文明创建资料汇编等载体体现无线文化；出台《关于弘扬山西无线精神，培育山西无线文化，推动文明创建工作的实施办法》，推动无线文化的普及；加强制度建设，将省局有关制度和市无线电管理局制定的制度共29项汇编成册，在制度建设上体现无线文化；加强档案工作，建立档案室，开展档案资料收集整理工作，首次向市档案局移交第一批工作档案。

（吕梁市无线电管理局）

电信

【概述】

截至2015年10月底，吕梁电信全业务收入累计完成14577.11万元，同比增长7.99%，预算完成率为82.36%，全省排名第十。其中固网收入累计完成4042.17万元，预算完成率86.11%，全省排名第四，同比增长11.51%。移动业务收入累计完成10534.94万元，预算完成率81%，全省排名第八，同比增长6.69%。移动业务累计净增1789户，预算完成率11%。有线宽带累计净增8284户，预算完成率59%。截至2015年11月，吕梁政企渠道发展落地大单（大单标准为2015年新增移动用户100户以上，或年收入在10万元以上的大单）16个。截至2015年12月底，2015年工程立项共251项，立项金额总共11903.82万元，其中非上市公司86项，立项金额2607万元，股份公司立项165项，立项金额9297万元。项目共完工26项，完工项目金额达1983万元，完成交付资产1449万元。

（吕梁电信分公司）

移动

【概述】

2015年，吕梁移动分公司在省公司和市委、市政府的正确领导和支持下，在全体干部员工努力下，围绕省公司发展战略，顺应移动互联网发展潮流，在激烈的市场竞争环境下，4G运营取得突破性进展，市场地位得到巩固，网络结构得到优化，企业综合管理水平得到加强。

1.积极应对宏观经济形势和行业竞争环境的变化，经营业绩基本实现。2015年，面对宏观经济形势和行业竞争环境的变化，吕梁分公司围绕省公司安排和年初工作会议确定的思路和目标，坚持以转型发展和构建和谐为中心，以竞争能力和队伍建设为重点，以全面提升为目标，继续加快市场发展，扩张市场份额，提升建维质量。

2.抓新增、保存量，市场竞争优势进一步巩固。扎实发展新增，拓展新增市场。跳出KPI看市场，组织开展首季“开门红”竞赛活动，启用折扣折让营销策略，保持了用户规模持续增长；开通网络覆盖绿色通道，简化流程，缩短覆盖周期，准确占领外来务工市场；通过“强大品牌+抢眼宣传+周密安排”三保险策略，提前动手，成立高校营销团队，抢占校园市场，通过拓展新增市场，客户规模扩展。增强客户黏性，切实做强存量。发挥客户规模优势，贯彻“用客户发展客户”理念，开展预存话费分月返还、聚类业务促销等活动，客户保有率提升。

3.扩规模、提收入，流量经营能力进一步提升。刺激用户流量需求：通过降低流量门槛、丰富流量套餐等手段优化流量资费结构，激发用户流量需求；多手段促进流量发展：围绕扩新增、促升级、强套餐、融终端、推应用、协网络六个重点抓手开展营销活动，新入网流量套餐普及率显著提升。向流量型业务转型：结合业务卖点，细分客户，精准营销，提升手机游戏、手机阅读业务渗透率，手机游戏、手机阅读使用客户不断增长，促进流量价值不断提升。

4.优化发展方式，终端销售能力进一步提升。多模式营销方式：开展合约购机、裸机销售、买手机送话费、流量、礼品等组合的多模式营销；加快渠道转型：加强自有渠道、社会渠道、电子渠道、片区队伍的运营管理，提升实体渠道和片区人员的终端销售积极性，社会渠道终端销售占比提升提升，成为公司终端销售的重要力量；多形式促销：组织直销渠道促销、厂家联合促销、优惠促销、县级平台炒店等促销活动；优化激励机制：通过终端销售酬金及计件薪酬方案优化，促进了营业人员主动营销意识和专营店现金取货量，社会渠道终端销售占比不断提升；完善售后服务：制订终端售后服务方案，完善了验机、返修、交付各环节控制流程，在汾阳通过“授权合营”的模式新建了售后维修网点，服务范围覆盖平川四县，缩减了终端流转时间，整体提升了售后水平。

5.创新营销模式，集团信息化规模进一步提升。2015 年推进集团客户市场深度运营，做深做透集团信息化，提升对社会各行各业的信息化服务份额。夯实发展基础，完善首席客户经理制度，创新营销模式，分场景组合营销，实施集团信息化扩展，多项集团信息化业务实现新突破。

6.优化服务体系，服务水平进一步提升。2015 年吕梁移动分公司始终坚持“客户为根 服务为本”的服务理念，落实服务营销一体化的指导思路，在保证服务质量，提升客户感知的前提下，简化一线流程，减轻一线压力。在客户满意度方面，整合公司市场、网络、服务等各级资源，坚持满意十分宣传，利用短信、宣传页、电视、彩铃、微博、微信等多种渠道对客户进行引导，客户服务水平处于行业领先地位；在窗口服务方面，以“十禁止”服务为最低标准，落实服务监测闭环管理，强化视频远程监控考核力度，提升窗口服务水平；在投诉处理方面，深入分析投诉数据，加强投诉督办力度，以升级投诉、重复投诉日报、投诉案例指导手册等形式，加强对一线投诉处理的指导，提升问题解决能力。

7.优化资源配置，网络优势进一步提升。2015 年，吕梁移动分公司适应市场和网络发展要求，着力提升网络卓越品质，加强基础能力建设，网络覆盖的广度和深度不断拓展。打造精品网络。开展无线网专项优化工作，实施城域网、本地网整治，提升网络质量。以提高数据业务支撑能力为目标，实施核心网能力提升，开展数据接入网整治，网络领先优势巩固。以市场需求和客户满意为导向，努力做好客户投诉处理工作和投诉分析工作。建立有效网络质量反馈体系，多方面收集网络质量信息，解决用户需求，提升网络质量。建立完善的网络质量反馈体系，提升客户满意度。针对热点投诉区域进行专项优化调整，改善农村的覆盖深度和广度，提升客户感知度。针对代维公司管理薄弱的情况，积极和代维公司沟通，深入了解内部实际情况，从内部管理中分析代维公司存在的问题，抓住内部管理漏洞，做到有的放矢。针对维护中存在的问题，合理引导维护重点，落实作业计划管理，提升维护质量，加强对代维公司日常作业过程化管理，引导代维职业化管理。

8.夯实管理基础，营造企业和谐发展氛围。基础管理进一步夯实：将教育实践活动成果运用于指导公司发展。针对各单位自身存在的弱项工作，在分公司内开展短板提升活动，分公司领导班子成员实行分片包干、责任到人，多次实地督导、定点帮扶。各单位结合自身弱项工作，在全省范围内选取标杆地市进行专项提升学习，促进短板工作的提升；落实流程一体化体系建设，2015年共梳理219条落地流程，促进分公司各项工作的制度化、规范化；配合财监办检查、集团公司巡视，从另一种视角对企业运营的各个环节进行“把脉会诊”和“健康体检”，各项管理工作更加规范有序；通过强化管控、细化管理、优化机制等举措，“营改增”的过渡衔接工作初步完成。降本增效进一步推进：落实中央“八项规定”，改进文风会风，会议次数、行政管理费用分别同比下降了10%、10.47%；推进节能减排，单位电信业务总量综合能耗、基站每载频年耗电量分别下降5%、10%；开展工程应付款清理、库存物资清理、固定资产挖潜及传输管线清查等专项行动，资产管理水平和物资运转效率大幅提升。构建企业和谐发展氛围：2015年围绕公司发展战略和经营目标，组织学习中共十八大精神和十八届三中全会精神，结合党的群众路线教育实践，以贯彻落实中央“八项规定”为切入点，以反对“四风”为重点，坚持标本兼治、综合治理、惩防并举、注重预防的战略方针，确保分公司各级领导人员廉洁自律，加强作风建设。推进企业廉洁文化建设，促进以完善惩治和预防腐败体系为重点的反腐倡廉建设，营造以廉为荣、以贪为耻的良好氛围，促进企业人员廉洁从业，企业保持了“双无”目标。

（吕梁移动分公司）

住房和城乡建设
环境保护

住房和城乡建设

【规划编制】

2015年，吕梁市完成吕梁市主城区控制性详细规划批复，编制完成于成龙廉政文化园区总体规划，完成吕梁市城市燃气、市区照明、中心城区给水、排水、新区通信等6个专项规划并经市政府批复，市本级完成绿道绿廊规划编制，市本级地下管线普查、综合管理信息系统、规划编制工作已完成，并上报省厅验收。编制完成卦山—悬中寺、云梦山、白龙山风景名胜区总体规划，市本级、孝义市完成城市排水防涝规划，汾阳市通过评审，其余县全部启动编制工作。孝义市开展城乡总体规划编制试点，推进“多规合一”，上报省厅备案。市本级控规覆盖率达100%，汾阳市控规覆盖率61%，孝义市控规覆盖率53%；其余县控制性详细规划编制完成。

【县城建设】

2015年，吕梁市市政公用设施完成投资47.93亿元，占省下达目标任务的106.5%。全市新建城市道路100.06千米，改造道路40.26千米；新建城市供水管网51千米，改造城市供水管网37.98千米；新建供气管网102.6千米，改造供气管网32.54千米；新建供热管网121.99千米，改造供热管网385.05千米；新建城市污水处理配套管网105.97千米，城市雨水管网62千米，改造雨污合流排水管网101.05千米。全部超额完成省下达目标任务。方山、中阳、石楼3座生活垃圾无害化处理场全部开工建设，全市城市生活垃圾无害化处理率达85%，污水处理率达81%，污水再生利用率达25%，集中供热普及率达80.27%，燃气普及率达80.42%，供水普及率达93%。

【重点镇建设】

2015年，吕梁市临县碛口、汾阳杏花、孝义梧桐、交口双池等百镇建设重点镇完成投资4.8亿元。编制完成汾阳市冀村镇、演武镇、石庄镇，方山县麻地会乡4项小城镇规划和文水县凤城镇南峪口村、柳林县薛村镇军渡村、孝义市高阳镇白壁关村3个村庄规划示范，完成临县前青塘村、孙家沟村，孝义白璧关村、柳林高家垣村、三交村5处传统村落建档和临县前青塘村3个院子历史院落保护修复工作。完成临县前青塘村1处国家级示范村，旅游景观名村申报。

【农村困难家庭危房改造】

2015年，吕梁市共完成农村困难家庭危房改造22900户，占年度任务的137%。

【乡村清洁工程】

2015年，吕梁市市县两级落实乡村清洁工程配套资金8924.03万元，占年度任务的101%。全市完善了县、乡（镇）、村三级联动机制，3128个行政村已全面实施了乡村清洁工程，共配备农村清扫保洁人员10936名，乡镇环卫监管人员1918名，农村垃圾收集车辆、垃圾清运车辆共3251台，农村垃圾桶36116个，全市共建垃圾转运站20座，垃圾处置点452座，累计清运农村垃圾68.11万吨，集中清理农村“四堆”74600处，整治乱搭乱建、乱贴乱挂、整修残垣断壁44980处，粉刷墙体立面82.79万平方米，完成755个省级考核标准达标村的任务，城乡卫生整洁程度明显提升。

【区域性中心城市建设】

经过近3年来的努力，截至2015年年底总投资约38亿元的8个项目，累计完成投资20亿元。其中全长11.47千米的新区吕梁大道一期建成投入使用；新区7座桥梁全部建成；投资3.19亿元的新区供水一期工程完工投入试运行，可解决50万人口的饮水问题；投资1.63亿元的火车站站前广场主体大部分完工；湖面景观工程、吕梁广场、纬31路、安置区配套污水管网建设项目完成部分前期工作。与霍州煤电、晋能集团合作，投资1.98亿元的新区集中供热工程基本建成，可新增供热面积近400万平方米。吕梁新区建设一期12平方千米的城区框架基本形成，供水、供热、供气等基础设施基本完善。

【市区基础功能提升】

2015年，吕梁市在推进新区建设的同时，市区实施提质增绿工程。完善城市功能，缓解城区交通压力。实施市区文景东路道路工程、市区污水管网收集工程、龙凤南大街排污工程、滨河南路提升改造工程、市区栽植行道树工程等，启动呈祥路南延续建、碧水桥工程。加强城区市政维护力度，共计完成零星铺油30557平方米，沥青路面灌缝1380米；城区道路应急塌陷修复6515平方米，人行道维修11775平方米，路沿石76米；井座清淤3930座、管网疏通清淤20328米，清倒淤泥1177立方米，排水管网应急修复449米；安装维护井盖454套，提升改造井座542座。全市新增城市绿化面积144万平方米，市区和交口县成功创建省级园林城市和县城。市区栽植行道树2544株，乔、灌木3214株，月季111488株，栽植鲜花1万平方米，铺种草坪15874平方米，补种色带1850平方米，安装绿化喷灌喷头1119个，管道10262米，更换座椅463套、维修座椅180套。

【建筑市场秩序规范化】

2015年，吕梁市住房和城乡建设局加大建筑市场监管和执法检查力度，强化市级对各县（市、区）及市区项目的执法监督检查。制订建筑施工和市政运营专项检查、工程质量两年行动治理、安全生产大检查的有关方案10个，开展质量、安全检查10余次，加大隐患整改治理力度，落实“一岗双责、党政同责”和“谁主管、谁负责”，各县（市、区）进行“地毯式”“拉网式”密集排查，做到“全覆盖、零容忍、严监管、重实效”，共排查建筑施工项目143个，检查施工企业297次，排查出各类隐患1927条，下发停工整改通知书3份，隐患整改通知书31份，全部整改完毕。通过大检查，消除一大批事故隐患，建筑市场安全生产形势总体平稳，全年未发生等级以上事故。

【推进“六权治本”工作】

2015年，吕梁市住房和城乡建设局完善工作人员服务规范制度、廉政建设制度、首问责任制度、一次性告知制度和行政审批管理办法、审批事项办理监督等规章制度，公开办事程序，简化办事手续，公开办理时限，提高行政效能，打造阳光政务，提升全局干部服务能力和水平。制定完善《行政审批一次性告知制度》《行政审批管理办法》《行政审批限时办结制度》《重大具体行政行为和委托行政执法行为备案制度》《行政执法监督检查制度》《行政处罚自由裁量权制度》《行政执法公示制度》《权力运行痕迹管理制度》《廉政风险评估制度》和《廉政风险预警防控工作制度》《工程项目廉政监督管理办法》等10多个制度，加大履职履责流程监管和风险防控，建立权力清单、责任清单，开展六权治本试点工作，梳理出行政职权5类182项（行政许可14大项25小项、行政处罚119项、行政征收5项、行政检查11项、其他权力33项），其中市城管中心3类22项（行政许可1项、行政处罚20项、行政征收1项）。

（吕梁市住房和城乡建设局）

重点工程建设

【概述】

2015年，吕梁市重点工程“六位一体”指标全面超额完成任务。项目储备。全年任务9495亿元，完成12445.8亿元，储备项目数271个。项目签约。全年任务1606亿元，完成3264.7亿元，完成率203.3%。项目落地。全年任务1486亿元，完成1496.2亿元，完成率100.7%。项目开工。吕梁市全年任务947亿元，完成957.3

亿元，完成率101.1%。项目建设。省市重点工程投资全年任务855亿元，累计完成投资963.3亿元，完成全年任务的112.7%。项目投产。吕梁市全年任务1088亿元，完成1129.3亿元，完成率103.8%。2015年吕梁市296个省市重点工程项目中已开复工项目281个，开复工率94.93%。其中新建项目151个，开工137个，开工率90.73%；续建项目145个，复工144个，复工率99.31%。2015年仅有15个项目未开复工（交城3个，孝义1个，石楼1个，中阳1个，离石2个，临县3个，兴县1个，岚县1个，市直2个），比上年提高了8个百分点。

【亮点项目】

2015年，吕梁市电力产业突飞猛进。完成投资81.92亿元。全市在建低热值电厂项目6个，完工2个（文水、汾阳）。岚县阎家背、河口、王狮3个风电项目均并网发电。交城、文水、离石小云顶山风电和方山马坊风电全部核准上马。全市到2020年发电量将达到900万千瓦时，是2014年装机容量的3倍。高新技术、新兴产业迅速发展。完成投资17.64亿元。如离石云计算中心、无人机产业基地、岚县江川国威高科技软磁材料项目、离石凌云龙盟石头造纸项目、方山宏盛蚕蛹虫草项目、文水太阳能电池组件项目等项目。农业、第三产业、旅游业发展提速。完成投资66.09亿元。重点有中阳厚通养殖、文水野山坡沙棘汁、离石区的蘑菇基地；离石区天源物流、孝义星宇水上乐园、方山北武当山旅游、离石区白马仙洞景点。民生社会事业成效显著。完成投资147.93亿元。重点有保障房、棚户区改造、采煤沉陷区治理、供热管网以及文教卫生等公益事业。现代煤化工类产业项目升级改造。完成投资142.83亿元。重点有临县紫光钾业土壤调理剂项目、交城华鑫肥业18万吨合成氨、60万吨硝基产品项目、交城润景化工焦炉煤气综合利用项目、孝义鹏飞30万吨甲醇项目、孝义信发40万吨聚氯乙烯及配套设施项目、岚县保鑫年产60万吨洁净型煤项目等。装备制造业逐步壮大。完成投资30.5亿元。建成交城国正高铁动车制动盘项目、文水高铁动车车轴项目、岚县机电项目、离石高射速注塑成型机系列产品项目、方山庞泉工贸矿山机械项目等。铝系产业成为新的支柱产业。交口道尔200万吨铝系产业园、兴华科技70万吨铝基加工、孝义信发二期180万吨氧化铝、华兴二期100万吨氧化铝等项目陆续建成。兴县中铝华润50万吨电解铝积极上马，吕梁全市铝系产能将达到1000万吨以上。

（吕梁市重点办）

房地产管理

【保障性住房工作】

2015年，吕梁全市上下高度重视，制定下发保障性工程计划，完成各项目标任务。全年新建项目开工26个项目，13453套，占省任务12720套的105.8%，全省排名第三，占市任务13342套的100.8%，其中棚户区改造全市开工12617套（含城中村改造9115套，占计划的115%，公租房836套，占计划的64.3%）；基本建成15437套，占省任务8200套的188%，全省排名第三，占市任务12728套的121.3%；完成投资77.42亿元，占省、市目标任务40亿元的193.6%，全省排名第二；市辖区新建保障房已执行绿色建筑标准，完成省下达不低于20%目标任务，在省考核的各项指标中一直名列前茅。

【廉租房租金补贴】

2015年，吕梁市房地产管理局调整标准，扩大保障范围，将保障标准由上年度人均城镇居民可支配收入的（2014年为21485元）38%提高到80%，即人均可支配收入低于17188元/年。制订《2015年度廉租住房租赁补贴发放工作实施方案》《市直单位租金补贴入户复核调查实施方案》，倒排工期，周密实施。经个人申请、所在单位初审、公示、市保障办复核、入户调查、二次公示，最终审定310户、1033人享受了2015年廉租房租金补贴，累计共发放补贴资金147.0714万元,较上年增加36人和13.07万元。

【廉租房管理】

2015年，吕梁市房地产管理局为加强市本级一期廉租房管理，制定廉租房租金收费标准，测算廉租房年运营费用，清理历年维修费用，解决部分隐患工程，理顺与财政的相关手续。二期廉租房工程全部完成，经市政府同意与有关部门协调，进行土地手续完善，筹划总体工程验收准备工作。

【住房贷款担保业务】

2015年，吕梁市房地产管理局为全市72个机关、企事业单位的147户职工购买集资建房、经济适用房、商品房及装修房屋提供贷款担保，为2家房地产开发企业的开发项目提供期房个人住房公积金贷款，担保35户，为4户二手房购房者提供贷款担保，净担保金额达0.48亿元。

【房地产市场管理】

2015年，吕梁市房地产管理局加强房地产市场预（销）售管理。全年共办件50件，其中商品房预售许可9件，核发预售面积27.6142万平方米、物业管理企业资质41件（新办18件、转正19件、变更法人4件）。全年房地产开发项目完成备案面积18.68万平方米、房屋1778套，利用单位网站及时公布审批的预售项目，引导广大群众正确消费、理性消费。加大房地产市场执法检查力度。2015年在对42家开发企业预售商品房进行督促检查，下发检查通知、限期通知、限期办理通知、停止违法行为通知以外，对信访案件较集中的“泰化物资城公寓的B座”、状元城、景龙苑、滨河时代城、半岛四季、北城王府新城等进行多次督促检查，下发停止违法行为告知书，并对已办理预售许可证的开发项目在“吕梁市住宅与房地产信息网”进行公示。实行产籍产权信息化管理。市本级个人住房信息系统基本建成并进行纸质档案数字化管理。各县市区也启动个人住房信息系统建设工作，购置软、硬件设施设备；房产办证实行阳光操作和电子化流程，即“一次性告知、一个窗口收件受理、一站式审核服务、一网式审批”发证办事流程，全年共办理产权证3608户，涉及面积53.06万平方米，办理抵押登记499户，贷款额1.034亿元；房屋测绘管理提前介入，变房屋登记受理后测绘为受理前测绘，缩短办证时限。全年累计完成大型项目2项，中小型项目8项，交易过户等散户1020项，累计测绘面积约51万平方米。针对广大群众集中提取住房公积金的需求，对无房证明查询系统进行三次升级，对相关工作机制及人员配备进行三次调整，实现办证大厅一站式全流程服务，达到群众即时申请，证明及时办结的效果。全年共办理无房证明1.138万份，核查利用档案1580人次。物业服务管理得到加强。为适应物业服务新形势的需要，市房地产管理局与市法制部门多次协调，修改新的《市区房地产物业管理办法》，加强行业自律。完善物业企业市场准入机制，按规定考核审验81户物业企业资质证书，建立物业企业信息档案。加强物业管理队伍建设，全年举办物业管理从业人员培训10期、1400余人次。指导完善业主机构。督促指导9家物业小区召开业主大会，成立业主委员会，规范业主与物业企业的权利义务关系。建立动态考核机制，按照省住建厅的要求，对所属物业服务企业进行动态考核，建立优胜劣汰机制，全年对不服从管理、投诉案例多发的6家企业吊销三级物业资质。应对并处理投诉纠纷案件。全年共处理投诉纠纷案件154起，群体上访投诉案件3起，开发商遗留问题投诉案件占到70%，物业乱收费服务不到位占30%。房屋租赁市场管理规范。对单位出租房屋进行调查，摸底，核实租赁双方的实际情况，并发放限期办证通知书21宗。根据“六权治本”规定，明确科室的行政处罚条款，完善首问责任机制，租赁窗口工作不断推进。

【推进“六权治本”】

2015年，吕梁市房地产管理局作为全市“六权治本”的试点单位，高度重视，坚持问题导向，厘清权力边界，充分发动、全员参与、层层把关，依法依规、认真清权、积极推进、不留死角，明确责任主体，实施权力流程再造，做到“清单之外无权力”，为人民群众提供优质、高效、快捷的服务。建立健全权力运行制约和监督体系，把权力关进制度的笼子里，加强制度落实情况监督检查，纠正存在的问题，查处违纪违规行为。经梳理，报市“六权治本”工作领导组审核，共清理保留行政权力85项，其中行政许可2项，行政处罚49项，行政给付1项，行政确认21项，行政其他权力12项。

【“三重一大”集体决策制度】

2015年，吕梁市房地产管理局推进和规范重大事项决策、重要干部任免、重要项目安排和大额度资金的使用（简称“三重一大”）集体决策制度，结合市房地产管理局实际制定《三重一大决策制度》。提高领导班子科学决策、民主决策和依法决策的水平，明确决策责任，建立科学化、民主化、规范化的行政决策机制。

【党风廉政建设】

2015年，吕梁市房地产管理局紧抓党风廉政建设工作。明确目标，落实责任。市房地产管理局着力建立“以人为本、执政为民”的清廉机关。将党风廉政建设与各项业务工作同安排、同部署、同考核，摆在重要位置。成立党风廉政建设领导组，形成局长为第一责任人，分管副职具体抓，相关责任科室和所属单位齐抓共管、分解落实的责任体系。源头治腐，惩防并举。为保证党风廉政建设责任制能落到实处，结合住房保障、权属登记、市场监管等业务工作特点，建立党风廉政建设责任追究制度，健全廉政风险防控体系。在涉及收费项目的重点业务部门、业务环节严格把关，2015年10月27日最后一批收费项目取消后，专门下发通知，杜绝乱收费现象，从源头上有效预防腐败滋生。严格执行党风廉政责任制，强化主体责任的落实，组织学习新颁布的《中国共产党纪律处分条例》和《中国共产党廉洁从政准则》，把党风廉政建设工作的考核纳入年终责任制考核中进行述职述廉。

（吕梁市房地产管理局）

住房公积金

【考核任务完成情况】

吕梁市住房公积金扩面覆盖率80%完成情况。截至2015年12月31日，全市全年新增缴存职工18162人，缴存职工达到284818人，覆盖率上升到72%（按省395704人计算）。离2015年省下达47439人的任务目标还差29277人，按省住房和城乡建设厅要求达到80%覆盖率的目标还差8%。全年任务完成率38.3%。市统计局统计全市在岗职工人数为353283人，按市统计局数据计算，吕梁市覆盖率已达80.62%。减少存量资金20亿完成情况。截至2015年12月31日，全市住房公积金存量资金从年初的359926.39万元，减少到70694.11万元，减少289232.28万元，超额完成目标任务89232.28万元，完成年度目标任务的144.62%，超额44.62%。个贷率55%完成情况。截至2015

年12月31日，全市住房公积金个贷率由年初的17.65%达到了55.08%，提升了37.43个百分点，圆满完成省厅个贷率达到55%的年度目标任务。

【住房公积金日常业务】

缴存情况。吕梁市2015年办理新增缴存职工18162人，其中，市本级新增缴存职工5137人，全市缴存职工达到284818人。全市2015年缴存金额147850.77万元，市本级缴存金额43798.24万元，全市累计缴存总额693323.04万元，缴存余额177681.27万元。提取情况。全市2015年办理提取123706笔，金额407459.83万元。其中，市本级2015年办理提取21022笔，金额122856.24万元。全市累计办理提取237615笔，金额515641.11万元。贷款情况。全市2015年发放贷款1140笔，金额31149万元。其中，市本级2015年发放贷款460笔，金额13589万元。全市累计发放贷款12438笔，金额178187.93万元，贷款余额89208.61万元。增值收益7961.35万元。全市2015年增值收益7961.35万元，其中，市本级增值收益2861.53万元。这部分收益分配情况：提取风险准备3704.09万元，提取公积金中心管理费用404.38万元，廉租房住房建设补充资金2065.01万元，未弥补损失1787.88万元。

【“六权治本”工作】

2015年，住房公积金管理服务中心作（以下简称中心）为“六权治本”试点单位，以“三清单、两张图、两平台、一监督”为载体，推进“六权治本”。中心经过梳理，积极组织，及时沟通，按时上报，完成该项任务。制定方案，明确责任。中心在接到市政府通知后，与市编办联系，明确任务，制定工作方案，落实工作责任，将该项任务交由征稽执法科负责。认真梳理，积极沟通。中心经过梳理，与市编办沟通，中心权力和责任清单确定为一项，为“对单位不办理住房公积金缴存登记或者不为本单位职工办理住房公积金账户设立手续的经责令限期办理，逾期不办理的处罚”。多次修改，及时上报。中心依据市编办提供的模板和样图，认真编辑，积极沟通，多次修改，按时将“两清单、两张图”报送市编办和市政府法制办审核，经市常委会核定通过后，在市委、市政府网站公布。

【普法工作】

2015年，中心根据“十二五”普法方案、市政府法制办的要求，组织普法活动。领导干部通过组织座谈会、讨论会、学习会，加强对住房公积金制度认识的深化，更好地理解、贯彻上级精神。中心领导集体全年开展集中学习活动6次。中心以举办讲座、召开会议、组织培训等形式，定期组织干部职工学法，采取个人自学和集体辅导相结合的方式，学法时间全年不少于40学时，以确保学习任务的完成。中心以科室及管理部为单位组织学习《住房公积金管理条例（修订送审稿）》《中国特色社会主义法律体系读本》等，规范住房公积金管理工作，保障住房公积金缴存职工的合法权益，确保住房公积金资金管理安全。中心组织人员参加依法行政培训。中心每年组织职工参加由市法制办组织的行政执法综合法律知识培训考试。通过专题培训，增强相关人员依法办事理念。

【提取和贷款方式的变化】

2015年，中心根据山西省住房和城乡建设厅、山西省财政厅、中国人民银行太原中心支行《关于进一步加大住房公积金支持缴存职工住房消费的指导意见》精神，对提取、贷款方式进行优化和发展。进一步放宽租房提取，由原来所需资料中要求租房合同、无房证明等条件，减少到仅需无房证明就可办理提取。中心为完成减少存量资金任务，通过请示领导批准，开展阶段性提取工作，即：大力简化手续，通过单位集中的、批量的对缴存单位缴存职工进行资料审核，批量出款开展提取工作。贷款模式转变，由原来中心直接受理签订借款合同、保证合同，委托银行发放贷款变更为中心审核贷款资料、贷款对象用途、金额、期限、担保方式，委托银行按要求办理借款合同、保证合同或抵押合同的签订，开具借据，划拨贷款资金，按规定回收贷款本息，催收贷款，并对逾期借款人提起诉讼，收回住房公积金个人贷款。简化了手续，加快了贷款发放速度。

【系统网络的管理和优化】

2015年，中心工作人员克服人员少、任务重、系统落后的困难，为各项业务的正常办理提供保障。保障中心业务的软硬件系统正常运转，保证减少存量资金工作量猛增的系统调整和维护，确保贷款业务的正常运行，根据情况调整最高限额数据库参数，处理信息查询错误400余条，取消正常还款的错误蓝条500多条，修正贷款金额输入错误问题4个。按照中心审批批准，及时发布网站信息，解决网站运行中存在的故障，保障各项业务办理表格的正常下载，承担宣传窗口，扩大住房公积金的影响。中心为解决吕梁市管理系统信息化落后的现状，经向市政府请示，与市财政局、云计算中心、采购中心协调落实，联系系统供应商核实系统模块，编制《吕梁市住房公积金管理系统升级改造项目可行性研究报告》，为吕梁市管理系统信息化、基础数据贯标的工作落实做了坚实的准备。

（吕梁市住房公积金管理中心）

环境保护

【概述】

2015年，吕梁市大气环境质量持续改善。2015年1至12月，吕梁市区优良天数290天，同比增加了24天，全年优良率79.5%，空气质量综合指数为6.0，同比下降11.2%，全省11个重点城市排名第二，主要污染物PM10、PM2.5、SO_2、NO_2、O_3平均浓度分别为78微克/立方米、48微克/立方米、65微克/立方米、26微克/立方米、6微克/立方米，比上年同期分别下降19.6%、5.9%、17.7%、25.7%、17.8%。主要污染物PM10、PM2.5平均浓度比2013年同期分别下降了22%和18.6%，达到省政府考核下降6.25%和12.5%的进度要求。水环境质量实现好转。2015年1至12月，全市7条主要河流14个国、省控监测断面中，Ⅲ类以上5个，占35.7%；Ⅳ类2个，占14.3%；Ⅴ类1个，占7.1%；劣Ⅴ类6个，占42.8%。1-12月，国家《重点流域水污染防治规划》考核的三川河两河口桥断面水质达标率为100%，达到考核要求。全市城镇集中式饮用水水源地水质达标率持续保持100%。污染减排任务圆满完成。经测算，省考核的6项污染减排约束性指标年度任务和“十二五”减排任务均全部完成。全市国控企业在线监控数据传输有效率为89.56%、企业自行监测公布率为91.25%，监督性监测结果公布率为100%，全部满足国家考核要求。

【大气污染防治】

2015年，吕梁市环境保护局（以下简称市环保局）把贯彻落实大气污染防治工作作为重大民生工程来抓，完成了抗战胜利70周年纪念活动空气质量保障工作任务，落实《全市2015年大气污染防治行动计划》，省政府下达的38项考核指标34项全面完成，4项部分完成，通过了省大气领导组资料审核和现场核查工作。2015年全市累计投入各类大气污染防治资金18.3亿元，完成18户重点企业的清洁生产审核；建成的1户48兆瓦风电机组和1户30兆瓦光伏发电机组并网发电；完成410蒸吨燃煤锅炉清洁能源替代任务；完成燃煤小锅炉淘汰268台，吕梁市建成区11台燃煤锅炉全部淘汰；重点行业9户焦化、3户电力、8户钢铁企业完成对标提改造；

完成黄标车淘汰5946辆，其中2005年年底前注册营运类黄标车1259辆，超额完成省定任务。开展城市扬尘污染控制工作，建筑工地、道路扬尘等污染控制达到省考核要求；全市新增集中供热面积502.05万平方米，其中吕梁市区新增74万平方米，城市集中供热普及率达到71.5%，吕梁市区达到80.27%；全市绿化覆盖率达到36.16%，吕梁市区达到40.2%；全市建成4条保洁示范街道，吕梁市、交口县完成了省级园林城市创建工作。

【水环境综合整治】

2015年，市环保局认真学习和宣传贯彻水污染防治行动计划，结合《中华人民共和国水污染防治法》执法检查工作，开展了水污染防治行动计划的前期调研和基础工作。编制完成了《水污染防治工作方案》并上报省政府备案，编制完成了三川河、文峪河、磁窑河、湫水河流域环境综合整治方案并分步组织实施。纳入2015年全市重点工程的8个流域环境综合整治项目完成投资4.081亿元。文峪河流域已完成孝河湿地公园、胜溪湖森林公园和孝河生态环境综合治理工程以及曹溪河、下堡河、兑镇河综合整治等工程，文峪河文水段综合整治工程正在建设。三川河流域涉及4个县（区）16项整治工程，已完成10项，其余正在建设。推进完善生态环境补偿机制，2015年全市累计扣缴生态补偿款3400万元，争取省级跨界断面补偿资金1996万元用于水环境整治重点项目治理。加大农业和农村水污染防治力度，编制完成了全市《2014—2020年生活污水防治规划》，全市13个县（市、区）338个行政村纳入规划，省下达的2014年26个项目全部建成，2015年50个项目全部开工，达到省进度要求。完成了地级以上城镇饮用水水源地年度评估工作。

【污染减排】

2015年是“十二五”减排的交账年。“十二五”期间，吕梁市在污染物新增量剧增，既要削减下达的任务量又要削减新增量的情况下，服务全市经济实现转型跨越发展，加大治理管理力度和淘汰落后产能力度，列入国家责任书考核的17个重点减排项目全部建成投运。2015年，全市确定的196个减排项目，截至12月底，利虎玻璃4个脱硝工程全部完成；6个电力脱硝工程运行正常；7个水泥脱硝全部完成；20个电力烟气脱硫项目全部建成；14个已建成的污水处理厂正常运行；3个污水处理厂实现了中水回用；完成219个规模化养殖项目治理；作为氨氮减排替补项目的26座小型污水处理厂全部正常运行。减排工作顺利通过省和国家的资料审核。

【环境执法监管】

2015年，吕梁市以深化环保大检查为契机，开展各项环境专项执法检查。根据山西省政府《关于深化全省环保大检查的通知》要求，吕梁市开展“铁腕斩污”行动、严厉打击环境污染违法犯罪专项行动、全面清理整改环境保护违法违规建设项目专项检查、夏汾高速沿线刺激性气味整治专项行动、吕梁市环境保护综合整治专项行动等专项环保执法检查，取得明显成效。利用新环保法这一武器，对违法行为采取综合措施，力度之大，前所未有，取得明显的执法震慑效果。全市先后出动执法检查人员8400余人次，检查企业1920余户，共对违法企业实施按日处罚2户、停产限产72户、限期整改256户、关闭6户，查封扣押2户、挂牌督办10户，对126户违法企业处罚金额1213万元，对15起环境违法案件移送公安部门，对10名涉案人员进行行政拘留，对9名犯罪嫌疑人采取刑事拘留，对2人进行判刑。严厉查处环境信访案件。2015年，共受理信访案件386件，其中，市接举报案件332件，结案308件，结案率92%；环保部、省厅转办54件，结案54件，结案率100%。加强和规范排污申报登记与排污费征收工作。2015年，吕梁市本级核定排污费1625.4万元，征收入库1547.84万元；县（市、区）核定13770万元，入库10181万元。健全环保监管机制，完善和规范了全市环境监察网格化管理体系，做到监管全覆盖，责任到人，为加强环境监管，减少环境违法行为提供了监督保障，受到省环保厅表扬。强化对国、省控重点企业的在线监管，完成监控平台数据架构及软件升级改造项目，对市管国、省控28户企业安装33台烟粉尘自动监控系统并联网运行，对国、省控76户企业232个监控点加强设备安装、更新和运营管理，提升污染减排数据传输的有效率。

【环保综合整治】

2015年5月12日，环保部华北督查中心对吕梁市约谈之后，吕梁市委、市政府高度重视，出台《吕梁市环境保护综合整治实施方案》等“两方案三通知”，成立以市长为组长的环保综合整治领导组。截至2015年12月31日，全市累计投入各类治理资金14.7亿元，其中市政府先后下达财政资金1.63亿元。全市拉条挂账列入环保整治的960个问题完成整改934个，因相关原因未完成整治或已整治未验收的问题26个。

【建设项目管理】

2015年，市环保局在建设项目管理工作上，开展建设项目环境影响评价文件审批权限和环保竣工验收权限调整下放工作，将建设项目的验收、试生产及排污许可证发放等审批总项目99%的审批权限全部下放，简化审批程序，提高办事效率和便民服务质量。按照省有关要求，对重点生态功能区、环境敏感区、生态脆弱区内违法建设项目，开展全面清理整改，全市共清理排查违反环评制度的违法建设项目129项，违反“三同时”久试未验的违法建设项目740个，按相关程序进行分类处置。

【环境安全风险防范】

2015年，市环保局推进环境安全和应急管理体系建设，各项基础工作取得进展。组织修订《吕梁市辐射事故应急预案》《吕梁市突发环境事件应急预案》《吕梁市环保局突发环境事件应急预案（修订版）》，并按有关规定进行备案。制订吕梁市环境应急工作管理制度，并在工作中严格执行、严格监管，坚决防止各类重、特大环境污染事故发生。强化辐射安全的基础工作。督促各县（市、区）环保局和各辐射单位重新核定辐射安全工作机构和工作人员，明确辐射安全责任人并上报备案。对全市辐射工作人员进行培训和复训，有180多人取得辐射工作上岗证。继续强化并指导各放射源使用单位安装放射源远程实时监控系统并与市、县环保局联网，有效保障了放射源的安全。开展环境安全生产大检查、深化“打非治违”和专项整治工作，对排查发现的安全隐患问题分短期、中期、长期三个阶段提出分类处置要求进行整改。全年组织参与和成功处置了不达《突发环境事件应急预案》四级标准的3起事件，组织开展6次企业应急演练现场模拟，为开展应急工作积累了实战经验。加强固体废物监管。按照省环保厅《关于做好2015年危险废物规范化管理工作的通知》要求，结合实际对辖区内危险废物产生单位开展全面排查，及时更新了危险废物申报登记名单，完成了16户企业的危险废物转移审批和审核工作。2015年全市纳入危险废物规范化管理申报企业33户，产生单位抽查合格率94%，达到了环保部考核90%的要求。

【环境宣传教育】

2015年，市环保局围绕新环保法和新的大气污染防治法开展宣传教育和培训活动，组织开展不同层次的法律培训，提高执法人员水平和社会各方面的法制意识。利用重大纪念日、“吕梁环保行”等形式开展宣传报道和监督采访；和市新闻办联合建立相关工作联系制度，配合媒体记者采访报道；和电视台、报社联合对夏汾高速刺激性气味整治、行政审批事项下放、环境综合整治等重点工作进行6次深度报道，在国家省市报刊发稿20余篇，开展多层次、多形式的宣传教育活动，提升全社会的环境保护意识，形成环保舆论宣传的浓厚氛围。

【部门协同联动督查机制】

2015年，吕梁全市上下落实环保工作党政同责，建立和完善政府负责、部门联动、分级管理、上下互动的工作机制，实行环保部门统一监管、相关部门各负其责、各司其职的联合工作推进机制。政府督查部门牵头对重点工作督查推进；发改、经信等部门严把建设项目审批关；市政、交通、住建等部门强化扬尘整治；住建部门加大对污水处理厂运营和污水收集管网建设力度；农业部门加强畜禽养殖治理和秸秆禁烧；交警部门抓黄标车淘汰工作；财政部门抓专项资金安排工作；政法部门严厉打击环境违法行为。联动作战，推动了环保重点工作的顺利完成。

【党风廉政建设】

2015年，市环保局将落实“两个责任”与重点业务工作一同研究、一同部署、一同落实。研究制定落实“两个责任”的“两细则两清单”并严格执行。局党组书记与党组成员分别进行廉政谈话，并制作廉政建设谈话提醒卡。各责任主体之间层层签订《落实党风廉政建设主体责任书》，完善民主生活会制度，严格落实“一把手”不直接分管人事、财务等工作制度。推进责任权力清单梳理，强化关键岗位监督，全面规范权力行使。针对环评、验收、监测、总量、辐射、固废等方面审批权力，坚持分事行权、分岗设权、分级授权，精简行政审批事项。对权利和责任进行梳理，共梳理出行政职权309项，经市“六权治本”领导组审查确定为130项，其中行政许可4项，行政处罚91项，行政强制4项，行政征收1项，行政检查17项，其他行政权力13项。市环保局按照要求全部编制填写了行政权力和责任清单、监督汇总表、行政权力实施表、行政权力运行流程图、行政权力廉政风险防控图等。为使梳理出的权力和责任得到有效实施，市环保局强化对“一把手”和关键岗位的监督，印发《关于加强对重点工作监督督办的通知》，制定和完善廉政监督制度、重大事项报告制度、民主生活会制度、重点岗位关键环节约谈巡查函询谈话制度，建立廉政风险防控机制，实行“一案双查”。严守中央“八项规定”，坚决纠正“四风”。市环保局以群众路线教育实践活动形成的“两方案一计划”为抓手，对领导班子和领导干部“四风”存量问题的整改进行了“回头看”。完善出台公务接待培训、公务用车、收发文管理和会议管理等制度，落实“八项规定”，推行网上收发一般性文件资料、召开视频会议安排部署工作，减少发文和会议数量，节约开支；机关公车全部收回统配使用，杜绝公车私用。2015年，机关三公经费得到缩减，其中办公费较2014年同比下降28.11%、交通费下降56.46%、会议费下降69.11%。开展“三严三实”专题教育活动。坚持专题教育与领导班子和领导干部自身实际相结合，与机关党建工作实际相结合，与环保业务和老百姓关注的热点难点问题整改相结合。组织开展集体学习8次，集体研讨4次，班子查出“不严不实”问题12个，领导班子成员查摆个人“不严不实”问题和表现形式累计达60个，制定整改措施16条并从严落实，取得了实实在在的成效。严格落实“监督责任”。落实“三转”（转职能、转方式、转作风）要求，纪检组长不分管其他业务工作，坚持每季度听取一次各科室党风廉政建设工作汇报，与各科室负责人进行“一对一”廉政谈话，提醒诫勉，防微杜渐。注重正面典型教育、反面警示教育和党纪政纪条规教育相结合，不断强化党风廉政教育。针对重点项目管理环节，制定下发《整治“吃拿卡要”管理制度》《机关工作人员去向报告登记管理制度》和《吕梁市环保廉政监督制度》等制度，全面加强对环保权力的规范、制约和监督。突出对“三重一大”的监督，对重大问题决策、重要干部任免、重大项目投资、大额资金使用情况进行全过程监督。加强机关党建工作。紧紧围绕贯彻市委《关于进一步加强机关党的建设工作的意见》和市委书记高卫东讲话精神，开展推进党建工作宣传贯彻活动、学习党章活动和落实党建责任监督活动等一系列学习贯彻落实活动。在集中讲授、学习、讨论的同时，党总支组织开展考试，统一安排为全体党员佩戴党徽，建立党员监督岗和监督牌，所有党员做出公开承诺。将“联述联评联考”纳入绩效考核体系，强化年终考核兑现；党组书记与党组成员和各支部书记签订党建工作责任书，形成“书记抓，抓书记”的党建工作新格局。

（吕梁市环境保护局）

城管中心

【概述】

2015年，吕梁市城管中心完成了火车站站前广场整治工作。市区火车站站前广场自2011年1月10日建成投入运行以来，由于缺乏有效管理，“脏乱差”现象比较严重。根据市政府安排部署，2015年1月21日至22日，由中心牵头联合市消防、交警、公安和离市区等部门，组织300多名执法人员，对逾期未拆除的违章搭建外棚进行了集中清理整治，共拆除铝合金房、彩钢瓦房130多户，清理乱搭乱挂横幅、广告牌匾50余块，清理长期乱停乱放车辆、机械设备10辆，清运建筑垃圾1500余吨，改善了火车站站前广场环境面貌。强化建筑工地管理。市区国有土地上建筑工地出入口全部硬化，规范设置了标识牌，临街工地围挡采用砖结构，顶部加檐，高度不低于2.5米，墙体利用公益性宣传广告进行美化。规范建筑垃圾运输处置。建筑物拆除采取喷淋降尘措施，防止对周边环境造成污染，建筑垃圾严格按审批路线、地点在晚上9：30以后消纳处置，严防抛洒滴漏，共核发“建筑垃圾处置证”20份，下发《限期责令整改通知书》6份，查处不按规定设置防漏袋混凝土运输车、抛洒粘带车辆50余次，集中清理无主建筑垃圾6000立方米，全年共处置建筑垃圾9万立方米。生活污水处理厂一期大修、技改工程。为提升污水处理量，改善三川河河流水环境质量，根据吕政办发〔2014〕26号《三川河河流2014年度水环境质量整治实施方案》文件精神，对市区生活污水处理厂一期工程进行大修、技改，工程总投资1252.74万元。从2014年12月开工后，市城市管理服务中心抓时间，抢工期，拆除了原有的老旧设备，清理生物池淤泥4000吨，对生化池、好氧池、厌氧池等设施设备进行改造，工程于2015年7月竣工投入运行后，提升了污水处理能力。枣林苑、南关沟截流干管工程。南关沟、枣林苑截流干管工程总投资467.11万元，共铺设管网665米，日可增加污水处理量6000立方米。其中枣林苑污水截流干管工程铺设管网34米，采用DN500的钢管连接，日可收接污水2000立方米；城南片区污水截流干管工程铺设管网631米，采用DN1000的硬聚氯乙烯PVC-U双壁波纹管连接，日可收接污水4000立方米。第二污水处理厂建设。根据吕梁市新城建设总指挥部〔2015〕1次会议纪要精神，2015年1月4日市住建局将第二污水处理厂建设事宜移交城管中心，7月13日按照〔2015〕10次市长办公会议纪要精神，第二污水处理厂厂址由离石区高家沟变更为柳林县李家湾乡梁家会村三川河北岸。通过努力，第二污水处理厂完成了选址、土地勘界、防洪评价、环评、能评、可研、土地预审和土地报批等工作，进行土地征用补偿工作。依法依规加大PPP招商推进工作，有投资意向的企业有50余家。生活垃圾处理场渗滤液处理工程。投资1166.12万元建设日处理100吨生活垃圾渗滤液处理工程，施工过程中，由于山西神州煤业公司地下采掘，造成生活垃圾处理场地形变化，原设计选址场地多处裂缝下陷，影响了工程进度。事故发生后，城管中心高度重视，上报市政府及相关部门，与设计单位协调，重新对建设场地进行选定，新的选址位置确定后，生活垃圾场与施工单位加班加点推进工程进度，浓盐水池、清水池及渗滤液处理运行车间等全部建成，设施设备安装到位，2015年12月投入运行。其他工程项目进展情况。第二生活垃圾处理场选址及前期准备工作有序推进；新建、改造20座公厕和新建3个无害化粪便处理场完成选址、费用测算等工作，确定为2016年市政府重点工程项目。

【建筑市场管理】

2015年，吕梁市对市区国有土地上的56项存量违法建设进行调查摸底，召开专题会议10多次，对 半岛四季、宏泰广场、中央公园等违法建设项目进行研究，草拟《吕梁市区国有土地上存量违法用地违法建设行为的处理建议》《关于理顺吕梁市城市规划区内土地、规划执法主体的建议》。2015年共立案22案，下发处罚决定书11份，责令停止违法行为决定书9份，责令限期改正通知书6份，陈述申辩告知书18份，催告通知书5份，对景龙苑、北城王府等违建项目进行了强制停工，处罚款777.28万元，收缴罚款285.01万元。

【市容环境管理】

2015年，吕梁市开展“破除陈规陋习、倡导文明新风”活动，要求沿街门店、酒店、宾馆按规定设置了鞭炮燃放容器，按规定禁放烟花礼炮，共规范各类商业庆典、商品促销活动500余起，制止违规庆典活动、乱放鞭炮行为200余次，集中清理取缔求神拜佛、算命看相、打卦占卜、风水开运等封建迷信活动摊点50余户。开展市区环境整治百日攻坚专项活动，从4月21日开始集中利用一百天的时间，全力实施清洁卫生整治、“两违”建设整治和市区环保治理三项工作任务，共支出50余万元，雇佣氧焊技术工人30余人，动用装载机等机械设备40余台次，购置发电机2台，洗车机2台，小广告清理工具800余个；集中清理取缔主次干道两侧占道经营、店外经营、露天烧烤摊点1500余户，与沿街门店、商户、单位、个人签订《门前三包责任书》1000余份；审批各类门头牌匾200余块，整改不合格牌匾70余块，拆除违规乱设电子屏、立体灯箱、广告牌匾500余块，清理乱搭乱挂条幅、墙体喷绘广告7000余条，清理乱贴乱画橱窗小广告9万余条，设置便民信息张贴栏34个；取缔违规设置停车场22个，拆除收费亭10个，地桩地锁100个，护栏300个，隔离柱50个，起落杆10个，收费设备6套。从10月10日开始，联合市区两级交警部门和离石区凤山街道办，对兴隆街、凤山路进行集中清理整治，巩固整治成果，改善周边市容环境面貌。

【生活污水和生活垃圾处理】

2015年，吕梁市城区生活污水处理厂运行安全平稳，各项技术指标均正常达标，全年共处理污水819.46万吨，平均日处理2.47万吨。生活垃圾处理场采用卫生填埋无害化处理工艺，对市区生活垃圾进行处理，依靠回喷和污水处理厂处理垃圾渗滤液，对周边环境不会产生影响，2015年生活垃圾处理场累计消纳生活垃圾162000吨，平均日处理450吨。

（吕梁市城市管理服务中心）

园林绿化

【概述】

2015年，吕梁市园林绿化管理局实施“三山”清除蒿草、护林防火、道路维护、树木移植保护、病虫害防治五大项工作。实施管护面积3.8万亩，管护各类苗木600余万株（穴），清除蒿草面积达2.9871亩，维修道路50千米，移植凤山天贞观庙治理周边树木。在具体实施过程中采用招投标方式将“三山”按地域划分23个管护区域，采取专业队清除蒿草，增派护林员分段负责，加大病虫害预防监控，确保“三山”林木全年未发生病虫害、森林火灾及盗砍事件，促进林木的健康生长。完成林地蒿草清除，水毁道路修复，加强特险期森林防火等工作。随着年林木积蓄量的增加，生态功效开始显现，市区的空气质量改善，实现市区“三山”范围内春花、夏绿、秋景、冬青的良好绿化效果，成为吕梁市区最大最美的绿色生态景观屏障。该项工程累计完成投资750余万元。2015年兑现本年“三山”绿化占地补偿费530万元，受益群众覆盖离石区6个街道1个乡50个自然村的老百姓。

（吕梁市园林绿化管理局）

商贸

招商引资

【概述】

2015年，吕梁市共签约项目108个，总投资3264.74亿元，完成省政府下达年度任务1606亿元的203%，完成市政府下达2900亿元的112%，签约率全省排名第一，签约额全省排名第二，综合排名全省第一。13个县市区均完成市下达的全年任务，完成额排名前三的为孝义市、柳林县、岚县，签约项目总投资分别完成404.09亿元、373.02亿元、315.2亿元；完成率排名前三的为临县、岚县、方山县，分别完成全年任务的156.35%、121.23%、121%。

全年招商引资签约项目到位资金600.9732亿元，完成省下达年度目标任务600亿元的100.16%。石楼县、孝义市、方山县未完成全年任务。完成额排名前三的为孝义市、柳林县、兴县，签约项目资金到位额分别为141.74亿元、92.3519亿元、62.0408亿元；完成率排名前三的为兴县、岚县、文水县，分别完成全年任务的137.9%、120.4%、115%。

2015年签约项目和资金到位完成情况统计表

表三　　单位：亿元

县别	签约项目情况				资金到位情况		
	签约项目情况	项目数（个）	总投资	完成率（%）	年度目标任务	到位资金额	完成率（%）
合计	2900	108	3264.74	112.57	600	600.9732	100.16
交城县	230	7	259.4	112.78	30	30.4500	101.5
文水县	180	6	188	104.44	25	28.7470	115.0
汾阳市	245	13	246	100.40	45	51.2029	113.7
孝义市	350	27	404.09	115.45	175	141.7400	80.99
兴　县	175	1	185	105.71	45	62.0408	137.9
岚　县	260	7	315.2	121.23	40	48.1470	120.4
临　县	180	15	281.44	156.35	25	26.1800	104.7
方山县	150	8	181.5	121.00	30	16.7800	55.93
离石区	240	5	261.68	109.03	25	27.9000	111.6
中阳县	190	3	206.31	108.58	20	20.6200	103.1
柳林县	350	8	373.02	106.57	85	92.3519	108.6
交口县	200	6	211.1	105.55	45	45.6000	101.3
石楼县	150	2	152	101.33	10	9.2100	92.1

【招商引资活动】

2015年，吕梁市委、市政府对项目签约招商工作空前重视，在省政府4月份安排“四地四场”招商活动之后，市长董岩亲自批示，要求把“四场”活动分别落实到市级领导，务求实效。之后，在吕梁市出台的“四个一批”工作方案中，对每场招商活动带队市级领导进行明确。分管副市长李润林对“四场”招商活动总体把握，对招商项目征集等前期筹备工作提出具体要求。带队市领导反复研究工作方案，力求活动安排明确具体、务实可行。在领导重视下，吕梁市每场招商活动做到紧凑、高效、务实，除参加省政府组织的活动之外，组织安排了考察、拜访、项目推进等活动，取得较好成绩。在2015晋粤产业合作项目对接活动中，吕梁市代表团在副市长竟晖的带领下，赴广东省中山市火炬开发区、翠亨新区、广州经济开发区实地参观考察，与广东明阳风电产业集团、国家健康产业基地、完美（中国）有限公司、美味鲜调味食品有限公司、木林森股份有限公司、华帝厨具、广州无线电集团等企业进行项目对接。在第九届中博会上，副市长李润林率团与湖北山西商会进行对接座谈，实地考察上实环境控股（武汉）有限公司。副市长郝月生出席见证了中阳县人民政府与中城建第三工程局的“中阳县东山过境公路建设项目”签约仪式。在2015跨国公司入晋暨产业合作（上海）推介会上，常务副市长张广勇代表市政府参加省政府举办的主旨推介会，对吕梁高性能云计算中心建设项目、无人机产业基地建设项目、江川国威新材料制造基地项目、吕梁市医疗卫生园区等6个项目作重点推介。常务副市长张广勇还带领参会市直部门和县（市、区）主要负责人，考察上海风雨筑规划展馆、新江湾城、同济大学建筑设计研究院；考察上海实业集团，推介对接城市基础设施建设项目和污水处理厂建设项目；拜访中煤集团上海能源公司，推进石楼县战略装车点项目。带领临县代表团和市直部门负责人拜访云月投资（上海）有限公司，推进中国坚果B2B电商平台及配套仓储物流项目。孝义市举办专场招商推介会，吕梁市举办吕梁市招商引资项目签约仪式。在央企入晋项目对接会上，吕梁市8个县（市）分别与多家中央企业签署8项合作项目。在第十八届中国（重庆）国际投资暨全球采购会上，张敬平、李润林率领代表团，拜访重庆山西商会并与吕梁籍企业家座谈，考察中国城建集团第三工程局。经过大量细致的前期工作，吕梁市在这五次大型招商活动中，共签约项目27个，总投资1103亿元。

【开展项目招商】

2015年，吕梁市从4月份开始，在全市范围内，通过县（市、区）和市直部门两个渠道，围绕重点产业、战略性新兴产业、支柱产业，先后两次共征集招商项目105个项目。吕梁市招商引资局从中精选72个项目，编印《2015山西吕梁招商引资项目册》，其中，工业类项目32个，总投资976.76亿元；现代农业类项目8个，总投资15.59亿元；服务业类项目5个，总投资31.36亿元；交通基础设施类项目14个，总投资480.69亿元；旅游类项目8个，总投资92.16亿元；社会事业类项目5个，总投资39.84亿元。吕梁市招商引资局与市发改委先后两次共同编印《吕梁市PPP招商引资项目册》，推出政府与社会资本合作（PPP）项目69个，总投资930亿元。对这些项目，吕梁市招商引资局在2015年的招商引资活动中进行重点推介。

【搭建招商引资平台】

2015年，吕梁市加强与异地协会商会的联络，每次外出招商活动，都要去拜访当地的山西商会，诚邀他们回家乡创业，希望商会通过会员和各地商会之间的联系推介吕梁，为吕梁引进项目。2015年吕梁市招商引资局通过各县（市、区）、全球晋商联盟、各类招商活动收集整理各地山西商会资料，征集到吕梁籍驻外商会负责人和优秀企业家120余人信息，为以后开展亲情招商奠定了基础。2015年在招商引资局的支持下，吕梁市招商引资研究院9月份成立，征集到会员100余人。研究院将成为吕梁市招商引资工作的重要依托。

（吕梁市招商引资局）

商　务

【概述】

2015年，吕梁市社会消费品零售总额达405.97亿元，增长4.4%，比全省增长5.5%的水平低1.1个百分点。山西省大晋中农产品流通示范区建设涉及吕梁市交城、文水、汾阳、孝义等4县(市)共7个项目，多数竣工并验收投运；2015年市政府下达的12个重点商贸物流项目有的建成，有的正在推进；居然之家、苏宁电器、美特好、沃尔玛等大型商贸流通项目纷纷落户吕梁市。2015年，全市进出口完成40549万美元，其中，出口完成15919万美元，进口完成24630万美元。2015年，吕梁市电子商务交易额为160.6亿元，网络零售交易额占社会消费品零售总额的8%。

【促消费工作】

2015年，吕梁市商务局组织19户企业参加了“2015年山西品牌中华行”活动，完成天津、西安、西宁、兰州、乌鲁木齐、长春和哈尔滨共7站活动，现场销售72.2万元，签订供货合同87.5万元，达成供销合作意向企业57家；组织4户企业参加“山西品牌丝路行”俄罗斯站、意大利站、匈牙利站活动；组织18户企业参加“山西品牌网上行”活动。引导餐饮企业向大众化方向转型，推广离石东方百合“放心早餐”工程做法，指导承办企业配送服务向中阳、汾阳、临县等周边县市延伸。

【商贸物流和市场体系建设】

2015年，吕梁市政府下达12个商贸物流重点项目建设，分别为：汾阳阳城商贸物流经济开发区物流项目、石楼沁园农产品物流项目、吕梁旭海农产品仓储物流交易市场、孝义绿城商贸广场、孝义华宇佰得购物中心、红星美凯龙孝义城市综合体、吕梁天源物流中心、交口中心商贸区、方山农副产品（药材）国际交易城、吕梁百合中央厨房惠民早餐工程、孝义丰邦农商贸批发市场和汽车商务广场项目、临县8万吨枣果现代冷链物流项目，12个重点项目考核投资任务完成，项目建设有的已经完成，有的在继续推进。全省大晋中农产品流通示范区建设涉及吕梁市交城、文水、汾阳、孝义等4县（市）共7个项目，汾阳市、文水县各2个项目全部完成，交城县1个项目已完成，还有1个项目未完成，孝义市1个项目建设滞后、2015年未能验收。

【外贸转型示范基地建设】

2015年，吕梁市大力推进外贸转型升级示范基地建设。吕梁市商务局对8个省级外贸转型示范基地进行绩效评估，培育18户231外贸主体企业做大做强，建立示范基地和231外贸主体企业运行监测季报制度，引导9户出口供货生产企业进行了外贸经营权备案登记，组织4户企业参加了2015全球跨境电子商务大会，组织12户企业参加自贸区政策解读暨跨境电商综保区运营解析培训会，组织2户企业参加中国西部（四川）进口展暨国际投资大会。企业参与国际市场的意识提高。落实国家出口信用保险政策。争取市政府建立了市级出口信用保险专项资金预算，出口企业省补助70%、市补助30%的保费全部落实到位，实现了全市中小微出口企业信保全覆盖。指导企业参与“一带一路”建设。组织企业参加广交会、东盟博览会、“山西品牌丝路行”等境内外展览展会。起草《吕梁市“十三五”口岸发展规划意见》。

【电子商务发展】

2015年，吕梁市重视电子商务发展。党政领导高度重视。市委书记高卫东主持召开专题会议研究电子商务发展工作，并对市商务局呈送的调研报告作出重要批示。市级成立由市委副书记雷建国任组长，两位副市长任副组长，各有关单位为成员的领导组；县（市、区）成立由县长或县委副书记任组长的领导组。党政层面出台文件。市委、市政府出台《吕梁市2015年电子商务发展行动计划》《吕梁市电商扶贫试点工作意见》，各县（市、区）均出台实施方案。召开高规格会议。市委、市政府召开吕梁市电子商务及电商扶贫工作会议；成功举行吕梁云计算中心与百户电商企业合作意向签约仪式，吕梁市四大班子主要领导全部出席会议。复制推广“王小帮经验”。吕梁市电商“新农人”王小帮发展电商的成功经验通过传统媒体、新媒体、报告会、培训会等各种形式在全市进行复制推广。成立中介机构。市委、市政府组织成立了吕梁市电子商务商会、吕梁市电子商务扶贫协会。启动了万人培训计划。2015年，市县两级培训了5000人次，2016年计划再培训5000人次。试点示范初见成效。兴县作为商务部、财政部全国电子商务进农村综合示范县，孝义市作为阿里巴巴“千县万村”计划试点县，试点工作均稳步推进。组建吕梁市电子商务科创园，30家电商企业入驻。组织全市电商企业开展“山西品牌网上行”活动。

【特殊行业管理工作】

2015年，吕梁市加强成品油市场管理。吕梁市商务局执行全市“十二五”加油站行业发展规划，执行站点设置政策要求，完成加油站新规划确认11户、变更153户。完成全市403户加油站年检工作。启动“十三五”加油站发展规划编制工作。加强酒类流通信息平台建设。认真贯彻酒类流通管理“821”制度，建立《随附单领用台账》，酒类经营备案登记率达95%，随附单使用率达100%；对全市酒类批发企业经营人员和从业人员共计600余人开展酒类经营业务知识培训。加强典当业拍卖业管理。落实典当业、拍卖业各项监管制度，开展经常性网上核查，开展动态性现场核查。对26户典当企业、7户分支机构和3户拍卖企业经营情况进行年审核查。组织新批典当企业参加了省典当协会举办的财会实务培训。加强二手车市场和报废汽车回收拆解企业管理。贯彻省市关于简政放权的要求，将二手车交易市场备案和监管工作下放到县；配合环保、公安等部门开展了黄标车及老旧车淘汰工作；2户拟新设报废汽车回收拆解企业报省待批。加强单用途商业预付卡管理。9户规模以上发卡企业、54户规模以下发卡企业均完成备案登记，预付卡市场非法集资监管水平大大提高。

【开发区申报工作】

2015年，山西省政府关于加强开发区管理的两个文件下发后，吕梁市商务局在党政层面、部门层面、企业层面组织宣传学习和贯彻，全市上下形成抓开发区的良好氛围。2015年重点指导汾阳、兴县、中阳、岚县、交口等5县（市）政府编制经济技术开发区可行性研究报告，其中汾阳杏花经济开发区经省市发改、经信、国土、住建、环保、国安等6部门进行分层论证，省商务厅牵头带省直有关部门负责人两次赴汾阳进行调研指导，申报事宜报省政府待批。

（吕梁市商务局）

粮食

【夯实宏观调控基础】

2015年，吕梁市粮食局根据国务院、省政府建立健全粮食安全省长责任制精神和要求，会同有关部门，牵头代市政府起草《吕梁市人民政府关于贯彻落实粮食安全市长责任制的实施意见》，经市政府批准发文到各县（市、区）予以落实。2015年全市粮食纯收购2.8亿公斤，完成目标任务2.5亿公斤的112%；纯销售2.55亿公斤，完成目标任务2.4亿公斤的106%；产销衔接调入粮食2.05亿公斤，完成目标任务2亿公斤的103%，三项均超额完成全年任务。建立市级储备粮0.865

亿公斤，2015年又新增1500万公斤规模，建立县级储备粮规模达1.5亿公斤；建立市级应急成品粮储备615万公斤，应急小包装食油储备180万公斤。加强粮情监测预警，全市建立27个粮油市场信息监测站点，分布全市所有县（市、区），定期对粮油市场价格进行监测，及时准确报送和发布粮油市场信息；修订完善《粮食应急预案》，建立应急粮油加工网点14个，应急粮油供应网点182个，覆盖全市所有乡镇、社区。全市粮油供应充足，价格基本稳定。组织各县（市、区）粮食企业参加全省粮食产销衔接会，促进了吕梁市省际间粮食产销衔接合作关系的发展。

【加强储备粮管理】

2015年初，吕梁市粮食局与各县（市、区）粮食局、各直属储备库签订《储备粮管理责任书》，落实《储备粮管理办法》，强化储备粮管理责任。制定和完善粮库管理制度和考核办法，建立责任清单，明确管理监督责任和承储单位主体责任，规范储备粮油入库、储存、出库等各环节管理，加强对储粮企业日常监管和专项督查，强化储备粮监管。严格储备粮轮换。市县两级储备粮轮换全部实行通过市粮油批发市场进行公开招标拍卖和采购，并对整个轮换过程全程实施监管。2015年完成了3000万公斤市级储备粮的轮换任务。贯彻落实粮油出入库质量检验制度，组织开展储备粮质量抽查和安全储粮大检查，规范储粮技术，强化储粮安全监管。全市市级储备粮油数量真实、质量良好、储存安全，三专四落实达到100%，全系统安全储粮“一符六无”粮仓达标率达96%以上。

【基础设施建设】

2015年，吕梁市粮食局争取中央、省危仓老库维修改造项目资金，落实维修改造项目。2013—2014年度全市“危仓老库”维修改造项目全部完成，并进行检查和验收。2015年全市“危仓老库”维修改造项目争取报批16个，总仓容达84980吨，总投资2962万元。推进国家和省安排的第一批新粮库建设项目，争取国家新建粮库资金225万元，在交口县、石楼县、临县各规划新建5000吨现代粮库1个，临县竣工，石楼县、交口县开工建设，计划2016年年底前建成投入使用。争取仓储设施提升改造项目资金128万元，对各县骨干粮库和5个直属粮库仓储设施全部进行提升改造，提高粮库粮情监测能力和管理水平。市粮油质检中心纳入国家粮食质检体系，前期完成投资200万元，2015年又落实投资230万元，配套和完善必要的粮油检化验设施设备。建立完善各项安全生产规章制度，组织对各县（市、区）及直属各单位进行安全生产大以及消防、防汛工作检查，对发现的安全隐患及时限期督促整改。2015年全市粮食系统无安全生产事故发生。

【企业改革】

2015年，吕梁市3个县完成了国有粮食购销企业改革任务，全市除离石区外，12个县（市）均按照“一县一企”模式完成改革重组。研究制定和完善国有粮食企业深化改革方案和政策措施意见，鼓励和引导多元市场主体参与政策性粮食收购、地方粮油储备和应急体系建设，开展推进企业混合所制改革试点，帮助企业争取政策和财政支持，扶持企业发展。2015年全市国有粮食购销企业财务统算盈利实现110万元。

【加强市场监管】

2015年，吕梁市粮食局利用食品安全宣传周日及世界粮食日和全国爱粮节粮宣传周活动，组织开展全市粮食政策、粮食法规、科学储粮技术、节粮爱粮及兴粮惠农进万家等宣传活动。督促各县（市、区）粮食局组建粮食执法机构，依法明确行政许可主体，取得行政执法授权，依法加强对辖区内粮油经营主体和粮油市场进行日常监管。组织开展并完成全市粮食库存检查，全市粮食库存账实相符、账账相符、数量真实。组织开展粮食收购市场专项监督检查，查处违规违法行为，维护全市粮食流通秩序。联合工商、质检等部门开展粮油流通市场和“放心粮油”经销网络专项监督检查，加强对元旦、春节、中秋国庆节日期间粮油食品安全监督检查,保障全市粮油市场的安全。

【为群众办实事】

2015年，吕梁市粮食局结合“三严三实”专题教育，领导班子通过各种途径和办法为群众办好事办实事。2015年，投资60万元对八一街旧家属区水暖电进行改造；落实办理八一街旧家属院历经18年曾未解决的住房产权登记；协调有关部门解决了怡苑小区接大暖管网及住户取暖老大难问题；组织全市粮食系统保管、质检员、财务人员、执法人员进行业务技能培训，提高基层业务人员的基本素质；协助基层粮库对工资偏低的职工工资进行适当增资调整，对欠发工资和养老保险费的单位进行清理和整顿；组织直属困难企业为职工全部办理了职工医疗保险；帮助困难企业职工办理困难职工低保30户、廉租房29户、大病救助3户。春节期间，开展送温暖活动，为全系统困难职工发放救助金3万元，慰问金1万元；开展“金秋助学”，为困难职工子女上大学提供资金补助；“七一”和春节期间，为兴县下乡扶贫村老党员和困难群众送去慰问金1万元，棉衣、棉被各20套；开展机关党员驻村联户结对帮扶活动，选派两名机关干部到农村担任第一书记，筹资2.5万元，为兴县下乡扶贫点3个自然村购置水泵及水管，解决村民吃水困难问题。

【法制建设】

2015年，吕梁市粮食局加强制度建设，强化内部管理。建立和完善《公文处理办法》《公车使用办法》《公务接待制度》《财务管理制度》《请销假制度》等26项管理制度，强化内部管理。规范权力运行机制，落实“六权治本”。根据市委推进“六权治本”工作安排和要求，按照《粮食流通管理条例》等部门法规赋予的职能权限，市粮食局对权力运行情况进行系统梳理，完成市政府“两张图，两清单”编制任务，清理出行政权力和责任清单12项。“两张图两清单”在市政府网站和《吕梁日报》上公布，接受社会监督，确保权力实施。加强法制宣传教育，全面推进依法行政。结合“六五”普法宣传教育，利用食品安全宣传周及世界粮食日和全国爱粮节粮宣传周活动，加大法治宣传力度，开展依法管粮宣传活动，在粮食系统形成人人学法，自觉守法，严格执法的新局面。组织举办为期5天的由市（县）分管领导、市场科及稽查队全体人员参加的全市粮食流通监督检查行政执法培训，外请国家、省粮食局和市食药局3位执法专家对粮食库存检查实务、粮食流通及市场管理实务和行政执法内容、程序及文书处理等内容进行详细讲解，提升吕梁市粮食执法人员的法制理论水平和执法能力。贯彻落实《中华人民共和国粮食流通管理条例》《中华人民共和国行政处罚法》《中华人民共和国行政复议法》等法律法规，推进依法行政，强化依法管粮。督促各县（市、区）组建粮食执法机构，依法明确行政许可主体，全部取得行政执法授权；组织全市执法人员进行执法培训，颁发执法检查证，对全市119人的粮食监督检查证和局机关19人的行政执法证进行清理和更换；组织开展粮食收购资格审批监督检查和违规滥用审批监督检查权问题专项整治和全市粮食流通监督检查行政执法案卷评查，均收到良好效果。

（吕梁市粮食局）

供销合作

【概述】

2015年1月至12月，吕梁

全市供销社系统商品购进累计完成15.56亿元，同比增长2.30%；商品销售累计完成17.52亿元，较上年同期增长8.80%；实现利润516万元，同比增长1.84%。1月至12月，全市供销社系统供应各类化肥4.82万吨，同比减少49.40%。2015年全市供销社对牵头领办的便民店（超市）进行了提档升级，配送中心的配送率和覆盖率也得到提升，提高市场占有率，1月至12月，全市供销社系统日用消费品连锁销售完成7.71亿元，同比增长9.80%。在农副产品购销上，全市供销社系统通过积极兴建农贸市场、发挥专业合作社的独特优势、加大收购和销售力度等手段，1月至12月，全系统帮助农民推销各类农副产品价值达4.46亿元，同比增长23.80%，保证了农副产品购销工作的稳定发展。各类盐销售8.03万吨，同比增长11.60%，碘盐合格率和市场覆盖率均达95%以上，全市供销社传统主营商品经营运行良好。

【供销社综合改革】

2015年，全市供销社系统结合习近平总书记、李克强总理等中央领导同志关于供销社工作的重要指示精神，认真学习《中共中央国务院关于深化供销合作社综合改革的决定》，把握文件精神实质和丰富内涵，增强改革意识、责任意识、担当意识。加强组织领导。各县（市、区）供销社在地方党委政府的领导下，成立综合改革领导小组及工作机构，健全工作机制，明确职责分工，形成工作合力。坚持因地制宜，坚持问题导向，把握轻重缓急，突出重点领域和关键环节，积极探索创新，一项一项抓好落实。争取地方党委、政府支持。各级供销社在调查研究基础上，向当地党委、政府汇报综合改革进展情况，特别是需要政府协调解决的历史遗留问题、财务挂账、土地问题、资金项目扶持，班子及人才队伍建设等问题，争取党委、政府对供销社工作的重视和支持，确保各项政策措施落到实处，确保将文件精神转化为推动供销合作事业发展的强大动力。加强试点。吕梁市供销社确定汾阳市、文水县、交口县三市（县）供销社为综合改革试点单位。市社指导督促试点单位以中央文件的出台为契机，学习借鉴试点省份可复制的成功经验做法，先行推开综合改革，加大试点工作推进力度，引领综合改革向纵深推进。三市（县）政府均出台供销社综改方案并上报省社。

【提升便民连锁网络的运营质量和功能】

2015年，吕梁市供销社系统以完善配送中心和规范提升便民连锁店为重点加强“新网工程”建设，2015年全系统改造农资配送中心2个，规范提升便民店14个，完成了年度目标任务。加强对已建便民连锁店的督促指导。为使便民连锁商店保质保量建好、认真负责管好，发挥功能用好，吕梁市供销社根据《吕梁市农村便民连锁商店管理办法》，对各县、市、区供销社以标识悬挂、店容店貌、制度落实、服务承诺、商品质量、进货渠道等方面为内容进行了一次全面的督促指导，保证建起的每个店能做到外墙美化，店内整洁，明码标价，服务承诺上墙，实行开架超市式经营，起到了较好的引领作用，促进了便民店的规范化管理水平，提高了便民店的经营质量。拓展便民店服务领域，推动“一网多能”建设。全市供销社着力推进流通主体创新，改造传统经营网络。如汾阳、文水、交城等市、县供销社积极发挥“一网多用、一店多能”功能，开展家电、图书、药品、烟花爆竹、食盐等连锁经营业务。市社积极与建设银行等金融部门合作建立支付结算系统，在便民店配备POS终端机近3000台，提升农村流通网络水平和服务功能，加快了农村日用消费品市场的规范化、安全化、便捷化发展。完善配送中心功能。各县、市、区供销社把配送中心建设作为发展农村现代流通网络的核心，加大投入和人员培训，着力在强化覆盖率、提高配送率、提升配送质量、加快信息反馈处理等为基础的配送中心能力建设上有一个新的提高。截至 2015 年年底，全系统农村日用消费品配送中心的覆盖率达 100%，配送率达 50%。交口县农资公司加大投资力度，提升规范化建设，健全经营服务网络，公司的配送能力和辐射服务能力不断提升，保障了当地的农业生产。

【农业综合开发建设项目申报】

2015 年，吕梁市供销社根据省供销社和省农业综合开发办公室文件精神，对兴县绿粮种养加工专业合作社、汾阳市新合作养殖专业合作社两个企业就“2015 兴县新增 2000 吨精制小米加工扩建项目”和“2015 年汾阳市新增出栏 2000 只优质肉羊养殖基地改扩建项目”进行考察和申报。这两个项目共申请财政扶持资金 150 万元，其中中央财政资金 100 万元，地方配套资金 50 万元。申报工作的开展推动了项目的发展。

【改造基层供销社】

2015 年 1 月至 12 月，吕梁全市供销社铺开改造基层供销社 4 个，完成年度目标任务。孝义、临县、方山等市县供销社积极解放思想，转变工作方式，通过自筹资金、职工集资、社会合作等形式，对地理环境较好、经营前景良好的基层社进行改造。孝义市李家庄供销社投资 500 余万元，对原供销社设施进行了改造。通过改造基层社面貌焕然一新，经营效益提升，服务功能增强。

【推进农民专业合作社发展】

2015 年，吕梁市供销社加大对农民专业合作社的指导、扶持力度，对一些组织规范、实力较强、带动力大的农民专业合作社给予重点扶持，以更好地发挥其示范带动作用，农民专业合作社建设有了发展。汾阳新合作核桃专业合作社在 2005 年在汾阳市供销社的指导扶持和直接参与下创办。该合作社由初建时的 13 个成员扩展到 105 个，注册资金由 50 万元增加至 500 万元，固定资产 522 万余元，员工 60 余人。2015 年该合作社加大投资力度，强化品牌战略，拓展经营领域，形成集种植、加工、销售为一体，年加工销售核桃、桃仁达 600 吨至 800 余吨，销售额超过 5000 万元的汾阳市核桃产业化龙头企业。孝义市旺兴杂粮专业合作社本着“专业合作社 + 基地 + 农户 + 市场”的产品化经营模式，以当地农民种植的高粱、玉米、和其他小杂粮为主要加工对象。2014 年以来推动申报农业开发新型合作示范项目的上马，经济、社会效益明显。

（吕梁市供销社）

烟草专卖

【概述】

2015 年，吕梁市销售卷烟 14.9 万箱，完成省局下达的年度销量计划；单箱卷烟批发均价 2.5 万元，同比提高 3.71%，条均价 99.9 元 / 条。主要采取四大举措：注重货源组织，精准对接需求，与工业企业深度协同优化调整货源协议，全年增补备货计划 5720 箱，调整不适销协议 1.44 万箱，有效保证货源计划与市场需求的适应性。注重销售进度，坚持“季度卡死、月度微调、周定目标、逐日跟进”的营销策略，盯紧日均销量、订货成功率两大指标，销售压力分层传导，销售责任分级共担。注重品牌培育，积极探索“单元市场营销责任”模式，坚持“四协同、四关注”品牌培育机制，全面实施“8+N”品牌精育工程，新引进的 41 个品规增速强劲，销量达到 5405 箱；细支卷烟销售 2095 箱，增幅达 95.41%；二类烟销售 10003 箱，实现了超万箱目标。注重卷烟配送，合理划分卷烟配送区域，实施跨区域线路整合，减少线路 19 条、车辆 3 部、人员 6 人，提升卷烟配送效率。加大营销表彰奖励力度，有效激发工作激情，确保经济运行指标达成。2015年全市系统三项费用率6.46%，同比下降0.59个百分点；实现税利总额8.39亿元，同比增长21.65%；上缴财政总额7.03亿元，同比增长35.06%。2015年吕梁市烟草专卖任务按期完成。全年共查获各类案件936起（其中5万元以上案件13起），查获卷烟858.9万支，其中真烟非法流通案件826起，数量833.16万支，标值620.32万元；假烟案件110起，数量25.78万支，标值33.42万元；破获国标网络案件2起，捣毁贩藏假烟窝点1个，向公安机关移送案件5起，刑拘2人，判刑4人。采取三项措施：强化打假破网，建立晋陕蒙宁四省五市打假打非协作机制，加强与公安经侦、技侦、网监等部门的合作，各县局完成查获案件起数和卷烟数量任务，方山、中阳、孝义配合市局稽查支队成功破获“7·31”和“9·16”两起网络案件。强化市场监管，出台《日常市场监管实施意见》，开发“日常市场监管信息AC系统”，全面实施“5+7”市场监管办法，先后开展四次专项行动，做到管理不放松、监督不缺位。强化内管监督，制订《内管派驻办参与卷烟经营相关制度及执行办法》，将监督延伸到协议签订、品牌引入、货源投放、出库打码全过程，实现事后处理向事前监管的转变，确保卷烟经营严格规范。

【队伍建设】

2015年，吕梁市烟草局开展“三严三实”专题教育，完成专题党课、学习研讨、民主生活会和组织生活会，开展“入党为什么、党员图什么、为党做什么”大讨论，做到规定动作不出位，自选动作出彩头。开展“严肃工作纪律、转变工作作风”百日专项检查行动，组织16次全员在岗状态抽查活动，对违规违纪人员进行处罚。推进人事干部制度改革，修订出台涵盖干部选拔、用工管理、技能评聘等方面17项制度，建立干部个人实绩“3+1”考评机制，组织科级干部年度述职述廉考评活动，全年调整干部21人，干部活力进一步激发。推进机构改革和职能调整，出台《市局（公司）机关机构设置及人员编制实施办法》，重新核定市局（公司）内设机构、领导职数和人员编制。推进企业文化建设，完善提升“诚信文化”，提出“六六战略”，开展“抓典型、树标杆、学先进、比奉献”活动。

【基层建设】

2015年，吕梁市烟草局贯彻落实省局关于加强县级局建设的“十条意见”，制订加强县级局建设工作方案和任务推进表，细化“9类19项290条”具体内容。人事管理放权方面，制订《股级人员选拔任用指导意见》。财务开支放权方面，完善包括县局应急费用、物资采购等内容的财务管理制度。薪酬分配扩权方面，出台县级局薪酬管理办法和年度表彰激励办法，分级设档考核、工效挂钩定薪，实现精益绩效。卷烟经营扩权方面，出台卷烟需求预测、货源组织和货源投放管理制度、品牌规格布局管理办法，扩大县局在货源组织、卷烟投放和品牌布局中的话语权和参与权。政策倾斜方面，建立服务保障向基层倾斜管理制度，开展机关科室基层服务质量民主测评活动，出台《新进员工分配管理办法》，明确以后新进人员一律向基层分配的原则；制订《科级干部选拔任用实施办法》《干部挂职锻炼暂行管理办法》，明确从基层选拔干部的用人导向。

【企业管理】

2015年，吕梁市烟草局狠抓绩效考核，建立“定量考核、定向评价、动态协商、绩效挂钩”考核体系，将市局机关各科室纳入绩效考评，建立“四评”（自评、测评、考评、审评）动态管理模式，加强过程管理和结果应用。狠抓督导通报，建立重点工作督导制度、月工作总结及计划清单提报制度，及时跟踪、定期通报，提升办结率和实效率。狠抓采购管理，修订三项管委会议事规则，全年实施采购32项，公开招标项目占比84.38%、资金占比92.13%。狠抓成本控制，不断强化预算的硬约束作用，严格控制物资采购、工程投资、项目实施，全年调减物资采购项目40项，节约资金283万元。狠抓审计监督，全年完成审计项目132项，取得直接经济收益72.62万元。狠抓法治建设，开展宣传教育、案卷评查和经济合同审查，强化执法监督，防控法律风险。狠抓安全管理，开展网站及信息系统安全漏洞检查，落实安全生产责任制，开展专业安全评估和隐患排查整改，防范各项安全责任事故发生。

（吕梁市烟草局）

石油供销

【概述】

2015年1月至11月，各类成品油销售完成46.87万吨，完成累计计划81.3%，较上年同期减少1.72万吨。其中零售完成31.24万吨，完成累计计划的86.4%，较上年同期减少4.65万吨；直批完成6.63万吨，完成累计计划的74.34%，较上年同期减少2.82万吨；非油品销售9699.33万元，完成全年目标任务8470万元的114.51%。在市场需求整体萎缩的情况下，保持了系统在吕梁区域内的销售市场份额没有下降。

【队伍建设】

2015年，吕梁石油分公司（以下简称吕梁公司）在班子建设上，开展创建“四好班子”和“三严三实”等主题教育活动，开展党委中心组学习活动，坚持民主集中制原则，严格落实“三重一大”等议事制度，形成强有力的领导力量。在作风建设上，通过落实机关办事规程和领导干部外出管理制度，规范和明确中层以上干部出差、考察、调研、会议等外出活动的管理；通过开展“市公司主要领导对县区公司调研”活动，在吕梁区域内国省道主要干线和把边卡点等“点对点”重点站的布置上，反复调查研究、认真分析、灵活营销、措施跟进，锤炼求真务实的工作作风，解决工作中出现的各种问题，化解各种矛盾，推动企业健康发展。在干部管理上，按照“有为则有位”的用人理念，加强干部队伍建设，从严管理干部，增强其责任心和执行力。年内印发《吕梁公司干部综合业绩考评办法》，分季度和年度考评，综合评价中层干部工作业绩。对考评不理想的干部起到鞭策的作用，通过科学合理的干部考核，打造一支适应市场需求、具有开拓精神的干部队伍。细化机关部门（专业线条）的工作任务目标，营造“比学赶帮超”氛围，树立部门（专业线条）进取意识，强化考核考评机制，强化中层干部的责任心、事业心。落实《县区公司领导班子成员薪酬考核管理办法》，从经营量、费用、综合管理、安全、党务管理等方面进行量化考核，真考核、真兑现，激发县（区）公司拓市增量的积极性，提升公司各项经营管理水平。在员工管理上，着力培养员工“我靠企业成长，企业靠我发展”的核心理念。通过开展全市系统“家文化”建设，一线员工在“吃”“住”“水”“暖”等生活方面有了很大改善；通过开展春节包饺子、端午包粽子和各种有益的文体活动，员工们切身感受到了“家”的温暖。公司以全员培训教育为抓手，提升员工素质。2015年，从市公司机关到加油站一线，举办了中层干部及拟竞聘站长培训、财务人员专业知识培训、IC卡应用培训、新闻采编和新闻摄影培训、非油品营销和技能培训、安全管理培训等20余期，受训人员达1000余人次。组建了兼职讲师队伍，使基层培训工作有了实质性进展，员工受训面明显扩大，基本素质进一步提升。薪酬分配上，采用全员考核，出台《县区公司员工薪酬分配办法》《机关管理人员薪酬分配办法》，县（区）公司采取升油工资办法，按照多劳多得的原则，激励员工的工作积极性，进而提高加油站油品零售、非油品营业额；机关管理人员采用绩效与全区零售量、直销量、非油品营业额完成率相挂钩的办法，激励机关人员更好的服务基层。在市公司机关，通过鼓励职工下基层挂职锻炼、实施全员竞聘上岗等办法，激发全员工作的积极性；在县（区）公司，开展加油站站长和管理岗位的培训、考试、竞聘聘任工作，吐故纳新，激发基层“骨干”的工作激情与活力。全市系统报名竞聘加油站站长的员工183名，原任站长续聘97名，解聘14名，新聘站长16名。4月份在全市系统加油站组织开展员工竞聘上岗活动，有1024名员工参加竞岗考核，使加油站队伍更加稳定团结，使销售团队更加具有竞争力。

【努力扩销增效】

零售工作。2015年，吕梁公司坚持“保增长、保效益”的总体要求，坚持细分市场、细分客户、细化服务，围绕不同地域市场环境，不同客户群体对价格、服务等方面的差异，开展针对性的精准营销。在调研的基础上，通过对每一座加油站调价前后数据分析，确定“点对点”加油站的摆布，确保量利兼顾，减少价格上的损失。开展“优质服务月”活动和加油站综合大检查活动。活动中组织员工学习《中国石化加油站管理规范》等内部制度，集中对加油站员工进行销售技巧、加油“八步法”及消防器材使用的培训工作，规范各个岗位员工的现场操作行为和服务；改善加油站的消费环境，投入资金对所有在营加油站的硬件设施进行修缮和更新。共清洗网架31座站、更换新罩棚标识布30座，制作新式工牌1150块、笑脸牌1150块、臂章350块，提升石化品牌形象，为顾客创造干净卫生、舒适靓丽的消费环境。组织县（区）公司开展贯穿全年的“加油站（便利店）现场销售竞赛”活动。在县（区）公司组织现场销售竞赛的基础上，吕梁分公司紧紧围绕“强基础、上销量、促增长、谋发展”活动的主题，举办首届加油站现场销售竞赛活动，对销售组合营销新模式进行了初步探索，为以后的促销活动奠定基础。开展“多卖一吨油”和“大干100天，实现零售100万吨经营目标”活动。为应对成品油零售市场日益激烈的竞争态势，提升系统内加油站拓市增量能力，制定实施方案。在方案中，零售考核指标分为月度完成率和同比增长率，对县区公司、加油站零售任务指标按照旬、月、季度、年度四个阶段进行考核、奖励。吕梁公司在“大干100天，实现零售100万吨经营目标”活动中，层层分解指标。活动中加强考核、奖罚分明，对完不成目标任务的县（区）公司除处罚外，还要在月度例会上做专题汇报，给县（区）公司传递压力，使他们在扩销增量上有所作为。为了进一步推开加油卡营销工作，组建了加油卡客户经理队伍。加油卡营销团队进驻居民小区，在周末及顾客出入的高峰时段，现场宣传加油卡知识及网上营业厅、全国充值卡等业务。为了稳定加油卡客户制订印发《吕梁石油分公司加油卡营销实施方案》，与光远公司合作开发吕梁公司O2O加油卡积分系统，客户在IC卡充值和消费过程中除享受中国石化、省公司IC卡相关返利、积分优惠外，可额外享受吕梁公司推出的IC卡积分优惠。2015年该系统已经上线，待系统后台丰富兑换商品后，所有吕梁公司的积分返利优惠措施便可通过线上操作完成。通过开展加油卡营销工作，公司的加油卡客户总账户较上年增加7.9%，加油卡活跃账户较上年增加12.3%。个别县（区）公司利用积分优惠政策，抓住县政府集中采购中心对公务用车进行集中招标采购的契机，参加投标，成为政府公务用车定点加油企业。2015年有87家政府单位在公司办理公务用车定点加油卡业务，巩固了区域市场销售份额。公司以网厅充值业务和全国充值卡销售营销活动为契机，拓展活动内涵，引导客户使用加油卡消费。除通过广播电台发布广告、微信公众号持续推送活动内容等方式宣传外，还在售卡网点安装了网厅充值体验机，让客户了解中石化网上营业厅和全国充值卡进行的优惠让利活动，让客户熟悉中国石化网上营业厅，逐步转变顾客消费理念和消费习惯。通过发放传单、挪车卡等方式加大汽油正面宣传力度，加大汽油增量奖励力度，努力扩大汽油消费群体，汽油销售与上年同期相比由6月底的-7.2%，恢复到11月底的-1.3%。直销工作。细分市场，挖掘县域市场潜力，加大重点用油企业公关，不断提高市场份额。组织开展直销拓市增量、“油非双增长”等销售竞赛活动，以举办大客户联谊会的形式，拉近企业与客户的距离，采取个性化、定制化服务稳定老客户，拓展新市场。按月对大客户购油分析预警，完善客户档案。根据市场形势的变化，重新修订《县区公司直分销考核管理办法》，将县区公司每月的直分销完成情况，纳入对县（区）公司班子成员绩效考核指标中，根据直销情况奖励兑现。严格客户经理行为规范，严肃经营纪律。签订客户经理岗位履约承诺书，增强岗位操守意识。重新修订客户经理考核办法，对客户经理由原来按月进行评级，改为按季进行等级评选工作。对全区煤炭市场、物流、全区重点工程等分行业、分区域开展市场调研和专项调研，了解客户需求，为客户提供个性化服务。利用省公司汽油有促销政策，联系汽油大客户，做大汽油市场，11月汽油销售同比增加973吨，环比增加898吨。创新营销模式。成立综合营销组，开展全面营销工作，制订面向社会人员和系统内人员的IC卡、非油品、直分销等营销激励措施，开展全方位、多角度的促销活动。非油品工作。通过开展“油非互促”等活动，做大燃油宝、卓玛泉、尾气处理液等重点商品销售。积极开展“油非互促”活动，加油站共发放抵用券161997张，海信系统使用回收14441张，回收率为8.8%。出台《吕梁石油分公司非油品促销暨创建百万元便利店工作实施方案》《便利店春节促销方案》《吕梁分公司现场组合营销指导意见》等多项促销政策，协助县（区）公司开展营销工作。通过理论考试、现场实操、综合考核相结合的方式，选拔出14名综合素质较高的专职便利店营销员，充实到便利店工作，为提高店内销售做好了基础工作。组织开展“双节”等主题营销活动，在活动中指导重点门店进行商品陈列，在常规陈列的基础上进行生动化陈列，张贴醒目的爆炸贴、悬挂气球、张贴海报、发放传单等形式营造良好的促销氛围。加强库存管理，规避经营风险。要求县（区）公司合理要货、及时销售，并根据各家盘点报表不定期地组织指导促销活动，消化核减临期商品库存。启动与太平保险的合作，太平保险派驻人员到便利店，推介保险业务的同时，推介非油商品，最终达到互利互惠，合作共赢。组织非油品业务部相关人员赴兄弟单位学习管理和营销经验，为以后做大做强非油业务奠定基础。

【保障销售需求】

2015年，吕梁公司强化物流调运职能，优化一、二次物流，确保成品油资源适时供应。根据市场和资源情况，组织协调有关单位，适时增加西北（永坪）柴油调拨计划，满足山区8县的市场需求。强化质检和安全工作，为把好油品质量关，孝义分销库对所有入库油品都进行质量检验，保证入库油品质量合格。加强资源摆布和购销衔接，主动优化物流配送，为加油站配送油品时，根据加油站要货计划，合理安排车辆，保证油站销售需求。

【节约成本 控制费用指标】

2015年，吕梁公司以全省一套账为操作平台，强化会计基础工作，提高会计信息质量。通过一级核算平台，公司的核算工作走向精细化，常抓不懈，防范风险，增强对内部控制制度的执行力。提高对预算管理重要性的认识，落实预算管理的各项制度。市公司发挥公寓楼闲置房间和职工食堂的作用，解决偏远县（区）公司开会的食宿问题，从而减少差旅费的支出；各部门之间在召开会议、开展培训、下发文件等方面相互沟通协作，精简会议，改进会风、文风，做到厉行节约反对浪费；在加油站推行自动上煤锅炉、使用节能灯具等措施，节约经营费用。加强资金监管与考核力度，增强委派会计、核算人员的审核力度，加快货款回笼速度。盘活闲置资产，通过实地查看、拍照、核对账务等方法，对全区闲置资产进行全面的清查，为下一步闲置资产的调剂使用、盘活、处置变现等做好基础性工作。

【加快在建工程投营】

2015年，为规范吕梁公司工程项目管理，制定完善《建设工程管理办法》和《承包商管理实施细则》，明确具体工程项目和归口管理。2015年省公司分两批下达提量改造站计划8座，投营3座，分别是临县东关站、中阳城关站、方山宇通站，其余加油站在紧张施工。为扩大销售量，满足部分加油站冬季正常销售0#柴油的需求，2015年对22座加油站安装柴油伴热管线，争取年底全部完工。加快办理孝义新油库迁建工程，争取尽快完成搬迁工作。

【安全工作】

2015年，吕梁公司坚守“发展不能以牺牲人的生命为代价”的理念，全体干部职工牢记安全生产责任制，保障企业的安全生产。修订印发《吕梁公司安全生产责任制》，明确各个工作岗位的安全职责。开展安全生产月以及“我为安全做诊断”等活动，营造安全文化氛围。在安全文化建设“五个一”活动中，1—11月共收到油库加油站上报的安全家书和个人险情经历近百余份。在每季度的安全试卷答题活动中，共有3300余人次参加答题活动。组织开展“安全永远在路上”征文活动，1—11月共收到油库加油站上报的征文62篇，上报省公司10篇。排查不安全因素，消除“三违”现象。加强现场施工管理，要求施工方、建设方的监管人员坚守施工现场，确保安全施工。启动对全系统111座加油站防雷、防静电接地改造工作。更新老旧设备，对3座加油站更换了罩棚彩钢瓦，7座站更换配电箱，对59座站更换陈旧的发电机组。定期开展应急预案演练，让员工将预案固化于心，熟悉自己的职责和每一个处置步骤，提高员工的应急处置能力。强化综合治理工作，系统内部建立市县两级应急和节假日值班制度。要求加油站全面加强“反恐”工作，组织一线员工开展相应的“反恐”预案演练。按照“每一滴油都是承诺”的要求，加强油品数质量管理，梳理进销调存各个经营环节，查漏补缺、明确责任，落实措施。吕梁公司在完善油品损溢管理等各项制度的基础上，油库、车队、加油站严格执行数质量管理规章制度，堵塞漏洞。督查队与各部门协同配合，加强全过程管理，采取夜查、暗查、突击查等措施，绝不让一滴不合格油品入库、入站、注入消费者油箱，做到油品计量准确、质量合格。1—11月督查队共校验加油机1368台次，取样332瓶，甲醇测试376站次，铅封检查1542台加油机，预案演练346站次，盘库385站次。

【党建工作】

2015年，吕梁公司加强党建思想政治工作和党风廉政建设，在落实中共十八届三中、四中、五中全会的基础上，启动“三严三实”专题教育，围绕把国有企业党的政治优势转化为核心竞争力这条主线，开展以“比学赶帮超”“聚焦民生、服务群众”等为主题的多项主题实践活动，促进党建工作与企业经营管理的深度融合。按照集团公司党组第六巡视组《关于对山西石油分公司巡视情况的反馈意见》要求，全体党员干部从思想上高度重视巡视反馈意见，思考问题背后的思想根源和意识形态问题。吸取教训，立足岗位，践行“三严三实”，用党的纪律、规矩及企业制度规范自己的言行，牢固树立红线意识，强化底线思维，正确履行党员义务。公司提出“精准整改、务求实效”的整改目标。执行中央“八项规定”及集团公司、省市公司党委有关对党员领导干部的一系列要求，落实领导干部的“一岗双责”、个人重大事项报告等制度。按照领导服务群众、机关服务基层、全员服务客户的要求，吕梁公司制订《吕梁石油分公司机关管理科室2015年包片活动方案》，机关管理科室及中层以上管理人员在完成部门工作的同时，开展联系点工作，有68余人次深入所包县区公司及加油站开展市场调研、隐患排查等工作，对改进机关工作作风，促进基层经营管理发挥了积极的作用。开展书法展、拔河比赛等文体活动，推动群众性精神文明建设。以市公司职工食堂为配送中心食堂，以孝义公司所属城区的中心站等7座加油站为配送点，进行配餐试点工作。重新修订《吕梁石油分公司基层“家文化”建设实施细则》，推进加油站“家文化”建设工作。深化反腐倡廉教育活动。通过学习习近平总书记系列讲话精神、中纪委五次全会精神，强化纪律意识和红线意识。组织开展《职工违纪违规行为处分规定》知识竞赛活动，学习培训率达到100%，参赛率达100%。

（吕梁石油分公司）

财政 税务

财政

【财政收支实现平衡】

2015年是吕梁市"十二五"时期财政收支最为困难的一年，全市一般公共预算收入完成90.68亿元，为计划的88.9%，短收11.32亿元；支出执行274.01亿元，同比增长3.87%，增支10.2亿元。为应对财政收支压力远超预期的挑战，2015年市委、市政府主要领导高度重视财政工作，多次听取财政工作汇报，书记高卫东两次作重要批示，市长王立伟上任不到两个月就三次听取汇报，常务副市长张广勇从8月起每月组织召开收入分析会议，要求千方百计实现全年收支平衡。市政府建立财税工作联席会议制度，及时掌握收支动态，分析研判收支形势，研究组织收入的具体措施。各级财政部门主动作为，通过组织税源调查、加强非税收入征管、开展专项督查、按月通报等措施，层层传导压力，上下联动，内挖潜力，外补漏洞，狠抓征管。采取调整支出结构、盘活存量资金、强化资金统筹，争取上级转移支付补助、地方政府债券资金和国开行棚户区改造项目贷款等措施，确保机关事业单位工作人员基本工资如期兑现，各项民生政策全面落实，重点工程项目建设顺利进行。在全市公共财政收入短收11.32亿元的情况下，财政支出实现增长，支出结构更趋合理，当年预算收支实现平衡。

【支持经济发展】

2015年，吕梁市财政局发挥财政引导、撬动、担保作用，支持全市经济平稳发展。支持项目建设。筹资7.36亿元，引导社会投资，确保296个省、市重点工程顺利实施；建立推广PPP模式，申报储备13个PPP项目，涉及6个县市总投资84.52亿元。推进科技创新。市级安排科技创新资金1.2亿元，推动军民融合科技创新发展，吕梁1号微纳卫星成功发射，为云计算中心服务国内160多家部门和科研院所数据库运行提供保障。帮扶市场主体发展。落实结构性减税和普遍性降费政策，清理规范行政事业性收费92项，其中：涉企收费35项，为企业减负25.87亿元；设立市级企业资金链应急保障周转金5000万元，安排中小企业发展资金2400万元，发挥财政资金"四两拨千斤"作用，为中小企业提供融资担保6.15亿元。推进新型城镇化建设。市级筹集资金39.76亿元，支持吕梁主城区提质，新区建设稳步推进，第一期12平方千米框架初步形成。推进投融资平台整合。提请市政府制订印发《整合市级综合性投融资平台工作方案》，吸收合并8家市级国有企业、6个在建项目、2个单位股权划转，完成市级投融资平台建设工作，注入资本金6300万元。整合之后，市国家投资集团公司资产达到85亿元，为吕梁市重大城市基础设施项目建设融资奠定了基础。

【保障民生建设】

2015年，吕梁市公共财政民生支出达到230.54亿元，占总支出的84.09%，为近10年来最高。强农惠农富农力度加大。全年农林水支出36.09亿元，同比增长26.61%，强农惠农政策全部落实。"8+2"产业化工程振兴规划稳步推进，实施面积达到55万亩，参与农户扩大到10万户，农字号龙头企业销售收入130亿元，实施区域人均增收2000元；建设生态、宜居、休闲示范村77个，农村人居环境明显改善；安排资金4.08亿元，支持精准扶贫，完成整村推进项目59个，易地搬迁15130人，13.6万贫困人口实现脱贫。促进教育事业发展。全年教育支出60.32亿元，同比增长14.84%，各级各类教育均衡发展。支持学前教育，新建改扩建农村幼儿园60所，1.85万名家庭困难学童得到补助；义务教育营养餐补助面新增3个县，达到7个县；免学费政策、特教学生公用经费以及高中、中职助学金等提标政策全部落实，惠及学生52万余名。完善城乡社会保障体系。全年社会保障支出32.22亿元，同比增长26.92%。城乡低保对象最低生活保障标准每人每月提高20元；城乡居民养老保险并轨提标15元；企业退休人员基本养老金提高10%；优抚对象、老党员人均补助标准提高40元；建成市级福利中心和80个农村老年人日间照料中心；城乡居民大病保险制度13个县市全覆盖；落实救助政策，14338户临时困难群众得到救助；落实就业政策，培训自主创业人员5200人；落实保障农民工合法权益政策，设立欠薪周转金500万元。促进医疗卫生事业发展。全年医疗卫生支出33.63亿元，同比增长25.99%。基本公共卫生人均经费财政补助标准提高5元，达到40元；新型农村合作医疗保险和城镇居民医保年人均补助标准提高60元，受益群众达308.5万人。

【财政改革】

2015年，吕梁市开展专项资金集中整治。整改专项资金管理边界不清、数量过多、项目分散、交叉重叠、效率不高等问题367项，在全省率先制定财政专项资金管理办法及操作规程，对财政专项资金管理从7个环节进行规范，核减项目32项。规范政府性债务管理。出台加强政府债务管理实施意见，建立“借、用、还”相统一的政府债务管理机制。在公共预算收入严重短收的情况下，为了弥补财力不足，全年向上级争取地方政府债券45亿元，同比增长462.5%，其中：置换债券26亿元，新增债券19亿元。为稳定经济、支持建设、降低风险、保障运行发挥了积极作用。推进预算信息公开。市本级、13个县（市、区）以及市县所有预算部门全部公开了预决算和“三公”经费预决算，细化公开内容，财政收支透明度进一步提高。推进预算绩效管理。将366个重点项目支出全部纳入2015年部门预算绩效目标管理，涉及金额77.47亿元，覆盖率达到100%，占全市项目支出的88.89%。

【财政基础工作】

2015年，吕梁市财政局组织开展财源大调查、乡财大普查、干部大培训、工作大调研、制度大建设、权力大规范、财政大监督等10项基础工作。历时3个月的财源大调查，摸清2331户企业的底数，为市委、市政府编制“十三五”规划提供决策依据，在全省财政工作会上作经验交流。深入实施“六权治本”，市、县财政部门清理法定权力，规范宏观管理事项，绘制“两单、两图”。开展财政法律法规大培训，市、县联动，围绕预算、政府采购、财会知识等内容，全系统累计培训干部1200余人次。开展“三严三实”专题教育，加强理论学习，举办专题党课，组织专题研讨，召开民主生活会，财政干部的综合素质有了提高、治理能力有了提升、工作作风有了转变。

（吕梁市财政局）

世行项目办

【亚行项目成果丰硕】

2015年是吕梁市亚行项目收尾交账年，在整个实施过程中项目办紧紧围绕市委提出的“打基础、利长远、惠民生”的总体要求，紧密结合“8+2”现代农业发展规划，坚持“打造精品工程、创新机制运行、提高项目效益、增加农民收入”的工作思路，落实责任，创新理念、建章立制，强化监管，取得显著的社会效益、经济效益和生态效益，得到项目区群众的欢迎和认可，项目实施以来连续六年被省扶贫办评为项目管理先进单位。

1.强管理重质量，项目工程高标准完成。

高标准完成全部工程任务。2015年项目办对项目工程进行扫尾实施，并对历年实施的工程全部进行“回头看”，对项目实施标准、管理方法、资金运行、档案管理等方面都提出明确要求，为工程总验收奠定基础。项目实施六年来吕梁市实施11091户工程，共完成投资31513.11万元，完成率达100%。其中良种养殖基地建设项目完成投资16407.13万元，完成率100%；特色高效优质生态干鲜果基地建设项目完成投资10873.21万元，完成率达100%；设施节水高效生态农业基地建设项目完成投资3154.83万元，占年计划的100%,6个项目县的工程全部顺利通过省项目办专家的复查验收。加强财务监管,提款报账进度较快。项目实施中，项目办加强对县级项目办财务会计工作的指导，组织完成2014年度财务决算工作，协助完成2014年项目专项审计，确保项目资金专款专用。在提款报账方面，项目办严格按项目模式和设计要求，加快工程进度，严把拨付手续，做到程序清晰、手续齐备、资料完善，以最快速度将资金回补农户，确保农户早日受益。截至12月底，吕梁市累计报账15079.15万元，共回补资金15079.15万元，共支付15079.15万元，支付率达100%，在全省项目系统属前列。积极推广示范工程。通过五年的实施，项目呈现出巨大活力，为使项目具有长久示范作用，项目办在每个县都建立起为数不少展示当地农业特色的精品亮点工程，挂上亚行标志牌，这些优质工程成为所在县同产业的典型示范工程，也是省市领导调研考察时的示范点、参观点。

2.创新运行机制，项目工程效益凸显。创新项目实施理念，指导项目科学实施。亚行项目的实施，不仅引进资金，也引进国内外先进理念，在项目实施中起到指导作用。在项目实施上，项目办考虑当地实际，有目的、有侧重选择实施项目种类，坚持因地制宜、合理开发、集中连片的原则。如交城县引进世界先进雪龙黑牛肉牛品种，作为亚行项目的重点扶持对象，不仅填补了山西高档肉牛繁殖的空白，而且推动了全省肉牛产业的升级换代和转型发展。交口县利用该县林草覆盖面积广、水源条件好的便利特点，发展野猪杂交放养项目，实现了良种繁育、特种野味食品深加工、大型农家乐庄园、山野菜种植基地，集生产加工休闲旅游为一体的大型生态农业产业。中阳县、离石区、交口县实施集中连片的核桃林建设，形成核桃林39500多亩的种植规模，绿化山区荒原，为农户栽下摇钱树，点燃致富希望。创新项目运行机制，保证项目实施效果。为保证项目顺利运行，项目办在创新项目管理机制、创新市场连接机制、创新农户合作机制、创新农业科技服务机制上狠下功夫，不断创新，使亚行项目形成“企业+农户+基地+科技+管理”新的运作模式，确保项目顺利实施。创新模式下的项目实施，保护了项目区生态环境。亚行项目中的先进设计理念和创新管理模式，推动了吕梁市生态文明的建设，推动了项目的生态效益。亚行项目集中连片的核桃经济林项目，使大量坡耕地还林还草，直接增加了植被覆盖率，可防止土地沙化，降低风速，农田小气候状况得到改善。植被面积和林草覆盖率的增加，可涵养水源，减少地表径流和冲刷，减轻土壤侵蚀程度，减少水土流失。在养殖项目上，坚持科学养殖，通过建设化粪池、沼气池等粪便、污水处理设施，推广无害化处理，减少养殖对环境的危害。如柳林县创宏养殖合作社采用的是先进的发酵床饲养的新型生态养殖模式，对外实现了零排放、无臭味、无污染。文水县在肉牛养殖中，把玉米种植、养牛、酿酒有机结合起来，种养加三业循环，增加了农业的科技、生态含量，变废为宝。

3.培育典型示范，带动农民脱贫致富。亚行项目的实施者是农民，项目的直接受益者也是农民。在项目实施中，项目办注重致富带头人的树立，通过资金扶持、技术指导和市场销售等服务，提高了项目区农民收入，从而走上了共同致富的道路。如文水县胡兰镇王家堡村王思平通过县亚行培训，抓住机遇，成立专业合作社，申请亚行贷款约40万元，采用酒糟+饲料的饲养方式，养殖肉牛85头，年出栏120头，产值达130万元，纯利润25万元。柳林县金家庄乡北辛安村村民尤柱平，是一个从一头母猪养殖开始发展起来的养猪专业户，通过亚行项目扶持，突飞猛进，不仅自己脱贫致富盖起小楼，资助大学生，当上村干部，还带动村里建起4个小型养猪场，2015年全村出栏肥猪1300余头，纯收入52万元。中阳县三永合作社，十几个项目户，吸引村里老人、妇女等闲散劳力进行养猪，每人每年纯收入1万元，解决了弱势群体的劳力，在产业扶贫上起到了引领作用。交城县苏家湾村组织农户走“合作社+基地+农户”模式筹建集中规模养殖小区，全村134户养殖户于2012年10月份全部入住养殖小区，截至2015年年底，苏家湾村良种母牛已达560头，全村共繁育犊牛215头，按照每头犊牛平均售价7000元，全村全年肉牛养殖产值达到150万元以上。

【世行项目顺利推进】

2015年，吕梁市世行项目进展速度较快。世行贷款节水灌溉二期项目是打捆项目，由水利部统一组织管理。项目只涉及吕梁市交城、临县、离石三个县（区），项目以提高项目区节水灌溉能力以及改善农业用水管理作为主要发展目标，规划建设引水渠道110多千米，可新增和改善灌溉面积8万多亩，总投资2.8亿元。

1.加强工程管理，项目进展速度较快。为加强项目管理，项目办制定项目管理办法，出台工程验收管理办法，上报了2015年项目实施计划和实施方案，组织采购管理、财务管理、项目管理信息系统等多次培训，聘请项目专家进行监督指导，项目健康快速推进。截至2015年年底，离石项目区完成全部投资计划，临县项目区完成82%，交城县项目区于1月经水利部、省项目办、县发改委三方核准方案，6月进行工程招投标，8月开工建设。

2.加强项目监管，保证工程质量。为规范项目管理，保证工程质量，加大项目监管力度，项目办出台《关于加强世行贷款节水灌溉二期项目监理工作管理的意见》，层层签订了安全责任书，实行监理费用按施工验收进度支付，形成一配套行之有效的安全保证体系，加强了对项目监理工作的管理。

3.加强财务监管，加快提款报账进度。组织各县项目办进行财务管理和财务核算培训，协助县级项目办建立健全各项财务内控制度，监督各县按照世行项目会计核算办法做好会计核算工作，完成2014年财务决算，配合审计部门完成2014年度审计工作，协调市县财政部门按时足额到位配套资金。对完工工程严格按照项目模式和设计要求，按验收的程度和规范，组织专家进行复验，做到完工一处，验收一处，报账一处，加快工程进度，加快报账进度。

4.深入基层调研，切实解决问题。2015年项目办接待了三次世行官员检查团的现场检查，在中央项目办、省项目办指导下，项目办多次深入项目县（区）检查和指导工作，对存在的项目调整、工作滞后、配套资金不到位、合同谈判、项目工程进展缓慢、工程质量差等方面的问题，进行专题调研。多次与项目县（区）政府领导协商座谈并协助解决问题，取得很好的成效。

5.项目效益初见，成功典型起到引领作用。吕梁市干旱少雨，项目区水资源不足，供需矛盾突出，灌溉水利用率低。通过世行节水项目的实施，解决吕梁市农田水利干旱缺水的状况。交城县项目可使汾河流域交城段农田年节水370万立方米，年增产粮食384万千克，农民年增收入768万元。临县项目不仅提高当地的农田灌溉，还可解决临县城区居民生活用水紧张的状况。临县庙坪大棚园区利用世行项目的农业节水措施浇灌，83个大棚实现年产值983万元，纯利润380万元，安排本村和邻村男女劳力150个，23户协会户均收入16.52万元。园区建设受到世行和中央、省、市项目办的肯定，先后接待省内外考察60余批次，近4000人次的观摩学习，起到典型引路、效益当先的作用。

（吕梁市世行项目办）

国家税务

【概述】

2015年，吕梁市国税局共组织收入109.86亿元，完成省局和市政府调整后的收入任务。落实各项税收优惠政策，特别是小微企业优惠政策。全年享受减免增值税小微企业13773户次，减免增值税638.9万元。享受减免所得税小型微利企业7992户，减免税额465.77万元。办理减半征收车辆1703辆，减免税款726.35万元。办理出口货物退（免）税1289万元。

【依法治税】

2015年，吕梁市国税局推行执法权力清单和责任清单制度。编制完成权力和责任清单、权力运行流程图和廉政风险防控图，梳理风险点115个，提出防控措施420多条。科学考核税收执法行为。对2014年执法情况进行考核，考核执法总量30741条，发现并纠错92条，平均执法正确率99.7%。规范进户执法工作。召开统筹协调会议5次，发出转办单5份；对873户检查评估企业进行统筹协调，避免重复进企业166户，减轻纳税人负担。整顿和规范税收秩序。开展税收专项检查工作，对黄金交易、房地产及建筑安装等行业开展税收专项检查，检查378户，查补收入6609.49万元。开展区域税收专项整治，对交城县运输企业开展区域整治，检查企业28户，查补收入230.86万元。查办发票违法犯罪案件234起，查处非法发票3726份，涉及金额1.14亿元，查补总额3075万元，查获犯罪嫌疑人1个，移送案件6起。

【纳税服务】

2015年，吕梁市国税局规范纳税服务，让纳税人的获得感更真实、更丰富。开展“便民办税春风行动”，落实简政放权，取消或调整税务非行政许可审批事项80项，对保留的7项行政许可事项全部向社会公开。落实纳税服务规范，组织纳税人集体培训辅导5次。落实省局《优化办税服务指导意见10条措施》，全市112个办税窗口全部实现“一窗通办”，一般纳税人网上申报率100%，小规模纳税人网上申报率达到91%以上。深化国地税合作，开展联合办税服务、联合纳税信用评价等10项国地税合作项目，完成国地税共建办税服务厅1个，地税进驻国税设立窗口的办税服务厅12个。与地税、建行共同签署“税易贷”合作协议，为吕梁市纳税信用等级为A级的小微企业提供了融资服务平台。推行网上申报、网上缴税，在办税服务厅安装20台自助办税终端，纳税人自助办税14万余户次。推广E税客，全市绑定“e税客”手机客户端的纳税人为6891户，占全市纳税人的57%。举办“纳税服务岗位比武”，选拔确定15名“纳税服务岗位标兵”。在全省纳税人满意度调查中，获得综合第三名。

【税收征管】

2015年，吕梁市国税局推进《征管规范（1.0版）》试行工作，确保5月1日正常上线。加强风险监控，强化纳税评估。对1563户次开展风险应对，补缴税款 6689.67 万元，进项转出或抵留抵税额 62.3 万元，调减亏损金额 129.28 万元。推进稽查体制改革，撤销中阳县局与离石区局的稽查局，设立吕梁市国税局第一稽查局，兴县、岚县、方山县等 5 个单位稽查局全面实现了职能转换，其他 6 个单位调整部分稽查职能。探索“互联网＋税务”。多次组织干部学习总局举办的“互联网＋税务”讲座，参与省局“互联网＋”创客大赛，入选 14 个创意方案。强化税种管理、堵塞管理漏洞。做好增值税发票系统升级工作，共有 7572 户纳税人纳入升级版系统管理。加强所得税管理。落实省局企业所得税后续管理办法，依托金三系统对所得税汇算清缴中发现问题、线索，进行排查核实疑点数据，逐户整改，强化后续管理。截至 2015 年年底涉及共调减亏损 9865.72 万元，补缴企业所得税税款 67.6 万元。

（吕梁市国家税务局）

地方税务

【概述】

2015 年，吕梁市地税系统累计完成各项税费收入 79.46 亿元，同比下降 49.7%，减收 78.51 亿元。其中，税收收入完成 70.32 亿元，同比下降 19.46%，减收 16.99 亿元；其他收入完成 9.15 亿元，同比下降 87.06%，减收 61.52 亿元；其中，煤炭可持续发展基金清欠 2047 万元。

全系统累计完成一般公共预算收入 62.78 亿元，占年计划的 67.87%，同比下降 11.98%，减收 8.55 亿元。煤炭资源税完成 17.4 亿元，占年计划的 49.44%，同比增长 93.56%，增收 8.41 亿元。不含煤炭资源税的一般公共预算收入完成 45.38 亿元，占年计划的 79.2%，同比下降 27.2%，减收 16.96 亿元。

【税收管理】

2015 年，吕梁市地税局完成 2014 年度年所得 12 万元以上个人所得税自行纳税申报工作，共受理申报 1653 人次，超额完成省局下达的任务指标。下发《吕梁市地方税务局转发山西省地方税务局关于做好 2014 年度企业所得税汇算清缴工作的通知》，完成 2014 年度企业所得税汇算清缴工作。强化建筑安装企业所得税风险管理，对推送的 29 户建筑安装企业的各项数据逐户进行核实。加强重点工程税收管理，共建档 296 户，完成各项税收 3650.61 万元。推进煤炭资源税改革，煤炭资源税完成 17.4 亿元。积极开展企业所得税征收方式鉴定工作，共对 3818 户企业进行企业所得税征收方式鉴定。加强个体工商户个人所得税管理工作，全市 14618 户个体工商户共入库生产经营所得个人所得税税款 2556.4 万元。开展组织收入重点督导，对中阳、岚县、孝义、汾阳四个县（市）局组织收入工作进行了检查，发现组织收入工作中存在的一些问题，及时向各单位进行沟通反馈，责成责任单位限期进行整改。推进绩效管理工作，市局及 13 个县（市）局绩效管理系统已全部上线运行。

加强管户管理，与国税、工商、统计等部门进行信息比对，彻底清理漏征漏管户，全年新增管户 8419 户。落实《全国税收征管规范 1.0》，对照“规范”与《纳税服务规范 2.0 版》的差异，提出修订意见 70 多条。推进大企业税收管理，对总局确定的 4 户定点联系企业进行税务审计，经过企业自查、案头分析、现场审计，查补税款 76.16 万元。完善存量房评估系统，通过评估系统交易存量房 1489 套，征收税款 854.77 万元，与 5 家评估机构初步确定了委托合作关系，将商铺和写字楼作为 2015 年新增存量房评估数据库，扩大存量房评估数据库范围。强化土地使用税“以地控税”工作，对征税范围内所有宗地信息与地税部门掌握的土地面积等数据进行比对，对有异议的土地数据进行实地测量。加大欠税清缴力度，对欠税大户采取约谈催缴、停供发票、冻结账户、查封扣押等措施，有效压缩欠税规模，全年清理欠税12437万元。优化“金税三期”系统应用，共提交总局“金税三期”上线保障平台问题191条，保障“金税三期”系统的正常运行。扩大网络发票的试点范围，2015年在房地产企业中试行销售不动产自开，共推广33户。加大机打发票推广力度，全年共注册机打发票用户4387户，比2014年年底3858户增长13.71%，增加529户。

作为全省地税系统税收风险管理试点单位，吕梁市地税局成立税收风险管理工作领导小组，制定实施方案，组建风险防控中心，对全市地税系统税收风险管理试点工作进行安排部署。排查税收风险，依托“金税三期”系统和重点税源监控系统对数据进行提取和测试，共确定出3项比较成熟的指标，推送税收风险3批16项，更正错误信息2986余条，评估入库税款8819.92万元。建立税收风险人才库，分批次、分岗位组织全市300余名基层人员进行税收风险管理及金税三期相关业务培训，提升税务人员的业务水平。

【整治税收秩序】

2015年，吕梁市地税局发挥税务稽查的“尖刀”作用，开展税收专项检查和专项整治、大要案及发票违法行为的查处。2015年，全系统共计检查各类纳税人83户，查补各项收入15133万元，入库15022万元。其中，稽查部门直接查补入库756万元，滞纳金183万元，罚款384万元；组织企业自查入库13699万元。打击发票违法犯罪活动，结合税收专项检查、专项整治、重点税源企业轮查和高风险企业税收检查，开展对虚假发票“买方市场”的整治工作，全系统共计查处违规使用发票企业35户，查处非法发票275份，涉及金额42万元，罚款13.5万元，维护了税收秩序。

【队伍建设】

2015年，吕梁市地税局以自主培训为主，依托市局电教室和交口干部培训基地，组织计算机知识、纳税服务、金三系统操作等各类专题培训60余期，累计培训3300余人次，满足市、县两级干部日益增长的培训需求。以委托培训为契机，组织全系统180多名税干，赴武汉大学参加领导干部暨业务骨干培训班，拓展思路、开阔视野、增长见识，提升税务干部的业务素质和工作能力。以网上学习为平台，推进“山西干部在线学院”网上学习，抓好处级领导干部“山西干部在线学院”的网上学习管理和县市区局网上学习考核通报，促进网络学习常态化。开展职务职级并行工资制度改革，改革调整后，13个县（市、区）局共有688人享受副科待遇，30人享受正科待遇，14享受副处待遇，1人享受正处待遇，激发了基层工作活力。

（吕梁市地方税务局）

2016 年吕梁年鉴

LVLIANGNIANJIAN

金融

银监分局

【支持实体经济】

2015年，吕梁银监分局全力增强信贷“输血”功能。面对煤焦价格持续下跌、企业运转严重“失血”的状况，印发《关于做好支持实体经济发展工作的通知》，引导银行业落实稳增长政策，加大信贷投放力度，全力支持实体经济发展。年末全市银行业机构各项贷款达到893亿元，较年初增加33亿元，增长3.8%，高出全市国内生产总值增速9个多百分点。大力支持经济结构调整。从支持重点工程项目建设切入，印发《关于做好2015年全市重点工程支持服务工作的通知》，引导银行业机构加大对全市重点工程项目的信贷扶持力度，支持经济转型升级。年内，辖区银行业机构向全市2015年重点工程项目投放贷款22亿元，支持项目16个，支持项目承载企业20个。努力降低企业融资成本。加强减轻企业负担政策传导，开展违规收费行为检查、督查，跟进监管意见落实整改，推动银行机构通过退还违规收费、精简收费项目、降低贷款利率、变更贷款品种和担保方式、调整还款期限等措施，落实减费让利政策，缓解企业还贷压力，降低企业融资成本。2015年全市银行业机构为企业减费让利近1亿元。竭力推进普惠金融发展。推进机构网点下沉，年内批设县域分支机构3个，村镇银行分支机构1个，社区支行5个；推进小微企业金融服务，小微企业贷款增速高于各项贷款增速0.66个百分点，户数较年初增加1438户；推进“三农”金融服务，涉农贷款增长6.21%，高出各项贷款增速2.41个百分点；持续推进基础金融服务“村村通”工程，覆盖行政村超过80%，较年初提高近3个百分点。

【银行业总体运行】

2015年，吕梁市银行业总体运行保持平稳。吕梁银监分局强化信用风险防控。定期监测并通报银行业运行变化情况、10大行业及23户集团企业信贷运行和风险状况，及时提示风险；密切关注联盛集团风险处置进展情况，督导银行业机构维护债权，化解担保圈风险；指导银行业机构多渠道、多方式清收、盘活、核销、处置不良资产；督导农村信用社压降超标、超限贷款，降低贷款集中度。强化流动性风险防控。督促银行业机构加强流动性压力测试，完善应急预案管理；按季对农村中小金融机构进行存款偏离度监测与考核；督促村镇银行建立并完善与主发起行的流动性救助机制。强化案件和操作风险防控。组织开展“制度执行年”活动、案防监管评价、安全评估、打击银行卡非法买卖专项行动，督促银行业机构加强内部管理和员工行为管理，严防“飞单”事件和柜面业务操作风险。强化声誉风险和外部风险防控。落实舆情值班制度，开展网评引导，处置来信来访和客户投诉，组织应对负面舆情事件，督导机构加强舆情监测和宣传引导，提高声誉事件和信访投诉的响应处理效率；组织银行业机构开展与P2P网络借贷平台合作情况调查、“非法集资宣传月”活动和非法集资专项整治活动，防止外部风险向银行体系传染。

【银行业改革发展】

2015年，吕梁市银行业改革发展实现突破。高风险社改制取得突破性进展。坚持“集中精力、重点突破”的思路，帮助、督导交城联社于2015年9月20日正式挂牌开业，成为吕梁首家农村商业银行，改写了吕梁无农商行的历史。借助交城农商行改制成功之机，配合市政府出台《吕梁市推进全市农村信用社改革和发展实施意见》，举办农商行改制培训及经验交流，将改制任务以操作表的形式进行量化分解，按时间、分步骤逐项落实，根据进展情况组织实地督导，加快推进吕梁农商行改制进程。先期确定的拟改制的2家联社已开始启动改制。村镇银行县域覆盖率再创新高。坚持贫困县和农业县优先原则，支持符合条件的银行机构在村镇银行空白县域发起设立村镇银行，鼓励民间资本积极参与发起设立村镇银行。年内，岚县慧融村镇银行获准开业，侯马农商行在方山县发起设立村镇银行规划也获银监会批准。年末，全市开业的村镇银行达10家，县域覆盖率达到了77%，继续位居全省首位。如算方山在内则高达85%，距离全市村镇银行县域全覆盖仅剩石楼和离石两家。

【银行业监管】

2015年，吕梁银监分局强化监管行为规范。依法梳理出86项行政权力，制定出台《行政权力和责任清单》，通过市政府信息网站公开向社会发布，接受监督，促进依法行政；根据内部“两加强、两遏制”专项检查排查出的问题，制订整改方案，结合工作实际，对分局历年来形成的规章制度进行清理和修订，编印《管理制度文件资料汇编》，共包括15类117项制度规定，促进依规监管。改进非现场监管。梳理减少不必要的报告报表20余件，强化定期分析通报、监管审慎会谈等制度执行，实行一对一监管通报和问题整改实地督导，开展监管政策宣讲与解读，加强与被监管机构良性互动。全年共召开审慎监管谈话49次，约见谈话15次，通报会8次，监管政策宣讲解读会12次。

提升现场检查效能。组织开展“两加强、两遏制”专项检查及“回头看”等10项现场检查，坚持现场检查人员集成管理，持续强化现场检查全流程控制，注重现场检查人员工作质效考评，加强EAST系统模型设计与应用实践，加大违规行为惩处力度，现场检查质效提高。全年实施行政处罚3件，共处罚3家机构90万元，并责成机构严肃问责相关责任人。

【党建工作】

2015年，吕梁银监分局落实从严管党治党责任。制定党委工作规则，落实“一岗双责”，强化党建主体责任；认真落实“五个一”要求，严肃党内政治生活；学《中国共产党廉洁从政准则》《中国共产党纪律处分条例》，讲廉政党课，开道德讲堂，加强廉洁自律教育；把党纪党规挺在前面，对违规违纪的苗头性、倾向性问题，坚持抓早抓小，严格党纪党规执行。落实党的组织建设规定。党委书记带头讲党课，班子成员开展专题研讨，开展知识测试、征文等四项活动，加强“三严三实”专题教育；坚持按季下发政治理论学习要点，按月开展党委中心组学习，加强政治理论学习；公正选拔2名副处级干部推荐人选，轮岗交流2名年轻干部，加强干部队伍建设；组织党务人员参加专题培训，严格把关党员纳新，加强党员队伍建设。落实党风廉政建设要求。出台实施《关于落实党风廉政建设党委主体责任实施意见》，组织开展本级执法监察和效能监察工作，强化“两个责任”落实；开展教育实践活动“回头看”，中央确定的21项专项整治任务和分局“两方案一计划”确定的37项整改任务，全部有效整改；严格落实中央“八项规定”，公务用车运行维护费、公务接待费、会议费分别较上年下降33.5%、76.3%、37.9%，办公用房清理整顿出261.28平方米，达到规定要求；开展“讲党性守党规严党纪”主题教育活动；实行工作人员办理婚嫁喜庆事宜事前报告和丧葬事宜事后备案制度，开展违规投资入股企业等三项专项整治，严格执行现场检查廉政监督反馈卡制度，促进工作人员廉洁公正履职。

（吕梁银监分局）

中国人民银行吕梁市中心支行

【落实稳健货币政策】

2015年，中国人民银行吕梁

中心支行（以下简称吕梁中支）准确把握货币政策取向，“窗口指导”的针对性和有效性提高。强化政策引导，制定、转发《吕梁市金融支持支持小微企业的指导意见》《关于促进科技金融结合支持吕梁高新技术企业创新发展的实施意见》和《立足现实 转变观念 开创吕梁融资发展新局面》等多个意见、办法，编制《2015年货币信贷政策指引》，货币政策的传导作用进一步增强。搭建政银企沟通合作平台，先后5次召开金融联席会、推进会、碰头会，促进市级金融机构与全市48个重点调产项目达成贷款意向100亿元。发挥再贷款、再贴现等货币政策工具的作用，2015年累计办理再贴现7.13亿元、再贷款5.9亿元，为临县、兴县等6个贫困县农村信用社充实信贷资金来源。按照“鼓励县域法人机构将新增存款用于当地贷款的考核办法”的要求，对18家考核合格的地方金融机构执行优惠一个百分点的存款准备金率。引导金融机构推出“续贷通”“商贷通”等特色农业信贷品种，支持方山食用菌、汾阳白酒和核桃、文水畜牧业等特色农业产业的发展。截至2015年年底，全市金融机构本外币各项存款余额1616.42亿元，较年初增加43.32亿元，增长2.75%；各项贷款余额892.27亿元，较年初增加32.67亿元，增长3.8%；存贷款比例达55.2%，比年初增加了0.5个百分点。创新履职手段，经济金融运行中的一些难点问题得到缓解。为缓解小微企业贷款难、担保难、融资贵等问题，吕梁中支深入调查，研究出台《关于推进吕梁市小额贷款保证保险试点工作的意见》，促成人保财险吕梁分公司与兴县村镇银行达成小额贷款保证保险合作意向。推进商业承兑汇票再贴现业务，首笔30万元融资业务在招商银行吕梁分行成功办理，企业直接融资迈出了坚实的一步。以交县、孝义市为试点，推广农村土地承包经营权和农房抵押贷款试点工作。加大精准扶贫力度，建议太原中支把岚县列为吕梁山连片贫困地区金融扶贫省级试点县，推进邮政银行与吕梁市扶贫办、财政局、金融办实施联合金融扶贫工作。强化货币政策监测分析，综合反映能力提高。按规定对国开行为吕梁市发放的23.72亿元央行抵押补充贷款进行了审核、评估，确保政策性贷款的合规性。开展信贷政策导向效果评估工作，对102家金融机构进行了综合评价，考核评估的导向作用提升。完善调研、信息工作机制，研究、反馈货币政策在辖区的实施效果和存在问题。在省级以上刊物发表调研文章50余篇；政务信息被总分行、太原中心支行和省委、省政府采用30余篇。

【维护区域金融稳定】

2015年，吕梁市金融稳定工作加强。坚持金融市场监测分析定期报告制度，加强同业拆借市场、票据市场的日常管理。运用“山西省金融风险监测系统”，加强对金融风险的分析、预测和评估，按月采集银证保、小额贷款公司、融资性担保公司、典当行等286家金融机构的风险监测数据，并按要求撰写风险分析报告。组织存款保险制度实施工作，组织金融机构开展存款保险知识、业务培训会议3次，完成全市23家地方法人银行业金融机构首期137万元存款保险费上缴工作。加强对金融运行重点领域、关键环节风险点的监测、梳理和排查，基本实现区域金融风险监测的全覆盖。紧扣监测、预警、报告、处置四个环节，加强与银监、保险协会等相关监管部门的沟通协调与信息共享，夯实金融稳定工作机制。组织召开辖区银、证、保金融管理与服务会，编写上报2014年度吕梁市区域金融稳定报告。“两管理、两综合、一保护”工作深化。加强日常管理，认真落实金融机构重大事项报告制度和机构设立规划报备制度，全年共处理金融机构重大事项报告89个。严格开业申报管理，做好新设机构首次会谈工作，履行告知义务并进行风险提示。加大综合执法检查力度，组织开展对民生银行、中信银行、中行、工行的综合执法检查，对违规机构下达行政处罚决定书。做好金融消费权益保护工作，加大宣传力度，开展金融知识普及示范点建设、环境评价试点和银行格式合同专项检查工作，全年共接到投诉57起，全部得到有效解决。

【支持外向型经济发展】

2015年，吕梁中支贯彻“五个转变”工作要求，出台促进外向型经济平稳较快发展的实施意见，推进贸易投资便利化。加大外汇监管力度，全年共立案查处2个银行、1个企业，结案率为100%，共收缴罚款16万元。组织对全市13家金融机构开展人民币跨境贸易业务培训，鼓励商业银行积极引导出口企业利用人民币进行收付结算。落实外汇管理各项改革措施，向省分局申请短期外债指标2000万美元，支持辖区外向型经济发展，全年实际利用430万美元。开展涉外银企送政策强服务活动，金融服务涉外企业的能力显著提升。全年全市累计实现进出口收付汇44236万美元，下降30.45%，其中，进口付汇27040万美元，同比下降37.37 %；出口收汇17196万美元，同比下降15.94%。

【征信体系建设】

2015年，吕梁中支贯彻落实《征信业管理条例》，开展形式多样、内容丰富的宣传活动，参与银行网点650多个、人数3000余人，张贴宣传海报2000余张，散发宣传资料5万余份。做好机构信用代码证推广应用工作，累计办证2154户，发证率100%。以孝义市为试点，积极推进农村信用体系建设，截至2015年年底，全市共评定信用乡镇15个、信用村186个、信用农户10200余户、信用商户265户、信用市场4个，建立信用户档案45000户，累计发放信用户贷款4.1亿元，惠及农户2367户。有序推进小额贷款公司、担保公司、村镇银行接入征信系统工作，全社会诚信意识增强。充分发挥征信系统查询服务功能，为企业、个人提供查询9000余次。

【金融服务水平提升】

2015年，吕梁市支付体系建设推进。农村金融服务站建设工作稳步推进，吕梁中支指导农信社在农村地区布放POS机1066台，农业银行、建设银行安装转账电话2291和484台，推动全市1320个助农取款服务点成功改造升级为“农村金融综合服务站”。组织对28个金融网点开展支付结算执法检查。做好个人银行账户信息真实性核实和人民币结算账户核准工作。开展整治银行卡网上非法买卖专项活动，支付结算环境得到优化。国库管理和服务水平提高。推行国库整体移位接管工作，风险处置能力得到提升。抓好财税库银横向联网，协调相关部门推广银行卡缴税业务，国库服务民生的能力增强。国库直接支付扎实推进，开发运行了国库电子直接支付系统，支付效率提高，得到太原中心支行的充分肯定。推进县级财政国库集中支付模式，实行社保资金及新农村建设资金直拨到户。开展“送国债知识下乡”宣传活动，国债支持经济建设的宣传力度加大。制定县级国库管理制度，对12个支库开展实地业务检查，确保国库资金的安全。人民币管理加强。加强发行库管理，落实和执行各项规章制度和操作流程，确保库款安全无事故。做好发行基金调拨工作，保证合理的现金供应，2015年全市净投放现金72.98亿元，较上年同期少投放15.94亿元，下降21.97%。抓好残损人民币回收和反假货币工作，全年共回收残损币18.55亿元，收缴假币59.1万元。反洗钱职能得到履行。完善反洗钱考核评价机制，对全市55家金融机构反洗钱工作进行评估。组织各县（市）支行参加太原中心支行组织的反洗钱业务培训。加大现场检查力度，对离石区、岚县信用社和人保吕梁分公司进行反洗钱现场检查，对违规机构进行了处罚，派员参加太原中心支行组织的对省农行的反洗钱现场检查。加大可疑交易线索报送工作力度，经过仔细甄别，向市公安机关移送重点线索8条。调查统计水平提高。强化统计与调查分析工作，按照标准化工作要求，做好日常经济金融统计工作。开展金融统计执法检查，金融统计标准化建设进一步深化。将保险业、证券业的主要经营指标纳入全金融机构统计季报中，拓宽金融统计范围。制定"建设经济金融调查基础数据素材库"方案，为有效开展特色调研提供了强有力的支撑，统计和特色调研工作分别在年初召开的全省金融统计和金融研究工作会议上做了经验交流。科技服务保障能力增强。加强科技制度建设，建立健全了金融业信息安全组织协调机制。牵头开展"第二届国家网络安全宣传周"活动，居民信息安全意识大大提高。大力推动金融IC卡在公共服务领域的应用，吕梁市公共交通"一卡通"正式上线运行。组织对县（市）支行机房标准化整改、电视会议系统环境建设、制度执行情况、信息安全工作进行督促检查，有效提升县（市）支行的科技综合管理水平。

【党员干部队伍建设】

2015年，吕梁中支党的建设和班子、队伍建设加强。强化中心组理论学习、制度建设和思想政治工作，提高党员领导干部驾驭全局的能力。加强市、县两级行领导班子思想政治建设，健全和完善民主生活会制度，领导班子的整体素质和解决问题的能力提高。加强领导干部日常监督管理，重申组织人事纪律，开展干部选拔任用"一报告两评议"工作，先后选派10人参加总行、分行和太原中心支行组织的业务培训；先后交流、提拔干部23名，辖区干部队伍建设加强。推进文明单位创建活动，辖区汾阳支行、岚县支行、文水支行分别推荐申报分行级文明单位，汾阳支行同时被推荐申报总行级文明单位。加强央行文化建设，开展了"三八"诗文赏析茶话会、"五一"拔河、跳绳和24式太极拳比赛活动，组团参加太原中心支行组织的节能减排知识竞赛，吕梁中支赵雅娟获个人二等奖，党团工青妇的职能作用得到有效发挥。"两风两纪"专题教育活动开展。按照天津分行党委的统一部署，吕梁中支党委认真研究、周密安排，班子成员发挥带头作用，促进全行上下齐抓共管、密切配合、整体联动，开展党风党纪、行风行纪专题教育活动。制订《关于在辖区开展党风党纪、行风行纪专题教育活动实施方案》，明确活动的指导思想、目标要求、基本原则和步骤措施。多措并举，抓好学习教育。召开专题教育动员会议，采取集中学习、专题辅导、讨论交流、征求意见等灵活多样、务实管用的方式，组织开展各种学习活动30多次，重点学习《中国共产党纪律处分条例》《行政机关公务员处分条例》《中国共产党党员领导干部廉洁从政若干准则》等重要文件精神。开辟宣传专栏，建立专题教育活动信息交流沟通制度，作出工作安排10多次、编辑简报30余期。查摆问题。围绕落实党风廉政建设责任制要求、遵守廉洁自律情况、干部管理、内部控制和遵纪守法等方面的情况，采取谈心交流、召开专题组织生活会、征求群众意见等多种方式，听取广大群众的意见，力争把问题找全、找准，为下一步整改奠定基础。反腐倡廉工作加强。落实党风廉政建设责任制，组织召开2015年党风廉政建设和反腐败工作会议，制定《关于贯彻落实2015年党风廉政建设和反腐败工作任务的分工意见》，将2015年工作任务细化分解为7大类30项，具体分解到各科室，层层签订《党风廉政建设责任书及案件防范责任书》。开展反腐倡廉宣传教育，制定印发《关于做好2015年反腐倡廉宣传教育工作的通知》，组织干部职工学习总行、分行纪委《违反中央“八项规定”有关精神问题风险提示》和各类违规违纪案件的通报，结合两风两纪教育活动，分层次开展党风廉政专题学习，营造良好的廉政文化氛围。加强岗位（廉政）风险防控管理，开通岗位风险防控系统管理员微信平台，督促各支行、各科室认真排查风险点，加强风险防控，组织开展风险案件自查、非法集资专项排查工作。严格执行“一案三报告”和案件通报制度，高度关注方山支行、中阳支行治安案件，对柳林支行行长因履行主体责任不力、中阳支行行长因违反财经纪律给予行政警告处分，对汾阳市、交城县、交口县、兴县支行因违反财经纪律进行通报批评。落实“三谈两述”、民主测评等监督措施，组织领导干部述职述廉79人次。强化对“三重一大”议事制度和廉洁自律规定执行情况的监督，加强对元旦、春节、中秋等重要节点的廉政监督，监督执纪问责水平进一步提高。

【内部管理加强】

2015年，吕梁中支健全完善考核激励机制，修订对各县（市）支行和机关各科室工作业绩考核办法，合理设置考核内容，细化考核程序方法，增强考核工作的科学性、实效性，发挥工作业绩考核的正向激励作用。完善绩效工资分配办法，简化绩效考核的内容，将绩效分配向一线员工倾斜，调动一线员工的工作积极性。修订完善涉及机关办公运行、财务管理、人事管理、后勤管理等方面的制度9项，新制订制度办法5项，内部管理做到有章可。延伸管理触角，在机关各科室选定廉政监督员、消防员、安全管理员、理论学习辅导员等10多个方面的具体承办人，建立起全员参与管理的工作机制，把制度的各项规定、党委的总体要求落实到部门、到岗位，推动全行整体工作全方位开展、深层次推进。加大督查督办力度，制订并实行重点工作项目、重大工作事项按季督查通报制度，恢复全辖周报制度，推动重点工作、重大事项的落实，工作做到部署落实有跟踪、任务完成有反馈，推动全行整体工作上水平、上层次。

（中国人民银行吕梁中心支行）

中国工商银行吕梁分行

【概述】

截至2015年12月31日，工行吕梁分行实现净利润16226万元，同比减少27430万元；实现拨备前利润49331万元，同比减少12967万元。实现中间业务收入10813万元，同比减少1069万元。

全部存款时点余额达到254.27亿元，较年初下降8.65亿元。其中储蓄存款余额192.98亿元，较年初净增8.40亿元；机构存款余额32.98亿元，净增−11.53亿元；公司存款余额24.78亿元，净增−5.96亿元。

各项贷款余额130.30亿元，较年初减少18.15亿元。其中：公司贷款净增−5.16亿元；小企业贷款净增−1.52亿元；个人贷款净增−662.04万元。累计票据贴现60.29亿元，同比增加20.71亿元，完成票据直贴额为72亿元，实现票据业务收入10048万元，票据贴现额、票据收入、任务完成率均排全省第一。

不良贷款余额85531万元，较年初增加16124万元，不良率6.24%。

【稳控信贷资产质量】

2015年，工行吕梁分行重点开展信贷资产质量管控工作。工行吕梁分行贯彻落实省分行工作会议精神，按照省分行工作部署安排，研究制订《不良和逾期欠息贷款的管控具体实施方案》，建立行领导分片督导清收工作机制，成立资产质量督导组，由专门的清收处置团队逐行逐户研究推进清收处置。督导组按照“每周、每旬、每半月”的工作机制，定期召开逾期贷款分析会、清收进展情况汇报会。通过全行上下共同努力，综合运用贷款合同要素调整、临时增加授信、协助企业融资等多种方式，成功化解辖内14户企业涉及34笔12.06亿元风险贷款；累计清收不良贷款26221.6万元。采取压缩收回、解除保证关系、追加或置换为抵（质）押担保等措施，化解担保圈贷款整体风险。督促企业累计归还潜在风险贷款15户、压降金额22892万元；积极周转贷款22户、金额11.85亿元。重点突破华大、佳美等中小不良贷款的清收处置，采取一户一策清收方案，完成柳林县联翔煤化不良贷款482万元上报核销，全额现金清收吕梁市国美电器有限公司和文水国贸宾馆有限公司不良贷款本息，依法起诉孝义市镁铝有限公司不良贷款1924万元，抓住省分行不良资产批量转让难得机遇，按时保质保量完成工行吕梁分行吕梁华大酒店有限公司6150万元、吕梁市佳美影视有限公司2200万元、孝义市义星春城商贸有限公司8040万元的批量转让和核销工作。工行吕梁分行落实三级联动贷后管理，重整专职检查员团队，开展基层机构信贷经营资质认证。组织省分行特约检查员，公司、信贷管理、个金副经理牵头，抽调各部门与支行业务骨干开展“一加强，两遏制”的自查，全辖信贷业务专项检查、违约贷款的专项检查、不良资产处置的检查、国际国内信用证的检查、2011年至2014年检查未整改问题的检查、固定资产融资业务、异地贷款业务、支付结算业务、非供应链贸易融资业务的专项检查，发现并整改问题80余条。

【夯实客户基础】

2015年，工行吕梁分行抓住“守存量、拓增量”两条线，依托大数据平台住户分析追踪客户，从“个人、公司、机构”三个维度夯实客户基础，为各项业务可持续发展储力蓄能。围绕代发工资、个贷、私人银行、商友等十大客户群体，组织开展“六进”活动，“友聚天下商”等系列主题营销活动，通过联动营销，全辖个人客户实现净增83975户，增幅达9.1%。通过在全辖开展“对公结算账户营销竞赛活动”活动，加强名单制管理，落实客户经理认领机制，依托重点项目和重点产品，提升产品覆盖率和项目应用成果转化率，强化考核监测通报，2015年对公有效账户新增581户，完成率排系统内第4位。

【做大做强存款业务】

2015年，工行吕梁分行突出日均考核、流量管理和时点把控，配套制定出台激励考核办法，促使全行更加重视存款增长的基础性工作，年末，全部存款余额日均较年初。储蓄存款：抓住年初资金丰沛时机，借助劳动竞赛有利平台，抢占先机，为全年储蓄存款工作赢得了主动权。下半年重点围绕“两个转化”，即抓好公积金存款转化和理财互动转化，开展了公积金营销攻坚战，储蓄存款呈现出稳步增长的良好态势，年末净增8.54亿元，完成省行下达的收口目标。机构存款：持续加强对市财政、社保机构、公积金的营销走访，紧盯国库集中支付电子化改革进程，密切与财政、人行国库科的关系，及时收集掌握第一手信息，争取市财政电子化集中项目，做好国库现金管理工作，扩大吕梁分行机构存款的市场份额。

【拓展信贷业务市场】

2015年，工行吕梁分行新增法人贷款40笔18.21亿元，通过拓展信贷市场，支撑信贷余额在大量收回项目融资和清收转化不良贷款的情况下，未出现大幅下降。通过推广资产池融资业务，为汾酒股份签发银行承兑汇票5.64亿元。通过配合省政府开展煤炭企业试点工作，对汾西孝义的正城、正令两煤矿发放贷款1.14亿元。通过配合公积金中心支取工作，为吕梁市和孝义市公积金中心办理贷款4.82亿元。通过银团贷款的争取，为太钢岚县矿业公司发放项目贷款6亿元。联动工银租赁拓展融资渠道，为岚县四个风电项目通过融资租赁方式融资7亿元。推荐兴县锦兴能源煤电一体化项目15亿元通过租赁方式进行融资，业务正在审批中。推动个人贷款融资业务发展壮大，个人贷款和卡贷款分别增长，均高于公司贷款增速。制订《关于贯彻落实促进小微金融业务发展的实施意见》，开展小微企业精准营销，以供应链、集群拓展为重点，实现、发挥票据对盈利的拉动作用。加大直贴营销力度，完成票据直贴额为60.29亿元，较2014年同期增加20.71亿元，增幅达52.3%。实现票据业务收入8321万元，增幅达85.76%。票据贴现总量、票据业务收入、任务完成率三项指标均居全省第一位。

【助推中间业务提效升级】

2015年，工行吕梁分行推进中间业务双擎两翼发展思路，实施“大零售”转型发展战略，谋求中收转型发展，深挖中收发展潜力。截至年末，全行大零售营业贡献达到36896万元，占全行营业贡献的80.25%，其中个金中间业务实现收入3660万元。互联网金融迅速发展，加快推动“三大平台、三大产品线”体验、注册、使用，全年融e购客户新增客户户，完成率高达186.21%。紧抓股市回暖之机，先后与山西证券、国泰君安、方正正券联合制定专项营销活动方案，新增第三方存管客户达15862户。全年养老金理财客户13户，新增理财网点覆盖面达90%。国际业务发展呈现出“回暖”的良好势头。全年新增外汇业务支行累计实现有效拓户4户，累计办理国际结算业务量350万美元，累计办理国际贸易融资193万美元，结售汇业务量194万美元。

【改革创新】

2015年，工行吕梁分行实施费用改革。修订《吕梁分行2015年营业费用预算核定及挂钩考核试行办法》，发挥资源配置对业务发展的引领作用，加大客户拓展、收入贡献、业务转型等营销类指标的考核力度，将激励费用切块下达到业务部门，为业务营销开展提供保障。深化人力资源改革。在2014年机构改革及人员优化的基础上，完善了本部机构改革，结合吕梁分行实际，设立结算与电子银行部、银行卡中心；加强薪酬管理制度完善，制定《管理人员和本部员工绩效考核办法》，实施工资预算和决算制度，落实三个“不高于”机制，工资向基层行一线员工倾斜。建立岗位工资变动逐级审批制度，岗位工资管理台账，实行员工工资动态管理。开展网点业务运营改革。建立科学考评机制，制定出台《网点运营标准化管理考评办法》《业务运行质量考核办法》《运行督导员管理工作考核办法》《吕梁分行柜员绩效考核办法》等。加大业务运营风险监测和整改，全年组织开展18次专项检查，对检查发现的261个问题进行整理，建立台账，下发各支行，开展“消灭黑点”活动，强化业务运行管理。依托业务运营风险管理系统，按月对全辖风险暴露水平和履职情况进行通报。截至2015年年末，全辖风险暴露水平达到万分之3.73，较年初下降0.82个万分点，内部风险暴露水平的压降持续向好。

【营造良好经营环境】

2015年，工行吕梁分行开展“三严三实”专题教育，引导全行党员干部敢于担当，率先垂范，转变作风，做出业绩。开展劳动竞赛活动，促进团结。在全辖开展2015年“争先进位、转型发展”首季开门红劳动竞赛活动，营造出比、学、赶、超做贡献的气氛，在全行上下形成团结奋进、积极向上的良好竞争氛围。推进合规文化建设，启动“制度执行暨合规文化建设巩固年”活动，开展

“一加强、两遏制”自查和专项检查工作、150天案件风险专项排查工作，结合发现的问题，狠抓整改落实。以银监局“一加强两提高”活动开展为契机，开展员工行为排查，宣传勤政廉政理念，坚持从严治行，对排查发现的参与经商办企业员工进行责任追究。加大外部侵害事件防控力度，组织开展应急演练，深化平安银行建设，2015年全辖未发生案件和重大责任事故。加强人本文化建设，组织召开全行第二届职工代表大会，对老党员、老干部、离退休人员及生活困难员工进行走访慰问，全年共慰问特困员工104人次，送去慰问金27.6万元；开展“送温暖 送清凉 献爱心”活动，全年共救助属于“小额度、多频次”专项救助范围的人员8人，金额5.9万元。全年对员工婚丧嫁娶、生病住院、生日慰问人数860余人，送去慰问金及慰问品16万元，把党委和工会组织的温暖送到员工中间，发挥工会组织凝聚员工的向心力作用。举办“写春联，送万福”“美在工行”“五四青年员工汇演”“青年员工英语大赛”等活动，参加省行“模特大赛”等主题活动，使员工能在工作之余展现自己的才华和风貌，创造了良好和谐的环境氛围。

（中国工商银行吕梁分行）

中国农业银行吕梁分行

【概述】

2015年，农行吕梁分行各项业务快速发展，重点指标全年领跑同业。截至2015年12月31日，全行各项存款净增15.98亿元，在12月份建行冲时点增加8个多亿的情况下，农行的增量占比四大行仍达到43.41%，六大行占比21.97%，较工商银行多增加27亿元，较中国银行多增加17亿元，较建设银行少增加不到1000万元；各项存款日均余额达199.4亿元，日均增量14.48亿元；各项贷款较年初增加7.25亿元，四大行增量占比41.53%，在工行下降18亿元，中国银行下降6.5亿元的情况下，农行较建设银行多增加1亿元，贷款增量四大行第一；全年实现中间业务收入7100万元，在收费标准降低，落实企业减负政策等因素制约下，中间业务仍较上年增加近1000万元；全年实现拨备前利润2.81亿元，拨备后利润2.44亿元，全年自营不良贷款现金清收1360.97万元，完成省行任务的143.26%，核销呆账贷款 2499.2万元，委托资产现金清收53.34万元，委托资产整体处置3.34亿元。

【做大做强传统主体业务】

2015年，农行吕梁分行落实《2015年存款业务及客户建设考核办法》。2015年“春天行动”中，市行制定出台全年存款业务综合考核办法，全行上下将此作为全年存款工作的指挥棒。做大日均存款。稳存增存、确保增量第一是全年工作的首要任务，各行突出核心存款的基础地位，运用各种行之有效的揽存方式盯住资源丰富的公积金、社保、财政、单位代发工资等资金富足领域，在“扩户”的基础上强力“提质”。坚持日均存款与时点存款同监测，各支行、各网点每天冲时点、每天抓净增、每天盯同业。市行相关部门将日均存款与时点存款统筹兼顾全面监测、及时通报，强化农行存款业务的市场竞争力和价值创造力。落实五个配套办法。对公客户、代发工资、商户收单、住房公积金、烟草公司和卷烟零售户专项营销方案，是围绕增存扩户的五项重要抓手。各支行将这五项工作落实到班子成员、落实到部门，建立管理台账，按照工程项目管理的要求，制定时间表、路线图，脚踏实地抓落实。严格奖惩兑现。按照考核办法的要求，市行划分重点发展行、重点推进行、重点帮扶行、二级支行，以及营业部级网点和非营业部级网点进行分类排队，按旬监测、按月通报、按季考核兑现，每季末，按照考核办法进行奖励和处罚。在强有力的政策推动下，全行对公账户新增431户，全省13个县市区住房公积专户全面开通，营销释放住房公积金释放存款3.96亿元，发放烟草联名卡1000余张，存款归集3亿余元。做好对公、个人贵宾客户维护。2014年年底，市行制订出台《吕梁分行对公客户维护考核办法》和《吕梁分行个人贵宾客户建设实施方案》，作为对存量对公客户维护提质和个人贵宾客户维护增值的纲领性文件。对公客户的日常维护，原则上由网点主任负责，由副主任、客户经理、大堂经理、对公柜员参与组成维护团队，客户办理柜台业务时给予指导、服务、引导。各支行存款余额前10名的客户由支行行长负责组成客户经理团队维护，11到30名的客户由分管公司业务的副行长牵头组成客户经理团队进行维护。每半年按前30名客户日均存款净增比例对前五名的行长和分管行长奖励，对较年初下降、重点客户流失的进行经济处罚和责任追究。对个人贵宾客户以主动认领为主，网点主任分配为辅，按照分层维护原则，全部分户指派到人，做到人人有维护目标、户户有维护对象。截至2015年12月底，全行个人贵宾户数达37080户，当年新增3843户，完成全年计划3500户的109.8%，其中私人银行客户金融资产净增1247.6万元，签约私人银行客户29户。拓展票据池、“新型农村合作医疗一卡通”和同业存款。在经济下行财政资金匮乏的情况下，为弥补对公存款的短板，2015年农行将企业资金通过票据池实现归结和贷款归行，在市行和各支行的努力和营销下，全年共建立了23个票据池、票据入池累计279笔，金额87358万元，池内票据贴现12539万元，票据托收入账2889万元，票据融资累计40016万元。新型农村合作医疗保险作为社保资金在农行唯一保留的专户资金，别的行一直在动用各种手段挖账户、拉存款，各支行顶住各种压力，采取一切措施，通过“一卡通”的方式确保账户不走、资金稳增。年内，通过市行与省行的争取，与市卫生局建立协作关系，开发健康惠农卡，省行批准立项，进行分项招标和财务申报。同业存款方面在控制付息率的基础上，采取“一户一策”、包户营销的措施，开展与信用社、股份制银行、村镇银行的合作，开辟新的增存领域。营销优质贷款客户壮大资产业务。与系统内同行和区域内同业相比，农行信贷客户总量较少、层级较低、结构较差、底子较薄。做大做强信贷客户，调整优化信贷结构是防控信用风险和提升创利能力的需要。营销储备优质大户。通过建立贷款项目储备库跟踪营销，年末，有临县京能发电20亿元项目贷款和兴县锦兴20亿元项目贷款得到省行审批，正在跟踪总行的审批进度。推动个贷业务均衡发展。农行个贷余额占四大行不足十分之一，个贷业务有很大的提升空间。全行推广岚县、交城两个支行个贷业务发展的经验，找准辖内个贷业务的增长点，全面推进、重点发展。特别是资产业务“空心化”的二级支行，落实个贷业务先行战略，补齐资产业务短板。信贷集中作业中心通过积极引导、缩短流程、快速审批，推动个贷业务的快速发展。年末，个人贷款较年初增加16166万元，完成省行下达任务2.2亿元的73.5%。发展贴现业务。针对吕梁产业结构调整乏力的实际，市行要求各支行把贴现业务作为贷款增加的重点，抢占市场、大力推进、做大规模、做出亮点。

【深化“三农”服务】

2015年，农行吕梁分行下辖各县级支行坚持面向“三农”的市场定位，巩固农行在县域的主体地位，努力实现“三农”业务风险可控、效益可持续。围绕支持“三农”业务的配套政策，确保“121”工程重点县支行、“强县弱行”各项倾斜政策落实到位。市行制订强县弱行帮扶督导方案，明确各部门帮扶职责，对汾阳市、孝义市两个强县（市）弱行进行持续的帮扶督导，收到效果，汾阳、孝义两个支行各项存款市场份额分别较年初提高0.49和1.76个百分点，各项贷款市场份额分别较年初提高4.7和1.48个百分点。推进“金穗惠农通”提质增亮工程，加大惠农卡发放和电子机具布放力度，营销涉农代理项目，把代收电费作为重点推进的代理项目，提升普惠金融服务水平。至2015年年底，惠农卡发卡总量达到894992张，较年初增加了22654张，惠农卡有效率达到26.82%，当年提高6.16个百分点，全行13个支行均代理新型农村合作医疗保险业务，兴县、岚县、交口县支行代理了新农保业务。2015年累计归集新农合资金11.32亿元，累计发放新型农村合作医疗保险资金8.85亿元，资金余额5.78亿元，归集新农保资金5084万元，账户资金余额6747万元。代收电费业务月均笔数十万余笔，日均金额100余万元。营销县级中学、县级医院的账户、代发工资和贷款需求，县域第一大商场都要有农行MIS系统上线，县域有影响的批发城、酒店、宾馆和专卖点都要有农行的转账电话或POS机具，以此凸显农业银行的县域主流银行地位。年末，“三农”法人贷款客户15户，法人贷款余额61877万元，较年初增加6585万元。

【强化信用风险管理】

2015年，农行吕梁分行在不良贷款行业性加速上升的背景下，实体经济风险向银行传导。为强化风险管控，市行把目标定为“稳定贷款质量、降低不良贷款比率”。从二季度起，市行安排部署“百日清收”攻坚活动，以风险排查、风险化解、不良清收、核销处置为重点，举全行之力稳定资产质量。严控新增信用风险。对二季度信贷资产风险排查中发现的风险隐患和风险贷款，特别是列入风险化解名单的5户企业，强化和落实各支行行领导和市行风险主管部门的工作职责，按照“一户一策”制订和实施风险化解方案，运用清收处置、再融资和调整期限、品种、承贷主体等政策与手段，探索转让、重组、资产流转等方法，确保风险化解工作取得实效。开展法人客户用信重检，重点检查企业财务报表的真实性和抵质押的有效率，防范假主体、假报表、假担保等风险。根据内外部形势变化及时排查客户风险，建立内部掌握的第二批风险化解名单。落实贷后管理相关要求，加强信贷资金监管，督促客户资金归行，提高贷款收回率。加大贷款清收力度。对法人不良贷款逐户落实清收团队，逐户制定针对性的清收手段，综合运用各种清收策略，通过快速处置抵质押物，加快诉讼执行速度，债务重组等方式做好贷款清收、风险化解，避免高拨备和高不良并存。农户不良贷款通过落实专人催收、责任清收，对限期不能收回的，在进行责任人处理的同时，实行诉讼清收。针对信用卡不良透支，对新发生的第一时间指派有责任心的客户经理，采取亲见亲催，并保留收集所有催收资料，对欠款时间长和屡催不还的果断报案，由公安经侦部门依法打击。对清收不力和反弹额度大的6个支行实行专题问责。加快不良资产核销进度。利用呆账核销条件放宽的政策便利，加大呆账自主核销力度。通过梳理落实核销项目名单，将每类贷款（含信用卡透支）的核销标准，所需的基础资料，核销的流程明确地印发各支行，便于各支行对照标准创造核销条件。确保符合条件的不良贷款及时申报、及时核销入账，实现不良资产“应核尽核”。

（中国农业银行吕梁分行）

中国农业发展银行吕梁市分行

【概述】

2015年12月末，农业发展银行吕梁市分行（以下简称市分行）各项贷款余额20.11亿元，较年初下降1.06亿元。保持无不良贷款。2015年累放各类贷款3.73亿元，其中投放政策指令性贷款5028万元，政策指导性贷款4556万元，商业性贷款27750万元。各项存款余额6.92亿元，较年初下降2.14亿元。存款日均余额8.25亿元，较年初下降2.90亿元。实现中间业务收入25.81万元，国际业务结算量154.03万美元。实现利润2452万元，同比减少3033万元。

【推进项目营销】

2015年，市分行新班子提出“发展业务，防控风险，强化管理，预防案件，以人为本，稳健运行”二十四字经营理念指导工作开展。面对全市业务发展不平衡2015年仍有5个行组没有中长期贷款现状，提出到2016年年末中长期贷款“抓大不放小，县县有项目”的奋斗目标，要求各行组勇于担当，真抓实干，全力以赴，完成任务。深入基层督导，督促各行组开展项目营销，做好各项服务工作。面对项目储备不足，业务发展缓慢，主动作为，同市县政府领导沟通对接，经常听取和了解各行组营销进展情况，督促其加快工作进度，提高办贷效率。利用总行和山西省政府签订战略合作协议的大好时机，于12月15日，召开全市系统项目营销动员会，要求各行组行动起来，开展项目营销，在全行掀起一场项目营销热潮，为全行业务发展储备后劲。12月22日省分行召开中长期贷款“百日营销”动员会，市分行迅速行动，会后立即召开党委会研究，12月24日，召开行务会讨论，制订出台中长期贷款“百日营销”实施方案，从考核工资中拿出10万元用于奖励营销办贷先进行组，为在全行掀起贷款营销热潮打下良好基础。经过努力，项目营销取得初步成效。市分行贷款业务营销局面初步打开，业务发展后劲增强。

截至12月末，省分行审批项目1个。汾阳市禹门河综合治理项目：该项目贷款金额7000万元，正在落实贷前条件，预计一季度可投放贷款4000万元。

上报省分行贷审会通过的项目2个。柳林县人民医院迁建项目：总投资约4.95亿元，拟贷款4亿元。孝义市热力公司新建和管网改造项目：总投资1.29亿元，拟贷款6700万元。

报审总行的项目1个。临县湫水河管道供水站水利建设项目：总投资3500万元，拟贷款2700万元。

正在办理的项目2个。孝义市市民服务中心项目：总投资1亿元，拟贷款7000万元。正在收集项目资料，落实抵押担保事项，预计2016年1月份可上报省分行。岚县岚河南路建设项目：总投资2.6亿元，拟贷款1.2亿元。正在收集项目资料，落实抵押担保事项，预计2016年1月份可上报省分行。以上项目共计75400万元。

正在营销或有项目线索的项目24个，涉及市级项目3个，县级项目21个。（1）吕梁新城建设融资项目3个：按照10月8日行长刘文平会见吕梁市常务副市长张广勇座谈会议精神，10月9日，市分行参加了由张广勇亲自主持召开的项目协调会，后经市政府再次组织相关单位研究，初步拟定新区建设重点支持的3个主要项目，总投资约48亿元，贷款39亿元。包括：土地整理项目总投资3亿元，拟贷款2.4亿元；水资源保护项目，总投资15亿元，拟贷款12亿元；国道209改线，总投资30亿元，拟贷款24亿元。市分行向市政府报送了项目融资服务方案。同时，山西省分行与吕梁市政府战略合作协议的签署工作，市分行正在协调推进中。（2）孝义市中长期贷款项目4个：11月11日，市分行与孝义市政府召开项目对接会，会后，在孝义市委书记马文革的亲自安排下，市长王廷洪召开市长办公会，专题研究吕梁市分行贷款项目落实问题，筛选出了6个项目，即孝义市热力公司新建和改造管网建设项目、吕梁职业技术学院三期工程项目、孝义市中心医院项目、孝义市市民服务中心项目、采煤沉陷区治理项目、孝义市古城基础设施及护城河治理项目。市分行对6个项目进行梳理，优选出条件较成熟、政府急需办理的孝义市热力公司新建和管网改造和孝义市市民服务中心2个项目进行集中攻克。（3）柳林县贺昌等五片区棚户区改造项目1个。拟贷款5亿元。（4）兴县蔚汾南路棚户区改造等项目2个。总投资约7.6亿元，拟贷款6亿元。（5）中阳县过境公路改线工程项目1个。总投资30亿元，拟贷款21亿元。（6）临县火车站站前广场等项目6个。总投资约10.4亿元，拟贷款6.9亿元。（7）岚县普明河生态综合治理等项目4个。总投资约4亿元，拟贷款2.3亿元。(8)汾阳“三网融合”等项目2个。总投资约2亿元，拟贷款1.3亿元。(9)文水县供水工程项目1个。总投资约1.8亿，拟贷款1.4亿。此外，离石区、交口县、交城县、方山县、石楼县也有不同的项目线索。

【结合实际支持收购】

2015年，市分行根据吕梁粮食收购实际，坚持多元收购原则，支持开户企业入市收购，有效维护了农民利益。支持粮食储备和轮换。加大储备粮贷款的营销和拓展，多次向市政府分管领导汇报，加强同市粮食局、财政局的沟通协调，争取储备粮增储轮换贷款的发放。年内累计投放储备粮贷款5028万元。支持粮油战略客户入市收购。把战略性客户作为市场化收购形势下承担保收购任务的重要载体，优选资信好、有实力、抗风险能力强的企业入市收购。全年累计向文水大象、山西铭信等企业累计投放贷款27750万元，这些企业的年粮食消化量占全市购销量的80%以上，很好地解决了收购问题。审慎发展自营性业务。从严控制新增客户，退出一些规模小、抗风险能力差的加工企业、小企业，使信贷结构得到调整，信贷资源合理配置，贷款客户进一步优化。年内共减少2户企业贷款额度，退出4户，总计涉及金额近4000万元。

【开展新型业务】

2015年，总行调整信贷品种，项目资本金投资办法、中长期存量贷款期限重置等一系列新的办法相继出台，旨在更好地履职。市分行主动向市委、市政府主要领导汇报相关政策调整动态，加强同发改委、财政局、扶贫办等职能部门的沟通协调，得到大力支持。在多方努力下，市分行按时上报第一批、第二批、第三批、第四批项目资本金投资项目59个。截至12月末，投放到位3笔，共计3900万元，包括柳林县棚户区改造项目1400万元、汾阳市东营街木桥街棚户区改造项目1500万元、文水县老年活动中心项目1000万元。对涉及孝义市、汾阳市、柳林县、离石区、兴县的27个中长期存量贷款项目还款期限进行重置，贷款期限最高延长了10年，涉及贷款金额94410万元，减轻了政府财政还款压力，发挥了政策性银行逆周期调整作用。

【风险防范措施】

2015年，市分行加大自营性贷款的风险防控力度。紧盯山西铭信、汾州裕源、文水大象等重点企业，深入企业了解经营情况，督促企业按时还本付息。面对经济下行的背景，11月完成对山西铭信、汾州裕源两户企业1.09亿元贷款的收回再贷工作。加强风险排查。开展贷款专项检查，摸清风险底数。落实抵押担保要求。

按照上级行要求，推行由政府财政出资的担保公司、综合实力强的国有企业作保证和土地、房产作抵押相结合的组合担保方式，增强抵押担保的可靠性。退出风险贷款和风险客户。2015年退出4户自营性客户，减少2户企业贷款额度，涉及贷款近4000万元。加强防控措施的合规性和有效性管理。高度关注抵押担保风险，加强对各类担保手续完整性和有效性的审核把关，防范公允值和变现值出现较大偏差的抵押担保行为出现。长年聘任法律顾问，搞好法律咨询，为防范风险提供法律支持。关注文水县振兴化肥有限公司3570万元贷款，11月—12月，班子成员3次深入企业调查了解生产经营情况，督促企业还本付息。在市县两级行的努力下，该企业于2015年12月31日归还贷款本金20万元。下一步，在按月结息的基础上，争取在贷款本金的收回上取得更大突破。

【着力提升赢利能力】

2015年，全行以存款组织、中间业务和国际业务为重点，强化增收节支，保持较高赢利水平。全年实现利润2452万元。1.强化多项措施，努力遏制存款下滑。面对存款下滑趋势，市分行贯彻落实总、分行存款组织“春天行动”的要求，深入分析原因，找准制约短板，强化措施，充分挖潜，尽最大努力扭转存款下降的被动形势。加大财政性存款组织力度，各行组因地制宜，主动出击，深入政府相关部门沟通协调，争取财政资金。5月，交城、柳林两个客户组分别营销财政存款1900万元、2500万元。加大非贷款客户的营销，7月，汾阳市支行营销新客户2户，到账资金1160万元。实施存贷一体化营销。明确项目贷款办理时，至少要向市分行存入20%的资金。强化账户监管，要求在市分行贷款超过50%比例的企业必须开立基本账户；企业销售货款归行率必须按比例归行；项目资本金必须一次性全额到位，按比例使用；下游企业必须到市分行开户。年末，各项存款余额6.92亿元。2.坚持合规原则，积极开拓中间业务。市分行按照合规开展中间业务的原则，鼓励各行组围绕客户需求，拓展中间业务服务种类和收入来源渠道，重点在保险代理业务的种类、品种上下功夫，营销代理手续费较高的险种。全年代理保险手续费收入13.91万元。对于国际业务，2015年，市分行在设置2014年度专项奖励时，增设了国际结算业务先进行这一奖项，并给予汾阳市支行较大额度奖励，发挥了示范带动作用。要求各行组切实加大工作力度，千方百计营销非贷款企业在市分行办理国际业务，努力完成国际业务目标任务。截至12月末，共完成国际业务结算154.03万美元。3.努力增收节支，有效提升经营效益。强化收息管理。全行信贷、会计等部门紧密配合，加强沟通，正确计息，密切关注企业还本付息情况，督促企业按月、按季结息，确保了利息的及时收回。全年利息综合收回率达100%。合理控制费用支出。坚持勤俭办行理念，坚持少花钱，办好事原则，提倡“合理出差、合理招待、合理支出”，会议、招待等一切从简，不讲排场，有效减少了费用支出。第三批粮食财务挂账利息补贴方面，截至2014年年底，市分行挂账余额19500万元，历年无欠息，只涉及2015年的利息拨补883.7万元。11月份，按照省财政厅拨补文件精神，市分行与市财政局进行了沟通联系，向市政府作了书面请示，由于吕梁市长的调整，该补贴预计2016年1月份到账。

【深化基础管理年活动】

2015年，市分行以信贷和财会为重点，强化各条线、各专业的基础管理。开展市县储备粮油库存与贷款专项核查。共核查企业16户企业，涉及贷款31245万元，库存粮食127880吨。经核查，各企业均无亏库、挤占挪用情况发生，储备贷款运行良好。

开展信贷基础管理大检查，7月份，抽调辖内骨干力量，分成7个小组，深入13个行组，对信贷制度建设、评级授信、资金支付、贷后监管等环节进行了全面检查，进一步夯实了信贷基础。11月份，组织全市系统信贷岗位操作人员开展CM2006信贷管理系统培训，并严格考试，提升全员实践操作能力。开展财会辅导检查，对检查发现的问题进行整改完善。结合省分行考核办法对各行组的考核办法进行重新修订。全面开展内部控制与评价等工作，全行深化基础管理年活动有序推进。

【加强业务领域管理】

2015年，市分行落实信贷管理制度。做好客户信用等级评定、授信管理工作，确保评定、授信的准确性。全年共组织召开14次贷审会，审议贷款项目20个、审议贷款金额19047万元；对59户企业进行信用评级，对50户企业进行授信。同时认真做好了贷款审查、审议和贷款后评价等检查工作，充分发挥了信贷管理的政策指挥、风险把关和综合管理作用。加强财会管理。开展财会专项整治，制定下发工作方案，对全市系统的现金管理、对账管理、账户管理、票据管理等方面的财会基础管理工作进行全面细致的检查，对检查发现的问题，制订详细整改措施，落实责任人、整改进度，进行整改，提高精细管理水平。开展财务经费自查工作。8月，对市分行机关和辖内13个行组2014年以来的会计凭证进行检查，发现发票要素不全、费用账户使用不准确、审查把关不严等27个问题，9月，针对发现的问题进行整改，对相关9名责任人进行违规积分处理，共计积分15分。加强资金计划管理。执行资金计划制度，把握贷款投放节奏和进度，合理掌握资金头寸，未出现因资金不到位影响放贷的情况。加强内部审计。发挥内部审计作用，做好序时审计、跟进审计，对发现的问题及时整改，确保业务办理的合规性。开展“一加强，两遏制”专项活动，配合上级行和银监部门检查工作，对发现的问题进行回头看和整改落实。做好法律合规工作。长年聘请法律顾问，开展法律知识培训，增强全行干部员工守法意识。对法律文本进行细致审核，保证业务的合规合法性。

【推进反腐倡廉】

2015年，市分行加强学习教育，提高领导干部反腐倡廉意识。采取集中学习、专题讲座、观看录像、开展主题活动等多种形式进行反腐倡廉教育。开展警示教育，4月10日，邀请吕梁市委党校副校长白营科教授，举办《不断推进党风廉政建设和反腐败斗争》专题讲座，提升干部员工拒腐防变能力。强化制度约束，建立和完善各项监督制约制度。出台《党风廉政责任制考核评价办法》，并纳入“业务经营与管理综合考评”范围，直接同“绩效工资”挂钩；制定机关出勤考核制度，对人员去向报告、员工请休假、出勤登记、假日值班、车辆管理制度等进行完善，严肃机关纪律。加强案防工作，防范各类案件发生。坚持按季召开案防分析会。开展案件风险大排查，9月6日—16日，对全辖系统集中开展为期10天的“三项排查”和安全生产检查，对“重点人、重点事、重要票据”以及安全生产等内容进行排查和审计，对发现的问题进行现场整改，防控案件风险的发生。加强监督检查，使各项制度落到实处。全年开展中央“八项规定”执行情况检查2次、案件和风险排查1次、会计基本制度执行情况等执法监察2次、员工行为排查3次，保证制度的执行。执行“八项规定”和“六项禁令”，促进领导干部廉洁自律。以贯彻落实中央“八项规定”和“六项禁令”为重点，改进文风会风，严格公务接待，杜绝公车私用，私车公用，制止公款消费，领导干部廉洁自律工作得到加强。

【做好办公室工作】

2015年，市分行扩大对外宣传。办公室系统增进与媒体的交流，扩大宣传渠道，围绕信贷支农、业务经营、内部管理等重点工作对外进行宣传，共编发信息、简报、党建通讯、通讯报道等108篇，其中被上级行指定的《粮油市场报》新华网等主流媒体采用5期，被省分行《简报》《信息摘报》、互联网山西子站等采用40余期，扩大了市分行对外影响力。开展档案达标升级工作。完成2014年度各类档案的归档移交，对历年纸质档案扫描进行电子上传录入归库，督导基层行对照档案管理等级行标准，逐条完善，确保档案的规范管理。做好员工思想政治工作。按照总行联系行管理办法要求，定期收集员工动态，开展分析调研，并向总行报送材料。市分行按照上级行通知要求，上收6个县级支行的行章、党组织章，6个客户服务组的印章，规范印章使用管理。

（中国农业发展银行吕梁市分行）

中国银行吕梁市分行

【业务发展情况】

1.负债业务

时点：截至2015年12月末，人民币各项存款时点余额(含表内理财）91.84亿元，较年初下降1.5亿元，全口径市场占比5.67%，较年初下降0.23个百分点；五大行市场占比12.27%，较年初下降0.61个百分点。其中公司存款余额（含表内理财）21.97亿元，较年初减少4.75亿元，全口径市场占比5.32%，较年初下降0.37个百分点；五大行市场占比10.14%，较年初下降1.12个百分点。储蓄存款余额（含表内理财）69.87亿元，较年初增加3.37亿元，全口径市场占比5.75%，较年初下降0.22个百分点；五大行市场占比13.06%，较年初下降0.56个百分点。金融机构存款余额为7938万元，较年初增加2491万元。

各项外币存款时点余额1532万美元，较年初增加242万美元，全口径市场占比50.21%，较年初下降6.52个百分点。其中：公司外币存款余额122万美元，较年初减少10万美元；个人外币存款余额1410万美元，较年初增加252万美元。

日均：截至至12月末，人民币日均存款（含表内理财）余额94.94亿元，较年初净增3281万元，其中：公司存款日均余额25.82亿元，较年初减少3.3亿元；储蓄存款日均余额68.36亿元，较年初净增3.33亿元。金融机构存款日均余额为7649万元，较年初净增3143万元。

外币各项存款日均余额1495万美元，较年初净增354万美元，其中：公司存款日均余额188万美元，较年初净增39万美元，储蓄日均存款余额1307万美元，较年初净增315万美元。

2.资产业务

截至12月末，本外币各项贷款余额37.3亿元（含账务处理在省行贸金部贸易融资项下8500万元余额，其中茂泰6500万元，义龙2000万元），较年初减少6.53亿元。全口径市场占有率4.09%，较上年下降0.92个百分点；五大行市场占比9.87%，较年初下降1.6个百分点。全口径不良资产余额合计3.62亿元，不良率为9.96%，较年初上升7.81个百分点。

公司贷款：公司类贷款总余额319892万元（含贴现14146万元），贷款总余额较年初下降105129万元，降幅为24%。授信户数61户（其中贴现9户），较年初减少7户，其中不良贷款总余额35424万元，涉及户数16户，不良率为10.77%，当年新发生不良24536万元，涉及户数12户，新发生不良率7.46%。

个人贷款：余额44151万元，其中零售贷款余额15167万元，较年初增长2336万元，不良余额7.23万元；银行卡透支余额28984万元，较年初增长4483万元，不良余额839万元，不良率2.76%，较年初上升1.7个百分点。

公司贷款及不良余额构成情况：大公司类授信总余额266719万元，余额占比81.11%，涉及户数12户，不良贷款余额10320万元，涉及户数2户，全部为当年新增，不良率为3.87%；中小企业授信总余额17749万元，余额占比5.4%，涉及户数22户，不良贷款合计6869万元，涉及户数7户，其中当年新增3591万元，不良率为38.7%；贸易融资授信总余额30235万元，余额占比9.2%，涉及户数9户，不良贷款余额18235万元，涉及户数7户，当年新增10625万元，不良率为60.3%。

2015年公司类不良贷款累计清收7392万元。其中：核销6户，本息合计2476万元；清收化解9户，本息合计4916万元。

3.中间业务

截至12月末，实现中间业务收入3259万元，同比下降1148万元。公司金融板块实现680万元，同比下降1866万元，其中：公司金融条线76万元；贸易金融条线139万元；国内结算条线269万元；机构业务条线44万元；金融市场条线152万元。个人金融板块实现中收2578万元，同比增长717万元，其中：传统中收560万元；财富私行中收458万元；银行卡中收1563万元。

4.经营效益及费用支出情况

截至12月末，实现经营净收入22471万元，其中：净利息收入18940万元，非利息收入3113万元，同比减少7284万元（其中：净利息收入同比减少6876万元，主要原因为存贷利差下降和贷款余额下降；非利息收入同比减少425万元，主要原因是公司财务顾问费和贸易融资手续费下降）。拨备前利润11381万元，同比减少8072万元；实现净利润−8554.49万元，同比减少14749万元。净利润同比减少的主要原因是计提资产减值准备。2015年12月末计提资产减值准备17201万元，比2014年同期多计提减值准备8620万元。

截至12月末，全辖各项费用支出9109万元，同比增加913万元。其中，人事费用4932万元，同比增加819万元；业务费用3087万元，同比增加61万元；折旧及摊销1089万元，同比增加33万元。

5.内控案防情况

全年安全无案件及事故。

【工作措施】

2015年，中国银行吕梁市分行加大授信项目营销和储备力度。为拓展优质客户群，加大优质项目储备，公司条线进一步强化项目营销职能，及时捕捉全市优质项目进展动态，明确责任，逐户跟进，逐项落实。2015年储备有吕临铁路、兴县新鑫盛源、华兴铝业二期工程、中铝华润4个项目，并就上述项目积极与省行条线部门进行了对接，为2016年的授信业务拓展工作打下良好基础。多措并举，推进不良资产清收化解。2015年，中国银行吕梁市分行不良资产增长较快，全行上下积极应对，采取多种措施进行清收。通过制定清收会战方案，细化考核，分组跟进，及时掌握企业经营情况，采用财务监管、应收账款跟踪、依法催收、核销等多项措施全力清收。11月份，成功平移化解孝义金岩电力煤化工4000万元不良，累计清收本息7392万元。资产清收会战工作取得成效。实施项目带动，促进经营转型。2015年，面对经济低迷、同业竞争加剧的不利局面，按照省行关于实施惠民金融项目、智能网点转型等工作要求开展工作。完成公交一卡通项目在孝义、汾阳、柳林三个县（市）的上线运行，累计发卡3500张，有效拓展了基础客户群体。交城支行天然气代缴费、分行营业部吕梁有线收视费代收项目也进入落地阶段。完成孝义支行营业部智能化改造，并通过省行销售服务流程转型验收，有效提升了网点效能和品牌形象，为下一步全辖网点的智能化建设提供了蓝本，积累了宝贵经验。自助银行项目建设取得成效，完成四个离行式自助点硬件建设以及一家自助点的申报工作，已获得批复。通过自助渠道建设延伸了服务触角，提高了业务覆盖能力。上述各类项目的实施，长期来看为业务经营转型和基础客户群体的壮大提供了有力支撑。推动产品下沉，促进业务多元化发展。在市场低迷，存贷款利差持续收窄的背景下，转变发展理念，狠抓产品创新推广，探索业务多元化、专业化、差异化发展路径，取得成效。将产品下沉纳入考核，激发一线员工营销积极性；通过条线部门定期培训和督导，提升员工营销意识和技能；鼓励基层网点结合周围市场实际需求进行特色化定位和产品推广。通过推动产品下沉和业务多元化发展，提升了网点竞争力，为打造综合化、智能化网点奠定了良好基础。强化内控案防工作，确保业务安全稳健运行。伴随经济下行压力增大，金融市场大事小情不断，信用风险、市场风险、操作风险、声誉风险管控面临严峻挑战，中国银行吕梁市分行通过开展“制度执行年”“三查三找三提高”“两加强、两遏制”等专项活动，加强对重点人员、重点业务、重点区域和关键环节的监督检查，业务发展和队伍管理没有出现大的问题，总体保持平稳。根据省分行安排和部署，开展各项专项风险排查，对存在的不足进行整改；开展警示教育和案件专项治理活动，全员内控防案意识增强，合规经营理念得到树立，成功堵截多起电信诈骗客户资金案。

（中国银行吕梁市分行）

信用联社

【概述】

2015 年，吕梁市信用联社业务指标稳中有进，稳中有好。主营业务稳中有增，市场份额提升。2015 年年末，各项存款余额为 505.24 亿元，较年初净增 35.03 亿元，完成省社核定任务的 100%，全省排名第七。余额市场份额为 32.9%，较年初提升 0.6 个百分点，净增市场份额达 43.98%，较年初提升 68.13 个百分点。存款工作不论是净增额、余额，还是增幅，均居吕梁全市所有金融机构之首。文水联社、临县联社，在组织资金工作中干在实处、走在前列，为全系统树立起标杆。贷款投放净额为 29.19 亿元，票据业务占比为 60.26%。贷款余额为 359.69 亿元，余额市场份额为 42.4%，较年初提高 2.2 个百分点，净投市场份额达 115.4%，余额与净投份额均领跑吕梁市各金融机构；收入结构趋于多元，经营利润增加。实现各项收入 36.82 亿元，同比增收 1.36 亿元，增幅为 3.84%。其中：利息收入为 15.26 亿元，同比减少 1.53 亿元，降幅为 9.23%。金融机构往来收入为 18.34 亿元，同比增加 2.15 亿元，增幅为 13.28%，资金业务收入成为利润的又一重要来源，单纯依靠贷款利息的收入途径有了转型。全年实现经营利润 9.87 亿元，同比增盈 0.5 亿元，增幅为 5.34%，完成省社核定增幅的 133.5%；不良贷款任性反弹态势得以遏制，压力有所缓解。年末，全市不良贷款余额 82.89 亿元，较年初增加 3.84 亿元，占比为 23.04%，较年初下降 0.88 个百分点。共计清收处置不良 12.57 亿元，同比多降 14.17 亿元，完成省社任务的 83.79%。近年来吕梁农信社不良贷款反弹猖獗之势得以遏制，年末反弹额较 6 月份市联社新班子接手摊子时下降 4.55 亿元，反弹额控制在省社核定范围之内。县级机构全部完成不良贷款清降任务且分文未反弹的有柳林、兴县 2 个联社；银行卡及电子银行业务不断拓展，高科技金融服务提速。开展了“ATM 存取转、好礼送不停”“关注民生、温暖人心”“网银转账送话费”等营销活动，拓展电子银行业务。累计发卡量为206.85万张，卡存款余额52.34亿元。信合通活卡率81.17%，福农卡活卡率82.41%，自助网点165个，安装212台自助机具，开设助农取款服务点723个，且全部升级为农村金融综合服务站，惠农商户活动率72%，累计发展网银14864户；支农、支小创佳绩，两个目标全部实现。市联社率先转作风、调职能，一切工作以服务基层为主。各县级机构主动对接营销，紧扣市委、市政府农业产业振兴规划“8+2”工程，累计投放148.88亿元贷款，重点支持55个农业园区、155个农业龙头企业、135个农民专业合作社、29个专业大户发展生产，支持1669名农村青年、10名大学生村官、43名妇女创业。全市涉农贷款余额为235.97亿元，净增16.65亿元，增幅高于上年同期2.55个百分点，涉农贷款“一个高于”目标实现。信贷资源优先向有政策支持、有产业优势、信誉良好的小微企业（项目）倾斜配置，与23户省金融平台提供企业进行对接，与12户企业建立信贷关系，为企业授信7.48亿元。全市小微企业贷款余额为149.15亿元，小微企业客户数6305户，高于上年1538户，“三个不低于”目标顺利实现。

【管理体制建设】

2015年，吕梁市信用联社强化领导班子建设。在省社党委的领导下，遵循干部选拔任用程序，按照信念坚定、为民服务、勤政务实、敢于担当、清正廉洁的“五好标准”，坚持重品行、重业绩、重民意、重程序的“四重”原则，坚决做到档案资料、举报线索、个人贷款、违规违纪、处分情况“五个严查”，公平、公正、公开、透明，风清气正地将想干事、能干成事的人调整充实到县级机构的主要领导岗位上，完成了换届工作。新的领导班子年富力强，精神饱满，有活力，有朝气，敢担当，扑下身子投身于转型提质的实践中；强化改制化险工作。9月20日，交城农商行挂牌，实现吕梁“零的突破”。9月末，全市的资格股全部取消，股权改造工作全面完成。特别是孝义和柳林联社，市信用联社在制定全市改制规划盘子时，考虑到孝义联社“体量”庞大，改制任务艰巨，所以暂定2016年启动。孝义联社新的领导集体不等不靠，超前谋划，争取到市委、市政府的大力支持，完成了前期的准备工作，于2015年年末启动清产核资，进入改制程序，为2016年挂牌开业奠定了基础。柳林联社面对农商行改制的巨大压力，加紧与政府沟通协调，主动对接，班子成员及相关部门负责人赴泽州、长子等农商行进行考察和学习，通过对口部室、对应专业之间的交流和沟通，拓宽了视野和思路，为改制“铺路”。

【金融业务管理】

2015年，吕梁市信用联社强化信贷管理。将阳光信贷作为信贷管理的重点，对“贷款产品、准入条件、操作流程、利率政策、收费标准、办结时限和监督方式”等内容公开，全市设立阳光办贷大厅147个。4月份，组成13个检查小组，以电话回访或与贷户见面的方式，对全市2014年新增未到期贷款和到期未收回贷款进行重点检查，掌握贷款管理现状，防范和化解风险，促进信贷业务持续健康发展。全市农信社信贷产品研发提速，文水联社推出“助力贷”，交口联社推出“薪易贷”，汾阳联社和团委、妇联等组织联手，推出“青年创业贷”和“巾帼创业贷”产品。强化财务管理。组织进行运营专项检查，柜面违规率有所下降，建立起财务预算管理体系，全面完成“三大系统”的上线运行，组织开展柜员等级评定工作。离石区联社新领导班子重新制定完善费用管理、固定资产购建与处置等19项制度，规范费用开支管理和审批程序，强化对费用列支合法性、合规性及真实性的审核约束，筑牢财经纪律的篱笆。强化风险资产管理。贯彻落实金融振兴会议精神，坚持“清旧”与“堵新”两手抓。在清旧方面，抓好公职人员、农村党员干部、内部人员拖欠等重点人员，综合运用盘活清降、依法起诉等手段，全面执行清收处置尽职管理办法，全年现金清收2.16亿元，盘活1.55亿元，核销8.85亿元，收回已核销、已置换表外不良1300万元。在“堵新”方面，注重以时间换空间，做实到期贷款的预警工作，对于暂时还款有困难、结清利息的贷户，走“续贷通”流程，累计为2615个客户办理续贷业务2730笔、金额共计50.87亿元。兴县联社组建4个清非大队，争取到1000万元财政搭桥资金，全年净压不良1.42亿元，同比多压3.25亿元，全省排第14名。

【科技与资金营运管理】

2015年，吕梁市信用联社强化科技管理。对40余万张“睡眠”卡进行冻结，对过去几年布放的质量不高机具进行撤机。组织进行银行卡风险查，密切防范伪卡盗刷事件。开展打击银行卡非法买卖专项行动整治，银行卡风险防范及POS终端排查，助农取款的专项风险排查等活动，筑牢科技“防火墙”。在创新方面，汾阳联社研发的“银医一卡通”于6月份正式上线运行，突破全省多行业应用领域的“医疗”合作空白，实现真正意义上的一卡通。交城农商行研发出“公交一卡通”，拓展电子产品的深度和广度。强化资金营运管理。修订和完善《同业业务管理办法》《债券业务管理办法》等6个业务制度，成立同业业务管理委员会，形成一套“有章可循、有章必遵”的管理制度。通过内控制度的完善，保证投资工作的制度化、程序化和规范化，防范风险，提高收益。2015年年末，营运资金余额141.7亿元，利息收入5.38亿元，实现盈余1.2亿元，同比增盈2000万元。吕梁市联社在全国信合机构中的债券交割量排名第19位，在山西省内除省联社外排名第一。按省社计算口径，市联社资产收益率4.86%，在全省排名第五。自有资金收益率5.42%，全省排名第七。

【监管案防工作】

2015年，吕梁市信用联社开展40余项检查活动，投入检查人员3625人（次），共查出问题1907笔、1.8亿元，整改1867笔、1.79亿元，整改笔数、金额占比分别为97.9%、99.9%。处理相关责任人715人（次），违规积分1576分，下发风险提示16份，印发稽核专报7份，提出整改建议32条。夯实人防、物防、技防基础，实现安全无事故。石楼联社新班子将原17个部门整合为10个，部门负责人全部进行轮岗，在“四项制度”的执行上迈出有力步伐。

【党风廉政和机关建设】

2015年，吕梁市信用联社组织开展“学习讨论落实”活动，向社会各界征求领导班子在人财物贷、选人用人、作风建设、制约和影响农信社转型提质发展等方面的意见和建议，撰写《反思剖析报告》。制定落实“六权治本”的工作措施，开展学习以习近平总书记系列重要讲话精神为主要内容的中心组学习，对排查出的12家软弱涣散基层党组织，制定整顿方案和完成时限，使基层党组织焕发生机。按要求、按步骤，扎扎实实地开展“三严三实”专题教育活动。纪检监察部门认真履行监督主体责任，对党风廉政建设工作进行安排，开展“整风肃纪”工作，对各网点负责人、县级机构部门负责人开展管理效能和综合效能监察。交城农商行每周编发廉政短信，组织全员赴汾阳监狱进行警示教育。文水联社印发《廉政手册》，营造风清气正的从业环境。强化“两型”机关建设。市联社强化诚信、大局、服务、效率“四个意识”，严格岗位责任制度，优化工作流程，实现机关效能的提速、提质、提效。岚县、临县联社引入人本教育机构，对精品网点员工开展卓越团队训练营，中阳联社拉出队伍进行生存拓展训练，交口联社聘请专业团队对服务进行全程跟踪提高，方山联社作出精品网点打造计划，全市的学习与服务意识大幅提升。

（吕梁市信用联社）

保险

【业务发展】

中国人民财产保险股份有限公司吕梁市分公司2015年全市保费4.4亿元，列全省第九名。

中国人寿保险股份有限公司吕梁分公司2015年全市总保费101119.43万元，同比增长4.88%。

中国太平洋人寿保险股份有限公司吕梁中心支公司2015年总保费24565万元，同比增长28.8%，市场份额7.84%。

中国太平洋财产保险股份有限公司吕梁中心支公司2015年总保费10990.59万元，同比增长-5.83%，市场份额10.11%。

中国平安人寿保险股份有限公司吕梁中心支公司2015年总保费5121万元，同比增长35.4%。

【公司理赔】

中国人民财产保险股份有限公司吕梁市分公司2015年处理理赔48853件，理赔金额35529.93万元。

中国人寿保险股份有限公司吕梁分公司2015年处理理赔案件7000余件，支出赔款3500余万元。

中国太平洋人寿保险股份有限公司吕梁中心支公司2015年处理理赔373件，理赔金额为480.72万元。

中国太平洋财产保险股份有限公司吕梁中心支公司2015年处理理赔18123件，理赔金额为6363.96万元。

中国平安人寿保险股份有限公司吕梁中心支公司2015年处理理赔217件，理赔金额201.85万元。

（王田丽）

2016年吕梁年鉴

LVLIANGNIANJIAN

教育 科学

基础教育

【启动城区学校、幼儿园旱厕改水冲厕工程】

吕梁市这项工程的总体部署是：集中2015、2016两年时间，完成94所学校、5000多个蹲位、近18000平方米的厕所改造任务，总投资4000多万元，其中市财政以奖代补投入1500万元。2015年完成59所城区学校、幼儿园厕所标准化建设任务，涉及市直学校4所254个改造蹲位、县（市、区）直属学校55所2955个蹲位，规划建筑面积10371平方米。截至11月中旬，完成改造40所，改造面积6293平方米。还有19所学校改厕工程未开工，涉及交城县、中阳县、石楼县、离石区、兴县5个县。

【实施第二个学前教育三年行动计划】

2015年，吕梁市加快城乡公办幼儿园建设。本年吕梁市公办幼儿园的建设任务为：新建公办标准化幼儿园21所、改造农村幼儿园39所，规划建设面积80928平方米，概算总投资1.5亿余元。市教育局、市政府教育督导室组织专项督查，指导并推动各县（市、区）幼儿园建设。各县（市、区）政府将幼儿园建设纳入政府工作范畴，积极协调各部门履行职责，保证幼儿园建设稳步推进。截至2015年11月中旬，农村幼儿园改造全部完成，新建城区幼儿园还有9所正在建设，到年底有望全面完成建设任务。规范民办园的收费行为。联合物价、税务等部门，严格按照国家幼儿园教育收费政策，对民办园的收费项目和使用票据开展全面检查，对违反规定的，年检时不予通过。重点加强对“高端园”“加盟园”的规范管理。从2015年起，将“高端园”“加盟园”的审批与规范收费捆绑进行，对已批准成立的“高端园”“加盟园”提出分年度降低收费的计划。整顿清理无证幼儿园。各县（市、区）教育部门会同当地公安、消防、工商、卫生、食药监等部门于4月份对辖区幼儿园进行集中摸底排查，按照“准入一批、整改一批、取缔一批”的整顿原则，全市审批发证幼儿园10所，责令整改38所、取缔25所。启动薄弱幼儿园帮扶工程。着眼于提升整体办园水平，共遴选43所优质园，与145所薄弱园结成帮扶关系，帮扶期限为三年，按照帮扶计划推进。

【义务教育学校标准化建设】

2015年，吕梁市薄弱学校改造计划圆满完成。通过专项督导，石楼、兴县、临县、文水、方山5个县全面完成薄弱学校改造任务，为大力实施“全面改薄”工程奠定基础。实施义务教育“全面改薄”工程。根据全市义务教育均衡发展时间表，2015年年初，市教育局对2015年拟接受国家义务教育均衡发展评估验收的交城、汾阳、中阳、交口、离石5个县（市、区）进行专项督导检查，找出差距，责令整改。4月下旬，抽调专业人员组成4个小组对申报“全国义务教育发展基本均衡县（市、区）”的上述5县（市、区）进行市级巡回复核，向县级人民政府提出反馈意见，决定中阳、交口两县暂缓一年评估。通过实行双月报制度，加强与各有关部门协调，孝义市、汾阳市、交城县、离石区设备采购、校舍建设项目基本完成。交城县、汾阳市、离石区有望通过国家义务教育均衡发展评估验收，交口、中阳两县因诸多原因未予实施。

【推进教育信息化建设】

2015年，吕梁市推进校校通、班班通建设。截至年底，全市网络接入带宽≥10兆的学校数570所，4兆至10兆的学校数181所，＜4兆的学校数135所，接入网络学校占总校数的66.4%。教学班级教室总数13592间，配备多媒体设备教室总数9021间，普通教室全部配备多媒体设备的学校总数614所，普通教室80%配备多媒体设备的学校总数171所，普通教室50%配备多媒体设备的学校总数92所，校内网络设施齐备的学校数491所，教职工办公和备课用计算机10719台。全市有8个县（市、区）建成并开通了教育城域网，有10个县（市、区）基本实现了班班通，有368所学校建起校园网。推进普通高中学业水平考试标准考场建设。严格对照省定配置标准进行考点、考场审核，全市共建成标准考点41个、考场77个，省市级示范高中的考试配置全部达到省里要求，吕梁市成为全省唯一没有借考学校的市。狠抓中考加试信息技术准备工作。按照中考加试信息技术的要求，2015年组织了两次督导，督促相关县区按标准配置计算机教室，市级考试平台正在构建之中。狠抓教育信息化试点校建设。建成全国教育信息化试点校2所，全省教育信息化试点校11所，以此为辐射，推动教育信息化建设全面实施。

【加强教师队伍建设】

2015年，吕梁市开展“正师风”教育整顿活动。针对教师队伍中存在的有偿补课、小病大养、体罚学生、擅自脱岗经商等失德行为，在全市教育系统内部设立违反师德举报电话和专用邮箱，建立来电来访台账制度，对学生、家长和群众举报进行处理，并按照“两个责任”严肃追求相关人的责任。集中整顿期间，共处理师德败坏、严重失职的教师及学校领导23人次，净化了教师队伍。实施区域内校级领导、教师交流。2014年，市教育局以吕教发〔2014〕44号文件下发了《关于推进义务教育学校校级领导和教师区域内交流工作的实施意见》。围绕文件的落实，加强督查指导，义务教育学校校级领导和教师交流实现全覆盖，两项指标全部超过省定比例。2015年的交流轮岗工作圆满结束，全市符合交流条件的教师数12947人，交流1613人，交流比例为12.46%；符合交流条件的校长663人，交流175人，交流比例为26.39%，分别超省下达交流比例0.46%、14.39%。提升教师业务水平。根据“国培、省培计划”的统一安排，组织中小学幼儿教师参加教育技术能力网上远程培训、教师工作坊网络高端研修培训、中小学幼儿园送培下乡、中小学教师置换脱产培训、继续教育全员培训网络远程辅导培训和网上继续教育全员培训等十多个项目的专题培训，全市参加培训的中小学幼儿教师多达45100多人次，平均每个教师培训时间将近50个学时。开展实验教师、图书仪器装备管理人员的业务培训，实施“一师一优课”教学能力提升工程，启动义务教育学业水平测试试卷评估工作，坚持两年一度的教学能手评选活动，促进教师业务能力的整体提升。教育人事常规管理工作有序开展。严格实行教师准入制度。组织2015年教师资格认定教育理论省考和教学能力测试工作，教育理论省考合格率均超过40%，按政策规定直接认定教师资格3000多人。完成中级职称评审和高级职称的初审推荐工作，对特岗教师招聘和教师节的评选表彰进行安排部署，按规定办理大中专毕业生报到和派遣工作。

【提升农村中小学办学水平】

2015年，吕梁市将素质教育特色校创建工作拓展延伸到农村学校，共有184所农村初中、小学和幼儿园参与创建工作。年初召开一个专题会、发了两个文件进行部署，暑假集中3天时间对有关校长（园长）进行培训，10月份分片组织现场观摩推进会，促使各县（市、区）将这项工作抓在手上。从督查情况看，参与创建的学校实施素质教育的积极性、主动性明显增强，突出表现在：校容校貌整洁漂亮，校园文化日益丰富，设施设备得到充实，专用教室和各种设备的使用率提高，打造“书香校园”成为各学校的自觉行动。11月制定年终评估验收方案，12月中旬组织验收并系统总结。组织举办体育、艺术比赛活动。经过筹备，于6月9日至15日在柳林鑫飞、汇丰两所中学举办全市中学生田径运动会、中学生篮球比赛暨学校艺术展演活动。田径比赛项目有男女共有14支代表队参加，篮球比赛共有28支代表队参加，中小学生艺术展演分舞蹈、声乐、器乐、戏剧和朗诵五个专场，参加这次活动的教师、学生多达5000余人。10月30日至11月2日，在孝义市举行小学生足球比赛，共有男女20支代表队参加比赛。在组织高级竞赛的基础上，选出吕梁高级中学、石楼中学两支代表队赴省参加比赛，选送孝义市的七支代表队参加山西省女子足球锦标赛，孝义二中、孝义中学、孝义五中三支女队分别将前三甲收入囊中。各类活动有计划、有针对性地开展，促进了体育、艺术教学工作。

【普通高中招生制度改革】

2015年，吕梁市改善普通高中招生的政策和制度，将扭转高中招生无序竞争作为改革的重点。在坚持按学生报考志愿由高到低录取办法的基础上，以正式文件出台“六严禁、一严格”的招生纪律，即：严禁高中学校违规进行招生虚假宣传，严禁以各种不正当的手段抢生源，严禁有关学校强迫学生填报或更改已报志愿，严禁超计划招生，严禁擅自扩大招生范围、跨区域招生，严禁巧立名目进行招生乱收费，严禁违规注册学籍，严格定向生的资格审查及特长生的专业测试。市教育局利用各种机会、通过多种形式宣传2015年普通高中的招生政策，努力将每项政策规定深入到每所高中和所有初中毕业生当中。创造条件试行网上录取。在省教育厅指导下，在市委、市政府的支持下，吕梁市加大投入构建网上公开录取系统，降低招生工作的随意性和主观性。建立完善监督机制。专门设立举报电话、举报邮箱等方式接受社会监督，对于顶风违纪、违反相关规定的高中学校进行严肃处理，并追究有关领导的责任。

（吕梁市教育局）

职业教育

【概述】

2015年，吕梁市推进县级职教中心标准化建设。面对经济下行压力持续加大、县级财政收入普遍下降的现实，有关县（市、区）真正将县级职教中心建设提上议事日程。岚县新建职教中心一期工程完工，正在完善附属工程。兴县决定将职业中学搬迁原晋绥中学校址，正在进行校舍改造。临县决定将原临县职业中学、临县白文职业技校、临县第二职业中学整合组建新的职教中心，正在进行前期考察论证。汾阳市职业中学搬迁至原吕梁煤校，政府投入近100万元对基础设施进行维修改造。中阳县将普通高中和职中合并组建综合高中，统筹调配教育资源，高一统一招录，高二普职分流。离石区新建职教实训大楼主体完工。方山县、柳林县、中阳县、文水县新建职教中心正在规划筹建中。2015年将中职学校招生难、就业难作为专项整治的重点。根据省、市关于做好专项整治工作的通知精神，市教育局成立专项整治工作领导组，以吕教体发〔2015〕25号下发《关于解决中职学校招生难、就业难问题的实施意见》，从拓宽招生渠道、改革招生办法、推进校企合作、严格就业准入制度等七个方面入手，做实做细每项工作。2015年全市中职学校（不含技工学校）共计招生8500人，其中县级职业高中招生6800人，市直中职学校招生1700人。

（吕梁市教育局）

·吕梁经管校·

【教学管理】

2015年，吕梁经济管理学校（以下简称吕梁经管校）按照学校的办学理念，围绕专业知识技能的提高与职业素质的养成进行课程改革，在教学中加大“现代礼仪”“职业生涯规划”“经济政治与社会”“哲学与人生”等德育课程，加强师德师风建设，强化学风。组织教学研讨，创新课程设置。每个教研室都组织教师进行教学研讨，邀请企业专家，针对本校学生的特点和生产实践对员工技能的要求，制定符合职业要求的课程设置，确保学生既愿学，又能懂，实现教学内容与职业标准，教学过程和生产过程的无缝对接。加大实训课教学和实习力度、重视技能提升。加大实训实操课时，创造条件让学生增加动手机会，实习实训课开出率达 80%。加强到企业顶岗实习、工学结合力度，到第三年时整班安排到企业第一线实践。认真选拔学生，进行课外专门指导，在 2014 年全省技能大赛上，吕梁经管校有 1 名学生获得三等奖，1 名教师获得二等奖，吕梁经管校首次派出学生参加机电专业技能竞赛，迈出可喜的一步。在教学管理中加强监督检查力度：坚持领导值班制度，中层以上干部轮流值班，24 小时吃住在校，重点对教学秩序、宿舍管理、门卫、餐厅等加强检查，发现问题当场处理。建立查课制度。安排专职查课人员，对每节课各班级的教师出勤情况进行检查登记，并当天汇总上报。校领导和教务科领导每天都不定时对教学秩序进行抽查；建立教学指导委员会评价制度。成立“教学指导委员会”专门负责教学督导工作，每学期组织两次教学质量综合检查，重点对教师讲课、教案、作业等情况进行检查，检查结果与教师绩效工资挂钩。

【学生管理】

2015 年，吕梁经管校实行军事化管理制度。学校与吕梁市西北战神企业管理咨询服务有限公司签订协议，聘请 4 名退伍军人对学生的两操、宿舍、作息等进行管理，减少学生打架斗殴的行为，杜绝学生翻墙上网的行为。建立班主任轮流值班制度。把全校所有班级的班主任分组，每天对班级学生的出勤、两操、早晚自习、宿舍卫生秩序等情况进行检查，对学生的思想状况进行监控，发现问题及时处理。建立学生自我管理制度。利用学生会组织，检查从早操、课间操、早晚自习、午休到晚上宿舍熄灯后的人员在岗情况和宿舍教室卫生情况，每天公布、按月汇总，考核结果与班主任津贴挂钩。学生会对学生食堂的饭菜质量及卫生、价格情况进行监督，每周一下午召开有学生食堂管理人员参加的例会，反馈学生的意见，处理出现的各类问题。

【招生工作】

2015 年，吕梁经管校以联合办学促进招生。学校采用上靠下联的办法。与柳林凌志集团、离石永宁煤焦集团等大型企业签署订单培养办学协议，为企业培养员工。与淘宝网店、大同煤炭职业技术学院、山西省金融职业技术学院等院校联合办学。挂靠这些院校，在机电技术应用、会计电算化、计算机技术应用等三个专业上采取 3+2 办学模式，满足部分家长与学生追求更高学历，掌握更高技能的要求。以就业促进招生。吕梁经管校积极与省内外大型企业联系，安排毕业生就业。对不满意自己岗位的毕业生，实行 5 年内无偿跟踪就业服务，直到学生找到满意的工作为止。吕梁经管校幼师专业就业形势喜人，2015 年召开的招聘会，到学校招聘的单位达到 30 多家，超出学校的估计，学生被“抢购”一空。对不想升学的学生，学校安排专门的对口升学班，2015 年，吕梁经管校的对口升学班成绩喜人，升学率达到 100%。

【基础设施建设】

2015 年是吕梁经管校实施“三年投资三百万，实现旧貌换新颜”的校园美化、靓化、基础实施改善工程的第二年，吕梁经管校进行教学楼 1 层—4 层、男女生宿舍楼1层、实训楼3层环氧聚树脂地面处理，女生宿舍楼楼顶防水处理等工程。学校2015年还添置3台钳工实训操作台、20台电钢琴、新装备多媒体教室20个，新购课桌椅300套；购置20台台式电脑和20台笔记本电脑；新购置5台打印机、1台复印机、1台速印机和1台传真机；在校园重要位置安装监控探头18个。学校实施设备得到完善，硬件水平得到提升，为学生的学习、生活和实训提供了保障。

（吕梁经管校）

·吕梁职业技术学院（煤校）·

【教学管理】

2015年，吕梁职业技术学院（以下简称学院）做好教学质量监控工作，严抓常规教学管理，加大督导检查力度，教育教学工作得到规范。在抓常规教学的基础上，加强了期初、期中、期末教学主要环节的全面检查，专业负责人、教研室主任层层把关，各负其责，按要求逐项检查和监督，教学秩序处于良好状态。建立听课制度，增进交流，保证教学质量。推进实习实训工作，5月下旬至6月组织二年级技能等级鉴定考试工作；5月组织中职测量专业学生进行为期一周的校内实习实训工作，6月组织高职工程测量技术专业学生进行为期二周的校内实习实训工作，完成了任务；组织机电、通风专业10名学生参加全省职业技能大赛，获一个二等奖，三个三等奖。组织全体教师及教务管理人员学习、落实各项制度，实现管理工作科学化，精细化。

【师资队伍建设】

2015年，学院为提高教师队伍素质，起草《关于在全校开展违反师德师风专项整治实施办法》。加大教师在岗和外出培训及学历进修的力度，组织测量专业老师进行为期一周的GPS等测量仪器操作的培训；组织采矿教研组，机电教研组部分老师进行为期一天的仿真实训设备操作培训；组织机电教研组相关老师进行为期三天的PLC实训设备操作培训。

【实验实训管理】

2015年，学院通过多种措施加强实验实训室管理工作，对实验实训设备及多媒体设备进行维修、维护，保证设备正常运行，满足教学要求。完成小焦炉实训室焦炉的安装、调试及培训工作；完成煤化综合实训室焦炭反应性及其强度测定装置的安装、调试及培训工作；完成各实验实训室门牌，管理制度及操作流程牌的制作及悬挂工作及各实验实训室台账的建立；安排各实验实训室管理人员，专人负责，专人管理。

【学生管理】

2015年，学院制订学风建设工作方案，提出“笃学明理、一专多能，竞评赶超、帮学共进”的学风建设理念，以促进学生自我管理、形成良好校风为目标，突出活动重点。通过评奖评优活动，表彰先进、树立典型，推进良好学风的形成；针对学生中出现的新问题、新动向，及时沟通，推动学生工作走向规范和统一。学院制订学生思想教育工作计划，以“三生教育”“五心教育”等主题教育活动为抓手，增强思想教育的针对性和实效性。加强班主任队伍建设，召开班主任例会，严格考核，推动学院班主任队伍的规范化建设。每缺勤一次给予20元的处罚，每月考核排名后三位的班主任给予相应的处罚，罚金奖励给前三名的班主任。学院筹建“心理健康教育与咨询中心”，构建起学院、专业、学生的“三级”心理健康教育网络。4月，团委组织学院各班级举行第五届团结奋进拔河比赛，活跃了校园气氛，增强了班级凝聚力。在五四青年节，学院举办主题为“我的中国梦”五四歌咏比赛，表彰了一批先进团支部和优秀共青团干部、优秀共青团员。

学院严格标准、严格条件、严格程序，落实学院学生资助工作体系中的各项措施和办法，公开、公平、公正地落实国家对家庭经济困难学生的资助政策，使每个困难学生能够完成学业。做好院内家庭经济困难学生特殊困难资助工作。与市级学生资助管理中心开展“结对帮扶”工作，创新资助工作方法。

【招生工作】

2015年，学院做好招生宣传工作的各项前期准备，拟写、印刷并分发宣传资料，组成14个招生宣传小组赴吕梁13个市（县）和临近市（县）如介休、灵石、霍州、平遥等进行自主招生、对口升学和高考宣传；组织自主招生考试并按综合成绩排名最终录取68人，印刷录取通知书并于5月底统一发放；制定学院招生章程，经校领导层层修改最终定稿后上报省教育厅、省发改委审批；制定招生宣传方案，制定并申报学院、煤校招生计划以及“3+2”招生计划，其中学院计划招生700人，煤校计划招生480人，“3+2”计划招生260人；认真安排招生宣传工作。每次招生宣传前组织召开招生工作小组会议，宣传结束后进行工作汇报并总结经验教训；拟写2015年自主招生工作实施方案并上报校领导审批。

【就业工作】

2015年，学院对顶岗实习学生按照专业和性别进行摸底，安排282名学生进行顶岗实习；组织山西省第六地质勘察院、启基科技股份有限公司等9个用人单位进行面试；对顶岗实习学生进行安全守纪教育，使学生明确顶岗实习的目的和意义，做到安全守纪；顶岗实习的学生签订三方协议书，自主择业的学生签订实习协议书，确保学生安全完成实习任务。

【校企合作】

2015年上半年，学院积极联系，加强合作，与孝义金晖集团、鹏飞集团等10个企业签订委托培养协议书，确保学生就业率；开展校企合作、院校联合办学，与北京中关村战略新兴产业人才培训中心确立联合办学意向，与青岛恒星科技学院联合办学。学院还邀请企业的管理及技术人员共同参与学院的专业开发、教学、就业指导等工作，为以后深化专业建设、更新课程内容提供科学依据，提高学院办学水平。

吕梁职业技术学院（煤校）

·吕梁会校·

【教学管理】

2015年，吕梁会校重视教学管理，形成质量立校、技能强校的新观念。加大教学督查力度，使教学工作更加规范化。通过教学检查组每天检查，教学秩序有了良好的转变，教研组做到学期初检查教师授课计划，学期中检查教师听课、作业批改、教案情况，学期末全面检查教师教学计划完成情况，教学工作更加规范化。搞好实训基地建设。本年度会计专业的实训软件得到充实，增加会计从业资格考试与练习、会计手工技能竞赛与练习、企业搬进校园三套实训软件并安装完成，对教师进行系统的培训，使掌握软件运用技术，满足学生实习实训的需要。以赛促学，以赛促教。组织部分学生参加山西省职业技术院校的会计技能大赛，获团体三等奖。举办全体师生参加的学校会计技能大赛，大赛开设学生组和教师组，比赛内容分为点钞、传票翻打、会计软件手工处理，参赛师生认真准备，赛出水平，赛出风采，展现吕梁会校奋发向上、求实创新的精神面貌和良好的专业技能。本年度教研室组织教师进行业务学习，有的教研室收看大学公开课，有的学习课件制作，有的探讨如何备课，有的开展示范教学，通过形式多样的活动，使教师开阔眼界，增长知识。《吕会教苑》校刊发挥交流平台作用，本年度教育研究室编辑出版《吕会教苑》两期，为师生学术交流和社会了解会校搭建平台。图书馆发挥阅览、借阅功能，为教学、科研、师生提供优质服务。

【学生管理】

2015 年，吕梁会校贯彻落实《普通中等专业学校学生学籍管理规定》，严格执行学生入学与注册、学生成绩考核、学生升级与留级、纪律与考勤、奖励与处分、退学与毕业等制度，抓源治本，把学生的注意力和精力集中到学习上来。完善半军事化管理与分层次管理办法。军事教育部与中、高职部发挥各自工作特点，配合做好全校学生的德育教育、素质教育、思想政治工作和日常行为规范的纠察、巡查和考核管理工作，实现高职部、中职部、军事教育部、学生会在学生科统一指导下的合力工作目标。开展文明宿舍建设。通过创建文明和谐、健康向上的宿舍文化，使学生养成良好的生活和学习习惯。完善考核评价机制。利用国家助学金、国家奖学金，评优评模、班级考评制度等激励手段，对学生和班级进行扶贫助困、奖优惩劣，激发学生的学习积极性。

【招生就业工作】

2015 年，吕梁会校在吕梁市生源普遍下降，与吕梁学院联办经济系停招的严峻形势下，加大招生宣传力度，采取措施，完成学校招生计划，与上年基本持平。为提高毕业生就业率，帮助学生解决就业前的困惑，学校制定有针对性、实用性的就业指导计划，开设“毕业生就业指导”课程、就业指导系列讲座，指导学生树立正确的就业、择业观，实现毕业生就业率达 80% 以上。学校与北京商鲲教育控股集团、北京启辰纪元科技有限公司、达内时代科技集团有限公司三大合作单位签订校企合作、校校合作协议，为学生就业提供平台，创造机会。

【人事制度改革】

2015 年，吕梁会校各科室根据本科室的工作职责、工作任务、工作要求，开展定岗、定员、定责工作，有 3 人进行重新安置，有 5 人进行交流，通过“三定”以后，各科室岗位设置较为科学，职责划分明确，人员分布合理，做到有岗必有人，有人必有责，有责必履行。

【后勤服务】

2015 年，吕梁会校规范办事程序，提升后勤服务水平。完善物品采购制度。根据采购物品的价值大小和数量，做好采购审批工作及物品的验收入库工作，对本年度学校所需物品，进行全面规划和计划，统一实行政府采购。在后勤服务上完善“每日巡视制度”。学校安排专人对学校环境、绿化、文化、卫生、校舍维修、设施设备等进行每日巡视，发现问题及时解决，做到不因后勤服务而影响教学，防止意外事故发生。改善校园物质条件。本年度完成教工餐厅、图书馆和女生宿舍楼的暖气管道改造，完成 50 套办公桌椅政府采购，对电教室机房进行改造，增添校园月季花、美人蕉等花草，为师生营造良好的学习生活环境。加强对物业的管理与监督。为实现校园整洁常态化，学校督促物业人员勤打扫，不懈怠，为师生营造绿化、净化、美化的校园环境。

学校严格执行《中华人民共和国食品卫生法》，把好食品的采购、贮存、清洗、消毒、供应环节，严格食品卫生安全制度和食品检测制度，确保餐厅橱具、地面、灶台、桌面的清洁和学生饮食安全。与承包方签订 2015—2016 年度经营承包合同和学校食品卫生安全责任状，用合同的形式明确其食品安全责任，督促承包方时刻树立食品卫生安全意识。落实灶房卫生检查和餐厅值班制度。做到人员、服务、责任三到位，对灶房操作流程每周至少检查两次，每天有人餐厅值班，坚持餐厅碗筷消毒制度，做到一洗二清三洁四消毒。对职工餐厅进行重新承包，配备相应的设施设备，在运营方面听取各方面的意见和建议，边经营、边改进、边完善，提高饭菜质量，做到让职工放心、满意。

（吕梁会校）

·吕梁艺校·

【教学改革】

2015年，吕梁艺校将原使用的围绕高考的高中教材更换为中职教材，更符合国家对于中职学校教学的要求，更具有实用性。将原有平均用力的教学方式更改为对文学类题材课文精讲细读，教学重点更突出，提升了学生理解艺术作品的能力。将单纯的纸面教学，转变为和多媒体手段相结合的教学形式，形成欣赏性因素的体验性教学模式。围绕提升学生综合素质安排课程，增设计算机操作、普通话教学、行为礼仪、化妆常识等科目，学生的综合能力和素质明显提升。按照学校培养一专多能人才的教学思路和根据文化产业发展新要求，在所有专业新增艺术欣赏课；舞蹈、美术专业增设视唱、乐理课；声乐、器乐专业增设舞蹈身韵、形体训练课，丰富了学生专业知识，增强了一专多能的本领。将专业、文化课课程比例设置由原先的3:2提高为六年制5:1、三年制7:3后，课程设置、专业布局得到优化。成立了规模为30余人的吕梁艺校管乐队，配置乐器11类，利用课余时间进行排练和再教学，管乐队初步具备演出能力。为检验改革成效开展在校学生专业测试，由教务科各专业教研组负责人组成考核组，组织副科以上干部参加，对在校学生开展了一学期专业课学习情况测试活动。系列改革扭转了艺专学生厌学文化课的痼疾，提升了学生对艺术的理解力和感知力，对提升学校教学水平发挥了重要作用，受到教师、学生欢迎。

【招生工作】

2015年，吕梁艺校结合历年来报考学生的分布、人群情况，经过研究确定吕梁山区9县农村贫困生为招生重点区域和人群。落实措施，真抓实干。共印制招生简章1万余份，抽调教师深入农村、学校进行招生宣传。出动教师200余人次，行程6000余千米，在11个县市的近百所学校，进校实地咨询面见学生万余名，现场对考生进行专业测试，提高生源质量。通过与非物质文化遗产传承人联合进行非遗传承教学拓展生源渠道，2015年超额完成学校年初制定的招生目标任务。

【实习安排】

2015年，吕梁艺校与吕梁市晋剧院、吕梁市歌舞剧院等近10家在社会上较有声誉的艺术团体协商签订协议，建立稳定的校外实训合作关系，将实习生全部安排进这些单位进行实习锻炼，满足学生顶岗实习需求。

【就业工作】

2015年，吕梁艺校制订有针对性、实用性的就业指导计划，开设“毕业生就业指导”课程和系列讲座，指导学生树立正确的就业、择业观。注重学生资格证获取，学生毕业时全部取得国家规定的各类职业资格证。通过在学生毕业前组织洽谈会等形式，提供学生就业机会。毕业生的派遣工作全部完成，就业工作取得新成效，毕业生就业率为100%，稳定率达85%以上，超过了70%的要求。通过对毕业生的跟踪调查，用人单位对吕梁艺校毕业生工作技能和整体素质予以较高评价。

【教学管理】

2015年，吕梁艺校完善管理制度，学校日常工作和教职工管理实现了常态化、制度化。根据“三严三实”专题教育和学校情势的变化，对学校历年来形成的各项管理制度进行梳理和修订，剔除不合理规定，增加对灰色地带的覆盖，形成新的艺校制度、管理体系。新制度更加人性化，增加了对灰色地带覆盖，如改笔头签到签课为电子指纹签到签课，增加了制度的严肃性。对提升学校管理水平发挥了巨大作用。学生管理规范化。建立电子学籍档案。新生入学后全部进行电子信息录入。学生对口升学报名全部采取电子录入上报。按程序为学生办理医疗保障保险上报和办证。助学金严格按照程序审核发放。坚持班主任值周制度。为规范班主任考核，制订出台《班主任工作质量考核办法》《学生管理手册》。

【基础设施建设】

2015 年，吕梁艺校筹集资金近 270 万元改善硬件设施：投入 10 万余元经政府采购中心采购学生课桌凳、高低床、铁皮柜，努力改善学生学习生活条件。投入 8 万余元经政府采购中心采购配置部分教学急需的钢琴等乐器设备。投入 20 余万元建设学生洗澡堂并已投入使用，解决了学生多年来在校无法洗澡的问题。投入 10 余万元对所有器乐专业教室进行标准化改造升级，该工程基本完成。引进社会力量，提升实训基地硬件水平。学校引进吕梁市新东方文化发展有限公司作为实训基地合作单位，由该公司提供价值 200 余万元的灯光、音箱、LED 屏等设备免费用于基地实训使用，提升实训基地硬件水平。投资 20 余万元建设学生公寓消防楼梯等安全设施，该工程资金全部到位，将开工建设。

（吕梁艺校）

· 吕梁卫校 ·

【教学管理】

2015 年，吕梁卫校招收 2015 级新生 590 人，未完成年初招生计划，但在全市中职学校招生中仍名列前茅，稳定了学校的办学规模。实施学生操行成绩评定管理办法和学生奖学金评定发放办法，严格学生请销假管理。通过班主任例会、班会等方式，教育学生加强与提高个体防范意识。全年组织 2014、2015 级学生进行体检，发放 2014 年秋季与 2015 年春季的国家资助金。完成全国中职学校学生新系统的学生信息学籍子系统 1178 人次的个人信息录入和学籍注册上报。开办护士资格考试和对口升学考试培训班，培训学员 600 余名，培训期间还特邀护考专家路兰老师到吕梁卫校进行辅导。2015 年护资考试通过率取得了 71.2% 的优异成绩，对口升学率达 51%。开办职业资格证培训班。招收培训中药调剂员、保健按摩师、医药商品购销员共 740 人。配合市卫生局完成吕梁市社区卫生人员的培训工作。培训乡镇卫生院内儿骨干班、全科医生及社区卫生人员共 301 人。完成 2015 年 33472 学时的教学任务。组织各类考试 651 场。办理 690 人的毕业证，将 629 名中职实习生全部安排在 4 所三级医院和 5 所二级医院进行临床实习。鼓励青年教师进行学历教育和外出培训学习，2015 年有 11 名教师外出参加培训、14 名教师去医院临床上班学习。督促各教研组开展教研活动，加强教师职业道德的培养，带动教风、学风的提升。参加全省护理技能大赛，1 人获一等奖，2 人获二等奖，1 人获三等奖。参加全省中职学校“创新杯”教师说课课件大赛，3 人获二等奖，2 人获三等奖。全年发表论文 7 篇，参编教材 9 部。

【附属医院工作】

2015 年，吕梁卫校附属医院继续坚持导医服务、分诊台设立、收费公示制等。通过组织业务培训及考核、疑难危重病例讨论、继续教育讲课、举办专家讲座等方式，为医护人员汲取新知识、新理论，掌握新技术、新方法，创造良好的条件。完成康复医学科的规划布局、用品采购等，参观临汾市第四人民医院康复科的相关工作等，为吕梁卫校附属医院康复医学科的开诊做好了准备。组织各科人员为扶贫下乡点村民进行义诊 72 人次。2015 年业务收入 218.5 万元，门诊 418 人次，急诊 170 人次，住院 209

人次，手术238人次。无医疗事故、感染等发生，无假、伪、劣药品，药医比例3.4%，远远低于国家核定比例。

【“三个一”精准扶贫家政护理培训项目】

根据省委、省政府对吕梁山片区扶贫安排，2015年7月28日，在市委专题汇报会上，明确提出卫校“要承担培训贫困人口护理职业的任务”。随后在两次市长办公会上，对培训工作进行安排部署。市委领导对护理家政培训高度重视，对2015年培训、对离石区首期培训多次与学校沟通协商。9月1日，家政护理技能培训班正式开班。家政护理培训以培训家政服务员（月嫂）和护理员（护工）为主，主要学习家庭护理、老人陪护、婴儿产妇护理及常规护理、家居保洁、家庭烹饪、职业道德等家政服务知识，每期培训历时2个月，理论讲授1个月，上岗培训实践1个月，培训采取全日制办学。此次培训，吕梁卫校抽调由30名中高级教师和10名实验员组成的培训师资团队，还聘请全国知名的有资质的专业教师。理论教学1个月后，吕梁卫校和市区县各级医院、养老院、社区联系进行实地见习培训。培训完毕，组织学员参加市人社局职业技能鉴定中心的理论及实践考试，合格后颁发全国通用的家政服务员或护理员中级职业资格证书，作为上岗就业资格证书，由离石区扶贫办、培训单位、吕梁市人社局等单位联系国内相关家政服务公司、医疗机构、社区服务中心等单位推荐就业。截至2015年12月底，开办培训4期，培训家政服务员（月嫂）642人，护理员（护工）790人，共计1432人。在3期1056名学员中有627名取得资格证书。10月30日，市人社局、离石区政府、市扶贫办等单位在吕梁卫校组织举办家政护理招聘会，为培训学员与用人单位搭建双向选择的平台，有312人达成就业意向。12月9日，召开小型护工招聘会，158名取得资格证的学员走出吕梁，到北京、太原等地就业。

（吕梁市卫生学校）

科技工作

【强化科技创新顶层设计】

2015年，吕梁市为贯彻落实全省科技创新推进大会精神，将各项政策措施落到实处，市委、市政府出台吕发〔2015〕17号《中共吕梁市委吕梁市人民政府关于推进科技创新重点工作的实施方案》。该实施方案强化了吕梁市科技创新的顶层设计，着力于解决吕梁市科技创新认识不够高、氛围不浓厚、机制不灵活、政策不完善等问题，特别是云计算及大数据产业推进不快，科技创新与煤焦化支柱产业、农业基础产业结合不紧，创新型企业匮乏等突出问题，实现科技创新新突破。

【推进高新技术企业发展】

2015年，吕梁市科技局抓好科技政策的宣传和落实。召开全市促进高新技术企业发展座谈会，推进对《吕梁市人民政府关于鼓励高新技术企业创新发展促进产业转型升级的意见》的落实，会议对文件进行解读，与会单位就文件进行交流探讨。抓好企业创新主体地位建设。全市17家高新技术企业中，全部建立研发机构，研发费用投入比例远远超过全市平均水平。抓好高新技术产业重点项目建设。2015年市政府重点高新技术项目共安排7个，总投资70.38亿元，年内计划完成投资14.5亿元。7个重点高新技术项目开工建设的有6个。

【推进煤焦领域的科技创新】

2015年，市科技局根据省政府确定的《围绕煤炭产业清洁、安全、低碳、高效发展拟重点安排的科技攻关项目指南》，确定吕梁市煤炭产业科技攻关和创新方向，组织实施6项省级煤基重大专项。市科技局围绕煤基产业选定煤基装备、煤化工、煤焦化、煤层气、煤电、新材料及食用菌等七条产业链，针对配套的创新链和资金链进行设计，建立围绕产业链部署创新链的项目模式，在此基础上，组织实施煤基低碳科技专项，努力在煤炭开采方式、煤炭产品开发和产业链发展、煤矿生态环境修复治理等关键领域实现重大技术突破，支撑煤炭产业“六型”转变。

【创新创业服务平台建设】

2015年，吕梁市引深与国防科技大学合作，支持吕梁军民融合协同创新研究院发展，推进无人机产业基地、柳林李家湾光电子产业园、岚县江川国威新材料等“一院三基地”建设，着力实现高性能云计算、应用微纳卫星、无人机系统和能源互联网的产业化，着力打造以离石区为中心、辐射带动全市各县（市、区）的高新技术核心区。云计算中心累计为国家相关核心部门和全国160多家科研院所，高校科研单位提供高性能计算服务。完成部分电子政务核心骨干网络建设，为40多家用户提供云计算服务。一方面与中科院就加入中国超算联盟的战略合作协议进行商定，与中科院山西煤化所携手共建山西省超算联盟，与太原理工大学签署的共建山西省高性能计算实验室合作协议开始落实，与中国智慧城市和大数据研究院太原运营中心签订合作运营协议，成立吕梁云计算中心太原运营中心；另一方面，搭建中西部地区最大的动漫渲染平台，满足山西省乃至周边省市庞大的动漫渲染需求。微纳卫星工程项目方面，“吕梁一号”卫星发射成功；“吕梁二号”搭载计划得到总装备部航天局原则同意，预计2016年年初择机发射。能源互联网项目方面，成功搭建能源互联网演示验证系统，开展能源互联网体系结构、基于可再生能源预测的能源互联网系统多目标规划、分布式能量管理与协同控制、分布式储能管理等关键技术研究，初步研制了能量路由器、分布式储能管理等能源互联网核心设备原型系统。能源互联网建设示范和推广项目获省发改委审批，并得到500万元的资助。无人机自主起降系统项目方面，成功研制自主起降引导控制系统的原理样机，具备昼夜起降能力，完成20千克级和50千克级无人机的自主起降外场试飞。2015年转入产品定型和小批量生产，未来将逐步延伸至民用市场。李家湾光电子产业基地，截至2015年12月底，完成建筑面积75000平方米，主产业完成五栋科研厂房，两栋工程技术研发中心和卫星通信楼、展厅等主体建设，其中展厅投入使用，科研厂房一内部装修接近收尾。园区入驻项目6个，有发明专利14项、软件著作权11项，达到可运营的项目有3个。岚县新材料工业园，2015年12月底，总投资10亿元的生物基材料和软磁芯项目一期正式投产达效。软磁芯生产线达到世界领先水平，2万吨生物基材料生产项目预计年销售收入2.5亿元，年净利润1亿元，可提供430个就业岗位。2015年12月底，生物基材料接到欧洲订单，软磁芯材料和华为公司签订了销售合同。无人机产业基地项目，由山西江川国威无人系统科技有限公司承担。1号厂房装修并投入使用。开始量产H30、H80无人机。加强吕梁国家农业科技园区建设。按照园区“一区两核”的规划要求，孝义高阳核心区累计投资超过30亿元，企业达到27户，产品达到240余种，其中33项填补国内空白。园区实现产值19.8亿元，利税18755万元，带动就业4000余人。柳林联盛核心区2015年12月底完成机修整地4万亩、栽植生态林2万亩、核桃林3.5万亩、钙果林5000亩；打坝63座、淤地7000亩；开工河道蓄水工程8处、提灌工程5处；在建设施蔬菜基地1000亩，育苗500亩；建设园区道路100千米，新镇建设一期工程2260套农民新居主体完工，累计完成投资25亿元。园区先后与中科院、山西省食品研究所、山西农业大学、山西农科院、山西林科院等科研院所建立联系、钙果、核桃、酿酒高粱、食用菌开发等主导产业的技术研发开始实质性合作。抓住全省“一市两园”政策机遇，建设吕梁科技创新园。在规划方面，对东许旧址和高阳新址完成地测，东许旧址整体环境影响评价报告获省环保厅批准。项目引进方面，入住上汽升沃—华夏动力新能源客车产业基地项目，科尔峰建筑垃圾回收再利用项目、宏天源科技有限公司铝系新型建筑装饰材料及铝合金压铸、拉拔、挤压产品项目。在孵化器建设方面，孵化面积达到1300平方米，在孵企业50家。在制度建设方面，实行事业单位研究生准入制度，大幅提高人才待遇，最高给予两院院士和中组部千人计划人才一次性不少于150万元的科研启动经费，提供不少于150平方米的工作场所和150平方米的安置住房。对引进人才在吕梁市完成获得国家和省级奖励的科研项目，政府在给予相同额度奖金，属集体完成的，带头人获50%以上的奖金。

【发展农村科技】

2015年，市科技局组织实施科技富民强县计划1项和省“百千万”农业成果转化项目1项和省级农村技术承包项目12项。选派124名科技人员到“边远贫困地区、边疆民族地区和革命老区”提供科技服务、开展农村科技创新创业。培养11名本土科技服务人员和农村科技创新创业人员。实施红枣抗裂果专项。2015年3月10日向省科技厅和科技部申报国家“吕梁红枣抗裂果综合技术研发及应用示范”重点研发计划，3月30日上报科技部并初步确定在石楼县、临县、兴县各建立红枣防裂果示范园100亩。

【加强知识产权工作】

2015年，市科技局加强专利申报，截至12月底，有效发明专利申请达193件。加强知识产权宣传培训和专业人才培养，组织县市科技局和企业参加专利行政执法培训、山西省专利贯标企业培训。累计发放专利资料4.1万余份，悬挂宣传标语和横幅20多条（幅），接待咨询人员1300多人次，制作宣传版面15块，组稿知识产权文章3篇，知识产权工作信息7条。开展打击侵犯知识产权和制售假冒伪劣商品工作。受理专利侵权纠纷一件，严格执法，维护公平的竞争环境，保护专利权人合法权益。

（吕梁市科技局）

气 象

【概述】

2015年，气象事业发展迅速，气象业务服务成效显著。年内，新一代天气雷达投入业务运行；完善人工增雨防雹决策指挥系统建设，扎实开展人工增雨抗旱、防雹减灾为主要内容的人工影响天气工作，为夺取粮食丰产、生态环境建设等作出了贡献，得到地方党委和政府的好评，市委书记高卫东在《重要气象报告》上对气象工作作出批示，称赞气象为当地经济建设和社会发展作出贡献。市委副书记雷建国、市政府应急办和市农委等领导到气象局调研指导工作。2015年，吕梁市气象台编发《重要气象报告》5期，《重要气象信息》16期，《雨情快报》81期，《专题天气预报》9期，气象灾害预警信号56次，地质灾害气象风险等级预警11次；发送一周天气预报46期，气候评价10期，发布春耕、夏收、秋收气象服务专报56期，发布红枣、核桃、马铃薯气象服务专报30期；发送天气预报、雨情快报、气象灾害预警信号短信5000多条；新浪微博听众数十万多人，腾讯微博听众数1200多人。

【完善气象监测预警系统】

2015年，建成吕梁新一代天气雷达。吕梁新一代天气雷达项目是中国气象局重点项目，并带动吕梁5个县气象基础设施综合改善。方山、交口和孝义各安装小型雷达1套。市气象局气象服务应急车1辆，配备有小型天气雷达、多要素气象观测站。全市建成1 3个国家级新型地面气象观测站、222个区域站、5个农气观测站、9个自动土壤水分观测站、7个GPS / MET观测站、1个气溶胶观测站。市气象局和孝义、汾阳、中阳、交口、柳林、离石、岚县等7县(市、区)气象局基本建成预警信息发布平台。

【开展为农专项服务】

2015年，借鉴陕西为农服务先进经验，结合吕梁实际，开展红枣、核桃、马铃薯等项目的基础研究及专题气象服务，分别确定临县、汾阳、岚县为试点县，邀请红枣、核桃、马铃薯方面的权威专家，专题研讨气象服务工作与“三农”项目的实施。开展了仁用杏冻花冻果的防治与马铃薯晚疫病的防治气象服务工作。

【人工影响天气及防雹工作】

2015年，全市共有人影高炮15门、人影火箭架13套、配备专用保险柜34个、77名作业人员全部持证上岗。全市共有固定/流动作业点43个，建成标准化作业炮点6个。2015年，组织人工影响天气及防雹业务培训。2014年改造了人影设备，完成了安全射界系统，2015年在2014年基础上完善作业指挥系统，实现了火箭作业的自动化指挥、管理，使人影作业更高效、规范，2015年夏季干旱严重，专注有利天气条件，进行人工增雨作业10次，累计发射“37”弹48发、火箭弹86发。在2015年交城森林灭火现场服务期间开展多门火箭联合作业，作业效果明显，为此交城县委县政府领导到省气象局表示感谢。

【加强行业监管】

2015年，市政府安委办发文安排全市防雷安全管理工作，气象部门组织防雷技术人员对各大型企业、煤矿、易燃易爆场所进行全面检测，对不合格企业督促和帮助整改；2015年年初对全市易燃易爆场所和涉及防雷安全的企业进行了详细的检查和相应的安全督促，并对检查出的隐患及时进行整改，有力地保障了企业的防雷安全运行。

【履行社会管理职能】

2015年，气象部门梳理了社会管理职能清单，按照“六权治本”要求，最大限度地将市局审批权下放到了县气象局。公布了气象部门权力和责任清单，其中行政许可3项、行政处罚56项、行政强制3项、其他权力5项。

【业务学习和调查研究】

2015年，人才队伍不断加强。举办全市各类业务培训7期次、参与中国局干部学院远程教育培训4期。先后有长治局正研级高工王正旺、大同局高工杨淑华、省气象局办公室副主任孙爱华和高工贾利冬等多名专家学者应邀来吕梁举办的培训班授课；省级以上刊发和会议交流论文10多篇。

【人才队伍建设】

2015年，全市气象部门在职职工150人，其中硕士6人，本科91人；在聘高级工程师12人，工程师34人。通过召开青年人才座谈会、年轻干部上派下挂、赴省气象台访问学习、参加全国和全省学术交流会议、气象干部远程教育学习等多种渠道，一批年轻干部得到锻炼，走上中层领导岗位。尤其将年轻干部上挂下派锻炼作为一项政治任务，积极探索干部挂职锻炼的管理方式和途径。2015年全市气象部门1人上挂省气象局(中途提拔为副处干部)、4人市气象局挂职。

(吕梁市气象局)

地　震

【地震监测预报工作】

2015年，吕梁市地震局加强地震监测台站管理和地震信息节点的维护管理。加强对地震台站的管理，修订完善地震监测规章制度，制定地震监测人员的岗位职责和目标任务，将工作任务层层落实，确保孝义市晋9-1号水井运行率达到99.2%，其他地震监测手段运行率达到97.3%以上，地震信息节点运行率达99.5%。进行机房改造。由于长时间超负荷运行，市地震局机房线路老化、机器运行缓慢，为改变这一状况，与吕梁移动公司协调，将网速从2M提高到20M，接入了电源专线，铺设绝缘胶板，改造机房内设等。严格执行停测申报制度。交城水位观测站和市局机房改造期间，按有关规定向省局进行报告。强化震情监视和短临跟踪工作。定期召开震情趋势会商会。为全面了解掌握全市地震活动情况，每月月底市地震局邀请离石地震台、各县市地震分析预报人员召开震情趋势会商会，分析研判地震趋势，会商结果及时上报省局预报中心。全年召开月、季、年会商会12次，形成会商意见12条。及时落实震情异常。2015年孝义市地震观测站水位出现两次明显异常（3月27日至4月2日突升，7月5至7日突降），吕梁市及时邀请太原中心台及省局地震专业技术人员到实地进行调查核实，做到了有异常一起，核实一起，决不遗漏任何一点有预报价值的地震前兆信息。坚持24小时震情值班和零报告制度，做好震情跟踪工作，关注地震谣传事件的发生，做到了科学应对，快速平息。依法做好地震监测站点及设施环境的保护，制止破坏监测设施行为。推进“一县一台”建设。为确保“一县一台”任务的落实，市地震局制订《吕梁市地震监测设施建设方案》，将台站布局、建设时限、目标任务都作出明确要求并扎实推进。兴县地震办投资9.5万元安装了大地电场地震前兆监测手段，进入试运行阶段；岚县地震办筹备钻孔形变观测项目，制定岚县钻孔倾斜前兆观测台站建设设计方案，岚县政府拨款10万元作为前期启动资金，进行选址。

【地震应急工作】

2015年，市地震局完善地震应急体制机制。为加强对防震减灾工作的领导，更加有效地处置地震突发事件，岚县、兴县、孝义等县（市）根据人员变动情况调整抗震救灾指挥部领导机构，修订地震应急预案。市防震减灾领导组办公室编印《破坏性地震灾害事件应急处置手册》200册，《处置手册》明确职责分工、规范应急流程、增加处置模板等。地震应急演练取得突破性进展。为检验预案、锻炼队伍、磨合机制，市地震局将地震应急演练作为突出任务来抓。6月20日省局副局长田勇专程赴吕梁安排指导地震应急工作；7月12日应急处副处长陶君丽再赴吕梁对7.5地震应急演练存在的问题进行校正，手把手纠正模板、修改方案、培训人员。8月9日全市地震系统进行5.5级地震应急演练，市政府分管领导李月勤、省地震局副局长亲临观摩指导，并提出意见和建议。9月15日全省地震应急演练地点再次设在吕梁。通过多场次、分规模、高强度的不间断训练，吕梁市地震应急处置能力得到大幅提升，多部门协调配合更加流畅。通过演练，发现存在的短板，明确以后努力的方向、改进的措施。吕梁卫校、孝义振兴街小学、汾阳敬仁中学等112所学校组织开展师生地震应急避险疏散演练，柳林华润福龙水泥厂进行地震应急处置演练，收到了良好效果。强化地震应急救援队伍建设。加强救援队伍管理，吕梁市有地震灾害紧急救援队1支，综合救援队伍12支。各应急队应急程序、组队方案、工作规范等制度体系不断完善，紧急救援队进入规范发展轨道，装备补给不断充实。市救援队现有各类装备15种，近百件。推进志愿者队伍建设。经与吕梁蓝天救援队沟通协商，吕梁蓝天救援队自愿成为地震应急救援志愿队，在灾害发生时协助开展灾情上报、震灾评估，并组织灾民进行自救互救、疏散安置等工作。强化地震应急培训。11 月 5 日吕梁市邀请中国地震应急搜救中心冯军博士，对全市地震应急救援队伍和志愿者进行培训。5 月 23 日华润福龙水泥厂组建了应急救援队伍并进行培训； 9 月份孝义市对地震应急志愿者队伍进行培训。建立灾情信息共享机制。为及时准确掌握地震灾情，市地震局与民政、交通、公安、电信等部门沟通，签订地震灾情信息共享协议，当地震发生后，通过信息交换平台，相互传递地震信息、灾情信息，为抗震救灾工作提供科学依据。加大地震应急避难场所建设和地震应急物资储备力度。为完成国家发改委下达的应急避难场所建设任务，吕梁市住建局、孝义市政府加大应急避难场所建设力度，强化责任，落实措施。吕梁市民广场应急避难场所完成初步验收；孝义市胜溪湖应急避难场所也进入收尾阶段。组织开展地震应急准备检查，全面查看地震应急组织体系建设、地震应急预案体系建设、地震应急救援队伍体系建设、地震应急工作机制建设、地震应急技术体系建设、地震应急物资设备和基础设施建设、地震应急避难场所建设、地震应急科普宣传教育体系建设等情况。对检查中发现的问题、隐患，要求及时落实整改，能够立即整改的要马上整改，一时难以整改的事项要制定整改方案，做到方案、人员、责任、目标、时限五落实。

【震害防御工作】

2015 年，吕梁市抗震设防纳入法制化轨道。市政府建立建设工程抗震设防工作联席会议制度，协调解决建设工程抗震设防工作中遇到的困难和问题。规范建设工程抗震设防要求管理程序。建设工程的选址要征求地震部门意见；重大建设工程和可能产生严重次生灾害的建设工程要进行地震安全性评价；一般建设工程项目要由市或县级地震工作主管部门确定抗震设防要求；建设工程的项目申请报告或者可行性研究报告要包含抗震设防要求内容；住建、交通、水利等部门要对本行业建设工程初步设计报告的抗震设防内容进行审查；建设单位在组织进行竣工验收时，要将抗震设防要求和抗震设计标准的执行情况纳入竣工验收内容。抗震设防要求审批实行“一站式”办理，做到“一个厅进入，一个口办理，一条龙服务，一次性办结”。2015 年，全市抗震设防要求审批 72 项，有 38 项重大工程、次生灾害源进行工程场地地震安全性评价。省人大常委会《抗震设防条例》执法调研组到吕梁调研。调研组先后深入到吕梁新区、政务大厅和交城县实地调研。实地观摩了吕梁新区安置房抗震设防建设工程、农村民居危旧房改造和吕梁大道建设工程。在交城县，实地调研活断层探测点、新农村抗震设防工程、抗震加固改造工程。调研组对吕梁贯彻落实《抗震设防条例》取得的成效，给予高度评价。开展抗震设防要求执法检查。8—10 月市局分赴各县（市、区）、部分企业单位进行执法检查，针对存在的问题，下发责令整改通知书，要求限期整改。交城活动断层探测启动。为探明交城断裂走向及活动状态，为交城县经济社会发展及城市建设提供决策依据，交城县政府投资 370 万元对交城断裂交城段进行探测。交城断裂探测工作 2 月份启动，6 月份签订合同，项目由中国地震应急搜救中心实施，通过遥感解译、地表地震地质调查、物探、钻探、槽探等手段，开展地震构造环境和地震活动性评价工作。组织开展地震安全隐患排查和治理工作。为掌握全市地震风险隐患情况，消除或控制风险隐患，从源头上预防和减轻地震灾害。吕梁市防震减灾领导组印发《关于贯彻落实国务院抗震救灾指挥部抗震救灾应急准备检查整改要求的通知》（吕震防组〔2015〕1 号），要求发改、国土、住建、交通、水利、卫生、教育、安监等部门对重大工程建筑、城市基础设施、人员密集场所开展地震安全隐患排查和治理工作。各部门要根据行业地震标准，按照隐患等级登记造册，制定专门的整改方案，对存在重大安全隐患的工程该搬迁的搬迁、该拆除的拆除，做到“四不”(不走过程、不留死角、不打折扣、不计成本）、“五落实”(落实隐患整改的责任、措施、资金、时间、预案)。推进农村民居地震安全示范工程建设。吕梁市按照“政府引导、试点先行，逐步推开”的原则，选择有条件、有代表性的地方，采取示范区、示范村和示范户等多种形式实施农村民居示范工程，将示范工程与新农村建设、移民搬迁工程、危旧房改造工程和村镇规划结合起来，新建、改造和加固一批安全、适用且对周围农民有吸引力的样板农村民居。全市建成农村民居地震安全工程示范点 60 个，5438 套，使用面积 511720 平方米。2015 年农村危房改造涉及 132 个乡镇、2361 个村庄，总改造面积 87.65 万平方米，经改造后的农村民居达到当地抗震设防要求。

【防震减灾宣传教育】

2015 年，吕梁市开展《抗震设防条例》（以下简称《条例》）和新一代地震区划图的宣贯工作。在采用广播、电视、悬挂条幅、散发传单、制作版面、设立咨询台等传统媒介宣传的基础上，创新宣传形式，通过建立微信、微博、网页等信息交换平台，扩大宣传面，为《条例》顺利贯彻实施营造了良好的法制氛围。全市印制《山西省建设工程抗震设防条例》单行本、宣传材料 1.5 万份，分发到机关、厂矿、企业及广大群众。4 月 16 日吕梁市邀请《抗震设防条例》主要起草者、省地震局副局长郭星全，对全市建设工程抗震设防管理者和执法人员进行培训；10 月 26 日至 29 日局长刘智平亲自带队参加省地震局组织的第五代《中国地震动参数区划图》培训会。12 月 4 日市地震局制作《中国地震动参数区划图》专板，在世纪广场设立咨询点专题宣传。抓好特定时段的集中宣传。在“安全生产宣传周”“5·12 防灾减灾日”“7·28 防震减灾宣传周”“科技宣传月”“12·4”等特殊时段，市地震局通过悬挂宣传标语、展出宣传版面、印发宣传资料等形式开展防震减灾知识集中宣传咨询活动。在这几次集中宣传中，设立咨询台 83 次，印发宣传书 6.5 万份，制作宣传条幅 139 条，展板 268 块，宣传单 13 万余份，电视台播放宣传片 30 余次，广播剧 10 余次，报社登载防震减灾相关知识 50 余条。创新宣传形式搞普及。组织开展“平安中国千城大行动”活动，在学校推广防震减灾优秀宣讲课件、校园微电影、防震减灾进校园专题片等。利用微信平台抓宣传。汾阳市地震局与旺旺传媒合作，创建“科学防震、有效减灾”等专题，在“5·12”“7·28”发送防震减灾微信 6 条。孝义市地震局在微信上建立公众平台，宣传科普知识。交城县举办消夏文艺晚会，普及防震避险知识。交口县地震局与科协合作，举办防震减灾百场电影行，将地震知识送到乡镇、农村、学校。岚县地震办邀请省地震局副局长郭星全在岚州大讲堂作防震减灾专题讲座，使机关干部受到防震减灾教育。结合示范创建抓宣传。全市 13 个县（市、区）开展示范学校创建活动，将防震减灾知识纳入中小学公共安全教育课程，放大示范校的示范功能，将刊报展示、逃生演练、主题班会等适时向居民、家长开放，发挥带动影响作用。交口县申报省级防震减灾示范县；汾阳四中申报省级防震减灾科普教育基地；离石袁家庄小学、文水中学等 9 所学校申报省级防震减灾科普示范学校并全部通过认定。

（吕梁市地震局）

山西省农科院经济作物研究所

【承担课题及到位科研经费】

2015年，山西省农科院经济作物研究所（以下简称研究所）承担国家、省、院等各级课题67项（其中新增课题11项、结转课题56项），包括省级以上课题38项，院级项目29项。全所111名科研人员承担以上工作。本年度到位科研经费877.6598万元，横向课题经费43万元。省级以上课题38项：国家转基因专项1项、国家学科群建设项目1项、国家星火项目1项、农业部项目9项、省财政支农项目6项、省委组织部项目1项、省专利推广项目1项、省推广类项目4项、省星火项目1项、省攻关项目10项、省支撑计划项目1项、省留学生项目2项。院级课题29项：院攻关项目5项、院推广项目4项、院育种工程项目14项、院产品项目1项、院重点项目3项、院育种基础项目2项。2015年新增课题11项、结转课题56项。新增课题中，国家星火项目1项：晋葵11号配套简约化栽培技术示范推广。省支撑计划项目1项：大豆新品种及高产高效配套栽培技术示范推广。省财政支农项目2项：优质特色大豆新品种晋豆47号示范推广；山西油料作物种质资源创制与利用研究。社会化服务体系项目2项：晋产道地中药材高效模式社会化服务体系建设；贾家庄经济作物示范园建设。院育种基础项目1项：花生高油酸种质资源收集、鉴定与利用。院推广项目4项：干旱半干旱区蓖麻高产高效集成技术示范；向日葵简约化栽培技术示范推广；汾阳经济作物科技创新综合示范基地；国鉴富硒优质谷晋汾02示范推广。

【2015年取得的成果】

2015年，研究所取得的成果：获山西省科技进步三等奖1项，获山西省农村技术承包集体二等奖2项，省级审（认）定品种5个，获植物新品种权2个，成果鉴定1项，获国家专利9项（其中发明专利4项、实用新型专利5项），发表论文32篇，其中：SCI收录1篇、国家级10篇、省级21篇。

1.获山西省科技进步三等奖1项：“国审高产抗病大豆品种汾豆78”于2015年11月获山西省科技进步三等奖。汾豆78号由研究所育成。曾受到国家“863”项目“大豆抗病虫、抗干旱等重要性状的分子标记和聚合育种”资助，是利用现代农业分子标记聚合育种手段，实现耐旱、高产、抗病大豆品种选育的重要成果。

该品种对大豆花叶病毒病SC3、SC7株系表现高抗，是我国改革开放以来少有的高产抗病大豆品种之一，是黄土高原地区大豆科学研究的重大成果。

该品种2010年至2013年在山西、陕西、甘肃、宁夏等黄土高原地区累计推广410.2万余亩，获得直接经济效益61万元，创造社会经济效益4.1亿元。

该品种在黄土高原地区干果林大面积间作种植，适合就近工业加工和订单生产，可以提高农民林下经济收益，减低生产成本，具有较大的市场竞争力，为黄土高原地区大豆及其相关产业的健康发展奠定了基础。

2.获山西省农村技术承包集体二等奖2项：

（1）“麦茬复播油葵两增三改两配套栽培技术”于2015年6月获山西省农村技术承包集体二等奖。

该项目由研究所牵头，以“麦茬复播油葵两增三改两配套高产栽培技术”和“油用向日葵杂交种S606”两项科研成果为依托，在运城市属的夏县、盐湖区、临猗县、永济市4个县（市、区）的向日葵主产区，以种植大户为重点服务对象，结合国家现代产业技术体系向日葵综合试验站的示范基地县的示范工作任务，开展增加密度、增施钾肥、改换品种、改变播期、改变种植模式、改等行距种植为宽窄行种植、配套病虫害绿色防控技术、配套平衡施肥技术、高产栽培技术推广应用。在夏县、临猗、永济、盐湖等4个县（市、区）的20个乡镇224个村承包麦茬复播油葵两增三改两配套高产栽培技术，旨在提升山西省复播油葵主产区的整体技术水平和生产效益，推广面积达10.52万亩，平均亩产202.4公斤，较一般地块增产14.93%，亩增产26.3公斤，总增产油料277万公斤，增加农民收入1385万元。

（2）“晋西黄芩优质高效栽培模式推广”于2015年6月获山西省农村技术承包集体二等奖。

该项目由研究所参与，以“黄芩优质高效栽培模式”科研成果为依托，考虑晋西地处干旱山区，黄土层深厚平坦，特别适合种植黄芩等以根茎类入药的药材的区位优势，在新绛、洪洞、侯马、柳林、平遥5个县的黄芩主产区，以种植大户为重点服务对象，结合应用黄芩新品种，开展合理密植、精量施肥、生物防控、生产机械化等为核心的黄芩栽培模式，在新绛、洪洞、侯马、柳林、平遥5个县（市）的23个乡镇100个示范户承包晋西黄芩优质高效栽培模式推广，旨在提升山西省晋西地区黄芩生产的整体技术水平和生产效益，推广面积10万亩。平均亩产350公斤，较一般地块增产16.67%，亩增产50公斤，总增产黄芩500万公斤，增加农民收入2800万元。

3.审（认）定品种5个：

（1）“晋花10号” 花生新品种，2015年5月通过山西省品种审定委员会认定。

品种来源：07-5421-2-4。该品种多抗优质，2013年至2014年两年12点次平均亩产258.5千克，增产点数11点，增产点率91.7%，较对照品种晋花4号平均亩产241.5千克增产7%。

该品种属中早熟花生新品种，春播生育期110天至125天，生长整齐，株型直立而紧凑，长势强，属分枝型密枝型，百果重169.1克，百仁重72.5克，出仁率71.4%，种仁椭圆形，种皮粉红色，耐旱性强、耐涝性强、抗叶斑病性。2013年经农业部油料及制品质量监督检验测试中心检验测试：汾花6号粗蛋白质含量为23.06%，脂肪含量为50.95%。

栽培要点：适时播种，中北部区域4月25日至5月5日，南部春播4月15日左右；采用地膜覆盖技术；合理密植：高水肥地每亩18000株左右，中等肥力地21000株左右，双粒播种；根据地力一次性施足底肥，有机肥料与无机肥料配合施用，田间适时管理，适期收获。

适宜区域：适宜山西省运城、临汾、晋中、吕梁、长治等花生区推广种植。

（2）“汾蓖11号”蓖麻新品种，2015年9月通过山西省品种审定委员会认定。

该品种以中秆、多穗MF43为母本，以S11-18为父本，在2006年186个杂交组合参试的蓖麻高级产比试验中，表现高产、抗病，位于参试杂交组合首位，命名为汾蓖11号，2007、2008年继续参加高级产比试验，2009、2010年以晋蓖麻2号为对照，参加产量对比试验，比对照增产12.7%。2013年至2014年较对照晋蓖麻2号平均增产18.8%。

特征特性：该品种，出苗至主穗成熟112天，属中熟蓖麻杂交种，种子黑花色，茎秆红色，蜡层厚，抗旱性强，百粒重37.4克，主茎节数12-14节，主穗位高42厘米，主穗长度46厘米，一级分枝穗长度49厘米。

适宜区域：适宜于山西省无霜期120天以上地区引种种植。

（3）“汾麻3号”大麻新品种，2015年12月通过山西省品种审定委员会认定（证书未发放）。

该品种为雌雄异株，抗病、抗旱、抗倒，株高2～2.5米，茎粗1.5～3厘米，分枝高 120 ~ 160 厘米，种子千粒重 28 ~ 30 克。麻子产量 150 ~ 200 千克 / 亩，比对照（晋麻 1 号）增产 15% 以上。叶片肥大、苗期浅绿色，后期深绿色，茎绿色，上下茎秆粗细均匀，分枝多，麻子产量较高。

栽培要点：6 月中下旬播种后该品种出苗快，苗期长势良好，中后期生长速度加快，群体一致性较好。7 月底现蕾，8 月中旬开花。种子成熟在 10 月上旬，全生育期为 110 天左右。

适宜区域：该品种是适合山西省生态条件的第一个籽用品种。适宜在山西省晋中、吕梁、晋城、长治、忻州、太原等大麻产籽区种植。

（4）“晋汾 97”谷子新品种，2015 年 12 月通过山西省品种审定委员会认定（证书未发放）。

品种来源：晋谷 20 号 × 化 F3-17。该品种生育期 123 天左右，千粒重 3.3 克，出谷率 86.8%，白谷黄米。

2014 年至 2015 年参加山西省春谷中晚熟区试，两年 15 点次平均亩产 327.2 千克，比对照长农 35 增产 6.3%，居两年参试品种第 5 位。两年 15 点次试验 13 点增产，增产点率 86.7%，增产幅度为 2.8% ~ 15.6%。2015 年参加山西省春谷中晚熟区生产试验，平均亩产 331.7 千克，比对照长农 35 平均亩产 297.7 千克增产 11.4%，增产点率 100%。

适宜区域：山西省谷子春播中晚熟区。

根据农业部谷物及制品质量监督检验测试中心（哈尔滨）分析，粗蛋白（干基）14.21%，粗脂肪（干基）2.58%，直链淀粉（占脱脂样品）16.07%，胶稠度 137.5 毫米，赖氨酸（干基）0.19%，胶稠度 137.5 毫米，糊化温度（碱消值）3.7 级，钙 13.52 毫克 /100 克，铁 2.46 毫克 /100 克，锌 32.9 毫克 / 千克，硒 0.138 毫克 / 千克。2013 年 11 月在全国优质食用粟鉴评会上被评为国家二级优质米。

（5）“汾远 2 号”药材（远志）新品种，2015 年 12 月通过山西省品种审定委员会认定（证书未发放）。

该品种是研究所于 2004 年从洪洞远志农家种中选择；采用系统选育法经 8 年选育而成。经山西大学中医现代研究中心检测，汾远 2 号口山酮Ⅲ含量、3,6-二芥子蔗糖含量、远志皂苷含量均高于亲本，远高于药典。该品种产量、抗涝、抗病均优于亲本，命名为汾远 2 号。2014 年 6 个试验点平均亩产 527.2 千克，比对照晋远 1 号增产 12.9%，增产点次 100%。2015 年 6 个试验点平均亩产 434.5 千克，比对照晋远 1 号增产 14.3%，增产点次 100%。两年鲜根茎平均亩产 480.8 千克，比对照增产 13.5%。

特征特性：该品种生育期 2.5 年，抗涝性强，抗根腐病，株高 25 ~ 35 厘米，叶色翠绿，鲜根圆柱形，花果全部集中于顶端，鲜根长 28 ~ 32 厘米，直径 0.6 ~ 0.8 厘米，粗细均匀，根身与近芦头部位根皮颜色相近，呈黄白色。

适宜区域：适宜于山西省中南部地区引种种植。

4. 获得植物新品种权 2 个，2015 年 11 月研究所“汾豆 56”“晋豆 39”2 个大豆新品种获农业部颁发的“植物新品种权”证书。晋豆 39 大豆新品种：培育人：马俊奎等，品种权号：CNA20100533.0；

汾豆 56 大豆新品种：培育人：马俊奎等，品种权号：CNA20100534.9

5. 成果鉴定 1 项：“芝麻重要遗传性状解析与高产稳产新品种选育”2015 年 5 月通过河南省成果鉴定。

6. 获国家专利 9 项，其中发明专利 4 项、实用新型 5 项：发明专利：（1）专利名称：“利用绿豆皮制备保健蜜丸的方法”，专利号：ZL201310344739.X，授权公告日：2014 年 12 月 10 日，发明人：王彩萍等。（2）专利名称："利用绿豆全株粉制备营养、保健早茶的方法"，专利号：ZL201310345757.X，授权公告日：2015年3月18日，发明人：王彩萍等。（3）专利名称："一种工业大麻良种繁殖技术"，专利号：ZL201310374383.4，授权公告日：2015年5月20日，发明人：康红梅等。（4）专利名称："适宜芽菜生产的板蓝根及其栽培板蓝根芽菜的方法"，专利号：ZL201210206541.0，授权公告日：2015年5月20日，发明人：田洪岭等。实用新型：（5）专利名称："一种鹅用的饲养装置"，专利号：ZL201520277992.2，授权公告日：2015年8月19日，发明人：高钰锋等。（6）专利名称："一种鹅舍结构"，专利号：ZL201520277993.7，授权公告日：2015年8月19日，发明人：高钰锋等。（7）专利名称："一种蜜蜂养殖箱"，专利号：ZL201520290914.6，授权公告日：2015年9月2日，发明人：樊瑞泉等。（8）专利名称："一种蜜蜂饲喂器"，专利号：ZL201520290913.1，授权公告日：2015年9月23日，发明人：樊瑞泉等。（9）专利名称："一种拆卸式的铺膜机"，专利号：ZL201520353614.8，授权公告日：2015年11月11日，发明人：权宝全等。

7.论文发表：2015年发表论文32篇，其中：SCI收录1篇、国家级10篇、省级21篇。SCI收录：论文题目"Analysis of Polygala tenuifolia Transcriptome and Description of Secondary Metabolite Biosynthetic Pathways by Illum Sequencing"，刊物名称《International Journal of Genomics》，第一作者：田洪岭。

【科研新苗头】

1.晋汾106：幼苗绿色，穗型筒型，紧穗，出谷率82.5%，白谷黄米，生育期120天左右。在全国第十一届优质食用粟评选中被评为一级优质米。

2.参加区域试验品系14个：

谷子新品系：抗拿扑净材料K18-1；

大豆新品系：汾豆92、汾豆93、汾（绿肥）豆2号；

向日葵新品系：杂交组FK-0918；

小杂粮新品系：汾绿豆4号、汾小豆3号；

芝麻新品系：汾芝10号、汾芝11号；

水地小麦新品系：汾4519、汾4556、汾4862、汾4327、汾1200。

3.制定地方标准三项：

复播食用向日葵栽培技术规程；红小豆、玉米间作技术规程远志生产技术规程。

【学术报告和学术交流】

2015年，研究所先后组织召开学术报告、学术交流会议3次，其中：12月18日，邀请北京金色农华种业科技股份有限公司首席育种家田清震博士到研究所作了题为《玉米商业育种策略》的专题学术报告。

【科研成果推广】

2015年，研究所在全省的36个市（县、区），展示了19种作物（畜牧、果树）、41个优良品种、32项栽培技术，养殖猪15000头，技术培训14646人（次），发放各种技术资料153577份，建立示范点138个，示范面积29550亩，推广面积达692.56万亩，创造社会效益4.3亿元。

【培育出一批规模化种植的高产典型】

2015年，研究所在推广过程中依靠当地推广部门、龙头企业和农民专业合作社，发挥各自的职能和优势，培育出一批规模化种（养）植的高产典型。

6月28日在离石区吴城镇任家塔村进行晋葵11号示范种植，示范面积60亩。当地2015年春夏干旱少雨，播种时干土层达10厘米，播种后十余天无有效降雨。但随着7月中旬的降雨出苗率达70%以上，后期长势良好。

9月28日，吕梁市农委副主任刘海贵、市农业技术推广站站长王建才、离石区农委及种植大户前往该示范点进行实地参观。平均亩产168千克，种植户非常满意。

高粱课题组与孝义市农委合作，在孝义市的示范“核桃林下套种高粱”2015年面积达到5000亩。10月19日中央电视台新闻频道“大秋收”栏目组就“核桃林下套种矮秆高粱探索致富路”进行现场直播。10月22日吕梁日报以图片的形式整版报道。

中药材课题组在汾阳市阳城乡强盛家庭农场种植柴胡、远志100亩。预期产量：远志鲜条550千克、柴胡鲜条200千克。

大豆课题组与山西裕源土特产品有限公司合作，在该公司核桃基地—汾阳市峪道河镇宏寺村和协和堡村建立样板田179亩，从种到收标准化作业，最高折合亩产252.6千克和244.9千克，平均亩产236.2千克，比对照田增产44.4%，示范效果显著。

向日葵试验站在闻喜县桐城镇示范基地，开展“麦茬复播油葵两增三改两配套高产栽培技术”示范500亩，经田间取样测产，平均亩产205千克，比传统种植亩产158千克增产47千克，增产29.75%。

大麻试验站在平遥种植50亩“晋麻1号”展示田，平均亩产麻皮155千克，经济效益达1860元。

花生试验站在汾阳市南关村核桃林下套种“晋花7号”100亩，平均亩产238千克，比对照争产18.6%。

“大豆渗水地膜全覆盖高产栽培技术”。2015年9月26日省农科院组织中国农科院、安徽省农科院、山西省农业厅和省农科院的专家现场测产35亩大豆高产示范田，其中汾豆78平均亩产267.1千克，汾豆79平均亩产260.81千克。

“向日葵简约化栽培技术”。10月17日院推广处组织山西农大郭平毅、农科院刘永忠等专家现场测产30亩晋葵11号，平均亩产238.8千克。

谷子课题组在汾阳市栗家庄乡郭家庄村的50亩晋汾02高产示范田，采用渗水地膜全覆盖高产栽培技术。平均亩产404.1千克，对照组平均亩产213.5千克。

研究所规模化林下养鹅课题组与汾阳市民达苗木专业合作社，在核桃林下养鹅1000余只。总产值达12万余元。形成了林牧结合、长短互补的生态循环农业发展之路。《吕梁日报》和汾阳电视台多次报道。

【举办农民科技日活动】

2015年，根据省农科院的安排，研究所整合了7个综合试验站和6个推广项目，与汾阳市农民专业合作社协会和孝义市农委合作举办两次“农民科技日”活动。春季，研究所在孝义市下堡镇下巍底村举办了以新成果、新技术推介为主题的“农民科技日”活动。下堡镇镇长王治攀、孝义市农委副主任李荣生及核桃种植专业合作社、种粮大户160余人参加了活动。下巍底村位于万亩核桃林集中连片区，为促进核桃林区农业发展，研究所把适宜核桃林下种养植的大豆、谷子、花生、芝麻、矮秆高粱、绿豆、中药材、林下养鹅等项目进行了推介和技术培训，会上发放技术资料12类2000余份。秋季，研究所与汾阳市农民专业合作社协会联合在科技创新综合示范基地贾家庄村进行，活动的主题是实地考察、现场观摩，各专业合作社长听取专家们的讲解，详细记录讲解内容、品种和技术，并对生产上遇到的问题和各自感兴趣的作物和技术，与专家们讨论和交流。通过地头讲解，现场答疑真正做到了做给农民看、带着农民干。让农民看得见、用得上、得实惠。山西电视台对此进行了报道。以上两次活动得到了各专业合作社社长们的一致好评，受到了汾阳市委、市政府的高度重视，也为研究所新品种新技术大面积推广，找到了对接的平台。汾阳电视台、孝义电视台也对此次活动进行了专题报道。

【人才建设】

2015年，研究所通过公开招聘的方式招聘研究生2人（硕士生2名），退休3人，病逝1人，截至2015年年底研究所在职职工170人，其中干部131人，工人39人；退休职工150人，其中：退休干部54人，退休工人95人，退职工人1人。2015年研究所在职硕士生毕业1人，在职本科生毕业1人，在读全日制博士生3人，在职硕士生7人。截至2015年底人员结构配置如下：有高级研究人员38名，其中，研究员8名、副研究员30名；中级研究员56名，其中：助理研究员54名、会计师2名；研究实习员24名，未聘2名。管理岗位正科5名、副科5名、科员1名。技术工人中技师29名，高级工7名，中级工1名，初级工2名。

【研究条件改善】

2015年，在山西省农科院领导的关怀下，分配给研究所位于太原市龙城大街81号面积3400多平方米的办公、实验楼，已投入使用，科研、实验工作已逐步展开。

2015年，研究所争取上级领导和有关部门的支持，集中有限的财力、物力，多方筹措资金980.5万元，加大了对科研试验基地和基础设施的建设、改造力度，为提升科技创新能力提供了硬件支撑。

1.贾家庄综合试验站农田基本建设改造。由省发改委投资的120万贾家庄综合试验站农田基本建设改造工程完工，示范基地成为田、林、路、渠（管）机电、井为一体的高标准示范田。

2.供暖设备及科研附属设施改扩建项目。该项目于2015年2月前完工并交付使用，省级投资120万元。其中：科研楼屋面防水改造9.624万元；锅炉设备更新65.8129万元；室外供暖管道及附属设施更新39.7131万元；其他费用4.85万元。

3.购置科研仪器、农机等设备。2015年研究所购置：大豆覆盖渗水地膜专用播种机、大豆联合收割机、大麻试剂架、大豆喷灌设备、包衣机、净化工作台等仪器设备596台（套、件），计2421682.8元。

4.基础设施维修、改造。2015年投资289907元对研究所基础设施进行维修、改造，改善研究所的科研条件和工作、生活环境：

（1）自来水供水管道使用20多年，临近报废，为不影响职工正常饮用水，投资63789元进行自来水供水管道更新改造。

（2）试验场靠昌宁宫村围墙倒塌，重新修筑围墙68米，费用30000元。

（3）地沟维修及排污管道安装70000元。地沟总长100米，宽度由原900毫米宽增加到1300毫米，原地沟内DN200PVC下水管拆除后移至地沟一侧，重新挖槽安装DN200PVC下水管。

（4）零星维修工程费用共计16065元，主要项目有西河路供暖管道地沟及地面维修1530元；果园围墙基础加固砌做9340元；清理三个锅炉炉渣5195元。

（5）生物楼卫生间管道及水塔维修3517元。其中：生物楼卫生间管道维修材料款2840元；水塔维修材料款677元。

（6）供暖管道维修12980元。其中：西河路暖气管道维修1716元；南楼院锅炉水泵及管道维修2876元；生物楼暖气管道维修4388元；锅炉出渣机更换链条4000元。

（7）电气维修10857元。主要用于办公楼照明灯更换、路灯安装、工具购置以及日常维修。

（8）水利维修25699元。其中：水利田间设施维修材料费11299元；大修水泵12台，每台1200元，共计14400元。

（9）投资5.7万元改善科研、生活环境：栽种柏树、香花槐、景天、萱草等绿化苗木，绿化、香化、美化办公区、生活区，为广大职工创造出一个鸟语花香、温馨舒适的工作和生活环境。

5.职工体检。2015年研究所分别组织在职职工、退休职工在山西省医科大学汾阳附属医院进行体检，参加体检的在职职工171人、退休职工134人，支出体检费177041.9元，做到了有病及时治疗、无病积极预防。

6.住房补贴。研究所退休职工住房补贴工作2015年元月底完成，累计补贴3602035元。

7.取暖补贴。2015年共支出职工取暖补贴914400元，其中：在职职工480800元，退休职工取暖补贴433600元。

（山西省农科院经济作物研究所）

2016年吕梁年鉴

LVLIANGNIANJIAN

社会科学

地方志

【《吕梁市志》编纂】

2015年，市地方志办对《吕梁市志》初稿进行整理、校对，启动《吕梁市志》总纂工作。年内完成约500万字的《吕梁市志》的总纂稿，对近年来组建的太佳高速、太中银铁路等单位的资料进行补充征集、整理。

【《吕梁市乡镇志》编纂】

2015年，市地方志办完成380万字的《吕梁市乡镇志》总纂稿。市政府拨付《吕梁市乡镇志》的印刷经费100万元，经过招投标，由北京的一家文化公司承印。截至12月底，380万字的样本全部印出，在各县（市、区）地方志工作人员校对修改的基础上，市地方志办公室工作人员和聘请的工作人员进行两轮校对修改，开展最后的修改审稿工作。

【县级第二轮修志工作】

2015年，市地方志办督促推进县级第二轮修志工作。截至12月底，《孝义市志》和《临县志》总纂稿基本完成，《柳林县志》完成三分之一的总纂稿。《石楼县志》《交口县志》《离石区志》《汾阳市志》《中阳县志》《兴县志》《岚县志》的编纂工作也取得较大进展。

【年鉴编纂】

2015年，吕梁市除《临县年鉴》（2013）正式出版外，《孝义年鉴》（2014）、《中阳统计年鉴》（2014）、《石楼年鉴》（2013—2014）也印刷成书。

【于成龙家族史实考证工作】

2015年，市委安排市地方志办对于成龙家族若干历史事实进行考证。市地方志办组织离石区、方山县、柳林县地方志办开展考证工作，走访于成龙后裔于银元（82岁），在山东省即墨市、文登市地方志办和河南省卢氏县、沁阳县地方志办及山西省晋城市地方志办的协助下，完成考证工作，形成《关于考证于成龙家族若干历史事实的报告》4800字，上报吕梁市委。

【《吕梁山风景名胜志》定稿】

2015年，市地方志办按照山西省地方志办公室的要求，听取山西省地方志办公室专家的审查修改意见，完成《吕梁山风景名胜志》书稿的修改工作。《吕梁山风景名胜志》正式定稿。

【旧志整理】

2015年，乾隆版《汾州府志》影印本完成印刷并装订成书。

【地方志网建设】

2015年，市地方志办将现有的志书电子版纳入吕梁市地方志网站方志文库，丰富地方志网站的内容。保持好对地方志网站的维护，使其正常运行。

【完成省志办的撰稿任务】

2015年，市地方志办完成省志办安排的《山西省乡镇简志》（吕梁卷）的修改补充任务、《山西年鉴》（吕梁部分）的撰稿任务和《山西省志·地方志》（吕梁卷）的编写任务。

（吕梁市地方志办公室）

发展研究中心

【撰写吕梁市情报告】

根据省委、省政府的工作要求，2014年启动按年度序列研创出版《山西省情报告》的重大创新工程，旨在搭建平台，整合研究力量，动态深化对发展变化的省情的研究。2015年，吕梁市发展研究中心承担吕梁市2014年、2015年山西省情智库丛书《山西省情报告》“蓝皮书”编撰工作，写成《山西省情报告》吕梁市部分，文章包括发展思路、经济运行、产业发展、转型综改、城乡建设、民主社会、经济特征、县域经济8个部分，共计1.2万多字，受到山西省发展研究中心和山西省地方志办公室的好评。

（吕梁市发展研究中心）

档案

【档案业务工作】

2015年，市档案局多举措开展接收征集工作。按照不断缩短接收年限，拓宽接收范围，扩大接收内容的目标要求，市档案馆2015年开展对各单位2009年以前形成档案的接收进馆工作，接收40个全宗共5670卷(件)档案。为弥补馆藏吕梁历史等档案资料的不足，各县(市、区)、市直各单位向社会各界人士开展口述历史档案的征集工作，征集到反映吕梁红色历史、吕梁名人、吕梁非物质文化遗产等方面内容的口述档案50余件，特别是与吕梁市党史研究室共同征集的《习仲勋在吕梁》等资料弥补了吕梁档案、党史资料的空白。加强机关、企事业单位档案目标管理工作。档案目标管理是推动、提升档案工作水平最有效的方法和得力措施，全市档案部门紧抓不放，积极监督指导，完成市老干局档案室目标管理省三级的验收工作，指导完成了吕梁电力建设承装公司AA级标准，临县烟草A级档案工作规范化管理等级评定工作，全市目标管理工作有序推进。社会主义新农村建设档案工作成效显著。在2013年柳林县通过国家级示范县验收，2014年交口县、交城县、孝义市通过升级验收的基础上，2015年有离石区、岚县通过了省级示范县验收，11月中阳县、汾阳市通过验收，截至2015年12月底，全省7个省级新农村建设档案工作示范县，吕梁就占了5个，这项工作受到国家档案局、省档案局领导的充分肯定和高度评价。档案馆建设工作稳步推进。近年修建新馆的临县、岚县按高标准要求开展工作，方山于2015年配套资金到位，迁入新馆。按照“三一三”计划，2015年做好中阳县、交城县、离石区、岚县四个档案馆验收省二级馆的工作。

【提高服务能力和档案利用程度】

2015年，市档案局整合档案资源，拓展档案服务领域。随着馆藏结构的不断优化、馆藏内容的丰富，市档案馆充分挖掘馆藏档案信息，整合社会档案资源，拓展档案服务领域。对外开放“红色吕梁 光辉历程”展、“身边的榜样——公民道德教育”展、“中小学档案教育社会实践基地”，2015年接待600余人前来参观。为了发挥市档案馆爱国主义教育基地的作用，和吕梁学院签署“就业实习基地协议书”，为大学毕业生提供实习就业平台。做好档案查阅利用工作。做好增量档案中干部任免、职称评定等专题数据库的目录录入。为方便群众查阅利用，简化查档手续，开展节假日不休息查档、电话查档、送档上门等服务，受到社会各界的一致好评。全年共接待查阅利用420余人次，利用档案、资料2380余卷(册)。开放“现行文件利用中心”，使更多涉及人民群众切身利益的政府信息得到及时查询，现行文件阅览中心独立开展工作以来，注重加强各行政机关现行文件的收集整理工作，完成7个单位的接收工作。加强档案信息化建设。市档案局建立馆藏档案的目录数据库，其中案卷级目录64891条，文件级目录91万余条，100%录入完成。档案原文数据库总量突破390万幅，实现了馆藏2008年前全部A4格式档案的扫描录入，开展A3格式大幅档案的扫描工作，全文扫描率达到了90%。还购置实时采集刻录机、音视频编辑机、扫描仪、高拍仪、UPS电源中继器等设备，加大对馆藏纸质档案数字化处理的进程，为档案信息化工作进一步开展提供更有力的保障。档案编研工作硕果累累。对馆藏档案资源深挖细研，完成包括《全宗介绍》《大事记》《基础数字汇编》《征用土地文件汇编》以及干部任免、职称评定、招工等10余种资料及专题目录汇编，开展《吕梁市组织沿革》

1985—2015年度的续编工作，完成《全宗介绍》馆藏全宗50%的编制工作，完成《走进兰台》有奖征文汇编，《政府工作报告汇编1971—2014》，为群众查阅、单位查考、领导决策、编史修志等提供了可靠依据。

【构建档案安全体系】

2015年，市档案局建立健全安全管理制度，责任到人，保证档案馆安全万无一失。在保证档案实体安全的基础上，2013年将吕梁市档案馆馆藏第一批数据在江苏省镇江市档案馆进行异地备份，根据两年一备份的原则，2015年10月9日在镇江进行增量备份，将全市13个县（市、区）档案馆藏的重要档案信息数据进行了捆绑备份，备份总数达1773.04GB，其中市档案馆备份数据208GB，11个县市档案馆备份数据1565.04GB。对馆藏涉密档案进行登记和处理，将涉密文件在手工目录和电子目录上同步进行标注、登记，确保馆藏档案信息无泄密事件发生。完成“六权治本”的相关工作。制订“权力清单”“责任清单”和权力运行流程图以及风险预警防控图，完善相关制度。

【多渠道宣传档案工作】

2015年，市档案局在“6·9”“9·5”“12·4”等重大纪念日举行形式多样的档案宣传活动，2015年还在国际档案日举行“一走六进”（走街头，进单位、进学校、进社区、进企业、进家庭，进农村）活动，通过进单位、进学校、进社区、进企业、进家庭，进农村，将形式多样的档案宣传结合起来，与吕梁日报社联合举办“走进档案”有奖征文活动，开辟“吕梁抗战记忆”专栏，刊登《吕梁抗战记忆》专稿14篇，提升档案工作的社会知名度和影响力。鼓励机关干部、档案工作者踊跃在各大网络、新闻媒体、各级档案论坛投稿，利用《吕梁档案》信息和“吕梁档案信息网”网络平台，向社会传播档案知识，拓宽档案信息共享渠道。

文化

文化建设

【公共文体服务体系建设】

2015年，县（市、区）文化馆、图书馆全部建成，市、县（市、区）“两馆”全部实现免费开放。148个乡镇综合文化站、健身广场，3112个行政村文化活动室、农家书屋实现全覆盖。实现公共文化服务标准化，利用现有城乡公共设施，统筹建设集宣传文化、党员教育、科技普及、普法教育、体育健身等多功能于一体的标准化基层公共文体活动场所。2015年，各县均建成2000～60000平方米的公共文化广场。组织完成全国“两馆”评估定级工作，等级馆达标率达到50%以上。市级体育传统项目学校申报工作完成。全市体育协会健全规范，不同等级社会体育指导员遍布全市城镇、乡村。城市社区路径工程建好56个。

【群众文体活动】

2015年，全市共有文化队伍612支，基层文化从业人员达20149人，农村文化受益人群达160万人次。2015年，全市开展送戏下乡演出活动450场，受益群众达23万余人，完成公益电影放映37308场，观众人数289.9万余人。积极参加省健身秧歌、手鼓舞、第二十届农民象棋、全省“三友杯”领导干部乒乓球比赛。

【艺术精品创作】

2015年元旦来临之际，新编历史剧《廉吏于成龙》参加在国家大剧院举行的2015年新年戏曲晚会，党和国家领导人习近平等七常委与首都近千名群众一起观看。2015年是纪念抗战胜利70周年。大型舞剧《吕梁英雄传》，经省委宣传部选调，在山西大剧院参加山西省“历史的足迹 红色的记忆——纪念抗战胜利70周年优秀舞台剧展演”活动。后又赴京在中国剧院参加山西省优秀新创舞台剧晋京展演活动，作为此次展演的压轴剧目亮相首都。2015年，吕梁举办了“廉政教育和纪念抗战胜利70周年暨吕梁市第六届戏剧剧本、小戏小品、曲艺、歌词征文评奖活动”。

【非物质文化遗产传承保护】

2015年，吕梁市文化局推进“乡村文化记忆工程”，加强非遗档案管理工作，编辑出版了《吕梁市非物质文化遗产荟萃（第二辑）》和《吕梁民歌选编》。

【文化产业发展】

2015年第二届山西文化产业博览交易会上，吕梁市27件工艺作品获“神工杯”工艺美术精品奖，6件作品获金奖，现场签约文化重点项目6个，项目总投资3.09亿元，签约金额2.1亿元。文化产品完成现场交易54万元，地方特产完成交易16万元，现场订货70余万元，合作意向350万元。文化产业与旅游业深度融合。2015年“十一国庆黄金周”期间，临县黄河艺术团的大唢呐演奏在碛口古镇演出7天，前3天义演，后4天售票演出，票务收入1.5万多元，光盘出售收入1.2万多元，出售《大唢呐》书籍收入4000多元，4天的演出收入总计3.1万余元。

【广播影视事业建设】

2015年，吕梁市“户户通”工作稳步推进。加大监管力度，开展“清理整顿非法广播电视设施”专项行动，与违规单位签订临时运行期“安全保证责任书”。加强广告和互联网视听节目管理，对广告违规部门及时下达整改通知书。打击非法销售卫星地面接收设施违法违规行为。高山电视转播台时刻紧绷安全播出之弦，突出防范重点，加强技术培训，落实机房管理、值班等制度，执行设备日常操作流程，全年安全播出实现“零失误”。

【新闻出版和版权工作】

2015年，开展春季中小学教辅材料出版发行监管专项督查工作，加大校园周边的出版物市场的检查力度和频度。检查出版物场所 190 家次，收缴各类非法盗版教辅材料、非法少儿出版物 3200 多本（册、份），非法、盗版音像制品 300 多盘，取缔非法游商、地摊 9 处，打击各类非法经营行为。

【“扫黄打非”工作】

2015 年，吕梁市组织开展“清源”“净网”“秋风”(打“三假”)“护城河”等专项行动。举行“2015 年全市侵权盗版及非法出版物集中销毁”活动和“绿书签行动”。开展全市政治性非法出版物专项检查，没收非法出版物 500 本，非法报刊 300 份（册），非法宗教类书籍 100 本。

【文化市场建设管理】

2015 年，全市文化市场执法队伍出动车辆 680 台次，出动执法人员 2299 人次，检查网吧 289 家次、歌舞娱乐场所 94 家、印刷经营单位 67 家、书报刊经营单位 133 家、音像（电子）、出版物经营单位 14 家、电影放映场所 22 家。

（吕梁市文化局）

吕梁日报

【概述】

2015 年，《吕梁日报》发挥党报主流媒体的阵地作用，把宣传党委政府的主张和关注民生问题相结合，编辑刊发大量展示吕梁市经济社会发展辉煌成就、全市学习贯彻落实中共十八届三中、四中、五中全会精神、市委三届七次全会和市“两会”的稿件，做到及时、准确、全方位。按照改文风的要求，精心选择，精心修改，刊发基层一线鲜活的稿件，增强报纸的可读性。围绕省委书记王儒林吕梁调研讲话精神，围绕“学习讨论落实活动”“聚焦民生服务群众主题实践活动”“三严三实”等重大决策部署，开展多种形式的主题宣传。在报纸上先后开设“弘扬老区精神 传承廉政文化”“思路·举措·成效——适应新常态开创新局面”“学习讨论落实活动在吕梁”“聚焦民生服务群众·问效民生清单”“学习践行三严三实”“摒弃陈规陋习 倡导文明新风”“打好城乡环境整治百日攻坚战”等 10 余档专栏，全方位报道吕梁市“学习讨论落实”“聚焦民生 服务群众”“三严三实”主题实践活动的开展情况、典型经验和活动成效，宣传老区精神、廉政文化，为主题活动的深入开展营造舆论氛围。围绕全市中心工作，强化主题宣传和重点报道。在报纸上开设“大力推进‘8+2’农业产业化”“加强党风廉政”“走基层”、市“两会”“聚焦民生服务群众 问效民生清单”“项目提质增效进行时”“榜样”“打好城乡环境整治百日攻坚”等系列报道。“两会”系列报道中，吕梁日报早动手、早安排，会前推出“代表风采”“委员风采”“重点提案办理盘点”“重点建议办理盘点”等专栏，派出记者进行全面采访报道，共刊发稿件 20 余篇。会议期间在做好程序性报道的同时，推出“两会见闻”“图说两会”“建议点击”“两会关注”“重点关注”“会内会外”等专栏，以数字、图片等形式生动诠释政府工作报告，会后对代表委员、各县（市、区）如何贯彻落实“两会”精神进行追踪采访，共刊发 10 个专版、157 篇稿件，其中消息 69 篇，通讯 57 篇，图片 27 篇，社论 4 篇。整个报道热烈、庄重、干练、圆满，受到了各界好评。吕梁市“冬季行动”开展以来，在报纸上开办“冬季行动在吕梁”专栏，分别以动态新闻、基层见闻、行动计划、今日论点等子栏目进行多角度、全方位的报到，大力营造干事创业、攻坚克难的深厚氛围和只争朝夕、狠抓落实的工作导向。用新闻评论来树立报纸品牌。2015 年，报纸发挥舆论引导优势，围绕市委、市政府中心工作和各类重大活动，分别为全市开展“学习讨论落实活动”“聚焦民生服务群众主题实践活动”“三严三实”“城乡环境整治百日攻坚”“脱贫攻坚”“两会”等推出了社论、评论员文章、言论、理论文章等共计200余篇，得到领导重视、读者好评，成为报纸的一个“品牌”。发挥吕梁日报宣传媒体作用，开展“弘扬吕梁精神推进吕梁发展”活动新闻宣传，用“吕梁精神”唤起社会正能量，在全社会营造讲政治、讲大局、比奉献、准章守法的浓厚氛围。先后在一版刊发了5篇“弘扬吕梁精神，推进六大发展”系列评论，在报纸上开设“榜样·弘扬吕梁精神，讲好吕梁故事”“弘扬老区精神 传承廉政文化·红色遗址行”“弘扬吕梁精神大家谈”等系列栏目，刊发大量体现吕梁精神，传递社会正能量的新闻稿件。通过新闻宣传报道工作，努力让培育和践行社会主义核心价值观成为全市干部群众的新常态和价值追求。《吕梁日报·新闻360》专刊，紧跟社会民生热点，开设“热点关注”“时事观察”“热点聚焦”“视点观察”“热点解读”“曝光台”等专栏，精选一批全国及吕梁热点新闻事件话题展开报道。先后在B1版推出了“聚焦吕梁黄标车、老旧车淘汰”、煤炭“黄金十年”带给吕梁什么、探访我们身边的城市美容师、吕梁好故事等一批主题策划，提升了新闻360的整体影响力。《吕梁日报》官方微信平台，经过2年的运作，成为推动新媒体与传统媒体相互融合的一个新产品。截至2015年12月底，《吕梁日报》微信公众平台有固定关注人38700人，每日阅读量40000次左右，转发量3000余次。创新版面形式，丰富报纸内容，提升《吕梁日报》的传播力和影响力。对《吕梁日报》进行扩版。2015年1月1日，《吕梁日报》扩版为对开八版，增加B版，原来的版面为A版。B版报头为《吕梁日报·新闻360》。开通县市版。采用报社与县（市、区）新闻办联办的模式，在B版开通县市版，主要刊发各县（市、区）的新闻稿件。于2015年4月2日正式开通县市版第一期，有5个县（市、区）与报社进行合作。B版全年共刊发51期，408个版面。其中刊发离石版39期，刊发孝义版26期，刊发柳林版11期，刊发石楼版9期。做好纪念抗战胜利70周年主题报道。2015年是抗日战争胜利70周年，为弘扬爱国主义精神，培育和践行社会主义核心价值观，在报纸上开设《吕梁抗战记忆》《忆烽火岁月 访抗战老兵》等专栏，共计刊发各类稿件200余篇，推出“铭记历史 缅怀先烈 珍爱和平 开创未来”专版共计6个版面。吕梁日报·晚报版从2014年4月16日开始推出《晋绥史话》专栏，到2015年9月16日止，共出版140余期，9月份《吕梁日报》出版了《晋绥史话》一书，弘扬抗战精神，受到贺龙女儿等许多晋绥子女的赞誉，提升了《吕梁日报》的传播力和影响力。

（吕梁报社）

广播电视

【强化主体宣传和重点报道】

2015年，吕梁市广播电视台围绕“净化政治生态、实现弊革风清、重塑吕梁形象、促进富民强市”“学习讨论落实”和“三严三实”专题教育等重大决策部署，开展多种形式的主题宣传和系列报道。电视台在《吕梁新闻》《第一民生》，电台在新闻综合广播《吕梁新闻联播》《新闻十分》等栏目中先后开设“弘扬老区精神 传承廉政文化”“加强党风廉政建设”“探访红色遗址”“学习讨论落实”“践行三严三实”“摒弃陋习 做文明吕梁人”、弘扬三个文化等10余档专栏，发稿280余期，全方位报道吕梁市“学习讨论落实”活动和“三严三实”专题教育的开展情况、典型经验和活动成效，大力宣传老区精神、廉政文化，为主题活动的深入开展营造了浓厚的舆论氛围。贯彻五中全会精神报道。电视台在新闻节目中开设的《贯彻五中全会精神》专栏发稿20余条，广播电台开设的《学习贯彻五中全会精神》《五中全会精神引领吕梁发展》《新布局 新发展 新形象》《精准扶贫实录》《百姓话脱贫》《扶贫济困送温暖》栏目共发稿170条。对全市各级各部门学习、贯彻、落实五中全会精神的思路、措施、办法进行深入报道，并邀请市讲师团、市委党校等部门的专家学者进行了详细解读。“聚焦民生 服务群众”系列报道。《吕梁新闻》《吕梁新闻联播》《新闻十分》栏目开设“聚焦民生 服务群众”（包括子栏目惠民政策解读、问效民生清单和惠民成绩单）专栏，发稿260条。《第一民生》栏目开设的“民生民事”“民生联播”“民生图说”三大版块，发稿1095期。结合“聚焦民生 服务群众：你的工作如何服务百姓”为主题，进行为期25天的19期海量采访，报道各行各业工作者300余人，展示各个岗位为百姓服务的信念，服务群众的工作态度和职业形象，为“聚焦民生 服务群众”营造了良好的舆论宣传氛围。农业“8+2”的报道。“8+2”农业产业化振兴计划实施以来，成为吕梁农民致富农村发展的有效途径，更成为吕梁经济增长的新亮点。电视台在新闻节目中开设《关注农业“8+2”》《经济增长新亮点》《“8+2”农业转型 农民增收》系列报道，发稿108条，进行政策解读、典型宣传、专家访谈和系列报道。《沃土》等栏目适时进行深度报道，对推进农业产业化发展和转型升级，实现农民收入倍增目标起到了良好的促进作用。《第一民生》作为全省首家播出临县红枣丰收、滞销现状的新闻栏目，为枣农推销滞销红枣，推出“又见枣儿红”系列报道，并制作播出公益宣传片，先后播出专题节目35期，帮助枣农销售红枣80多吨。“两会”系列报道。2015年两次人大、政协会议的报道，吕梁广播电视台本着早动手、早安排的原则，会前采制《代表委员风采》《提案议案追踪》《新作为新成就》。会议期间在做好程序性报道的同时，制作《数读两会》《报告解读》《记者看两会》《代表委员议发展》《我对两会说》专栏，以数字、动画形式生动诠释政府工作报告。会后采制《贯彻两会精神·县市区长访谈》《展望“十三五”》，分别发稿13条、14条，对代表委员、各县（市、区）如何贯彻落实两会精神进行追踪采访，以及两会召开在干部群众中引起的反响、普通民众对新生活的期盼和祝愿。整个报道热烈、庄重、干练、圆满，受到各界好评。成就性报道。通过《2014记忆·记录新常态见证新发展》《新常态新亮点重点工程巡礼》《高新产业助推吕梁发展》《新作为新成就》等大型系列报道，全面展示吕梁市在经济、政治、文化、社会事业等方面取得的辉煌成就。在《吕梁新闻》中推出“重点工程巡礼”专栏，发稿12期，报道了《世界首台350兆瓦超临界低热值煤发电机组在文水投运》《两个光伏发电项目落户方山》等一批新项目、大项目、好项目和带动效应好的重点项目，按照六位一体推进工作机制在储备、签约、落地、开工、投资、投产等各个环节的进展情况，起到了营造氛围、鼓舞士气、引导大众、提升吕梁形象的作用。社会主义核心价值观的宣传。围绕倡导富强、民主、文明、和谐，倡导自由、平等、公正、法制，倡导爱国、敬业、诚信、友善，积极培育和践行社会主义核心价值观。电视台和广播电台在新闻节目中分别开设《践行核心价值观》《出彩吕梁人》《弘扬三个文化之红色记忆》专栏，发稿85条。《第一民生》栏目推出的《吕梁好人事迹展播》《第三届吕梁市道德模范事迹展播》《市直机关第二批身边的榜样》系列报道，共播出节目50多期，播出基层好人、道德模范、优秀党员、优秀基层党组织81个。报道了吕梁市敬业奉献、孝老爱亲、助人为乐、诚实守信的先进人物、先进典型和优秀党员干部、基层党组织，为传播社会正能量起到了积极作用。城乡环境整治百日攻坚的报道。按照市委开展“全市城乡环境整治百日攻坚”专项活动精神，电视台、电台通过《全民参与 集中攻坚 整治城乡环境》《增植护绿 助力百日攻坚专项活动》《城乡环境整治百日攻坚》《城乡环境整治百日攻坚全纪录》《整治环境 人人有责》等专栏，发稿260条，进行政策解读，宣传“百日攻坚”专项活动中的先进事迹和好经验、好做法，定期对脏乱差现象进行曝光、监督和追踪，营造全社会关心、支持、参与城乡环境整治百日攻坚的良好氛围。走基层系列报道。深化走转改活动，记者编辑深入基层一线，走进工厂矿区、田间地头、学校社区、群众炕头，采制大量接地气的新闻，生动鲜活地反映群众的喜怒哀乐、生活变化，先后推出“新春走基层”“走基层看落实”“走基层 话农事”等系列节目，发稿180条，力求做到群众唱主角，节目接地气。纪念抗战胜利70周年主题报道。2015年是抗日战争胜利70周年，为弘扬爱国主义精神，培育和践行社会主义核心价值观。《吕梁新闻》开设《吕梁抗战记忆》专栏，发稿30条，《第一民生》栏目的《抗战记忆系列报道》专栏，共播出特别节目50期，广播电台在《吕梁新闻联播》《新闻十分》中开设《我的家乡 我的抗战》《我们的抗战记忆》栏目发稿80条。精心制作拍摄五集大型电视纪录片《吕梁抗战记忆》。在吕梁台一频道、二频道，山西台影视频道、晴彩山西频道播出后，受到观众好评。

【加强对外宣传 展示吕梁形象】

2015年，吕梁市广播电视台从展示吕梁良好形象，提升吕梁知名度和美誉度，创优吕梁发展软环境的角度出发，派专人驻省台，加强与省台的沟通联系，组织策划了一批有深度、有影响力的稿件在省台播发。2015年在山西电视台共发稿458.75条，其中，在《山西新闻联播》发稿170条，位居全省市级台第三；在《晚间新闻》发稿55.5条，全省排名第四；在《新闻午报》发稿233.25条，全省排名第一。广播电台在中央台发稿42条，在省台发稿219条，全省排名第二。《山西新闻联播》在头条、报题位置配评论，重点推出吕梁市“六权治本”、聚焦民生服务群众等经验，在全省产生广泛影响。

【加大公益宣传 营造舆论氛围】

2015年，吕梁市围绕为民务实清廉、讲文明树新风、环境整治百日攻坚、交通安全、慈善事业等内容，电视台拍摄制作春节公益广告《回家》、廉政公益广告《弘扬老区精神 传承廉政文化》《践行社会主义核心价值观》《安全消防》《环保搭档》《孝当先》《文明出行》《车窗垃圾》系列公益广告13条，累计播出16524次9216分钟。广播电台制作播出《弘扬老区精神》《铭记历史 勿忘老兵》《抗战老兵宣传》《文明上网》《吕梁治超》《爱心送温暖》等公益广告共计18288次9856分，为“净化政治生态、实现弊革风清、重塑吕梁形象、促进富民强市”营造了良好的氛围。

【吕梁人民广播频率改版】

2015年，吕梁市广播电台从完善功能，服务群众理念出发，上半年完成对新闻综合广播的改版，增设9档新闻资讯类、生活服务类、人文情感类栏目，周末节目采用大时段版块直播，大大增强了节目的信息量和灵活度。

【精办民生栏目】

2015年，吕梁市广播电视台《第一民生》栏目紧跟社会民生热点，围绕全国及吕梁热点新闻事件话题，采制播出供暖、供水、公共交通、生活环境、食品安全、高考、春运、“3·15”、婚丧嫁娶适宜规定、聚焦民生服务群众、弘扬吕梁精神推动吕梁发展等老百姓关心的民生新闻节目。“8331890”帮办热线自开通以来，备受社会各界关注，2015年共接听电话5526个，记录问题3064条，解决问题2210个，播出节目662条。新开设的《民生万像》节目发稿180余期。首档美食公益类节目《美食地图》，发稿33期，送出价值11万元的公益菜品。2015年累计播出微信故事类节目200期。《生活前沿》栏目以服务百姓、贴近生活、传递科学、健康生活方式为宗旨，就安全出行、疾病防治、居家生活等方面，邀请专家学者讲授科普知识，服务百姓生活，截至年底共制作播出38期。

【组织各类公益活动】

2015年，吕梁市电视台、电台发挥媒体优势，联合市直有关部门、全市相关企业、热心志愿者，定期策划、组织开展送爱心、送温暖公益活动，举办“聚焦民生 服务群众”冬季送温暖活动、“美丽大吕梁 健康阔步走”“关注考生点滴，交广伴你成长”“爱在春苗 幸福传递”走进临县大型公益活动、“城乡手拉手、捐书献爱心”捐书仪式、“吕梁首届半程马拉松比赛”等系列公益活动。品牌公益活动的开展，取得良好社会效果，提升了广播电视影响力。

【推进新媒体和传统媒体的融合发展】

2015年，吕梁市坚持传统媒体和新兴媒体优势互补，加大新媒体宣传力度，扩大电视媒体的影响力、传播力。吕梁广播电视网围绕市委、市政府中心工作，发布《吕梁新闻》《第一民生》新闻动态，开办《聚焦民生 服务群众》《城乡环境整治百日攻坚全记录》《梦娃系列公益广告》等专栏。市广播电视台还优化公众微信平台，其中，《第一民生》公众微信平台，成为推动新媒体与传统媒体相互融合的一个先锋产品，有粉丝量73000人，每日阅读量50000次左右，视频总播放量达2000多万。配合新闻综合广播和交通广播的改版，吕梁新闻综合广播网站和吕梁交通广播网站也进行节目版面的改版制作。

【组织“最美吕梁人”评选表彰工作】

2015年，吕梁市第二届最美吕梁人投票工作从1月13日开始，在广泛宣传和候选人事迹展播的基础上，通过微信平台接收到公众投票58326票。待第二届最美吕梁人评选领导组成立后，结合大众投票情况对候选人进行实名投票评选，最终产生10名最美吕梁人、10名最美吕梁人提名者并接受表彰，年底评选表彰事宜开始筹备。

【开办《直通县市区》栏目】

2015年，吕梁市广播电视台开办了《直通县市区》栏目。栏目采用吕梁台与县（市、区）台联办的模式，以关注县（市、区）发展，展示县（市、区）亮点为宗旨，宣传推广县（市、区）经济建设成果、发展经验，展示县（市、区）魅力。栏目设置《关注》《要闻》《动态》《新闻故事》《魅力县市区》等多个版块，节目时长15分钟，8月10日起，每晚黄金时间（19：55）吕梁电视台一套首播，截至年底有11个县（市、区）电视台参与合作。栏目开播以来，共播出122期，1000余条新闻节目。以个性化的主持，接地气的报道形式，把几百万县市区观众朋友拉近电视屏幕，反响良好。加强与县市区电视台在新闻采访、节目交流、人员培训等方面的广泛合作，提高各电视台整体业务水平，解决各县市区新闻在吕梁台少播难出，报道不充分的问题，带动各县市区党委，政府对电视台支持，为着眼于电视事业长远发展，做好全市电视新闻宣传工作奠定良好基础。

【加强队伍建设】

2015年，吕梁市广播电视台开展“学习讨论落实”活动。按照中央、省委、市委开展学习讨论落实活动的有关精神，以“深入学习贯彻习近平总书记系列重要讲话精神，净化政治生态、实现弊革风清、重塑吕梁形象、促进富民强市”为主题，组织党员干部强化政治理论学习、反腐倡廉教育和业务技能培训，围绕学习讨论落实实施方案中确定的6个方面的问题，召开讨论落实座谈会，反思剖析，查找制度缺失、工作漏洞，领导班子认真撰写反思剖析报告，并针对性制定整改措施，完善《吕梁广播电视台党风廉政建设责任制》和《吕梁广播电视台领导班子党风廉政建设责任清单》；对开展群众路线教育实践活动中确定的13项整改任务和7项专项整治任务落实情况进行“回头看”，确保整改落实到位。学习讨论落实活动取得良好的效果。开展“聚焦民生服务群众”主题实践活动。吕梁市广播电视台研究制定走访调研计划，深入基层，以召开座谈会、走访调研为途径，广泛征求台里干部职工、所包乡镇（临县临泉镇）村民意见和建议，重点征求群众基本生活保障、民生政策落实、合法权益保护等方面的热点难点问题。每次走访调研征求到的意见和建议，全部进行登记造册，并建立整改台账，明确督促整改目标、责任领导、督促整改时限。活动开展以来，市广播电视台领导班子共走访调研台4个部室80余名职工，共反映各类诉求39条，走访调研临泉镇3个街道办10个行政村40户村民，征集到各类民生诉求38条，相关诉求反馈乡政府，并督促其解决落实。开展“三严三实”专题教育。为发挥台领导表率带头作用，推进领导干部思想政治素质提升，广播电视台针对“三严三实”和“讲党课”活动进行专题研究、动员部署，成立“三严三实”专题教育领导组，出台相关方案。台长刘和平、台支部书记成学静组织全台党员干部进行专题授课，联系广播电视台工作实际和干部群众思想实际讲述“三严三实”专题教育的重大意义、目标任务，为专题教育健康有序开展营造良好舆论氛围。学习党章，学习模范，践行社会主义核心价值观。为贯彻习近平总书记“认真学习党章、严格遵守党章”重要讲话精神，吕梁市广播电视台深化党章学习教育，台主要领导召集全台党员干部对党章科学内涵、历史演变、重大意义等方面进行了详细讲解，引导全台党员干部自觉学习党章、遵守党章、贯彻党章、维护党章。2015年，在市工委开展的关于评选市直机关“身边的榜样”优秀基层党组织和优秀共产党员的活动中，市广播电视台苏静被评为优秀共产党员，市广播电视台专门召集全台党员干部职工，召开“身边的榜样”先进事迹报告会，激励党员干部统一思想，学习典型，树立正气，弘扬新风，宣传社会正能量，唱响时代主旋律。完善机制，创先争优，提升人员业务素质。市广播电视台完善首席制，加强绩效考核，坚持每月一次的“好作品”评选和讲评，鼓励出精品，深化“走转改”活动，指导新闻从业人员在宣传报道中把镜头对准基层，反映基层群众的生产生活，体现民生、转变作风，培养政治强、业务精、纪律严、作风正的采编播人才。2015年，广播电台新闻综合广播荣获全国青年文明号称号，电视台社会新闻部被全国妇联授予全国巾帼建功先进集体称号，《第一民生》栏目荣获山西广播电视优秀栏目奖殊荣。市广播电视台推送的33件作品获得国家级、省级新闻奖。

（吕梁市广播电视台）

2016年吕梁年鉴

LVLIANGNIANJIAN

卫生

卫生和计划生育

【医药卫生体制改革】

2015年，吕梁市县级公立医院改革实现13县（市、区）全覆盖。在完成第一、二批8个县级公立医院改革任务的基础上，离石、方山、石楼、交口、汾阳5县（市、区）县级医院从2015年11月1日起全部取消以药补医，实现除中药饮片之外药物的“零差率”销售。政府制定补偿新机制，化解医院历史债务，增加了在基建、设备采购、人员工资、重点学科建设等方面的投入；各医疗机构在医疗服务价格调整、医保支付方式改革、改善医务人员薪酬制度等方面有了较大的改革。基本医疗保障能力不断提高。农村合作医疗人均筹资标准由390元提高到470元，参合率达到98.8%。门诊慢性病保障由30种增加到35种，重大疾病保险由23种增加到24种。实施新型农村合作医疗大病保险，新型农村合作医疗住院按病种分级诊疗全面推开。乡级定点医疗机构补偿达到90%，县级达到75%～80%，市域内三级以下医院达到65%，三级医院达到60%。门诊补偿比例提高到60%～80%，封顶线提高到150～200元，住院补偿封顶线达到15万元。对全市参合农民到省级定点医疗机构就医实行即时结算，减轻参合农民就医负担，简化报销流程，方便参合农民。基本药物制度进一步完善。全市共有197所基层医疗卫生机构实施基本药物网上平台采购，网采率为100%，共有24家药品经营企业为吕梁市配送基药。

【基本公共卫生服务】

2015年，吕梁市人均基本公共卫生服务经费财政补助由35元提高到40元，市、县两级经费全部足额落实到位。基本公共卫生服务项目有序规范开展，城乡居民健康档案、老年人、慢性病、精神病得到规范管理。截至11月底，全市城乡居民健康档案规范建档数为344.98万人，建档率为89.4%，其中电子化健康档案建档数共计335.51万人，建档率为87%；65岁以上老年人健康管理27.1万人，管理率达到81.88%（考核指标65%）；高血压患者规范管理24.51万人，管理率为42.73%（考核指标35%），糖尿病患者规范管理7.25万人，对发现的1.13万名重性精神疾病患者全部纳入健康管理，卫生监督协管，中医药服务工作全面铺开。2015年开展了适龄妇女宫颈癌筛查项目工作。吕梁市任务数为29000个，完成29059人，完成率为100.2%。推进妇女儿童健康管理服务工作，0～6岁系统管理率达到85.85%，育龄妇女孕前优生健康检查完成率达到105.24%，全市孕产妇住院分娩率达到99.18%。爱婴医院创建工作方面全市有16家县级以上医疗机构通过省级评审验收评为爱婴医院。

【疾病预防控制】

截至2015年12月底，吕梁市共报告乙、丙类传染病11777例，与上年同期相比，下降13.76%。传染病诊疗机构网络正常运行率为99.09%，及时报告率99.14%，及时审核率97.02%。做好扩大免疫规划疫苗预防接种工作，疫苗报告接种率以乡为单位全部达到95%以上。结核病防治工作不断加强，加大了宣传、培训和治疗力度，新涂阳肺结核患者治愈率达到76.7%。艾滋病资源咨询检测和抗病毒治疗工作深入开展，完成咨询检测2953人，咨询检测率达到96.8%，抗病毒治疗134人，治疗率73.7%。食品安全监测达到全覆盖。全市13个县（市、区）设立了食源性疾病监测哨点医院，覆盖率达到100%。食品污染物及有害因素监测布点覆盖100%的县，食源性疾病监测哨点医院覆盖所有市、县（市、区），各哨点医院网络报告及时率达100%，准确率达100%。疾控中心审核及时率达

100%，准确率达100%。碘缺乏病防治成果得到巩固。全市以县为单位碘盐覆盖率达96.89%，合格碘盐食用率达94.3%。

【医疗服务体系建设】

2015年，吕梁市医联体试点工作稳步推进。2所三级医院与6所县级医院、15所乡镇卫生院及其他医疗机构建立医疗联合体关系，共派出130余人次，开展学术讲座18场次，专家接诊、查房、疑难危重病人会诊70余人次。县乡医联体建设方面，全市有6个县级医疗机构与11所乡镇卫生院和社区服务中心建立了14个县乡医联体，开展人员、技术、专科、信息等多方面的广泛合作。分级诊疗工作探索实施。建立医联体的三级医院、区域内落实国家基本药物制度、实行药品零差率销售的县、乡两级新农合定点医疗机构全部纳入分级诊疗实施范围，按照服务能力不同，合理划分各级医疗机构诊疗病种，推进区域内各级医疗机构合理分担诊疗任务。确定二级及以下医疗机构基本诊疗病种50种，在县域内实行按病种定额付费，县域外实行限额补偿，为实现“小病不出村、常见病不出乡、一般大病不出县、疑难重病转诊大医院”的目标奠定基础。优质医疗资源下沉。县级医院全部与省、市三级医院建立了对口帮扶关系，岚县、临县、石楼、交城等4家县级医院共派出51名主治医师以上职称的不同临床专业人员对17所乡镇卫生院开展对口支援。优质护理服务水平不断提高。市、县两级医院开展优质护理服务病区均达100%，吕梁市人民医院、汾阳医院和孝义市人民医院通过省卫计委优质护理服务评价。重点专科建设取得新成效。市人民医院骨科、汾阳医院耳鼻咽喉科等7个学科专业申报省级医院临床重点专科，孝义市医院妇产科等6个专业申报县级医院临床重点专科。临床路径管理积极推行。县级以上医院平均管理病种数40种，进入临床路径数14612例，平均入径率82.75%，入径率完成率达到95.14%。“平安医院”创建扎实开展。二级以上公立医院全部加入医疗责任保险，参保率为100%，设立警务室覆盖率达100%，门急诊、病房护理站、走廊等重点部位全部安装了监控设备。基层中医药服务能力提升工程深入推进。各县市区中医院与省级中医医疗机构全部建立了医疗联合体关系，全市100%的社区卫生服务中心、90%以上的乡镇卫生院、70%以上的社区卫生服务站和65%村卫生室能够提供中医药服务。20所乡镇卫生院（社区卫生服务机构）成功申报中医特色乡镇卫生院，超额创建10所。县、乡医院绩效分配制度改革全面推开，群众满意的基层医疗卫生机构创建活动扎实推进。

【卫生综合监督】

2015年，吕梁市医疗机构监督覆盖率达100%，处罚案件办结率达100%，采供血机构违法案件办结率达100%。打击非法行医专项行动全市共立案查处239起，取缔无证行医112户，行政处罚87户，罚款37.87万元，没收医疗器械7台，没收药品87箱。放射诊疗专项整治方面，共对116户放射诊疗机构进行了全面监督检查，提出监督整改意见298条，6户给予警告，1户罚款0.3万元、5户停业。传染病防治监督方面，医疗机构、疾控机构、采供血机构和托幼机构的日常监督覆盖率达100%。开展血液透析、消毒隔离、消毒产品生产企业和餐饮具集中消毒单位四个专项整治行动，检查发现不合格单位8户，责令限期整改8户，下达卫生监督意见书24份。学校卫生监督方面，以创建“健康校园”为目标，开展以学校教室卫生、饮用水卫生、学生宿舍卫生、传染病管理为重点的学校卫生专项检查，共出动执法人员1757人次，卫生监督协管员840人次，出动车辆462台次，检查学校793所，其中寄宿制学校496所，监督率达到了100%，下达卫生监督意见368条，保障了师生卫生安全。饮用水卫生监督方面，重点开展以规范日供水千吨以上集中供水、学校自建设施供水和二次供水卫生管理专项检查，抽检集中供水单位51户，二次供水单位63户，现制现售饮用水单位26户，责令限期改进35户。公共场所卫生监督方面，从业单位发证率和监督覆盖率均达100%；从业人员8627人，执证率98.34%，同比上升0.53个百分点；空气质量监测14677项次，合格率98.83%，上升1.15个百分点；用品用具消毒效果监测11363件，合格率98.30%，上升0.11个百分点。职业卫生监督方面，对21户职业健康检查机构和2户职业病诊断机构进行了监督检查，监督覆盖率达100%，提出监督意见72条，警告1户，罚款1户4000元。

【为民“十件实事”】

一是为农村60岁以上28.76万名农村老年人提供了免费健康体检。其中，60～64岁72647人，完成率为101.08%；65岁以上老年人完成214989人，完成率达到81.7%。二是在二级以上公立医院开设健康教育讲堂79次，其中，二级医院47次，三级医院32次。三是为全市农村家庭免费发放健康知识口袋书，已印制完成，并组织下发。四是在全市推行计划生育阳光便民办证服务。吕梁市不断加强服务窗口建设，下放审批权限，进一步细化量化了市县乡村四级专干的职责，全面宣传“八公开”内容（办理依据、条件、程序、时限、证明材料、申请表式、是否收费、服务承诺），群众办证难的问题得到了有效解决。五是在全市二级以上公立医院全部开展预约诊疗服务，各医疗机构合理安排节假日门、急诊和住院医疗服务，完善医院标识和就诊流程引导，同时，开展延时门诊、错峰服务、分时段诊疗等便民举措，简化就医手续，缩短患者等候时间，取得良好效果。汾阳医院、市人民医院普通门诊号源全部开放预约，专家号源60%开放预约。六是在全市所有二级以上医院推行同级医院检查检验结果互认。二级医院检验结果互认项目达到33项，医学影像互认项目达到4项；三级医院检验结果互认项目达到50项，医学影像互认项目达到9项。七是为6岁以下儿童提供免费健康管理服务。其中，0～2岁儿童应管理儿童数为95777人，按相应频次管理85098人，系统管理率为88.85%。0～6岁应管理儿童数为226047人，系统管理率为85.85%。八是为4551个家庭提供免费中医小儿推拿健康服务指导，完成率达到151.7%（目标任务3000个）。九是为29059名农村妇女进行免费宫颈癌筛查，完成率为100.2%。十是为29551名育龄人口提供免费孕前优生健康检查，完成率达105.24%（目标人群28080人），超额完成年度目标任务。

【计划生育工作】

2015年，市级除全市人口计生暨党风廉政建设工作会议外，市委、市政府还召开3次专题会议，重点研究解决计划生育工作中存在的实际问题，明确分工，落实责任，促进目标任务的全面落实。人口指标全面完成。截至10月底，全市人口自增率为5.13‰，比省定目标6.5‰低1.37个千分点。出生率为7.96‰，政策生育率达90.11%，政策外多孩率控制在0.89%，综合节育率为92.19%。落实绝育措施2064例，上环措施33332例，完成查环查孕情274144人次，近两年社会抚养费征兑率达86.89%，独生子女领证领证人数达89716人。“单独两孩”政策有序推进。审批办理单独两孩再生育服务证309户，发放307户。审批发放第一孩病残要求再生育（非农业人口）10户。足额落实经费。市级按人均12.24元的标准预算计划生育事业经费4673万元，全部落实到位。13个县市区按照人均25.32元的标准预算计划生育事业经费

11279.8万元，人均达29.52元，比省长任务书高出4.2元，到位9966.6万元，到位率为103%。计划生育审查严格执行。共审核县级以上领导干部提拔95人，科级以上干部提拔436人，综合先进单位评比395个，精神文明单位评比97个，劳模评比167人，审核评先、评优、晋升、入党、人事调动等648人次，否决综合先进单位9个。服务能力提升。孝义、汾阳创建全国计划生育优质服务示范单位，交口创建全国计划生育优质服务先进单位，离石、文水、方山、兴县、石楼5县（区）创建省级优质服务先进单位。各县（市、区）完成了创建准备工作，等待省里验收。

【推动计生家庭发展】

2015年，吕梁市足额落实奖扶政策。全市确认上报奖扶对象47989人（户），市、县两级预算落实配套资金2092.14万元。独生子女伤残、死亡家庭扶助金分别由每人每月270元、340元提高到400元、500元。全市确认对象357人，足额发放扶助资金201.36万元。实施政策优惠。全市455名农村独生子女享受到中考加10分录取的优惠政策。临县对2015年独生子女上大学本科每人奖励3000元，专科每人奖励2000元。综合治理出生人口性别比。通过报刊、电视、广播等媒体，大力倡导男女平等、生男生女顺其自然等理念，引导群众逐步消除性别偏好。在全市46所医疗单位和340余家B超单位统一制作悬挂终止妊娠手术管理制度、B超管理制度和禁止非医学需要的胎儿性别鉴定、禁止非医学需要的人工终止妊娠警示牌386套，形成整治“两非”的强大声势。组织承办“国家卫计委2015圆梦女孩自愿行动吕梁行”活动，120名吕梁女孩梦圆北京，唤起社会各界对女孩的广泛关注。全年出生人口性别比降为103。开展“幸福家庭”创建活动，共创建幸福家庭733户，市级命名10户。

【流动人口卫生计生服务】

2015年，吕梁市在汾阳试点的基础上，2015年新增孝义市、临县、文水县3个试点县。通过开展流动人口集中服务月活动，免费发放流动人口婚育证明106人，免费为流动人口上节育环526人，做绝育手术18人，查环查孕3590人，办理一孩生育服务证登记8人。方山、离石、文水3县（区）高标准完成了全年动态人口监测任务。留守家庭动态监测和留守儿童关怀关爱试点工作在临县启动。

【卫生计生机构整合】

吕梁市卫生计生委于2015年6月26日挂牌成立，内设机构设置和人员整合全部完成。吕梁市妇幼保健和计划生育服务中心10月20日挂牌运行。县（市、区）方面，孝义市于2013年在全省率先完成整合，其余12县（市、区）也全部在10月20日前挂牌成立，内设机构、人员、职能全部整合到位。乡镇方面，乡镇卫生院加挂计划生育服务中心的牌子，“三定方案”已经出台，职能调整、人员到位等工作全部落实。

【爱国卫生工作】

爱国卫生月活动。2015年吕梁市爱卫会印发《关于开展第27个爱国卫生月活动的实施方案》，于5月份联合离石区爱卫办在莲花池公园组织开展以“远离病媒侵害，你我共享健康”为主题的大型宣教活动，向市民普及病媒生物科学防治和安全用药知识，并在广场、沿街门店发放了宣传画、苍蝇拍等，提高了群众卫生意识。爱国卫生清洁运动。吕梁市在按照省政府在全省开展爱国卫生清洁运动安排部署的基础上，开展城乡环境整治百日攻坚专项整治活动。从4月上旬到7月下旬，吕梁市利用100天的时间在全市开展“城乡环境整治百日攻坚”专项活动，实施“五大战役”“四项攻坚”专项行动，城乡环境“脏、乱、差、堵、污、散”等问题得到整治，成效显著。

累计清运生活垃圾、建筑垃圾及渣土214万吨，清理占道经营、出店经营17612起，修复平整道路68万余平方米，修复断壁残垣44万平方米，清除各类“牛皮癣”小广告22.1万件，治理河道沟渠2257.29千米，基本清理河道垃圾污物。全市共排查两违建筑1502处，整治拆除809处，处置率为53%。孝义市、岚县继续巩固国家卫生城市成果，吕梁市及交城、文水等10个县城积极创建省级卫生城市。市政府多次组织召开爱国卫生清洁运动领导组会议、电视电话推进会议、安排督查会议，推进工作开展。市政府安排200万元用于奖励在爱国卫生清洁运动中搞得好的县和单位，2016年2月底活动结束时兑现。

【除“四害”和农村改厕工作】

2015年，吕梁市爱卫办下发《关于开展春夏秋季灭蚊蝇活动的实施方案》，市爱卫办牵头组织，委托离石区防病除害服务部和吕梁市利康消毒杀虫有限责任公司对市区公共场所蚊蝇进行统一消杀。各县(市、区)在对“四害”孳生地进行排查摸底的基础上，集中时间统一投放、统一消杀，把“四害”密度控制在国家规定的标准之内。柳林、岚县、兴县、交口4县完成农村改厕任务1870座，完成率为100%，配套设施纸篓、刷子、水桶、宣传资料和培训资料按户全部发放到位。

（吕梁市卫生和计划生育委员会）

卫生监督所

【概述】

2015年，吕梁市卫生监督机构以建设“健康吕梁”为目标，以学习讨论落实活动为契机，以打击非法行医专项整治为重点，加大各项卫生监督执法力度，全市监督检查各类从业单位3871户，查处各类违法案件299件，罚款金额46.41万元，没收违法所得0.4万元，没收违法财物51件，打击了危害人民健康的违法行为，保障了人民群众的健康利益。

【打击非法行医】

2015年，根据省卫计委关于《深化学习讨论落实活动开展整治非法行医问题实施方案》精神、“亮剑行动”要求和市委、市政府关于在全市学习讨论落实活动中开展专项整治工作的部署，吕梁市卫生监督所组织开展了打击非法行医专项整治，全市共立案查处239起，罚款187户37.87万元，其中查处医疗机构违法案件127起（使用非卫生技术人员44起、超范围开展诊疗活动40起、违法发布医疗广告11起、其他违法行为47起），警告65户，责令改正65户，罚款90户17.61万元；取缔无证行医112户，行政处罚87户，罚款87户20.26万元，没收非法所得0.74万元，没收医疗器械7台，没收药品87箱。省卫计委通报显示吕梁市查处案件数及处罚金额位居全省前四位。

【人类辅助生殖技术服务工作】

吕梁市仅汾阳医院批准人类辅助生殖技术服务项目，2015年，吕梁市卫生监督所对汾阳医院进行全面检查，该医院人类辅助生殖技术科有5名专业技术人员，其中4名执业医师，1名检验人员，未发现违规行为。在全市范围对开设妇产科、泌尿科的45家二级以上公立医疗机构、民营医疗机构监督检查，未发现有开展人体器官移植的现象。

【医疗美容监督工作】

2015年，根据省卫计委《关于开展全省医疗美容服务专项整治工作的通知》（晋卫办监督发〔2014〕21号）文件要求，吕梁市下发《关于做好医疗美容和医疗广告专项整治工作的通知》，在全市范围内组织开展整治和规范医疗美容服务专项行动，重点检查各类医疗机构是否依法取得许可证开展“医疗美容科”，是否超范围执业，从业人员是否取得执业资格等，生活美容机构是否违法违规开展医疗美容，是否存在非法行医行为。在打非专项整治中未发现医疗机构开展医疗美容的行为，全市对194户生活美容机构排查中也未发现存在违法开展医疗美容现象。

【采供血监督】

2015年5月12日，山西省卫计委单采血浆站专项检查组对吕梁市临县双林单采血浆站进行督导检查中发现双林单采血浆站存在严重违法违规行为，责成吕梁市进行处理。吕梁市对此次督查发现的问题深感震惊，认识到问题的严重性，从快、从严、从重处理违法行为，本着“帮助与整改相结合、处罚与教育相结合、依法执业与提升质量并重”的原则，采取“一谈一罚一训十整改二督查”的措施对该血浆站进行了处罚、教育、整改，使该血浆站增强依法执业意识，提高管理质量，规范相关执业行为。召开一个约谈会。针对检查发现问题，5月21日，吕梁市卫生局对临县双林单采血浆站、临县卫生局、临县卫生监督所主要负责人进行诫勉约谈；从重给予处罚。根据《血液制品管理条例》第三十五条的规定，对检查发现的临县双林单采血浆站冒名顶替、体检项目不全等违法行为，给予7万元的罚款，由临县卫生局执行到位。对2名驻站监督人员提出警告；对血浆站员工进行全员培训。5月15日至22日，临县卫生监督所抽调业务骨干对血浆站员工进行比较系统、全面的培训；制定出10项具体整改要求。根据省专项检查组检查发现的问题及市卫生监督所在复查中发现的一些不规范行为，吕梁市有针对性地对该血浆站提出了修订、完善质量管理文件体系、加强员工培训学习、健全血浆站原始记录、加强供浆员管理、严格按照规定的体检项目和要求进行体检、规范消毒医疗废物管理等十方面的整改要求；加强整改落实情况检查。临县卫生监督所多次对临县双林单采血浆站的整改情况进行突击检查，对机构、人员资质、供血浆者管理、实验室管理及检验、血浆采集与储存、管理体系文件、消毒制度落实、医疗废物处置等情况进行全面排查。6月9日市卫生局、卫生监督所有关人员根据县局复查情况，深入血浆站对整改落实情况进行全面核查，使该站及时整改不规范行为，促进其规范发展。

【放射卫生监督】

2015年，吕梁市开展放射影像诊断的医疗机构共111家（其中县级以上的医疗机构39家），有放射设备239台，其中CT机24台，DR 30台，CR 20台，乳腺DR 1台，乳腺CR1台，胃肠造影机12台，普通X线摄影机84台，影响增强透视机15台，荧光屏透视机8台，口腔全景机7台，牙科X机10台，移动X光机11台，其他X射线机16台。111家放射诊疗机构持有放射诊疗许可证的107家，持证率达96.40%；有放射诊疗工作人员353人，对350名在岗期间的工作人员进行了培训，放射诊疗工作人员的培训率达99.15%，对351名在岗期间的工作人员进行体检，体检率达99.43%；312名放射诊疗工作人员中有286人进行了个人剂量监测，放射诊疗工作人员个人剂量监测率达81.02%。111家放射诊疗机构中需配备工作人员放射防护用品的33家，这33家全部配备了放射工作人员个人防护用品，放射工作人员个人防护用品配备率达100%；有105家放射诊疗机构配备了受检者放射防护用品，受检者放射防护用品配备率达94.59%；全市有28户放射诊疗机构的81台放射诊疗设备进行了状态检测，放射诊疗设备的状态检测率达33.89%，111户放射诊疗机构的188个放射工作场所进行放射防护检测，放射工作场所的放射防护检测率达100%。全市各级卫生监督机构对放射诊疗机构的监督覆盖率达100%。省卫生计生委员会下发《关于开展2015年放射卫生专项监督检查的通知》（晋卫办监督发〔2015〕5号）后，市卫生监督所成立以所长孟明珍为组长的放射诊疗专项整治领导组，制订全市放射诊疗专项整治实施方案，下发到全市13个县（市、区）的卫生监督机构和直管的放射诊疗卫生机构。市卫生监督所组织召开由各县（市、区）卫生监督所分管副所长、放射卫生科科长和直管的放射诊疗机构负责人参加的“放射诊疗专项整治动员会”，要求各县（市、区）卫生监督机构，制订各自切实可行的专项整治方案，通过新闻媒体，宣传放射诊疗防护知识，提高广大市民的放射防护意识。各县（市、区）积极行动，大力宣传，在全市范围内形成全社会重视放射卫生工作的良好氛围。专项整治中，全市共对116家放射诊疗机构进行全面监督检查，共提出监督整改意见298条，对7户放射诊疗机构进行卫生行政处罚，其中给予警告6户、罚款1户0.3万元、停业5户。通过整治，全市的放射卫生工作成效显著。放射诊疗机构的领导对搞好放射卫生工作，特别是搞好放射防护工作的认识有了明显提高；全市放射诊疗机构的放射防护设备和防护用品增加明显：全市放射诊疗场所新增加防护门11个、工作人员防护用品10套、患者防护用品20套，6户放射诊疗机构整改了放射诊疗工作场所，放射卫生工作人员个人剂量检测由整治前的212人增加到286人；全市放射诊疗机构规范了放射卫生档案管理。

【传染病防治监督总体工作思路】

2015年，吕梁市卫生监督所根据省、市有关传染病防治工作要求，精心策划，合理安排，提出“1441”总体工作思路，要求各县（市、区）完成。“1”即一项日常监督（指完成医疗机构、疾控机构、采供血机构和托幼机构的日常监督任务，监督覆盖率达100%）；“4”即四个专项整治（指医疗机构消毒隔离专项整治、消毒产品专项整治、消毒产品生产企业的专项整治、餐饮具集中消毒单位的专项整治）；“4”即四类抽检任务（要求各县市区卫生监督机构配合疾控或有关部门完成血液透析治疗用水细菌总数的抽检、牙科车针消毒灭菌效果的抽检、消毒产品和餐饮具集中消毒的抽检任务）；“1”即一批案件查处指标（要求每个县市区完成市所规定的传染病案件查处指标）。下发了3个文件：《关于加强今冬明春重点传染病防控工作监督检查的通知》（吕卫监所〔2015〕5号）、《关于开展餐饮具集中消毒单位专项监督检查的通知》（吕卫监所〔2015〕9号）、《关于开展2015年医疗机构消毒隔离专项整治的通知》（吕卫监所〔2015〕13号）。

【血液透析专项整治】

2015年，根据省卫计委《关于血液透析室（中心）专项监督检查的通知》晋卫监督便函〔2015〕30号精神，市卫生监督所以吕卫监函〔2015〕12号便函形式下发了《关于转发血液透析室(中心)专项监督检查的通知》，截至5月底，全市完成血液透析专项整治，通过边摸底边整治的方法取得了初步成效。摸清了全市基本情况，全市现取得资质并开展血液透析的单位有7个，均集中在二级以上医疗机构。按照《医院血液净化中心建设管理规范》标准和要求对辖区所有单位进行现场监督检查，大部分单位均能按照传染病防治要求，做到布局合理、标识清楚，辅助区域和工作区域分区明确，洁污分开；按照规范要求能够定期对水处理系统进行冲洗消毒，并定期进行水质检测；开展消毒与灭菌效果检测；有乙肝、丙肝、梅毒、艾滋病4病专用隔离透析间（区）；进入人体无菌组织或无菌器官的医疗用品能做到一人一用一灭菌，接触皮肤、黏膜的器械一人一用一消毒；使用的消毒产品符合国家有关规定；每次透析结束有消毒、灭菌记录。存在问题是大部分隔离透析区缺少传染病专用透析机，特别是还没有配备艾滋病专用透析机。

【消毒隔离专项整治】

2015年，按照省卫计委办公室（晋卫办监督发〔2015〕4号）文件精神，市卫生监督所对各县市区进行重点部署；从4月份开始，利用20天左右的时间对全市二级以上医院、结核病专科医院血液透析单位、口腔治疗单位和50%的乡镇卫生院开展自查自纠工作，5月份开始对部分县市区工作进展情况进行督导检查；与汾阳市疾控中心合作，从7月23日开始集中一周时间对全市所有血液透析单位的治疗用水全部进行抽检，完成了全年的抽检任务，对汾阳和孝义部分口腔诊疗单位的口腔车针进行抽检，通过检验报告显示，抽检结果全部合格。

【消毒产品生产企业专项监督检查】

2015年7月24日至25日，市卫生监督所对文水县辖区内3个消毒产品生产企业进行监督检查，通过检查发现3个消毒产品生产企业均处于停产状态，其中文水县聚财源卫生消毒用品有限公司和山西广兴消毒用品有限公司一直没有投入生产，有厂房无产品，文水大有实业有限公司也已停产，但仍有碘伏、84消毒液和乙醇三种产品，按照规定现场进行了随机采样，并及时送到省疾控中心进行检验。

【餐饮具集中消毒单位专项检查】

2015年，根据省卫生监督所《关于开展餐饮具集中消毒单位专项监督检查的通知》（晋卫监所业字〔2015〕3号）文件精神，市卫生监督所用《关于开展餐饮具集中消毒单位专项监督检查的通知》（吕卫监所〔2015〕9号）文件向全市作了安排部署。于6月5日前完成了餐饮具集中消毒单位的监督检查，经统计共有持工商营业执照的餐饮具集中消毒单位9个，覆盖离石区、汾阳市、方山县、岚县和交口县5个县（市、区），其中建档9户，建档率为100%；检查9户，监督覆盖率为100%；出动车辆21车次，人员71人次；除岚县外其余4个县（市、区）完成了抽检任务，共抽检50份样品，产品合格数50份，合格率为100%；检查发现不合格单位8户，责令限期整改8户，下达卫生监督意见书24份。

【学校卫生监督】

2015年，吕梁市共有高校6所、普通中学296所，职业中学19所，小学666所，特殊教育学校6所，学生447089人，男229386人，女217703人．其中，城市寄宿制学校105所，学生90680人；农村寄宿制学校391所，学生73304人。学生人数在600人以上学校161所，设校医室（或卫生室）54所，其中有资质的卫生室8所，无资质的卫生室18所；有资质的校所9所，无资质的校医19所。共有专职保健教师数134人，兼职保健教师数145人。市卫生监督所制订《吕梁市2015年学校卫生专项整治实施方案》（吕卫监2015年2号），全市开展以学校教室卫生、饮用水卫生、学生宿舍卫生、传染病管理为重点的学校卫生专项检查。全市共出动执法人员1757人次，卫生监督协管员840人次，出动车辆462台次，检查学校793所，其中寄宿制学校全市496所，检查496所，监督率100%，针对部分学校传染病防控制度不健全、校医或保健教师数量不足职责不明、二次供水清洗消毒不规范、学生宿舍制度不健全部分管理员无证上岗等问题，逐一下达责令限期整改建议，共下达卫生监督意见368条，保障学生饮宿卫生安全。学校教学环境卫生检查情况：检查学校数787所，课桌椅配备符合要求244所，占31.00%；黑板照度符合要求689所，占87.55%；教室采光符合卫生要求673所，占85.51%；教室灯管垂直黑板638所，占

81.07%；安装黑板控制灯符合要求 467 所，占 59.34%；桌面照度符合要求的 629 所，占 79.92%。针对存在问题责令限期改正学校数 218 所。学校传染病防控监督检查情况：检查学校数 793 所，应设立卫生室（校医院）的 384 所，已设立卫生室的 62 户，占 16.15 %，其中设立的校医室具有相应机构执业许可证的学校仅 29 所，占 46.77%，按照要求配备专职卫生技术人员学校数 107 所，占 27.86%；无相应执业资质证的学校 35 所，占 32.71%。学校建立传染病疫情报告、登记及管理制度的学校数 733 所，占 92.43%；制订传染病突发事件应急预案的 699 所，占 88.15%；有专人负责疫情报告的学校数 733 所，占 92.43%；有晨检记录的学校 706 所，占 89.03%；有因病缺勤病因追查登记记录的学校 669 所，占 84.36%；有新生入学接种证查验登记的 352 所，占 44.39%；有学生健康档案学校 671 所，占 84.62%；每年进行学生健康体检学校 622 所，占 78.44%。针对存在问题，责令限期改进学校 222 所。学校饮用水卫生监督检查情况：检查学校数 303 户，所查学校用自建设施集中式供水检查数 147 所，水源卫生防护合格学校数 81 所，占 55.10%；配备供水消毒设施的学校 35 所，占 23.81%，水质检验合格学校 70 所，占 47.62%；二次供水检查学校数 127 所，蓄水池周围无污染的 67 所，占 52.76%；蓄水池定期消毒的 28 所，占 22.05%，水质检验合格学校 28 所，占 22.05%；分散式供水检查 29 所，水源无污染学校 24 所，占 82.76%。针对存在问题责令限期改进学校 208 所。学校卫生综合评价情况：开展综合评价学校 130 所，其中优秀 10 所，合格 109 所，不合格 11 所。

【饮用水卫生监督】

2015 年，吕梁市共有集中供水单位 181 户，供管水从业人员 577 人，持证 576 人，持证率 99.83%，培训 576 人，培训率 99.83%。水厂有消毒设施 176 户，其中氯化消毒 33 户、二氧化氯消毒 120 户、臭氧消毒 1 户，其他 22 户。年监督 181 户，监督覆盖率 100%，抽检水样 88 份，合格 85 份，合格率 96.59%。2015 年，吕梁市开展以规范日供水千吨以上集中供水、学校自建设施供水和二次供水卫生管理为重点的专项检查。全市共出动卫生监督员 1080 人次，卫生监督协管员 185 人次，出动车辆 237 车次。全市共有千吨以上集中供水单位 30 户（市政 16、自建 1、农村 13），取得供水卫生许可证 23 户，30 户供水单位全部建立卫生档案，并对网上建库信息进行逐一修改完善，建库率达 100%。为贯彻落实《生活饮用水卫生监督管理办法》等法律法规标准及《山西省卫计委办公室关于进一步加强生活饮用水卫生监督监测通知》（晋卫办监督发 2014 第 18 号），加强饮用水卫生管理，保障群众饮水卫生安全，防止介水传染病和饮水污染事件的发生，监督不留死角，饮用水监督实行网格化监管，吕梁市统一制订实施方案，下发县（市、区），要求各县（市、区）卫生监督机构对辖区监管范围网格化划分，明确卫生监督执法人员和卫生监督协管人员监督检查和巡查的范围、内容及处置方法等，做到监督全覆盖，切实将监督检查和巡查工作落到实处。

【公共场所卫生监督】

2015 年，吕梁市共有从业单位 1751 户，监督 1751 户，监督覆盖率 100%，从业人员 8627 人，持证 8484 人，执证率 98.34%，较 2014 年的 97.81% 上升 0.53 个百分点；空气质量监测 14677 项次，合格 14505 项次，项次合格率 98.83%，较 2014 年 97.68% 上升 1.15 个百分点；用品用具消毒效果监测 11363 件，合格 11170 件，合格率 98.30%，较 2014 年，98.19% 上升 0.11 个百分点；发证 1751 户，发证率 100%，本年度发放617户，新发486户，延续131户；共有集中空调通风系统158户，定期清洁151户。全年共处罚40户，其中警告38户，罚款40户，处罚金额26055元。

【“两会”卫生安全保障服务】

2015年，吕梁市卫生监督所为确保“两会”期间参会人员的饮宿卫生安全，制订公共卫生安全保障监督工作方案，成立领导组。采用会前提前介入和会中跟踪监督的办法，于4月27日和5月5日先后深入吕梁市供水公司和吕梁国际大酒店就水厂卫生管理、饮水消毒、水质检验和酒店室内通风、用品用具清洗消毒等进行了拉网式监督检查，针对酒店客房用品用具清洗消毒不规范、集中空调通风系统未按规定进行清洗消毒、水厂饮用水消毒记录不规范等问题提出限期整改建议，并进行现场针对性培训指导，要求相关单位领导要明确责任，提高认识，对照问题逐项落实。两会期间配四名卫生监督员进驻酒店进行会期24小时跟踪监督服务，对客房空气质量、用品用具消毒、饮用水每日现场快速检测，会期共采样会议室和客房空气质量96项次、用品用具100份、饮用水8份，下达监督文书6份，提出整改建议5条，确保了参会代表的饮宿卫生安全。

【职业卫生监督】

2015年，吕梁市共有职业健康检查机构25户，其中甲级4户（由省所直管）、乙级6户、丙级15户，乙级和丙级均由市所监管。6户乙级职业健康检查机构中，1户为县级人民医院、2户为企业职工医院、1户为县级疾病预防控制中心、2户为民营医疗机构；15户丙级职业健康检查机构中，5户为县级人民医院、2户为县级中医院、3户为县级疾病预防控制中心、2户为乡镇卫生院、3户为民营医疗机构。全市共有2户职业病诊断机构，未开展职业病诊断活动。市卫生监督所对直管的21户职业健康检查机构和2户职业病诊断机构进行了监督检查，监督覆盖率达100%。共提出监督意见72条，警告1户，罚款1户，罚款4000元。检查发现职业健康检查机构存在问题：部分职业健康检查机构的体检设备和临床执业医师及辅助检查的医技人员短缺；对上岗前的劳动者体检时，劳动者接触的职业病危害因素填写不明确；职业健康检查总结报告书写不规范；部分职业健康检查机构不进行年度汇总职业健康检查结果，职业健康检查情况不向当地卫生行政部门报告；大部分职业健康检查机构主检医师的职业卫生知识缺乏；18户职业健康检查机构无尘肺诊断标准片，放射工作人员尘肺诊断知识缺乏。

【稽查工作】

2015年，吕梁市卫生监督稽查工作完成了下述任务：

1.执法文书评查。根据《山西省人民政府法制办公室关于在全省卫计、食品、物价系统开展行政执法案卷评查工作的通知》（晋政法字〔2015〕37号）和《山西省卫生厅卫生监督所关于在全省开展卫生计生行政执法案卷评查工作的实施方案》（晋卫监所业字〔2015〕9号）要求，2015年，市卫生监督所制定了实施方案和评查标准，在7月份组织了全市执法文书评查。每个县（市、区）分别抽了稽查科科长和一名业务骨干，共29人参加了评查工作。共抽查25份案卷，每个县（市、区）各2份。通过评查工作使工作人员在看到好案卷的同时，也找到自己的差距所在，为以后做好案卷工作奠定坚实基础。

2.专项稽查。根据《山西省卫计委办公室关于开展2015年卫生计生监督执法稽查专项工作的通知》，市卫生监督所对全市13个县（市、区）进行了四个方面的专项稽查。行政执法责任制落实情况：各县（市、区）卫生监督所均与相应的卫生行政部门签订了委托执法书，但各县（市、区）委托的权限均不同。执法队伍管理情况：截至2015年年底，全市卫生监督机构编办核定人数561人，在编在岗456人，其中取得卫生监督员证381人。对执法文书和行政处罚中存在的问题进行现场讲解和指导。全市2015年的文书制作水平较往年有提高，但还存在当事人项目填写不全、现场笔录描述笼统、卫生监督意见书不写相应的法律依据、处罚案卷证据不足、合议记录不规范等问题。着装情况：13个县（市、区）监督所均有监督服装，但由于均未纳入财政预算，大部分县每人仅有1～2套，个别县（市、区）仅有1套，有的县监督员平时舍不得穿，只在重大活动时着装。

【卫生监督信息报告管理】

2015年，吕梁市卫生监督所写出“2014年吕梁市卫生监督统计报告”，对2014年全市卫生监督工作用统计数字进行分析。市卫生监督所对各县（市、区）信息报告进行现场指导。对2015年全市第一季度和半年的卫生监督工作信息进行分析，通报全市。根据《山西省卫生厅卫生监督所关于开展2015年卫生监督信息报告工作督导检查的通知》要求，市卫生监督所组织全市各县（市、区）卫生监督所开展2015年卫生监督信息报告工作自查，从人员、场所设备、信息报告、质控、数据分析利用5个方面进行统计，写出工作总结。截至11月15日，全年全市应监督户数为3880户，实监督户数3871户，监督覆盖率为99.77%；全年查处违法案件299件，罚款金额46.41万元，没收违法所得0.4万元，没收违法财物51件。

【宣传工作】

2015年，吕梁市县两级卫生监督机构利用“3·15”消费者权益日、“5·12”防灾减灾宣传日、“安全生产月”、食品安全宣传周等时机，采取散发传单、电视和报纸媒体报道、信息编辑、举办专题讲座、观看专题片、现场指导等方式开展卫生法律法规和卫生安全知识的宣传，答疑解难，排除老百姓对卫生监督相关工作及所宣传内容的困惑和不解。全市共出动宣传车78辆次，500余人次，发放宣传资料10万余份，宣传手册1万余册，张贴宣传标语40余条，悬挂横幅20余条，展板100余块，接受咨询答疑1000余人次。与新闻媒体沟通，对打击非法行医、传染病防治、饮用水卫生等监督工作进行专题报道。全市新闻媒体共报道40余次。编发各类工作动态或信息400余条。

（吕梁市卫生监督所）

疾病预防控制

【信息报告与管理】

2015年，吕梁市共报告乙、丙类传染病11777例，与上年同期相比，下降13.76%。发病前五位的疾病依次为：乙肝3806例，肺结核1870例，手足口病1426例，梅毒1149例，其他感染性腹泻病963例。

【重点传染病监测与防控工作】

流感与禽流感的监测。2015年，流感监测网络实验室共检测哨点医院采集的流感样病例标本674份，共检测到流感病毒阳性标本32份，阳性率4.75%；文水县作为全国人感染H5N1禽流感监测点，2015年完成200人份健康人群血清标本采集工作，按时完成每月20份环境标本的采集和检测工作并将结果录入专报网。手足口病监测与防控。2015年，吕梁市报告手足口病例1197例，全市13个县（市、区）均有病例报告，共进行病原学监测107份咽拭子，共检出阳性标本73份，阳性率68.2%；2015年吕梁市手足口病呈现以下特点：发病时间主要集中在5、6月份；病例主要集中在孝义市、汾阳市、临县；发病年龄主要集中在7岁以下儿童；总体以散发为主，未出现暴发疫情。结核病防治。推进结核病防治“三位一体”模式转变，完善定点医院建设；重点对兴县学校结核病聚集性疫情的防控进行督导指导，提出防控建议。2015年，吕梁市完成结核病登记及治疗管理总数1402例，完成全年任务数的72.4%。其中新发涂阳191例，复治涂阳29例，重症涂阴12例，初治涂阴1127例，未查痰43例。艾滋病防治。2015年，吕梁市共报告HIV/AIDS 66例。多年来累计管理HIV/AIDS 366例，其中艾滋病感染者237例，艾滋病病人129例，死亡病例57例。2015年，吕梁市按要求完成个案调查52例，完成比例为94.5%。随访艾滋病病毒感染者162人，随访完成率为83.1%。随访艾滋病病人96人，随访完成率89.7%。艾滋病病毒感染者CD4检测162例，检测率为83.1%。干预暗娼1890例。有3739人次在检测咨询点接受了检测前咨询，并在检测咨询点接受了HIV抗体检测，共筛查出HIV抗体阳性者8人。2015年，吕梁市监管场所被监管人员共检测2476人。

【免疫规划工作】

2015年，吕梁市疾病预防控制中心（以下简称市疾控中心）组织人员对各县区免疫规划工作及疫苗管理情况进行督导，推动全市免疫规划工作；推进全市乡镇免疫规划信息管理系统的使用及金苗客户端的录入上传工作。国家免疫规划疫苗报告接种率。全市累计报告接种率为：乙肝首针99.94%、乙肝首针及时率97.20%、卡介苗99.93%、脊灰疫苗首剂99.7%、脊灰加强99.41%、百白破首针99.66%、百白破加强98.69%、白破98.77%、含麻疫苗第二剂99.34%、A群流脑第二剂99.59%、A+C群流脑第二剂98.47%、乙脑第二剂97.07%、甲肝95.76%。免疫规划针对疾病监测正常进行。全市共报告AFP病例27例，其中排除9例。全部按要求进行调查、采样和随访。发现麻疹/风疹监测病例58例，其中：实验室诊断麻疹38例，风疹1例。疑似预防接种不良反应监测。全市共报告71例，其中一般反应66例、偶合症2例、3例待定。春季麻风疫苗查漏补种工作。根据全省统一安排，印发《2015年全省春季麻风疫苗查漏补种技术方案》，在全市开展春季麻风疫苗查漏补种工作。全市共摸查儿童251470人，本地儿童接种13122人，流动儿童接种3163人，本地儿童补种率柳林和交口不达95%，流动儿童补种率离石区、临县、交口县、汾阳市不达95%，其余各县均达到95%以上。

【公共卫生监测】

食品安全风险监测工作。2015年，市疾控中心协助起草了2015年吕梁市食品安全风险监测实施方案，完成了全市的食品污染与有害因素监测采送样任务235份和全市食源性疾病的市级审核和资料收集整理工作。食源性疾病病例信息监测，覆盖全市13个县（市、区）14家哨点医院，共审核病例729例。审核食源性疾病暴发事件19起。完成食品污染物及有害因素监测采样工作。配合卫生行政部门对辖区各监测单位展开督查。生活饮用水监测评价工作。起草《吕梁市2015年饮用水水质卫生监测工作方案》，对吕梁市农村饮用水水质卫生监测的9个监测县（市、区）93个监测乡镇279个监测点36所学校及全市城区122监测点饮用水水质卫生监测和网报工作作了安排部署。对各监测县（市、区）监测过程和网报过程进行督导指导。慢性病防治工作。2015年吕梁市继续开展农村65岁以上老年人的健康体检工作。吕梁市13个县（市、区）估算65岁以上老年人口数共计379288人，2015年实际登记老年人283633人，共体检247800人，体康管理率平均为55.57%。职业卫生监测评价工作。2015年通过职业病与职业卫生信息监测系统上报农药中毒31例，尘肺病 65 例、噪声聋报告 1 例，职业健康检查个案卡 734 张，有毒有害工人健康监护卡 61 张，疑似职业病报告 25 例，用人单位信息 95 例的审核工作。

【地方病防治工作】

2015 年，市疾控中心按照省、市《2015 年鼠疫监测方案》要求，在鼠疫历史疫源地临县和兴县分别选择青凉寺乡梁家会村、罗峪口镇南耳上村开展鼠疫监测。完成了碘盐监测项目（非高碘地区居民户盐）、水源性高碘地区监测、饮水型地方性砷中毒监测、大骨节病考核验收自查、克山病考核验收自查。

【检验检测工作】

2015 年，市疾控中心在自身检验室没有建好的情况下借用省疾控中心、省地病所、离石区疾控、柳林县疾控等单位的实验室完成了流感常规监测、禽流感监测、手足口监测、HIV 样本检测、麻疹 / 风疹样本检测、食品安全风险监测中致病菌检测、碘盐检测等检测任务和质控考核，共检测各类样本 7446 余份。

【健康教育和健康促进工作】

2015 年，在“3·24”结核病防治日、“4·25”计免宣传日、“7·28”肝炎宣传日、“12·1”艾滋病防治日等各种疾病防控日，吕梁市各县（市、区）工作人员深入农村、学校、广场，通过微博、广播、电视，开展讲座，设立咨询电话，开展宣传活动。散发宣传资料（主要是宣传单）35.9 万份，张贴宣传画 200 余张，出板报 35 期，制作宣传版面 69 块，散发宣传画 28900 张，设立咨询点 40 个，招募志愿者 1200 余人。普及防病知识，提高群众防病意识。

【卫生应急工作】

2015 年，市疾控中心对原有应急预案进行修改和完善。修订后的预案共 31 种；充实调整应对突发事件工作领导组、专家咨询组、疫情处置队伍；补充更新个人防护用品及消杀药械等储备物资 14 种，合计约 5 万元；组织开展了全市暴发传染病疫情处置的桌面推演工作；开展突发事件公共卫生日常风险评估工作；完成风险评估 11 期，向各县推进风险评估工作；跟进突发公共卫生事件相关信息报告系统 1 条，协调指导处置汾阳市关于栗家庄乡郝家庄村王志玲等 7 人疑似食物中毒事件，每日跟进中东呼吸综合征（MRES）、人感染 H7N9 禽流感等。

（吕梁市疾病预防控制中心）

吕梁市人民医院

【概述】

2015 年，吕梁市人民医院（以下简称市医院）受各方面的影响，主要工作量指标均有不同程度的下行，工作质量指标持续向好，达到预期目标。工作量指标表现在门急诊 355289 人次，同比下降 5.78%；出院 21253 人次，同比下降 11.49%；手术 9539 例，同比下降 13.42%；病床使用率 76.04%，同比下降 6.61%；体检 14057 人次，同比上升 31.25%。工作质量指标继续向好发展，平均住院日 10.59 天，同比减少 1.76%；危重病人抢救成功率 86.54%，同比提高 0.4%；药占比 39.17%，同比下降 0.11%；三日确诊率 99.38%，同比增长 0.33%；诊断符合率 99.06%，同比增加 0.1%；出院平均医疗费用同比减少 2.27%；患者投诉同比减少 11%，纠纷同比减少 10%；患者对医院的满意度达到了 98.53%，全年未发生影响正常工作秩序的不良事件。

【医疗安全管理】

2015 年，市医院加强对重点患者尤其是危重患者的管理，对医疗环节中的风险隐患进行有效干预，化解医患矛盾，防范医疗纠纷的发生。为增强医患沟通技巧，对全院职工进行 3 次培训，并进行考试。对 2013 年和 2014 年部分典型的医疗纠纷案例，从案情的经过，纠纷的原因，存在的问题，不良后果，警示教育进行总结分析，编制成册，下发各科进行讨论，预防医疗纠纷的发生。参加医疗责任保险，为市医院医生226人、护士434人、医技人员110人购买医疗责任保险，防范医疗损害责任赔偿。通过举办全院职工法律法规知识培训、医疗规章制度学习、医护诊疗行为规范培训及定期召开医患座谈会等形式，提升全员的质量安全意识。

【传染病防治】

2015年，市医院共登记、报告传染病1584例，全部实行网络直报；流感样病例监测2698例，采集样本449例；初筛HIV阳性病例标本共20份，抗体阳性15份；监督完成新生儿两苗接种任务，接种2440人，接种率为97%；报告肺结核病例206例，报告率和报告及时率均为100%；食源性疾病报告109例；配合市疾控中心进行艾滋病哨点监测827例。

【学科建设和科研教学】

2015年，市医院教学工作取得新成效。3名带教研究生顺利完成硕士学业；新招收1名在职研究生；新增3名山西医科大学硕士生导师；完成2014—2015年度460名实习生临床教学任务、2014年度67名全科医师培训任务，并组织了毕业考试、离院鉴定工作；接收本科和大、中专院校临床实习生531名；接收基层医疗机构进修生36名；接收52名西医类别、13名中医类别全科医师；接收县级骨干医师5名；选送2名医师赴浙江大学参加全科特岗师资培训；3名医师参加山西省首届全科医学住院医师师资培训；4名医师参加全省基层农村卫生人员师资培训；6名医师参加全省第三届全科医师师资培训。学科建设取得新进展。骨科成为山西省临床重点专科；骨科和护理学作为省市共建学科顺利通过省卫生计生委的年度验收审核；按照肿瘤规范诊疗要求，将放疗科并入肿瘤科统一管理；成为中国人民解放军第二炮兵总院胃肠、肝胆专病研究所技术合作医院；吕梁市病理诊断技术论坛暨吕梁市人民医院与山西省肿瘤医院病理学科支持合作授牌仪式在市医院举行；通过山西医科大学巡回教学检查；组织举办以“人才强院、科教兴院”为主题的高学历（硕士以上）医师沙龙座谈会；出台市医院《学科建设试行指导意见》，制定《重点专科建设三年规划》，促进学科建设快速发展。人才队伍建设取得新提升。坚持送出去请进来相结合的管理办法，邀请北京大学人民医院口腔、呼吸、影像学、骨关节科专家莅临市医院进行为期10天的对口帮扶指导；投入经费11万余元，选送180名优秀医务人员外出参加培训学习；国家卫生计生委“卫生适宜技术推广吕梁山区行”在市医院启动，来自卫计委中日友好医院、北京协和医院、北京天坛医院的急诊急救、针灸、妇产、内科专业组十几位专家在医院进行技术培训、专题讲座、教学查房及坐诊指导。1人成为山西省卫生计生委临床高端领军人才；1人再次当选山西省卫生计生委质控中心主任；1人成为山西省卫生计生委高级职称评审专家库成员；3人当选为省卫生计生委骨干精英人才；1人荣获山西省优秀科技工作者称号；2人荣获吕梁市十佳科技工作者称号；3人荣获吕梁市优秀科技工作者称号。继续教育和科研学术取得新进步。举办省级继续教育学术活动4项、市级继续教育学术活动9项；参与申报国家卫生计生委科研项目2项，省卫生计生委科研项目4项，市科技局科研立项11项，省级科研结题4项；开展新技术、新项目20项，拓宽了吕梁市人民医院的技术服务领域。远程医学取得新成就。参与北大人民医院病例讨论65例次，视频讲座30次，组织申请病例讨论6例次；与北京301医院远程影像会诊6例次；开通了全国百姓放心医院网络大讲堂和山西省卫生计生委网络培训班。

【基础设施建设】

2015年，市医院改造建成新的口腔科门诊及眼科门诊（中华健康快车白内障治疗中心）；市政府将原市疾控中心旧楼划归市医院，新增10.5亩地5000平方米建筑，缓解了市医院医疗用地紧张的局面。完成ICU、CCU护理站及疼痛科、病理科诊室改造；新增130平方米的行政区学术厅；将行政区地下室改造为职工活动中心和临时库房；结合市政府“百日环境大整治”活动，改造了旧门诊楼前自行车停车位、新建综合门诊楼东侧围墙、家属院消防通道等，改善了就诊秩序，使市医院的院容院貌得到改善。

【引进先进的医疗设备】

2015年，市医院新增意大利进口全景X光机、口腔综合治疗机、飞利浦超声诊断系统、美国索诺声便携式彩超机、岛津移动X光机、美国鸟牌呼吸机、高频移动式X成像系统等先进医疗设备；在9个科室安装网络心电分析系统，丰富和提高了市医院的检查、治疗手段。同时接收、启用了中华健康快车基金会为“健康快车白内障治疗中心”捐赠的全自动电脑视野仪（IVS-201）、氩激光和免散瞳眼底照相机等先进的检查治疗设备，促进了眼科的发展后劲，推动了学科建设的发展。

【信息化建设】

2015年，市医院中心机房核心设备更新升级完成，优化了数据，提升了信息安全程度；实现医院质量监测系统（HQMS）的自动对接与正常上报；完成IMC网络管理平台建设，加强了全院网络的精细化管理；开通检验报告网上查询服务，减少了患者排队等候时间；CIS系统功能不断完善，修改了护理记录单格式，嵌入抗菌药物分级管理模块，实现了医生按职称级别选用不同的抗菌药物的功能；合理用药系统增加手术预防用药、送检率等指标，实现了用药提示和警示、处方点评等功能，保障了患者的用药安全。

【病案及档案工作】

2015年，市医院回收、整理、录入、上架出院病历21253份，复印出院病案15149人次，质控病历6238份，将12余万册病案安全搬迁到地下库房。综合档案室顺利回迁，接收2013年—2014年文书档案450卷，其中行政管理类168卷、疾病防治类50卷、医护综合类78卷、医疗安全类50卷、标准规范类58卷、党务工作类46卷。

【医药卫生体制改革】

2015年，市医院为适应医院发展需要，优化人力资源管理模式，修订下发《人力资源管理办法》，明确职工请销假、院内调整岗位、退休、返聘流程。修订下发《返聘专家管理办法补充意见》，按照规定进行新一轮专家返聘。聘任初中级专业技术人员76名；聘任高级专业技术人员39名。完善了非占编人员的合同管理，缓解了医护人员紧缺压力。按照上级要求，开展“吃空饷”自查自纠工作及科级干部“三个一批”清查工作。2015年根据吕梁市、各县（区）2015年新型农村合作医疗补偿方案要求，为保障住院患者权益，市医院下发《吕梁市人民医院关于接诊新型农村合作医疗住院病人的通知》，在住院楼大厅公示栏内张贴《新型农村合作医疗住院病人须知》和《关于办理分级诊疗转诊手续的通知》，进行宣教。针对部分透析病人反映透析费用高的意见，组织相关科室进行研究讨论，制定降低费用的办法与数额，5月份开始实施。从11月1日起，市医院开通全市的新型农村合作医疗直补系统。加强药品及设备、耗材“阳光采购”工作。2015年6月1日起，国家发改委等部门取消了绝大部分药品政府定价，出现了许多低价药品涨价现象。市医院在保证药品质量的前提下，实行价格低者优先配送，价格相同者由原供货商配送的原则，保证低价药品的供应，满足临床用药需求。严格执行山西省医疗机构药械集中网上采购工作，在部分基本药物及低价药品市场供应不足，价格上涨的情况下，尽力保障基本药物和低价药品的供应，基药采购占到药品总额的27.1%。规范采购行为，按要求执行网上阳光采购行动，乙类大型医疗设备和医用高值耗材均录入阳光采购平台进行管理。 在采购中发现采购价格略高的项目及时联系供应商进行调价处理。截至12月底，有28家供应商共计138个品种进行降价，主要降价品种为检验试剂、整骨材料、介入材料等，节约采购成本24万余元，减轻了病人的负担。

【工会和群团工作】

2015年，市医院维护职工合法权益，召开三届三次职工代表大会，院务会专题研究解决代表提案11条。加强工会、女工、团委的组织建设。对工会、女工小组重新进行合理划分，为1021名工会会员建立实名制档案。260余名志愿者参加志愿服务，40名团员成为团中央正式注册志愿者。搭建平台，丰富活动载体。修建职工活动中心，购置50多万元的文体设施设备，设立乒乓球室和台球室等活动场所，丰富职工的业余生活。定期开展各项“协会”工作，组织开展各类羽毛球、篮球等体育比赛活动，中文朗诵大赛、摄影活动，丰富了职工的精神文化生活。开展纪念“三八”系列活动。表彰“三八红旗手”10名，“和谐家庭”10户，“先进女职工”32名。院领导多次看望慰问老党员和老干部，听取他们对医院的建言献策。开展院内扶贫助困活动。为市医院贫困职工家属捐助学费2000元，响应市政府 “送温暖、献爱心”社会捐助活动，共募善款10万元。

【宣传和信息工作】

2015年，市医院编辑出版《吕医人》12期。整理汇编医院动态信息42期。报送日常卫生信息、政务信息、党建信息200余条。对外发送宣传报道稿件及图片300余篇/幅。及时维护更新医院外网，上传新闻237条，图片200余幅。定期检查、规范院内标识、图标、牌匾，制作科室标识2000余幅。

【对口支援和医联体建设工作】

2015年，市医院响应上级优质医疗资源下沉的要求，借已有的医联体模式，开展多种帮扶活动，与相关医院签订帮扶协议，全年深入基层医疗机构6次，派出相关专业医务人员60余人次，举办讲座6次，专家接诊、查房、会诊和病例讨论共百余人次，免费接收县级医院进修人员13人次，全方位开展帮扶，提高了基层医院的内涵建设。对口支援新疆建设兵团第六师共青团农场医院工作正式启动。

【处置应急事件及公益活动】

2015年，市医院对医院的应急预案进行修订和汇编，调整、充实卫生应急队伍人员。全年处置车祸、食品安全等突发公共事件6起；启动“白内障手术公益活动”，为53例贫困白内障患者奉献爱心，每例补助手术费用1000余元；参加全省文化科技卫生“三下乡”活动，为方山县捐赠价值2万余元的药品和医疗器械；为全市各种会议、各种活动提供医疗保障服务18次；开展大型义诊活动2次，组织15个科室，50余名医务人员，出动市医院2辆“流动医院”专用车，免费义诊检查800余人次，发放健康宣教资料2000份。

【医院的品牌建设】

2015年，市医院品牌建设取得新进展，首次成为省卫生计生委医疗质量控制中心病历质量控制部依托设置单位，填补医院空白；骨科成为山西省临床重点专科，填补医院空白；硕士研究生教育成效明显，医院培养的首届三名硕士研究生毕业，填补医院空白；急诊科被国家卫生计生委评为“优质服务岗”，全省仅此一家；在长治医学院举办的首届临床教学基地青年教师教学基本功竞赛中获一等奖；护理部被山西省医院协会授予“第一届山西省医院品管圈工作”先进集体；医院被中华全国妇女联合会等单位授予“全国维护妇女儿童权益先进集体”；被市政府授予“档案目标管理先进单位”“二O一四年度计划生育先进集体”等荣誉称号。

（吕梁市人民医院）

山西省汾阳医院

【概述】

2015年山西省汾阳医院（以下简称汾阳医院）完成门诊量381937人次（2014年387633人次），同比下降1.47%；住院人数28807人次（2014年30473人次），同比下降5.47%；手术人数9328人次(2014年10267人次)，同比下降9.14%；体检13031人次（2014年8616人次），同比增加51.2%;累计完成特级护理131522小时，同比增长67.39%，一级护理87823天，同比增长44.20%，重症监护370935小时，同比增长134.14%；病床使用率84.4%，平均住院日9.37天，病案甲级率99.8%，入院与出院诊断符合率99.72%，临床与病理诊断符合率99.6%，无菌手术切口甲级愈合率98.6%，危重病人抢救成功率81.99%，开展成分输血比例100%，基本符合三级甲等医院要求。

2015年，汾阳医院被中国医院协会医院文化专业委员会授予“全国医院文化建设先进单位”。荣获“国家卫计委脑卒中防治工程卒中筛查管理先进基地”称号。被山西省科学技术协会命名为第五批“山西省科普教育基地”。爱婴医院省级复核评估全省排名第三。被省公安厅授予“省级平安医院”。被吕梁市档案局、吕梁报社授予医院2015年走进档案征文比赛“优秀组织奖”。医院通过山西省文明办省级文明单位检查验收。全年有64名同志被各级卫生行政主管部门表彰奖励。

【学科建设】

加强重点学科建设。2015年汾阳医院加大对重点学科的政策倾斜和扶持力度，完善各临床重点学科档案，修订《临床重点学（专）科发展规划》。2015年心血管内科、呼吸内科被省卫计委确定为省级重点专科，原有呼吸内科、耳鼻喉科、消化内科三个省市共建重点学科建设进展喜人，卓有成效。2015年心血管内科、临床护理学科再次被省卫计委确定为省市共建重点学科，至此汾阳医院省级重点学科、重点专科在市级医院中名列前茅。注重专科建设与发展。结合三级医院科室设置规范及医院实际，探索发展亚专业，于7月将普外科划分为普外一病区（肝胆胰、胃肠肛门外科）和普外二病区（甲状腺、乳腺、血管、腹壁疝外科），原结直肠肛门外科合并到普外一病区胃肠肛门外科专业组，不再独立运行；骨科划分为骨科一病区（创伤、脊柱综合）、骨科二病区（创伤、关节综合）；神经外科划分为神经外科一病区（颅脑损伤、脑血管病），神经外科二病区（创伤、肿瘤），实行科主任领导下的病区主任负责制，使各专业组目标方向明确，积极性提高，如骨科二病区开展复杂骨折闭合复位、微创内固定、椎体成形术等新技术。骨科两个病区完成全膝关节手术12例（独立完成3例）、关节镜下治疗膝关节损伤15例；眼科成功植入白内障超乳技术，任志凤医师已顺利、安全、独立完成白内障超声乳化+人工晶体植入术74例；神经外科二病区收治病人特级、一级护理占到总病人数的75%。全院各科积极创新，大胆尝试，共开展膝关节置换、白内障手术等新技术114项（医疗84项，护理30项），这些高精尖技术的开展极大地提高了医院的核心竞争力。探索多学科协作诊疗模式。为提升学科诊疗能力和学术水平，为患者提供科学合理、个性化的诊疗方案，在2014年成立的肿瘤专业协作诊疗组的基础上，2015年又成立多发伤协作诊疗组、胸痛中心和卒中中心。胸痛中心成立同时在汾阳医院启动中国急性心肌梗死救治项目（全省有八所医院入选该项目），全年开展CAG手术604例，PCI手术296例，其中急诊PCI手术94例，辐射吕梁山下六市县及晋中介休、平遥等县市，胸痛中心的建立提高了急性心肌梗死病人的救治成功率，扩大了汾阳医院的影响力。多发伤协作诊疗组成立以来，使涉及多学科多部位的复合外伤病人得到及时救治，2015年有一例孝义市医院转诊的出血危重病人，经多发伤协作诊疗组会诊后，果断决定在急诊手术室剖腹抢救，挽救了患者生命，提高了抢救成功率，保证了汾阳医院在周边县市医院中的竞争力。

【传染病防治】

2015年，汾阳医院贯彻执行《中华人民共和国传染病防治法》，报告传染病1956例，网络报告死亡患者116例，报告食源性疾病57例；完成新生儿接种3061例，接种率89.5%，为本院职工、家属、汾阳学院学生接种乙肝疫苗532支。完成了儿保门诊调研、考察和规划工作。

【人才队伍建设】

2015年，汾阳医院心内科马明峰博士毕业回院，引进硕士8名；40人晋升高级职称，聘任正高职称26人，副高43人，中级63人，初级84人，内聘正高11人，副高13人，中级24人，人才梯队趋于合理，为医院的发展及学科团队的构建提供了人才储备 。王耀勇、任艳琴入选山西省高端领军人才，28人入选山西省骨干精英人才；在派出高端访问的同时，全年22名医护人员外出访问、进修学习，140余名医护人员短期外出或参加培训。在做好业务工作的同时，医院还创造机会为医护人员提供学习的机会。全年共举办“中国急性心肌梗死规范化救治项目暨山西省汾阳医院胸痛中心成立启动会”等继续医学教育13项（其中医疗7项，护理9项），举办青年医师论坛10次，病例讨论10次，护理专项培训32次，病案讨论4次，全年举办医疗、护理“三基三严”考试各2次，培训医务人员2800人次，护理人员5029人次。

【科研教学工作】

2015年，汾阳医院1项科研课题获山西省自然基金资助，6项科研项目在山西省卫生计生委立项，申报吕梁市级科研课题20项，申报院级课题53项，医疗医技共40项、护理13项；完成2014年度已立项的44项院级课题中期汇报和48项科技查新。医院首次以第一作者单位发表SCI文章1篇，申请国家专利6项，参编教材26部。医院住院医师全科医师规范化培训基地开始招收学员，共招收2014级58名住培医师，2015级56名住培医师及8名专业学位研究生。先后30余名规培导师赴华西医大、浙江医大、山西医大进行了师资培训，按要求为全科医师基地配备500万元的教学设备，已完成安装、调试。全院145名兼职教师共完成课堂教学任务5300余标准学时，其中本科生教学达4550余学时，教授、副教授授课时数3200余学时。完成2014至2015年度460名实习生、1000余名见习生的实习、见习带教任务和山西医科大学400名本科毕业生考试工作，成功举办了医院第十一届中青年教师教学基本功比赛；2015年被山西省卫计委授权为“专业学位研究生规范化培训基地”，成为全省5所基地之一。新增王耀勇、王保爱、曹晓红、李晓颜4名硕士生导师，使医院硕导总数达14人；招收硕士研究生11人，招生总数达23人。

【信息化建设】

2015年，汾阳医院计算机中心深入各管理部门及门诊、住院科室解决临床服务需求，优化服务流程、提高服务效率。开通门诊一卡通，并与导通公司合作开通门诊医生站管理系统及分诊叫号系统，并与 LIS、PACS、合理用药系统连接，缓解了门诊无序拥堵状况，方便了医院和患者。为门诊增设两台检验报告自助打印机。为手术室布线，安装 4 台电脑，手术室管理系统上线，方便了手术科室，规范、简化了手术通知单运转流程。配合 PACS 工程师将 B 超管理系统和影像数据与心电、病理服务器、存贮进行分离。对 PACS 系统进行升级，对放射科与 MRI 室的流程进行信息化改造，使得患者有序进行检查，对医生的工作进行质量控制。全年深入临床一线共收集急需解决的问题 65 个，现场解决 12 个，更新《数据分析与决策支持系统》，保证了数据的真实可靠性。针对医院信息管理的困境，与有关软件商进行联系，制定了信息平台方案和数据备份方案，计算机中心调研各科室意见，综合各软件商系统优点，提出了 200 多页的《汾阳医院信息系统升级改造方案》及相应招标参数，等上级部门批准后就能招标实施。

【基础设施建设】

2015 年，汾阳医院被列为吕梁市十大重点工程的 23 层急诊医技住院全科医师培训综合大楼顺利完成主体工程，12 月 26 日完成封顶，进展顺利；新建 3.0T 磁共振仪机房、改扩建了新增数字减影血管造影机房和放射造影室；将 6 号楼下的采血室、移动公司收回后，扩建为口腔科门诊；将 8 号楼外门市改造为老干活动中心用房，方便老干部学习、活动；在门诊楼前新建临时建筑 200 平方米作为放射科及导管室办公用房，缓解该科室用房紧张；按照消防标准在篮球场西侧开通 4.5 米宽的消防通道，将外科楼顶设备机房泡模板更换为防火的岩棉板，对家属院 1、2 号楼楼顶烟道、排气道破损严重的混凝土盖板进行更换，消除安全隐患；对全院部分水、暖、电设施进行改造；对变压器整合移位，改造门诊楼部分楼层供电线路，确保大功率用电器的安全使用；改造供蒸汽管道、供热管道 200 余米；将全院 6 层以下建筑供水改为自来水直供，更新外科楼供高区生活用水的水箱和楼顶消防水箱；完成了传染病区污水站升级改造土建工程；对全院的空地进行了绿化、美化，在急诊科门口东侧休息区、院展览馆院内搭设葫芦架，U 型楼南侧、儿科楼南侧等区域草坪进行了绿化。

【医院安保工作】

2015 年，汾阳医院开展治安、消防安全培训 2 次，制订《山西省汾阳医院关于医务人员受到侵害时如何加强自身保护方案》，保障医院各类会议和参观活动等安全执勤 11 次；对部分陈旧的监控主机进行更换，新增了摄像头 11 个，利用全院布控的“天眼”监控系统，破获 7 号楼家属院入室盗窃案；为在医院科室发生的 4 起殴打医护人员案件定性及追究嫌疑人法律责任提供了证据；制止车辆乱停乱放 30 余次，处理各类车辆纠纷 20 余起，停车收费 103.2 万元；及时处理医患纠纷 22 次；抓获“医托”及在院内散发非法传单人员 7 人。

【消防安全工作】

2015 年年初，汾阳医院与各科室签订《消防安全工作目标责任书》和《治安综合治理工作目标责任书》，并重点与美式楼各科室签订安全责任书，明确科主任、护士长为第一责任人，实行“安全工作一票否决”。邀请山西众和消防设施检测有限公司和山西昌晟电气消防检测有限公司对全院消防设施、电气进行年度检测，取得消防电检设检监测报告合格证，及时消除隐患。更换灭火器 702 具，消防安全出口标志牌 9 块，疏散指示 11 块，应急灯 15 个。与汾阳市公安局消防大队联合在医院妇产科四楼进行消防演练；在神经内科进行了地震应急演练；在急诊科进行防暴力伤害应急演练。院保卫科在"6·26"禁毒宣传日、"11·9"消防安全宣传日、"12·4"宪法日暨法制宣传日期间举办了主题特色宣传活动，发放各类宣传资料2000余份；帮助医院在建工地协调处理农民工工资问题，避免了一场农民工跳塔吊和械斗事件的发生；配合山西省汾阳监狱民警看守自杀脱逃犯。在血库血源紧张及采血中心取消进入倒计时的情况下，组织全科人员献血15800ml，2015年被省公安厅授予"省级平安医院"。

【确保设备安全高效运行】

2015年，汾阳医院严格按照《高值医用耗材集中采购工作规范（试行）》要求，组织完成全院医疗设备3000余万元设备购置论证会和公开招标工作，审核30余份医疗设备合同，所有签订合同的医疗设备均正常到货。完成新进的设备呼吸机、电子阴道镜、电子气管镜、注射泵、输液泵、防护用品、病床等533台（套）设备进行验收、安全使用培训；完成飞利浦3.0T磁共振、大型数字减影血管造影机的安装、调试交付使用工作；完成意大利GMM数字胃肠机的机房改建和设备搬迁、调试工作；完成口腔全景机的搬迁和调试。全年维修10万元以上医疗设备800台次，节约资金190余万元。对全院的消毒机、急救设备进行维护保养。医疗设备质量和安全检测实验室和急救类、生命支持类资源共享中心，2015年共借出急救设备344台件，平均使用率为65%。全年制氧8400小时，折合42000瓶氧气共产生176万余元经济效益。

【优质资源下沉工作】

2015年，汾阳医院按照上级部门的要求完成对口支援和万名医师下乡工作，加强与医联体医院之间的合作。2015年新增医联体协作单位3家，使汾阳医院医联体单位达17家，为交口、石楼、方山、中阳4所县医院培养骨干医师4名；累计派出70人次走访基层医院12家，举办讲座8场次，参加质控6次，派出对口帮扶人员32人，完成会诊50余人次。医联体绿色通道完成导诊449人次，其中重症21人，住院89人，取检查结果289人次，寄送材料7人次，微信发图片48人次；在托管的交口县人民医院坚持周六坐诊，年内共坐诊127人次，接待患者4000余人次。在中阳县宁乡镇完成脑卒中初筛3000余例，被国家卫生计生委授予"脑卒中防治工程卒中筛查管理先进基地"。举办PCI俱乐部、乳腺癌防治等健康大讲堂讲座20余次，受教育人数达两千余人。全年共回访出院患者23733例，回访率92.91%，不满意106例，满意度为99.46%。

【开通直补 方便报销】

2015年，汾阳医院在吕梁13个县（市、区）开通全部城镇医保、新型农村合作医疗保险直报（补偿）工作，其中城镇医保报销4096人次，报销金额3991万元，新型农村合作医疗保险补偿15724人次，补偿金额6011万元。

【关心职工生活】

2015年，汾阳医院为医院1336名职工进行健康体检并进行分析，使有问题职工得到及时诊治，有异常职工更加关注自身健康。组织61位放射人员进行放射职业卫生体检，对体检异常的4名工作人员进行健康复查。组织34位放射相关人员进行环保厅组织的辐射安全与防护培训，35位放射相关人员参加省卫生监督协会的放射工作人员培训，全部获辐射安全防护培训合格证。为80位放射相关人员领取、发放个人剂量仪，监测结果无异常；为7位新上岗放射人员办理放射工作上岗证，完善了放射工作人员档案。汾阳医院关心退休职工生活，老干科全年组织开展丰富多彩的文化活动，在重阳节，组织退休职工外出活动，丰富了老年人的生活。工会关心职工生活，夏送清凉冬送温暖，慰问生病住院职工，维护职工权益，与各职能部门开展了形式多样的技术比武。

【文化建设和宣传工作】

2015年，汾阳医院为迎接2016年百年院庆，启动百年院志修订工作，组织收集整理院史资料，召开院志编撰培训会议，完成新编院志初稿；组织完成《医魂璀璨》上、中、下汾医文化系列丛书的编写工作；完成新建院史展览馆二展区工作，积极设计制作筹建第三展区，成功申报院史展览馆为省级科普教育基地；完成首届护理微电影展评，创造医院文化活动的先河。与吕梁电视台合作，拍摄制作新闻专题片10次，在《第一民生》《生活前沿》《吕梁新闻联播》等栏目多次播出。2015年共出版院报11期，在《吕梁日报》《健康生活报》《三晋都市报》、山西医院网、山西新闻网等省市各级媒体及时发表宣传、报道医院重大活动的新闻和图片100余篇。申报并成为中国医院报刊专业委员会会员单位、《健康报》理事单位。获"全国医院文化建设先进单位"。在省卫计委和省新闻工作者协会联合主办的好新闻评选活动中，汾阳医院获首届"山西卫生计生好新闻"优秀组织奖。2015年12月，省文明办到医院检查验收省级文明单位，对医院精神文明工作给予高度评价。

（山西省汾阳医院）

社会生活

人力资源和社会保障

【落实增收政策】

2015年，吕梁市委、市政府把提高居民收入作为一切工作的出发点和落足点，多层面加大工作力度，完善保障措施，努力使全市城乡居民收入水平持续增长，尽快过上好日子。人力资源和社会保障部门加大力度，落实各项增收政策。严格执行最低工资标准，发布2015年企业工资指导线，落实提高社保待遇水平各项政策，严格执行公职人员工资调整政策，全市离退休干部提高离退休费工作已结束，2015年机关事业单位工作人员工资调整工作于7月26日前完成。2015年第一季度，全市城镇居民人均可支配收入5736元，比上年同期5336元增加400元，同比增长7.5%。第二季度，城镇居民人均可支配收入达10892元，增长6.9%。第三季度，城镇居民人均可支配收入达16785元，增长7.4%。第四季度，城镇居民人均可支配收入同比增长6.6%。

【人才工作】

2015年，吕梁市人力资源和社会保障局（以下简称市人社局）吸引各类优秀人才向主导产业聚集。在全市开展“人才服务进百企”活动，2012年以来，坚持专业对口，引进两院院士10名，引进博士119名，引进硕士1530名。围绕企业转型加强非公人才开发，会同中小企业局在清华大学深圳研究生院、上海复旦大学举办民营企业家高级研修班，对全市190户民营企业的董事长和总经理进行培训。配合市委组织部、中小企业局在上海组织全市50名优秀中小企业家，围绕创新转型主题，开展为期一周的专题研讨。选拔推荐山西省学术技术带头人5人，市军民融合创新研究院被确定为“山西省博士后创新实践基地”，将“兴县日光温室大棚蔬菜项目”，“岚县马铃薯脱毒种薯基地”确定为引进国外智力成果示范推广基地，引进外国专家。深化“千人百县”高层次人才服务基层行动计划，为县域经济快速发展提供人才智力支持。市高级技工学校通过创建国家级中等职业学校发展改革示范校验收，成功申报国家级高技能人才培训建设项目，先后共获得900万元专项资金支持。截至12月底，组织职业技能鉴定7246人次，新增高技能人才608人。

【推进机关事业单位规范管理】

2015年，市人社局着力破解基层人才紧缺问题，推进机关事业单位人事规范管理。新招录公务员343名，事业单位新进人员公开招聘实现全覆盖，招聘工作人员976名。完善公务员管理信息库，严格规范表彰奖励工作，对全市新录用公务员集中组织初任培训。开展机关事业单位“吃空饷”问题集中清理工作，严肃组织人事纪律，在全市形成强大震慑。

【扩大就业】

2015年，市人社局面对经济下行压力加大的严峻形势，落实省政府关于促进就业的政策措施，促进城乡劳动者实现充分就业。呼吁并督促各级政府新上项目，把提供本地就业岗位作为重要评估审核内容。实施“五缓三补一报备”政策一年，降低工伤、失业、生育保险缴费费率，可为企业减负8000万元左右。加大创业型城市、乡镇（街道）、社区创建工作力度，扶持大众创业，鼓励万众创新。组织实施吕梁山护工护理人员培训就业工作，把这项工作作为精准扶贫、精准脱贫的重要抓手。从9月开始，组织培训护工1428人。举办“吕梁山护工专场招聘会”，达成就业意向694人。建立吕梁山护工网站，设立吕梁山护工太原联络部，与北京市建立了就业战略协作关系，为吕梁山护工走出吕梁山、走进大城市，实现稳定就业脱贫搭建了平台。2015年，全市城镇新增就业40561

人，完成年度任务的101%；转移农村劳动力43709人，完成年度任务的100%；城镇登记失业率2.9%。就业创业的各项工作任务圆满完成。

【社会保障体系建设】

2015年，吕梁市城镇基本医保和生育保险费用初步实现省内异地就医即时结算。扩大城镇职工慢性病门诊报销病种。在原有9种病种的基础上，新增加6种病种，减轻慢性病人员负担。启动了城镇职工和居民大病保险工作，通过商业化运作，提高居民大病保障水平。在巩固2014年城乡居民养老保险制度统一并轨成果基础上，创新缴费方式，实行社会保障卡预存代扣，基本杜绝现金缴费。各险种参保扩面任务全部完成全年目标任务。截至2015年12月底，全市城镇职工基本养老保险参保人数达32.6万人，完成年度任务的103.6%，较2011年年底净增5.45万人；全市城乡居民社会养老保险参保人数达182.02万人，完成年度任务的100.3%。全市城镇基本医疗保险参保人数达84.09万人，完成年度任务的102.7%。全市失业保险参保人数32.17万人，完成年度任务的100%。全市工伤保险参保人数达37.79万人，完成年度任务的100%。全市生育保险参保人数达33.45万人，完成年度任务的100.1%。全市“社会保障卡”累计发卡数达238.5万张，完成年度任务的100%。全年基金征缴收入27.82亿元，各项社保支出49.03亿元，享受社会保险待遇人员168.13万人次。

【维护劳动者权益】

2015年，市人社局面对经济持续下行压力，科学研判劳资纠纷新挑战，建立健全预防和协调机制，努力促进劳动关系稳定。吕梁市劳动合同签订率达到95%，受理举报拖欠职工工资等案件662起，结案率100%，共检查用人单位3010户，涉及劳动者14.89万人，清理拖欠的工资23584万元，督促用人单位补缴各项社会保险16423万元，依法维护了劳动者的合法权益。在建筑施工企业全面推行“三本台账”（职工花名台账、考勤记录台账、工资发放台账）管理办法，规范建筑施工企业劳动用工管理，从源头上防范拖欠农民工工资问题的发生。

（吕梁市人力资源和社会保障局）

民政

【完善社会救助体系】

2015年，吕梁市城乡低保实现动态管理下的应保尽保。市民政局印发《关于进一步加强低保工作管理的紧急通知》和《关于建立健全社会救助监督检查长效机制的通知》，市政府出台《关于贯彻落实〈社会救助暂行办法〉的实施意见》（吕政发〔2015〕14号），市政府办公厅印发《吕梁市居民家庭经济状况核对办法》（吕政办发〔2015〕3号），居民家庭经济状况核对中心挂牌成立，核对信息系统平台完成招标，规范社会救助工作管理，健全社会救助监督机制，确保救助制度公平实施。推进“一门受理，协同办理”机制，全市161个乡镇（街道）全部建立低保申请受理窗口，做到窗口标识明显，救助政策、工作职责、监督投诉电话全部上墙。城乡低保提标工作圆满完成，从1月1日起，城乡低保标准在原有基础上分别提高20元，提标后全市城市低保保障标准在340元～402元/月之间，较上年提高6%；农村低保保障标准在2316元～3312元/年之间，较上年提高11%，确保全市广大低保家庭生活质量不因经济社会发展和居民消费价格水平上涨而降低。低保金全部实行社会化发放，按规定足额、及时直接支付到保障家庭账户，截至12月底，共社会化发放城乡低保金59853.3万元。农村五保供养实现应保尽保、按标施保。为保障农村五保供养对象的基本生活，根据省民政、财政厅《关于提高农村五保供养省级补助标准的通知》(晋民发〔2015〕22号)要求，从1月1日起，农村五保对象集中供养、分散供养标准每人每年分别提高200元、100元，提标后全市农村五保集中供养标准在5200元～6360元/年之间，分散供养标准在2400元～4400元/年之间。截至12月底，全市共有21164名供养对象，其中集中供养对象为895人，共社会化发放五保金4068万元。城乡医疗救助制度普遍建立。推进城乡医疗救助“一站式”即时结算，资助符合条件的困难群众参保参合，截至2015年底，共为11951名城乡特困对象发放城乡医疗救助资金4164.7万元，筹资861.6万元资助特困群众参加城镇居民基本医疗保险和新型农村合作医疗保险，保障困难群体基本医疗服务权益。临时救助制度加快推进。为发挥临时救助托底线、救急难作用，解决城乡困难群众突发性、紧迫性、临时性生活困难，推进吕梁市城乡社会救助体系建设步伐，根据《国务院关于全面建立临时救助制度的通知》(国发〔2014〕47)和《山西省人民政府关于进一步健全完善临时救助制度的通知》(晋政发〔2015〕3号)要求，市政府印发《关于进一步健全完善临时救助制度的通知》(吕政发〔2015〕13号)。截至12月底，共为13622户救助对象发放临时救助金534.3万元。

【防灾减灾工作】

2015年，市民政局开展冬春灾民生活救助工作，下拨冬春救助资金630万元，按照“专款专用、重点使用”的原则，分发到急需要帮助的困难灾民手中。5月19日，吕梁市临县兔坂镇移民新村发生黄土崩塌事件后，市自然灾害应急指挥部根据自然灾害救助预案启动四级应急响应，并根据灾区实际需要，提请市财政紧急下拨15万元自然灾害生活补助资金，保障了灾区群众基本生活需求。加强救灾款物使用管理。以全市“五个专项整治”会议精神和省财政厅关于救灾资金绩效评价活动为契机，开展救灾款物的使用管理专项督查，通过督查，各县市区基本能够做到专款专用、重点使用，合理安排使用救灾资金，解决灾民衣、食、住、医等生活困难。严格救灾资金发放，遵循“户报、村评、乡审、县定”的程序，通过“一卡(折)通”的形式发放，并建立灾民救助台账，未发现截留、挪用、挤占和私分救灾款等问题。争取到民政部为临县、石楼、方山、岚县、文水、柳林、交口、交城等8个县各配备一台救灾车，改善了查灾、核灾能力。开展防灾减灾宣传活动。2015年吕梁市民政局组织开展“科学减灾，依法应对”防灾减灾宣传周活动，悬挂宣传标语1000余条，制作防灾减灾宣传版面300余块，张贴宣传画800余张，在吕梁电视台、吕梁报社开辟防灾减灾宣传专栏，5月12日组织市直22个涉灾单位在吕梁世纪广场开展大规模的集中宣传活动，普及防灾减灾知识技能和提高公众防灾减灾意识，提高增强民众防灾减灾意识和能力。

【基层政权和社区建设】

2015年，市民政局举办全市村“两委”主干示范培训班，将廉洁从政、依法履职、组织建设、“三资”管理等作为重点内容，召集新当选的161名农村“两委”主干进行示范培训。各县(市、区)也都进行培训，共培训村主干3000多人次，提高村干部依法办事、民主管理的能力。针对村务公开不及时、内容不全面、形式不规范等问题，提高村务公开的规范化水平，提升村民满意度，组织开展为期一年的村务公开整治活动。

【社会组织登记管理】

2015年，市民政局实行“一次告知、两步登记”办法，简化登记流程，缩短审批时限，社会组织登记由60个工作日缩短至15个工作日，市直新增社会组织5个，全市新增68个。开展社会团体清理规范工作，建议撤销社会团体及分支机构57家，年检社会团体38家。争取并实施中央财政资金支持社会组织服务及政府购买服务项目，引导支持社会组织更好地参与社会管理和服务。

【优抚安置和双拥工作】

2015年，市民政局调整抚待抚恤补助标准，准确、足额、按时发放到位，共发放2015年抚恤经费9506万元、老党员生活补贴200万元、抗战老战士一次性生活补贴221.5万元，发放2014年优抚对象医疗补助资金757万元。完成全市1380名烈士换证、791名参试退役人体检任务。完成零散烈士墓抢救保护工作，共完成集中安葬及迁建烈士墓2043座，维修碑、亭、塔等纪念设施40处。与离石区政府联合举行烈士纪念日公祭活动，组织社会各界进行清明祭扫活动。根据国家退伍军人有偿转移政策，收取有偿转移资金2306万元，安置退役士兵126名，办理退役士兵自谋职业35人，为1216名退役士兵发放自主就业一次性经济补助金，组织730名退役士兵进行职业教育和技能培训，毕业（结业）657人。军休服务规范化建设扎实推进，军休干部的“两个待遇”得到落实。开展双拥工作，开展驻地部队、优抚对象“八一”慰问，组织抗日战争暨世界反法西斯胜利70周年纪念知识竞赛，发挥国防教育基地、各类红色资源等教育阵地作用，在全社会营造军爱民、民拥军的浓厚氛围。

【推进社会福利事业】

2015年，吕梁市市级综合福利院一期工程奠基，80个农村老年人日间照料中心建设任务完成，市级社会福利救灾多功能服务中心建设进行扫尾工程。石楼、方山等6个县级综合福利服务中心建成投运，岚县、临县主体完工，文水、交口、中阳等3个县正在筹建。加快市级殡仪服务设施建设，吕梁市特仪工程奠基启动，离石区、汾阳市等4个县级火葬区划定方案加紧制定，孝义、离石、文水3所县级殡仪馆运营正常。

【规范社会事务管理】

2015年，市民政局推动出台《吕梁市加快发展养老服务业的意见》，对制约养老机构发展的建设用地规划、用水用电用气优惠、医养融合等关键问题做出制度性安排，对吕梁市养老服务业的长远发展奠定扎实基础。加强婚姻登记管理，办理结婚登记39662对、离婚登记3813对，补发结婚证4967对、离婚证146对，撤销婚姻登记7条。组织开展婚丧陋俗专项整治，出台《关于在全市农村和城市社区倡导成立“红白理事会”的实施意见》，发挥红白理事会作用，狠刹红白事讲排场、比阔气、奢侈浪费等不正之风，截至2015年年底，全市红白理事会由整治前的1279个，增加到2174个，增加率为70%，整治工作取得阶段性效果。会同计生、公安等部门加强对收养人的资格审查、审批及跟踪调查工作，防止发生假收养、真超生的违法行为，避免出现遗弃、虐待被收养人现象。筹集发放孤儿保障金1788万元，保障全市2283名孤儿的基本生活。按照自愿受助、无偿救助的原则，投入280万元对1560名流浪乞讨人员实施救助。5条县级界线联检和界桩更换任务全部完成，第二次地名普查工作全面铺开。组织开展平安边界示范市县创建工作，截至2015年12月底申报材料基本报回市局，等待省厅验收。完成《汾阳市城市行政区划调整的意见报告》，积极推进行政区划优化调整。

【低保专项整治】

2015年，市民政局重点检查低保制度建设情况、动态管理情况、主体责任落实情况、低保经办人员和近亲属享受低保备案情况、“两公示一公开”落实情况、监督举报热线运行情况等，开展城乡低保复核工作，从资格条件、申请及受理、家庭经济状况调查、民主评议、审核审批、分类施保、资金发放、动态管理等各个环节入手，坚决把不符合低保条件的对象清理出去，把符合条件的全部保障起来。采取强化培训业务骨干、健全保障对象认定标准体系、加强保障对象动态管理和建立责任追究制度、畅通投诉举报渠道等四条针对性措施，从制度机制上杜绝“关系保”“人情保”“骗保”等违规现象的发生，真正做到“应保尽保、应退尽退”。专项整治开展以来，通过动态管理，共退出城乡低保保障对象 19318 人，新增 3134 人；普遍建立低保经办人员和村（居）民委员会干部近亲属享受低保备案制度，全市共备案 1057 人；建立低保举报核查制度，设立并公布低保监督举报热线，悬挂监督举报箱，共接到群众举报“人情保”“关系保”“错保”案件 20 件，查证属实 9 件，全面得到纠正处理，确保社会救助公平公正、受助及时。

（吕梁市民政局）

民族宗教

【法制学习宣传教育】

2015 年，吕梁市民族宗教局（以下简称市民宗局）加强民族宗教政策和国家法律法规宣传教育。在宣传形式上，结合民族宗教工作的特点，通过设立宣传咨询点、悬挂横幅等形式，利用法制宣传日、宗教节日和宗教活动及媒体开展法规宣传活动。市民宗局联合吕梁日报社开展专版宣传，专门刊载民族宗教相关知识及政策法规，分别于 4 月 25 日、5 月 27 日在《吕梁日报》四版刊登宗教政策法规知识，普及宗教基础知识和政策法规；在宣传内容上，把中共十八大和三中、四中全会精神、民族宗教政策法规和相关知识等作为法制宣传教育的重要内容；在宣传资源上，发动少数民族代表人士、宗教活动场所负责人和信教群众共同宣传。向宗教教职人员发放《习近平总书记系列讲话读本》《宗教政策法规读本》《宗教团体教规制度汇编》《宗教政策法规文件选编》《中国共产党第十八届中央委员会第五次全体会议公报》《中共中央关于制定国民经济和社会发展第十三个五年规划的建议》等学习资料 2380 本，孝义、柳林等市（县）还印制反邪教相关资料和读本进行宣传发放，使广大干部群众了解和掌握。6 月 14 日在孝义市桥南村基督教堂举办“国法与教规的关系”培训会，吕梁市基督教活动场所负责人、主要教职人员、信教群众共计 100 余人参加了培训会；6 月 17 日在离石上清观道院举行全市道教教职人员学习中共十八届四中全会精神培训会；7 月 3 日举办“国法与教规的关系”专题研讨会，宗教团体、部分宗教活动场所负责人 20 余人参加会议；吕梁市佛教协会 12 月 22 日在离石举办教规与佛教知识培训，80 多名教职人员参加培训学习。各县（市、区）民宗局开展形式多样、富有成效的学习宣传活动，中阳县民宗局与司法局、科协联合开展“法律法规科技进宗教活动场所”活动；柳林县民宗局与防范办联合印制《崇尚科学反对邪教—农村反邪教警示教育读本》向农村两委干部发放；汾阳市邀请国家宗教局原局长叶小文为全市 400 多名党政干部进行授课培训；孝义市全年举办 4 次教职人员政策法规培训会，引导教职人员和信教群众把讲经传道与宗教政策结合起来。通过宣传教育，增强宗教界的法律意识，既做好公民，又做好教徒，自觉在法律范围内开展宗教活动，依法表达自己的合理诉求，抵制利用宗教进行非法违法活动。

【开展民族团结进步创建活动】

2015 年 1 月，吕梁市召开吕梁首次市直少数民族代表人士座谈会，7 名科级以上少数民族干部参加座谈，增进彼此间的了解，提出建设性意见；全年审核认定7名中高考考生少数民族成分；新的《中国公民民族成分登记管理办法》出台后，集中进行专门学习，在学习的基础上理出重点，绘出办理程序流程图。为弘扬少数民族文化，8月组成少数民族板鞋竞速队，参加了第十届鄂尔多斯全国少数民族传统体育运动会，获得省民委（宗教局）领导的多次肯定，2名运动员获得优秀运动员奖。做好民族团结进步示范单位（山西医科大汾阳学院）的指导和引导工作。在吕梁全市推广孝义市、离石区在少数民族流动人口服务管理方面建立专门台账、实行动态管理的经验办法，推进全市民族团结事业进步发展。

【加强清真食品的监管和服务】

2015年，市民宗局确保清真食品安全，依法审批。依照“六权治本”要求，5月将清真食品生产经营许可下放至县级，由县民宗局审批，市民宗局备案。为使各县（市、区）做好审批工作，市民宗局主动与相关县就有关问题进行沟通，初次审批的县，委派工作人员帮助县民宗局审核，确保批准符合标准，文水县民宗局独立审批1家清真食品生产企业。加强管理。按照属地管理原则，采取专门检查和抽查相结合的方式，中秋国庆前开展专项检查，12月7—11日，市民宗局组织开展清真企业检查，发现问题及时反馈并要求限期整改，保证了清真食品生产规范、经营有序、质量安全。年初对民族特需商品生产定点的3个企业财政贴息资金申请使用情况进行自查，财政部驻山西省财监办于5月份进行详细核查，均符合相关规定。

【严格宗教活动场所审批】

2015年，市民宗局完善审批流程，严格执行大型宗教活动（重大宗教庆典、开光等）逐级审批制度，宗教活动限制在县（市、区）范围内。宗教活动场所审批考察，集体研究决定，全年审批上报宗教活动场所5处。

【宗教活动场所主要教职任职备案】

2015年，市民宗局在试点工作基础上，完善工作制度和机制，对各县（市、区）上报的主要教职任职备案人员按照要求进行考察审核，符合备案条件的上报省宗教局。截至2015年年底，全市共备案主要教职88人，其中佛教38人（比丘32人，比丘尼6人）；道教16人（乾道15人，坤道1人）；天主教23人；基督教11人（牧师2人，长老9人）。

【宗教教职人员认定备案】

2015年，市民宗局对教职人员的认定备案按照教种《认定办法》规定的条件和程序，做到随时上报，严格考察审核，全年认定上报各教教职人员14名。

【宗教活动场所财务监督管理】

2015年，市民宗局落实国家宗教局、国家质量监督检验检疫总局《关于宗教活动场所和宗教院校申领组织机构代码证的通知》和省宗教局要求，在全市范围内开展了宗教活动场所开立单位银行账户和申领组织机构代码证工作，督促宗教活动场所加强账户资金管理。截至2015年12月底，全市190个宗教活动场所，开立单位银行结算账户36个，申领组织机构代码证30个，为宗教活动场所规范管理奠定了基础。

【宗教工作基础信息数据采集】

2015年，市民宗局在录入所有批准的宗教团体、教职人员、宗教活动场所、宗教工作机构等基本信息的基础上，对所有信息进行纠错检查，并将新批准的宗教活动场所以及新认定备案的宗教教职人员整理录入，推动宗教工作信息数据管理规范化。

【佛道教乱象治理】

2015年，市民宗局根据国家宗教局和省宗教局安排，落实国宗发〔2012〕41号、国宗发〔2014〕66号和国宗发〔2015〕32号文件精神，对佛道教乱建寺观、乱设“功德箱”、寺庙“被承包”、烧高香、抽签等欺诈游客和信众行为等借教敛财问题进行集中排查整治，对非宗教活动场所设立功德箱、接受宗教性捐献、开展宗教活动等借教敛财行为的，全部予以查处；对假冒宗教教职人员进行宗教活动的，责令其停止活动并追究其责任；对景点强拉游客敬香许愿、捐款捐物等违规违法行为，予以严厉打击。离石区安国寺、凤山道观是批准的佛道教活动场所，由于文物旅游部门与宗教部门扯皮，致使管理乱象时出，非宗教教职人员住入寺院、功德箱不归寺院管理，经研究作出了暂缓登记的决定。按照局长王作安在吕梁玄中寺调研时的讲话精神，吕梁市积极倡导佛道教活动场所开展“文明敬香”“合理放生”活动，佛道教不良风气得到有效控制。

【爱国宗教团体建设】

2015年，市民宗局着力引导宗教团体按照“政治上靠得住、学识上有造诣”的要求，加大宗教团体负责人和宗教教职人员培养培训力度，举办各类培训班、学习班，鼓励宗教界深化讲经讲道交流活动，基督教、佛教于6月份开展讲经讲道交流活动，11月10日吕梁市基督教筹备组推选的赵志强、高凤萍参加了省基督教协会举办的2015年全省讲道交流，获得第三名。道教于9月份举办道教教职人员培训暨论坛大会，提高教职人员自身素质和民主办教水平。指导各级宗教团体完善制度。11月召开宗教团体负责人工作述职汇报会，督促各宗教团体严格自律，合法管理。各宗教团体自觉强化协同政府依法管理宗教事务的角色担当，发挥桥梁纽带作用，协助组织开展相关工作，协助党和政府处理宗教矛盾纠纷。注重扩大宗教团体的影响力和凝聚力，市道教协会申请注册了吕梁市道教协会微信平台，收集编制发布3000多条具有正能量的道教文化信息，关注率较高，引领信教群众拥护党的领导，团结在党和政府周围，为社会稳定和经济建设做贡献。

（吕梁市民族宗教事务局）

老龄

【开展“敬老月”活动】

2015年，吕梁市根据省老龄委《关于开展2015年“敬老月”活动的通知》，以吕老龄字〔2015〕3号文件进行转发，根据通知要求召开专题会议进行安排部署。10月上旬，根据省老龄办文件精神和市老龄工作办公室年初工作计划，市老龄办提取由市财政预算的老年节慰问专项款6万元（省老龄办为吕梁市下拨“老年特困救助金”15万元，兴县、方山县、文水县各5万元由省办直接救助），在敬老月期间，分发各县市区特困老年人。市老龄办自筹资金17340元，为全市51位百岁老人每人赠送价值340元的电子血压仪。老年节期间，民进吕梁市委副主委兼秘书长李媛带领民进吕梁市直总支部的部分医疗骨干和专业技术人员，在离石区坪头乡年跃塔村开展医疗义诊、法律咨询、林业水利咨询及义务照相等为老服务活动。吕梁市妇联、吕梁市老龄办、吕梁市慈善总会等有关单位，在岚县共同举办“情暖听障者”助听器发放仪式，为160名听障老人免费安装了每付价值2000元的助听器。老年节期间，汾阳市委、市政府为全市6563名80周岁以上高龄老人发放高龄补贴414,4万元；为全市56371名60周岁以上老人发放乘车补助169113元；汾阳市老龄办组织青年志愿者到市爱美托老院老年活动室开展“青春伴晚霞，志愿暖重阳”志愿服务活动。文水县“敬老月”期间依托各乡镇对全县225名高龄、特困、空巢老人开展走访慰问活动，为他们每人送去300元的慰问金。孝义市印发《关于开展2015年“敬老月”活动的通知》，孝义市民政局、市老龄办、市财政局、市发改局在府前广场举行“老年法”及“敬老爱老助老”主题教育活动，活动现场发放新颁布的《中华人民共和国老年人权益保障法》、第三期孝义市《百岁老人风采录》画册、老年人健康小常识等5000余份，解答老年人的所提问题。“老年节”前夕，孝义市四大班子领导和市民政局、市老龄办领导深入17名百岁老人家中及市、乡两级敬老院走访慰问，为每位百岁老人送上500元慰问金、精美果篮、《孝义市百岁老人风采录》画册，为市、乡两级敬老院送上慰问金。该市共有7931名80周岁以上的老年人领到2033210元高龄津贴。孝义市农村老年人日间照料中心，在2013年、2014年建设25所的基础上，2015年又新建设5所，且全部按照日间休息室、休闲娱乐室、图书阅览室、健身康复室、餐厅“四室一厅”的标准建设。柳林县重视“敬老月”活动，县委、县政府及四大班子领导分片带队走访慰问，辗转3个乡镇，上门慰问了两位百岁老人、四位高龄老人和特困户。全县15个乡（镇）、各部门也分别组织多种形式的走访慰问，共慰问各类困难老人309人，发放特困救助金10万元，为3526位80周岁以上高龄老人发放津贴2259600元。

【开展“老年法”宣传活动】

2015年“敬老月”期间，吕梁市老龄办在市区各主要街道悬挂条幅，宣传新修订的《中华人民共和国老年人权益保障法》。8月中旬，市委宣传部、市纪委、市妇联、市老龄办决定在全市开展“传承家规家训，弘扬廉洁清风”创意作品征集、展示活动。通过展示宣传，用老人言传身教弘扬优秀传统和良好的家风家训，塑造清正廉洁党风和文明和谐社会风气。11月下旬，在市老龄办协调下，由山西电视台经济资讯频道、居然之家吕梁店共同举办的《爱能量》大型公益系列活动“黄手环帮您回家”在吕梁居然之家离石店举行，为市区老人免费赠送1000个黄手环，并向当天进店前300名老人赠送精美礼品一份。柳林县老龄委、老年大学和老干局共同举办了“庆九九重阳节”活动，老龄委全体人员利用此活动发放了《中华人民共和国老年人权益保障法》及各种涉老法律法规宣传资料，散发传单共计3万余张、《中华人民共和国老年人权益保障法》1000余本。中阳县老龄办与老年大学联合组织老年文艺演出活动，发放《中华人民共和国老年人权益保障法》宣传手册2000余本。孝义市各乡镇（街道）、办事处，通过标语、板报、文艺节目等形式，宣传尊老敬老的传统美德，宣传好儿女、好媳妇的先进典型。

【开展农村基层老年协会规范化建设】

2015年，吕梁市下发《关于认真做好2015年农村老年协会建设项目的通知》，要求各县（市、区）在所属老龄工作较好的乡镇中除上报省老龄办的规范化老年协会外，再推选村级老年协会并写出先进事迹材料上报市老龄办，经市老龄办审查合格的农村规范化老年协会57个。规范化农村老年协会全部建立扶持设备发放台账及相关制度。敬老月期间，市老龄办自筹经费1.6万元，订购360套老年人文体活动器材包括中国象棋、军棋、跳棋、五子棋，1200套扑克、舞扇，发放全市农村规范化老年协会。

【开展老年维权活动】

2015年老年节前夕，由吕梁市老龄工作办公室、吕梁民航机场管理局共同组织开展“传播孝文化、弘扬真善美”，优待市级以上（含市级）“老龄先进工作者”（其中近半数为60岁以上老年人）等活动。吕梁民航机场管理局对全市范围内“老龄先进工作者”等进行免票赠送活动。凡具有吕梁市户籍，在2010年—2015年度荣获市级（含）以上“老有所为先进(楷模)、孝亲敬老之星(楷模)、优秀敬老志愿者、老龄工作先进个人"，从2015年10月15日至2016年6月30日时间范围内可享受：吕梁至北京、广州、上海、西安、呼和浩特、长沙6城市航班往返机票免费。

【举办首期家政护理(护工)技能培训班】

2015年9月初，为应对老龄化的形势，建立老年人长期护理保障制度，经吕梁市、离石区两级人社部门研究，在离石区举办首期家政护理(护工)技能培训班。本次培训采取集中办班，侧重实际操作能力培训，由卫校专业教师培训，并聘请全国知名护工、月嫂授课。培训内容为家庭护理、老人陪护、家庭烹饪、职业道德等家政服务知识。首期培训350名。培训班免收报名等各项费用。

【开展老年文化体育活动】

2015年，吕梁市委宣传部、市老龄办、市委老干部局、市文化局组织市老年大学和市老干部活动中心的老人们排练了一场纪念中国共产党成立94周年消夏晚会，参加演出的演员年龄最大的80岁。老年节期间，文水县举办庆祝九九重阳节文艺展演。参加展演的有老干部活动中心8个老干部协会的表演团队以及凯奇等社区的10个老年表演团队，先后表演了26个节目。柳林县举办了老年书画展，县老体协举办了佳木斯、揉力球、扇子舞等比赛；青龙社区老年协会举办了象棋、扑克、竞技麻将等比赛；三交镇老年协会组织文艺宣传队下乡进村，到偏远的4个山村进行巡回文艺演出，宣传党的群众路线教育实践活动的成果。

【开展"关爱银龄、御老助险"活动】

2015年，根据年初全省老龄意外伤害保险推进会议精神和吕梁市"助老御险"工作安排，市老龄办与中国人寿吕梁分公司联合组成检查组，分赴各县市区开展检查、督导，全市"助老御险"工作取得新突破。全市完成保费119.80万元，其中柳林县为70周岁以上老年人入保险人数14545人，金额290900元。交口县38万元，交城县35.29万元，孝义市5.2万元、中阳县2.02万元、文水县4.34万元、岚县2.42万元，超额完成省老龄办下达的76万元任务指标。

【开展"银龄行动"】

2015年，汾阳市老龄办联合市关工委、市老干局、市司法局组织离退休老干部、老战士、老专家、老教师、老模范，利用他们的人生阅历和人生感悟，开展"银龄行动"，参与社会管理，做好普法和帮教工作。他们深入山西省汾阳第二监狱与服刑在教人员、少管所失足青少年、社区矫正人员开展"一帮一，结对子"活动，帮助失足浪子。与全市各中小学联合，巡回在各学校举办法律讲座，放映普法影片，举办法律知识竞赛，对青少年进行普法教育，参与创建青少年"零犯罪"社区、村镇。这些"五老"人员，发挥网吧业务督查的作用，巩固和发展监管队伍300余人，常年开展监督活动，建立了网吧监督管理工作长效机制，共帮教问题青少年150余人，其中50%以上有明显进步，帮教社区矫正人员180人，使200余名徘徊在改造边缘的服刑人员先后减刑新生。

【开展"全国第四届农村老年人生活状况问卷调查"活动】

2015年8月初，吕梁市老龄办工作组，深入文水县凤城镇、孝义镇、下曲镇、开栅镇等16个行政村，开展全国第四届农村老年人生活状况问卷调查督导工作。对调查员提出的问题或者遇到的困难，共同研究探讨解决。对所调查老年人进行慰问，为调查对象每人送上一盏老年实用型LED应急灯。对调查过程中发现的特殊、特别问题向省老龄办咨询请教。经过1个月的艰苦工作，完成了调查任务。

（吕梁市老龄办）

扶贫开发

【贫困村、贫困人口减贫】

2015年，吕梁市减贫任务是90个贫困村脱贫、10.63万贫困人口减贫。90个贫困村的脱贫，于年初以吕扶发〔2015〕11号文的形式分解下达到除孝义外的12个县（市、区），分别是：兴县19个，临县28个，岚县7个，方山7个，中阳2个，石楼7个，离石6个，柳林3个，交口3个，交城5个，文水2个，汾阳1个。临县、方山、交城、离石、柳林等县（区）的52个脱贫贫困村上报到市、省，另有兴县、岚县、石楼等县的脱贫贫困村在审核确定中，确保年底实现90个贫困村脱贫。

2015年，吕梁市10.63万贫困人口的减贫分别是：兴县1.5万人，临县3.4万人，岚县1.1万人，方山0.85万人，中阳0.55万人，石楼0.82万人，离石0.44万人，柳林0.5万人，交口0.57万人，交城0.45万人，孝义0.1万人，文水0.2万人，汾阳0.15万人。截至11月初，各县（市、区）基本完成下达减贫人口数。11月中旬，省办根据全省的减贫形势，给吕梁市又增加了2.64万人减贫任务，使吕梁市全年减贫任务增加到13.27万人，省级将新增加任务已分解到各县（区）。截至11月25日，根据各县统计上报情况，全市完成减贫任务11.58万人，各县（区）对新增加的减贫任务进行落实，确保2015年12月底全部完成。

【易地扶贫搬迁】

2015年，吕梁市易地扶贫搬迁任务15130人，截至11月底，开工14013人，开工率92.6%；主体完工12571人，主体完工率83.1%（省考核指标为40%）。2014年易地扶贫搬迁任务10347人，截至11月底，主体完工9935人，主体完工率96%（省考核指标为80%）；两年共入住12564人，两年滚动入住率98%（省考核指标为60%）。两年任务完成情况均超过省考核吕梁市任务指标。

【金融扶贫工程】

吕梁市2015年省级安排金融扶贫风险补偿金4000万元，省办下达吕梁市发放贷款任务为3.07亿元。截至12月10日，全市共发放贷款2.3亿元，占年计划的75%。

【整村推进项目】

2015年，山西省下达吕梁市整村推进任务59个村。截至11月底，多数县按照项目建设季节和实施条件要求，批复实施方案并开工建设、拨付资金，拨付项目资金2840万元，项目总体进度为83%，按整村推进的要求，顺利完成年度建设任务。

【百企千村产业扶贫投资】

2015年，吕梁市百企千村产业扶贫投资任务22亿元，涉及13个县（市、区）。截至11月底，累计完成投资26.98亿元，占年计划的123%，超额完成省下达的投资任务。

【千村万人就业培训、教育扶贫】

2015年，吕梁市千村万人就业培训任务1000人，截至11月底，完成培训1000人，全面完成2015年任务；新型职业农民培训任务5200人，截至12月底，全市共完成培训人数5200人，完成率为100%；教育扶贫项目2015年按照应补尽补的规定，经13个县（市、区）确认，全市共资助建档立卡内贫困大学生2157人；雨露计划在继续资助上年度1940名高职、中技生基础上，2015年仍按应补尽补的原则，对所有建档立卡贫困家庭新考取高职、中职、中技的学员进行全覆盖资助。12月各县（区、市）扶贫办正在通过管理系统对这部分学员进行申报。

【结转结余资金盘活使用】

吕梁市2012年以前的滞留资金1.25亿元。截至2015年11月底，涉及10个贫困县（区）批复的项目全部开工建设，项目总体建设进度达到81%。结转结余资金拨付5908万元，占结余资金总额的47%。

【吕梁山片区“三个一”扶贫行动计划工作情况】

2015年，吕梁市制定“三个一”扶贫计划。根据省委、省政府和省扶贫办关于吕梁山片区“三个一”（100万亩经济林提质增效，100万千瓦光伏发电项目，10万贫困人口护理培训）扶贫计划的安排部署，吕梁市起草了《“三个一”扶贫计划的初步规划（2015—2020年）》。规划重点区域在兴县、临县、岚县、石楼县、方山县、离石区六县（区），光伏项目和贫困人口护理培训规划区域涉及全市十个贫困县（区）。

启动了贫困人口护理培训。9月初，率先启动由离石区政府承担的贫困人口护理培训试点工作，2015年计划培训2000名护工。截至10月底，第一期354名学员已完成理论和实践培训；第二期360名学员理论培训基本完成，两期共培训家政服务员（月嫂）383人，护理员（护工）331人。为做好相关服务工作，成立市护理就业服务中心，开设服务网络，建立人员信息库。10月30日上午，邀请北京、太原、离石20余家用工单位在吕梁卫校举办吕梁市家政护理护工学员就业招聘会，提供就业岗位，签订就业合同。第一批培训的354人中，有105人到北京、太原等地就业，预计就业后每月收入可达4000元～6000元。12月份进行第四期培训。推动光伏扶贫项目。争取省级支持，开展前期工作，推动试点工作开展。山西省下达吕梁市光伏扶贫试点项目资金2300万元，涉及44个村，占到全省投资额的40%。兴县蔡家崖作为试点村，投资255万元建成300千瓦的光伏电站，12月份实现并网发电。方山县启动10个试点村项目开始建设，其余各县积极准备，争取年内实现试点村项目全部开工，并完成部分村的主体工程建设任务。开展经济林提质增效试点工作。市级安排经济林提质增效专项资金1000万元，支持兴县、临县、离石区先期开展试点工作，离石区启动3万亩高标准核桃林秋冬管护工作，兴县新栽高标准核桃园5万亩，临县建成核桃高标准管护园3000亩。

（吕梁市扶贫开发服务中心）

2016 年吕梁年鉴

LVLIANGNIANJIAN

县市区概览

离石区

【概述】

离石区位于北纬37°21′~37°42′，东经110°55′~111°35′，总面积1324平方千米，下辖2镇3乡，7个街道。2015年离石区地区生产总值完成69.3亿元，同比增长-1.1%，完成计划任务的95.3%；规模以上工业增加值完成13亿元，同比增长-12.6%，完成计划任务的68.4%；固定产资投资完成118.4亿元，同比增长35.9%，完成计划任务的109%；社会消费品零售总额完成62.9亿元，同比增长5.1%，完成计划任务的95%；一般预算收入完成8.42亿元，同比增长-35.3%；农民人均纯收入完成5374元，同比增长7.4%，完成计划任务的100%；城镇居民可支配收入完成25657元，同比增长7.3%，完成计划任务的100%。

【项目建设】

2015年，离石区共储备项目339个，总投资达到3094亿元，超额完成全年2380亿元的目标任务；项目落地24项、开工14项、投产18项、项目签约261.68亿元，均完成全年目标任务。

【"三农"工作】

2015年，离石区核桃经济林方面，全年计划完成核桃经济林管护总面积2万亩，实际完成4.8万亩。全区核桃林总面积累计达到21万亩，基本实现荒山荒坡全覆盖，农民人均达2亩的目标。设施蔬菜方面，全区有设施蔬菜1362亩，包括日光温室779亩和移动大棚583亩。2015年试验示范蔬菜新品种新技术推广应用30亩，引进新品种水果设施栽培试验示范40余亩。全区设施蔬菜入种率85%以上。林下经济方面，制订出台《2015年林下中药材产业发展实施方案》，鼓励农民在核桃经济林下发展黄芩、柴胡等浅根、低杆、块茎中药材，共落实面积约5500亩，超额完成市下任务。食用菌方面，全年食用菌种植约150万棒，总产量约1875吨，包括平菇约1625吨、香菇约150吨，以及虫草等其他种类100吨。畜牧业方面，全区生猪存栏达到4.4万头，出栏7万头；蛋鸡存栏60万只；肉鸡存栏42万只，出栏252万只；肉牛存栏7300头，出栏2409头；羊存栏7.6万只，出栏3万只；奶牛存栏181头。全区养殖总户数达到1712户，其中规模户659户。全年肉类产量达到1.2万吨，禽蛋产量达到7560吨，奶类达到507吨。农民人均牧业纯收入达到980元。

2015年，离石区推进精准扶贫工程。为提高贫困人口就业技能，增加收入，率先精准脱贫，组织适应市场需求的家政护理专业培训1482人。出台《离石区金融支持特色产业发展富民扶贫工程实施细则》，与中国邮政储蓄银行合作，推进富民强农贴息小额贷款实施，全年共放款1210.6万元。积极推进千村百企产业扶贫，全年投资2.52亿元，解决贫困农民就业750余人。实施教育扶贫，对全区93个贫困村的贫困户子女入二本B以上及中职、中技生实现了应补尽补。认真开展建档立卡"回头看"工作，为实施精准扶贫奠定坚实基础。截至12月底，减少农村贫困人口6591人。

严格落实强农惠农政策2014年度粮食直补、良种补贴资金，采用"一卡通"或"一折通"全部发放到农户手中，共计2419.73199万元。

【城乡建设】

2015年，离石区不断完善城市功能。站前广场、便民服务中心等一批重点市政工程取得重大进展，吕梁大道一期工程11.47公里主线全部贯通，具备通行能力。吕梁环城高速公路正式通车运营。已开工的45幢7366余套安置楼项目全部封顶，完成投资17.6亿元，正在全力配合市政相关部门进行水、暖、电等管网项目建设及内外装修。推进城乡基础设施建设。完成了吴城、信义、枣林、坪头等4个中心集镇的规划编制工作，为推进具有吸纳人口、带动就业、聚集产业的中心集镇奠定了基础。滨河南北两路2#标段全部开工，工程进展顺利；国防沟道路改造工程基本完工；解决了10个行政村，3558口人、488头大畜的安全饮水工程；500户困难家庭危房改造工程顺利完成；完成农村改厕2600余座；续建完成城东110千伏输变电工程；新增城市集中供热面积62.7万平方米；盘龙塔至穆问村公路改建工程全部完工；店梁线梁家岔至焉口段正在紧张进行。实施“美丽乡村离石游”建设。全年围绕打造三大特色旅游品牌，投资约1277万元，重点推进旅游景区修缮、乡村生态建设、人居环境改造等工程建设。完善宝峰山和白马仙洞景区的基础设施建设、完成于成龙廉政教育展馆的维修；种植绿化树苗13900珠；新建旅游公厕6个；新建归化村和永红村2个生态公园，建设民俗文化馆1个，硬化道路6710米，安装路灯120盏；新建污水管网8450米、排水渠2880米、排洪渠1042米，4个村庄完成村容美化。

【生态建设】

2015年，离石区人居环境提升。市区环境空气质量二级以上天数达到290天;PM10平均浓度为78微克/立方米,比2014年同期下降19.6%；PM2.5平均浓度为48微克/立方米,比2014年同期下降5.9%，市区环境空气质量居全省前列。集中式饮用水源地水质达标率为100%。淘汰黄标车1092辆，任务完成率100%。造林绿化成效显著。完成造林绿化1600公顷。完成西环高速全长18千米，绿化面积200公顷的通道绿化。与关帝山森林管理局合作，高标准完成393.33公顷白马仙洞景区绿化造林工程。水保生态建设扎实推进。投资418万元，涉及4个乡镇16个村的龙山小流域综合治理工程基本完成。投资225万元，完成惠及4个乡镇，3个自然村，6个农村合作社，50公顷农田的千井灌溉富民工程。投资194万元，完善12个乡镇（街道）、50个行政村的山洪灾害防治群测群防体系。清理河沟道31千米，清运垃圾23万立方米。

【民生工程】

2015年，离石区用于民生方面支出占财政总支出的70%以上，比上年同期增加3个百分点。坚持发展教育事业。投资5634万元，启动52所薄弱学校的“全面改薄”工作。为推进第二个学前教育三年计划行动，投资741万元新建城乡5所幼儿园，3所主体已完工，其余2所进展顺利。实施积极就业政策。全年实现城镇新增就业4110人，完成年度任务的103%，城镇登记失业率控制在4.2%以内。组织各类职业技能培训1940人，专场招聘会3次，推出就业岗位2080个，帮扶就业566人。全区劳动保障投诉结案率98%，人事仲裁结案率100%。企业职工带薪休假全面落实。制定《离石区“智慧城市”2015年电子商务行动计划》。园区有34家电商和移动互联网创业企业入驻，解决就业近200人。鼓励大众创业、万众创新，依托大型电商平台，带动了630余户从事微商创业。社保待遇提高。城镇居民医疗保险人均补助标准提高60元；城乡居民养老金标准由70元/人，提高到85元/人；企业养老保险金月增加250.4元，提高10%；城市最低生活保障标准由2011年的260元提高到2015年的380元，农村最低生活保障标准由2011年的115元提高到2015年的206元，城乡低保年均增长都不低于10%；孤儿养育保障率及五保供养目标人群均达100%；新型农村合作医疗人均补助标准由390元提高到470元，参合率99.9%；全面推开24类重大疾病纳入保障范围，新型农村合作医疗补偿比例达到

70%；慢性病补偿扩大到35种，补偿比例60%；居民健康档案建档率达90%。五件实事基本完成。新增市区停车位2000个；改造城市供热管网34.6千米，新增城市集中供热面积67.7万平方米；为全区1.4万余名60岁以上的老年人进行了免费体检；让全区60岁以上的老年人免费乘坐公交的承诺，待市政府相关意见出台后即可兑现；免费为农村贫困人口办理人身意外保险，此项工作完成前期的数据测算，并与人保财险吕梁分公司签订了《农村扶贫保险试点合作协议》，前期工作全面铺开，待建档立卡"回头看"工作完成后即可组织开展。

【安全稳定】

2015年，离石区排查出各类隐患445条，整改428条，整改率为96.2%。全区共发生各类生产经营性事故11起（道路交通事故10起），同比下降15.4%；死亡人数减少3人，下降21.4%，未发生一次死亡3人以上较大事故，均控制在指标范围内，安全生产形势好转。深化平安离石建设。共立各类刑事案件814起，破获刑事案件412起，刑事拘留313人，逮捕216人；查处各类行政案件1692起，行政处罚1350人，抓获网上逃犯181人；侦破30余起盗窃案及信用卡系列诈骗案，打掉盗窃团伙2个，诈骗团伙3个，侦破3起汽车被盗案和20余起飞车抢劫、抢夺案，共计挽回经济损失200余万元。加大对校园及周边治安秩序整治，对全区169所学校、幼儿园定人、定位、定时进行巡逻，净化了校园及周边治安环境。开展交通安全管理和秩序整治，查处各类交通违法行为202521起，全区交通安全形势好转。抓好信访稳定。2015年集中开展积案化解活动，2010年以来的723件案件化解615件，息诉565件，办结率达到85%，息诉率达到78%。中央和省交办的3件案件全部办结，市交办的27件案件、网上录入的918件案件全部办结。

（孙银爱）

汾阳市

【概述】

汾阳市位于北纬37°08′～37°29′，东经111°20′～112°00′，总面积1179.98平方千米。下辖9镇2乡5个街道，262个行政村，38个社区。全市户籍人口425733人，2015年汾阳市出生人口5370人，人口出生率12.6‰；死亡人口2061人，死亡率4.84‰；人口自然增长率7.76‰。

2015年，汾阳市完成地区生产总值9.16亿元，同比下降3.7%；人均地区生产总值21412元，同比下降4.2%；规模以上工业增加值36.5亿元，同比下降10.5%；固定资产投资84.88亿元，同比增长32.6%；社会消费品零售总额56.63亿元，同比增长6%；公共财政预算收入5.7亿元，同比下降22.74%，占财政收入的22.47%，同比增长5.55%。城镇居民人均可支配收入20102元，同比增长7.3%；农村常住居民人均可支配收入11695元，同比增长7.7%。

【"三农"工作】

2015年，汾阳市农林牧渔业实现增加值7.91亿元，同比下降24.9%。粮食播种面积59.16万亩，同比下降0.08%；粮食总产量10.13万吨，同比下降56.5%，其中秋粮总产量10.12万吨，同比下降56.53%。生猪存栏102322头、羊存栏90880只、牛存栏11148头，其中奶牛1858头，牛奶产量8129吨。家禽存栏238.5万只，其中蛋鸡114.67万只，鸡蛋产量16744吨。建成谷子、高粱、玉米和花生四大示范基地3万余亩、林下大豆示范基地2万亩，食用菌入户100万棒，种植芦笋925亩，农产品加工企业实现销售收入16.5亿元。全年争取扶贫项目资金143万元，实现176人整村易地扶贫搬迁。全年铺开4个片区4.6万亩高效灌节水工程和120处小型水利工程。实施11处农村饮水安全工程，受益人口1.35万人。农村土地承包经营权确权登记颁证工作，全市调查45万亩、180个村、3.6万户。全年新发展农民专业合作社125个，新增成员1009人，新增资金1.18亿元。

【城乡建设】

2015年，汾阳市城市控规编制28平方千米，城区八大专项规划和排水防洪综合规划编制完成。杏花村镇总规获省住建厅批准；阳城商贸物流经济开发区总规、控规具备评审条件；铺开4处棚户区改造工程，完成东正街、庆丰街道排工程，普查排水管线190千米；实施杏花村南环街等污水干管工程4.86千米；城区供热工程与国峰电厂顺利并网，新增供热管网11.72千米；汾孝大道10月份完成扫尾工程并正式通车；火车站道路11月份完工并正式通车，站前广场主体工程完工；全长27千米的国道307线改线工程可经省发改委评审；实施40千米农村公路完善提质工程，韩石线与340省道互通改造工程和冀孝线等4条县级公路安保工程完工；全年完成路灯采购119套、74.8万元。

【项目建设】

2015年，汾阳市在建固定资产投资项目112个，其中亿元以上项目36个，计划总投资243.47亿元，完成投资61.84亿元。重点项目“六位一体”指标全面完成任务，19个省市重点项目全部开复工，四大手续综合办理率96%，在吕梁市位列第三。杏花酒业集中发展区完成投资19.84亿元，22个项目中投产达效3个、在建11个、待开工8个。中汾10万吨白酒整合项目完成投资62.7亿元，25个酿酒车间主体完工，21个具备生产条件。汾酒集团保健酒、古杏、青花瓷已投产运营，华樽酒业试运营。三泉焦化工业园区、国峰煤电项目1、2号机组投入运行，北阳冶金等3个项目建成并试生产。阳城商贸物流经济开发区，储备项目30个，落地20个，开工13个，完成投资10亿元。万泰国际商城等4个项目试运营。

【民生事业】

2015年，汾阳市有311875名农民参加新型农村合作医疗，参合率96.58%，新型农村合作医疗筹资标准从2014年的390元增加到470元。全市养老保险1.17万人、工伤保险3.38万人、生育保险4.07万人、机关事业养老保险1.17万人、医疗保险8.73万人、失业保险3.12万人，居民养老保险参保人数20.28万人，城镇职工参保人数4.76万人。得到城市最低生活保障救济人数10329人，1704人纳入农村五保供养。城镇新增就业4257人，转移农村劳动力3806人，安置下岗职工再就业904人，城镇登记失业率2.63%。年末全市共有卫生技术人员3048人，有医疗卫生机构442个、床位2013张，有综合性社区服务中心38个。全市保障性住房开工500套，公租房建设200套，农村危房改造1600套。年末全市有普通高等学校2所，在校生9516人；职业高中2所，在校生2263人；普通高中4所，在校生9179人；初级中学25所，在校生13333人；小学141所，在校生27235人；幼儿园172所，在校幼儿16763人；特殊教育学校1所，在校生77人。本年，高考达二本B类以上人数1689人，比上年净增127人，达线率46%。全年举办“活力汾阳.百姓大舞台”23场，为农家书屋送书2万余册，放映公益电影3518场，完成3000户广播电视“户户通”工程。

【安全稳定】

2015年，汾阳市发生各类安全生产事故103起，死亡13人，与上年同期相比减少30起，下降22.6%；死亡人数比2014年同期减少2人，下降13%。全市未发生一起较大及较大以上安全生产事故。开展“安全生产大检查、打非治违、专项整治”三项行动，检查各类生产经营单位1671户，排查一般事故隐患3367条并全部整改，打击非法违法行动58起，其中停产整顿4户、关闭取缔7户。推进社会治安防控体系建设，新增城区监控探头122个、电子围栏15套，全市监控探头资源累计16200个，依托这一体系破获的治安、刑事案件占到总案件量的50%以上。

【生态建设】

2015年，汾阳市城市建成区绿化覆盖面积632.15万平方米，绿化覆盖率39.5%；绿地面积547.8万平方米，绿地率34.2%；建成区公园绿地面积110.7万平方米，建成区人均绿地面积45.65平方米。开展单位地区生产总值能耗和能源消费总量“双控”工作，完成低效电机淘汰1240千瓦，办理建筑节能认定48项、总面积42.77万平方米。开展环境保护大检查、大气污染防治行动等专项活动，关停龙腾焦化、汾西水泥厂等8户高污染企业。实施欧投造林项目，完成营造林任务2万亩。完善青银高速、汾平高速两条高速通道绿化工程，栽植苗木12.3万株。高标准绿化石盘山、杏花村酒业集中发展区北部边山、以凤凰山生态庄园绿化工程为主的峪道河镇开垣庄荒山3座荒山，绿化总面积4939亩。开展“城乡环境整治百日攻坚”专项活动，累计投入资金1029万元，清扫保洁面积770万平方米，全市行政村基本完成积存垃圾清理。落实改善农村人居环境行动计划，汾阳市贾家庄村、栗家庄村、中寨村成为省级示范村。

（郭宇霞）

孝义市

【概述】

孝义市位于北纬36°56′～37°18′，东经111°21′～111°55′。2015年，孝义市辖7个镇、5个乡、5个街道；379个行政村、50个社区，辖区总面积945.8平方千米。总户数185935户，总人口484307人。

2015年，孝义市地区生产总值完成334.3亿元，同比下降5.4%；公共财政预算收入实现18.2亿元，同比下降16.22%；规模以上工业增加值完成214.8亿元，同比下降9.8%；固定资产投资完成268亿元，同比下降17.04%；社会消费品零售总额完成121亿元，同比增长3.9%；城镇常住居民人均可支配收入达29078元，同比增长5.9%；农村常住居民人均可支配收入达14211元，同比增长5.3%。

【工业经济】

2015年，孝义市新上马6个总投资14亿元的亿元以上转型项目。支持促成星宇商贸、金岩集团、鹏飞集团引进新的投资主体。2015年为重点项目贷款33.16亿元、票据融资61.5亿元，为4户焦化企业完成环评、备案手续办理。推进煤炭增产增效，全年原煤产量达2037.2万吨、增长9.6%。经济发展质量稳步提升。金达煤业万峰煤矿建成国家一级质量标准化矿井；鹏飞年产60万吨甲醇及4亿立方米LNG项目成为省首家也是全国最大的在同一工艺技术路线上生产甲醇和天然气的项目，金州50万吨煤焦油深加工、晋茂20万吨苯加氢精制一期投产；山西信发100万吨液碱项目具备投产条件，宏天源铝系深加工项目投入试生产，氧化铝项目投产产能达到600万吨。信发55万吨、兴安65万吨铝水及深加工项目落地。孝义市纳入全省铝工业重点布局，铝产业对财政贡献率达44.3%，成为又一主导优势产业。华夏申沃新能源客车研制生产基地纯电动大巴整车下线，部分投入市场。太子光伏发电一期30兆瓦并网发电；绿城城市广场部分主体封顶，东金商业广场投入运营。义乌商品交易国际博览城入住商户73%，天福广场示范街入住商户74%，成功举办“产业互联网与孝义创业创新”高峰论坛，引导本地企业与阿里巴巴、华为、神州等对接合作。“华西北义乌购”B2R交易平台启动。成功入选阿里巴巴“千县万村”计划试点县。国家优选旅游项目星宇“梦幻海”室内主题乐园正式开园。曹溪河欢乐城项目一期滑草滑雪场开放运营。全年旅游总收入增速达32.05%。

【农业经济】

2015年，孝义市农业产业化发展明显加快。全市流转土地面积11.5万亩，占总耕地面积的49.5%；林下种植豆类6万亩。完成5000亩核桃低产低效林、1.5万亩标准化管理示范园核桃管护，核桃林投保面积达8488.93亩；设施农业试验推广新品种1万亩，新技术1万亩。全市300亩以上高标准园区达到10个。发展高附加值的设施农业、生态农业、休闲观光农业，森明、宇丰、力农等观光、采摘型示范园成型；发展肉禽标准化养殖小区190余个，畜禽养殖总量达到4000余万头（只），同比增长7%；推动铭信禽业、大象农牧、羊羔酒业等农产品加工龙头企业提档升级，是年现代农业园区实现产值18.5亿元，利税1.5亿元，解决就业4000余人。

【城乡建设】

2015年，孝义市编制完成《孝义市城乡总体规划（2015—2030）》，城市建成区面积拓展到26.8平方千米，城镇人口达31.3万，城镇化率达65.15%；完成12.7千米的城市排水管网建设，建成区基本实现生活污水收集管网全覆盖。完成下栅新区集中饮水工程，城乡供水管道达到300余千米。建成燃气抢险救援基地，新增集中供热面积100万平方米，城市集中供热率、供气普及率分别达到95%、96%。移动4G网络实现市区、矿区全覆盖；全省首家建立110一号通社会联动系统，卫生、交通等36个涉及民生单位全部纳入其中，社会服务管理指导中心信息处置率达61.3%。探索“网络科技+传统模式”，17个乡镇、街道及市直各部门微信服务平台实现全覆盖；下堡河流域“一镇两乡”和梧桐下栅“一镇一乡”区域一体化发展，梧桐新区老年公寓二期、安置房二期主体完工，下栅居民安置区33幢住宅楼全部封顶。下堡新区“三纵三横”路网及中心幼儿园、老年中心等基本完工。推进涉及35个村8084户2.23万人的采煤沉陷区搬迁安置工程，兑镇镇偏城、阳泉曲镇仲家山2村719户2055人搬迁入住，14个村具备入住条件，9个村主体完工。

【生态建设】

2015年，孝义市加强企业节能减排，10户焦化企业实施脱硫、除尘对标提质改造，实现达标排放；完成19户规模化畜禽养殖场减排及环境综合整治任务，驻市煤矿企业6个生活污水处理站和6个矿井水处理站完成扩容提质改造，推进涉及7个村的农村生活污水防治管网建设工程。完成19台10蒸吨以上燃煤采暖锅炉的对标提质改造，一氧化碳、臭氧空气质量监测设备试运行，PM2.5正式启动监测。全年城区空气质量二级以上天数达到316天，空气质量优良率86.6%；新造林2913.33公顷，城市园林绿化达8.43万平方米，园林绿地面积达到968.67公顷、绿化覆盖面积1081.6公顷，森林覆盖率达到32.5%、园林绿地率达到39.22%、绿化覆盖率达到43.79%。

【社会事业】

2015年，孝义市启动中和路小学建设，筹备新建湖滨路小学、职教中心、实验中学和第十三中学。高考二本B类以上达线3086人。太原理工大学现代科技学院在校生突破7000人，吕梁职业技术学院、煤炭工业学校在校人数突破2500人。被教育部确定为“青少年校园足球试点县（市、区）”。疾控中心综合检验楼投入使用，新建村卫生室35个、改建83个。市人民医院列为国家卫计委重点扶持县级医院。启动孝义中心医院工程。人均基本公共卫生服务经费财政补助标准提高到40元。85个省级乡村清洁达标村通过验收，成功创建国家卫生城市；全年争取就业专项资金1474万元，招录公益性岗位102人。新增城镇就业4380人、创业就业617人，转移农村劳动力4029人，城镇登记失业率控制在3.3%；城乡居民养老保险制度统一并轨，基础养老金提高至每人每月100元。城镇居民基本医保和新农合年人均财政补助标准提高到380元，城镇医保参保率达到98%，新型农村合作医疗参合率达到99.6%。城乡低保补助标准每人每月分别提高30元、25元，农村五保供养标准提高300元。完成城中村改造尚家庄片区项目504套安置房建设和700户农村困难家庭危房改造任务。健全安全责任体系，全年未发生一起较大以上生产安全事故。

（张彩琴）

交城县

【概述】

交城县位于北纬37°28′～37°54′，东经111°24′～112°17′。全县总面积1822.11平方千米，其中，平川130平方千米，山区1692.11平方千米。下辖6镇4乡，148个行政村。2015年，全县常住人口为240350人。出生人口1769人，人口出生率为7.36‰；死亡人口475人，死亡率为1.96‰；自然增长率为5.4‰。

2015年，交城县地区生产总值完成49.58亿元，同比下降5.8%；规模以上工业增加值完成26.21亿元，同比下降16.8%；固定资产投资总额完成72.12亿元，同比增长35.81%；社会消费品零售总额完成16.78亿元，同比增长3.3%；城镇常住居民人均可支配收入完成18686元，同比增长6%；农村常住居民人均可支配收入完成8236元，同比增长7.6%。特别是全县公共财政预算收入完成3.8049亿元，同比增长0.33%。

【项目建设】

2015年，交城县共实施省、市重点项目27个，总投资182亿元，其中立项办结25个、环评办结22个、土地办结16个、选址规划办结25个。特别是义望铁合金16万吨金属锰系列合金项目、国利天能600兆瓦太阳能聚光热发电用反射镜项目、利虎玻璃200万套汽车安全玻璃生产线建设项目建成投产，新天源医药化工5000吨β－内酰胺抗生素中间体一期项目建成投产，华鑫肥业“1860”项目进入试生产阶段。这些项目达产达效后，将成为交城县经济增长、财政增收的重要动力。经济开发区微电网一期工程建成，美锦集团内部实现用电直供，华鑫集团、义望铁合金、利虎玻璃供电线路完成架设。

【“三农”工作】

2015年，交城县新发展核桃经济林5000亩、中药材850亩，完成“一村一品”专业村项目12个。加大规模养殖扶持力度，通过“群众搞养殖、政府买保险”的方式，共为4081头牛和4088头能繁母猪购买政策性保险，鼓励群众发展规模养殖。人畜分离工程顺利推进，成为吕梁市第一个实施的县。完成13处农村饮水工程，解决1.45万人安全饮水问题。积极开展扶贫开发建档立卡“回头看”工作，大力实施“百企千村”产业扶贫工程，全年共减少贫困人口5600人。完成农村危房改造300户、易地扶贫移民搬迁251户892人。完成农民素质技术培训1.7万人次、农民职业技能培训3100人。落实强农惠农政策，2015年共发放粮食直补、农资综合补贴、良种补贴等补助资金899万元。

【扶贫攻坚】

2015年，交城县推进精准扶贫、精准脱贫。实施产业扶贫，推进瑞景苑500亩鲜花港等农业项目建设，带动农民脱贫致富。易地扶贫搬迁完成892人，实现搬得出、稳得住、能发展、可致富。

加大教育扶贫投入力度，发放补助资金81.82万元，救助贫困大学生151人、贫困高中生79人。实施大足底、代家庄、舍科、燕家庄4个村的整村推进项目，带动899人稳定脱贫。以动物养殖、疫病防治、核桃种植、电子商务等课程为重点，培训新型职业农民400人。5600名贫困人口实现稳定脱贫。

【城乡建设】

2015年，交城县开展城乡环境整治百日攻坚活动，新增保洁人员454人、保洁车辆107辆、垃圾池箱1118个、垃圾填埋点143处，出动人员5.5万余人次对城乡环境卫生进行集中清理，城乡环境明显改善，全市考核排名第一。完成庆华东街、社会福利服务中心道路和污水管道建设，垃圾处理场投入运行；天然气入户工程稳步推进，新增用户3600户；下关热力站、北关热力站二期支线投入运行，新增供热面积45万平方米；开通天然气标准化城市公交车。潘岔线、柏西线改造工程竣工通车，30千米村通水泥（油）路完善提质工程全部完工。龙门供水工程建设进展顺利，旮旯水电站建设进入扫尾阶段，全国小型农田水利重点县项目稳步推进，世行贷款节水灌溉二期项目开工建设，农网升级改造、低电压治理工程全部完工，城乡服务功能改善。城镇集中式水源地水质达标率达100%。开展环保攻坚，对52户企业采取整治措施，城区空气优良率达到83.3%，全县二级以上天数达到304天，环境质量改善。实施身边增绿工程，共完成造林绿化2.73万亩，栽植各类苗木300万株。

【旅游开发】

2015年，交城县加强旅游开发管理，整合卦山、玄中寺风景区资源，启动《卦山·玄中寺申报国家AAAAA级旅游景区规划》编制工作，完成玄中寺山门广场建设，开辟卦山风景区消防隔离带，卦山古柏病虫害防治取得明显成效。瑞景苑鲜花港、草莓园正式对外开放，成为融观、尝、娱、育、购于一体的观光采摘农业示范园。推进旅游景区建设，金温泉水上乐园、青禾谷水上乐园建成运营。全县景区门票收入实现3593万元，接待国内外游客104万人次。

【社会事业】

2015年，交城县开展“聚焦民生、服务群众”主题实践活动，义务教育均衡县认定通过国家教育部验收，义务教育薄弱学校改造稳步推进，机关、郑村、东社、沙沟4所幼儿园投入使用。落实资助政策，共资助贫困大学生151人、贫困高中生1300人、义务教育阶段寄宿学生172人、特困幼儿1336人。山医大一院交城分院开工建设，医疗综合楼桩基工程基本完成。新型农村合作医疗全年补偿人数达到13.13万人次，支付补偿金7675万元。非物质文化遗产传习所投入运营，完成6027户广播电视户户通工程。社会保障体系不断完善，共发放低保金4945万元、五保补助金328万元、低收入农户冬季用煤补贴1948万元、救灾救助资金419万元。保障性住房建设扎实推进，前火山村采煤沉陷区搬迁安置、青村棚户区改造完成主体工程，275套廉租住房分配到户，社会福利服务中心和10个老年人日间照料中心投入运营。农商银行挂牌营业，成为吕梁市第一个成功改制组建的农商银行。

【安全稳定】

2015年，交城县开展安全生产大检查和打非治违专项行动，排查整治各类安全隐患，全县重点行业领域未发生安全生产事故。加强社会综合治理，开展“打黑除恶”专项行动，大力推进社会网格化管理。开展大气污染防治行动，打击违法排污、恶意排放等违法行为。淘汰老旧车、黄标车年度任务全面完成。开展企业节能低碳行动，完成14户重点耗能企业考核评价。排查企业2908户次，排查安全隐患1271条，整改1209条，安全形势持续平稳。

【党风廉政建设】

2015年，中共交城县委严格落实主体责任，县委常委会13次研究党风廉政建设。建立健全10多项配套制度。对24名党组织负责人、2名纪检书记进行了责任追究。补齐配强空缺的6名乡镇纪委书记，县纪委、监察局参与的议事协调机构由151个调整精简为9个，聚焦监督执纪问责主业。

2015年，交城县查办各类违纪违法案件93件，党政纪处分150人，其中开除党籍19人，留党察看13人，开除公职4人，行政撤职2人，涉及科级干部39人，涉嫌犯罪移送司法机关6人。查处乡村干部违纪违法案件54件，处分90人，其中“两委”主干57人，起底中共十八大以来问题线索163件，分门别类进行处置，起到强大的震慑教育作用。

（李大斌 燕保平）

文水县

【概述】

文水县位于北纬37°15′～37°35′，东经111°29′～111°19′。总面积1067平方千米，下辖7镇5乡199个行政村。2015年，文水县地区生产总值完成58.28亿元，比2010年增长24.8%，年均增长4.5%；规模以上企业工业增加值完成29.6亿元，比2010年增长11.7%，年均增长2.24%；固定资产投资完成60.2亿元，比2010年增长193.7%，年均增长21.5%；社会消费品零售总额完成18.83亿元，比2010年增长79.4%，年均增长12.4%；公共财政预算收入完成2.61亿元，比2010年增长38.8%，年均增长9.2%；城镇常住居民可支配收入完成18441元，比2010年增长63.3%，年均增长10.3%；农村常住居民可支配收入完成8458元，比2010年增长86.3%，年均增长13.3%。

【“三农”工作】

2015年，文水县启动“农业标准化示范县、样板县”创建工作，推进农业产业化，县财政投入2000万元，撬动3.8亿元的社会资金，推进35个重点项目建设，打造15个“一村一品”专业村和15个专业合作社，形成优质玉米、梨果葡萄、设施蔬菜、畜牧养殖、药材种植、食品加工等六大农业基地。启动文峪河综合整治“12584”工程。完成经济开发区退水渠建设、神堂水库除险加固等工程。开展农村土地确权登记颁证工作，完成106个村、36340户、21.3万亩土地确权登记颁证工作。粮食作物种植面积达48.5万亩，粮食总产量达24.28万吨。推广农业生产保险，14.56万亩玉米和2.3万亩梨树参保，参保费为452.6万元，获得赔偿937.5万元，初步形成了应对自然灾害、降低农业损失的保障机制。

【民生工程】

2015年，文水县城集中供热开通，首期供热面积234万平方米，结束文水没有集中供热的历史，提升市民的生活幸福指数；县医院新建工程顺利推进；市内公交通车，方便了群众出行，缓解了交通压力；改造市政道路7000余米，启动县城供水管网改造工程，完成城区污水管网改造，城市功能日益完善；完成百马线、段马线等县道提质工程，改善了道路交通环境。

2015年，社会事业累计支出6.9亿元，同比增长11.56%。教育方面，投入1600万元改善了硬件设施，新建幼儿园6所，文水二中教学楼建成投入使用；卫生方面，招录医护人员66人，新型农村合作医疗保险参合农民达35.89万人，形成“医疗、医保、公共卫生”三位一体机制；社保方面，完成2200户危房改造任务，养老、失业、工伤等社会保障政策得到落实。

通过开展产业扶贫、就业培训、教育资助、结对帮扶，加快扶贫攻坚步伐。完成1107户3186人的脱贫任务和140人的搬迁任务。资助贫困大学生27人，累计13.5万元。开展贫困人口建档立卡及"回头看"工作，全县贫困人口减少到6511人。

【项目建设】

2015年，文水县实施"1272"综改攻坚行动计划，"六位一体"考核全市排名第四。国金电厂一号机组建成投产发电、二号机组完成核准，太中银铁路海威物流集运站基本完工，光华铸管与新兴铸管实现重组，金地煤焦赤峪煤矿建设稳步推进。固定资产投资完成60.17亿元，同比增长36.8%，高出全市22个百分点。

【企业转型】

2015年，文水县海威公司与华夏新力集团合作，引进电动汽车配件项目；鑫宇能源落实环保政策，把"煤焦油项目"转型为"生物柴油综合利用项目"。鼓励企业推进科技创新，光华铸管、康欣药业、康灵医械、国华油脂在全市高新技术企业中占比27%，在省科技厅计划立项中占有3项，位居吕梁前列。

【强化招商】

2015年，文水县政府与美锦集团达成合作协议，计划投资100亿元建设南安美锦工业园，推动"一区三园"建设；县政府与美锦恒盛公司签订了"年产40万吨不锈钢"项目；兴宇机械引进"除尘器袋笼"和"太阳能电池边框"项目，北京牛栏山二锅头集团"瓶装白酒生产线"落户文水，山西水木新碳材料公司引进"锂电池负极材料"项目，为经济发展引入活力、积蓄了后劲。

【生态建设】

2015年，文水县在环保整治行动中，取缔砖厂22户，石灰窑由120余孔整合为14户49孔。立查环保刑事案件3起，刑事拘留7人。推进污水集中处理进程，胡兰镇污水处理厂开工建设。开展城乡环境整治百日攻坚活动，实施了"五大战役、四项攻坚、三项清理"，城乡面貌明显改观。加大节能减排力度，二级以上天数达到317天，空气质量有效改善。实施西山绿化、村庄绿化等工程，造林绿化7100余亩，生态环境持续好转。

【贾峰耀荣获"全国弘扬雷锋精神贡献奖"】

2015年1月26日，在北京举行的中国社会福利基金会学雷锋基金管委会2014年年会、中华雷锋文化促进会一届四次理事会暨"红梅玉杯雷锋奖"颁奖大会上，文水县人武部青年职工、学雷锋小贾爱心接力团负责人贾峰耀，作为山西省唯一特邀代表出席大会并获"全国弘扬雷锋精神贡献奖"，还被增补为中华雷锋文化促进会理事。贾峰耀是山西省第五届道德模范，第七、八、九次见义勇为表彰大会表彰的先进个人和吕梁市首届道德模范、吕梁好人、最美劳动者等。

（吕金强）

交口县

【概述】

交口县位于北纬37°12′～37°12′，东经111°03′～111°34′。总面积1259.92平方千米。下辖3乡4镇，即温泉乡、回龙乡、石口乡、水头镇、桃红坡镇、双池镇、康城镇，95个行政村，2个居委会。总人口127115人，其中农业人口为113942人，城镇人口13173人。

2015年，交口县完成地区生产总值30.48亿元，规模以上工业增加值21.11亿元，全社会固定资产投资57.3亿元，县级公共财政总收入16.2亿元，社会消费品零售总额7.16亿元，服务业增加值6.6亿元，一般预算收入5.38亿元，城镇居民人均可支配收入17454元，农村居民人均可支配收入6467元。

【项目建设】

2015年，交口县推开总投资385亿元的重点工程项目27个。信发240万吨氧化铝、道尔200

万吨铝系高温材料产业园、兴华科技铝基新材料等一批骨干项目实现投产运行。以焦煤、华瑞、信发为主体的煤电铝材一体化循环发展产业园区建设启动实施。签约光伏太阳能项目 4 个、风力发电项目 2 个，新能源产业发展起步。

【“三农”工作】

2015 年，交口县大力推进农业产业化发展，核桃经济林总面积达到 20 万亩，设施蔬菜发展到 700 亩，绿色谷子、红芸豆等特色杂粮突破万亩，中药材等林下经济种植 1.2 万亩，猪、羊、鸡存栏分别达到 2.3 万头、8.5 万只和 200 万只。特别是食用菌产业，种植规模突破 800 万棒，成为吕梁市最大的食用菌基地县。落实地膜覆盖面积 5.3 万亩，确立科技示范村 162 个，遴选科技示范户 819 户，试验示范新品种 26 个、新技术 21 项，开展各类技术培训 1.5 万人次，科技兴农、龙头带动、农业服务体系建设等五项基础工程得到巩固提升。

【基础设施建设】

2015 年，交口县完成县道窑西线、关西线、温泉铝工业园区公路、孙圪垛至柏掌三级公路、康石线改造、红回线维修、康城 110 千伏变电站等基础配套工程。东征文化广场、煤炭大厦、铝业大厦等市政重点项目完成主体工程，路网、热网、气网、水网进一步配套完善，以双池“百强镇”为代表的特色小城镇建设步伐加快，城镇化率提高到 42.1%，通过了省级园林城市的复查验收。

【生态建设】

2015 年，交口县实施吕梁山生态脆弱区林业建设工程，完成退耕还林、三北防护林、天保工程等造林绿化 2 万亩。抓好通道绿化、通道沿线荒山及第一山脊线绿化，打造环线绿色生态走廊百公里。加强露采企业土地复垦和生态综合治理，完成复垦治理 5000 亩。全面加强节能减排和环境保护，严格执行新环保法，开展环境综合整治和环境违法行为及大气污染防治专项整治，各项约束性指标均控制在规定范围内。

【民生事业】

2015 年，交口县推动“八大民生工程”建设和“八项民生政策”落实。新农村建设、农村两轮“五个全覆盖”和“为民六件实事”全面完成。城乡居民养老、医疗保障实现全覆盖，城乡低保救助群众达到 1.5 万人，保障性住房和农村危房改造完成年度任务。深化医药卫生体制改革，基层医疗机构活力增强，顺利通过“国家计划生育优质服务先进县”验收。推进文化惠民工程，乡镇文化站、农村文化室实现全覆盖，县城“三馆一院”主体完工。县财政民生支出保持在 78% 以上，各项惠民利民政策得到落实。

（武允明）

石楼县

【概述】

石楼县位于北纬 36° 51′ ~ 37° 16′，东经 110° 22′ ~ 111° 6′，总面积 1736 平方千米。下辖 4 镇 5 乡。2015 年，完成地区生产总值 7.87 亿元，公共财政预算收入完成 4138 万元，社会消费品零售总额完成 2.86 亿元，城镇居民人均可支配收入实现 1.48 万元，农民人均可支配收入实现 2805 元，固定资产投资完成 12 亿元。

【“三农”工作】

2015 年，石楼县发展“二主二辅”产业。在破解红枣裂果难题上，实施 1 万亩红枣精品示范园，嫁接抗裂果品种 2000 亩，试点红枣保险 1.6 万亩，财政补贴 200 万元，对收购石楼县青枣、脆熟枣每斤补贴 0.2 元，红枣采收“三三制”推广。在提升核桃管护水平上，实施 5000 亩核桃精品示范园建设工程；筹建了石楼县核桃协会和 5 个乡镇核桃协会，累计培训农民 8000 人次；2015 年核桃产量 5000 吨，红枣产量达 5000 吨，创近十年来新高。

在发展绿色小杂粮上，发展以绿色谷子为主的小杂粮产业，创建了和合、龙交、罗村三大绿色谷子生产基地。在壮大畜牧产业规模上，新发展舍饲圈养120余户，扶持壮大石楼好牛、农夫山庄、佳誉特种养殖等规模以上养殖户91户，特别是将湖羊养殖基地打造成全市肉羊技术培训基地和最大的湖羊原种场，举办了吕梁市畜牧产业现场观摩会。石楼县还发展食用菌100万棒，种植中药材4500亩，巩固设施蔬菜260栋，形成特色产业多元发展、协调发展的良好局面。推进现代农业园区建设。通过政府引导、项目扶持、企业主导、市场化运作的方式，启动实施县内首个现代农业园区建设项目。整合各类项目资金2800万元，完成变压器、大桥、水井等配套工程，平整土地274亩，第一期上马的小米制醋项目的生产设备即将安装调试。实施千家万户治理千沟万壑工程试点工程。按照推山填沟、荒坡绿化、种养结合的生态循环综合治理的模式，以乡镇为单位，通过整合项目，试点先行，示范带动，打造灵泉镇大车沟、罗村镇富民林牧、龙交乡龙旺寨等20多户小流域生态综合治理典型，其中仅整理土地一项累计投资5000余万元，新增平地5000余亩。石楼县沟域经济生态治理模式在吕梁市全市加以推广。推进精准扶贫建档立卡工作。召开3次会议，举办4期培训班，印发3000份宣传资料，培训1500余人次，提高了乡村干部的思想认识。政府班子成员和县直包村单位深入基层，指导乡村两级干部和“第一书记”逐村逐户逐人登记核查。按照工作流程，环环相扣，从严识别，清退不符合条件的82户246人。按照“五个一批”的要求，逐户落实贫困户的帮扶措施。全县113个贫困村的建档立卡工作进行最后录入阶段。

【项目建设】

2015年，石楼县确定总投资85亿元的60个省市县重点项目，出台重点项目“五个一”制度、重点项目例会制度等，全县上下齐抓共管，推进项目建设。全县60个重点项目中，已经开工44个，其中产业扶贫、退耕还林、土地整理、特高压输变电工程等28个项目已经完工。对于16个尚未开工的项目，相关部门积极运作，想方设法创造开工条件。在煤炭集运站项目上，优化设计方案，将项目首期投资由12.48亿元减少到5.8亿元。以打造煤炭区域物流中心为目标，将煤炭集运站、火车站站前广场、LNG加气站等三个项目捆绑打包，推进项目承载企业与中煤集团寻求合作。加大招商引资力度，签定风力发电、农业光伏发电、生物质发电等三个重点项目，为2016年全县经济社会稳步发展奠定坚实基础。

【城乡建设】

2015年，石楼县实施县城三大重点工程建设。妥善解决了征地拆迁遗留问题，东征广场正式开工建设。完成了延安街改造的各项前期工作和原县老干局危楼拆除，财政局、县工会单位搬迁等工作，2015年10月下旬启动一期工程。办结了火车站站前广场的立项、土地、环评等前期手续，其中站前广场大桥资金已经落实，规划设计已经完成，具备了开工条件。推进市政公共基础设施建设。投资600余万元，铺设污水收集管网6.09公里，屈产河和王村河水质明显改善。污水处理厂日处理污水能力由2800吨增加到4500吨，城区污水总量处理达到80%以上。垃圾处理厂实现复工建设，2016年4月即可达到垃圾进场标准。投资50万元完成了沁园春广场维修改造工程。城区供暖工程特许经营完成招投标工作。完成了县城环城路的规划设计工作。重点支持鼓楼街棚户区、西河湾棚户区改造等工程的基础设施建设，帮助企业尽快摆脱困境，复工建设。开展城乡环境整治百日攻坚专项活动。以城区“五大战役”（清洁卫生战役、交通整治战役、绿化美化战役、打击违法违规用地和违法违规建设战役、环境保护战役）和农村“四项攻坚”（“四堆”清理攻坚、垃圾清运攻坚、农村改厕攻坚、污水治理攻坚）为重点，累计投资3200万元，购置、配备清洁车辆83辆，垃圾池箱1600个，新增保洁人员100人，清理垃圾8.1万吨，治理河道沟渠18公里，查处交通违规行为451起，违规建筑8起，清理“四堆”（柴堆、煤堆、粪堆、料堆）9300处，占道经营420起，市容与村貌进一步改善。以基础设施建设为重点，发展环境不断改善。水利方面，投资158万元新建农村安全饮水工程16处，投资1600万元，完成40眼“一村一井”工程钻井任务，坪底水库基础设施不断完善，中部引黄工程顺利推进。交通方面，实施马家庄—阳崖段、马门庄—圪连段农村道路升级改造工程，启动曹家垣到柳林界乡村道路建设工程，完成石楼火车站建设工程，将汾阳—石楼高速公路纳入全市“十三五”重点项目。电力方面，东卫220千伏中南铁路配套供电工程正常运转，罗村110千伏变电站建设积极推进，10千伏农网升级改造工程全面完工。

【民生工程】

2015年，石楼县教育方面，完成石楼中学阶梯教室和2所农村幼儿园建设工程，实施职业中学农民技术培训楼建设工程。2015年普通高考达线人数达到420人，职业中学对口升学考试达到180人，全市名列前茅。医疗方面，公立医院综合改革基本完成，综合住院大楼配套设施和新建中医院主体工程完工，100个行政村卫生室基本建成。医疗机构基本药物制度全面落实，群众看病难、看病贵的问题得到有效缓解。社会保障方面，公开考试录用公益性岗位安排就业50人，创业就业196人，失业人员再就业298人，新增就业1498人，转移农村劳动力2600人，城镇登记失业率控制在2.9%以内。5600余人享受城市低保，1.3万人享受农村低保，550余人享受五保户，484人享受优抚政策，救助重大疾病患者685人，发放医疗救助资金283.47万元。2015年政府承诺的十件实事基本完成。

（郑凤斌）

柳林县

【概述】

柳林县位于北纬37°08′～37°37′，东经110°39′～111°05′，总面积1288平方千米，下辖8镇7乡，2015年柳林县完成地区生产总值120.8亿元，同比下降9.8%；规模以上工业企业增加值完成71.3亿元，同比下降16.9%；财政总收入33.2亿元，同比下降29.5%；公共财政预算收入11.02亿元，同比下降47.6%。原煤产量3053.6万吨，同比下降11.1%，其中县属煤炭企业原煤产量2299.5万吨，同比下降14%；洗精煤产量1807.6万吨，同比下降7.2%，其中县属企业洗精煤产量1357.9万吨，同比下降10.8%；焦炭产量52.4万吨，同比下降34.2%；水泥产量161.9万吨，同比下降7.2%；发电量、用电量分别为743734.7万千瓦时、115405.7万千瓦时，同比分别下降7.7%、2.1%。

【结构调整】

2015年，柳林县财政预算安排300万元与邮政储蓄银行柳林县支行合作开展中小企业融资创新模式“助保贷”业务，向邮政储蓄银行推荐12户企业，办理相关审批手续，预计可发放贷款1000万元。县财政出资79万元为“中小微企业润山创业基地”1800亩用地作总体规划，现有物资再生、混凝土搅拌、无烟煤等5个项目入驻基地。推进中小企业成长工程，贺昌洗煤、大庄焦煤、森泽腾飞铝业、永胜铝业、特种耐火材料等5户企业成功申报为“小升规”企业。在红枣加工、建材生产及商贸物流等行业择优选派20户理念先进、制度健全、管理规范的企业，赴省集中进行“新三板”股份制改造、众筹融资等培训学习，刷新企业的经营理念，激发企业的发展潜力。2015年柳林县新增中小微企业140户，中小微企业总数达1000户，实现118亿元的产值，成为推动县域经济持续发展的重要力量。

【民生工程】

2015年，柳林县面对财政收入增速放缓，收支矛盾不断加大的情况，压减“三公”经费，集聚财力力保民生投入。全县公务用车费用为658万元，同比下降71.83%；公务接待费用为150.8万元，同比下降88.79%。压减“三公”经费的同时，民生投入增加。全县用于民生事业的资金占到可用财力的85%以上，完善了新高中、城区中心幼儿园、医改、政策性保障“全覆盖”、生态环境综合治理等一系列惠民、利民实事。住房保障方面，实施农村危房改造1300户，发放补助资金1778.8万元；建成公租房695套；发放廉租房租赁补贴236.4万元。交通出行方面，总投资1.38亿元的八石公路和总投资5.62亿元的聚雅公路全线通车；医疗卫生方面，建立大病医疗救助一站式服务，政策范围内住院费用报销比例达80%，住院补偿封顶线继续保持15万元；新型农村合作医疗保险报销185112人次，补偿总金额8508.9万元。教育事业方面，实行高中阶段免费教育；青龙、鑫飞、庙湾和西街幼儿园投入使用，6所标准化乡镇中心幼儿园全部建成。

【基础设施建设】

2015年，柳林县完成市政公用设施投资3.2亿元。总投资2.4亿元的柳林南站站前广场及附属道路、桥梁和滨河路建设完成；总投资2.4亿元的城北2.5千米二级标准创业大街建设启动；总投资6500万元的联盛教育园区入园道路竣工通车。新建和改造城市供水管网3.5千米，新建城市污水处理配套管网3千米，县城污水处理率达85%，再生水利用率达100%；县城生活垃圾处理厂无害化填埋工程于2015年6月启用，处理率达93%。新建石家沟北路文化广场和清河公园激情广场，县城人均公园面积达10.5平方米。加大城区集中供热、供气力度，新铺设集中供热管网2.2公里、燃气管网3.7千米，城区集中供热达到4010户，总供热面积90万平方米；集中供气达到16000户，总供气面积200万平方米。试点实施城区免费公交，新购置11辆公交车开通了城区至新高中、新职中和城区至太铁路柳林南站两条免费公交线，由柳林县城市公交有限责任公司运营。全县有6200名贫困人口实现脱贫，全县共确定建档立卡贫困村39个，力争两年之内全部实现脱贫。

【社会事业】

2015年10月14日，柳林县高校毕业生创业孵化基地开园运营。创业孵化基地是柳林县为解决大学生创业就业难题而实施的亮点民生工程。以实施“大众创业、万众创新”的创业就业倍增计划为核心目标，以扶持大学生创业就业为基本要求，对创业者实行免租金、免装修、免培训“三免”政策，降低创业者的资金准入门槛和创业风险，是集创业孵化、公共服务、创业培训于一体的综合性创业孵化服务基地。首批入驻创业者80个，带动就业280人。

（柳林县党史县志办公室）

方山县

【概述】

方山县位于北纬37°36′～38°18′，东经111°02′～111°34′之间。总面积1434.1平方千米，2015年辖5镇2乡，169个行政村，总人口14.6万。

2015年，方山县完成地区生产总值22.75亿元，固定资产投资23.24亿元，社会消费品零售总额8.47亿元，公共财政预算收入2.54亿元，城乡居民人均可支配收入分别达到18110元、3882元。实施重点项目259个，其中金晖瑞隆、金晖凯川、汇丰新星3个120万吨现代化矿井投产达效，煤炭总产能达到600万吨，原煤实现就地洗选；国电马坊风电、庞泉工贸矿山机械制造等新兴产业项目推进顺利；北武当山升级为4A级景区，于成龙故居和墓地修复保护工程通过验收，县域经济发展迈上新台阶。

【“三农”工作】

2015年，方山县落实各项强农惠农政策，财政对“三农”投入由2010年的9553万元增加到2015年的3.1亿元。按照发展农业产业化的要求，脱毒马铃薯、核桃经济林、食用菌等特色产业覆盖80%以上的农村，发展“一村一品”专业村62个。加大扶贫开发力度，实施核桃片区项目26个村3万亩，整村推进项目62个村，惠及群众4万人；完成易地扶贫搬迁948户3778人，荣获“全省易地扶贫移民搬迁先进县”称号；培训农村劳动力1万名，转移就业6000人；发放扶贫贷款3亿元，6000多贫困户走上产业开发脱贫道路，五年净减贫困人口4.3万人。启动农村土地承包经营权确权登记颁证工作，发展农民专业合作社412户、家庭农场9个、龙头企业6户。集中改善169个行政村的村容村貌，初步建成118个新农村示范村，农村面貌改观。

【城乡建设】

2015年，吕梁机场建成通航，环城高速、临离高速、太佳高速连接线顺利通车，完成峪松线、土韩路铺油改造工程，县乡公路通车里程由2010年的291千米增加到2015年的318千米，169个行政村全部通水泥（油）路，通畅率达100%。新建小型水利工程35处，人畜饮水工程总数达216处，95%的农业人口实现安全饮水。高标准完成吕梁机场生态圈、横泉水库周边等绿化工程，完成造林25.8万亩。建成大武镇新房村35千伏变电站，完成农村电网升级改造工程。实施县城集中供热、北川河、瓦窑河综合治理、县城外环路、方正南北街改造等10项重点市政工程，城区集中供热普及率达到39%，县城绿化覆盖率达到32.32%。配合吕梁新区建设，大武11个村拆迁3980户，启动建设安置楼23栋；完成廉租房、棚户区等保障性住房1386套，改造农村危房4094户，城镇化率由25.11%增长到34.42%。

【社会事业】

2015年，方山县城镇职工养老、医疗、工伤、失业、生育保险覆盖率达到90%以上，补助标准提高。城乡低保和五保供养人数由17457人增加到24529人，基本实现了动态管理下的应保尽保。机关事业单位人员工资达到全市平均水平，住房公积金归集扩面工作进展顺利。2015年高考二本B类以上达线127人，创历史新高。办学水平提升，新建改扩建幼儿园42所、中小学31所，小学阶段巩固率达到100%，初中三年保留率达到98%。医卫体制综合改革正式启动，基本药物零差价销售落实，完成县乡村三级卫生体系建设，7所乡镇卫生院达标，村级卫生所实现行政村全覆盖。完成县城公共文体活动中心改造工程，实现农家书屋、农村科技文化活动室行政村全覆盖，被中国科协命名为“全国科普示范县”，群众共享公共服务资源的机制建立。

（陈胜）

临 县

【概述】

临县位于北纬37°35′～38°14′，东经110°39′～111°18′。总面积2971平方千米。2015年，全

县下辖13个镇、10个乡，631个行政村（1080个自然村），11个街道委员会。2015年全县公安户籍总户数24.4322万户，总人口64.8658万人，男性占52.43%。年末全县常住人口为59.6422万人（其中城镇常住人口18.3746万人，乡村常住人口41.2676万人），比2014年年末增加3050人。全年全县出生人口6713人，人口出生率为11.28‰；死亡人口3663人，死亡率为6.16‰；自然增长率为5.13‰。2015年，临县地区生产总值完成41.3438亿元，同比下降1.9%。其中第一产业完成增加值9.8573亿元，增长0.3%，占生产总值的比重为23.8%；第二产业增加值10.1708亿元，下降8.2%，占生产总值的比重为24.6%；第三产业增加值21.3157亿元，下降4.5%，占生产总值的比重为51.6%。人均地区生产总值6950元，按2015年平均汇率计算为1116美元。规模以上工业增加值完成8.4亿元，同比下降12.3%；社会固定资产投资78.6亿元，增长41.2%；2015年全县财政总收入完成7.6507亿元，为2014年同期的70.98%，公共财政预算收入完成3.474亿元，为2014年同期的58.23%%。社会消费品零售总额完成39.18亿元，增长4.8%；居民人均可支配收入6866元，增长7.1%；城镇居民人均可支配收入15183元，增长6.8%；农村居民人均可支配收入4159元，增长7.1%。全县金融机构年末各项存款余额83.4348亿元，同比增长10.57%。各项贷款余额46.633亿元，增长0.07%。

【项目建设】

2015年，临县省、市重点项目共有34个，开复工31个，未开复工3个，开复工率为91.18%。取得省级立项手续2个，省级环评手续1个，省级选址手续1个，省级土地预审手续2个。美锦锦源600万吨矿井项目取得国家发改委核准批复。中石油、中联、中澳等煤层气开发项目稳步推进。吕临能化1000万吨选煤厂进入试生产阶段，2×35万千瓦低热值煤发电项目开工建设，配套铁路专用线和战略装车点项目顺利推进。

【“三农”工作】

2015年，临县农作物种植面积86382公顷，比上年减少49.8公顷。其中粮食种植面积78287公顷，增加1948.4公顷；油料种植面积4339.5公顷，减少2095.8公顷。粮食种植面积中，玉米种植面积36229公顷，增加2679公顷。全年粮食产量57602.3吨，减少77557.7吨。2015年临县推进“8＋2”农业产业化，实施红枣标准化管理示范园2万亩，开展10万亩红枣保险试点。新发展核桃林3万亩。启动舍饲养羊基地县建设，新建标准化羊舍6000多平方米，发展1000只以上的种羊场2个，人工种草4000亩。发展食用菌360万棒，发展绿色大豆5000亩、绿色谷子8000亩、绿色马铃薯2万余亩。采取“公司＋合作社＋农户”的模式，建成白文镇庙坪村40亩四季架栽香菇种植园区和白文镇桐村50亩反季架栽香菇种植园区；在刘家会、雷家碛、兔坂、安家庄等乡镇4个乡镇、10个行政村，发展绿色大豆订单种植基地5000亩。2015年临县共落实粮食补贴面积99.2万亩，兑现发放补贴资金5754.34万元，有23个乡镇、631个行政村、11.37万农户；落实玉米和杂粮良种补贴78.94万亩，发放补贴资金790万元，有23个乡镇、631个行政村、11.37万农户受益，人均实现政策性增收约110元。2015年11月6日，在吕梁市体育馆举办首届临县农副产品展销会，红枣、干果、果蔬、小杂粮、传统手工艺、小吃、畜产品等七大类近60种农副产品参展，销售额突破150万元，签约2.9亿元的农产品开发合作项目，签订500万元的绿色蔬菜长期供货订单。2015年临县农业机械总动力216323.2千瓦，增长11%。机械耕地面积4.1万公顷，增长6%；机械播种面积19650公顷，机械收获面积11580公顷，分别增长24%和26%。全县农机化经营总收入10800万元。完成造林4380公顷其中，经济林面积1447公顷。2015年23个乡镇共实施搬迁户793户2980人移民搬迁工程，其中：整村搬迁集中安置2（乡）镇8村72户317人，分散搬迁22（乡）镇138村721户2663人。移民建房开工率100%；610户2384人已主体完工，完工率80%；入住314户1241人，入住率41.6%。按照2800元的贫困线，减少贫困人口4.25万人，完成了整村脱贫28个。

【工业】

2015年，临县规模以上工业企业20户，新增6户，规上转规下1户。规模以上工业增加值完成8.4亿元，同比下降12.3%。原煤产量886.6万吨，增长4.4%；洗煤产量224.3万吨，增长-11.07%；焦炭产量17.7万吨，增长26.18%。规模以上工业企业实现主营业务收入18.1亿元，增长6%。其中，煤炭、焦炭、农副食品加工业分别实现主营业务收入14.8亿元、1.2亿元、0.7亿元，分别增长4.2%、20%、16.7%。

【交通　邮电】

2015年，西纵高速全线通车，中南出海通道、太兴铁路临县段建成试通车，太中银吕临支线基本建成。完成后歧线改建、碛口景区改线和三曲线、阳白线升级改造。开工建设新国道太克线、太佳高速城区连接线。公路线路里程2811.103千米，其中高速公路139千米，包括太佳高速70千米，西纵高速69千米。新注册登记车辆1504辆。

完成邮电业务总量19513.38万元，增长1.13%，其中，邮政业务总量2033万元，增长18.7%；电信业务总量17480.38万元，增长-0.6%。2015年年末移动电话用户259528户，全县宽带接入用户34096，增长15.7%。

【城乡建设】

2015年，临县铺开南城新区3.6千米的凤凰路主干道建设工程，完成投资6500万元。完成赵家石崖、万安里村3.2千米自来水管网改造升级、东岳山至后寨则廉租房小区跨河引水工程；节能改造400余盏路灯，新增100余盏LED路灯；加快建设临县北集运站，开工建设林家坪、车赶、白文3个集运站，完成安业、白文2个火车站站前广场前期工作；吸引社会资金3280万元，完善供气、供热设施。2015年，临县推进湫水河综合治理二期工程。总投资2.9亿元，规划治理长度2885米，修建橡胶坝两座，坝高3.5米，坝宽100米，建成水幕电影景观。2015年临县新建保障性住房300套，其中公租房100套，棚户区改造200套；续建2752套（其中：限价商品房1216套，棚户区改造1392套，公租房144套）。

【电力建设】

2015年，临县完成雷家碛、小甲头、刘家会、三交和临泉供电所台区远程改造共700多台；完成农改后70多个村120个台区2万多用户的营销资料建设及远程采集；推行了340户非居民用户预付费的应用。完成城区高压线路改造和142千米农网10千伏线路改造。低压配变台区及户表改造工程共36单项工程。其中新建或改造配变台区74台，合计容量8695千伏安，改造10千伏接续线路10.23千米，改造低压线路95.19千米，接户线154.94千米；户表改造共8063户，投资1642.55万元。完成城网改造工程10千伏线路工程共4项，投资2000万元。

【输气管道建设】

2015年，临县完成白文—碛口、招贤—枣林、黄白塔—兔坂输气管道建设，开工建设大禹等6个乡镇气化工程。

【水利建设】

2015年临县完成阳坡水库24千米灌渠工程主管线建设，10处农村饮水安全工程，加快建设中部引黄工程，稳步推进郝家圪塄、南沟小流域综合治理。

【文化旅游】

2015年共投入农村文化建设经费400余万元，在文艺演出、农家书屋管理、秧歌服装、文化器材、文化设施维修等方面予以重点扶持。大型舞剧《吕梁英雄传》，在总政歌舞团八一剧场演出，获得专家和观众好评；由吕梁黄河民间艺术有限公司出资筹拍的临县本土电影《伞头和他的女人》，于4月17日至19日参加2015年世界民族电影节，并荣获“最佳音乐影片奖”。临县本土编剧杨秀春、杨颖编写的以国家级非物质文化遗产黄河大唢呐的保护传承为主题的本土电影《黄河传人》，由吕梁市鑫晖文化传媒公司出品。临县有文化馆1个，艺术表演团体17家（其中：曲艺队3家），电影放映队25家，公共图书馆1个，馆内藏书4.7万册。全县各类杂志出版4种、3万册，《临县之窗》报刊1种。全县有广播电视台1座，年末有线电视用户4.3万户，入户率18%，电视人口覆盖率达99%。在挖掘革命历史资料的基础上，开工建设中共中央后方委员会、中共中央西北局、陕甘宁晋绥联防军等革命遗址的修缮保护工程，举办首届“粽叶香”民俗文化节。新增2家旅游企业，全县共有6家旅游企业，其中碛口旅行社为总社，其余均为分社及营业网点。2015年接待海外旅游者994人次，接待国内旅游者185.2万人次，分别增长20%和24%；旅游外汇收入16.7万美元，国内旅游收入146620万元，旅游总收入146730万元，分别增长20%、23%和24%。

【教育事业】

2015年年末，临县拥有职业中学3所，在校学生3297人；普通高中2所，在校学生人数7427人；初级中学34所，在校学生人数13657人；小学56所，在校学生人数23609人；幼儿园31所，在校学生人数10093人。年末全县共有教职工6334人。适龄儿童入学率99.9%，小学六年巩固率93%，初中三年保留率92.1%，高中阶段毛入学率86.3%。

【医疗卫生】

2015年年末，临县共有卫生机构（含诊所）718个，其中医院3个，妇幼保健院1个，卫生院23个，城区社区卫生服务中心1个，疾病预防控制中心1个，卫生监督所1个，新农合医办1个，健康教育中心1个，卫校1所，村级卫生所及个人诊所684所。卫生机构共有专用病床1224张，卫生技术人员1470人，其中执业医师和执业助理医师593人，注册护士877人。新型农村合作医疗参合人数为533443人，参合率达99.27%。2015年开展免费健康体检活动，共体检县直部门工作人员5285人，乡直机关工作人员1700人，60岁～64岁农村老年人10878人，65岁以上农村老年人20679人，其他人员28900人。

【社会保障】

2015年年末，参加城镇职工基本医疗养老保险31252人，增加1214人；参加新型农村社会养老保险359400人，增加20836人；参加城镇基本医疗保险59600人，增加419人；参加失业保险19882人，增加543人；参加工伤保险20947，增加1385人；参加生育保险23300人。2015年共有城市最低生活保障对象10089人，农村最低生活保障对象68324人，5265人纳入农村五保供养。2015年全县共有各类提供住宿的生活服务机构4个，养老服务机构4个，各类福利院床位数100张，共收养65人，全年共接收社会捐赠款48万元。2015年城镇新增就业4350人，城镇失业人员再就业1006人，就业困难人员就业135人，创业带动就业645人，转移农村劳动力6105人。

（张海红）

兴　县

概述

兴县位于北纬

38° 05′ ~38° 43′，东经111° 33′ ~111° 28′。全县总面积3165.3平方千米。总人口约30万人，其中农业人口22.83万人。下辖蔚汾镇、魏家滩镇、瓦塘镇、康宁镇、高家村镇、罗峪口镇、蔡家会镇7个镇和交楼申乡、恶虎滩乡、东会乡、固贤乡、奥家湾乡、蔡家崖乡、贺家会乡、孟家坪乡、赵家坪乡、圪达上乡10个乡，有372个行政村，822个自然村。

2015年，兴县完成地区生产总值58.7亿元；规模以上工业增加值41.8亿元；财政总收入22亿元；公共财政预算收入6.3亿元；社会消费品零售总额13.8亿元；城镇居民人均可支配收入达18119元；农民人均纯收入达到3769元。累计完成固定资产投资259.9亿元。减少贫困人口8万余人。

【项目建设】

2015年，兴县共有省市重点工程项目18个，其中省重点工程项目10个，市重点工程项目8个。省重点工程项目：（1）太原至兴县铁路。由山西太兴有限责任公司承载建设，总投资87亿元。全长164.26千米，为单线电气化铁路，设计行车速度120千米/小时，开行5000吨列车。（2）中电投兴县铝土矿开发项目。由中电投山西吕梁矿业有限公司承载建设，总投资18亿元，立项、土地、环评、选址均未办理，正在进行地质勘探。（3）黄河小杂粮精加工建设项目。由兴县黄河农业综合开发有限公司承载建设，总投资1.12亿元，立项、环评、选址审批手续已办结，土地手续办理中，开始进行设备调试。（4）500千伏电压等级输变电工程。由国网吕梁供电公司承载建设，总投资1.14亿元，立项、土地预审、环评、选址已办结，进行塔基建设。（5）产业扶贫。由县扶贫办组织实施，项目包括：联动温室建设项目、小杂粮配送项目、食醋加工扩建项目、特色农产品深加工项目、小杂粮加工扩建项目，项目全部开工建设。（6）临县—兴县—岚县输气管道工程。由国新能源公司承载建设，经与承载单位核实，该公司不计划实施此项目。（7）兴县蔡家崖煤炭集运铁路专用线工程。由省能投公司和山西兴县新鑫盛源有限公司共同承载建设，总投资8.8亿元。该项目于2014年4月开工建设。2015年12月具备开通运营条件。（8）兴县通昌集运站。由山西中南铁路集运有限公司承载建设，总投资15.9亿元。2015年8月7日与河南豫能控股股份有限公司（原河南省电力公司）签订合作协议。进行控制性工程开工前准备工作。（9）兴县肖家洼铁路专用线。由山西锦兴能源有限公司承载建设，总投资12.5亿元。项目于2013年12月份开工，正在建设中。（10）保障性住房项目。由县房管中心组织实施。总投资1.6亿元。公共租赁住房、城市棚户区改造工程立项、土地、环评、选址手续已办结，正在开工建设。市重点工程项目：（1）兴县北站进站公路及站前广场建设项目。兴县北站专用公路为连接兴县北站与忻黑线的重要道路，起点位于北坡与石愣则之间接省道S313公路，终点接兴县北站车站广场，设计进站道路长1.8千米，投资0.99亿元；兴县北站广场占地35亩，广场长200米，宽115米，总投资0.09亿元。项目开展建设工作。（2）兴县肖家洼年产1000万吨煤矿及配套选煤厂项目。由山西锦兴能源有限公司承载建设，总投资58.36亿元。2009年10月开工建设，2015年基本建成。（3）煤层气开发项目。由中联煤层气开发有限公司承载建设，总投资20亿元。立项、土地、环评、选址均未办理，项目建成后预计年产气30亿立方米。（4）锦兴2×35万千瓦低热值煤发电项目。由山西锦兴能源有限公司承载建设，项目建设地址位于蔚汾镇龙尾峁村，总投资36.11亿元，开工建设。（5）煤层气液化调峰及管线建设项目。由兴县华盛燃气有限责任公司承载建设，项目建设地址位于瓦塘镇瓦塘村，一期10万立方米煤层气液化项目投入试生产。（6)120师学校建设项目。总建筑面积约1万平方米，由兴县教体局组织实施，项目建设地址位于蔡家崖乡五龙堂村，建成并投入使用。(7)6万头种猪养殖基地项目。由大象农牧有限公司承载建设，项目建设地址位于康宁镇曹家坡村，进行厂房基建。(8)年产3万吨食用油及5万吨饲料项目。由兴县三星油脂有限公司承载建设，项目建设地址位于康宁镇安家庄村，总投资1.34亿元，开展设备调试。

【“三农”工作】

2015年兴县农业产业化推进情况。按照农业产业化的要求，结合县域实际，科学规划，合理布局，打造了三大产业带，即东山冷凉地区4乡镇马铃薯种植和绒山羊养殖产业带，西部沿黄5乡镇红枣、小杂粮产业带，中部8乡镇核桃、小杂粮、生猪、设施蔬菜产业带。共实施建设谷子高产创建示范片2个，面积1.2万亩；建设优种玉米高产示范片1个，面积1万亩。全县6.57万亩果园取得了1600吨的好收成。“双增工程”完成2200亩，其中新发展700亩，改造中低产田果园1500亩。发展绿色杂粮面积3.5万亩，申报绿色认证示范片8个，推广特优蔬菜新品种8项、面积70亩。发展“1264”湖羊养殖模式，由昌兴农牧发展有限公司和黑茶山林牧专业合作社引进湖羊2000只，通过扩繁全县推广。加快康宁农业园区建设步伐，黄河农业公司4万吨小杂粮和三星油脂公司3万吨食用油、100吨芥末油加工项目建成投产和三星科技公司15万吨饲料加工项目年内投产达效。造林绿化工程。完成核桃经济林2.03万亩，天保、三北等生态脆弱区荒山造林以及封山育林1.7万亩，省级干果经济林0.2万亩，巩固退耕还林成果1.43万亩，社会造林1万亩，退耕还林1万亩。水利建设工程。新建提水工程20处，解决20个自然村、4354口人、411头大畜的饮水安全问题；新打灌溉深井20眼；完成水土流失治理面积7.26万亩。铺开12个乡镇、8个标段、91.13万亩的土地确权登记工作。扶贫移民工程。全面实施精准扶贫，围绕“六个精准”要求，选派308名机关干部到贫困村担任第一书记，按照全省建档立卡“回头看”视频会议精神，确定了两个试点村。启动实施整村推进项目24个，易地扶贫搬迁78人。盘活使用结余滞留资金678.27万元。发放“富民贷”220万元。资助贫困高中生89人、每人800元，资助贫困大学生217人、每人5000元。县委、县政府确定蔡家崖乡为扶贫开发试点乡，确定17个乡镇的50个村为扶贫攻坚试点村。制定了蔡家崖试点村三年扶贫开发规划，采取“龙头企业引领、联户示范带动、干部结对帮扶、特色产业增收”的模式，着力培育经济林、养殖业、食用菌、红色旅游、电子商务、光伏扶贫、劳务输出等产业，努力探索一条可借鉴、可推广、能复制的扶贫开发模式。经济林方面，投资1112万元，新栽优质杏树473亩、核桃475亩，对385亩老核桃林实施了提质增效工程，打造了1258亩以核桃、桃、杏为主的采摘园区。预计明年有1.5万株杏树和7000余株改造后的老核桃树挂果投产，可增加收入118万余元，人均1661元。中药材方面，在经济林下试点种植板蓝根70亩。设施花卉方面，发展温室花卉3座，栽植花卉18万余株，已出售两茬。食用菌产业方面，建成节能温室6座、移动大棚20座，生产销售平菇、香菇3万余斤；建成占地5亩的、年均生产菌棒200万棒的菌棒厂，配套建成200立方米的冷链保鲜库1座，购置冷链车1辆，已投入使用。智能联栋温室方面，规划建设联栋智能温室2座，占地44亩，配套建设停车场、服务区等。养殖业方面，对村内原养猪场进行了搬迁，已确定占地10亩的新址。小微企业方面，投资330万元，建设地方特色小吃“啦叨叨”、压头肉两条生产线，一期（厂房）1500平方米工程已完成，二期（生产流水线设置，包括净化板隔断装修）已基本完成。服务业方面，发展农家乐2户，600平方米的“红色印象”投入运营，另一户近期可投入使用。劳务输出方面，成立劳务信息服务中心，培训村民40余人次，安置长期劳动力80余人，短期输出劳动力207人次。光伏产业方面，规划建设300千瓦光伏扶贫发电项目，一期100千瓦的分布式光伏电站并网发电，二期200千瓦项目建成，入网调试。电子商务方面，建设占地6亩、面积6600平方米的县级运营中心，基础设施完工。发展电商8户，成立“兴县电商之家”，培训300余人次，申请商标“红土地”。小杂粮、胡麻油、农家醋等特色农产品和“啦叨叨”、小炒肉、压头肉等地方特色小吃已有一定销量。

【城乡建设】

2015年，兴县完成投资2.015亿元，新建城市道路6千米，改造3千米；新建城市供水管网3千米，改造2千米；新建城市供气管网5.4千米、供热管网3.2千米；新增城市绿化面积7万平方米。县城生活垃圾无害化处理率达100%；污水处理率达85%；建成区绿化覆盖率达23.1%；集中供热普及率达49%；燃气普及率达64%；供水普及率达97.13%；人均城市道路面积达14.15平方米。农村危房改造300户任务全部完成。

【交通建设】

2015年，兴县完成曹家坡至圪垯上61千米公路改造工程，县城杨玉春沟1.7千米道路改造项目竣工。全县农村公路总里程1970.914千米，按行政等级划分，11条县道421.426千米；51条乡道660.991千米；248条村道888.497千米。按照“县道县养，乡道乡养，村道乡、村共养”的原则，探索专业养护、群众养护、日常养护、定时养护多种形式并举的方式。加强农村公路管理养护，使全县农村公路好路率达85%以上，村通公路保持了安全畅通，整洁有序。

【文化 教育】

2015年，兴县教育方面，投入2亿元左右新建了120师学校，该校为八轨九年制学校，共设72个教学班，建成后可容纳学生3300余名。项目建筑面积6万余平方米；3个村级幼儿园改造项目的建设维修改造工作已完成。2个公办标准化幼儿园项目开展建设工作。

文化方面，对全县的公共图书馆、文化馆、美术馆、乡镇综合文化站实行了免费开放。全年接待群众及文艺爱好者达2万余人次；全年放映公益电影5000余场，使372个行政村达到每村每月一场的标准；组织兴县晋剧团下乡演出达210场以上；县关向应图书馆面向全县各乡镇、村全面开展送阅读、送书下乡活动，全年开展送阅读下乡活动32次。

文物保护和旅游开发方面，中共中央晋绥分局旧址（北坡村）历史风貌修复工程总投资8073万元。实际完成投资约4350余万元。完成3个新建院落（6#、7#、8#）；修缮建筑4个大院（1#、2#、4#、5#）、8个小院（3#、9#、10#、11#、13#、14#、17#、18#）；停车场硬化、临近黑忻线部位的挡土墙、及以上院落相应部分环山路、村街步道。剩余1个大院、4个小院处于施工阶段；继续完成“四八”烈士纪念馆辅助设施的维修、文物征集和陈列布展；开展第三次全国文物普查活动，完成了田野调查阶段，共普查文物点328处，其中新发现263处，复查65处。

【民生工程】

医疗卫生工程。2015年，兴县新型农村合作医疗参合率达到99.9%。省级13家医疗机构实现直接报销，大大方便了患者。报销比例逐步提高，乡级定点医疗机构住院补偿提高到85%，县级提高到75%；覆盖面逐步扩大，参合农民受益率达到123%。县级以上直报定点医院住院费用中目录内的中药费用补偿比提高到100%。重大疾病保障扩大到23种；门诊慢性病扩大到36种。国家基本公共卫生服务项目扩展到13项，国家投资增加到40元。预防接种基础“九苗”以乡为单位接种率均达到95%以上；新生儿访视率达到89.2%，0～3岁以下儿童系统管理率达到83.21%；孕产妇产前检查率93.6%，产后访视率89.0%，孕产妇系统管理率达到88.4%。

社会保障和救助工程。2015年，兴县社会保险覆盖人群不断扩大，城镇职工基本养老保险参保人数增加到8813人，基金征缴增加到3592万元；基本医疗保险参保人数参保人数增加到28832人，基金征缴增加2864万元；新型农村养老保险参保人数总计达到15.13万人，实现了全县新型农村养老保险全覆盖；逐年提高人民群众最低生活保障标准。城镇低保标准提高到340元/人/月。农村低保标准提高到156元/人/月，农村五保供养标准提高到2400元/年/人，将21名生活不能自理的“五保”老人安排在兴县社会福利中心进行集中供养，集中供养标准增加到5200元/年/人；全县共有孤儿140人，救助标准为7200元/年/人。

就业促进工程。2015年，兴县城镇新增就业2500人；转移农村劳动力就业3742人；创业带动就业650人；城镇失业人员再就业852人；各类职业培训5621人；城镇登记失业率控制在4.2%以内，保持了全县就业局势整体稳定。

（兴县档案史志馆）

岚　县

【概述】

岚县位于北纬38°05′～38°36′，东经111°21′～111°50′。总面积1514平方千米，下辖4镇8乡2个城区居民管理委员会，167个行政村，334个自然村。2015年，地区生产总值完成32.7亿元，增速全市排名第七；固定资产投资39.9亿元，增速全市排名第三；公共财政收入完成3.83亿元，增速全市排名第七；城镇居民人均可支配收入16987元，增速全市排名第六；农民人均可支配收入4370元，增速全市排名第七。

【项目建设】

2015年，岚县新材料园区1200万只软磁芯生产线进入批量生产阶段，填补了国内智能化软材料生产线的空白，全国规模最大的2万吨生物基复合材料生产线项目建成投产。开工建设总投资20亿元的4个48兆瓦风电项目，其中中电投河口项目具备并网发电条件。成立电商协会。引进乐村淘、苏宁易购两户电商企业。与湖北追日、北京晓清环保、山西省农产品国际交易中心等大型企业集团签订总投资270.2亿元的7个综合项目。“冬季行动”吕梁项目推进签约仪式上，成功签订131亿元风电项目大单，招商引资取得首季“开门红”。

【“三农”工作】

2015年，岚县抓住国家马铃薯主粮化战略机遇，在种薯培育、基地建设、品牌创建、市场营销等方面下功夫，推动马铃薯产业优化升级。推广“五统一”标准化种植模式，种植面积稳定在30万亩，被省政府确定为“全省马铃薯生产示范基地县”。实施马铃薯品牌化战略，取得20万亩无公害产地认定和30万吨无公害产品、3万吨绿色马铃薯产品、200吨有机马铃薯产品、“岚县马铃薯”地理标志“三品一标”认证。总产量达到40万吨。注册“岚县马铃薯”商标。利用电子商务销售马铃薯100余吨，开辟马铃薯销售新渠道。开发了岚县“土豆宴”系列产品，注册了“土豆宴”品牌。在第十七届中国马铃薯大会、第四届中国（山西）特色农产品交易博览会和第十六届中国绿色食品博览会上，举办了“岚县土豆”专场主题推介活动，提升了岚县马铃薯的知名度。发展油松育苗、设施蔬菜、生态养殖、小杂粮加工等辅助产业，脱贫攻坚的产业基础夯实。2015年减少贫困人口1.27万人。

【民生事业】

2015年，岚县在可用财力减少、刚性支出增加的情况下，加大民生投入，财政70%用于民生改善。教育基础设施进一步完善。举全县之力，多方筹措资金，统筹推进工程建设、项目审计、设备购置、师资配备等工作，完成岚县中学新建项目，2015年秋季开学全面启用，社会各界反响良好。总投资2亿元的12轨制职教中心一期工程全部完工，二期工程完成招标；完成城区供水管网改造工程，供水保障能力进一步提升。日处理2万吨的污水处理厂二期工程主体完成。以PPP模式建设的城南热源厂300万米集中供热项目一期工程建成投用，城区集中供热面积达到140余万米。全面推进“五城同创”，国家卫生县城进一步巩固，省级园林县城正式命名，省级文明县城通过验收，省级环保县城和无障碍环境县城创建工作顺利推进。以荒山绿化、通道绿化、村庄绿化为重点，全面实施造林绿化工程。创新造林机制，完成购买式造林1000亩，与黑茶山国有林管理局合作造林2万亩，2015年完成造林绿化3万亩。开展农村公益电影放映，“送戏下乡”等文化惠民活动，举办了2015年岚县面塑艺术节、山西省风景名胜区白龙山第十五届旅游文化节，开展了“激情盛夏”等系列群众文化活动。社会保障体系进一步完善。拓宽城乡居民就业渠道，2015年完成各类培训1.2万余人次，新增城镇就业2159人，转移农村劳动力2821人。成立岚县慈善总会，推动全县社会保障体系建设。

（赵丽）

中阳县

【概述】

中阳县位于北纬37°03′～37°27′，东经110°50′～111°29′，总面积1438.61平方千米。辖5镇2乡100个行政村（居）。2015年，总户数57176户，总人口154080人，其中男80271人，女73809人，人口出生率10.47‰，人口死亡率5.22‰，人口自然增长率5.25‰。

2015年，中阳县地区生产总值完成43.5亿元，规模以上工业增加值实现27.3亿元。固定资产投资67.2亿元，公共财政预算收入完成4.2亿元，城镇居民人均可支配收入18991元，农民人均纯收入5791元，社会消费品零售总额12.3亿元。

【“三农”工作】

2015年，中阳县农业总产值实现9565.23万元。粮食播种面积14.02万亩，粮食产量为8396.9吨。油料面积为6451.5亩，产量为129.45吨，马铃薯面积21580.5亩，产量5151吨；全县畜禽饲养总量达424465头（只），其中生猪19321头，肉牛3621头，肉鸡86265只，蛋鸡291501只。实现肉类总产量达3205.26吨，禽蛋产量3811.3吨，奶产量37.7吨，畜牧总产值实现8962.66万元。2015年，共完成灌溉面积0.68万亩，新增有效灌溉面积0.21万亩。

2015年，中阳县推进脱贫攻坚工程。完成了贫困村、贫困户建档立卡工作，精准识别贫困村35个，贫困人口7540户20539人。推进农业产业化，全年建成省级核桃示范园1万亩、市级1.5万亩，实施政策性商业保险5.5万亩。发展规模养殖，2015年新建2个千万元以上养殖场，改建5个标准化养殖场，初步形成“公司+

基地＋农户”的运营模式。2015年中阳县政府支持引导扶贫项目5个，完成投资3.3亿元；实施16个整村推进项目和中央彩票公益金项目，发放小额贷款780余万元，易地搬迁730人，全年减贫7450人。

【工业经济】

2015年，中阳县规模以上工业总产量累计完成864212万元，同比下降45.37%；工业增加值累计完成273037.9万元，同比下降-23.69%；销售总产值累计完成854032.2万元，同比下降39.6%。规模以上工业企业实现销售收入865052万元，同比下降34.5%.利税完成13786.9万元，同比下降82.4%；实现利润-20287.7万元，同比下降169.2%。截至年底累计亏损企业26户，累计亏损38723.5万元，同比下降12.7%。

主要工业产量：煤炭完成577.8万吨，同比下降15.25%；洗煤完成430.7万吨，同比下降27.5%；钢材完成272.5万吨，同比下降12.4%；生铁完成307.2万吨，同比下降13.91%；水泥完成45万吨，同比下降9.4%；焦炭完成106万吨，同比下降19.19%。

【交通 电力】

2015年，中阳县域内公路总里程达932.153千米。其中，国道55.537千米、省道4.413千米、县公路7条193.102千米、乡公路24条233.18千米、村通公路157条445.921千米，公路密度64千米/100平方千米。全县拥有公交车24辆，出租车160辆，客车25辆，农村候车厅5个，招呼站牌5个，100%的行政村通客运班车。2015年，中阳县共有变电站9座，其中110千伏5座，3万5千伏4座。县域内还有220千伏1座(金罗站)，500千伏变电站1座(吕梁500千伏变电站)。

【邮政 通信】

2015年，中阳县邮政业务收入累计完成939.64万元，邮政储蓄年末余额49439.51万元。有移动营业网点3个，代办网点18个，手机用户95184户，普及率100%，接入互联网用户1921户，全年营业额6298万元，共有基站173个。有联通营业网点6个，代办网点18个，有宽带用户1.6万余户，手机用户2.1万余户，全年营业额1800余万元。有电信营业网点2个，代办网点45个，宽带用户6800户，手机用户8100户，年营业额830余万元。

【政法】

2015年，中阳县立查各类刑事案件240起，侦破128起，刑拘94人，逮捕40人，取保81人，起诉85人，其中黑恶势力案件2起。全年查处治安案件174起，调解79起，打击处理违法人员131人，其中罚款处理25人，拘留106人。检察院全年批准逮捕53件71人，提起公诉106件147人，立案查处各类职务犯罪案件15件15人。法院受理各类案件1087件，审、执、结983件。

【文化 教育 卫生】

2015年，中阳县有大型广场2个，乡镇文化站7个，农家书屋87个，有机关、厂矿、企业、社区、农村、学校等文化活动室110个，有各种群众文化组织10个，富有地方特色的民间艺术有6余种，文化产业涉及演出、娱乐、电影、音像、书刊等10个行业。有各级各类文化艺术人才800余人，文化专职人员48人。全县有线电视传输干线80公里，基本实现了全覆盖。

2015年，全县共有中小学、幼儿园59所，其中普通高中1所(全省示范高中)，职业高中1所，单办初中6所，单办小学32所，九年一贯制学校4所，单办幼儿园15所；在校生26350人，其中普通高中3864人，职业高中137人，初中4930人，小学11630人，幼儿5807人；共有教职工2395人，其中特岗教师47人，编内代教33人。

2015年，全县高考成绩再创历史新高，有两名学生分别被清华和北大录取。全县高考达二本（B类）线以上考生共589人，比2014年增加57人。中考成绩继续稳居全市前列，600分以上人数达到39人，500分以上人数达到596人。

2015年，全县有各级各类医疗卫生机构14个，从业人员有高级职称37人，中级职称177人，初级职称256人，护理人员156名，乡镇卫生人员176人，村级卫生人员145人。全县各类医疗机构拥有床位数338张，其中县医院拥有173张，乡镇医院拥有165张，每千人拥有床位2.9张，每千人拥有卫生技术人员3.96人。

【民生事业】

2015年，中阳县城规划区面积23平方千米，建成区6.8平方千米，建成区绿地面积192.83万平方米，绿化覆盖率32.5%，城区供热面积136万平方米，供热覆盖率75%，换热站34个，县城常住人口约7万人。

2015年，中阳县城镇新增就业人数2174人，创业就业500人；转移农村劳动力3218人，城镇登记失业率4.2%。全县人均公共卫生新型农村合作医疗补助标准进一步提高，农村60岁以上老人享受到免费体检。“市级文明县城”创建通过验收，“两馆一站”免费开放。社会保障，养老、医疗、失业、工伤、生育等保险参保面不断扩大，全年出资250多万元为全县人民投保“自然灾害责任险”和“意外伤害险”。完成城乡低保核查，发放各类补贴救济金4000余万元，困难群众生产生活得到有效保障。

（李晓中）

图书在版编目（CIP）数据

吕梁年鉴. 2016 / 吕梁市地方志编纂委员会办公室编. —北京：方志出版社，2017.6
ISBN 978-7-5144-2432-4

Ⅰ. ①吕… Ⅱ. ①吕… Ⅲ. ①吕梁 -2016- 年鉴
Ⅳ. ① Z522.53

中国版本图书馆 CIP 数据核字（2017）第 133410 号

吕梁年鉴（2016）

编　　者：吕梁市地方志编纂委员会办公室
责任编辑：王　俊

出 版 人：冀祥德
出 版 者：方志出版社
地址　北京市朝阳区潘家园东里 9 号（国家方志馆 4 层）
邮编　100021
网址　http: //www.fzph.org
发　　行：方志出版社发行中心
电话　（010）67110500
经　　销：各地新华书店
印　　刷：山西新华印业有限公司

开　　本：889mm × 1194mm　　1/16
印　　张：29.25
字　　数：744 千字
版　　次：2017 年 6 月第 1 版　2017 年 6 月第 1 次印刷
印　　数：0001-1000 册

书　　号：ISBN 978-7-5144-2432-4
定　　价：160.00 元